丛书主编 朱幸嫣

你探索我支持

现代幼儿园保教工作实践与研究

现代幼儿园家长工作新探索

本册主编 朱幸嫣

文汇出版社

图书在版编目(CIP)数据

现代幼儿园家长工作新探索 / 朱幸嫣主编. —上海:
文汇出版社,2018.9
　(你探索,我支持:现代幼儿园保教工作实践与研
究 / 朱幸嫣主编)
　ISBN 978 - 7 - 5496 - 2697 - 7

　Ⅰ.①现…　Ⅱ.①朱…　Ⅲ.①幼儿园－家长工作(教
育)　Ⅳ.①G616

中国版本图书馆 CIP 数据核字(2018)第 184158 号

"你探索,我支持——现代幼儿园保教工作实践与研究"丛书

现代幼儿园家长工作新探索

丛书主编 / 朱幸嫣
本册主编 / 朱幸嫣

责任编辑 / 张　涛
特约编辑 / 周春梅
封面装帧 / 梁业礼

出版发行 / 🅆文匯出版社
　　　　　上海市威海路 755 号
　　　　　(邮政编码 200041)
经　　销 / 全国新华书店
排　　版 / 南京展望文化发展有限公司
印刷装订 / 上海天地海设计印刷有限公司
版　　次 / 2018 年 9 月第 1 版
印　　次 / 2018 年 9 月第 1 次印刷
开　　本 / 787×1092　1/16
字　　数 / 880 千字
印　　张 / 49.5

ISBN 978 - 7 - 5496 - 2697 - 7
定　　价 / 108.00 元(全三册)

丛书编委会

主　　编：朱幸嫣

编　　委：殷雪梅　潘翠林　叶　君　倪　菊　张　红

　　　　　顾燕菁　施　敏　关季红　马晓华　徐敏红

　　　　　陈誉超　赵霞萍　陆丽莉

有效的探索,给力的支持

(代序)

陈家昌

北蔡幼儿园,是上海浦东一所历史悠久、文化底蕴深厚的幼儿园。浦东开发开放以来,随着导入人口急剧增加,北蔡社区人口的结构也发生了一系列深刻的变化。为了满足周边社区居民对于优质学前教育资源的旺盛需求,幼儿园领导班子带领全体教师,在先进的办园理念指导下,通过环境创设、课程建设、家园共育等形式,在促进教师专业发展的同时,持续提升保教质量,得到社会的广泛认可和赞誉,学校不仅于2004年被评为上海市一级园,并且于2016年成功通过浦东新区示范幼儿园评审,成为浦东乃至上海市优质学前教育资源的一个有机组成部分。

由于办学绩效显著,在各级领导的支持下,北蔡幼儿园办学规模不断扩大,迄今已形成一园三部的格局,成为一所周边社区居民首选的幼儿园。我曾应邀多次到北蔡幼儿园观摩考察,做学术报告。我感觉,每一次进入北蔡幼儿园,都会被一种新鲜的东西所吸引,都会感受到这所幼儿园苟日新、日日新的变化与发展,都会意识到这里的教师正走在专业发展的正道上。

此刻,我手里捧着厚厚的一沓书稿,这是北蔡幼儿园全体教师花了数年时间研究和撰写的《你探索,我支持——现代幼儿园保教工作实践与研究》丛书书稿。这套丛书共三本:第一本是由园长朱幸嫣等撰写的《现代幼儿园家长工作新探索》,其内容包括两个方面,一是介绍北蔡幼儿园长期以来坚持实施的"家长授课"的一般操作程序及其方式方法;二是对具有北蔡特点的家园共育工作的思考与研究。第二本是由潘翠林老师等撰写的《现代幼儿园学习活动新解读》,其内容分为两个部分,一是主题活动中培养幼儿积极学习方式的研究;二是探索型主题活动中提升幼儿学习品质的研究。第三本是由保健老师叶君等撰写的《现代幼儿园保育工作新实践》,其内容包括三个方面,一是现代幼儿园保育管理工作的思考;二是具有北蔡幼儿园特点的幼儿园保育实务工作案例;三是幼儿园保育工作中的新支持。

认真研读这部丛书稿,我的内心感慨良多。首先,这部书稿的容量很大,从家教指导、幼儿园教学活动到保育保健,涉及的面很广,这就给读者以较大的借鉴空间,为学前教育界的探索研究,提供了宝贵的资料。其次,一般而言,这样的书读起来会比较枯燥,但由于这套书的作者都是学前教育一线的实际工作者,她们写的案例,都是自己在实际工作中亲身经历的事件,因此显得活泼清新,加上文字比较简朴生动,增强了这套丛书的可读性。第三,从这套丛书的内容来看,其表达的主要是两层意思,一方面是幼儿、教师、幼儿家长,在教育和被教育过程中寻找有效性的探索;另一方面,则是幼儿园对这些探索的全方位支持。从而,凸显了丛书的书名——"你探索,我支持",同时也告诉读者一个深刻的道理:要想探索取得成功,必须加强对探索的支持。这也是值得学前教育界借鉴和学习的。

今天,凝聚着北蔡幼儿园全体教师智慧与心血的《你探索,我支持——现代幼儿园保教工作实践与研究》丛书即将杀青付梓,正式出版。作为始终关注这所幼儿园成长与发展的教育工作者,我在此谨向她们表示诚挚的祝贺和敬意。

北蔡幼儿园的老师不是理论家,但是,她们却切切实实在学前教育的第一线认真探究如何开展家庭教育指导,如何利用家长资源帮助幼儿园做好家教指导工作;她们根据幼儿年龄和认知发展特点,按照幼儿最近发展区的心理需求,根据园本课程建设方案,精心设计活动,并尝试性地在小、中、大班实施教学,取得了非常好的成果。她们的实践成果,得到有关专家、同行与幼儿家长的好评与赞誉。作为一所区级示范园,她们的研究成果正在向社会广泛辐射,使她们的研究产生更大的价值。

当然,如果从更高要求来看,这部丛书书稿,或者说北蔡幼儿园的实践与探索,肯定还存在不少困惑与不足。她们的探索还不能说已经臻于完成。但是,我想她们既然选择了正确的道路,并坚持探索下去,持之以恒,扎扎实实推进,那么北蔡幼儿园必将走得更远,走得更好,其前景将更加光辉灿烂。

(作者系文化学者、《论语导读》作者、上海甲辰传统文化教育服务中心理事长、上海浦东当代好课堂教育发展中心名誉理事长)

目　录

第三部分　现代幼儿园家长工作指导实例

第一部分

对现代幼儿园家长工作的认识

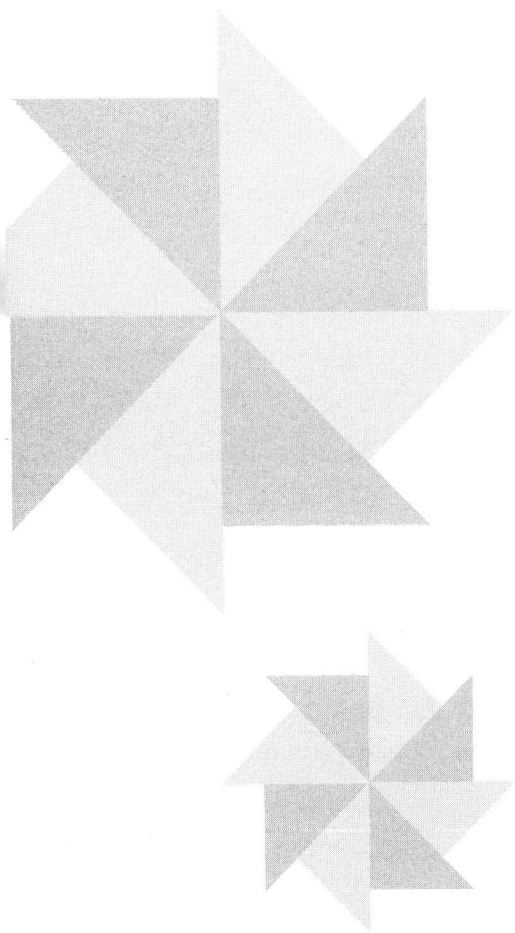

现代幼儿园家长工作实践与思考

朱幸嫣

北蔡幼儿园是浦东新区示范园、上海市一级园,同时也是上海市"十一五""十二五""十三五"家庭教育研究基地,上海市教科院普教所实验基地,中国创造学会会员单位。近年来曾先后获得上海市建设健康城市健康先进单位、上海市优生优育指导服务示范单位、浦东新区教育(体育)系统文明单位、浦东新区见习教师规范化培训基地学校、浦东新区语言文字规范化示范校、浦东新区科研先进集体、浦东新区优秀教研组等荣誉称号。

近年来,我园始终坚持全面贯彻党和国家的教育方针,严格按照国家和上海市有关学前教育的政策和法规,依法办学;始终坚持以幼儿发展和教师发展为本,关注幼儿身心健康成长;始终围绕《上海市 0~18 岁家庭教育指导内容大纲》等家庭教育的纲要,立足现代幼儿园管理的要求,结合自身实际情况,因地制宜,探索创新,开展了大量家庭教育指导工作,并取得了良好效果。

一、目标定位与组织管理

(一) 目标定位

我园成为上海市家教基地已经十多年了,在长期的工作实践中,我们始终关注家教工作的发展方向,并紧紧跟随学前教育事业的发展脚步,为家教工作的开展注入时代的活力。在实践中注重资源整合,立足园本,辐射社区,发挥优质教育资源的作用,共同构建大教育格局,争取广泛的家园合作,积极推进早教工作,为社区家长提供科学全面的育儿指导。

我们紧紧围绕家教工作目标,结合本园的家长群体实际情况,积极寻找突破口,开展了个性化的家教工作。我们通过各种途径宣传办学理念,取得社区和家长的认同与支持;组建家长智囊团参与幼儿园管理,进一步提高家教指导实效,并将其与课程巡视、特色创建等工作结合,形成长效机制,使家长参与管理成为常态化的工作;积累根据不同的家长层次开展工作的经验,挖掘家长资源,扩大家长参与教育教学的广度,进一步拓展家教指导的内涵;争取当地政府和社区的支持,提升0~3岁婴幼儿早教活动的内涵质量;定期开设早教指导活动,为0~3岁婴幼儿家庭提供有效的家教指导方法和经验;加强家庭教育指导的力度和效度,构建"安全、道德、智慧"型家庭教育网络。

尤其在十二五期间,我们结合工作中的问题,积极探索家园合作的新模式,开展了关于"家长助教"的课题研究,推动了家教工作的质量更上一层楼。

(二) 组织管理

为保证家长工作组织运作的规范和有序,我们根据幼儿园的实际情况,制定了《北蔡幼儿园家长委员会章程》《北蔡幼儿园家委会制度及职责》《北蔡幼儿园家庭教育指导制度》《家长委员会活动实施方案》《优质服务制度》《接送幼儿制度》《家长行为规范》等系列家长工作制度,保障各项工作的落实。我们在每年的新生入园时,就向家长进行制度宣传,让每一位家长都能明确自己的权利和义务,为入园后的家园合作打下良好的基础。同时,园内通过家长自荐绘本、班主任推荐相结合的形式,拟定家长委员会委员人选,成立了园、年级、班级三级家委会,定期召开会议,沟通家园工作,安排和组织园内各项亲子活动。

为保证家长工作的质量和成效,我们还"以考促研",将家长工作纳入教师考核范围,成为衡量保教工作的重要组成部分之一。我们为家长工作设定了质和量的标准,每学期开学初组织教师进行学习和重温,期末考核后进行归纳和总结,将优势继续传承,寻找不足之处作为下学期的工作方向。多年来我们将特色的家长工作常规化,逐步提升常规工作的质量,形成了规范化、日常化、制度化的家长工作内容。我园家园合作的项目比较齐全,教师实施的措施和途径丰富,如家长会、亲子活动、小报、开放活动、家访记录、成长档案、家长园地、网上论坛等。各班级的教师不仅都能够自如地运作,而且有所创新。我们及时将创新的内容进行推广,逐步充实到常规工作中。如此循环,不断提升家教工作内涵质量。同时,在不断推进家长工作的同时也历练了师资队伍,提升了教师的工作水平。

"家长智囊团"是我园家长参与幼儿园管理工作的又一途径。在探索和实践这一家长参与幼儿园管理工作新形式的过程中,我们也不忘实施制度保障,明确了"家长智囊团"成员的主要职责,为这一组织的正常运作提供了制度保障。在制度保障的前提下,幼儿园高度重视,家长积极参与,热心支持,使得我园的"家长智囊团"活动组织有序,实施有效。

二、内容设计与活动开展

我园一直坚持将家长工作视作幼儿园管理工作中的重要组成部分,拓展家园合作途径,探索家园共育的有效方法,尝试成立"家长智囊团",积极挖掘家长资源,鼓励家长参与幼儿园管理,形成家园合力。

(一) 保证基础工作,鼓励特色项目

为了进一步开展好家教工作,我们将家长工作分为基础工作和特色工作两个部分。基础工作是指在历年家教工作的基础上形成的常规性工作,如每学期一次的家长会,家长开放日活动,每周一次的家园之窗宣传等,各班均需按时按质进行组织。特色工作,则不做硬性的安排,由班级根据自身的特点和情况,自主选择主题,以主题化系列化作为一个特点,鼓励各个班级能够从本班家长的需求出发,从本班幼儿发展的特点出发,选择适合的活动形式和内容,开展深入、持续、有效的研究。各班级都认真地分析了本班家长对家教工作的需求,寻找了契合本班情况的研究方向,开展了有特色且有意义的研究工作。比如,有的以"幼儿心理维护"为主题,开展了家长品评会活动;有的以节日为主题,组织了亲子制作活动;有的以家园沟通方式为研究方向,探索如何运用现代信息技术加强家园交流等。期末,各班还形成了家长特色工作的主题材料,为日后其他班级的研究工作提供了借鉴。

(二) 引入家长资源,加强家园互动

每学期,园内都有各种形式多样、内容丰富的家园互动活动。我们充分发挥家委会的作用,结合四年发展规划,和他们一起商议各类工作目标,积极鼓励家长参与到各类活动的前期设计和筹备组织过程中,发挥家长的能量,为园内的活动提供全面保障。

如,我们请家长一起参与组织六一庆祝活动,挖掘资源,引入民间艺术表演,丰富了课程的内容。我们组织亲子嘉年华活动,幼儿园和家委会共同进行活动设计,由家长现场组织,进行亲子时装表演。同时,我们还提供部分奖品,从而增进了家园感情,密切了家园互动。我们鼓励家长对自己育儿过程中的有效方法和优良的经验进行总结并形成案例,在园内进行了评比,园内的家长都积极参与案例的评选工作。就如何开展家庭教育、亲子如何沟通等各个方面进行了总结和梳理,我们形成了很多有内涵

的案例文本。这些案例来自家长亲身的体会，充满了家长在教育过程中的智慧和想法，对其他家长如何开展家庭教育有很大的借鉴意义。评选出的优秀案例，我园还颁发了证书和奖品，积极鼓励家长参与其中。另外，我园还将优秀的案例在园内三个部进行了交流和展示，供全园的家长进行分享，形成了关注家庭教育的良好氛围。

我园还充分挖掘家长资源，积极开展"家长助教"活动，有效利用家长资源对家园合作的方式进行新的探索。家长可以利用自己的职业特点或专长，参与到幼儿园的教育教学工作中。为了当好"父母老师"，家长来到了小朋友中间，与孩子们面对面地交流：当亲眼目睹"父母老师"的"科学小实验"，直接观察到"水的三态变化"时；当看到在"父母老师"的巧手下缝制出来的"小衣服"，并穿在"娃娃"的身上后，孩子们感觉特别神奇和自豪，脸上露出兴奋、满足的笑容。我们还鼓励家长主动参与到家教服务活动中，如邀请班级内的家长代表介绍育儿经验，零距离的沟通使大家得益匪浅；我们还尝试开展家长辩论式的交流，围绕一个主题进行讨论，各抒己见，新意十足。这些活动既解决了家长关心的实际问题，又轻松愉快，更体现了家长参与家教活动的自主性。

(三) 关注家长需求，提供指导服务

近年来，我们的家长学校坚持从家长的需求出发，为家长提供有针对性的服务。我们多次发放问卷，了解家长对育儿工作的困惑和需求，再根据集中的需求设计和开展家教指导活动。例如，我们组织不同层面的家长讲座和沙龙，有"祖辈育儿讲座""怎样做个好父亲"等专题，受到了家长的欢迎，向不同层面的家长传递了专业的科学育儿信息和现代幼儿家庭教育的理念，既推广了我园家庭教育科研成果，又为年轻父母说出了心里话，更为祖辈和保姆等不同身份的养育者开展家庭教育提供了专业的帮助。我们根据年龄特点，每学期在各个年龄班安排1～2次不同形式的家长会，向园内的所有家长介绍和宣传我园的办学理念、课程设置等，争取家长的认同与支持。另外，我们还开设了家长沙龙、家教品评会、家长预约服务等多种形式的家园互动活动，使家长能通过各种途径获得幼儿园的专业帮助和指导。

我园每年还组织"看图讲故事比赛""宝宝自我服务能力比赛""亲子运动会""亲子远足"等形式多样的活动，邀请家长来园共同参与。通过活动，家长不仅能看到孩子们的进步，还能非常公正、客观地评价孩子们的发展情况，也能让教师走近家长，促进互相间的交流和沟通，形成良好的合作伙伴关系。

(四) 建立智囊组织，参与质量监测

我园不断增强教育管理工作的开放度，在常规的家长工作基础上发掘家长资源，

设立"家长智囊团",邀请家长参与园内的各项管理和保教工作,为幼儿园工作出谋划策,主动接受家长的监督评价,对幼儿园的各项工作起到了极大的推进作用。我园的"家长智囊团"主要通过家长自荐和班主任推荐两种方式产生。原则上每班推出三人,形成班级"家长智囊团",其中一人同时参加园级"家长智囊团"。就这样,形成园级和班级相互融合的两级"家长智囊团"组织,为此项工作的开展提供人员保障。

我们依托园内的"家长智囊团",邀请家长参与园内课程管理,参与课程巡视,家园一致共同关注课程质量,先后对我园的保育保健、游戏、个别化学习等各个版块的工作进行了巡视。自 2012 年起,我们将原先的一次性的"课程巡视活动"拓展为为期一周的"课程巡视周",将原先的家长观摩和评价活动拓展为参与设计、组织和观摩、评价。每班挖掘家长资源,请家长结合班级主题、探索特色或自身的特长,与教师一起为幼儿设计和组织活动,共同丰富课程建设。同时,我们还邀请"家长智囊团"成员巡视各部、各班,全面了解活动情况。这些活动在家长中反响良好,使家长真正地融合到课程活动中,将家长中的丰富课程资源充分挖掘,与课程建设结合,拓展了课程实施途径,保障了课程实施质量,更重要的是密切了家园联系,增进了教师和家长之间的交流、合作,形成了牢固的家园合力。

"家长智囊团"作为新型的家长学校成员组织,既是我园对家庭教育指导渠道的新探索,又可以通过具体工作实践加以完善和拓展,不断获得提炼和总结,从而发挥一定的辐射和影响力。

(五) 开展早教指导,社区影响广泛

我园秉承服务社区、服务家长的宗旨,为进一步构建 0~3 岁儿童现代化教育体系,努力探索 0~3 岁婴幼儿早期关心与发展的模式和方法,满足社区内家长对早教指导的需求而努力,立足本园,辐射北蔡社区,积极开发和挖掘教育素材,指导家长科学育儿方法,积极开展 0~3 岁早教指导工作。

我园是新区首批早教指导点,2009 年获得上海市社区优生优育指导服务示范单位称号,2011 年至今连续被光荣地评为浦东新区早教指导工作优秀单位。自 2009 年起,我们在教育局一年六次免费早教指导活动的基础上,与街镇联手,每周开展更为丰富的科学育儿指导活动,为社区内的婴幼儿提供充分的专业指导和高质量的教育服务,为今后的人才培养和发展打下坚实的基础。

园内共有早教活动领导工作小组和早教志愿者队伍共 32 人,全部拥有上岗资质,其中有 1 人具有高级育婴师职称,1 人具有中级育婴师职称。我园在连年扩班、教室十分紧张的情况下,仍想尽一切办法,及时调整班级,腾出了大活动室作为早教专用活动室,并添置适合各月龄的早教玩具,尽力为婴幼儿创设良好的活动环境。同时,我们注重规范管理,确保早教活动安全、有序地开展,并根据婴幼儿年龄段分设班级,以亲子活动为主要形式,开展适合各年龄段婴幼儿的亲子游戏、区域游戏指导。

我园以社区散居 0~3 岁儿童家庭为对象,开展了相关的问卷调查,了解家长在婴幼儿成长过程中关注的热点问题,在养育过程中的困惑和问题,以及他们对早教指导工作的需求。然后,根据问卷反映的情况,我们进行了分析和讨论,根据 0~3 岁婴幼儿的身心发展特点,从美工、音乐、运动、语言、科常等五个方面进行了课程设置,与婴幼儿的生活体验、习惯养成和情感培养紧密结合,开展了形式多样、内容丰富的指导活动,通过不同的课程设置来满足不同家庭对早教指导活动的需求。我们组织了专家咨询、专题讲座等多种形式的指导活动,受到了家长的一致好评。我们还走出校园,与各居委计生干部合作,利用社区宣传栏等进行早教专题宣传,向家长发放自制的早教宣传小报,让社区居民都来关心早教工作,并积极参与和配合我们开展的活动,形成对 0~3 岁婴幼儿教育的共识,提高家长育儿意识,转变和提升婴幼儿家长的教育观念。

三、特色成果与实施成效

(一)积极探索,深入研究,探寻家教指导模式

我们在常规的家教工作基础上,积极开展相关的家教课题研究,以科研促进家长工作经验的归纳提炼,提高家长工作的效率,先后完成了家教课题《家庭培养幼儿探索能力现状极其影响因素的调查报告》《以探索型主题活动为载体的家教指导模式研究》《"家长智囊团"建设与运作的研究》等系列课题,并先后获得上海市家庭教育研究成果三等奖、浦东新区第七届教育科研成果三等奖等奖项。

在家园合作过程中,教师运用多种形式进行探索和实践,不断转变家长的观念,及时了解幼儿探索活动的价值和现状。我们发现了家长支持幼儿探索能力发展方面存在的问题及影响因素,在实践和研究发过程中总结出了家园主题合作这一新型的家教指导模式。

同时,家长在参与主题活动的过程与汇总中,又产生了对课程了解和认同的需求。因此我们组建了"家长智囊团",以其灵活、涉及面广的特点,参与幼儿园课程的管理,为主题活动的开展出谋划策,创设了更多的双向交流、共同策划和理解合作的机会。

（二）丰富形式，强化互动，营造家园合作氛围

我们利用浦东教育网、06 网等现代网络资源，及时上传学校相关的教育活动信息，宣传学校的办学理念；在园内开辟多块宣传专栏，及时将各班的家教活动情况进行展示交流；自编小报，宣传科学育儿知识，免费分发给家长。同时，我们还开设了网络园长信箱、家园驿站，通过网上互动，与家长进行在线沟通，了解家长在育儿过程中的想法、经验和困惑，便于更有针对性地实施家教工作。

（三）关注差异，早期介入，结成教育合作伙伴

为了更好地开展家教指导，我们为全园每位幼儿建立了成长档案，并鼓励家长共同参与撰写。在收集信息、交流沟通的过程中，促使家长更关注孩子的成长。同时，我们也在其中发现了一些幼儿成长与家长教育过程中的个性化问题，这有利于我们更有针对性地开展相关指导。成长档案的建立，既记录下幼儿的成长轨迹，又使家长的育儿经验有了交流的平台，已得到了广大家长的认可和支持。

我们在家长工作中不断实践和探索，从基础工作规范落实逐步向特色工作个性开展迈进，摸索出了一些基于我园家长群体需求的家园合作工作方法，得到了广大家长的肯定，每年均收到家长表扬信、锦旗若干，并曾获得上海市"十一五"家庭教育指导实验基地先进校（园）、浦东新区"优秀家长学校"、浦东新区早教指导工作优秀单位等荣誉称号。

现代幼儿园管理工作给新时代背景下的家长工作提出了更高的要求，我们必须在多年家教基地工作经验的基础上不断与时俱进，为家长工作赋予更多的时代内涵，进一步密切家园合作，形成家园合力的良好局面，并继续开拓创新，在以后的工作中积极探索，不断提升家长工作的内涵质量。

课程巡视，丰富家长工作的深层内涵

殷雪梅

一、建立家园共育新机制，引发家园合力

家长工作，是幼儿园管理工作中的重要组成部分。我园是上海市科学育儿基地和家教基地学校，在现代教育管理理念引领下，我们认识到在幼儿园教育管理中家长是教育的支持者和参与者，学校要努力构建幼儿园、家庭、社会一体化的教育体系。于是，近年来我园将"课程巡视——家长参与学校课程建设"作为一个常态化的家园共育机制，以此来引发家长参与学校的教育教学管理，构建和谐的共育环境，增强家园之间的有效沟通，形成教育合力，不断提高我园的保教质量。

二、关注基础课程实施质量，形成家园合力

1. 生活课程巡视活动

幼儿园"一日活动皆课程"，在课程巡视活动开展初期，我们对家委会的成员发放了调查问卷表，根据调查问卷获得的信息显示，家长对学校的保育工作非常感兴趣，他们迫切想了解学校的膳食管理、安全管理等后勤保育工作。于是，我们组织了"生活课程巡视活动"，请家长们一早来园，观摩食堂进货、专人验菜、班级湿性扫除、保健晨检、保育员桌面消毒、分餐操作、进食堂看营养员操作、查看食品仓库和有关保健资料。通过这些环节的现场观摩，让家长零距离地接触我园的膳食卫生和安全工作，并从中获得科学的幼儿营养知识，更有利于家园良好生活习惯的培养。

2. 游戏课程巡视活动

家长普遍对孩子在幼儿园学了什么比较关心，而对于孩子的年龄特点决定了他们在"玩中学"这一科学的育儿观，能充分理解和接受的家长并不多。为此，"游戏课程巡视"活动的开展，很好地向家长宣传了这一科学育儿理念。我们根据不同年龄段的特点，设计了侧重点不同的"游戏课程巡视"内容：小班以"角色游戏"为巡视点，中

大班则以"个别化学习"为巡视点。在观摩过程中,家长和孩子们一起积极互动,充分感受到教师精心设计和投放的游戏材料是有目的性和层次性的,能满足不同认知水平的孩子多元智能发展的需要,其中蕴含的大智慧要比一堂集体教学活动要生动有趣得多。同时,也扭转了家长在育儿中重知识、轻能力发展的错误观念,使家园共育达成了一致。

3. "家长助教集体教学"课程巡视活动

为了拓展课程巡视的范围,丰富课程巡视的形式,让家长能更全面、更真切地了解幼儿园的课程理念,并充分挖掘家长资源,鼓励家长积极参与到课程建设中来,我们还尝试了以家长体验为主导的课程巡视活动。通过让家长来当一回父母老师,由单纯的课程观摩者转变为课程实施者,使教师由课程实施者转变为单纯的课程设计者,相互配合和协调,在换位体验中共同促进园内课程的建设,并进一步拓展家园的沟通与协作。

我们依托园内各级家委会和班内的家长志愿者,挖掘家长中的课程资源,邀请家长代表进入班级,和幼儿一起开展集体教学活动。家长们有的运用自己的职业优势开展活动,比如,做医生的爸爸教孩子们怎样洗手,做体育老师的妈妈带领幼儿开展户外锻炼;有的家长结合自己的兴趣爱好为幼儿设计了动手动脑的探索活动,比如,爱动漫的爸爸介绍了动画的设计制作;还有的家长根据幼儿身心发展特点开展了如心理维护、环保教育等各方面的集体活动。这些活动来自家长的创意,在家园密切的配合中互动开展,既开拓了幼儿的眼界,又增进了亲子互动,更重要的是促进了课程建设中的家园合作。

内容丰富的"课程巡视"活动让家长参与和了解幼儿园的生活、学习、游戏、运动等基础课程落实的情况,促使更多的家长和学校一起来共同关注幼儿的发展,关注幼儿园的保教工作,形成家园合力。

三、关注特色课程建设状况,形成家园合力

1. 课程巡视走进"首届探索节"

探索型主题活动是我园的特色课程活动,多年来,我们为之努力且不断推进和完善。结合教育部新近颁发的《3～6岁儿童学习与发展指南》中科学探究领域的研究和实践,我园开展了"北蔡幼儿园首届探索节",探索节以"探索嘉年华"为主题,以科学探索小游戏为主要内容,吸引了众多家长的参与。为了保证探索游戏的质量,我们全园教师每人设计并制作了一个小游戏,经过园课程领导小组成员的筛选,选择了

20 个小游戏作为参展内容。同时,我们进行了场地设计,将大活动室变成了一个探索的世界,邀请全体家委会成员和部分家长带领幼儿一起参与到活动中。在活动中,我们在每个游戏区域都安排了一至两位教师进行讲解和指导,一方面是指导幼儿根据游戏内容进行探索,另一方面也指导家长如何在家庭中和幼儿一起探究生活中的科学现象。

　　2. 课程巡视走进"探索型主题活动环境创设"

　　继"北蔡幼儿园首届探索节"活动获得成功后,我园又将"探索型主题活动环境创设"作为研究重点,班班开展科学探索活动,并创设了各具特色、有利于引发幼儿探索兴趣的环境,投放了大量适宜的操作材料,这也是一个让家长共同参与的良好契机。我们将这个研究成果作为上学期课程巡视的内容,家长们观摩了我园三个部、30 个教学班的主题探索环境受益匪浅,感受到环境所隐含的教育功能。

　　每一次课程巡视活动后,我们都针对活动的内涵精心设计了活动反馈表,请家长为学校的课程建设出谋划策,群策群力,并为下一次活动的开展寻找新的切入点,使课程巡视活动层层深入,渗透到学校课程建设的方方面面。

四、我们的收获

　　我们依托园内的"家长智囊团"这一组织,邀请家长参与园内课程管理,通过课程巡视活动,家园一致共同关注课程质量,"课程巡视"活动使家长真正地融入学校课程建设中来,同时充分挖掘家长资源,拓展了课程实施途径,保障了课程实施质量,更重要的是密切了家园联系,增进了学校、教师和家长之间的交流合作,形成了更强的家园合力,有效地促进了幼儿多元智能的发展。

家园共建课程，为幼儿成长添砖加瓦

倪 菊

幼儿园课程建设或实施过程中，不断挖掘和丰富家长资源，为幼儿学习活动的开展提供多方面的内容和便利的条件，为孩子们拓展一个更为广阔、更有内涵的学习和生活空间，是家园共育中一项重要的内容。在幼儿园课程建设与实施中进行家园互动，主要是为了让家长了解幼儿园的课程目标和教育理念，了解教师如何实施课程、如何组织活动，了解幼儿园课程内容的亮点和特色。在感受幼儿园幼儿课程魅力的过程中，乐意积极主动参与和融入其中，为幼儿园课程建设添砖加瓦。

一、加强宣传与沟通，促进家园共育有效落实

首先，为了保障课程实施质量，帮助家长理解一日活动皆课程的理念，我们加大了宣传力度。每学期期初召开家长委员会和各班家长会，让家长及时了解幼儿园工作重点，了解老师们在保教实施操作中需要关注哪些方面，从而明确自己该给予园方怎样的支持和配合。幼儿的整体面貌（礼貌、规则意识……），生活环节的细致、有序、温馨，运动中的安全意识、材料提供、场地布局，游戏中孩子的投入和自然……这些评价内容单靠教师们单方面的努力是不够的，需要家长们的共同关注。就以"洗手"为例，孩子们每天进园的洗手环节，有的孩子不肯洗，有的草草洗，有的借口不洗……渐渐地跟着不洗的现象也多了起来，值班老师的提醒都不奏效。但是，通过班级家长会，班主任老师的宣传和指导却十分有效，孩子们主动洗手多了，家长指导、鼓励洗手多了，这就是家园沟通的成效。一个洗手的小环节，就好像我们家园工作的一面小镜子，折射出幼儿园家长工作要细致、深入。家长们也从中领会到如何抓住各种教育契机，让孩子亲自去感受、体验。年轻的家长们明白，要做一名智慧型的家长，及时抓住生活中有价值的教育，让孩子们在生活中的学习更加有趣，更加丰富多彩。

其次，班级教师一如既往地定期出橱窗宣传、经常与家长电话、家校互动平台联

系,互相了解孩子最近发展情况,为下一阶段制定教育目标、更好地合作做准备。幼儿园有大活动和临时活动时,及时出通知书告知家长,让家长了解并能给予更多的关注和支持。

再次,随着互联网及移动终端的不断普及,幼儿园与家长之间迫切期待着一种更加及时、方便、快捷的沟通方式。我园及时推出的家园互动 APP,通过电脑和互联网让幼儿园和家庭之间的联系更为广泛,更为紧密、便捷。忙碌的爸爸妈妈们可以通过这款 APP 来了解我们幼儿园的活动情况,让家长们直接了解宝宝们在幼儿园的学习与生活,记录宝宝们可爱成长的一点一滴。幼儿园的各类活动项目也会在这个平台上进行展示和呈现,家长也可以随时关注到幼儿园进步和发展。

二、组织内容丰富的"亲职培训",满足不同年龄段家长的育儿需求

亲职教育是一种指导现在或未来的父母,关于为人父母所需的知识与技能的教育,使其不论现在或未来都能成功地扮演父母角色,促使子女健康成长与发展为最终目的的成人教育。我园坚持每学期开展不同层面的亲职教育,旨在积累各年龄阶段父母亲职教育专题内容,也取得了一定成效,并鼓励园内各班也能积极尝试。我们幼儿园根据小、中、大班幼儿年龄特点及学期主要教育教学目标制定讲座内容。本学期我园各部老师也都分别根据不同年龄段幼儿家长的需求和班级个性化需要,分别向家长开设了富有针对性的亲职教育培训。

我们专门聘请一些专家,分别向新生家长开设《为宝宝入园做好准备》、中班家长开设《幼儿营养及夏季常见病的发生与预防》、大班家长开设《做好幼小衔接,给孩子飞翔的翅膀》等各具针对性的亲职教育讲座培训,传授给家长一些独特的指导和养育方法,受到了家长的一致好评。又如,全园性《感知传统文化,了解民间艺术》等主题化亲职游园活动,满足了幼儿对民间艺术强烈的好奇心。

其次,各班级的教师也会根据育儿的热点问题,谈教育感受、家园共育……从而开展主题讲座。例如:中班老师设计的《我是生活小主人》《培养良好习惯从小抓起》等家长沙龙,宽松、民主,使家长和老师的距离更近了,家长的交流也显得更为轻松、积极、主动,家长互相交流教育孩子的方法,共享彼此的经验,取得了良好的互学效果。另外,也有根据班级实际情况开展的《顺应孩子个性发展》《重视孩子成长中的环境因素》《把握好孩子的最佳发展期》《运动促进幼儿健康成长》等亲职论坛讨论活动,让家长通过聆听讲座、参与讨论、体验活动等不同形式转变自我家庭教育指导的观念,提高家庭教育指导的实践能力,促进幼儿更全面的发展。

三、开展家长志愿者家长助教活动,鼓励家长参与幼儿园课程建设

随着幼儿园家长工作的开展,家长志愿者作为家长参与幼儿园活动的一种有效形式,已经引起我们的关注。通过开展"家长志愿者"工作,有助于增强家园间的联系与沟通,使家长更加了解孩子、走近教师、理解学前教育。因此,我们制定了《幼儿园开展家长志愿者工作建议》,也采取了相应的措施:① 在原有家长委员会的基础上,通过幼儿园发起、班级教师推荐和家长自荐,成立了一支可以各展所长、能够成功有效促进家园互动的"家长志愿者"队伍。② 进一步完善《幼儿园家长志愿者职责》。③ 根据家长的职业特点、兴趣专长等建立班级"家长资源库",各班教师利用家长资源,开展家长助教、亲子活动等,促进了家园互动,丰富了幼儿园课程。

"家长助教"是一种新型的家园共育方式,充分挖掘家长身上蕴含的丰富教育资源,鼓励家长参与幼儿园教学,邀请家长助教走进课堂,参与教学活动。我们的家长助教来自不同行业,有着不同的工作,他们的职业、阅历、特长对幼儿园来说是一笔丰富的教育资源,它能够弥补幼儿园教育教学中存在的许多局限,用他们的专业知识,通过不同的教学模式和教学思路,从不同的领域学习有趣的知识,同时拓宽孩子的视野,激发孩子的思维,让别样课堂氛围活跃起来。画神闲爸爸教画画、快乐蛋糕师、光的游戏、心理辅导:我是谁……孩子们都乐在其中,家长们能给孩子们营造一个快乐的课堂。不少教学内容,从活动选材、活动设计、活动形式都别具匠心,让我们的孩子充满了好奇心,他们所表现出的专注、有序以及踊跃、大胆,都让我们感受到活动的意义所在。这样的活动,把家长参与教学的效果充分体现:既合理地利用了家长资源,调动了家长积极性,又让孩子们接触到各种各样的职业,更好地走进社会,了解社会。

家长志愿者家长助教活动,反响非常好。不少家长在反馈问卷中都要求多一些次数,而且要在园内扩大宣传,让更多的家长参与进来。这也给我们的活动策划者增强了信心。积极有效地开展家长助教活动,能够促进家园联系,为家长和老师搭建一个互动交流、互相学习的平台;同时,我们从家长助教的教学活动中吸取宝贵经验,进

一步提高教学水平。

家长们通过参加"志愿者活动"亲身体验了教师的工作,活动也增强了家园之间的交流与合作,密切了家园关系,满足了家长支持教育、回馈社会的美好愿望。同时家长资源得到了发挥,丰富了幼儿园的教育元素,为幼儿提供了更为优良的成长环境和条件。

四、共享"探索嘉年华"乐趣,展示课程特色

为了强化特色课程的影响力,在常规的课程活动之外,我们还设计和组织了北蔡幼儿园"探索节"活动。探索节里每个班级都会围绕"四个一"(即设计一个科学小游戏、组织一次创意交流会、布置一个体验互动区、开展一场辐射展示会)来展示幼儿园特色课程。每个班级的教师会向家长介绍本班探索活动的创设意图和实施过程,精选出有趣的、幼儿感兴趣的科学小游戏,然后邀请幼儿园家委会成员及幼儿参与互动,一起来体验、改进和完善,最后向全园家长开放,让全园家长参与"探索嘉年华",感受探索活动的乐趣,使我们的"探索节"不仅成了孩子们的节日,更是孩子与家长共同的"家庭日"。

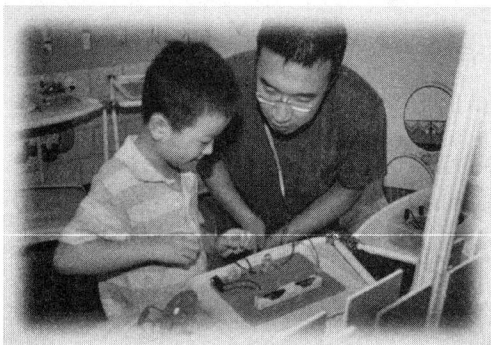

幼儿园开展"探索节"活动已经成为幼儿园特色课程中的一个常规活动,每一次的探索节活动,总想让小朋友、家长、老师看到或感受到一些新的内容,在活动内容和形式上力求创新,在推广幼儿园传统内容的同时,又不断开拓和挖掘新资源。探索节里,班班开展探索型主题活动、每两周一次的科学探索活动等,保障了科学探究活动的有效落实,充分挖掘家长资源,鼓励家长共同参与这些方面落实得有声有色。近两

年引进周边社区及专业机构的科学探索资源,通过"请进来,走出去"的方式,不断增强幼儿的探索体验,更是给我们的探索节增添了活力,拓展并丰富了幼儿的科学探索课程模式。特别是外请的"科学秀"活动深受幼儿及家长的喜欢,也进行了科学小实验引进课堂的尝试,与STEM+课程等外部资源进行有机结合,丰富了探索节的内涵与组织形式,努力焕发特色课程的教育价值。幼儿的好奇心和探索欲在亲自体验中得到了满足。外部资源的不断开发和利用,充实、丰富着幼儿园探索节的活动内容,也有效推进了幼儿园特色课程的顺利开展,家长对幼儿园特色课程的认可度和参与度也越来越高。

五、自觉接受家长监督,保障一日活动的课程质量

1. 以"课程巡视"的方式进行保教质量监测

我们依托园内的"家长智囊团"这一组织,邀请家长参与园内课程管理,参与课程巡视,家园一致共同关注课程质量。我们将原先的一次性的"课程巡视活动"拓展为目前为期一周的"课程巡视周",将原先的家长观摩和评价活动拓展为参与设计、组织和观摩、评价的家长助教。每班挖掘家长资源,请家长结合班级主题、探索特色或自身的特长,与教师一起为幼儿设计和组织活动,共同丰富课程建设。同时,我们还邀请"家长智囊团"成员巡视各部、各班,全面了解活动情况,在家长中产生了良好的反响,家长在调查问卷中纷纷表示,这样的活动使他们更了解幼儿园的工作,非常有意义。

2. 每学期开展家长开放日

家长在半日活动中不仅看到幼儿学习、生活、活动的方方面面,还能看到一些幼儿园家长特别关注的,如幼儿园饮食、安全、环境、设施等情况。家长开放日是家长对幼儿园全方位监测的一个窗口。

3. 每学期多形式调研反馈

每学期期末,我们向全园家长发放调查问卷,全面了解教师的工作情况和幼儿的发展情况,了解家长对我园工作的满意程度,为教师教育行为优化提供更有力的支持;我们还定期召开家委会会议,向家长代表汇报工作情况,接受家委会的质询,以便采取更适时有效的措施,及时改进工作思路,更好地促进我园保教质量的提高。

在家长满意度的跟踪了解中,我们发现家长最在乎的是幼儿发展。幼儿表现自主、放得开,交往主动大方、同伴关系好、自理能力强、运动能力强、生活卫生习惯好、倾听习惯好……这些也真是家长最希望听到的,家长的合力教育才会有成效。在开展家长智囊团课题活动、家长助教团的活动以及班级的亲子特色活动等亮点工作中,通过与家长的反馈互动,幼儿园管理更加细致,保教自查更加自觉,规范落实更加有效了。家长课程巡视,也让我们收获颇多。

收获一:强化工作规范,保障活动质量

促进我们幼儿园各部进一步合理安排幼儿一日作息,使之更科学,并更具适宜性和操作性。同时,细化调整了《幼儿园教师一日保教工作细则》《幼儿园保育员一日保教工作细则》,使教师对自己的工作职责、要求明确于心,科学、规范地组织好一日活动,促进幼儿全面发展。如,保育员在分点心过程中的操作,小班、中大班的餐具摆放如何体现差异等。

收获二:深化细节管理,明确保教要求

我们也对教师组织一日活动的各个环节(区角、运动、生活、学习、自由活动等)的注意点进行了梳理,教师们精心为幼儿提供丰富的生活和活动环境,合理设置区域、投放材料,营造安全、和谐、平等、互动的心理环境,让幼儿充分自主、享受快乐。特别是每个环节的细节之处,如,自由活动的形式、活动室布局的开放、运动区域的情景创设……教师们对各个环节中新理念的把握更明确了,对各项活动中自身不同的角色意识更强烈了,因此组织各项活动的能力也有了一定的提高,教师的教育行为更清晰、理智了。

收获三:优化课程环境,促进家园合作

在我园的环境创设中,到处可以看到家长积极参与的印记,小班游戏环境中的各种自制家具等仿真物品,中大班中展示班级主题探索的各种资料和作品。我们通过不同园部间教师的相互观摩,给教师创造了一种相互学习交流的机会。大家一起分享家园共创班级环境的经验,交流设想,探索环境与课程、教学、幼儿之间的多元互动,发挥环境的教育作用,促进了教师、家长与幼儿三者积极的互动。

收获四:以课题为引领,提高家园互动实效

近年来,我们还成立了《幼儿园课程建设中"家长授课"模式的实践与研究》课题组,并参与了《上海市家庭教育指导研究"十二五"规划课题》的申报,借助课题研究,充分挖掘、利用家长这个丰富的教育资源,不断壮大我们的家长助教志愿者队伍,开展更多、更丰富的家长助教活动,拓展幼儿园的教育内容和总结幼儿的学习经验,进一步凸显我园家园共育的办园特色!

家园共育犹如一车两轮,只有同步同向才能产生出 $1+1>2$ 的合力。我园开展的各项家长工作,如同给家园共育之车注入了润滑剂,让幼儿园教育与家庭教育能更加和谐统一。良好的教育环境的创设离不开丰富的物质,教育资源的统筹离不开有效的家园互动。家园互动作为课程架构中的一部分内容,是课程实施强有力的保障,更是幼儿健康成长强劲的推进器。

在融合中前行，在互动中成长

——浅议 STEM＋活动与家园活动的有效融合

顾燕菁

《幼儿园教育指导纲要》中指出家庭是幼儿园重要的合作伙伴，我们应本着尊重、平等、合作的原则，争取家长的理解、支持和主动参与，并积极支持、帮助家长提高家庭教育的能力。

作为教师，我们应该善于利用家长资源，达到家园共育，提升家长教育指导能力，有效地促进幼儿的发展。基于此，我们在各类活动开展中，始终将家长作为我们的合作伙伴，搭建各种形式、各种内容的交流和互动平台，让家长们走近我们的教育、理解我们的教育、支持我们的教育，让家长们在过程中体验和孩子共同成长的快乐，从而达到真正意义上的家园合作教育，让我们的各项教育活动有效有序地开展。

本学期我们班级成了 STEM＋项目的实验班，选择了 STEM＋课程的《蔬果超市》项目来落实和实施 STEM＋课程。通过前期培训获知，STEM＋课程有三种典型的整合取向：1. 学科知识整合取向；2. 生活经验整合取向；3. 学习者中心整合取向。结合中班孩子的年龄特点，通过对《蔬果超市》活动内容的梳理，本人觉得在落实该项目的活动时需要把重点落在"生活经验整合取向"这一点上。该整合取向强调通过社会实践活动以及社会问题解决能力的培养，将多学科的知识融合到真实的社会活动中，在活动中寻找各学科知识的整合点。可见，如果围绕该点开展活动的话，我们活动的开展需要融合于各式各样的社会性实践活动、融合于生活以及不同形式的活动中，我们的活动将走向园外、走向社会，活动需要我们多方运用各种资源。因此，可以说要想保证活动的顺利、有效开展，光靠教师的一己之力是没法去有效落实的，我们需要争取家长的配合，争取多方资源为我们所用，只有这样 STEM＋活动才能有效实施。

另外，从家长工作开展的角度来说，作为老师，争取家长的支持，充分利用家长资源,达到家园共育,有效地促进幼儿的发展,有效地落实各项活动,也是我们班级工作开展的重要内容。于是,我们从家长工作开展的角度出发,从家长的需求出发,从STEM+活动开展的需要出发,将《蔬果超市》活动与班级家长工作的开展相融合,以《蔬果超市》中的活动内容为切入点,设计各种形式、内容的家园活动,为孩子和家长搭建一个个活动和互动的平台,借助家长的力量来有效落实和实施我们的STEM+活动,也让STEM+活动走近家长、走进每个家庭,让STEM+活动在我们心中生根发芽。

下面是我们班级围绕STEM+《蔬果超市》项目开展的家园系列活动介绍,以及我们在过程中的一些想法和思考。

一、同策划、共筹备:做我们自己的活动,形成家园共同体

1. 充分发挥班级家委会的作用,依托家委会的力量形成活动的初步脉络和框架

(1)"家中事"大家知

针对本学期的家长特色工作和STEM+活动如何落实和实施,我们在开学初就告知了班级家委会,然后由班级家委会代表牵头召开了班级家委会会议,将本学期重点工作、家长配合事项等与班委会商议。在会议中,班委会家长们各抒己见,非常有针对性地围绕STEM+重点工作和配合工作把自己的建议与我们分享,对于某些工作的落实我们一起出谋划策。通过大家的共同努力,我们梳理出了本次活动的初步活动框架,使我们接下来的工作开展更有明确的方向性。

(2)充分发挥"领头羊"的作用

豆豆妈妈是我园的家委会成员,也是班委会的小组长,同时也是我们家长的"领头羊",在家长中有一定的号召力,所以每次的班级活动开展都由她发起和筹备。在本次活动开始前,我们事先将本学期的一些工作和豆豆妈妈进行了沟通,先让她清楚和明白,初步梳理了活动的内容,然后由豆豆妈妈牵头开展班级家委会活动。在形成初步的活动框架后,豆豆妈妈又将这些信息发布出去。每一项活动开展时,豆豆妈妈也是身先士卒,及时通过微信等媒介发布活动的动态,激发班级其他家长参与活动的积极性和主动性,从而让我们的活动有条不紊地开展和落实。在豆豆妈妈的引领下,越来越多的家长活动积极性和主动性提高了,每次豆豆妈一发出倡议,一有行动,家长基本都会响应。由此可见,充分发挥家委会"领头羊"的作用,可以让我们的活动开展更顺利。

2. 用心聆听家长的声音,从家长需求出发,完善STEM+家园系列活动方案

依托家委会的力量,我们形成了本次家园系列活动的初步框架和脉络。但是为

了活动的开展更能迎合家长的需要,让本次的 STEM＋活动成为我们和家长共同的活动,我们通过家长问卷了解家长需求。同时,将家长的需求进行汇总和梳理,在此基础上,我们将活动方案进行完善和丰富,力求使本次活动能有效开展,满足家长需求,促进幼儿成长,让活动成为我们共同的活动,形成家园共同体。

二、同活动、共参与:不同途径的 STEM＋融合活动开展,促孩子、家长、教师成长

STEM＋活动源于生活,也将回归生活。STEM＋《蔬果超市》活动内容丰富多样,于是我们在落实这些内容时,尝试以不同的形式,通过不同的途径与我们的生活、周边的资源相融合,希望通过这样的融合,让我们在潜移默化中、在综合运用各种资源的过程中将活动有效落实。也希望不同形式的融合活动,让孩子们、家长们喜欢上这样的活动,让彼此在共同的活动中获得成长。

1. STEM＋活动融合进超市

STEM＋活动走向社会,走进超市,将活动内容与超市参观相融合。在实地的活动中学习和成长,对于孩子们来说有趣,对于家长来说也非常容易把握,在亲子结伴、小伙伴同行逛超市的过程中,孩子们和家长们都收获颇多,他们发现了很多平常关注不到的超市秘密。我们的家长们更是感叹:这一次的超市之旅,让作为家长的他们也知道了,生活中有很多我们没有发现的事情,作为家长也要有探求的意识。家长们还表示:这一次逛超市前,老师提供的参观提纲给了他们很好的指引,让他们在带领孩子观察和学习时的目的性更强了。在家长们的指引下,孩子们对超市进行了有目的的观察:我们是怎么逛超市的? 超市里有谁? 他们都在干什么? 超市是怎么布局的……家长的参与让孩子们走向了社会,增强了孩子们探索社会的愿望。

2. STEM＋活动融合进我家

STEM＋倡导活动中幼儿的主体性和主动性,提倡为幼儿构建学习的平台和框架,让幼儿有机会动手动脑。结合《蔬果超市》各阶段的活动内容,在筹备超市和创设超市环境阶段,我们设计了一些幼儿力所能及的亲子制作活动:自制环保购物袋、自制蔬果。并且我们把这两项活动内容推向了家庭,我们希望让我们的 STEM＋活动走进每个家庭,让 STEM＋《蔬果超市》成为孩子、家长、老师共同的活动。STEM＋走向家庭不仅让家长对我们活动开展的细节和状态了解得更清楚了,也让家长明白在不同的活动内容下,自己该如何参与活动,该如何支持孩子。看似简单的亲子制作互动,却激发了孩子们参与活动的积极性,让孩子们感觉自己就是《蔬果超市》的主

人,自己就应该为《蔬果超市》做点什么。也让家长们在这看似生活化的亲子制作中学会参与和支持。STEM+活动走进了我们每个孩子的家,STEM+活动让我们成长。

3. STEM+活动融合于社会实践活动中

在《蔬果超市》活动开展过程中,孩子们对小黄豆产生了浓厚的兴趣:小黄豆是怎么来的? 小黄豆可以做什么? 小黄豆可以种吗? 小黄豆种出来后会变成什么? 孩子们关于小黄豆的疑问可真不少。为了让孩子们对于了解小黄豆有一个比较完整的经验,于是我们充分挖掘身边的教育资源,与离幼儿园不远的"闲情雅趣"实践基地进行了联系,并将我们班级关于STEM+《蔬果超市》的一些活动内容和基地的老师进行了沟通。通过共同的努力,我们围绕"神奇的小黄豆"设计了一系列的活动,活动内容丰富,活动形式多样,我们希望通过这一活动能让孩子们对"小黄豆"有一个比较完整的了解。在本次活动开展之前,我们也把本次活动的意图、活动框架向家长们进行了宣传,因为有了前几次活动的体验,家长们对本次走出园门的STEM+活动很重视,他们觉得每一次的活动都能带给孩子和自己全新的体验,于是家长志愿者纷纷报名参加本次活动。他们还进行了合理的分工,保证活动有效有序进行。

4. STEM+活动融合于亲子科学实验中

在社会实践活动"神奇的小黄豆"活动开展之后,孩子们对发豆芽这个活动内容尤为感兴趣。考虑到"发豆芽"的效果是不能立马呈现的,需要有一个周期,而且在"发豆芽"这个过程中孩子们可能还会发现发豆芽并不简单,可能会产生很多的问题。孩子通过亲身的实验,可能会发现很多科学小秘密,通过前一次的关于"神奇的小黄豆"的活动,家长们也积累了一些关于"黄豆"的相关知识,所以我们就把这个"发豆芽"的活动再一次推向了家庭,希望通过亲子科学小实验的形式,进一步激发孩子们科学探究的兴趣。通过我们和爸爸妈妈们共同架构起的学习框架,孩子们在自然、轻松的氛围中学习,也让爸爸妈妈们在陪伴孩子实验的过程中,学会交流、学习互动,学会去发现孩子的问题,尝试去指导孩子解决问题,和孩子一起在实验中学习和成长。

实践出真知,实践长知识,在亲身参与实践中,孩子们发现了越来越多关于黄豆的小秘密。这些知识的获得是孩子们通过主动学习获得的,在这个过程中爸爸妈妈们陪伴着孩子,爸爸妈妈们成了孩子们学习的伙伴。

三、同分享、共思考:搭建各种交流和切磋的平台,在分享中一起感悟成长

因为是亲身参与,因为是全程投入,因为是自己的活动,所以家长们都有自己的

感触和体会。他们对活动的开展有自己的想法,有自己的感触,他们需要抒发,他们需要表达,他们需要有一个交流和切磋的平台。于是,针对不同活动阶段家长们的需求,我们在活动中和活动后都为家长们搭建了不同的交流平台,满足家长和孩子们表达的愿望。我们希望不同形式的交流,能进一步促进活动的有序有效开展;我们也希望通过切磋和交流,让家长们获得更多有益、有效的信息,提升家长们支持和指导孩子活动的能力;我们更希望家长们通过活动的体会交流,在互相的交流感悟中,让STEM+活动促进了孩子和自己的成长,并有所感悟。

1. 搭建微信交流平台,满足家长们交流和切磋的需求

因为之前有过依托微信平台开展家长沙龙的经验,因此我们的家长们都敢于在班级群里发问、提出自己的疑惑。在活动开展的不同阶段,当家长们在微信群里交流和切磋时,作为老师的我们总是在家长有问题时及时出现,和家长进行互动。同时,我们也鼓励家委会的家长们能积极参与互动,起好带头作用。正因为有了老师和家委会的参与,我们的微信群里总是热闹非凡。家长们能毫无顾虑地"不耻下问",不管是什么他们都敢于提问。他们知道在微信群里,总是能得到其他家长的支持。通过一次次的微信群交流,家长们解决了一个又一个的困惑和难题。他们通过经验分享,共享彼此的智慧,更好地参与到孩子的活动中去,陪伴孩子活动,指导孩子的活动,让自己和孩子在活动中共同成长。

2. 鼓励家长以活动感悟的形式呈现自己的所思所想,在分享中感悟自己的成长

活动开展的后期,在和家长们的沟通和交流中,我觉得我们的家长都是很有想法的。大部分家长的文化程度较高,他们很擅长通过书面的形式向我反馈他们参与本次活动的感受。为了满足家长的需要,在活动后我们开展了题为《谢谢你让我成长之成长的快乐——我们的感悟》的分享活动,家长们将自己的亲身体会、活动感悟通过文章的形式反馈给我,然后我将这些感悟在班级微信群里进行发布、分享。当家长们看到彼此的活动感悟后,都表示感同身受,他们真真切切地体会到家长参与到STEM+活动后,孩子们和自己的转变。他们发现原来在不经意间,孩子在成长,伴随着孩子的成长自己也在成长。

通过一系列STEM+家园活动的开展,我们将STEM+活动引入了孩子们的家庭,引向了社会,融合于亲子科学实验、助教活动、社会实践等不同形式的活动中。通过融合,我们将活动扎根于孩子和家长,让活动成为孩子们和家长们自己的活动,让他们在共同的活动中积累愉快的活动体验,在活动中快乐地成长。

家园携手走进STEM＋,共创幼儿美好未来

——浅谈 STEM＋项目中家园合作培养幼儿的综合能力

王慧菊

前不久教育部发布了《中国学生核心素养》,这份文件提出未来我们需要的人才应该具备以下三方面素养：文化基础、自主发展以及社会参与。综合表现为人文底蕴、科学精神、学会学习、健康生活、责任担当、实践创新六大素养,明确了应具备的适应终身发展和社会发展需要的必备品格和综合能力。对照看来,在我园实施的STEM＋教育在很多理念上与之不谋而合。STEM＋教育尤其重视幼儿自主学习、解决问题、团队合作等综合能力的培养。著名教育学家陈鹤琴说过："幼稚教育是一种很复杂的事情,不是家庭一方面可以单独胜任的,也不是幼稚园一方面能单独胜任的,必定要两方面共同合作方能得到充分的功效。"的确,幼儿教育应该是家庭和幼儿园合作共育的成果。那么在推进、开展 STEM＋项目时,怎样携手家庭来培养幼儿的综合能力成了我们关注的话题。由此,我们开展了"家园携手走进 STEM＋,共创幼儿美好未来"系列活动,结合《STEM＋飞机场》项目开展了有针对性的家园共育活动,促进幼儿综合能力的培养,增进家园互动,提高家园共育水平。主要从以下几方面展开。

一、宣传STEM＋教育理念,强化家长意识

要培养幼儿自主学习、解决问题、团队合作等综合能力,强化家长的意识十分重要,只有家长对其重视了,才能吸收正确的教育理念。活动中我们首先对家长进行了问卷调查和STEM＋理念的宣传。

(一) 调查了解家长的育儿观念

活动开始前,我们先向家长发放了"关于 STEM＋活动的调查问卷",旨在了解班

中家长对 STEM＋活动中有关幼儿综合能力培养的认识和需求。收到问卷反馈后，我们邀请了班级家委会成员和我们一起对问卷的结果进行了整理，经统计我们发现：1. 家长对 STEM＋活动的理念比较认同，但是具体了解不多；2. 家长对幼儿综合能力培养的意识略显薄弱；3. 家长对幼儿教育是需要幼儿园、家庭、社区相互配合的理念比较认同，十分乐意参加班级的家园共育活动。

由此可见，对于 STEM＋的课程，家长了解得不多，这就需要我们在下阶段的家园共育活动中做好相关的宣传工作，让全体家长了解 STEM＋理念及具体实施办法，从而能家园同步走进 STEM＋，实现家园共育。

（二）宣传 STEM＋的教育理念

最近，STEM＋教育在学校教育中风靡起来，但是在我们一窝蜂地追赶这个教育潮流时，我们是否真正理解美国 STEM＋素质教育的真谛呢？ STEM＋教育到底在提升孩子的哪些能力？虽然班上家长都认同 STEM＋对于幼儿综合能力培养的理念，但是在家庭中具体可以怎么做，家长可能感觉无从下手。由此我们在活动开始阶段，分别在家长园地和班级微信群里张贴和上传了相关资料，对家长进行了 STEM＋教育理念的宣传。通过宣传活动，帮助家长了解了 STEM＋教育鼓励幼儿自主学习的理念和具体做法，从而提高家长参与活动的积极性。

二、邀请家长参与 STEM＋，从实践中感知 STEM＋教育

（一）开展家、园、社区共育活动：社会实践活动之参观机场，邀请家长配合做好相关协助工作

在《STEM＋飞机场》项目启动之初，我们组织幼儿参加了位于上海航空服务学校的社会实践活动——参观机场。参观活动由于场地有限，虽然没有邀请家长亲自参与，但我们在活动前后都与班级家长进行了及时、有效的沟通和反馈，邀请家长做好此次社会实践活动的协助工作。活动前，我们先向家长告知了此次社会实践的目的，即让幼儿走近机场，让幼儿能更直接地了解机场、了解与机场相关的一些内容，丰富幼儿关于机场的相关经验。同时，我们建议家长在参观机场活动之前可以和孩子们聊聊，问问孩子们有关机场的事情，了解孩子们有什么问题想知道？ 如"机场有什么人""他们是怎么工作的""机场有什么区域""机场是干什么的""上飞机前我们要做哪些事情——安检、托运行李、登机检票等""建造机场，我们需要什么准备"等。

通知发出后，家长表示会全力支持此次活动，鼓励幼儿带着问题去观察机场、了

解机场,配合老师做好幼儿的安全教育,期待活动顺利进行。参观活动结束后,我们及时向家长分享了活动花絮,共享幼儿在活动后的收获。这也让家长有了不少收获,有的家长说:"原来幼儿的学习无处不在,我们旅游乘过好多次飞机,但是都没有引导幼儿去观察、去了解机场的设备和工作,看来以后在生活中要多多引导孩子去观察,在生活环境中自主习得知识。"有的说:"感谢老师让幼儿在不同的环境中去学习,这给了幼儿更多的学习机会,我们受到启发也会鼓励他多参加STEM+相关的活动。"

由此,我们也建议家长能借鉴STEM+教育的理念和此次社会实践活动的模式,引导幼儿多接触真实生活和社会资源,如博物馆、图书馆和社区等园外非正式的学习环境,并在日常生活中多激发幼儿的好奇心,多向孩子问"wh"(why、who、what、when、where)方面的问题,多让幼儿通过实践、体验区探索周围世界,积累更多经验。

(二) 开展"亲子制作:乘着飞机去旅行"活动,鼓励家长将STEM+的教育理念融入亲子制作活动中

在《STEM+飞机场》项目开展过程中,孩子们了解了搭乘飞机的流程、飞机场的各种设施、飞机的外部和内部构造、乘坐飞机的安全事项等。我们发现孩子们对飞机的构造兴趣十足,为此我们开展了一次亲子制作活动,邀请爸爸妈妈和孩子一起参与"亲子制作——乘着飞机去旅行"活动,通过和孩子一起回忆经验、查阅资料等,了解飞机的构造,寻找身边的材料一起制作一架飞机,实现孩子的蓝天梦。活动中我们鼓励家长在制作过程中融入STEM+的教育理念,引导孩子收集相关资料,通过实物(模型)观察、动手操作等途径来完成制作。制作完成后,我们还在教室外走廊创设"一起去旅行"情境,展示亲子制作作品,并鼓励幼儿向同伴介绍所做的飞机。活动不仅提高了幼儿动手操作、表达表现能力,还通过亲子间的合作,增进了亲子情感。

(三) 成立亲子科普站,邀请家长与幼儿一起观摩STEM+科学展示板

在STEM+家园共育活动中,我们还成立了亲子科普站,邀请家长和幼儿一起观摩幼儿园大班各班级关于飞机的STEM+科学展示板。同时我们建议家长利用身边的STEM+资源引导幼儿能关注周围世界,逐步养成爱提问、好探索、会尝试自己解决问题的品质。活动中家长了解到支持孩子在STEM+上的学习和发展并不意味着我们必须成为一名专家。事实上,成人过程中最重要的事情之一,就是模仿参与和对周围世界的好奇心。家长可以通过和幼儿一起提出问题和求证,把自己当成一个共同的学习者和引导人的角色,鼓动起幼儿的好奇心,以及渴望探索和实验的动力。同时,我们也建议家长可以充分利用网络上一些好的免费资源,来丰富自己对STEM+

的知识和建立作为引路人的自信。正确地理解和传播"STEM＋"这个词,培养幼儿的 STEM＋意识,幼儿需要更多的机会去探索他们生活的方方面面,而家长完全有能力支持他们的成长和进步。

三、挖掘家长资源,家园合力促进活动的开展

(一) 发挥家长特长,家长资源齐分享

班级家长资源在家园共育中总是起着举足轻重的作用,如何充分利用家长资源,丰富家园共育活动内容,这次的活动我们主要从以下几方面展开。

1. 利用家长职业优势,开展家长助教活动"空姐妈妈来上课"

在《STEM＋飞机场》项目开展过程中,我们得知班里徐君昊小朋友的妈妈是东方航空的空姐,于是我们邀请"空姐妈妈"来给我们分享"飞机上的那些事",如"接到飞行任务后要做什么准备?""上飞机要穿戴什么?""飞机上空姐要做什么?"等。空姐妈妈认真地为孩子们做着介绍,并回答了来自幼儿关于机乘人员和飞机飞行中的问题,还带着他们体验了空姐、空少的工作。在她的引导下,我们的小空姐给乘客服务时倒饮料也做得有模有样。

家长助教活动虽然很快就结束了,但活动内容延伸到了《STEM＋飞机场》项目的幼儿游戏中。通过此次活动,孩子们在角色游戏中"工作得更专业"了,也进一步提高了幼儿的语言表达能力和社会交往能力。

2. 利用家长特长爱好,开展"爸爸志愿者——亲子科学小游戏"活动

活动中我们邀请了班中对科学实验十分感兴趣的顾灏辰爸爸来园和幼儿进行了"科学小游戏"的互动,主要进行了和《STEM＋飞机场》项目有关的亲子科学小游戏,有橡皮筋动力滑翔机、气球喷气式飞机、拉线直升飞机等。幼儿在"橡皮筋滑翔机"科学游戏中尝试运用橡皮筋的动力使滑翔机飞翔,在"气球喷气式飞机"中尝试运用气球内空气的反冲力使飞机上天,在"拉线直升飞机"中尝试用拉线产生的动力使直升飞机起飞。活动开展过程中,我们还与全班家长同步分享了游戏的材料与玩法,并建议他们在幼儿操作时要保持耐心,等待幼儿探究,允许他们尝试错误,即使操作失败,幼儿充分参与也是一种收获。引导家长了解 STEM＋课程体现了科技时代带来的变化,这些变化不是在抽象的原理中,而是在幼儿的生活、实践中,是他们经常接触到事情和能够操作的材料。STEM＋课程的目的不在于让幼儿掌握多少知识点,而要让其学会一种科学探索的方法。在幼儿的学习活动中,科学小游戏不仅能很好地培养幼儿动手动脑的能力,理解与生活息息相关的事物,知道一些基本科学原理,更让幼

儿能够尝试探索、感受科学。

3. 利用家委会引领作用，开展"制造机场设施、设备"工程活动

在实施 STEM＋项目过程中我们发现，STEM＋教育有两点非常值得借鉴和学习：第一，注重学习与现实世界的联系；第二，注重学习的过程，而非体现在试卷上的知识结果。STEM＋其实是对基于标准化考试的传统教育理念的转型，它代表着一种现代的教育哲学，更注重学习的过程，而不是结果。本质上来说，我们希望幼儿创造能够应用于真实生活的知识，所以 STEM＋教育不是在桌椅整齐的教室上课，而是在充满木板、锉刀、画笔、电线、电路板、芯片、3D 打印机以及各种奇怪教育科技产品的工作坊。

由此，我们利用家委会引领作用，开展了"制造机场设施、设备"工程活动。在幼儿制造机场设备的活动前，我们邀请了四位家委会家长作为我班 STEM＋飞机场项目的"种子家长"，邀请他们和幼儿一起参与制造飞机场的设备、设施，家园合力通过"设计—制作—游戏"的方式来激发孩子的好奇心，提高动手能力、问题解决能力和交往能力。

首先在"设计"环节，我们让"种子家长"和幼儿一起投入到创造之中。在受到教师邀请参加活动后，"种子家长"在微信群里对活动内容和材料配置等问题进行了热烈的讨论，并设计了多个机场设施，还为活动准备好了丰富的材料；在"制作"环节，"种子家长"和幼儿一起制作机场设施设备，他们首先和班上幼儿进行结对分组，有的制作行李传送带，有的制作安检门和手持安检器，有的制作飞机上的餐车和美味飞机餐……整个制作活动让幼儿和家长一起从"做"中"学"，拥有自己的作品，同时也拥有创造作品的学习过程。"游戏"是幼儿最好的学习方式之一，在 STEM＋项目中，游戏也是十分重要的，幼儿交往能力、解决问题能力都能在游戏中提升。在制作完成机场设施、设备后，我们马上把材料投入到幼儿机场游戏中，四位"种子家长"也参与到幼儿游戏中，和幼儿一起感受他们是创设这个游戏的主人，这样幼儿游戏的热情更高了。

活动结束后，教师及时在班级微信群里向全班家长介绍了 STEM＋项目中工程活动开展的具体做法和活动花絮，得到了班级其他家长的肯定和赞扬。看来这次家委会活动起到了引领作用，让家长了解到 STEM＋教育不仅仅是提倡学习这五个学科知识，更提倡的是一种新的教学方式：让学生们自己动手完成他们感兴趣的、并且和他们生活相关的项目，从过程中学习各种学科以及跨学科的知识。我们也希望在下阶段的活动中有更多的家长能参与幼儿的工程、制作等活动。

(二) 搭建交流平台，家长经验共互动

通过教师向家长宣传 STEM＋的教育理念及多个家园共育活动，家长获悉了在

幼儿学习中,不要过度关注结果,而应该多放手,让幼儿通过自己的操作、体验来自主获得经验、解决问题,但是对于在家庭日常生活和学习中,如何培养幼儿的问题解决能力和综合能力,不少家长有点困惑。于是,我们开展了育儿沙龙活动,给班上家长搭建了互相交流的平台,鼓励他们相互交流分享、讨论家庭中 STEM＋教育的应用。沙龙活动中,有的家长提到了在日常生活中当孩子向你提出问题的时候,不要直接告诉他答案,而是要引导一下,让他想一想,让孩子养成思考的习惯。比如说孩子问你天上为什么会下雨? 你不用洋洋洒洒地把大气循环的整个过程告诉他,而是不断地去问他问题引导他思考,或者提供书籍、网络资源让他自己去了解,提高学习的自主性。有了这样的思考,他会记得更加深刻,因为在未来,他所要解决的问题都要经过思考,也许没有谁会给你现成的答案……

通过搭建此类家长"教育"家长的平台,经过家长间的互相交流,家长们纷纷表示收获很多,也愿意马上在自己的家庭中付诸实践。不仅每位家长自己做了详尽的计划,更是对其他家长有所启发。

四、家园同总结,为以后家长工作提出要求

《STEM＋项目》活动中我们开展了丰富的家园共育活动,通过这一系列的活动,我们也有了不少的收获。

1. 家长的意识提高了,观念更开放了

班上的家长大多都能形成正确的儿童观、育儿观,能重视 STEM＋教育对幼儿综合能力的培养,并在家庭中尝试将 STEM＋教育理念融合于幼儿生活、学习中,坚信自己有能力参与孩子的教育。

2. 幼儿的综合能力明显提高了

通过亲子制作、家长助教、社会实践等家园共育活动,幼儿自主学习、解决问题、团队合作等综合能力都提高了。

3. 为后续家园合作开辟了新途径

经过这一系列的活动,家园联系更密切了,家长知道了对幼儿的教育是离不开老师和家长的相互配合,为今后开展家园合作开辟了新的途径,提炼了经验。

4. 对教师提出了更高的要求

通过家园共育活动的开展,家长的育儿水平也明显提高了,这就对老师的专业性提出了更高的要求,需要老师具有更强的儿童意识和专业素养,这样今后才能更有效地对家长进行支持和指导。

综上所述,虽然此次《STEM＋飞机场》项目已结束,但通过各类家园共育活动,家长和老师对 STEM＋教育理念理解更深刻了,通过家园互动为幼儿自主发展、解决问题、团队合作等综合能力的提高提供了支持。幼儿的未来充满着希望和挑战,我们要携手为他们创造更多的创造与成长的空间,携手共创幼儿美好的未来。

参考文献:

[1] 林露、贺迎春.《中国学生发展核心素养》发布 [J/ OL].人民网：人民日报,2017

走 进 机 场

——家园合作让"飞机的秘密"探索主题活动更加精彩

陈姬慧

本学期,通过前期教研活动和实验班老师一起研讨及培训,我们平行班与STEM＋实验班将一起结合课程《飞机场》项目来落实和实施。在落实该项目活动时,结合本班孩子的年龄特点,通过对《飞机场》活动内容的梳理,我和搭班王老师觉得《飞机场》这个面比较广泛,里面的活动内容也比较大,再者孩子们平时接触飞机场的机会也少之又少,所以我们经过考虑后决定将范围缩小,把这个探索点落实在"飞机的秘密"这一点上。我们将通过社会实践活动以及对孩子解决问题能力培养等一系列活动展开。如果我们围绕这个点开展活动的话,不仅需要开展社会性实践活动,还有不同形式的活动,这需要我们多方面去开发身边的有用资源。在探索主题活动开展前期阶段,我们得到了园方领导的支持、家长们的鼎力配合,让我们开展的探索课程活动能有效地实施。

在活动开展过程中,我们得到了班上家长们的支持配合。充分利用家长资源,达到家园共育,有效地促进幼儿的发展,有效地落实各项活动,这些都是我们班级工作开展的重要内容。我们首先从家长工作开展的角度出发,从探索课程活动开展的需要出发,继续尝试将《飞机场》探索活动与班级家长工作的开展相融合,以"飞机的秘密"活动内容为切入点,设计各种形式、各种内容的家园活动,为孩子和家长搭建一个个活动和互动的平台,借助家长的力量来有效地落实和实施我们的探索活动,也让探索活动走近家长、走进每个家庭,通过多种多样的系列活动开展,让家长们在陪伴孩子活动、参与孩子活动的过程中体验与孩子共同活动的快乐,体验探索活动对于孩子成长的促进,也通过活动的开展来发掘孩子们爱探索的精神,增加孩子的学习经验,让我们与家长、孩子在共同的活动中一起成长一起学习。

一、通过社会实践活动丰富幼儿的社会体验

在开展探索课程《飞机的秘密》前期阶段，我们得到了学校领导的支持，帮我们联系了上海航空服务学校进行实地参观。当孩子们走进模拟飞机场的时候，又激动又兴奋。孩子们在空姐的带领下一起体验了进驾驶舱里当飞行员，还拿着真实的飞机票进行检票、验票、进入安检的一系列登机过程，还进入一架模拟机舱，体验了作为乘客的待遇……最后，当孩子们跟着空姐一起学习当飞机遇到危险时应该有哪些逃生的方法的时候，都听得很认真、很仔细。通过本次社会实践活动，让孩子们更直接地了解机场、了解与机场相关的一些内容，如：机场有些什么人、他们是怎么工作的、上飞机前我们需要做哪些事情——安检、托运行李、登记检票等。最后当要离开航空学校的时候，孩子们还一起聚集在大操场欣赏了在校哥哥姐姐们给我们演示的各种遥控飞机的飞行表演，孩子们在回来的大巴士上还沉浸在"飞机场"的情景中……从孩子们对《飞机场》关注点的变化我们可以发现，孩子们正在走向社会，孩子们探索社会的愿望正在逐渐地增强。

二、将活动融合于探索活动之中,让孩子们体验探索带来的快乐

孩子们在上个主题"我是中国人:了不起的中国人——航天科学家有功劳"中,对火箭发射产生了很大的兴趣,火箭是怎么升上太空、它的速度有多快等好多问题产生。同时,在《飞机的秘密》活动开展过程中,我们也关注到孩子们对不同的飞机产生了浓厚的兴趣,飞机是靠什么起飞的? 什么飞机是飞得最快的? 飞机还有其他本领吗? ……孩子们关于飞机的各种疑问可真不少。为了让孩子们对飞机的秘密有一个比较完整的经验,我们结合大班孩子的年龄特点和兴趣,设计了"火箭发射""有趣的降落伞""跳动的小球"等一系列的科学小游戏。幼儿通过打气筒向气球内灌满气,并把气球口用手撑紧,防止空气外泄;然后,让幼儿把充满气的气球贴在活动的火箭发射架的塑料管子上,气球的出口要朝下,然后放开手,通过气流的上升,火箭就在轨道上飞上天了。活动内容丰富,形式多样,我们希望通过各种孩子们感兴趣的探索活动对"飞机的秘密"有一个比较完整的了解,使探索活动能够更好地开展下去,也让孩子们体验到探索带来的快乐。

三、以家长助教的形式促进幼儿经验的提升

在开展探索活动初期,我们首先利用微信、家园之窗等联系方式把开展本次活动的意图、活动框架向家长们进行了宣传,及时地组织开展了家委会会议,和家委会成员一起商量如何更有效地开展"飞机的秘密"探索活动。家委会成员们纷纷献计献策,最后也成功地商讨出一系列活动。

例1:前期阶段由江玉洁妈妈给孩子上一节家长助教活动"跳动的小球"。通过家长助教,激发孩子们主动去探索发现通过空气流通可以让小球跳动的秘密。孩子们通过探索,发现了空气的流动可以使小球跳动起来的科学原理。活动中我们首先通过倡议书发动家长一起动手用圆形的卡纸制作圆锥体,利用吹动吸管让小球跳起来的科学探索活动,满足了孩子的探索欲望。通过这次活动让孩子对空气的流动产生了探究兴趣。

例2:到了活动开展中期,我们针对孩子们探索中产生的兴趣点,由我们的家委会龙胧妈妈给孩子们上了一节助教活动"认识各种各样的飞机",生动有趣的动画PPT、妈妈老师有声有色的讲课,孩子们很快地认识了不同的飞机分别有着不同的本领。如:战斗机是飞得最快的,它能以每小时 3 000 千米的速度飞行;消防飞机可以灭火,它可以从湖里取水去救火;特技飞机就像杂技演员一样,可以在空中上下翻转着绕行飞行;直升机可以不用跑道只需要旋转的螺旋桨就能飞上天;我们想去很远的地方旅游就可以做喷气式飞机,它能把乘客带到一万米以上的高空,带我们去不同的地方⋯⋯不同形式的家长助教活动让孩子们在亲身参与的过程中了解了"飞机的秘密",这不仅丰富了孩子们对飞机认识的经验,也为我们的实验项目"飞机的秘密"活动的开展做了很好的铺垫。我们的家长志愿者们也在这次的活动中了解了有关"飞机的秘密"的不同信息,对于家长们来说也从活动中感受到了家长助力班级活动的意义。通过活动也让家长看到孩子经验的增长,看到了孩子成长的同时,感受到了自己也在成长。

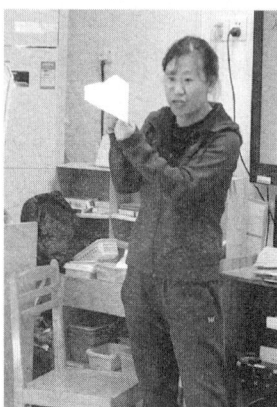

四、家长开放和迎新活动的开展，让家长深入地了解孩子的在园表现

为了让家长们能全面了解班级里已经在开展的各项活动，以便更好地与幼儿园及班级合作，能够达到家园共育，我们于 12 月 29 日上午向家长开放了半日活动观摩。通过现场家长们亲身参与到孩子们的半日活动中，观摩了孩子在幼儿园里的学习、生活、运动、游戏等各方面的表现，家长们还和孩子们共同开展了迎新亲子游戏。我们结合探索主题活动的需要，开展了亲子制作活动——制作滑翔飞机。活动结束以后，家长们都有序地带着孩子拿着一起完成的"滑翔飞机"兴高采烈地来到了操场上，一起比一比谁的飞机飞得远飞得更高。顿时操场上出现一片其乐融融的景象和欢笑声……这样的半日活动为幼儿园与家庭之间建立起一座互动、信任的交流桥梁。通过这座桥梁使家长对老师、班级的工作有了更深的了解，更有效地增进了家园合力。

五、在亲子制作活动中有效地落实探索活动的开展

探索活动的开展中孩子是主体，为了给幼儿构建学习的平台和框架，让孩子有机会动手动脑，我们在主题开展中期，结合《飞机的秘密》各阶段的活动内容，设计了一些孩子力所能及的亲子制作活动——飞机模型。我们把这项活动内容推向了家庭，希望让我们的探索活动走进每个家庭，让探索课程成为孩子、家长、老师共同的活动。探索课程的开展不仅让家长对我们活动开展的细节和状态了解得更清楚，也让家长明白在不同的活动内容下，自己该如何参与活动，该如何支持孩子。看似简单的亲子制作活动，却激发了孩子们参与活动的积极性，让孩子们感觉自己就是一个飞机设计师、飞行员……家长们在亲子制作中积极参与、积极献策，让我们的探索活动走进了每个孩子的家，再次让家长和孩子一起体验了亲子制作的快乐。

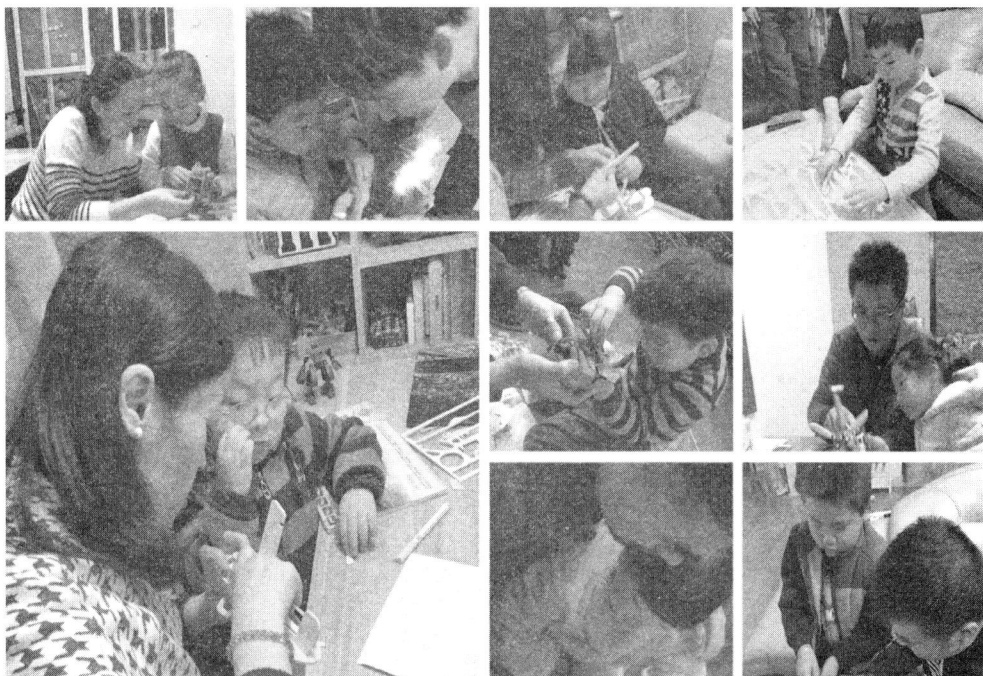

在开展《飞机的秘密》探索主题活动中,通过孩子、家长们的亲身参与,孩子们发现了越来越多关于"飞机场"的秘密,也掌握了更多的小知识,这些知识的获得是孩子们通过主动的学习所获得的。同时,在这个过程中也离不开家长们的陪伴,家长们也成了孩子们学习的伙伴。《飞机的秘密》探索活动内容丰富多样,我们将它们与不同形式的活动结合在一起,与我们身边的资源相结合,与家园合作相结合,让我们的探索活动更有效地落实开展。

第二部分

现代幼儿园家长工作指导策略

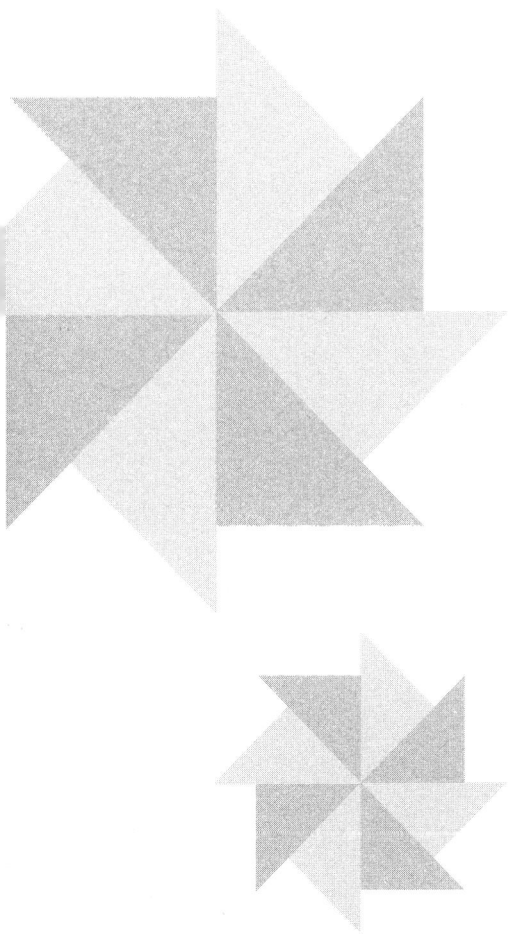

时代的发展对幼儿园家长工作提出了更高的要求,其科学性、系统性、广泛性必须有更深层次的提高。我园积极运用现代化的沟通手段,依托更为丰富的资源,采取多样化的指导策略,与家长携手合作,为幼儿各种能力的发展提供帮助,充分体现了我园家长指导工作的价值。

因人施法开展家长工作的有效实践

杨秀英

　　我们幼儿园教师面对的是 3～6 岁的幼儿,孩子们由于年龄小,又是第一次离开家庭来到社会,或多或少都会有一些这样或者那样的问题,他们的语言表达能力又有限。因此,家长对于自己的孩子在幼儿园生活总是有着一点点不放心。而现在,家长又是幼儿园开展工作不可缺少的伙伴,作为一线的教师该如何做好家长工作,使家长资源能够为我们的学校教育服务呢? 通过两年多的时间与家长们的密切配合,我进行了一番思考和实践。

一、换位思考,拉近和家长之间的距离

　　小班孩子刚刚进入幼儿园生活,由于离开父母成人的照顾,他们在幼儿园里总会有一些不适应,这种不适应可能是心理上的分离焦虑,也可能是生活中自我服务的困难,也可能是初次进入集体生活后身体健康上的问题。

　　带过小班的教师都有体会,小班刚开学,孩子的分离焦虑特别严重,孩子之间也会互相影响,一个孩子哭了,其他孩子跟着哭,常常是哄完了这个又抱那个,眼泪鼻涕一大把,教师也被弄得焦头烂额。这个时候,家长往往是担心又担心,送完孩子在外面偷偷地看,就是舍不得走。这时候就需要教师深入思考,寻找一些适宜的应对措施,将心比心,特别是生过宝宝的教师,回忆一下自己孩子上幼儿园的情景,你会担心孩子哭泣吗? 你会担心孩子想爸爸妈妈吗? 你会担心孩子在幼儿园吃不饱吗? 我想,也会的吧。所以,这个时候我们要耐下性子,和家长好好地沟通,请家长相信孩子一定会过这一关,请家长送完孩子及时离开,也不要在外面偷偷张望,因为这样只会

增加孩子的分离焦虑。我们可以告诉家长,孩子不会哭一天的,我们幼儿园会有很多游戏活动来分散孩子的注意,帮助孩子淡忘和家长的分离,孩子们会很快好起来的。

另外,就是孩子上幼儿园之后的健康问题了。小班上学期的孩子,常常会出现这样的情况,就是刚刚上了一个星期的幼儿园,接着就感冒咳嗽了。而且这样的孩子不止一个两个,孩子反复生病,家长的心情就不好,就会听到有家长说,我们的孩子以前身体很好的,上了幼儿园,不知道怎么回事,一直生病,一个月上不了几天学。听到这样的心声,作为教师,心里一定也不是滋味。这个时候,我们又需要将心比心了。还记得我自己女儿上幼儿园的时候,同样也是有这样的问题。可能因为我自己是一名幼儿园老师,知道孩子随着对幼儿园生活的适应,一定会慢慢地好起来。我们就可以把自己的切身体验分享给家长,用自己孩子的例子现身说法,我觉得,很容易会引起家长的共鸣。家长也会了解到,这是孩子走向社会生活的第一步,孩子在生病的过程中慢慢地增强自己的抵抗力,生病不一定是坏事。还有,孩子越小,呼吸道越短,所以年龄小的孩子容易感冒。到了中大班,孩子的身体会好起来的,以后他们一定能坚持上幼儿园。

二、先行一步,减少和家长之间的矛盾

幼儿天性好动,磕磕碰碰的事情时有发生,安全工作是我们幼儿园工作中最重要的一个内容,可以说,也是和家长之间最容易发生矛盾的一个点。对于安全工作,我的心得是"先行一步",即很多事情我们要做在前面,这样我们和家长之间的矛盾很有可能就会大事化小、小事化无了。

先行一步,可以通过家长会等途径向家长宣传幼儿园的安全工作。一次家长会,可以消除家长的许多困惑。我们可以通过家长会,向家长宣传幼儿园在安全工作方面做了哪些工作。如,教室中教玩具的材质都是塑料的,活动室中很多器械都是软性包装的,使家长意识到,我们为幼儿提供的是一个安全的环境。我们也可以通过家长会,向家长分享3~6岁幼儿的生理和心理特点,让家长了解到活泼好动是幼儿的天性,幼儿是一个个会动的个体,幼儿之间的一些磕磕碰碰和小摩擦有时是无法避免的。这个时候家长是很容易接受这样的信息的。

先行一步,就是当幼儿发生小事故的时候一定要第一时间告知家长,有时候,这个"第一时间告知"可以减少家长的忧虑,起到事半功倍的效果。比如有一次,我们班级的一个小朋友在上厕所的时候不小心滑了一下,他摔下去的时候下巴碰到了洗手台。当时,他的嘴角有一点点血丝,我就让孩子去漱漱口,然后仔细看了看,牙齿没有

问题,嘴唇上有点点破皮,这个时候我发现下巴上的印子显出来了,因为是慢慢蹭到洗手台的,伤口虽然不严重,仅表皮有点破损,但是皮下有红色的血印子。现在的孩子都是独生子女,都是家长的心头肉,每个家长对同一个问题的看法也会有所不同。我想了想,还是决定"第一时间告知",而不要等到下班了再告知。我就打电话给这个孩子的妈妈,把情况如实告诉她。家长的第一反应就是严不严重,我告知不严重,就是表皮有点破损,无大碍。家长马上消除了顾虑放下心来,还跟我说,没关系的,孩子在幼儿园磕磕碰碰是难免的,他们在家里一直教育孩子要勇敢。得到家长的理解,我悬着的心放下了。接下来,我们就聊了起来,说说如何教育孩子面对困难,整个气氛非常融洽。第二天孩子照常来园,一件"小事故"并没有引起老师和家长之间的隔阂,反而增进了彼此之间的互相信任与理解。

三、以点带面,提高家长工作的成效

家长是我们有力的支持和亲密的合作伙伴。家长参与幼儿园的教育是目前幼儿园工作的一个趋势,让家长走进幼儿园、了解幼儿园的各项活动,可以使家长了解幼儿园教育。家长的想法是有差异的,"一刀切"的做法可能会降低我们工作的效率,但是家长中也有很多可以为我们幼儿园所利用的家长资源。如,工作时间比较自由的家长,如同样做老师的家长,他们有参与幼儿园教育的时间和能力。我们要学会合理地运用家长资源,"抛砖引玉",以点带面开展家长工作,发挥家长的积极作用,使这些家长资源成为我们开展工作的有力保证。

我们中班的时候,班级里转来一名叫琪琪的幼儿,她们家在莲园路开了一家广告公司。一开始,我们也没有在意。有一次,琪琪的妈妈来接孩子,正好我们在创设班级环境,用的材料是 KT 板,琪琪妈妈就顺口说了一句:"你们也用这种材料的呀。"这个时候,我灵机一动,对呀,琪琪家不是广告公司吗,我们是不是可以把图片资料发给琪琪妈妈,利用广告公司的资源来为幼儿创设更加逼真、丰富的游戏环境呢? 我把这个设想和琪琪妈妈进行了交流,琪琪妈妈一口答应,给我们制作了一幅秋天的背景图,我们把这幅背景图贴在 KT 板上,放在教室的一个区角里。孩子们看到这幅美丽的秋天的背景都喜欢得不得了,其他家长在来园的时候也会说,这幅图漂亮。我们还在家长园地里对琪琪妈妈的大力支持进行表扬,这样一来,更多的家长参与到我们的活动中来。这个学期,我们在研究人体的秘密,琪琪妈妈又为孩子们制作了人体的器官图等几样图片材料,丰富了我们幼儿的个别化学习内容。随后,我们又开展了制作"会动的机器人"的亲子制作活动,一般情况下,班级家委会的家长参与活动的积极性

会比较高,起初只有少数几个家庭把作品带来了,我们就把这些亲子制作作品放在走廊的展示架上,通过来园接待,向其他家长宣传这些亲子作品,以此吸引更多的家长了解我们的科学探索活动,乐意将亲子制作的作品带来幼儿园和其他家庭一起分享,走廊的作品展里的作品渐渐多起来了。科学探索不再是教师单方面的工作,也不再是几个家庭的任务,而成了整个班级共同的一种兴趣。

　　家长工作无小事,但是家长工作的经验又是需要教师在工作中不断积累的,我们面对的家长不同,可能我们运用的方法也会有所不同,在以后的工作中,还会碰到各种各样的问题,但只要你真心付出,把班中的孩子当成自己的孩子,那么家长也会理解我们,积极配合我们的。

班级家长特色活动为幼儿成长积累经验

徐　洁

【背　景】

《幼儿园教育指导纲要》明确指出："家庭是幼儿园重要的合作伙伴,应本着尊重、平等、合作的原则,争取家长的理解、支持和主动参与,并积极支持、帮助家长提高教育能力。"在"秋天的色彩"亲子特色主题活动中,通过家园共育的方式,利用社区和家长资源,通过各种形式的家长参与活动,在多彩的秋天里,我们和孩子们一起创设如秋天一样多姿多彩的主题特色环境,通过形式多样的活动,家长和孩子们一起感受秋天的美、秋天的色彩,帮助幼儿积累许多有助于成长的极为关键的经验,更是显现自我创造的成长。

【过　程】

■ 活动一　亲近自然,感受秋天——获取生活经验

发动家长利用双休日带孩子走进大自然,通过观察了解秋天植物的变化,欣赏秋景,使幼儿积累一定的经验,并收集落叶来园。我们组织孩子们观察,认识了各种各样的树叶。孩子们在活动中也表现得积极主动,对各种树叶产生了极大的求知欲,观察叶子的脉络分布,根据形状颜色的不同进行分类,有针形的松叶、掌形的梧桐叶、扇形的银杏叶、瓜子形的黄杨叶,还有不同颜色的落叶,红枫叶、黄银杏、咖玉兰等。

孩子们通过自己的观察,发现了许多秋天与其他季节的不同之处,如:路上的行人穿的衣服越来越多了;风吹在人的脸上感觉凉凉的;小草变黄了,有的树叶从树上掉落下来了,但是有的树上的叶子没有变黄,还是翠绿的。通过具体、直观的观察,他们认识了几种常见的常绿树和落叶树,形成了常绿树和落叶树的概念。

让孩子们回归了大自然,通过亲身体验,深入体验生活,获取了最直接的生活经

验,直观地感受、探索、发现秋天大自然的变化,感受秋天独特的美。孩子们在生活中追随教育,在教育中体验生活。

活动二　多彩活动,展现秋色——拓展美感经验

在《纲要》的艺术领域中明确指出：支持、引导幼儿初步感受并喜爱环境、生活和艺术中美丽,喜欢参与艺术活动,并能大胆表现自己的情感和体验,能用自己喜欢的方式进行艺术表现。秋天大自然的多变与幼儿跃动的心灵天然地契合,给幼儿提供无限表达表现的广阔空间,创设不同的组织形式,提供不同的材料,开展丰富多彩的活动来展现秋天的色彩。

(一) 初识树叶

孩子们认识了各种各样的树叶,初步尝试学习线描画,用点、线、面、小图案来装饰自己喜欢的树和叶子,掌握了黑白装饰画的方法。孩子们成了小小设计师,作品中呈现了许多的图案,如花、圆点、格子、曲线、折线等,孩子们的作品呈现在一起,俨然成了一片茂盛的树林。

(二) 设计菊花

邀请妈妈老师来园助教,指导家长如何开展美丽的菊花教学活动,通过了解、认识菊花的外形特征,提供不同的材料,有橘子皮、泥土、手工纸、纸条等,通过卷一卷、搓一搓、剪一剪、贴一贴等各种操作技能,设计制作出形态各异的菊花,不仅丰富了幼儿的生活经验,激发了他们的操作欲望,也提高了幼儿的审美情趣,让幼儿真正感受到了菊花的美、秋天的美。

(三) 彩绘树叶

俗话说兴趣是最好的老师,幼儿对不一样的绘画材料、颜料产生很大的兴趣。于是引导和培养幼儿对水彩的兴趣,在干枯的树叶上进行创作,学习握笔、添笔,学习彩条设计,注重色彩搭配,在过程中有的孩子画了不规则的图案,颜色之间互相融合,变成了独具一格的抽象图案。彩绘树叶不仅能提高孩子的动手操作能力,也可以提高孩子的思维能力,激发孩子的想象力和创造力,对孩子的发展都会产生积极作用。

(四) 折纸瓢虫

选择季节性、趣味性的秋虫——瓢虫作为折纸题材,从幼儿的生活经验和兴趣出发,先进行绘画,然后再学习折纸,在折出外形的基础上添画斑点,用纽纽棒装饰触角

和足,一只只生动的瓢虫就变出来了。孩子们在积极的情绪中学习折纸,锻炼小手的技能,在实践操作中感受小手的本领大,激发幼儿对折纸的兴趣,丰富活动的内容,为秋天的环境增光添彩。

(五)变幻桐叶

从采集树叶,并一起制作树叶贴画,再带到幼儿园里让大家欣赏。由于有了这一经验的积累,孩子们在小组合作《梧桐叶的魔法》中显得更积极、更主动,根据梧桐树叶形状的特点,转动着叶子,大胆想象,像手掌、鸭掌、大伞、扇子等。在此基础上引导孩子创想一系列的动物形象,有可爱的刺猬、美丽的金鱼、狡猾的狐狸、娇小的猫咪。考虑到落叶水分收缩后会蜷缩,把梧桐叶塑封,提供了纽纽棒、棉球等把小动物们一一展现。放在相框里,成了一幅幅艺术品,孩子们分外的自豪。

活动三　家园互动,其乐融融——提升情感经验

在这里,我们还要感谢家长的密切配合。可以说,我们的要求就是家长的需求,真正实现了家园互动。如:利用周末带领孩子到树林中捡落叶,和幼儿寻找秋天、观察秋天等,这些都体现了家长和幼儿的共同参与,为我们的主题开展做了很好的铺垫。因为孩子们得到了我们家园一致的教育,收益特别有效。让家长能够参与到幼儿的生活、学习和游戏生活中,和孩子一起来探索叶子的秘密。

(一)亲子调查表

结合主题开展亲子调查表——《秋天的色彩》《我认识的树叶》的填写,激发了孩子的探索欲望,引导家长参与到幼儿的探索活动中,让孩子们回家和爸爸妈妈一起通过网络或书籍,发现自然界中的色彩的变化,发现秋天的美。在幼儿和家长一起完成调查表的过程中,他们不仅和爸爸、妈妈一起探讨了有关"秋天的色彩"和"我认识的树叶"的知识,从中获得了一些相关的经验和知识,而且通过在幼儿园和其他幼儿相互交流填写调查表的过程,幼儿对于秋天的认识得到了进一步地拓展和提升。

(二)家长助教

除了前面提到的《美丽的菊花》探索活动,我们还指导家长开展《有趣的树叶》,通过活动使幼儿知道树叶有大小、形状、颜色的不同。活动中,妈妈老师通过让幼儿看、摸、捏、涂色、粘贴树叶等各种感官感受、多种方式的表现,可帮助孩子们运用多种感官进行有目的的探索,通过说说、看看、找找各种树叶,让幼儿了解了树叶的颜色、形状、种类等,引导孩子发现树叶的细部特征。

家长助教培养了孩子的创造力，锻炼了孩子的动手能力，又装饰了我们的班级，更增进了孩子与家长之间的感情。有了家长的支持及配合，我们的活动才能开展得更为丰富，形式更多样，最主要的是孩子收获会更多！

（三）亲子制作《树叶变变变》

富有创意、充满温情的家庭亲子树叶粘贴画开始了，此次活动有的是祖孙合作，有的是母女、父子合作，还有的是全家总动员。大家一起动脑筋，他们根据所收集的形状各异的枯枝落叶，大胆想象，拼贴并添画，一起展开想象的翅膀，用灵巧的双手，创造出了美妙的画卷，变成一幅幅精美树叶画。有"蝴蝶花儿开""海底总动员""鹦鹉""大公鸡""孔雀开屏"等，栩栩如生。一幅幅漂亮的树叶贴画营造了秋意浓浓的氛围，每一个孩子都获得了成功。

亲子活动《树叶变变变》原材料来自自然，有利于孩子们感知自然、观察生活，同时使孩子们从小树立绿色环保意识，增进对大自然的热爱。此项活动，不仅沟通了家长与幼儿间的交流，更增加了孩子的知识经验，引起幼儿对各种各样树叶的关注和兴趣，提高了对美的鉴赏能力，孩子的动手能力也进一步得到锻炼。亲子制作活动，不仅拉近了亲子之间的距离，使家长与孩子的情感得到了提升，让家长更加了解孩子，懂得孩子，还给孩子们提供了一个很大的想象空间。

感悟：

《秋天的色彩》主题活动的开展，孩子们表现的创作欲望，通常是和他们平常生活中获得的经验有密切的关系，家园合作通过多种途径手段，采取灵活多样的形式，往往能起到意想不到的教育作用，陶冶幼儿情感，培养幼儿感受美、欣赏美、创造美的能力，帮助孩子积累许多有助于成长的极为关键的经验，这些经验不仅是知识技能的经验，而且包括情感经验、美感经验和社会经验等，促进了孩子的经验成长。

指导家长组织召开家长沙龙活动

沈 华

【背 景】

通过问卷调查,家长们对于能参与班级管理的积极性很高,有50%的家长主动愿意加入班委会,成为班委会的成员,这样的积极状态,对于老师来说也是一种肯定和与家长们建立良好关系的一种信心。

通过第一次家委会的召开,家长们对于这学期我们需要家长们配合以及我们将开展的活动能主动承担任务,有的家长对家长助教产生了兴趣,并提问老师"助教的内容是什么?""我们不懂教孩子也能参与吗?"等等,当老师告诉他们:"不需要很复杂的,用你感兴趣的、你擅长的活动,只要能陪着孩子玩就可以。"家长们也有点如释重负的感觉,表示有机会一定来幼儿园和孩子们一起玩。而我们班的杍妤妈妈在第一次家委会中就愿意主动担任家长沙龙的组织者,为其他家长参与班级管理起着一个引领的作用。她告诉我作为家长,能成为班级家委会一员是一种被老师看中的表现,也是给孩子做榜样的行为,另外,她曾经有过在单位组织沙龙的经验。

活动一

因为沙龙的主题是家长问卷中60%以上家长共同的困惑,所以很快就得到了家委会成员们的赞同。所以我们把家长沙龙的主题定为"家长和孩子在相处过程中,用什么方法和孩子进行沟通? 用什么方法来引导孩子?"

老师说:"杍妤妈妈,我这里有以前我们开过的家长评品会的资料,我可以给你参考一下。另外,我还有一些网上主持人,组织讨论孩子各种行为表现或者是现在家长们的各种现象的一些视频,我等会儿发给你看,你看看里面的哪些环节可以采用到我们的沙龙中去。"杍妤妈妈说:"老师,我收到后会认真去看的。我也把我以前组织过的如何和员工沟通的材料拿出来对比一下,进行选择。"老师说:"那好,你看完后写一个沙龙活动的方案,然后我们再一起沟通商量。"

感悟:

　　杼妤妈妈有过成人沙龙的经验,因此老师提供了一些电视媒体的音像,让杼妤妈妈作为参考和灵感,丰富沙龙的形式。作为老师能有一位主动参与家委会活动的家长感到很欣慰。

活动二

　　"老师,我写好了,你有空看一看。"杼妤妈妈把第一次写好的方案发给了老师。在方案中她只是把我们讨论的大主题抛了出来,直接让大家讨论,然后就是总结,其中全是大道理。按照杼妤妈妈的方案,这个活动其实不需要主持人,只要大家聚在一起交流就可以了。

　　老师说:"杼妤妈妈,你写得蛮好的。我在想第一段后我们就直接切入主题,这时候我们可以提一个小问题,让家长们来讨论,比如:孩子从幼儿回到家,你有没有和他聊幼儿园的事? 或者你是如何问孩子的? 主要说些什么? 这样确定一定点的讨论,有利于你的小结。"杼妤妈妈说:"好的。"

　　老师说:"这是一个话题,如果主持人不提出话题,下面的家长可能没话说,或者聊的主题会很散乱,会抓不住主题的。最后你再将家长们讨论的东西进行小结分享。"杼妤妈妈说:"好的,老师。"

　　老师说:"然后可以是第二个环节,我看了你的第二段,想到了可以让家长来进行角色扮演(一个扮演家长,一个扮演孩子,让孩子讲讲日常生活中的事情),第一个场景扮演孩子的家长坐着诉说,扮演家长的对孩子不理不睬,自己做自己的事情;第二个场景两人同时坐着面对面地倾听孩子的述说,然后让两人再次表达感受。这样配合你的第二段就感觉有血有肉了。"杼妤妈妈说:"这样感觉蛮好玩的。"老师说:"是的,让大家一起动起来,用行动去理解我们的主题。"

　　老师说:"你的第三段话,可以举例子让家长来说,如果是你,你会怎么办?"杼妤妈妈说:"那我们现在还缺这样的例子。"老师说:"是的,我们分头找一找,你找你的,我找我的,然后比较一下哪个更合适。"杼妤妈妈说:"可以!"老师说:"这也是我根据你写的,和我的一些想法结合,也不是很成熟,你可以再看看,你认为合适的就采用,你有更好的方法,可以加进去。"杼妤妈妈说:"听了老师的,感觉这个活动好玩了。"老师说:"是的,轻松点,形式多样化点,在这个互相交流的平台上,希望家长们能找到适合自己教育孩子的方法。教育孩子没有固定的模式、方法,适合的才是最好的!"杍妤妈妈:"老师,你们真不容易! 是的,教育孩子没有标准答案和模式。"老师说:"杍妤妈妈,你再整理一下,然后我们再看看哪些需要改进和调整。"杍妤妈妈说:"老师我再整理一下,争取周三把修改好的再发给你。""谢谢你,杍妤妈妈。"杍妤妈妈说:"老师你们客气了,比起你们,我们做得还不够。"

感悟:

　　老师根据杍妤妈妈写的理论进行了分析,寻找到她所要表达的三方面的意思,寻找到家长沙龙中交流的点,从第一个环节的讨论交流,到第二个环节的角色扮演,到第三个环节的案例分享,让每个家长都有机会参与到活动中来,而不是主持人灌输、下面家长听的场面。

活动三

　　杍妤妈妈:"老师,举例方面我就举了我们家孩子杍妤吃手的事情。你看,你有更好的吗?"老师说:"这个例子很好,很贴近生活,我班有些孩子也有这样的坏习惯。但是你只要抛出你孩子咬手指甲,爸爸教育她无果这件事情,后面你找到了一个合适的机会教育她的事,暂时放一放,可以让其他家长来支招,这样激发家长的参与性,最后你再说说你的方法。"杍妤妈妈说:"好!"

　　老师说:"杍妤妈妈,这次沙龙活动,我还请了一位心理学的老师来参加我们的活动,请他介绍他和孩子进行沟通的方法,运用绘本来和孩子沟通,这是我们最后的一个环节,你可以把它写进方案里去。另外我把方案里有一个提问的语调稍微修改了一下,你再看一下。其他都很好,到时候要辛苦你了。"杍妤妈妈说:"没想到,幼儿园老师的工作还包括帮助我们家长提高自己的教育观念,你们真的太辛苦了。"老师对于家长的话回复了一个笑脸,杍妤妈妈说:"老师,其实没有人一生下来就会做家长的,都是孩子在教我们如何去做,他们有了问题,才会让我们去思考如何去做得更好,就是一句话,都是为了孩子。感谢老师,让我们去思考、去改进!"

感悟:

　　老师和家长在共同寻找到案例的同时,老师尊重家长,使用了家长的案例。虽然家长的案例中她使用的方法也并不是积极的,但是却能真实反映出现在很多家长在和孩子交流中常常出现的问题。这样,其他家长在听的时候可能会给予她一些不同的意见,也让更多的家长得到启发。

通过和家长的三次沟通交流,我们的家长沙龙方案逐渐有血有肉了,有着实例和理论的结合,有着主持人和家长的互动,还有着专业老师的指导,相信这样的活动会让家长们喜欢,会对他们教育孩子有着一定的帮助,也会激发家长们参与活动的积极性。

在和家长的沟通中,家长也体会到老师工作的辛苦,老师除了上班要教育孩子,还要心里装着我们的家长。只有互相的理解,才能更好地促进孩子的发展。

沙龙活动后,很多家长告诉我:"老师,今天和其他家长在交谈中发现,我孩子身上发生的事情,其他孩子也是这样的,现在我感觉释然了,也不焦虑了。"通过这样的活动,能帮助家长们在心理上释然了,使他们能更好地与孩子相处。很多家长对于这样的活动感到意犹未尽,说时间太短,感觉没有讨论尽兴。另外,在这次活动中,我也发现了我班很多家长很有才,下次活动主持人,也在我心中确定了。

祖辈共育,成为孩子成长道路上的助推器

王　琳

【背　景】

现在我们生活中,祖辈教育已经是很普遍的现象。爸爸妈妈们大部分时间和精力投入工作和学习,在事业与家庭不能兼顾的时候,照顾子女的责任落到了退休在家的祖辈身上。平时,祖辈承担了接送孩子、照顾孩子的生活起居、教育等多项任务,成了幼儿家庭教育的一支不可忽略的力量。祖辈与教师的接触、沟通最多,成了幼儿教育的重要参与者,也是家园合作的重要伙伴。为此,如何提高祖辈家长教育孩子的意识和能力,提高家园教育质量,让祖辈们成为孩子成长道路上的助推器呢?

【过　程】

■ 活动一　运用针对性策略,强化祖辈家长正确的教育方式

祖辈们都已退休在家,他们全身心地投入在宝宝身上,宝宝突然上了幼儿园,祖辈们往往不能很快适应,对孩子是一万个不放心,对老师也是一万个不信任。语语的奶奶就是这样的,每天都会反复关照:"老师,给我们语语多喝点水;外套不能脱,语语会生病的……"面对这类祖辈,我利用接送的时间与爷爷奶奶们互相交流,以诚相待,密切联系。另外,我还开展了祖辈讲座。在讲座中,让祖辈观看宝宝们一天的活动录像,特别是生活方面的:午餐、喝水、午睡(自己穿脱衣物)等,让祖辈们放心,宝宝们离开了你们,自己都能做得很棒。通过讲座,增进了祖辈对孙辈教育的理解和改进的意识,解决了一些祖辈在抚养教育孩子中的困惑。让祖辈参与到教育孩子的队伍中来,有利于达成家园共育一致性。

实录:穿衣的学问

语语是我班年龄偏小的女孩。爸爸和妈妈很忙,平时都是奶奶接送,甚至亲子活

动等也是奶奶来。

冬天的一个早晨,八点左右,奶奶抱着语语来到幼儿园。我一看忙说:"奶奶,你让语语自己走,多重呀!""没事,抱惯了,她走得慢。"奶奶一边说一边解下语语的围巾。而语语穿得像只小熊似的,胖乎乎的,手臂都弯不过来了。再仔细一瞧,穿了三件粗毛衣,还有小背心和棉外套。早锻时,我让语语脱掉小背心和棉外套。语语说:"奶奶说,不能脱。"我说:"那你会出汗的。瞧!你已经玩出汗来了。"听我这么一说,语语就脱掉了衣服,继续去玩了。

第二天,奶奶送语语来时,说:"语语今天有点咳嗽了。老师,千万不要让她脱掉衣服哦。昨天就是脱掉衣服,所以咳嗽了。"语语体质弱,常生病,奶奶有点担心。我解释道:"这个不一定,衣服穿得太多,反而会生病。在活动时,孩子会奔跑,活动量大,会出汗的,出了汗内衣湿了,风一吹容易生病了。"奶奶用安徽口音的普通话说:"我们语语很怕冷,衣服穿得多,一脱衣服就会生病的。看看,又咳嗽了。"我接着说:"那你可以给她内衣外面穿一件薄棉背心,这样保暖效果很好,然后再穿一件厚些的毛衣,外面穿件棉外套,使语语活动起来比较方便,也不会冷。你看语语穿了三件粗毛衣,手臂都弯不过来,活动起来多不便呀。语语很聪明的,自己冷热都知道。可以问问语语。"我对着站在一旁的语语说:"语语,你自己告诉奶奶,你热吗?"语语大声地说:"是的奶奶,昨天我玩的时候出了很多汗,很热。手拍球都不好拍,只拍了几个。"奶奶听了语语的话后,笑着点点头说:"王老师,我知道了。"

第三天,语语不再穿得像只小熊了,玩起来更自由自在了。

分析:

现在父母都忙于工作和学习,大多孩子的生活起居都是由老人照料,而老人包办得很多,给孩子衣服也穿得多,怕他们冷了。因此,与老人的交流更为重要。

在实录中,语语的奶奶总怕衣服穿少了,会着凉,会生病,不许孩子脱衣服。语语有点不适就责怪老师,是因为老师让她脱衣服而生病了。对于像语语奶奶这样的家长,教师运用了针对性的策略与老人进行衣服穿着方面的沟通,耐心地分析给老人听,从呵护孩子的角度说,让老人感觉到老师是很关心她的孩子,老师的所作所为都是为孩子着想。老人很乐意接受,并实实在在感受到老师的好。

很多祖辈成为我们家园工作的合作伙伴,作为幼儿园应重视这一变化。对于年岁已高的爷爷奶奶,老师要视他们为自己的长辈,见到他们叫一声爷爷您好、奶奶您早,这些都能让祖辈家长感到温暖开心,这样在以后的沟通中就容易了。

活动二　　祖辈积极参与节庆活动,增进祖孙间的亲密感

考虑到祖辈时间充裕,我们便热情地邀请他们参与班级重阳节和中秋节活动。在重阳节活动中,宝宝们为爷爷奶奶们表演了节目,给爷爷奶奶们"敲敲背、捶捶腿",还亲手制作了漂亮的项链,亲手给爷爷奶奶们戴上,献上宝宝们深深的祝福,爷爷奶奶们情不自禁地笑得合不拢嘴了。

祖辈们有自己的特殊才艺。在中秋节活动中,我们动员祖辈来参与教学活动,一方面增加祖孙间的感情,另一方面让幼儿感受到自己的爷爷奶奶了不起。

实录：香甜的月饼

在中秋节,我们邀请了能干的奶奶,来教孩子们制作月饼。熙熙对坐在旁边的杭杭说:"这是我奶奶哦,奶奶做的月饼很好吃哦!"杭杭很认真地点点头。凡凡看到自己的奶奶也来了,就叫了起来:"奶奶、奶奶!"其他幼儿也跟着叫:"奶奶,下午好。"熙熙奶奶和凡凡奶奶带来了制作月饼的食材,摆放在桌子上,宝宝们争先恐后地去观看,还不停地问:"这是什么呀?"奶奶不厌其烦地回答大家。首先,凡凡奶奶给小朋友讲了《嫦娥奔月》的故事,从宝宝眼神里看出,宝宝不是很听得懂,但是很认真地倾听故事。接着,熙熙奶奶开始教宝宝们制作月饼了。熙熙奶奶把面粉团成了一个圆形,问宝宝们:"是什么形状呀?"宝宝们异口同声地回答:"圆形。"轩轩还说:"像个皮球。"奶奶继续说:"现在,把它压压扁,变成一个扁扁的圆形了。里面加点你们喜欢吃的豆沙哦,然后再把它包起来,再变成了一个小圆球,再一次压扁,这样月饼就做好了,放在烤箱里烤一烤,就可以吃了。"下面看的宝宝们情不自禁地拍手,表扬奶奶真棒! 熙熙奶奶又一次表演了她的绝活,请出了小木梳,在做好的月饼上,左压压、右压压,一会儿工夫月饼上出现了很漂亮的花纹,宝宝们都急急地站起来边看边拍手。

接下来轮到宝宝们一起来学做月饼了。凡凡奶奶和熙熙奶奶给每个宝宝发了一个面团。宝宝们拿着小面团,有的搓,有的压,如同玩彩泥似的,都很认真地跟着奶奶学。辰辰搓了几次,都不是圆圆的,有点泄气了,还掉下了眼泪,熙熙奶奶走过去安慰道:"宝贝,没关系的,我来帮你吧。"熙熙奶奶把着辰辰的手,边做边说:"手不能往下压太重,要轻轻地搓。"在奶奶的指导下辰辰的小面团搓得圆圆的了,然后压扁,放了一点豆沙心,在奶奶的帮助下,辰辰的月饼也完成了,放入了烤箱。

宝宝们在奶奶的指导下都把月饼做成功了,虽然豆沙和面团都合在了一起,不是很好看,但是大家闻着烤箱里飘出来的香味,特别的高兴,等着品尝自己亲手制作的月饼哦。

分析：

奶奶们平时在家，总是给宝宝做好吃的菜肴和点心等，但是从来没有在宝宝面前露一手，宝宝们也不能感受到制作这些好吃的食物有多么麻烦和辛苦。饭来张口的宝宝们今天在奶奶的指导下做成了其貌不扬的月饼，奶奶们刮目相看，奶奶们也觉得宝宝真厉害哦。在实录中，我们可以看到宝宝们听得认真、看得认真、学得也很认真。当辰辰做不好时，还掉下了眼泪，熙熙奶奶很耐心地手把手地教，让辰辰信心百倍，在奶奶的鼓励下，辰辰也做成功了，特别的高兴。当宝宝们闻着香味，品尝着自己亲手制作的月饼，个个美滋滋的。

奶奶在幼儿园里教宝宝们学做月饼，也非常的高兴。把自己的一技之长，能在宝宝面前展露，感到无比的自豪。熙熙奶奶在上面教大家时，熙熙也感到十分骄傲，时时告诉旁边的同伴说："这是我的奶奶哦。"琪琪吃完月饼，还跑到熙熙面前说："你奶奶做的月饼很好看，很好吃哦。"看来，奶奶在宝宝的心目中树立了很大的威望。宝宝们更敬佩和尊敬奶奶。

结合节日庆祝活动，我把祖辈们身上的闪光点挖掘出来，发挥他们的余热，让奶奶也来做老师，教幼儿学本领，成了家园合作的重要力量。

▌ 活动三　利用祖辈资源，让幼儿学得乐意，玩得开心

祖辈们阅历丰富、做事耐心，他们也有自己的童年，那他们的童年是如何的呢？我们利用祖辈资源，邀请了个别爷爷、奶奶来给宝宝们讲述他们小时候的一些事情。

实录：不一样的童年

某日下午吃完点心后，迎来了几位爷爷、奶奶——成成奶奶、毅毅爷爷和琪琪爷爷。宝宝们都很热情地和爷爷奶奶们打招呼。当老师让宝宝们围坐在一起，听爷爷奶奶讲故事时，宝宝们个个都坐得很端正，认真地看着爷爷奶奶们，倾听故事。成成的奶奶就最近我们小朋友去秋游活动的事，联想到了自己小时候去秋游的点点滴滴。成成奶奶说："你们去秋游很开心。我们那时只能带一个淡馒头，里面夹个荷包蛋已经很好了，根本不像你们现在去秋游带上一大包的零食出去吃，还能买玩具等。玩的地方就是看看树、花，哪有那么多游乐设施呀！"或或听着点点头，感觉听懂了什么。轩轩说："薯片也没有吗？""有骑马吗？""有看海狮表演吗？"其他宝宝又问。奶奶不厌其烦地一个个回答。琪琪说："什么都没有，真没劲呀！"成成奶奶说："是的，你们多开心，多幸福呀！有那么多好玩的玩具，那么多好吃的，还可以上幼儿园，老师教你们本领，所以要好好学哦。"毅毅爷爷给宝宝讲了小时候吃饭时，饭粒掉在桌上了，大人一

定要他把这些米粒捡起来吃掉,不能浪费,因为当初每个家里的米都很难买到。所以,现在小朋友要珍惜粮食,好好吃饭哦。毅毅爷爷还教宝宝们学念《悯农》,宝宝们学得可认真啦。最后,是琪琪的爷爷,图文并茂地介绍了他小时候玩过的好玩的游戏——滚铁圈、斗鸡、打弹珠、抽陀螺等,现场表演了滚铁圈和斗鸡,宝宝们觉得新鲜有趣。大家齐声说:"真好玩,我也要玩玩。"看着宝宝们期待的目光,琪琪爷爷就教宝宝们玩起了斗鸡。虽然宝宝们单脚站不稳,但还是玩得不亦乐乎。

分析:

　　宝宝们对爷爷奶奶的童年不了解,通过爷爷奶奶来给孩子们讲讲,让宝宝们知道我们现在很幸福,有那么多人呵护,有那么多好吃好玩的,所以要珍惜。教师挖掘了祖辈资源,现身说法,让宝宝们对过去的事有所了解。爷爷教孩子们学念《悯农》时,宝宝们也特别认真、专注,跟着大声地念。孩子们从中知道了农民伯伯很辛苦,要爱惜粮食,以后要好好吃饭,不挑食。在实录中,琪琪爷爷教宝宝们玩斗鸡,这是祖辈们童年时玩的民间游戏,爷爷今天把自己小时候玩的民间游戏与宝宝们一起玩乐,真是其乐融融呀!在游戏中,既让祖辈享受到了老有所乐,也促进了孩子的发展。

　　此活动,让祖辈从一个活动的旁观者成了活动的主动参与者。同时,使宝宝们接受了文化的熏陶,也有机会更好地传承这些优秀的传统文化和美德。

　　另外,我们充分挖掘祖辈家长的特长,请心灵手巧的奶奶们为我们的角色游戏材料缝制了精美的布艺玩具,如蛋糕、寿司、馄饨、鱼、蔬菜等,孩子们看到这些颜色鲜艳、漂亮的材料,在游戏中更是投入其中,出现了有意识或无意识的角色行为,宝宝的兴趣性和积极性就被这栩栩如生的材料带动了。有了奶奶、外婆们的帮助,宝宝们的游戏变得更丰富多彩,玩得更开心了。

感悟:

　　在当前祖辈家长对孙辈的教育普遍存在,所以要转变祖辈家长的教育观念,把祖辈丰富的阅历,充分地运用到我们的教学中来,让祖辈意识到他们的价值,体现他们的才能。对祖辈家长我们采用了"勤交流、多沟通"的方式,祖辈觉得自己受重视了,也更加愿意配合幼儿园的教育教学工作。以尊重理解为基础,主动与祖辈家长建立良好的交流合作关系,让祖辈家长成了我们教育孩子的重要支持者,成为孩子成长道路上最有利的助推器。

在中班主题活动中促进父子关系

王嘉佳

【背　景】

进入中班,孩子长大了,开始会关注他人。从教材中就可以看出来,教育活动从点扩散到线,如主题"娃娃家"变成"我爱我家","好朋友"变成"周围的人","小宝宝"变成"身体的秘密"等。同时,作为教师我们也发现,平时和我们联系交流的大部分是妈妈,作为家庭的重要成员——爸爸却鲜少和老师交流,我也很少和爸爸交流孩子的情况。通过与本班孩子的交流,发现大部分爸爸都因为各种各样的原因,少有时间和机会陪伴孩子,回答都是"我妈妈带我去吃肯德基","我妈妈带我去学溜冰","今天爸爸回家很晚,我睡觉也没看见他","我总是和妈妈、奶奶、外婆一起吃晚饭"等,听着孩子们这番话作为老师我心里不禁感到惋惜和难过。有妈妈一个就够了吗? 孩子只需要妈妈的悉心照顾和教育,不需要爸爸吗? 爸爸没有参与孩子教育和生活的机会吗? 最近,有一个综艺真人秀节目叫作《爸爸去哪儿》大火,主角都是明星爸爸和明星孩子,虽然只是一个娱乐节目,但是看过这个节目的我想起自己班里孩子的情况,作为老师我也想协助爸爸们、指导爸爸们做一个好爸爸,多多参与孩子的生活和教育,正好也配合班级的主题活动《我爱我家》《身体的秘密》《周围的人》等。我开展了以下活动,为爸爸们提供了很多和孩子相处的机会,从而参与孩子的教育、生活以及游戏等方方面面。

【过　程】

■ 活动一　——相关主题教学活动《我爱我家》

1. 我爱我家调查表

活动刚开始只是小小的预热,先调查家里的情况,为后面爸爸作为重要出场角色做好铺垫。只是让孩子询问家里的一些情况,比如住哪里、家里的电话和地址等。虽然没有涉及爸爸,不过,作为班级主题活动的开始,把聚光灯投射到爸爸身上需要一个小小的踏脚点。所以开展了本次活动。

2. 爸爸调查表

从《我爱我家调查表》发展到《爸爸调查表》,相信这次孩子关注的焦点一定会从家庭转移到自己的爸爸身上。虽然两个调查表的内容不一样,但是两个调查表都互有联系,相信做过第一份调查表的孩子们,一定对第二份调查表更熟悉,而且这次调查表的内容涉及爸爸,孩子一定会关注到自己的爸爸,也让他们更了解自己的爸爸。

3. 爸爸的领带

这是个学习活动,不仅符合教材内容,而且又吻合了孩子的兴趣点,更加完善前面的《爸爸调查表》活动,课后还把材料布置到区域活动中,以及布置到主题环境中让孩子来更加关注。不过这些活动都是单向性的,只是从孩子自己的角度出发,爸爸们未必会知道,也未必会参与。为了提供爸爸参与孩子的生活和教育,下面的活动正式展开了。

活动二　——相关主题教学活动《我爱我家》《身体的秘密》

1. 家长参与助教活动

(1) 可欣爸爸体育活动:《好玩的球》

虽然是学校举办的助教活动,不过为了使前面单向性的爸爸参与活动转为双向性的活动,我做了一个小小的调整,婉言拒绝了积极报名的妈妈,改为在线发出邀请函,邀请爸爸们参与助教活动。可欣爸爸的助教活动,虽然很简单,不过孩子都很有兴趣,跟着爸爸学着用各种方法玩球,尤其中班要求孩子们学拍皮球,这次大家都很有兴趣地在那里比赛呢! 这次活动,还请了部分爸爸参与辅助,如梓琳爸爸、斐儿爸爸、小奕爸爸等。助教活动为部分爸爸提供了一个体验幼儿学习活动的机会,也让全体孩子观看和参与爸爸教本领的活动,互动情况非常好。虽然是部分爸爸参与活动,但是相信孩子回家会和自己的爸爸津津乐道这样的活动,并且他们会"想尽办法"让自己的爸爸也来幼儿园参加活动。活动结束后,可欣爸爸和几个参与助教的爸爸纷纷写来反馈,赞许活动是一个很好的平台和机会。

(2) 梓琳爸爸美工活动(活动过程略):《石子路》

抛砖便可引玉,可欣爸爸的助教活动引起班级里孩子们热烈的讨论和兴趣,孩子们在老师的鼓励下都纷纷回家告诉自己的家长,这样就引发了其他孩子爸爸的参与兴趣。梓琳爸爸作为第一次活动的参与者和协助者,他在前面的反馈中竟然跟我自告奋勇说也想来参与教学活动。于是,为了给梓琳爸爸一个表现的机会,我又指导他再次开展了一次助教活动,让孩子们学习在纸上画花纹并着色。通过观摩可欣爸爸的第一次助教活动,梓琳爸爸准备得更充分,也更有条理和学习性,教孩子们绘画也教得更妥当和得力。梓琳爸爸喜欢画画,作为老师,我鼓励他大胆展现自己的喜好和特长。他指导幼儿的时候也是鼓励个性发展,并且把每个幼儿的作品都贴在一张纸上来展现幼儿的作品。看起来爸爸的潜力还是很大的,有了良好的指导和榜样,爸爸也可以像宝宝一样学得很快啊!同样,活动邀请了萌萌爸爸、泳釜爸爸、奕奕爸爸等,活动结束后,他们的反馈和反响也很好。

2. 手印活动

前面的活动只是我通过各种方式,比如调查表、学习活动、家中的美工活动、环境展示等来引导孩子单方面地开始关注自己的爸爸,后面活动开始正式开展了,当然要提供机会给年轻的爸爸们,双向性地来完成活动内容。这份手印游戏画一定是和自己的爸爸完成的。其实手印画就是通过描画身体部位的不同,让孩子认识到家庭成员的不同和特点,帮助他们认识到爸爸的特别,以爸爸为自豪。

活动三   ——相关主题教学活动《身体的秘密》《周围的人》

亲子游戏活动

流程:

1. 通过家委会的讨论决定活动内容,邀请女性家长作为裁判和主持人。

2. 书面形式决定游戏的内容和方式。

3. 发邀请函邀请爸爸等男性家长参与亲子游戏活动。

4. 协定每个游戏玩几轮,鼓励每位来参与的幼儿,颁发小奖品,裁判评选每轮的一位幼儿可以获得最后的奖状。

5. 收游戏反馈,反思活动情况,调整今后的主题活动内容。

6. 制作小报,展示和评论、小结活动情况。

这是所有活动中最繁琐、内容最丰富也是参与面最广的活动。如果说前面的活动不是写写画画,就是路过看看,或是作为老师感同身受教孩子学本领,那么这个亲子游戏活动就是动静交替中的"动"了。活动邀请全体孩子的爸爸们来到大厅,代替较多出现在孩子教育中的妈妈参与孩子的活动,并且活动内容是合适爸爸们的游戏运动活动,这让体力不足的裁判员和主持人妈妈们在一边为爸爸们暗自加油和赞赏。很多爸爸在活动后给了我很多很让人感慨的反馈,比如,宜轩爸爸说,看到孩子认真努力地参加活动,还有得到奖状后兴奋的小模样,他很开心,这样的活动很有意思。

活动四 ——相关主题教学活动《周围的人》

爸爸期末考试

我觉得《爸爸去哪儿》这个专题不能结束,因为爸爸参与孩子的教育和生活不能结束,爸爸一直在孩子的学习和生活中,《爸爸去哪儿》只有永远地延伸和发展。所以作为本次活动的延伸,我们下学期还会继续开展"父爱教育"的系列活动,从而提供机会和帮助给年轻的爸爸们,指导爸爸们如何在家庭中更好地关注孩子的学习和生活,有机融合家园教育,让我们班的家长工作更有特色和个性,更符合本班的情况和问题。

虽然不是真正的考试,不过这张考卷中不仅列举了爸爸参与孩子活动的时机和方法,而且特别在后面附上了指导阅读,便于各种类型爸爸的参考和找到改正方法,阅读这些内容,可以额外给考卷加 10 分。活动中不难发现,有两个特别优秀的爸爸得了 100 分,可见其是非常愿意陪伴孩子,在孩子身上花时间和精力的爸爸。他会教孩子各种安静或者好动的本领,愿意带孩子出去玩,即使在家也和孩子在一起,很少自顾自地玩电脑和手机,也很愿意和孩子亲近,用肢体语言表达自己的爱,并且和孩子说话也做到诚实守信算话,关注孩子健康,不在房间里吸烟,很耐心地帮助孩子,指导孩子做生活上的琐事。不难发现,这两个孩子——千千和毛毛虽然胆子比较小,但是非常聪明,生活、学习、运动、游戏等各领域的综合能力也比较好,是我们班各项发展都比较突出的孩子,相信假以时日,她们一定会更加勇敢,更加爱表现。与小班相比,她们已经能够大声地和老师、同伴等大声讲话了。有 10 个爸爸得了 90 分,这些爸爸都很愿意参与孩子的教育,都是非常愿意花时间在孩子生活和教育上的,都是典型的好爸爸。11 个爸爸得了 70~80 分不等,估计他们可能因为工作较忙或者各种原因,陪伴孩子和关心孩子的程度较为普通了。有 5 个爸爸勉强 60 分"及格"了,还有两个爸爸很可惜没有及格,这些都是我重点帮助和指导的对象,所以下学期我会思考并开展更多形式各样的活动,来让这些爸爸参与孩子的生活和学习。

感悟:

爸爸参与孩子教育的重要性:

1. 父爱有助于幼儿良好个性品质的形成

一般来说,父亲通常具有独立、自信、勇敢、坚强、开朗、大方等个性特征。孩子在与父亲的不断交往中,既能潜移默化地感受着父爱,又能模仿、学习父亲的言谈举止。每天抽时间陪伴孩子的 6 位父亲,他们的孩子都比较外向,亲和力强,在与同伴的交往中也往往表现出更多的"组织者"形象。这可以从亲子游戏活动中看出来。

2. 父爱有利于幼儿积极情感的满足

父亲是孩子重要的游戏伙伴,也是孩子积极情感的满足者。一般来说,母亲在陪伴孩子的时候多会选择做一些安静而缺少变化的"小游戏",比如手指游戏、念童谣等。而父亲则会更多地与孩子玩运动量大而刺激的"大游戏",比如追逐跑、骑马等。从某种意义上说,孩子更喜欢与父亲玩。这也可以从亲子游戏活动看出来,所以开展这个活动。

3. 父爱能促进幼儿性别角色的认识

我们都知道,幼儿对"两性关系"的认识最早来源于家庭。如果男孩与父亲交往过少,则容易导致"女性化"倾向。而对女孩来说,通过对父母性格特性的认识,会更加强化自己的性别意识,掌握性别角色标准。因为发了《爸爸调查表》以及爸爸的领带、印手游戏活动来让孩子调查爸爸的性格特点,从而让孩子也了解爸爸,关心关爱关注爸爸。

4. 父爱更易促进幼儿智力的发展

研究表明,母爱与父爱对幼儿的智力影响是有差异的。母亲会较多地从日常生活的各个方面引导孩子认识周围环境、学习交流方法、遵从社会准则;而父亲则会通过与孩子共同操作、探索多种形式的活动方式来培养孩子的动手能力、创新意识,以促进孩子求知欲、好奇心的发展。应该说,父亲的参与对促进幼儿的全面发展起着必不可少的作用。网上一项调查表明每周与孩子交流少于三个小时、"应酬"多于"家庭生活"的父亲,他们的孩子大多沉默寡言,参与活动消极;反之,家庭生活和睦、时刻关心孩子成长的父亲,他们的孩子一般都表现出活泼、开朗、参与活动积极、遇事有主见等良好的个性品质。

由此可见,"亲情关系向母性群体倾斜"是一种非常不利于幼儿健康发展的现象,"父爱教育"不可缺失。现在的家庭一般都只有一个孩子,很多孩子感觉孤单,没有玩伴。作为父亲,应当充当玩伴,把孩子作为独立的生命个体加以尊重和信任。孩子大都活泼好动,好奇心强,兴趣广泛,对他们的日常行为和兴趣爱好,不要做严格控制,只要没有危害,基本上可以鼓励,并主动参与到孩子的兴趣中,这样孩子的天赋和潜力才能得以发展。

本次活动,进行了整整一学期,活动有迹可循,形式虽然多样,但却是围绕着目标展开着活动。刚开始,活动从单向性活动慢慢升级成部分家长参与再到最后的整体参与的双向性活动,循序渐进。通过本次活动,我认为,培养父子(女)感情,让父爱发挥教育作用,重要的是要让父亲将本身所具有的男性特点融入亲子交往中。比如,让父亲和孩子一起玩运动性、技术性、智能性较强的游戏,这样父亲所固有的男性特征,如坚毅、深沉、果断、独立性、进取性、合作性等会不知不觉地影响孩子,这样就有利于促进孩子身体、智能、性格的发展。幼儿园不一定要天天接送,但回家后,父亲可以同孩子进行交流,倾听孩子的快乐和烦恼,做孩子情感的"仓库"。家长可以与孩子谈一谈学校里发生的事情,一同评论,分析好坏,辨别是非,以此达到锻炼孩子独立适应复杂环境的目的。关键是要有足够的共处时间,有产生互动和交流的事情,能引起他们两个人的沟通。如果只是一起待着,各干各的,那效果可想而知。当然,母亲在中间也要起黏合剂的作用,随时准备把他们两个连在一起。

爸爸们在行动

——记"爸爸本领大"系列活动

赵霞萍

【背　景】

在当下,由于快节奏的社会生活,使大多数家庭中的父亲选择追求自己的事业,而将照顾家庭和教育孩子的重任落在了母亲肩上。这一社会现象致使爸爸在亲子教育中的角色发生了错位,甚至有"亲情关系向母性群体倾斜"的倾向。因此,有专家呼吁,"父性教育和母性教育结合起来的教育才是完整的家庭教育"。

父性教育,即对孩子提供充满父亲角色特性的教育,由父亲来实施体现父亲人格特征的家庭教育。

在我班,日常接送孩子的,除了祖辈家长就是妈妈,班里的家长会、亲子活动等,出席的也是妈妈们居多,爸爸们由于各种各样的原因,很少在班级里露面。如何调动爸爸们的主动性和积极性,树立好爸爸形象,凸显爸爸在教育中的作用,使爸爸们意识到自己在孩子成长中的特别意义呢? 于是,我们产生了让爸爸们唱主角的想法,以"爸爸本领大"为主线,开展一系列活动,让爸爸们走进幼儿园,指导他们以自己在人格品质、社会阅历等方面的优势对孩子的成长施加积极影响,并成为孩子探索新领域的向导和力量源泉。

【过　程】

一、在个别化指导中提高爸爸们的教育能力

父亲,在孩子的心目中代表着高大、勇敢、无所不能,对他们来讲这是一种精神力量。每位孩子都有爸爸,他们来自各行各业,医生、电脑专家、体育教练、摄影师……他们集专业、知识、趣味、创造性于一身,是宝贵的教育资源。如果能充分利用他们的

特点与长处,组成"爸爸授课团"来开展活动,定能给孩子们带来新鲜的体验与感受。

活动一　——"全能爸爸授课团"

　　我班奕凡的爸爸是专职健身教练,彦霖的爸爸曾经是社区青少年活动中心的老师,欣澄的爸爸是电气专家,双胞胎的爸爸是专业摄影师,于是我们邀请这些具有专业特长的爸爸,成立了"全能爸爸授课团",走进幼儿园担当老师,和班主任一起组织教学活动,为孩子的成长提供帮助。

　　在爸爸们走进课堂执教的过程中,我们教师扮演了"发起者、组织者、参与者"的角色,探寻有效的指导策略,以保证家长授课活动的顺利开展。活动前,我们与家长充分沟通,共同探讨他们所选的内容是否契合幼儿的生活经验,采用的教学方法是否符合幼儿的年龄特点,从专业的角度给予一些中肯的建议。比如,在顾及安全性的同时,要考虑运动强度和密度的适当;呈现给孩子的内容,文字性的东西要少一些,简单明了,最好能配上图片或课件,使孩子们看到后能留下深刻的印象;提问的时候要通俗易懂并兼顾开放性……在教师的指导下,爸爸们精心备课,设计了"小青蛙春游"、"马路上的小汽车""安全用电知多少""拍出好照片的方法"等丰富多样的内容。

　　组织活动时,他们个个精神饱满,教态自然大方,语速适中,极具亲和力,采用了多种形式与幼儿进行积极有效的互动,孩子们的眼球被爸爸们设计的有趣内容深深吸引着,激发了他们强烈的好奇心,满足了他们的求知欲望,深受孩子们的喜欢。

　　在"全能爸爸授课团"开课的日子,我们邀请所有的爸爸来园观摩,让更多的爸爸了解孩子的学习特点和方式,无论是授课者还是观摩者,都深切地感受到本项活动是对爸爸自身的一次极好的教育。它能引导爸爸更好地关注孩子的成长,更加重视教育的方法和技巧。对"全能爸爸授课团"个别化的指导,提高了爸爸们的教育能力,而他们的展示活动,也引领着更多的爸爸积极投入到家园共育中。"家长授课"拉近了家长与教师之间的距离,成为幼儿园教育中不可或缺的资源。

二、在集体育儿指导中树立爸爸们的正确观念

　　"家庭教育是幼儿教育的重要组成部分。幼儿园作为专门的幼教机构,应该义不容辞地承担起家教指导的职责,与家长共同担负起教育幼儿的任务。"这已经成为世界幼儿教育发展的共同方向。对于家长而言,幼儿教师在育儿方面具有相对的指导性和权威性,只有通过对家长进行家庭教育指导,架构起幼儿园与家庭沟通的桥梁,促进家长的认同感和合作心,才能达到家园一致的理想教育境界。为了树立爸爸们

正确的教育观,宣传科学的育儿方法,我们开启了"多模式交流"通道,直面现代家庭教育中的弊端,针对爸爸们的需求,给予指导和建议。

活动二　——"做个好爸爸"交流讨论

1. 活动前的调查问卷

根据当前存在的普遍现象,我们通过全面问卷的形式,了解了爸爸们对于自身在教育中的观念和行为的认识以及困惑,进行统计分析,以便展开有针对性的育儿指导。具体内容有:

"您觉得自己照顾孩子的方式对他有至关重要的影响吗?"

"您觉得工作的真正原因是为了家人和自己的快乐,还是为了金钱、权力与成就?"

"您的孩子是否很崇拜您,把您当作模仿对象?"……

2. 家长沙龙"怎样当个好爸爸"

围绕"怎样当个好爸爸"的话题,我们把全体家长聚集在一起,进行了专门的问答交流。有的爸爸提问:"爸爸在育儿的过程中应扮演什么样的角色? 有时需要扮演一个红脸吗?"有的提问:"平时应酬多,见面少,所以孩子见到我特别黏,缠着要这个要那个,满足不了就哭,怎么办?"还有的提问:"因为我总是出差,和孩子接触得不太多,这样的状况爸爸该如何做更好些?"我们当即给予了解答,提出了可行性建议,解决了爸爸们的疑虑。我们还向每位家长发放了宣传资料,解密独辟蹊径的"父亲育儿经"。当我们向爸爸们指出,"父亲是孩子最重要的游戏伙伴,也是儿童积极情感的满足者;父爱有助于儿童良好个性品质的形成,促进儿童扮演好自己的性别角色;父爱更易促进儿童智力的发展"时,爸爸们的认同感强烈至极。

3. 网上探讨"和孩子亲近的秘诀"

通过 QQ 群,我把平时与孩子们关于爸爸的交谈,比如"你的爸爸什么方面最厉害""你希望爸爸是个什么样""你最想对爸爸说的一句话是什么"等内容告知他们,在网上与爸爸们探讨"如何当一位好爸爸?""好爸爸需要什么技巧?"等,激发爸爸们的思维碰撞,探寻爸爸和孩子亲近的秘诀。

在集体性的育儿指导中,爸爸们感悟到:爸爸的爱,能使孩子的身心健康成长,培养健全的人格,这是任何母爱所无法替代的!

三、在亲子互动中提升爸爸的高大形象

孩子情感的发展首先是靠与亲人频繁接触开始,逐渐产生安全感、愉快感,然后

发展到依恋之情。亲子活动能联结亲子之间的情感联系,也为幼儿和家长之间搭建了交流平台,有助于社会性关系的发展。

活动三　——主题系列亲子互动

1. 巧手无敌好爸爸

结合"交通工具真有用""在动物园里"的主题,考虑到本班幼儿的特点及当前经验,我们开展了"我们的交通工具"和"纸杯动物"的亲子 DIY 活动。我们通过家园联系单,倡议忙碌的爸爸们抽出空余时间,与孩子一起创想;提供作品范例为爸爸们打开思路,预留弹性的时间和空间,让爸爸们陪伴孩子学习,见证孩子成长,共同推进班级主题活动的开展,展现爸爸的本领高强,体验亲子制作的乐趣。

2. 亲情对对碰

为了增进父子(女)间的情感交流,随着父亲节的来临,我们开展了"快乐父亲节"主题亲子活动。在父亲节前一周,我们发起了搜集幼儿和爸爸的合影并举行"照片展""比谁帅"的活动;鼓励幼儿在家帮爸爸做一些诸如倒水、拿报、洗脚等力所能及的事情;还开展系列的教育活动,如调查爸爸、采访爸爸、说一说爸爸、夸一夸爸爸、画一画爸爸。随后,又以幼儿朗诵散文诗《爸爸的手》和手语表演《感恩的心》,以及爸爸们展示个人能力的"力量老爸""爸爸擂台赛"环节,和亲子互动游戏"小脚大脚齐步走""传纸杯""叠叠高",让孩子们亲近爸爸、仰慕爸爸,在孩子的心目中树立起好爸爸的形象,让永恒的爱在每个人的心中激荡。

感悟:

在孩子的成长过程中,爸爸的作用不可估量,其中所包含的不仅仅是对孩子的抚养,更重要的是爸爸对孩子性格和心理品质的培养,爸爸身上所具备的特质都是孩子所要学习的。近几年来,在家庭教育研究领域,"父性教育"正越来越受重视,作为教育者,我们的职责就是别让爸爸们的父爱停滞在心底,要激励他们适时付诸行动,让孩子们在父爱和母爱的共同沐浴下健康茁壮地成长!经过实践和探索,我们真正感受到了支持和鼓励爸爸们参与家园共育的积极意义。对幼儿园来说,我们得到了家长的认同和支持,能与家长形成教育合力,从而更好地贯彻科学的教育理念,促进孩子的健康成长;对爸爸们来说,活动中增进了他们对孩子的了解,深化了对幼儿教育的认识,把在这一过程中获得的科学教育理念运用于家庭教育中,促进了亲子关系的和谐,让孩子拥有了一个更快乐的童年。

增进爸爸主动的有效陪伴

朱　丹

【背　景】

　　孩子出生后,一个柔弱无助的小生命来到这个世界上,相信爸爸的内心和妈妈一样,充盈着自豪感。相对于妈妈而言,爸爸的动作一般比较粗犷,喜欢通过身体接触的方式与宝宝一起玩耍;爸爸给宝宝更多的自由去探险,不会过分保护等;父亲使孩子更社会……爸爸陪伴的好处多且又那么重要,可在以前活动中发现,爸爸的出现明显比妈妈少,或是妈妈觉得爸爸太忙没空,或是看不惯爸爸带着孩子……在孩子成长的过程中缺少父亲的陪伴,这也是社会的普遍现象。基于这些,我们如何去激发,让爸爸真正参与到早期教育中去呢? 我们从爸爸的成就感激发入手,让爸爸在一系列实践体验中从有意识到深深触动而主动地有效陪伴。

■ 活动一　爸爸也是这样的——增进有效陪伴中父亲参与的意识

　　这天上午,小大人游戏开始了,在小小建筑师的区域,孩子们搭建了房子、公园等建筑。小宇还没有加入,他看了看我,也许是希望我能安排他玩。但我想了想,希望能给他自己与同伴商量的机会。于是,我对他笑了笑,并没有动。小宇这里看看,那里瞧瞧,他走向了建筑工地,刚进去玩,突然看见小朋友的身旁一个玩具放在了地上。他看了看我,我没做出反应,只见他一只脚一踢,玩具立时飞出来,他脸上还有笑意。

　　他是故意的——我第一个反应。但我还是压住生气,先询问,给他解释的机会。可小宇的理由让我吃惊:"他们不理我……"听着小宇理直气壮的话,我从他的眼神里看出,他没有意识到这是不对的。"爸爸就是这样扔玩具的。"看着小宇,我想,平时苦口婆心地教育他与同伴友好相处,看来,并不起效,他想要让伙伴和他一起玩,和他说话,竟然用这种方式,而且父亲不经意的行为无疑给了孩子不好的榜样。这时,除了生气更多的是心疼。

我追问自己：平时和幼儿说，要与同伴友好相处，是不是忽略了让幼儿把知与行联系起来，导致幼儿只会说什么和小朋友团结友爱、互相谦让，而真正遇到问题时就不像说的那样了。我在表示理解他的心情后，询问他："如果你的玩具被人踢掉，你还会和他玩吗？""你喜欢别人怎么和你说话呢？"他是个聪明的孩子，我并不等他回答，在他沉默的时候，我想他在思考我的问题，希望能有一点点的触动。

于是，游戏结束后，我就这件事情拿出讨论，但并不提出他的名字，让孩子们想想说说，怎样和人说话，怎样招呼别人。

幼儿期正是个性发展和形成的重要时期，对以后个性的发展起着引导和奠基作用。如果这一时期能初步形成一个良好健康的个性，那么将会使一个人终身受益。小宇虽然聪明活泼，但是性格急躁，易冲动，有攻击性，他喜欢找同伴一起活动，却又不善于与人相处，在班里没几个小朋友愿意与他交往。如此循环下去，会加重他的不好习惯。

除了饭前和间隙时间等，我创设说说心里话的空间，鼓励孩子想想说说："为什么喜欢你的好朋友？""怎样与人商量？"还因为其中父亲的影响很重要，于是和家长沟通，反应情况，也在班级家长群里分享一些父亲影响的案例和比较适合和父亲一起的游戏，增进家长有效陪伴中父亲参与的意识。

活动二　爸爸，您来啦——亲身体验促进有效陪伴的主动性

"今天我爸爸做老师！"一早，就听到乐歆喜悦自豪的声音。嗯，是的，今天乐歆爸爸来做爸爸老师，和孩子们一起探究奇妙的香味。

班级里制作"好吃的食物"正在热火朝天地进行中，而味道是孩子们乐此不疲探寻的热点，正好乐歆爸爸从事的工作与这个相关，用他的话说：因为个人工作是跟食用香料相关的，所以在做本次活动前就设想结合实际工作把各种香味给小朋友们做展示和体验，让孩子们足不出户就感受到各种香味，激发他们探索大自然的兴趣和习惯。

于是，别样的活动开始了。瞧，乐歆爸爸虽然不是专业老师，可从材料准备上彰显着他的专业和认真劲儿。多种香料小瓶、闻香条、滴管、小黑板、记号笔、小奖品等一应俱全，还在黑板上写上分组，以作评分。我们也配上擦布、托盘等。

爸爸招呼好孩子摆好器具后，和孩子们宣布本次活动的主题和注意事项；然后将小朋友们分组，选出小组长，以便协助维护秩序、传递闻香条。"猜猜，我这里有哪些香味？"随着这一声呼唤激发，孩子们瞬时由好奇心驱使积极性高涨，都要争先恐后来

闻一闻猜一猜。"那怎么玩呢?"纷纷讨论,"喷一喷,妈妈香水就是这样的。""倒出来闻一闻。""凑上去闻一闻就知道啦。"……一番猜测、动脑后,爸爸揭开了谜底:"你们说得真好,我们会有一根闻香条,放在鼻子前晃一晃,香味就会散发,这样可以很方便闻出味道。"孩子们拿到闻香条像模像样地开始闻,全神贯注地思虑回忆,猜想这像是什么味道。

第二次,爸爸公布了今天给孩子们闻的几种香味,用心选取了小朋友喜欢或常见的香料,如苹果、橙、香蕉、草莓、柠檬、柚子、西瓜、蓝莓、巧克力、玫瑰等。然后让孩子们再次闻一闻重新发下的闻香条,猜想自己拿到的这个是什么香味。第三次,孩子们拿着新的闻香条自己去香料瓶里蘸取香料闻一闻、猜一猜……爸爸根据各组的答案进行记录统计,评选答对最多的组颁发奖品。爸爸还鼓励孩子们在今后的生活中发挥探索精神,学到更多的知识。

活动即将结束,可是孩子们还意犹未尽。

乐歆爸爸的感想:之前还在忐忑孩子们是否配合,活动开始后他们对新鲜事物的好奇和求知完全打消了我的顾虑,活动中小朋友们情绪高涨,争前恐后,积极与我互动……有的甚至参与两到三次还意犹未尽,有些小朋友接触的香味多,有些不够多,还在一起互相讨论,让我真切感受到孩子们的探索和求知欲望有多强烈!很开心有这样的机会跟孩子们近距离互动,女儿也为此激动了好几天。很高兴能有这样的活动,让孩子们形成热爱探索、实践求真的好习惯!

爸爸的活动感想让我们感受到我们的选择是对的。亲身体验对于增进有效陪伴的主动性是有效的。而爸爸的放手让孩子们更自由活跃,探究更有意境。由乐歆爸爸成功的活动,引发我们继续这个爸爸实验课堂的安排愿望,让爸爸的小实验课堂变成常态,不定时地多次开展,增进父亲的影响力,让孩子们感受爸爸的果敢和勇于挑战,便于孩子的抗挫能力的增进和大胆探究的激发。

活动三　喜欢和爸爸一起玩——爸爸在游戏中感受自己的陪伴对孩子的特别影响

自从爸爸老师带领的实验小课堂在我们教室里开播后,我们的娃和爸爸亲密接触的机会多多了,男人的果敢、更浓的探究气息在中七班灿烂蔓延。

瞧,今天,爸爸们都来了,有的加班还是赶过来,虽然是中途进来,但是一脸的期待、满眼的温暖洋溢,让迟到变成了更多的有力支持。

今天是我们的 2018 迎新狂欢夜,有孩子们的表演、家庭的话剧等集体表演,更有我们的亲子游戏,令我们印象深刻的更是爸爸和娃们的游戏。

"爸爸蒙眼猜娃",同时请出五位爸爸和孩子,分成两排站好(间隔3米)。先把爸爸的眼睛蒙上,原地转三圈后,凭感觉去摸自己的孩子,觉得摸准了,就摘掉蒙眼的眼罩,看自己摸到的是不是自己的孩子。摸不对的继续。

瞧,五个爸爸出列,各自蒙好眼。五个孩子对应站在对面,各自袖管撩起来,因为规则是只能摸手。第一个爸爸先开始,走上前,一个个摸过去,摸到第二个,直接把孩子拉出来:"就是她了!""哇哦,这么果断呀!"迎来了一片掌声和惊讶。悦悦爸说:"我女儿的手我一摸就知道,以前摸过的呀!"看他小小得意的神情激起了后面爸爸和台下爸爸跃跃欲试的愿望。第二个爸爸上前,第一遍五个娃娃摸过去,没摸出来,当第二遍还没摸出来的时候,这个急呼劲儿呀,这时主持游戏的正是我们的班委辰辰妈,她逗趣地说:"我来认领一下,这是我老公,今天回家搓衣板和键盘要选一下了……"引来了大家呵呵的笑声。是呀,爸爸快摸准呀,另一个主持文文妈救急,说:"这样,可以摸到手腕,辰辰爸爸加油哦!"这时不仅急的是爸爸,我们辰辰的小脸也是紧张呀,旁边的娃还忍不住提示,这个不是……

终于辰辰爸爸还是摸准了辰辰的手,把她一把抱起来。掌声响起,是呀,或许是爸爸陪伴较少,又或许爸爸大大咧咧没注意这些细节,孩子的手经常拉,可没有仔细观察和抚摸,也很正常。有了超快速的摸准,也有了两三遍没摸到的尴尬,后面的爸爸更轻松,但也更认真了……

简单的游戏,却折射出爸爸和孩子的亲密度,更打开了爸爸要更细心关注孩子的开关。小小的游戏,让参与的和未参与的爸爸们震撼到了,当摸准抱起自己的孩子时,脸上笑容是那么的温暖和幸福,孩子们的脸上更有种自豪和欣喜,爸爸"你真行"的感受展露无遗。这样的神情无疑是对爸爸的最好鼓励和肯定,让我们今天到会的所有家长都印象深刻。看着粗犷的爸爸,看着不拘小节的似乎不那么细心的男人们,一个个耐心仔细的游戏猜摸,让大家都进一步认识到,爸爸们,你们可以,为你们骄傲。

感悟:
满足孩子的需要,迎合当下的趋势——适合的才是最好的

在"爸爸,我想对你说"的活动中,孩子们有的说:"爸爸,我最喜欢你陪我玩玩具。"有的说:"爸爸,我最喜欢你抱我。"……看着很普通的事情,可都是孩子们最希望的,反过来说明爸爸的陪伴少了那么点。我们要创设机会,营造氛围,让孩子们和爸爸互动,感受这份美好的体验,满足孩子的需要。

有研究发现过半的母亲在家庭教育占绝对主导地位,父亲起主导作用的不超过

15%；2016年发布的一个亲子关系报告称，67%的父亲平均每天与子女交流的时间是1小时以下……调查报告的数据让我们了解到父亲在教育孩子上的缺失已经很普遍。而亲子类节目《爸爸去哪儿》已经拍到了第五季，迎合当下的热播，正好开展活动，因势所趋。

以点带面——巧做事半功倍

很多事情不可能一蹴而就，爸爸们也不是一下子就那么积极主动，因为男人怕失败，更何况在孩子的老师面前，在那么多孩子面前。针对这些，我们注意陪伴，在群里分享父亲影响的案例和适合爸爸带娃的亲子游戏等。挑选一个比较外向胆大的爸爸，和他一起商议活动内容形式，和爸爸老师探讨孩子们的年龄特点、班级主题活动动态，由他擅长的内容开始，陪伴他成功完成活动，并把感想和照片分享在群里时，相信肯定勾起了爸爸们的兴趣，但是肯定只是一部分。于是我们又挖掘几个爸爸，通过来园、微信等沟通，提供游戏也好，鼓励自己寻找创造也好。总之，在我们的帮助陪伴下，保证爸爸们的课堂生动有趣，亮出不同于妈妈课堂的点，让孩子们迫切希望爸爸们来参与，由孩子们回家呼唤，由爸爸们以点带面的号召，以此带动其余的爸爸。

不以道理来灌输——体验中触真情

爸爸陪伴孩子对孩子的好处有很多，比如有利于培养孩子的责任感，更有利于孩子的学习和社交能力。美国耶鲁大学科学家的一项长达12年的研究表明：由男性带大的孩子智商较高，他们在学校里的成绩往往也更好，将来走向社会也更易成功、成才。

种种好处仅是分享远远不够，甚至光讲道理是不行的。如何才能激发行动呢？

以"爸爸，我想和你说"由孩子们纯真的愿望引起爸爸们的重视，感受到孩子的需要；鼓励父亲双休日、节假日带孩子们出游，增加互动亲密接触；创设爸爸小实验课堂，让爸爸在一系列活动中发挥特有的魅力，体验成就感，增进有效陪伴的主动性；在迎新狂欢夜中，让爸爸和孩子互动，带动孩子、带动整个家庭，印证爸爸参与的影响力，进一步让爸爸体验成就感，增进主动性，发现自己在家庭中的地位的上升，让整个家庭更加和谐。

特别是在"蒙眼猜娃"的游戏中，让爸爸们触动了，辰辰爸说："在戴上眼罩的那一瞬间，我突然有点慌了，有多久没有好好拉拉女儿的小手，好好陪她做一次游戏，好像一直在忙着加班，忙着出差，忙着应酬。好多次都是在她睡着之后才回来，亲亲熟睡中她的可爱小脸,所以在一双双小手中我有点手足无措。第一遍找过之后,我竟然不太确定,那一瞬间是极其愧疚的,哪个才是女儿的小手?"再听源爸说:"华丽的衣服,各种的玩具,都弥补不了宝贝想要多一点的关怀,多一点的陪伴……"

和爸爸们讲再多的道理,都不如一个简单的游戏触动得深。

运用专业的心理学知识,以男人的特质来激发和促动——知己知彼,百战不殆

男人和女人心理特征的不同,男人的积极性激发最有效的一点就是让他们有种成就感。男人有了成就感,那积极主动就不远了。

再如,欢迎并引导爸爸来教室和孩子们互动游戏,创设机会让爸爸带着孩子们游戏,让爸爸感受到成就感,增进陪伴的主动性,更让孩子们进一步感受爸爸的厉害,增进自豪感。

以此,用一个个活动不断来激发爸爸,引导爸爸来参与。

幼儿园指导家长培养孩子责任心的研究

潘翠林

责任心是儿童对自身应对社会承担责任的认识、在道德实践活动中的感受和负责行为。它是个性心理的重要品质,也是道德领域的有机组成部分。它包括儿童对自己、他人、家庭或集体应负责任的认识,对自己负责的感受和负责行为三种成分。

良好的责任心是社会合作精神的基本体现,也是个人健全人格的基本要素。一个人的责任心和责任感不会无师自通,从客观的责任到主观的责任感,都需要教育。家长们都希望孩子有责任心。可是,在现实生活中,家长却不让他们的孩子做一些孩子乐意做的力所能及的事情。究其原因,首先,目前很多家长普遍对独生子女比较溺爱、娇惯,只管孩子吃好、穿好,什么小事都不让他们做,因此孩子什么义务都没有;其次,有的家长认为,现在孩子年龄小,等孩子长大了,各种习惯自然会养成。家长们的这种教育观念是造成幼儿缺乏责任心的客观原因。

面对现状,幼儿园应呼吁广大家长重视对幼儿责任心的培养,同时指导家长运用有效的途径和方法,培养孩子的责任心,促进幼儿身心全面健康的发展。

一、指导家长培养孩子责任心的目标

以《幼儿园工作规程》及《上海学前教育纲要》为依据,结合本课题的特点,提出幼儿园指导家长培养孩子责任心的目标为:帮助家长认识家庭因素对子女责任心发展的影响,同时指导家长运用科学有效的方法,培养幼儿对自己应负责任的认识,激发幼儿的负责感受,发展幼儿的负责能力,促进幼儿身心全面、健康地发展。

二、指导家长培养孩子责任心的内容

（一）培养幼儿的自理意识，养成对自己负责的习惯

如，在家玩玩具，应让幼儿自己去取玩具；玩好后，自己整理好再放回原处。在日常生活中，要学习做一些力所能及的事，如穿衣、穿鞋、洗脸、刷牙、洗手帕；睡觉前，把脱下的衣裤折叠整齐等。有什么好吃的要先想到大人，要为家里增添愉快气氛；如果自己做错了事，要善于承认，并马上改正，等等。这些都是在日常生活中培养幼儿责任心的重要方面。

（二）让幼儿明白自己该负的责任，激发其责任心

幼儿年龄小，对责任心、责任感的理解是有限的，他们也许根本不知道自己到底该负哪些责任，因此，作为家长要对幼儿讲清楚，什么是他该负的责任，如让幼儿知道他是家庭中的一员，他有责任参与家务劳动，做一些倒垃圾、洗手帕、拿筷子等力所能及的事。无意中碰疼别人或把别人的玩具、作品弄坏时，应感到内疚，并安慰他人，想办法让他人不再难过。在社会上，看到"七不"宣传，父母要告诉幼儿是哪七个"不"，这几个"不"其实是每个人都应该做到的，是每一个人的责任，如果每个人都做到了，那么，我们的环境将更加清洁，我们的社会将更加美好等，从家庭到社会，父母要抓住一切时机，对幼儿进行责任教育。

（三）让幼儿在尽责的过程中体验到愉快的感受

如在让幼儿帮忙拣菜时，可用商量的口吻说："你来帮妈妈一起拣菜好吗?"拣好后要鼓励他："今天幸好有你帮忙，否则我们吃饭就迟了。"这样可以使幼儿体验到自己的责任完成后的一种愉悦感，也使他形成以后自觉尽责任义务的动力。苏霍姆林斯基说："一个孩子得到父母的礼物时，往往感到满足和高兴，但是父母要设法让他有另外的一种幸福感，这就是当孩子为别人的幸福做出牺牲时，也觉得幸福，甚至比拿到礼物时更为幸福。"

三、指导家长培养幼儿责任心的形式

（一）办好家长学校，促进相互了解，转变家长的教育观念

利用家长学校进行家庭责任心的系列讨论，这是有系统、有明确指导目标，由浅入深转变家长家教观念、态度、行为的大型家教指导活动，是我们在工作中较多采用的一种指导形式。很多家长通过这一活动，认识到自己在教育孩子过程中存在的问

题,了解到从小培养幼儿责任心的重要性,进而家园共同确定对孩子的培养目标、教育计划和措施。家园双方通过经常交流实施教育后的效果,及时调节和补充教育方案,同时也交流各自在教育过程中的经验和教训,取得取长补短的效果。

(二)家教现场研讨、辨析活动

我们利用创设情境、小品表演、语言表述、拍摄录像等,围绕家庭责任心培养过程中的一个中心议题进行讨论、交谈,从而使家长在对特定的问题的看法中形成一定的认识。如大型现场研讨指导活动《家长如何引导幼儿爱惜物品》,通过情节表演,使家长认识到造成孩子不懂得珍惜物品的主要原因在家长身上:在现实生活中,物质条件的充裕造成家庭生活中浪费现象严重,无形中给孩子带来了负面影响。通过研讨,家长们达成一致看法:首先,家长要养成良好的榜样作用;其次,不要轻易满足孩子的购物欲望;再次,培养幼儿爱惜物品在于感情的投入,让孩子对劳动成果产生热爱与珍惜的感情是关键。大家认为,平时应带领孩子到农村看看农民们"锄禾日当午,汗滴禾下土"的劳动情境,即使是带领孩子们看看幼儿园食堂工作人员的劳动也可以,目的是让孩子对劳动的艰辛、繁忙有一个具体而感性的认识。另外,家长们普遍认为在日常生活中引导孩子参加一些力所能及的家务劳动,使孩子通过自己的劳动,尝到劳动的艰辛。孩子在感觉愉悦时,激发出劳动的热情,自然对劳动的成果也就懂得珍惜了。家长们在讨论中积极、主动,使家长由原来的调控无方变调控有方,提高了家长的指导能力。

(三)个别指导形式

根据幼儿对责任心的认识、责任感及负责行为的不同表现与家长单独联系或家访谈话,有针对性地了解幼儿,并给予家长适时的帮助和指导。如我园有两位双胞胎幼儿从小体弱多病,父母过分宠爱孩子,致使孩子自立能力较差,对自己、他人缺乏责任心。针对孩子的特点,及时进行家访并做好孩子的个案追踪。在家园双方共同探讨中,家长逐渐懂得了教育孩子的根本是什么,过分宠爱孩子不是爱孩子,而是在害孩子。通过吸取成功家教经验,家长开始在日常生活中有意识地培养孩子的自理意识,孩子的负责能力逐渐加强。

(四)家教沙龙

提供家长宽松的畅所欲言的环境与机会,组织者平等地共同参与家长培养孩子责任心方面的热点问题讨论,并进行适当的总结。

（五）书面家教指导活动

利用家园小报、家教专刊、家园之窗、家园联系册等书面形式，对家长进行广泛的、系统的、较全面的指导。我园的家园小报及联系册已由单向交流形式转化为家园双方交流的渠道。

四、培养孩子责任心的方法

家庭教育以非正规的教育为主，更需要随机性和灵活性，更多地贯穿在日常生活中，家长要善于把握教育时机，运用有效的方法，日积月累地对幼儿进行培养。

（一）范例法

范例是对幼儿具有重要教育作用的典型事例，是以别人的好思想、好行为来影响幼儿的一种教育方法。范例可以起到榜样的作用。父母为孩子提供了最直接的榜样作用，也是孩子的第一任楷模。心理学研究表明，父母的示范，对孩子具有较大的帮助。特别是年幼的儿童，家长要以自己对人、对事的鲜明态度和各种模范行为为榜样影响孩子，对孩子进行责任心的培养。责任心不可能直接传授给幼儿，而只能由孩子从外界的吸收中获得。孩子在生活的各种环境中对自己喜欢的人进行模仿，从而塑造自己的品质。父母如果老是做事虎头蛇尾、丢三落四、不守诺言、推卸责任等，孩子都会"看在眼里，记在心上"，因此孩子的责任心主要还是要归属到家长身上，父母以身作则创造和谐的气氛，孩子在自己行动体验中巩固对父母的学习，才能使责任心成为人格的一部分。如果你想使你的孩子成为一个喜爱整洁的人，那么你就应该注意自己的举止行动，让你的孩子乐意去模仿你。你每天要保持仪表整洁、屋子打扫干净、床上枕被叠整齐、衣柜书架鞋具都要整理得有条不紊、饭前便后都要洗手、在公共场所把瓜皮果壳扔到废物箱里等，孩子见了也会学着把脱下的衣服折叠整齐放好，玩具图书玩过看过后整理好放在固定的地方等。因此，现代家庭环境最关键的问题是必须大力提高家长自身的素质，提高家长的责任，重视家长的行为，努力建立良好的家庭氛围，为孩子的成长创造一个良好的家庭环境。

（二）情境模拟法

情境模拟指家长在日常生活中尽可能为幼儿提供各种尝试、表现情境与条件，鼓励幼儿大胆尝试，勇于克服困难，承担责任的一种方法。幼儿1岁半～5岁期间需要大量的触觉训练，如果不让孩子做力所能及的事，始终不给他们独立的机会，或者干涉过多、包办过多的话，孩子很可能由此失去做事的兴趣和愿望。如自己学着吃饭，开始时不会拿筷子吃,就会造成满脸满桌和衣上都有饭菜,不一会饭菜都凉了,妈妈一着急,就连忙夺过筷子来喂他。这位家长在培养孩子生活自理方面忽视了对孩子动手能力的培养而用了"越俎代庖"的方法,这是不可取的。因为孩子只有在不断练习和反复巩固中,才能养成良好的独立生活能力和习惯,养成对自己负责的行为。让孩子自己收拾玩具也是培养孩子具有责任心的重要举措之一。在孩子很小的时候,父母可以把收拾玩具当作是游戏的一部分,满怀热情地教孩子如何摆放玩具,如"方型积木排在这儿"、"小汽车停在车库里"、"把洋娃娃送回到他自己的家里"。这样当孩子长大了以后,就渐渐地养成了自觉收拾玩具的好习惯,使他知道自己应该对自己的行为负责任。良好习惯只有经过多次的不断重复,才能得到巩固并成为一种内在的要求,成为重要的行为规则。为此,不仅需要利用现有的条件,而且还应创造情境,使孩子得以模拟练习,进而养成负责的行为。

(三) 积极评价法

积极评价法是指当孩子取得进步时及时地进行鼓励和赞扬。赞扬能促动孩子的感情,促使他们积极地活动。儿童只有在劳动中心情愉快,劳动过程和劳动结果能给他们带来乐趣,他才会热爱劳动。这要看父母能否及时给予表扬,孩子遇到困难时能否帮助他,看到孩子不认真时,能否鼓励他再试一遍。鼓励和赞扬是一种积极促进的信息,能使人的某种行为重新出现,并有所发现。如果对孩子的每一点努力和进步父母都能及时发现,给予鼓励和赞扬,就会激发孩子认真学习、不断上进的愿望和热情,并促使孩子满怀信心地战胜困难。

(四) 操作指导法

培养孩子对自己负责的习惯离不开家长在实际操作上的指导和帮助。家长在指导过程中一定要十分细心地、而且应坚持让孩子自己学着做,哪怕做得不好也要让他多次反复练习,绝不能为之代劳。因对孩子来说,由于能力有限、尽管他想自己来干这些事,但常常干得不理想。父母若不适当予以帮助,孩子会因自己的失败而沮丧,也不愿意坚持下去。如孩子在穿衣时,很想学着自己系扣子,但好长时间扣不上一个,爸爸看见后用简单易懂的儿歌帮助孩子掌握扣纽扣的方法要领,孩子一下子领悟了,很快学会了自己扣纽扣,养成对自己负责的行为。因此,孩子在学习中离不开家长的指导和帮助。

(五) 喻之以理法

责任心的培养不像教孩子数数、背儿歌那样立竿见影,应通过有效可行的方法帮助幼儿掌握。希望让孩子在劳动中形成责任心,分派孩子做家务并不是目的,主要是锻炼孩子承担义务和责任的能力。如,妈妈一次次地教 5 岁的孩子洗完手后,小手在水池中甩一甩,再用毛巾擦干。不知说过多少次,可卫生间的地上总有水。如果妈妈顺手擦干也很容易,但是她想:培养孩子自己的事情自己做很重要,让孩子学会负责任就更重要了。于是妈妈把儿子叫到身边,一脸严肃的样子说:"如果水洒到地上会弄脏地板,而且地板还会很滑。最重要的是爷爷年纪大了,如果不小心踩到洒满水的地板上,会摔跤的……我知道你不是故意把水滴到地上,我建议以后谁把水滴到地上,谁就负责擦干好吗?"开始比较花时间,要不断提醒,让孩子认识到不负责的后果是十分严重的,慢慢地孩子习惯地自觉甩干手或擦干自己不小心滴出来的水。看来,在学习负责这件事上,他前进了一大步。实际上,很多家庭都可以见到这样的情景:孩子玩过的玩具扔得满地都是,大人不得不跟在后面一件件收拾。这种情形既反映出孩子没有养成自我负责的习惯,也表明家长对培养孩子责任心并没有给予应有的重视。孩子的责任心并不是与生俱来的,也不能在一定的年龄自动出现。责任感需要在长年累月的生活中经历和体验不同的情境才能慢慢获得的。在日常生活中,尤其是孩子缺乏责任心时,通过说理的方法,和孩子一起分析原因,使孩子看到应该中的不应该,耐心诱导,晓之以理,及时提醒和督促孩子,使孩子渐渐养成负责的行为。

五、效果分析

(一) 家长的变化

家长的教育思想对子女的教育起着决定性的作用,教育观念正确与否直接影响到家庭教育的质量。通过家教指导研讨,家长的教育观念有了明显的转变,家长们开始认识到家庭教育的重要性,认识到包办代替、溺爱型的教养方式是不可取的。家长们在日常生活中开始注重对孩子责任心的培养,如让孩子学做一些力所能及的事情等,积极寻找灵活有效的方法,让孩子学会对自己、对他人、对家庭、对集体负责。在实施过程中,互相学习成功家庭的优秀经验,针对自己孩子的自身特点,有计划、有目的、有针对性地对孩子进行责任心的培养。

(二) 幼儿的发展

1. 自理意识明显加强,能自觉履行自己的职责

很多幼儿开始尝试学做一些自己力所能及的事情,如自己穿衣、系鞋带、叠被子等,幼儿的生活自理能力加强了。以前,很多幼儿进园都要在大人的陪同下进活动

室,通过对幼儿进行责任心的培养,每位幼儿都能独自进教室。幼儿的劳动意识加强了,活动结束时能主动收拾好用过的物品,有的幼儿在大人的提醒下也能把东西放回原位。家长让幼儿做的事情,能认真做好。如帮忙扫地、放碗筷等。幼儿园布置幼儿回家做的事情能认真做好,如幼儿能独立完成每天的思维训练,再也不需要大人的陪同了。

2. 对责任心、责任感的理解提高了

以前,很多孩子都把父母对自己的爱看作是理所当然的事情,通过对孩子责任心的培养和引导,使孩子认识到"爱吃鱼头的妈妈并不是不爱吃鱼肚",作为妈妈的孩子应当体会到母亲的关爱,在生活中要热爱家庭,为家庭的发展尽一份责任。从小事做起,多做一些自己力所能及的事情,爱护和保管好家里的物质财富,经常注意家庭环境的清洁卫生,做好家庭分配给自己的学习和工作等,逐渐消除了孩子对家庭漠不关心的态度。在幼儿园举办的献爱心活动中,很多幼儿把自己的压岁钱及心爱的玩具自愿捐给贫困的儿童等。更难得的是许多幼儿看到同伴幼儿不负责的行为能及时地指出,并帮助改正。我园一位家长在经验交流中感慨地说:"一次我忘了关水龙头,被孩子发现,孩子像大人一样一本正经地向我指出后,使我感到既惭愧又骄傲。"

3. 孩子在尽责过程中的体验加强了

一位家长在转变孩子磨蹭拖拉的行为中,改变了以前喋喋不休的催促,故意让孩子上园迟到1~2次,孩子接收到老师责备的眼光后体会到内疚感,使孩子认识到按时到园是他的责任。从此,孩子起床再也不要家长担心了,因为孩子的悔恨比家长的痛责更能促进他的行动。又如,我园的景红小朋友无意中弄坏了妈妈心爱的书后,感到很不安,立即找来了胶水和白纸对妈妈的书进行修补,尽管修得并不好,但我们应为孩子的负责行为而感到高兴。

将来的社会是一个讲责任的社会,很难想象一个没有责任心的人,将来怎么能在社会上立足,成为一个对社会有用的人。我们如果希望自己的孩子将来立足于社会,就要放手大胆地让孩子自己去探索和实践,为自己将来独立于社会,从小学会负责,来培养自己的各种习惯。因此,作为父母对幼儿从小进行责任教育是义不容辞的责任。

参考文献

[1] 钱源伟主编.幼儿健康心理八十题.华东师范大学出版社,1996年12月第一版

[2] 李洪曾主编.上海幼儿家庭教育研究论文集

[3] 张明红、朱延麟编.3~6岁幼儿心理与优教.上海科学普及出版社,2000年6月第一版

家园合力共同培养小班幼儿的自我服务能力

黄　群

我们小三班幼儿家庭结构中有一半是核心家庭,另外一半是主干家庭(和祖辈家长共同居住)。通过我们与家长的交谈接触,结合孩子在园的表现,我们获知:大多数父母由于工作比较忙,日常的生活照顾都交给祖父母或者外祖父母。长辈们虽然对于幼儿生活方面的照顾较为重视且细致,但也因为过于细致而忽视了对宝宝自我服务习惯和能力的培养,所以宠溺的现象严重。尤其表现在长假、双休日之后,较多孩子经过一周积累的进餐习惯、午睡习惯均有反复。所以我们觉得既要多想办法让孩子学会自己做,乐意自己做,也有必要开展家长工作,让家长了解并重视幼儿在自我服务方面的培养,让家长成为培养孩子能力的助推力而不是阻力。

一、通过调查问卷了解孩子在家庭中的能力水平及家长的困惑诉求

通过问卷调查可以分析我班孩子的自我服务能力与家长的教养方式存在的内在联系。同时,经过调查了解目前家长存在哪些不良的教养方式,从而为我们正确指导家庭教育、有效地培养孩子的自我服务能力提供有效的依据。通过调查,我们发现现在家长(父母)虽然非常赞同孩子自我服务能力培养的重要性,但由于孩子大多是祖辈父母带领的,父母们的建议和想法无法实践和实现,部分父母表示有时候祖辈家长溺爱是引发家庭冲突的原因。所以,让祖辈家长了解培养孩子自己动手能力的重要性和必要性是非常重要且紧迫的。而从孩子掌握的能力来看,近一半多的孩子需要大人帮助才能穿衣脱衣,吃饭时近70%的孩子需要大人反复提醒。而在如厕问题中,我们发现班级中没有几个孩子试过自己便后擦屁股。在问卷之后,与家长沟通中,我们又了解到,家长都认可培养孩子自我服务能力是很重要也很有必要的,但感觉自己持续力不够,耐心不够,往往在时间比较赶、比较急的情况下就选择替孩子完

成。一些祖辈家长觉得让孩子做,一来时间长,二来孩子也做不好,就如便后擦屁股,大人觉得孩子擦不干净就不坚持了,但教师觉得自我服务能力的培养在于经验的积累,如果孩子不动手就没有办法积累经验。可见,很多时候家校双方对孩子自我服务能力培养的动力和立场都不太一样。

二、让孩子在游戏中学习技巧,在每日生活中巩固行为

1. 创造轻松愉快的氛围让孩子学习技巧

要让幼儿做到生活自我服务,必须让其学会好的方法。当孩子没学会穿衣服的方法,就谈不上把衣服穿整齐;幼儿不会洗脸,就谈不上把脸洗干净;幼儿不知把玩具放到哪里,就谈不上把玩具物归原处……也就是说,即使幼儿有了自我服务意识,如果缺少自我服务的技巧,就是想做也做不好。所以,我们还要让幼儿学会具体的生活自理方法。教授方法技巧,学校是主战场。首先,我们老师通过自编儿歌、故事让孩子在娱乐的氛围中学习自理技巧。如,在教小朋友如何叠衣服的时候我们编了儿歌:小手抱娃娃(叠衣服的衣袖),脑袋点点头(叠帽衫的帽子),遇见朋友弯弯腰(衣服对折);又如,提醒孩子正确使用小毛巾的儿歌是:大方方擦擦脸,长方方擦擦嘴,小方方擦擦手。当我们从家长提交的问卷调查中得知,班级中没有一位孩子试着自己便后擦屁股,那我们就通过看巧虎动画片里的巧虎上厕所鼓励孩子自己动手,班级还提供湿纸巾,鼓励孩子先自己动手,再请老师帮忙,这样安排既保证了卫生也保证孩子动手的机会。

2. 因材施教,根据不同能力的孩子提不同要求

当然,每个孩子的能力都不相同,有高有低,因此,对于各个层次的幼儿来说,要求就有所区别。对于自理能力较强的幼儿,就以较高水平来要求;对于自理能力较差的幼儿,就相对降低要求的标准。比如,我们在开学初为了让班级小朋友学习区分鞋子的左右,并试自己穿脱鞋子,我们老师设计了生活活动"小鞋找朋友",运用拟人化的手法画了两双鞋子,一双鞋子放反了,引导孩子们发现:"鞋子放反了,它们不高兴了。"另一双鞋子放正了,孩子们都说:"鞋子放正了,鞋子高兴地笑了。"从而将幼儿的语言概括出儿歌:两只小鞋,一对朋友,穿错生气,噘嘴歪头,穿对微笑,点头拉手。然后请小朋友进行操作,我们对能力强的幼儿鼓励他们又快又准确地将小鞋放好并自己穿上鞋子;对于能力弱的幼儿,就手把手地帮助他们完成任务,积极地给予表扬鼓励,建立幼儿的自信心,让每个孩子感受到成功的喜悦。

3. 在游戏中融入技能学习,让孩子学得开心

爱游戏是孩子的天性。抓住这一特征,我们就让孩子在游戏中,在自己动手操作

中进行能力培养,同时注意个别孩子的指导培养。如,我们在生活区,投放了一些塑料瓶让幼儿拧拧盖盖,还设计制作了"给小动物喂食"个别化学习,用小勺将黄豆、蚕豆、弹珠材料喂小动物。又如,在活动室的一面墙上我们用无纺布做了各种交通工具,而交通工具上的轮子、窗户等都是纽扣、揿钮、拉链等,幼儿在操作中发展孩子的手眼协调能力,锻炼小肌肉,使幼儿的自理能力得以巩固和强化。在角色游戏中我们提供娃娃和小衣服,这些娃娃的衣服、裤子等都是可以脱卸的,鼓励孩子给娃娃们穿衣服(扣上扣子、揿好揿钮、粘紧粘口带),孩子们还能给娃娃穿衣、穿裤、穿鞋、洗脸、洗手等,在游戏操作中,他们获得了生活的体验,得到了自理能力的培养和提高,同时手眼协调能力、观察能力、思维能力也得到了锻炼与发展。

三、让家长了解幼儿的能力发展需要,家园共育,保证教育的持续性与连贯性

　　家长是孩子的第一位老师,孩子自我服务能力的培养和训练,离不开家长的支持和配合。其实,在园的一日生活中,每个孩子都有机会自己动手,但真正的区别在于回到家庭后,有些孩子或主动或被动地放弃了自我服务的机会,一些家长,特别是祖辈家长包揽了孩子的一切。为此,我们把每月的培养目标,写在家园联系里,让家长了解需要配合的事项。同时请家长为孩子提供方便,衣装轻便,便于孩子操作,并要求家长在家里进行同步培养。开学初我们召开家长座谈会,向家长宣传孩子自理能力培养的重要性,谈谈培养方法和孩子们的进步等,并向家长传授一些技能技巧。我们还特地为每个孩子设计了形象憨态可掬的超级飞侠,当孩子在某一方面的自理能力达到要求或有所提高时,孩子的超级飞侠小飞机就往上飞一格,比比谁的小飞机飞得最高。这样既注重了孩子的个体差异,又为孩子发展给予了充分的肯定,同时家长对孩子的发展情况一目了然,积极地与老师取得配合,共同提高孩子的自理能力。家长们说:"孩子入园后,独立意识强了,许多事情都愿意自己动手做,感谢老师让孩子养成了良好的生活习惯,提高孩子自理能力。"在系列活动开展的尾声,我们组织了一次幼儿自我服务能力大比拼活动,此次活动我们由家委会成员策划主持。家长们在参与了这次活动后的最大体会是:没有想到自己的孩子居然能做这么多事,而且做得还不错,这是在家很少表现出来的。这无疑说明,我们的家长虽然意识到培养孩子的自我服务能力是有必要的,但缺少方法,不知如何鼓励、动员自己的孩子,也缺乏持久力和耐心。

　　其实,培养幼儿自我服务能力的最佳时期就是小班阶段,但也不是只停留在小班阶段,就像我们一个家长说的,什么年龄段都有孩子可以做的事情,孩子自理的机会

时时处处都有,关键是家长是否愿意放手。我们都要转变观念,放手让孩子去尝试、去体验,家长应在生活中有计划地安排幼儿参加力所能及的活动。在日常生活中,诸如吃饭、穿衣、游戏、睡觉等环节,本着"自己的事情自己做,不会的学着做"的原则,只要没有危险,都应让他们去实践,作为老师应抓住孩子在园的一日生活中的每一个机会为幼儿提供练习。在此基础上,施以言传身教,辅以耐心细致,结合家园同心,只有这样,培养幼儿较强的自我服务能力才能成为现实。

家园合作开展亲子阅读活动

徐敏红

《3～6岁儿童学习与发展指南》指出："幼儿的语言能力是在交流和运用的过程中发展起来的……为幼儿提供丰富、适宜的低幼读物,经常和幼儿一起看图书、讲故事,丰富其语言表达能力,培养阅读兴趣和良好的阅读习惯,进一步拓展学习经验。"早期阅读不仅能激发幼儿的阅读兴趣、培养幼儿的阅读习惯、提高幼儿自主阅读能力,还有助于幼儿真正爱上阅读、享受阅读,为其后续语言学习和终身阅读打下扎实的基础。

本学期我们通过家园合作开展了一系列亲子阅读活动——举办建立"班级图书馆""图书漂流活动""家长故事团进班级""迎新年亲子故事会"以及采取建立亲子阅读经验共享平台等方式,在激发家长自身阅读兴趣的前提下,营造"爱阅读""享阅读"的良好氛围,从而有效地推动亲子阅读活动的开展,提高亲子阅读的质量。

一、建立"班级图书馆",定期举行"图书漂流"活动

在狭义的"亲子阅读"概念中,家长被单纯视为幼儿的"陪伴者",忽视了家长自身阅读素养的提升,忽视了家庭阅读氛围的营造。因此,在开展亲子阅读活动的过程中,"激发家长的阅读兴趣、提升家长的阅读素养"成为我们的首要工作。我们进行了以下尝试。

首先,教师告知家长有关"班级图书馆""图书漂流""亲子阅读记录"等信息,并引导家长积极参与。教师事先将建立"班级图书馆"、举行"图书漂流"及"亲子阅读"的设想告知家长,争取全班家长的积极响应与支持,鼓励家长和幼儿将自己喜爱的绘本带至"班级图书馆",为"图书漂流"活动提供丰富的材料。每周四幼儿可以从"图书分享角"挑选一本自己喜欢的绘本,带回家与爸爸妈妈一起亲子阅读并进行记录。

其次,倾听家长对"图书漂流"活动的反馈和建议,了解活动期间家长对亲子阅读

活动成效的满意度，是推动图书分享活动有效开展的重要保障。为此，教师对班级亲子阅读活动进行跟踪了解和记录，定期倾听家长的活动反馈，并进行及时的调整。教师在对班级"亲子阅读记录"的跟踪观察中发现：第一周，幼儿参与"亲子阅读沙龙"活动的积极性很高，在活动过程中十分爱惜绘本，大多数家长也表示，设置"班级图书馆"以来，孩子阅读的积极性更高了；第五周（"图书漂流"活动开展一个月后）幼儿已经养成了每周四回家前主动去"班级图书馆"选择图书带回家阅读的习惯。当部分家长发现带回去的绘本存在损坏现象后会与幼儿共同修补，并借此机会教育幼儿养成爱护图书等良好的阅读习惯。

大部分家长能主动与教师交流在"图书漂流"活动中的体会、问题和经验。许多家长反映："我和孩子很享受一起阅读的时光，亲子阅读不仅锻炼了孩子的语言能力，提高了孩子的记忆能力，还加深了我和孩子的情感交流。"有的家长表示："在亲子阅读活动中，我开始走进孩子的内心世界，帮助孩子开阔了视野，养成了良好的阅读习惯和学习品质，为幼小衔接做好准备。"

"班级图书馆"的设置让幼儿家庭闲置绘本的价值被再次开发出来，幼儿在挑选绘本时，自发地创建了"最受欢迎绘本排行榜"，会主动了解"这本书被哪些同伴借阅过"、"主要内容是什么"，并主动要求家长一起阅读。幼儿自主选择绘本、自主阅读的能力不断增强。

二、组织"家长故事团"，开展亲子绘本阅读集体活动

为了拓展亲子阅读的活动形式，提高家长参与亲子阅读活动的积极性，自2017年11月开始，我们邀请家长志愿者以"故事爸爸"或"故事妈妈"的身份进入班级，开展"爸爸妈妈读绘本"等亲子绘本阅读集体活动，将原先班级不定期开展的绘本故事分享活动变成固定的班级特色活动。我们除了定期举办"爸爸妈妈读绘本"外，其活动的组织形式也发生了变化，用"绘本故事角"代替"集体式讲述"，幼儿可以自由选择活动的主题和内容。

例如，在每一次的"家长故事团进班级"活动中，首先教师会简单介绍当天的活动流程，然后家长志愿者根据自己准备的内容组织绘本阅读活动。每一个活动结束后，幼儿会有十分钟分享与交流的时间，可以与同伴交流活动中的问题和感受。小宝说："我刚才听了——妈妈讲的《十兄弟》太搞笑了，你等会儿也去听吧。"童童说："佳慧爸爸讲的《狐假虎威》更有意思，那个狐狸太聪明了，老虎好傻呀。"

幼儿教师集体讲述的阅读教学模式和家长"讲故事"的亲子阅读活动形式在一定

程度上限制了幼儿阅读的自主性,而亲子绘本阅读集体活动给幼儿带来了全新的绘本阅读体验,提高了家长开展亲子阅读的能力,也促进了幼儿阅读专注力的发展。每一位家长志愿者在进入课堂之前,都会为此行精心的准备——基于幼儿的年龄特点,细心挑选绘本、深入理解绘本内容。大部分家长还创设了故事情境,运用了辅助性材料。例如,一位妈妈在讲述《白雪公主》故事时,跟随情节发展出示梳子、一个半红半绿的苹果等材料,生动演绎故事内容,让幼儿沉浸于剧场式的故事情境中,亲子阅读质量得到显著提高。

教师通过观察发现,幼儿倾听的专注力、活动的参与性和分享的主动性都非常高。家长志愿者讲述的故事也成了幼儿的聊天话题,比如"鳄鱼在我床下"活动结束后,孩子们在午睡时间进入卧室的第一件事,就是弯腰检查自己的床底下,开玩笑地说:"我床底下没有鳄鱼。""我的床底下也没有。""那我就能放心睡觉了。"……幼儿在阅读过程中表现得更为自信,更愿意用语言进行互动,这得到家长志愿者的肯定。

此外,家长在讲述绘本时,还会结合自身的亲子阅读经验,不断调整、改善亲子阅读方法,从而在一定程度上提高了故事讲述能力和亲子阅读指导能力。

三、建立共享平台,推广有效的亲子阅读经验

亲子阅读活动开展了一段时间后,班级家长对开展亲子阅读活动已经积累了一定的经验。在此基础上,我们借助班级微信群共享平台开展经验分享和问题探讨活动,旨在引导家长重视亲子阅读,鼓励家长互相交流和分享活动的经验。

例如,一位妈妈记录下自己和孩子在每一次亲子阅读活动中的问题、体验和收获,包括幼儿在阅读中的奇思妙想、亲子阅读活动中遇到的问题、开展亲子阅读过程中的有效方法和经验等。教师邀请这位妈妈将这些亲子阅读经验通过"班级微信群"平台分享给其他家长,引发了很多家长的共鸣。越来越多的家长借鉴这位妈妈的方法,开始记录亲子阅读中的经验和感悟。

除了家长亲子阅读经验的分享外,教师还结合亲子阅读活动中的问题,定期在"班级微信群"里举行讨论,鼓励家长就自身在开展亲子阅读过程中遇到的问题进行深入的探讨。例如,一位家长提出:"在亲子阅读活动中,孩子总是打断阅读活动,问这问那,我是按照自己的原定计划继续读下去,还是先回答孩子的问题呢?"这一问题引发了家长的热议,家长纷纷结合自身的亲子阅读经验积极讨论,分享有益的亲子阅读经验。

另外,我们还将一些与亲子阅读指导策略和方法有关的"帖子",如《亲子阅读的八大原则》《早期阅读的重要性》等文章转载到"班级微信群",帮助家长获得更加丰富的开展亲子阅读活动经验。

四、鼓励家长全方位支持,让幼儿大胆进行表达表现

为了让幼儿真正地在阅读和表演中得到启迪和快乐,我们与家委会的家长进行沟通,决定结合幼儿的年龄特点,家庭与家庭之间小组合作选择适宜的表演内容进行故事表演,引导孩子大胆表达表现。

表演之前家长和孩子们一起精心准备剧本、制作道具、服装、背台词等。经过了精心准备,终于在故事会当天为大家呈上了故事表演盛宴。表演的过程十分精彩,有小朋友全家总动员表演《没有牙齿的大老虎》《亲爱的小羊》《狐假虎威》《我爸爸》……有几位小朋友一起合作表演的《西游记》《好朋友》《小凯拔牙》《小猫钓鱼》《龟兔赛跑》……也有小朋友单独表演《我妈妈》《我想有个弟弟》等。活动中,孩子们在家长的带领下个个落落大方,动作惟妙惟肖,表情形象丰富。孩子们精彩、自信的表演,让所有的听众都跟着他们的故事情节深入其中,赢得了在场老师、家长和小朋友的阵阵掌声。

整个活动为幼儿提供了一个展现自我、提高语言表达能力的舞台。孩子们也从生动有趣的故事中懂得了许多道理,在轻松欢快的氛围中得到引导和启迪,感受到了快乐。另一方面也使幼儿体验和父母共同合作表演带来的自信和愉悦,增进了亲子感情。

整个"家园合作开展亲子阅读"活动的过程在孩子们的心灵深处奏响了一首优美的乐曲:序曲让阅读触动孩子的心弦;主题曲让孩子充分感受阅读过程的美妙;在尾声中他们领会了阅读的精髓,这一切会让他们久久回味……亲子阅读是父母与孩子间更积极的对话,是培养亲子关系的有效途径。所以,活动结束时许多家长表示不管工作再繁忙,父母也应该做到每天抽出一点时间来陪孩子读书。只要能坚持下去,持之以恒,孩子一定会在潜移默化中养成良好的阅读习惯。

在家园合作开展亲子阅读活动的实践过程中,我们尝试为家长和幼儿打造良好的亲子阅读活动平台,提供科学的亲子阅读指导方法,使家长逐渐意识到开展亲子阅读活动的重要性,并积极探索有效的亲子阅读活动形式和方法,幼儿主动阅读和交流分享的愿望,更加享受阅读。今后,我们还将加强幼儿园和家庭之间的合作,充分发挥家园双方的资源优势,进一步提高亲子阅读活动的质量。

家园配合丰富主题活动的开展

黄卫红

【背　景】

《学前教育指导纲要》指出：家庭是幼儿园的重要合作伙伴，是孩子成长不可缺少的重要组成部分。因此幼儿园不能仅仅把家长看成被动的配合者，应该以平等、尊重、合作的态度与家长建立良好的朋友关系、合作关系。通过"百变筷子"主题活动的实践，也证明了家长在幼儿园教育教学工作中的重要价值。

班级家委会是幼儿园和班级家庭的桥梁，是促进家园间的交流、创建家长参与班级管理和教学的平台。开学初我们召开了班级家委会会议，共同商讨本学期班级主题活动。讨论中，有些家长认为孩子在家吃饭还不自觉，不会使用筷子，建议是不是从这方面入手。大家经过商量表示赞同，于是我们决定开展"百变筷子"主题探索活动。决定先收集一些筷子陈列在教室里，让孩子们在观看、触摸、敲敲打打这些漂亮而奇特的筷子的过程中，提高对主题探索活动的积极性。

活动一　家园齐力收集筷子

"百变筷子"主题探索活动开始了，我们按照家委会制定的主题计划，先发放了家园联系单，让家长了解中国是筷子的发源地，可谓是中国的国粹，中国人的"第五大发明"。筷子既轻巧又灵活，是生活中最自然、最常见的，看起来是非常简单的两根小细棒，但它有挑、拨、夹、拌、扒等功能，重要的是使用筷子是手的精细协调动作，并让家长协助收集各种各样的筷子。第二天就有很多孩子带来了各种筷子，童童带来了两双智能筷子，瑾萱带来了塑料、木制、银制筷子各一双，阳阳带了两双一次性筷子，晴晴带来了一双象牙筷子，而最为引人注目的莫过于堂堂的伸缩性筷子，只见他一进门就兴奋地奔到我前面，递上一个小塑料盒："老师，我带来了筷子。"我打开一看，里面躺着两根黑两根蓝色的半截筷子："咦！这也是筷子？真好玩。"孩子们闻声也围了过来："咦！真的好玩，我还第一次看到呢。"晴晴说："怎么这么短？"堂堂听了赶紧接过我手中的筷子，蓝黑两根一接就变成了一根长筷子。"哇！真神奇！"孩子们异常兴奋。越来越多的孩子拿着筷子走进了教室，于是我在教室一角布置一个筷子展示台，让孩子们观察感知。

活动二   妈妈老师来上课

结合主题计划的开展，我们邀请宏宏妈妈来给孩子们上课。见到带着大包小包的妈妈老师孩子们可高兴了，尤其是宏宏更是喜出望外。宏宏妈妈先给孩子们讲了筷子的由来及我国是筷子的发源地，熏陶孩子们以此为骄傲。接着又取出几双筷子分别让孩子们认识感知，还出示分别装有花生、乒乓球、绿豆的三个篮子，让孩子们尝试夹夹乐游戏，看谁夹得多夹得快，体验夹不同大小物体的感受。通过尝试，孩子们发现乒乓球夹得多夹得快。接着，宏宏妈妈取出一只自制风车放到嘴前"呼"地吹了一下，风车快速地转了起来。"哇！好玩！"孩子们好激动。"那你们是不是也想做一个玩玩呢？""想！"孩子们异口同声。小制作开始，孩子们边看宏宏妈妈操作示范，边一步一步小心翼翼地学着。一会儿工夫，一只只小风车诞生了，在孩子们"呼呼"的吹动下飞快地转着、转着……活动在孩子们的欢声笑语中圆满结束了。

家长来自各行各业，可谓是人才济济，是幼儿园得天独厚的教育资源。让家长用各自的专长参与幼儿园的教育，可以使他们深层次地了解幼儿园、了解幼儿教育，也让孩子在提升知识经验的同时感受家长的伟大。

活动三   有用的筷子

学习活动开始了，我神秘地对孩子们说："小朋友，今天老师要给你们猜一个谜语，你们要认真听，看谁最先猜出谜底。'两姐妹一样长，酸甜苦辣它先尝。'"明明说是笔。欣欣说："我知道是筷子。""你怎么知道是筷子？"我故作怀疑地问。欣欣说："筷子是一样长短的，而且吃菜吃饭时都用它。"我接着说："那你们用筷子吗？用过哪些材质的筷子？"欣欣说："我现在每天都用，我爸爸妈妈也用筷子。我家用竹筷子，上面还有很多花纹呢。"童童说："我家也用竹筷子，我的妈妈还给我买了一双小筷子，是粉色的很漂亮哦。"堂堂说："我有一双可以接起来的筷子，我觉得拿这双筷子吃饭真有趣真开心。"孩子们议论纷纷好热闹。我接着说："那你们知道筷子的由来吗？"见孩子们面面相觑一副茫然的样子，我便打开 PPT 边播放边讲解筷子的由来。随后我又掀开桌上的台布呈现出一桌的筷子。"哇！这么多漂亮的筷子。"孩子们异口同声欢呼起来。我顿了顿说:"这是前几天我让你们和爸爸妈妈一同收集的筷子,现在请你到桌子上看看有些什么样的筷子? 每双筷子又有什么区别?"孩子们早就按捺不住了,"唰"地一下围到了桌子边上,拿起筷子看看摸摸夹夹。欣欣说:"这双筷子我没见过。这弯弯的也是筷子?"欣欣好奇地自言自语着。我给了孩子们6分钟自由探索感知的时间,然后请他们回答问题。欣欣举起一双银色的筷子说:"这是银色的筷子。"我微微一笑以示鼓励。堂堂说:"这是伸缩的筷子,和我家的一样。"我翘了翘大拇指。孩子们你一言我一语滔滔不绝。我分别举起几双富有代表性的筷子说:"这是环保便捷式筷子、方便筷子、礼品筷子、不锈钢筷子、塑料可伸缩筷子、木镶天然贝壳筷子、毛竹木质筷子、象牙筷子、瓷质筷子、红木筷子,认识了这么多筷子,那你们想想筷子除了吃饭还能有什么用呢?"欣欣说:"可以敲鼓。"童童说:"可以玩。"我紧接着问:"那筷子可以怎么玩? 我们一起来尝试一下吧。"我示意孩子们坐下来好好玩筷子。过了一会儿,音乐响起,很多孩子都停下了手中的筷子,但还有几个专注的停不下。我走到他们面前说:"玩筷子真有趣,你们是怎么玩的呢? 能不能把你们的玩法告诉大家?"宇宇说:"我们在玩筷子钓鱼的游戏。"在旁的彬彬说:"我在玩筷子夹夹乐。"我摸了摸他们的头,然后面向大家表扬道:"你们真棒,想出了这么多的玩法,那好我们来玩个'筷子夹夹乐'的游戏吧。"边说边拿出一些小篮子:"看看老师给小朋友准备了哪些材料?"彬彬说:"是乒乓球、绿豆、花生、圣诞礼物小雪球、米粒。""你说得真好,那现在请你们到我这里来用筷子往自己的盘子里夹这些东西,我说停看谁的盘子里最多。"比赛开始,孩子们紧张地夹着花生等东西,只见彬彬率先夹一个乒乓球,但乒乓球怎么也不听使唤,总是围着他的筷子转。彬彬又开始把眼光瞄准了花生,咦! 花生一下子被夹了起来,彬彬很兴奋,随即夹了好几粒花生。看看另一篮子内的绿豆,彬彬又开始了新的尝试,但是夹了好一会儿才夹到一粒绿豆。过了一会儿,音乐再次响起,孩子们纷纷停下手,不由自主地和旁边的同伴交流着自己的收获。我请幼儿互相数数篮中的小东西,结果童童以七粒花生为胜。"你在夹的过程中发现了什么?"彬彬说:"我夹乒乓球时它不听话,所以没有夹到。"童童说:"我觉得乒乓球太大了,我也夹不住,而绿豆又太小,很难夹到,所以我夹了花生觉得很快。""为什么花生夹起来很快呢?""它不大不小。"孩子们述说纷纭。我拍拍手:"你们讲得真好,都能用手里的筷子夹到许多物品,还知道了原来太大的东西和太小的东西夹起来都比较困难,只有不大不小的东西最容易被夹起来。"我顿了顿接着说:"还有几个小朋友不太会使用筷子,不过没关系我会把这些东西放在区域中,以后可以经常去试试。"

▌活动四　　亲子制作，其乐融融

筷子的神奇功能让世人咋舌，筷子是中国家庭必不可少的餐具，也是中国文化的代表之一。但是筷子用久了，容易变形，有些污垢不好清洗，只能废弃掉了，不免觉得有点可惜。于是我们结合探索活动主题，组织了一次让这些筷子变废为宝再次利用的亲子制作活动，让筷子陪伴我们身边更长的时间。

亲子制作的日子到来了，孩子们在家长的带领下捧着大包小包的制作材料走进了教室。童童和妈妈先取出了许多清洗干净的红色竹筷子、橡皮筋、一根绸缎。见他们拿了这么些简单的工具，我凑上前问："你们准备做什么？"没等妈妈开口，童童便说开了："妈妈说我平时回到家衣服到处乱扔，所以妈妈说今天来做个小衣架，让我学习挂衣服。"我翘翘大拇指以示鼓励。妈妈取了两个筷子，然后两端对齐说："童童，你也像妈妈一样做。"童童听了好开心，急忙拿起两根筷子学着妈妈样放在桌上对整齐。她看见妈妈熟练地用橡皮筋把筷子固定住了，便也拿起一根橡皮筋往筷子上一套，可左试右试第二圈就是套不上，她抬头看看妈妈套橡皮筋的手势，然后再学着套起来，但还是不行。眼看妈妈已经做了好几对了，童童着急起来："妈妈，你帮帮我。"童童妈妈手把手教边说："橡皮筋套上然后手指转个身再套上去，第三下再转身套上……"童童竖着耳朵边听边学，果然把橡皮筋牢牢地反复套在一双筷子上。接着她又取了两根筷子开始了第二次操作，这次她能独立地完成了。五双筷子都分别绑好了，童童问："妈妈，我们接下来干什么？"妈妈说："筷子中间再绑上个皮筋，要留一个活口哦。"童童好奇地问："什么叫活口？"妈妈纠正道："是活扣。""活扣！妈妈为什么要留活扣？"妈妈笑笑说："活扣是用来一个个连接的。"妈妈边说边一下子把五双筷子都做好了活扣。然后示意童童像她一样拿起紫色绸缎绕在刚才扎好的筷子上："绕的时候要使这些绸缎稍微重叠一点，然后从筷子头上一直绕到筷子尾部。"童童听了提起一根绸缎开始认真地绕起来，但绕着绕着，绸缎间的距离开始越来越远，有的地方露出了红色的筷子。童童想退一点把刚才的地方重新绕好，但刚一松手，绸缎便像跳舞似的全都跑了出来。童童没有灰心开始了第二次尝试，可还是老样重来。我见状连忙拿来了双面胶："筷子上贴一些双面胶试试，是否有用。"童童接过我手中的双面胶忙在自己的筷子上贴了两条。我接着说："绕绸缎的时候要看妈妈的样一边绕一边捏，另一只手还要跟上来。"童童在我的提示下边看妈妈边学着绕了起来，这下终于完成了第一双筷子的打扮，好漂亮哦！童童拍拍手好高兴，我也为之翘了翘大拇指。然后她又绕起了第二双筷子，一会儿工夫就完成了，童童很是满足。最后妈妈用一根绒布条子把五双筷子每间隔一段距离连接了起来。小小的衣架完成了,童童脸上露出了胜利的微笑,举起衣架高兴地说:"老师,我和妈妈做了小衣架。""嗯! 好漂亮的衣架哦! 你们本领真大啊!"

感悟:

　　孩子的生活是多姿多彩的,在他们的生活中充满着惊喜,充满着乐趣,充满着意外,他们的学习需求更多地来源于这些惊喜、乐趣和意外。然而教师个人的时间、精力、知识、创造力是有限的,家长的参与提供了更多的教育资源,这种资源为各个学习领域的扩展提供了空间,能弥补幼儿园教育资源的不足,同时也发挥了家长参与教育活动的积极性,成为幼儿园的合作伙伴。家长参与活动设计、组织、实施成为教师和家庭互动新的方式,使幼儿园的教育教学活动及班级主题活动的开展变得更加丰富多彩。多次的成功合作让我们发现家长走进孩子课堂来到孩子们身边,这不仅仅使活动的内容更丰富,组织形式更活跃和贴近幼儿,还有利于提高教育质量,更好地促进幼儿的全面发展。家长的支持在幼儿教育中具有举足轻重的作用,有了家长的支持,我们的各项活动才能更加丰富多彩。

家园合力,激发幼儿探索兴趣

柴月华

在我们的日常生活中,有趣的自然事物和科学现象无处不在,引发幼儿探索的契机也可能随时出现,所以我们如果能借助家长的合力,就能更好地抓住这种机会,及时地发现幼儿关注的兴趣点,从而激发幼儿的探索兴趣,使幼儿的探索更具连续性和有效性。

【背　景】

这学期我们班的探索主题活动"神奇的树叶"就起源于一次亲子秋游活动,抓住了我班幼儿在秋游时对于秋天树叶变化的兴趣这一点,我们在家委会成员和一些热心家长的支持下群策群力,设计组织了一系列相关的亲子探索活动,以点带面,激发了幼儿探索神奇树叶的兴趣。通过丰富的形式层层递进,推进主题内容的深入。

下面我就来谈谈在本班本学期的探索主题活动"神奇的树叶"的开展过程中,我们班发动家长参与其中的一些形式和方法,以及在激发幼儿探索兴趣方面取得的效果。

■ 活动一　爸爸老师来上课,换个老师更有趣

爸爸老师——捡落叶

妞妞爸爸自告奋勇地当这一次的爸爸老师,带领孩子们一起去小区捡落叶。妞妞爸爸:"秋天到了,有的树叶离开了大树妈妈,飘到了地上,我们去找找看,有哪些树叶离开了树叶妈妈,我们去拾一些形状、颜色不同的漂亮的叶子带回教室,让这些树叶和我们做朋友。"跟着爸爸老师出去果然不一样,孩子们兴奋不已,一路上发现了不少的落叶,感受着秋天树叶的变化。每当有人找到一种树叶,就马上告诉同伴这是我发现的,虽然好多树叶他们都不知叫什么名字,但都兴致很高地说着自己找到的落叶

是什么颜色。云泽找到了一片一半绿一半黄的落叶惊喜地叫起来了,我马上用手机记录下他们的发现。云泽大声问:"为什么树叶会掉下来,掉光了怎么办呢?"妞爸说:"树叶有蒸腾水分的作用,大树是通过掉叶子来保持自己身体里的养料和水分,这样才能安全过冬了。最后落叶烂了变成养料,明年大树就会长出新的叶子,不用担心会掉光哦。"

这时,小辰找到了一片很大的叶子拿在手里,妞爸用自己的大手比划着这片叶子,问:"看它像什么?"小朋友们都抢着说:"像大手,像扇子。""那你的叶子呢?"妞爸又问妞妞。"像根针呀。"旁边的一个小朋友回答。"像大扇子的是梧桐树,像针一样的有谁知道是什么树叶?""是松鼠待的那种树,叫……"妞妞答不上来了。"叫松树呀。"云泽指着那棵松树,这下大家都围拢来看松树了。松树的树叶真的像一根根针一样,好有趣呀,还会扎人呢,小朋友一边讨论着一边好奇地去摸松针。

捡落叶活动是一个收集和发现的自主探索的过程,爸爸老师在这里用自己的手掌给幼儿带来了启发,打开幼儿的思路,展开想象力,手中的落叶仿佛有了生命一样鲜活起来。

在捡落叶的活动中,云泽小朋友对落叶现象产生了好奇心,爸爸老师很好地做出了回应,看似简单的自然现象里也包含着很多的科学知识呢。看来爸爸老师在活动前就准备了大量的相关知识的存储,随时欢迎小朋友提问。鼓励幼儿多思考多问为什么,所以幼儿的思维才会更加活跃。收集的落叶除了做标本,还有其他很多用处,我们将根据幼儿的兴趣和热点进一步挖掘其探索价值。

这一次的爸爸老师和我们一起设计组织了捡落叶的活动,小朋友们都觉得有新鲜感,很有趣,这个和男性天生的幽默感和力量感是分不开的,孩子们的确需要除了女老师以外更多的男性师长的带领。

在接下来的一系列的探索活动中,我们将充分发动家委会的力量,共同做好宣传,引领全班家长,创造良好的家园合作共同探索的氛围,激发幼儿对探索活动的兴趣。

活动二 亲子探索乐趣无穷,让所有家长参与到我们的探索活动中来

亲子探索活动——树叶大变身

上一次,妞爸在捡落叶的活动中就启发幼儿观察到了我们收集的树叶是各种各样的,长得都不一样。一张梧桐叶就让小朋友联想到了大手、扇子和小动物的脑袋等等不同的东西。这次开展的"树叶大变身"亲子制作活动中,家长和幼儿的思维火花在继续碰撞着。

活动前,老师提问:"秋天了,树叶离开了大树妈妈。你们前几天还和爸爸妈妈一起收集了很多树叶,你们知道这些树叶有什么用吗?"小朋友说:"树叶掉下来可以做养料。"有的说:"可以做书签。"还有的说:"可以做树叶裙子。"当然树叶贴画也是可以装饰我们环境的艺术品。老师说:"树叶的用处可多了。请你们和爸爸妈妈商量一下,要和爸爸妈妈用它做什么呢? 再给你们的作品取个名字。"

通过家长的记录(微信朋友圈的照片)以及幼儿的反馈,大家在网上交流着每个家庭的探索成果。有的家庭把收集的树叶做成了一串可爱的项链,有的用树叶做成了一件树叶裙。更多的是把树叶变身成为一幅幅美丽的装饰画,在活动中家长和孩子们把收集到的各种形状、大小、颜色不同的树叶清洁以后充分发挥想象,然后进行大胆创作。小朋友在制作的时候遇到了不少修剪、拼贴方面的问题,如树叶容易卷起来,贴不牢固,还有就是完成的作品如何保存等。爸爸妈妈都非常耐心地帮助幼儿一起想办法,手把手地辅导,共同解决了这些难题。最后,他们把颜色各异、形状不同的落叶变成一幅幅精美的树叶画,展现出来的是他们自己独到的想法和创意。小朋友还根据自己的作品内容取了好听的名字:"猫头鹰""小松鼠采松果""美丽的孔雀""跳舞的小女孩"等,每一幅作品都巧妙地运用了各种形态的落叶,生动有趣,充满着宝贵的童趣,还变废为宝,非常有环保意识呢。

通过这次活动,很好地打开了小朋友和家长的思路,发现了原来看似无用的落叶也有这么多的用处,激发了幼儿的想象能力和创作兴趣,同时锻炼了幼儿的动手能力。活动得到了家长们的大力支持和一致好评。

活动三　挖掘家长资源,进一步提高幼儿的探索兴趣

奶奶助教科学小实验——泡茶

泡茶这个科学小实验中需要大量的茶具和茶叶,所以在前期准备的过程中,我们就开始挖掘家长资源,在家长们的影响下孩子们也已经开始了对于茶叶的思考和探索了。

记得我在准备这个活动前拿着茶叶无意地问了一句:"你们知道这是什么?"好多小朋友都知道是茶叶。小朋友还说这是爷爷奶奶喝的茶。我又问那茶叶是从哪里来的? 他们就说回去问爷爷奶奶。

第二天,他们带来了爷爷奶奶一起帮忙收集的各种各样的茶叶,有红茶、绿茶、乌龙茶等。有的爷爷奶奶还向小朋友介绍了这些茶叶的产地。茶叶到底是怎么来的呢? 小朋友在向自己家人请教以后,都恍然大悟:哦,茶叶就是从茶树上摘下的叶子

加工成的,所以茶叶也是树叶的一种。

小希的奶奶是爱茶之人,她拿出了自己收藏的茶叶和茶具。在和她的交谈中,我们发现她还有着丰富的泡茶经验,对茶文化充满了热情。在了解到这个情况后我们邀请她来参与我们的科学小实验活动。她向大家介绍了各种不同的茶叶,包括名称、颜色和加工方法等。有趣的小实验开始了,当小希的奶奶把同样的绿茶茶叶分给小朋友放在两个瓶子中后,开始尝试用冷水和热水泡茶。冷水泡的茶和热水泡的茶有什么不一样的地方呢? 带着这个问题,小朋友开始仔细观察,分别从两个瓶里的茶叶的颜色、香味、大小和沉浮情况来观察和比较。首先,是灵敏的小鼻子发现有一股浓浓的香气散发出来了,"有香味,有香味!"小朋友为自己的发现开心不已。奶奶说:"请你分别闻一闻,是哪一瓶有香味?""嗯? 香味从哪里来的?"他们分别用力地闻一闻,这才发现:"热水泡的茶叶茶才有香味。""颜色也不同。"小辰的小眼睛发现了冷热水泡茶的秘密,惊喜地说:"一个颜色变绿了;一个还像白开水,只有一点点颜色。""奶奶,热水泡的茶叶变大了。"萱萱发现,这些展开变大的茶叶开始下沉。"这冷水泡的茶叶呢?"奶奶继续问。"都浮在水的表面一层啦。"小朋友仔细观察着、比较着。"对了,上次我喝奶奶的茶就烫了一下。"小希说道。"那怎么办?"心急的妞妞问。"把热茶晾一下再尝尝味道。"奶奶建议道。"可以吹吹。"小希说着就鼓起腮帮吹起来。大家等茶放凉后,尝了一点点味道,都说:"热水泡的茶真香啊。"

看来除了爸爸妈妈,祖辈们也是大力支持我们的探索活动的。他们也积极地提供了各种资源,有各种产地和品种的茶叶、各种形态的茶具,还有一些关于茶叶的知识经验,对待小朋友的问题也能积极地做出回应,引发了幼儿对茶叶的好奇心以及进一步的探索热情。

感悟:

在家长的大力支持和合作下,整个探索活动接近了尾声,最后我们以展板的形式向家长全面地宣传我们的探索主题活动的整个过程,加深家长对整个幼儿园的探索特色课程的了解,使家长们进一步理解了幼儿园的探索活动到底是怎样的一个活动过程,自己的孩子在活动中又有怎样的收获。

这几次家园合作的探索活动内容形式丰富多彩,层层递进,给家长朋友们留下了深刻的印象,家长们的参与度大幅度提高,小朋友探索新事物的兴趣也越来越浓厚,探索能力有了可喜的进步。相信通过幼儿、老师、家长的共同努力,在我们的班级中会出现更多的探索小能手。

家园携手对幼儿进行初步的感恩教育
——"妈妈爱我,我爱妈妈"系列活动

俞醒凤

【背　景】

感恩是一种生活态度,也是做人最基本的品德之一。但如今的孩子大多数长期处于众星捧月的地位,加上多数家长有重智轻德的教育倾向,以致使幼儿形成了自我中心、只知取、不知恩、不懂给予、众人为我的心理倾向。学前期是一个人的世界观、人生观形成的重要时期,幼儿可塑性极强,此时对幼儿进行感恩教育是不可或缺的一项重要工作,它对幼儿一生的发展十分重要。而中班幼儿的有意性行为已开始发展,并已出现了最初的责任感,他们对事物的理解能力也开始增强了,因此,我觉得进行感恩教育的时机正恰当。

要教育幼儿感恩,首先要让幼儿体会到受恩的快乐。对于幼儿来说妈妈是最亲近的人,也是幼儿受恩最多的人。所以,感恩、施恩先从妈妈入手,幼儿比较容易接受。

我们都知道家庭教育潜移默化的影响是社会和幼儿园所无法比拟的,但就目前从和我班家长们近两年的接触、了解以及本学期期初进行的"关于家庭感恩教育的调查问卷"中显示,我班许多家长的感恩教育意识比较淡薄,即使有的家长会对孩子进行感恩教育,但往往是比较随意的,没有特别的规划,因此效果并不佳。

以我从教三十多年来的家长工作经验,我坚信,只有家园携手共同对幼儿进行的教育才会更有效,甚至会事半功倍。感恩教育也如此。鉴于此,本学期我班将以"妈妈爱我,我爱妈妈"主题为抓手,加强与家长的沟通,家园配合开展一系列活动,对幼儿进行初步的感恩教育,让幼儿体验受恩,并学习施恩。

一、三八节的到来拉开了感恩教育系列活动的帷幕

一年一度的三八妇女节是孩子们比较熟悉的一个节日,他们都知道这是妈妈们的节日。于是,我们的感恩教育就从这个节日开始了。

首先,传统的自制花儿送给妈妈、外婆奶奶的活动自然地引出了妈妈的话题。要感恩妈妈,了解妈妈是基础。于是,接着我们发动幼儿对自己的妈妈进行了一次大调查,我们通过微信群与家长沟通,达成一致,强调孩子的亲身调查、记录。孩子们在妈妈们的协助下选择妈妈的照片,询问妈妈的姓名、生日、属相、本领和爱好,然后粘贴、剪贴或用绘画、符号等形式将调查到的结果一一体现在书面调查表中。当孩子们纷纷把自己的调查表交来后,我们将所有的调查表都张贴在教室外的走廊墙面上,立刻引来了我班孩子和家长甚至是其他班孩子和家长们的驻足关注、议论。在集体分享活动中,孩子们个个兴高采烈,津津乐道,不时表现出自豪的神情。

随后,因"小时候的我"集体教学活动的需要,班中掀起了一股收集老照片的热潮。家长们非常有心,除了提供相关照片外,还有好多家长精心制作了MP4、视频、美图秀秀等,为孩子们的活动提供了丰富的素材。活动中孩子们第一次特意欣赏自己小时候的照片、视频,当他们看到自己大肚子的妈妈,自己婴儿时妈妈喂奶、换尿布、洗澡,妈妈扶着学走路,妈妈带自己外出玩等情景,好多孩子感动得流泪了,他们从中对自己小时候有了更直接的了解,真切地感受到了妈妈的爱,心灵受到了震撼,回家后纷纷用语言或用行动大胆地表达对妈妈的爱,家长们纷纷在微信中分享,她们在感动之余,纷纷称赞活动有意义。

自此,三八节活动的顺利开展拉开了我班家园携手进行感恩教育的序幕。

二、有妈妈参与的各类活动让幼儿不断地感受着妈妈深深的爱

(一) 结合季节的"小花盆"亲子制作活动

3月,春天带着绿色的气息向我们走来了。这正值播种的大好时机,而变废为宝一直是我们提倡的环保理念。之前也开展过几次亲子环保制作活动,妈妈的能干是孩子们一致公认的,也是孩子们所自豪的。于是,我们提出了"变废为宝,播下爱的种子"亲子制作小花盆的倡议,让幼儿再次感受妈妈的爱,同时亲身体验劳动的乐趣,感受绿色环保的意义,激发热爱自然、热爱生活的情感。

这次活动,通过前期的倡议与动员,妈妈和孩子们都踊跃参与,他们一起收集材料,发挥想象,精心制作了花样繁多的小花盆,易拉罐、饮料瓶、酸奶瓶、蛋壳、薯片罐、塑料包包、旧光盘都成了孩子们与妈妈别出心裁的材料,而小花盆的装饰材料除了同以往一样的粘纸、丝带、彩泥、蜡笔等以外,又多了开心果壳、冰棒棒、衣夹等,真是有创意。同时,孩子们和妈妈一起精心种植了品种繁多的植物,几乎是人人不同。这些富有创意的小盆栽,不仅使孩子在与妈妈一起制作过程中再次感受到变废为宝的惊喜,也感受到了妈妈的爱,同时给我们中五班增添了绿色,装扮得生机勃勃。

　　制作活动完成后,这些充满着孩子和妈妈期望的"爱心种子"的照顾管理成了孩子们和妈妈们频繁要做的事,虽然忙碌着,但是看到自己和妈妈一起播种的种子发芽了,长大了,开花了,甚至结出果实了,那种喜悦和自豪感是以往没有的。但是,有些种子却枯了,有的烂了,虽然孩子们有些伤心,但是妈妈和老师的引导、鼓励,增强了孩子们的信心,大家重新种植,学习照顾、管理,希望有好的收获。

　　此次活动我们一共收到了 30 个家庭送来的作品,通过孩子、家长、老师的共同评选,孩子们分别获得了"最受欢迎奖""最佳创意奖"和"最佳爱心奖",孩子们得到了奖状和小奖品非常开心,更对妈妈充满了感激。

　　通过这次活动,我们既为孩子和妈妈增强了亲子之情,也丰富了孩子的生活,为孩子的童年增添了色彩,更锻炼了孩子动手和动脑的能力。家长的积极参与体现了家长们对孩子成长的关注以及对我们工作的支持。

(二) 结合探索主题"蝴蝶飞飞"的亲子活动

1. 参观蝴蝶展

　　春天到了,孩子们对飞舞的蝴蝶产生了浓厚的兴趣。每次户外运动、观察种植园地或散步时,孩子们常常会因发现蝴蝶而停下活动去追逐、观看,由此,"蝴蝶飞飞"理所当然成了我班的探索主题。当孩子们和家长一起忙着收集蝴蝶资料时,我意外得到了浦东新区青少年活动中心有蝴蝶展的信息。这不是一个很好的资源么?经过实地观察和沟通,负责蝴蝶展的张老师一口答应为我们特例开放一次。当我把这个消息告知家长和孩子时,大家惊喜不已,并积极报名。因张老师公务繁忙,活动只能安排在双休日。谁知那天天公不作美,一早竟然下起了大雨。我一边如约往车站走一边想:不知道今天的活动大家会不会放弃。没想到,我刚到车站,撑着雨伞的孩子们和家长就兴奋地和我打招呼了,看来我多虑了,大家对活动都很重视呀!"车子来了!"不知谁叫了一声,大家赶快有序地上车,车子坐满了我班的孩子和家长,终点站的 794 路成了我们外出活动的专车。不一会儿,目的地就到了。一进入大厅,墙面、天花板等处满满的蝴蝶就映入眼帘,大家欢呼声一片。张老师热情地迎接我们,并把我们带入他的"虫虫乐园",先让我们随意参观。"虫虫乐园"里楼上楼下到处是蝴蝶,大大小小、品种繁多,还有好多其他昆虫呢! 另外,有许多蝴蝶翅膀制作的艺术品,看得大家眼花缭乱,惊叹声不断。随后,张老师组织大家进行了介绍,他结合图片、PPT等,生动形象,孩子们听得特别专注,家长们也得到了意外的收获,原来蝴蝶还有这么多奇妙的秘密。当听说这么多蝴蝶都是张老师去世界各地采摘得来时,都是既佩服又羡慕。后来,张老师还教大家学会了折蝴蝶呢! 活动结束了,大家还依依不舍。今天的活动更激发了孩子探索蝴蝶的欲望。

2. 亲子制作母亲节礼物——蝴蝶书签

之前参观时,孩子们看到了漂亮的蝴蝶书签非常喜欢,于是我和张老师约定,请他来园开展一次亲子制作"蝴蝶书签"的活动。这天下午,孩子们快速吃完点心,和家长们一起静静地等候着。"张老师来了!"看见张老师从园门口向我们教室走来时,孩子们大声叫了起来。张老师先播放了电视台刚刚制作好还没播放的他和学生们外出考察、寻找蝴蝶的新闻片,我们真是幸运,还是第一个观众呢! 大家又是大开眼界。

亲子制作"蝴蝶书签"马上就要开始了。虽然制作过程简单,但因材料比较特殊,都是张老师亲自采摘和加工的实物,一不小心就会断裂,容易制作失败。所以,张老师通过 PPT 对制作的过程进行了详细的介绍,孩子们和家长特别专心。待张老师介绍完,孩子们和家长一起迫不及待地动手了。只见大家按照张老师的介绍、提示,一步步小心翼翼地制作。他们先用小镊子一一夹起蝴蝶的前后翅膀摆放好,然后贴上蝴蝶身体,再将树叶或花草布局好,接着就可以塑封了,最后就是修剪。当一张张漂亮的蝴蝶书签制作成功时,孩子们兴奋啊,自豪啊! 这时,我提议:"母亲节马上要到了,这个漂亮的书签就当礼物送给妈妈吧!""好!"孩子们异口同声,纷纷走向自己的妈妈,送上珍贵的礼物,还不忘说:"妈妈节日快乐! 我爱你!"妈妈拥抱着孩子,感动得眼泪在眼眶里打转。而妈妈不在场的,都在家里收到了孩子的礼物,她们通过微信与大家分享了喜悦,有的妈妈直接把书签用上了,夹在看的书里。真是实用的礼物啊!

3. 环保亲子制作——美丽的蝴蝶

环保亲子制作是每一次开展探索主题活动必不可少的内容。这学期,我班的亲子活动非常频繁,而且大多是妈妈们协助孩子进行的,妈妈们虽辛苦但都非常支持,积极参与,忙着并快乐着。这次考虑到妈妈也是工作比较繁忙的,因此,制作蝴蝶的活动就安排在家里完成了,并且以自愿为本。没想到,大家依然积极参与。我班的微信群可热闹了,每天都有家长发照片分享,交流感受。紧接着,一只只漂亮、材料各异的蝴蝶出现在了教室走廊"蝴蝶飞飞"的版面环境中,我们不得不佩服妈妈们的想象力之丰富、手之灵巧、创意之无限。家长的力量真大呀! 孩子们有了妈妈的帮助、指导,再次体验了成功,对妈妈更是充满了爱意和敬意。

(三) 家长助教继续发挥着特殊功效

家长助教是我园每学期少不了的家长工作形式。因此,他的特殊作用家长们、孩子们都已深有体会。这次,我们根据家长的自愿报名,特意选择了两位比较内向、不爱表达的孩子的妈妈,希望通过妈妈的助教,增强他们的自豪感和自信心。

1. 蝴蝶找花

我班主题"蝴蝶飞飞"对蝴蝶的探索进行了一段时间了,孩子们对于蝴蝶的兴趣有增无减。在进行语言活动"三只蝴蝶"后,孩子们经常会学习讲述,尤其是表演,有的孩子在家也会表演给大人看,序序也是,因此序序妈妈自告奋勇来当妈妈老师,和孩子一起开展关于蝴蝶的活动。她决定和孩子们一起玩一个"蝴蝶找花"的游戏。

活动开始了,序序妈妈出示红、黄、蓝三种蝴蝶及花朵卡片问幼儿:"你们看这是什么?"孩子们立刻一一回答。接着,序序妈妈交代了游戏名称"蝴蝶找花"后,请了几个小朋友围成一个圆圈,每人手拿一种颜色的花。再请三位小朋友分别扮演黄蝴蝶、红蝴蝶、蓝蝴蝶。序序妈妈提醒:要听口令找花,"蝴蝶飞呀飞,飞到黄花上!"中间扮蝴蝶的小朋友就去找圈上手里拿黄花的朋友,站在他的面前。游戏开始了,孩子们听指令很快找到了对应的花,序序妈妈翘起大拇指直夸奖孩子们。孩子们哈哈大笑!一轮游戏完,序序妈妈说:"好! 现在加大难度。"孩子们说:"来吧!"口令变成了"蝴蝶飞呀飞,飞去不是黄花也不是红花的花朵上!"中间扮蝴蝶的三个小朋友就马上去找手里拿蓝花的朋友,站在他的面前。没想到孩子们也找得很快,游戏进行得非常顺利,人人都玩到了,玩得特别开心。今天的游戏,培养了幼儿思维的敏捷力。

2. 制作生日帽

这天,是轩佑的妈妈来当"妈妈老师",结合生日,她来教孩子们做生日帽。孩子们开心极了。轩佑妈妈准备了各种各样颜色和图案的生日帽材料、小毛绒球、橡皮筋、双面胶等。轩佑显得特别活跃,忙着帮妈妈分发材料,还大声提醒大家:"快坐好! 我妈妈要教你们了!"看到有的孩子还在讲话,轩佑又说:"谁乖等会做好了就送给他!"孩子们立刻安静下来,看着轩佑妈妈。

轩佑妈妈说:"孩子们,你们跟着我做吧。"然后她开始边讲解边做:"先把生日帽材料卷起来,突出的部分穿到中间的洞洞里,上面尖尖的三角形帽子就做成了。"孩子们边做边说:"这么简单!"轩佑妈妈接着说:"现在用双面胶把小毛绒球粘在帽子的最顶端,用作装饰。最后把橡皮筋穿到帽子的两边洞洞里,就完成了。"孩子们跟着认真地做,遇到困难就请老师和轩佑妈妈帮忙,轩佑也主动加入了帮忙的行列,妈妈和我们都注意到了轩佑的变化,会心地笑了,这就是家长助教的特殊功效。轩佑为妈妈和自己感到自豪。不一会儿,一个个漂亮的生日帽都戴在了孩子的头上,大家围在一起为最近过生日的小朋友唱生日快乐歌。

三、母亲节亲子联欢活动的魅力

5月6日,是我们中五班的孩子们和家长们期盼的日子,因为这天晚上我班将进行"我和妈妈有个约会"母亲节亲子联欢活动。

为了这个活动的顺利开展,老师和孩子以及家长们尤其是爸爸们都做了大量的准备工作,从策划到方案设计再到表演节目的确定、排练等,大家在幼儿园里、家里都忙开了,但是大家忙碌着也快乐着。

这天晚上,总部的多功能大厅里灯火辉煌,热闹非凡。家庭的出席率达到了91%,原来因妈妈出差或有事没有报名参加活动的家庭也来了,看来,这个活动还是非常吸引大家的。活动中,表演形式多样,有集体表演,也有个人表演,还有同伴合作表演、父女合作表演。而节目内容也丰富多彩,有儿歌、古诗的朗诵,有歌曲演唱,有讲故事,有舞蹈,还有童话剧等,一个个精彩的表演博得了大家的阵阵掌声。于是,有些原来不准备表演的孩子受大家的感染也请求上台表演了。另外,表演期间我们还穿插了有趣的亲子游戏,每个家庭都积极踊跃地参与,大厅里不时传出欢乐的笑声,孩子与妈妈再次感受到了共同游戏的快乐,拉近了亲子间的感情。活动中,孩子们还剥了爱心香蕉给妈妈吃,妈妈们吃在嘴里,甜在心里,整个活动妈妈们无时不感受到来自孩子们和爸爸们浓浓的爱意。不知不觉联欢活动远远超出了我们预计的时间,但是,大家依然兴致盎然,都说晚点没关系,因为明天是休息天。

这次活动是由一位爸爸和孩子担任主持人的,两人的配合协调、幽默,得到了大家的赞赏。在他们的组织、老师的适当配合下,整个亲子联欢活动开展得热闹而有序。每个孩子表演完、游戏参与完或比赛赢者,我们都给予了粘纸、气球、小电筒等小奖品的奖励,孩子们欢乐不已。最后,集体的手语表演《感恩的心》将活动推向了高潮,妈妈们非常感动。

此次活动不仅是单纯的庆祝活动,更是一次爱的交流。希望这个活动能让孩子们从感恩母亲开始,懂得知恩图报,感恩身边每一个爱我们、帮助我们的人,成为一个善良的、充满感恩之心的人,并学习施恩。

本学期我班"家园携手对幼儿进行初步的感恩教育——妈妈爱我,我爱妈妈系列活动"在老师和家长的共同配合下已经告一段落了。家长们反馈说:通过这些活动,孩子在内心深处受到了情绪的感染,时常在家对妈妈表达出感恩之情,亲子间的感情表达得更多更流畅了。活动以来,孩子们特别愿意帮家长做事了。

总之,从整个系列活动家长的参与度、取得的活动效果、孩子的表现,再次充分证明了家长资源利用的重要。可见,只有家园携手,对孩子的感恩教育才更有效。

资源共享,快乐成长

成 青

随着教育改革的不断推进,在工作实践中,越来越觉得教育质量的提高,单靠幼儿园五大领域的教育是远远不够的,必须利用一切可利用的资源(整合家庭、社区教育资源),挖掘家长的教育潜能,巧妙利用家长资源这块宝地,充分发挥家长的教育作用,让教育更有实效,也能让幼儿园教育与家庭教育同步。下面就家长、社区资源两方面的实践体会与大家分享。

一、家长资源

1. "引"家长了解:收集材料,变废为宝

怎样调动家长的积极性,使他们重视、关心和积极配合参与幼儿园教育呢? 怎样才能科学地用足"家长"这个教育的"活资源"呢? 经过思考,我觉得应该从孩子们感兴趣的游戏材料入手。游戏是孩子的主体性活动,在过程中,他们的主动性、积极性能得到真正的发挥,他们在享受自己成功喜悦和满足的同时,也将获得相应的知识。而游戏材料的提供对游戏的顺利展开起着决定性的作用,因为材料可以刺激和引发孩子在游戏中的发生和发展。开展游戏需要大量的材料,我就鼓励家长和孩子一起收集各种可利用的废旧物,以丰富游戏材料,我在班级里投放了"百宝箱"。

记得刚开始时响应的人很少,询问后才知道,家长们觉得废旧物品不卫生、不美观,实在没什么大的用途。了解原因后,我们便与孩子一起利用收集到的各种废旧物品制作成各种游戏材料及体育器械展示给家长欣赏,如各种饮料瓶制作成孩子们探索区域内的游戏道具:龙卷风、看谁落得快、废报纸揉团做成"高尔夫球"、蛋糕盒做

的飞盘等,这些废旧材料制成的作品,孩子们玩得开心,从中获得了知识,还大大节约了资源。展示出来后不少家长完全转变了自己的看法,很直观地认识到了"变废为宝"的意义:可以进行环保教育,又可发展孩子的想象力、动手能力……这样逐渐使家长了解到了这些不起眼的材料的用处,也让他们了解了老师每一个举措都是为了教育好孩子,提高了家长对老师的信任度,这以后家长参与各项活动的积极性都有了很大的提高。就这样,我们的"百宝箱"里的宝贝越来越多,有平时喝完饮料剩下的瓶子、易拉罐、瓶盖、废光盘、牙膏盒子、纽扣、布、旧报纸、保鲜膜和卷筒纸芯等材料,还有各式包装盒。我们引导孩子利用这些直观的资源来进行手工制作,让他们直观地看到生活中的废旧物品可以循环再利用。如,在美工区域内,我们投放了挂历纸、商场的宣传海报、一次性圆盘等多种废旧材料,孩子们利用材料参与制作,有的孩子把各种盒子剪成各种扇子的形状,插在五颜六色的麦管上,一把漂亮的小扇子不一会就在他们灵巧的小手中完成了;有的孩子用旧挂历纸裁剪成美丽的夏季服饰,将海报剪成各色小花粘在衣服上;装饰各种塑料瓶,利用旧毛线和丝带学编织;将牙膏壳、洗面奶软管等运用剪贴、连接等手法变成了"小孔雀""大公鸡""螃蟹""小鸭";又如"点心店"里的各种食物,孩子们把泡沫切成各种形状,当成饼干,白色的绒线当面条;在"建构区"里,孩子们利用收集来的各种盒子搭建一幢幢高楼大厦、轨道地铁;还有"医院"里,我们用各种大小不一的纸箱和鞋盒做成药品柜。

总之,家长参与其中收集的"百宝箱",让孩子知道垃圾再生利用,既节约能源,又可减少污染,了解废旧物品的价值,从而渗透环保意识,激发创造欲望。

2. "请"家长参与:走进课堂,提升质量

幼儿园的教育是有限的,光靠老师的力量是不够的。因此,我们吸引家长参与班级的活动,使家长真正成为幼儿园教育的合作伙伴,并在实践活动中提高家长指导活动的能力。如结合"庆三八"的节日,我们邀请妈妈、奶奶们来到学校,开展了传统特色的"我爱妈妈"活动。在活动的过程中,我们除了让孩子做一朵小花献给自己的妈妈、奶奶,还特地准备了沙画纸,让家长与孩子一起合作,孩子们画出心目中妈妈、奶奶的形象,然后一起来装饰,他们之间有说、有笑、有商量,很开心。最后,画面出来的效果非常好,孩子们非常开心,但最高兴的还是我们的家长,他们都说:自己又回到了童年的时光。在参与活动的过程中,家长们也切实体会到了家园合作的教育功能,也感受到了教师教育的方式方法,指导孩子的意识和能力也真正得到了提高。

此外,我们还给家长布置"作业",要求家长在生活中引导孩子多听、多看、多想、多接触、多创造,把教育孩子的每个契机带到生活中去。我们根据不同的活动主题,

以"家园联系表"的形式,告诉家长活动的目标、内容,并将需要家长配合的事项写在"班级主题动态"栏上,让家长知道如何配合幼儿园的工作。如在"我要上小学"的主题活动中,我们请来班委会志愿者,带领孩子一起参观御桥小学。在过程中,除了倾听小学老师的介绍外,我们的志愿者还结合自己对小学生活的回忆,引导孩子从参观、介绍中逐步了解小学生的生活。我们的珺珺爸爸还做了两回"爸爸老师",利用提问、生活经验回忆的方式帮助孩子区分幼儿园和小学"有啥不一样"的地方,并通过绘画的形式加以表达表现。

他还扮演体育老师来帮孩子们上了一节体育课,让孩子们知道了体育课的重要性。家长参与活动的乐趣被充分激发出来了,孩子从中获得了很多,这比平时老师的说教有用得多。

3. "秀"家长创意:亲子和谐,融合家园

每位家长具有不同的经历、聪明才智,在与家长交谈的过程中,发现他们真的非常心灵手巧,他们有的会剪纸,有的会用麦秆编制小动物,还有的会用纸盒做汽车……于是,我们充分利用家长的特长,每次都结合主题内容,开展了很多亲子制作活动。如在中班的时候,结合"我在马路边"的主题,我们开展了"我发明的汽车"亲子制作活动,家长们在了解了我们活动的意图和活动安排后,都纷纷表示支持,我们远远家庭一共做了四辆车带到幼儿园。我们还利用展板,将每个家庭的作品进行展览,作品琳琅满目,有的家庭是用盒子做的,有的家庭是用塑料瓶做的,还有的是用废旧音乐盒制作成各种各样的汽车……珺珺的"和谐号火车"、阳阳的"雪碧油罐车"、远远的"吸管自行车"在展览中都吸引了大家的眼球。纸盒、吸管、光碟等生活中常见的废旧材料在孩子们和家长们的巧手下变成了一辆辆有趣的"创意车"。

家长们看看自己的作品,再看看别人的作品,不时发出赞叹,有的还仔细询问别的家长:"你这自行车是怎么固定住的啊?"家长们互相欣赏、交流,说说自己的心得。"我发明的汽车"亲子活动,发挥了孩子们的想象力和创造力,更让他们明白废旧资源回收再利用的价值。

又如在"我要上小学"的主题活动中,我们发现越是临近毕业,孩子们越发变得友好,说明他们的友谊在与日俱增,在这三年里,他们结交了许多朋友。为了让孩子能将这份纯真的友谊保存,我们开展了"快乐大家庭"的主题系列活动。

我们先召开了班委会,请家长一起献计献策,利用集体团队的力量,力求使活动变得更加完美;在过程中,我们还邀请部分家长和我们一起带孩子去参观小学,让他们带着问题去,回来后,通过家长助教的形式(1. 小学和幼儿园有啥不一样? 并用绘

画的形式加以表达表现;2. 我是体育老师）来加深孩子们对小学生活的印象,同时要更加珍惜和同伴在一起的最后时光。

亲子活动"我的好朋友",因为之前每个家庭都做了充分的前期准备:孩子们都和自己的爸爸妈妈一起收集各种颜色的超轻黏土,所以在制作过程中家长和孩子们一起通力合作、精心制作,将好朋友的特征通过小泥人的形式加以表现,做得惟妙惟肖。瞧!我们的珺珺有好几个朋友:鑫蕾、佳莹、灏天,她和爸爸一起,仔细地回忆好朋友的特征,认认真真地捏,甚至将好朋友的衣服也用各种颜色加以表现,作品相当不错;我们的涵之捏出来的叶佳,其逼真程度得到了家长们的赞许,一看就知道是叶佳。虽然是一样的泥工制作,但每个家庭呈现的作品各有千秋。

当一件件富有创意和稚趣、凝聚家长们的才华与孩子们的天真的作品,展示在班级教室里,不单吸引了孩子们的眼球,更吸引了老师们和其他家长们的眼球。

这样的活动不仅成为老师、家长、孩子交流互动、提高创造水平的场所,还加强了彼此间的联系,增进了友谊,架起了"家园之桥"。孩子们在欣赏作品时,提高了审美能力;幼儿在与废旧材料的交互作用中,深刻体会到了废旧材料的可再利用价值,改掉了以往乱扔垃圾、不珍惜物品等习惯,真切地感受着环保,并进行着环保。

家长具有不同的兴趣爱好,具有很大的潜能,每个家庭创造出来的作品都有其自身的想象性和创造性,充满了个性魅力。如果能使家长们各自的特长得到相互交流、相互补充,不就可以使活动得到整体提高吗? 在开展幼儿园的活动中,如能有效地用好"家长"这个幼儿教育的"活的资源",一定会使每个活动更加灿烂,更显生机,这也是我在今后的工作中需要不断努力做好的一块。

二、社区资源

1. 携手合作,体验社会生活

社会情境中的交往与合作对于孩子们的学习是十分有意义的。传统的教学模式过多地禁锢了幼儿的创造与想象空间,因此,把孩子带入社会情境中来,给他们充分自由的想象发挥的空间,这样的教育效果远比传统模式来得好。如在活动"我们的城市"中,我们带领孩子参观附近的花店、超市、小区的建筑、马路上的汽车等;我们还利用家长资源,鼓励家长在双休日的时候带孩子去乘车,让他们投币、买票或刷卡;我们还请家长给孩子 10 元钱,让孩子到超市用 10 元钱学习买商品,并在同伴之间交流分享。在社区活动时孩子们更加热爱我们的城市。

在"我要上小学"的主题活动中,为了做好幼小衔接,充分利用社区资源,我们带孩子们参观了御桥小学。小学老师对孩子们的到来，表示了热烈的欢迎，在老师的带领下，孩子们参观了一年级教室、图书阅览室、男女卫生间以及其他公共设施。最后，孩子们还观看了升旗仪式及课间操。看着这些与幼儿园不一样的环境，孩子们的好奇心被激发了，一会儿摸摸这，一会儿看看那，完全沉浸在一种新奇的氛围里。孩子们在与小学老师的接触和对校园的认识，以及身临其境的情境中对小学的环境有了初步的认识，并感受到小学的学习气氛，激发了他们对小学生活的向往和想做小学生的愿望。

把孩子带入社区，让他们在社会情境中去感知学习，从而获得快乐的体验。此时我深刻地认识到，从"课堂中学习"到"社会情境中学习"，绝不是简单的否定或者替代，而是更进一步的资源整合。

2. 环境互动，实现资源共享

"有用的植物"开展时正好是春天，为了让孩子们充分感受春天的气息，知道春天是百花齐放、树木发芽的时节，我们带着孩子到小区中的小花园感受春天的气息，柳树发芽了，花儿开了，孩子们拿着自己做的风车在小花园里来回地奔跑，感受春天温暖的微风。回来后，我们及时地与孩子进行分享交流，并让他们把看到的春天的花、树、人们的服装的变化用绘画的形式表达表现，我们以这种互动方式实现资源共享，给孩子带来的益处远比在幼儿园单一的学习多得多。

我们还组织家长和孩子去东方绿洲一日游，在家长的带领下，孩子和家长一起参加亲子游戏，让孩子玩勇敢者道路、骑自行车，在与大自然的接触中，让孩子热爱大自然，感受大自然给我们生活带来的乐趣。

社区中蕴含着相当宝贵丰富的教育教学资源，它是一种开放的资源，为我们老师开展社会性活动提供了广阔的天地。我们应该好好地用好用足这一宝贵资源为教育服务，让我们的孩子在轻松氛围中获得知识，快乐成长。

主题活动中家长资源的有效利用

潘翠林

家庭是幼儿园重要的合作伙伴,幼儿园教育和家庭教育是孩子成长的两个非常重要的方面。当今社会已越来越向着社会化、多元化方向发展。幼儿园不是幼儿学习的唯一场所,老师不是幼儿的唯一教育者。家庭、社区中的物质资源、自然资源和人文资源为幼儿提供了学习的舞台。而要发挥这些资源的价值光靠老师的力量是无法达到的,只有充分挖掘家长的专业特长及自身的优势特点,发挥家长的纽带作用,为我们的活动牵线搭桥,才能家园合力有效推动幼儿主题活动的开展。

在开展"我自己——身体的奥秘"主题活动中,我们将班级家长的资源利用起来,家园合力一起创设与主题相关的环境,鼓励每个家庭一起制作会动的小人。率先发动班级家委会设计科学小游戏,老师和家长一起群策群力,收集身边一些素材,挖掘一些有趣的、适合孩子年龄段的、又与主题相关的科学小游戏。活动前期通过班级邮箱、微信群等网络平台与家长分享相关的资料,帮助家长构建创作灵感。随后扩展到每个家庭,最后在班级活动室创设探索角,将每个家庭设计的科学游戏汇总展示,组织幼儿一起探索体验,最后通过亲子体验活动起到推广作用。活动拓展了家长们的视野,家庭之间的经验得到有效分享,家长在与孩子们的互动学习中对幼儿园的探索课程理念更加清晰了,参与助教活动的家长踊跃报名,热情高昂,幼儿的探索兴趣愈发浓厚了,在丰富多彩的科学实验活动中,幼儿的学习品质得到有效提升。

一、利用家长资源开展亲子"DIY"制作活动,丰富主题探索环境

在探索人体奥秘的过程中,孩子们经常会聚集在一起探讨人体哪些部位会动,为什么会动。在多元的感知、探索、体验中孩子们发现人的关节可以动,正因为有了关节,所以人可以摆出各种姿势。于是他们经常通过绘画、剪剪贴贴等形式表现会动的

人,还通过模拟演绎,与同伴一起玩拷贝不走样的游戏,对每个关节的名称也逐渐熟悉起来。渐渐地孩子们利用百宝箱里的废旧纸盒开始尝试制作机器人,在创作过程中,他们虽然通过简单的粘贴完成了立体人的制作。但是却为怎样让机器人动起来感到苦恼,这些创作方面的技术要求并不是我们这个年龄段的孩子所能完成的。如何通过材料代替人体的关节部位,让我们的小人活动起来? 如何满足孩子们强烈的制作愿望并解决制作上的技术难题? 基于这样的一个想法,我们决定发动家长的资源,组织一次亲子制作会动的小人的活动。

我们的活动通过倡议得到了许多家长的响应。当然一开始很多家长对于制作有些疑惑,也没有相关方面的灵感,不知道如何运用材料来制作会转动的关节。考虑到家长的需求,于是我在班级邮箱里通过资料宣传让家长们借鉴一些利用废旧材料制作的亲子范例,另外将班级中率先制作出来的作品通过微信进行分享。这样一来,很多家长开始有了制作的灵感,有意识地寻找身边能够代替关节的材料进行创作。在制作过程中,家长们还把制作现场运用照片形式拍下来发在班级微信群里分享,这样你来我往促进了大家的制作热情,当一张张作品在微信群里发出,一幅幅亲子创作场景在微信群里晒出,我们看到的是一种暖融融的亲子氛围、是一种幼儿园活动的延伸和拓展、是家园合力奏出的最美丽的乐章。家长们的创意多种多样,有的用按钮代替灵活的关节制作了骷髅小人,有的用软管代替关节做的超人,有的用螺帽作为关节的连接,还有的用橡皮筋穿进乒乓球连接肢体制作成会动的小人。

亦亦的爸爸在电力公司上班,利用家长职业上的专业优势在小人肢体内安装了电源、彩灯,制作的机器人会发亮前进还能遥控的;芊芊妈妈利用绘画上的优势制作了一个摩登女郎;心灵手巧的恕恕奶奶把家里的娃娃拆了,在软管中穿进钢丝,最后组装成了一个可爱的每个关节会动的时尚小姑娘……

每个家庭想出了各种各样的办法,重要的是让孩子一起参与了,让不会动的小人动起来,而期间我们的孩子参与其中。当每位孩子带着亲手和爸爸妈妈制作的小人来到幼儿园时,伙伴们都会给予热烈的掌声,而我们的走廊"会动的小人"亲子制作主题展示区,愈发精彩纷呈!

二、利用班级微信群开展"科学小游戏"创作活动,激发幼儿的探索兴趣

我班家长在家校联手开展幼儿主题探索活动方面积累了丰富的经验,从小班开始的第一期科学小游戏设计和互动活动,家长们表现出较高的参与热情。班级探索角的创设,让更多的孩子走进了我们的探索世界,也让班级家长从侧面了解幼儿园的

探索理念和课程内容。"龙卷风"就是我班家长发明创造的,后来这个科学探索活动内容成了我园探索嘉年华的保留内容之一。举办到现在为止,家长们已经参加了第四期的科学探索节活动设计,通过科学小游戏的设计,激发了家长们融入孩子探索世界的热情,也展现了家长们的专业特长和智慧。

本学期我们围绕"我自己——身体的奥秘"这一个点展开,通过班级邮箱资料的分享和倡议,很多家庭率先启动了这个项目,家委会的代表更是突显了领头的作用,率先在微信群里实时报道和孩子的制作过程,包括构思、创意、制作流程等,这也带动了一些人气。而期间我们老师也时刻关注着家长们的动态,并不时给大家鼓气,提供材料上的支持,如学校有 KT 版、即时贴等材料,及时在微信群里告知家长,并鼓励家长到老师处领相关所缺的材料。一下子,微信群里就热闹起来,一些无从着手的家长开始有了灵感。最先设计好的是阳阳妈妈,材料虽然简易,但是非常有趣,幼儿可以尝试用嘴吹起乒乓球,从一个杯子吹到另一个杯子,还可以两个人一起比赛。我立刻将实验材料晒到微信群里,马上得到很多家长的赞赏。而后凡凡也带来了爸爸制作的滚弹珠,他用塑料软管做了四个不同弯道,让幼儿观看弹珠滚动的轨迹,寻找每个管子的出口。于是我为这个游戏配上记录表,便于幼儿操作过程中进行观察记录和分享。孩子们看到凡凡带来的实验材料可喜欢了,每天都有很多孩子围在那里观看弹珠塞进口后刹那间滚出来的出口。微信群里立刻热闹起来,怡怡妈妈晒出了制作的"男孩和男孩",亮亮妈妈晒出了"身体器官翻翻乐"的游戏,还有浩宇爸爸制作的杂技小人,杰杰家庭制作的小熊笑了、哈哈镜、盲人摸象……各种实验材料诞生了,很多实验材料凝聚了家长的智慧和才能,更让我们倍感集体的智慧是多元的,家长的资源是我们不可或缺的一部分。

就这样通过两个星期的创作,每个家庭设计的游戏材料陆陆续续带到幼儿园,我们在教室里设立了一个科学实验区,陈列出每个家庭设计的科学小游戏。丰富的游戏材料激发了孩子们的探索兴趣,配上我们老师根据不同领域整合的内容,可谓琳琅满目,各种各样的科学小游戏吸引了孩子们的兴趣,满足了孩子们的探索愿望,大量的游戏材料充分调动了孩子们的感官,以"身体奥秘"为主线的探索活动拉开了探索节的帷幕,每天让我们的孩子玩得尽兴、探个究竟,孩子们在操作中学会了倾听、记录、思考和表达,探索能力也得到了提高。

三、家长"授课"活动丰富了幼儿的探索内容,拓宽了幼儿的主题经验

主题"我自己——身体的奥秘"开展过程中,我们发现孩子们对生命的诞生非常

感兴趣，总是有孩子问这问那。老师毕竟不是这方面的专家，很多时候面对孩子千奇百怪的问题时常会招架不住；另外在探索过程中孩子们自发生成了一个新的点，如何让身体更健康？很多幼儿说到了运动、跳绳、打拳等，同时班级孩子们对于热身运动非常感兴趣，班上有几位正在外面学习空手道的孩子，孩子们总是把他们当作崇拜的对象模仿，强身健体也是身体奥秘主题中的一个点。基于这样的现状，我们想通过家长助教的形式解决幼儿急需了解和探索的问题，同时通过空手道学习让幼儿知道强身健体的重要性。于是我们挖掘了班中做医生及健身教练的家长，通过两次不同的助教方式，让孩子们了解生命诞生的过程。由于亦娴妈妈是专业的医生，对于胎儿在母亲子宫中的成长过程方面的知识点非常专业，她非常好地回答了孩子们提出的各种问题，同时通过排序、模拟演习等形式，有效帮助幼儿感知胎儿的成长过程，知道妈妈的辛苦，珍惜生命的来之不易。同时在助教过程中，我们感受到家长男老师与我们不同的风格，他的雄壮的体魄深受孩子们的喜欢，洪亮的声音、有力的出拳姿势深深吸引了在场的孩子们，大家摩拳擦掌、精神抖擞、干劲十足地跟着空手道老师学习各种动作，一声呐喊震撼了在场的我。这样的活动真的十分有意义，也是我们孩子们梦寐以求的，孩子们顽强执着的学习精神给空手道老师留下了深刻的印象，连连夸奖我们的孩子是他见到的最棒的孩子。

如果没有家长团队的协助，没有家长老师的参与，这些活动光靠老师一个人去完成是无法实现的，但是通过网络和微信群的力量，小小的一个策划和一个设想，就有那么专业的家长的呼应，虽然他们不是专业的老师，但是他们是相关内容方面的专家，他们的到来才能使我们的探索活动得以深入和拓展，家长的助教给我们的主题画上了一个圆满的句号。

四、"亲子体验"活动让家长走进幼儿的探索天地，使科学游戏有效得到推广

科学小游戏的设计和参与使家长融入班级主题活动中，也从侧面了解到了班级开展的主题活动，材料的呈现也让每个家庭设计的游戏进行了推广。但是对于这些材料的玩法及设计的理念，家长们未必知晓，自己的孩子在游戏中探索情况如何？我设计的游戏班级幼儿是否喜欢？有哪些不足或者需要改进的策略？这些材料中哪些游戏是孩子们喜欢的并值得推广和借鉴的？

基于这样的思考，我们专门聘请了班级家委会成员，在老师的协助下为班级全体家长进行一次科学小游戏的介绍活动。聆听了家长代表对每个游戏的玩法介绍，家长们和孩子一起开展了对这些科学小游戏的逐一体验活动，能力强的孩子做起了家

长的指导者,而能力弱的孩子也在家长的参与和支持下大胆地尝试起来:杂技小人、滚球、盲人摸象、有趣的镜子、测量员、小熊小人、手影游戏、食物旅行、左右手、身体上的单双数、有趣的声音……所有的材料调动了孩子们的观感,家长们对许多材料玩得意犹未尽,似乎也忘记了自己的身份,热情地参与到孩子的活动中,跟孩子一起玩翻翻乐、做手影游戏、让孩子猜大人的左右手,现场气氛十分热闹。很多家长还在现场做起了解说,尤其是我们奕奕爸爸创作的食物旅行探索材料得到在场家长们的肯定。

　　活动结束后我们让家长对本次体验活动进行了点评,在肯定中家长们道出了自己的心声,纷纷认为丰富多彩的科学探索内容开拓了家长的视野,原来身体里面藏着这么多的秘密,以身体为主线可以设计出如此多的科学实验内容,琳琅满目的科学实验材料吸引了孩子们的兴趣,也同样吸引着大人们的注意。很快孩子们拉着大人的手进入不同的区域开始玩了起来,时而是我们的孩子向大人介绍实验材料、示范操作方法,时而我们的大人牵引着孩子介入到实验中去,有的是家长和孩子一起参与探索,有的是大人在一旁默默关注孩子,有的则是两个家庭之间进行比赛……亲子体验活动让家长近距离地接触自己的孩子,关注孩子在实验过程中的学习能力、探索精神等品质的发展,同时也让不同家庭设计的科学游戏在体验中得到推广,这样的学习活动让家长和孩子得到同步发展,也让我们的家园合作更上一个台阶!

　　我们的主题探索活动离不开家长的支持和配合,家长资源以其独特的优势极大丰富了我班的探索课程资源。通过开展“我自己——身体的秘密”为媒介的一系列活动,家长老师的参与成为孩子强有力的后盾,也使我们的活动愈发丰富多彩,让主题活动得以拓展和延伸,亲子主题探索活动为活动的顺利开展起到推波助澜的作用。

多样化的家园互动能更有效地
推动家园共育

计 星

曾经看到过陈鹤琴老先生的一句话："幼儿教育不是家庭或幼儿园哪一单方面可以单独胜任的。幼儿教育是一个系统的工程,需要幼儿园、家庭、社会共同的努力,幼儿园只有和家庭密切配合、协同合力、以园内园外为阵地,共同架起家园共育的彩虹桥,才能促进幼儿园全面、健康的发展。"这正说明了家园共育的重要性。那么,怎么才能更有效地推动家园共育呢? 这就需要我们家园之间相互支持、相互配合、达成共识。虽然现在的家长比较重视孩子的发展,但却只限于书面上的理论,并没有真正了解孩子身心发展的特点和规律。而且大多数家长都把孩子交于祖辈教养,故造成了一些错误的教育理念。为了让家长们了解家园共育的重要性,我们在家长第一次送孩子进入幼儿园时就通过"家园直通车""家长会"等方式让其了解家园共育对幼儿发展的重要性,并通过小班阶段积极主动的双向互动,家长们看到了孩子在情感、能力、技能等方面的发展,从而使家长们认识到家园共育对促进幼儿身心发展有着重要的意义。以往,我们大多数是家长会、家访、来园参加亲子活动……时间一长,这种以幼儿园教育为中心、教师为指导的活动已经不能满足现代教育的需求了。为了更有效地推动家园共育,寻求多样化的家园互动成为我们的目标。为了让这一目标不单单是一个口号,我们经过实践寻找到了一些能有效地推动家园共育的家园互动形式。

一、建立微信网络平台

由于现在的家长要么忙于工作,要么忙于自己的闲情逸致,平时孩子都交于祖辈们带,故不能及时了解班级的课程内容和孩子在幼儿园的生活情况。为了让家园共育的一致性,我们建立了微信网络平台,在这里我们可以上传一些班级活动精彩花絮、视频、温馨提示、课程动态等,及时地让家长了解我们的课程,并能参与我们的课程中,家长也可以在这里相互交流育儿心得、育儿难题。微信网络平台能让我们在第一时间了解家长的心声,为我们的家园互动提供活动元素。经过运用得到了家长们一致好评和认可,纷纷表示:这样的平台不但让家长及时了解班级的相关信息,而且大大增进了老师与家长、家长与家长之间的相互沟通交流。

二、成立自主的家委会团队

本学期仍旧由杼好妈妈担任我们的家委会组长,承担起家园之间沟通的领头羊,传达家长们的需求,并有士宬爸爸、云灏爸爸、君淏妈妈、俊贤妈妈、湉湉爸爸、潮屹妈妈主动加入到我们的家委会团队。在这里我们全权放手让家长以主人翁的姿态参与到我们的班级管理中,提出家长们的需求和困惑,经过讨论、交流得出班级家园特色工作的内容和相关事宜,并进行分工合作,自发地协助我们的班级工作。实践证明这样的互动,使我们的家园共育达到事半功倍的效果。现在我们已经拥有了一个善于策划、敢于组织、热心于班级工作的家委会团队。让家长们群策群力、互助合作、全面参与、支持我们的班级工作,因为有了资源丰富的家长群体,才能开展更多的家园互动活动,才能更有效地推动家园共育。

三、开展家长沙龙活动

当孩子刚进入幼儿园集体中时,家长们并没有重视家园共育给予孩子身心发展的作用,从而导致了少数家长不配合的尴尬处境或把家园互动的活动推给老人。于是产生了家长沙龙活动,在这里我们作为主导者引导家长们加入到家园互动的行列中,因为我们是专职的教育者,懂得孩子身心发展的特点和规律,掌握科学的育儿知识。在这里家长们也可以畅所欲言,大胆地交流各自的育儿经验和困惑,树立正确的育儿观。通过老师和家长的相互沟通,找到家园教育在方式、内容上的一致性。这样的家园互动能调动家长们参与家园共育的主动性和积极性,能进一步提高我们的教育质量及教育效果,能促进孩子得到全面、正确、有效的发展。由此可见这样的家园互动是行之有效的。

四、丰富多彩的亲子活动

亲子活动是家园互动中最主要的形式,它能更有效地推动家园共育。本学期我们班根据孩子的发展需求开展了一系列亲子活动,让家长们真正地参与到我们的课程建设中来,进一步促进孩子的身心发展。

　　开学初,随着主题活动"我爱我家"的展开,我们让孩子主动邀请自己的爸爸妈妈加入我们的课程中,一起参与到"梦想家园"的亲子制作活动中,通过一起商量——选材——制作——分享,不但让孩子们体验到了家园互动给予他们的快乐,而且家长们也看到了孩子主动向同伴介绍自己作品时的自豪感,纷纷表示这样的形式对孩子的成长是非常重要的。由此"亲子树叶画""水果娃娃乐翻天"等亲子活动在家长们的积极主动参与下欣然产生。当家长们看到孩子们在亲子活动中的进步,深深地认识到家园互动带给孩子的收获是无可估量的。同时我们也挖掘家长的优势资源,开展了家长助教活动,让家长来做老师教授孩子知识,不仅让孩子感到了新奇,而且让家长也有了与孩子交流的话题。这样新颖的家园互动吸引了更多的家长想加入其中,从而更有效地推动了家园共育。我们相信有了家长们的积极参与,我们的班级工作会更生动、精彩。

五、提升家长会的形式

　　家长会是我们每学期都必须开展的活动,由于以往的家长会都是由老师来说、家长来听的形式,家长只是从老师那里了解需要做的事宜,而这样的形式根本不能帮助家长解决幼儿的根本问题。为了调动家长们参与到班级工作中的积极性,我们改变并提升家长会的方式,教师可以根据每一个阶段幼儿存在的一些问题,以谈话的形式让家长一同参与讨论、交流。因为有了以上的家园互动,故家长们都能亲身参加,并有话可说,纷纷交流、感悟心得,从而使我们家园共育的一致性获得进一步的提高。

　　由此可见,多样化的家园互动能更有效地推动家园共育,让我们用我们的耐心、细心、贴心来告诉家长,他们的孩子会是最棒的、最开心的、最健康的。让他们了解家园互动对孩子的发展有着至关重要的作用,只有使家园共育取得一致性,才能更好地促进孩子全面、健康的成长。

班级邮箱的使用和管理策略

潘翠林

在我二十多年的幼教生涯中，不断尝试着各种各样的家园互动模式，如家访、来园接待、电话、短信、专题讲座、经验交流等。而对于年轻的幼儿家长来讲，由于工作繁忙，接送孩子的任务又常常落到祖辈老人身上，他们很少有与教师面对面沟通的机会，但他们又迫切想了解孩子在园的各种情况。在处理幼儿在园的各种问题时，父母又是不可缺少的一个重要部分。怎样吸引更多家长参与到教育孩子的工作中？怎样与年轻的父母建立互动？达成教育上的共识？实践过程中我一直在思考，在网络信息迅速发展的今天，何不通过网络平台与家长们建立互动？有了这样的一个设想，班级邮箱很快成为我与年轻家长们之间的交流平台。邮箱的建立让年轻的家长能利用空余时间了解班级动态，也能及时与教师进行心与心的交流，这是很多年轻父母乐于接受的一种互动模式。

如何运用班级邮箱与家长进行交流？如何依托网络平台开展班级工作？这对于邮箱的使用和管理十分重要。只有充分利用并有效管理，才能发挥邮箱的最大价值。在邮箱建设中我通过摸索不断完善，积累了一些经验，获得了一定的收获。

一、邮箱的使用

（一）邮箱的建立得到了家长的认可

首先在小班开班前家访时将刚建立的邮箱地址、密码都给了每位家长，并在开学第一周家长园地上公布了这一信息。起初，老师只是利用邮箱公布一些主题信息、活动通知、近期班级出现的一些事情、家长注意事项等。邮箱只是老师跟家长单项联系的平台，而家长也默默接受了这种单向的互动。

（二）由单一到双向互动，有效帮助处理班级突发事件

慢慢发现光顾邮箱的家长渐渐增加，有些家长会主动向老师询问孩子近阶段的

情况,也有家长会跟老师分享孩子进步的喜悦,还有求助老师的……看到家长的来信,虽然平时工作很忙,但我还是会尽量抽空给他们回信。当然回信不是聊天,仅凭一两句话是不行的,老师得斟词酌句,认认真真回复家长的问题,一一解答家长的疑惑。

一次邮箱里偶然发现了卿卿妈妈发来的信件,信件中详细描述了她与儿子之间的对话。原来她的孩子跟班上同伴发生了争执,争执过程中致使同伴的手指受伤、红肿了。打架事件处理过程借助邮箱这个网络平台由此展开。

卿卿妈妈的来信:

每天下班回到家里,我总要了解儿子一天在幼儿园的情况,这已经成为一个习惯了。5月4日是小长假后的第一天,回到家里我问儿子:"卿卿,今天在幼儿园乖不乖啊?"儿子回答说:"今天我和家珩打架了。"他也没有隐瞒。"怎么,打架?"我感到惊讶,"怎么会打架的?"卿卿说:"下午在二楼玩娃娃家的时候,家珩来抢我的东西,我不肯给他,我们两个人就打了起来,我先打的,家珩也打我了,他还拉住我的手臂,我又打了他,他也打了我。"听了他的叙述,我有点生气,学会打架了,还若无其事。但是事情已经发生了,责怪又不能解决问题,重要的是怎么处理好这件事,怎么通过这件事来提高孩子分清是非的能力……

我很严肃地告诉他:"不管发生什么事情都不可以动手打架,打架是差生的行为,是素质差的表现;先动手打人,更是错上加错,一个动手打人的孩子,谁敢和他做朋友?今天你犯了这样严重的错误,要好好反省!"于是我让儿子罚站5分钟。5分钟后,他认错了。我对他说:"明天去幼儿园,一定要向家珩赔礼道歉。"卿卿点点头,表示愿意。我又请外公明天接孩子时与老师联系一下。

第二天下班回到家,卿卿告诉我已经跟家珩道歉了,我问:"家珩原谅你了吗?"卿卿回答:"原谅了。"晚饭后外公告诉我,家珩的手被儿子打得又青又肿,外公还从老师那里了解到了昨天打架的经过:小朋友玩过家家的游戏,卿卿做冰激凌店的营业员,家珩来买冰激凌,卿卿就是不卖给他,家珩打了他一下,于是两个人打了起来。

午饭时家珩的手肿得连调羹都不方便拿,老师让卿卿喂家珩吃饭,卿卿居然说:"我喂他吃饭,我不要吃饭啦?"我听了顿时气不打一处来,这么自私!但是我又告诫自己要冷静,于是我耐着性子启发他:"家珩的手是不是被你打得又青又肿啊?"卿卿竟强调说:"不是手,是手指!"我接着又问:"他吃饭时连调羹也不好拿,是谁造成的?你不觉得内疚吗?老师让你喂家珩吃饭,你为什么不肯啊?"卿卿回答说:"我帮他吃饭,我就吃得慢了,就变成最后一名了。后来是老师喂他吃饭的。"

我开导他:"家珩的手是被你弄伤的,你应该弥补自己的过错,帮助他吃饭是你应该做的,是理所当然的。如果你的手伤了,或者身体不舒服了,我相信其他小朋友也一定会来帮助你的。"我又以去七宝春游,家珩的爸爸帮我们买汤圆和饮料;还有家珩的爸爸让家珩把家里的木头手枪送给儿子等实例启发他:"你看别人多么关爱你啊,你是不是也应该同样的关爱别人呢?"听了这番话,卿卿说:"那从明天开始,一直到家珩的手好,我都要帮助他。"我又趁机开导他:"以后其他的小朋友有困难,你也要主动帮助别人,这才是妈妈的好孩子。打架是坏习气,以后千万不能再打架了,我们相信卿卿一定能改正的,不会再犯的。"

随后我和卿卿的爸爸商量,决定与家珩小朋友的家长进行沟通,向家珩小朋友表示歉意;同时我们也请幼儿园老师对卿卿进行"监督",看看他有没有改错的行为,有没有好好照顾家珩小朋友。

这封信在班级邮箱里公开了,不久我们看到了家珩妈妈的回信。家珩妈妈一再让卿卿妈妈不用太在意,是家珩先惹事的。卿卿是个聪明活泼的乖孩子,有很多家珩所不及的地方,真心希望他们能一直做好朋友。

孩子们之间的争吵行为牵动着两个家庭,老师从家长的书信中了解到事发后卿卿妈妈与儿子之间的对白,母子对话中看出家长教子心切又诚恳向对方家长道歉的心情,也体验到了家长的育儿理念:奖惩分明、循循善诱。随后老师及时把后续处理过程和孩子的转变通过邮箱进行了传递,所有家长见证了孩子的转变。

老师回复卿卿妈妈的信:

面对孩子同伴之间的吵架行为,首先我觉得你们两个家庭父母在处理孩子问题上都做得相当好,不管哪一方首先先在自己孩子身上找缺点,并及时进行批评和教育,让孩子知道只要参与打架都不好,都有过错。

家珩是个比较懂事的孩子,其实当时手指是有点疼的,却在老师面前不哼一声,以致那天代课的黄老师也不知情。第二天,我问清了缘由后特地对两个孩子进行了教育。卿卿一开始还没意识到自己的过错给别人带来的影响,他以为只要认错了就没事了,此时大人对孩子的引导相当重要!

"家珩手伤了,看书不方便,你去帮他翻书。"当我发现家珩正吃力地用受伤的手翻书时,我立刻暗示卿卿。卿卿听了我的建议立刻去了,完事了便向我报告:"我已经帮家珩翻好书了。""你再看看他还需要什么帮助,每做一件事,先想到他再想到自己。"我顺势启发。午饭时间到了,我试探卿卿:"家珩手指疼不能吃饭,你愿意喂他吃吗?"卿卿的话出乎我的意料:"我帮助他了,我不要吃饭了?我不是要变最后一名了?"我啼笑皆非:"其实老师也会喂他的,老师是想知道你是发自内心想帮助家珩呢,还是只是应付一下而已。原来你想到的还是自己,家珩的手是因为你的过错而受伤的,你应该为他负责呀!"我边喂着家珩吃饭,边趁机开导他。此时卿卿沉默了,卿卿是个聪明的孩子,他的思维敏捷,分辨能力强,我的话有点触动了他。

午睡了,家珩正在脱衣服,有点吃力,我马上去帮忙,并问卿卿:"你怎么不帮他呢?""我帮他他不要!""那老师帮他,他怎么没说不要呢? 你态度要诚恳点,他就愿意接受了。"在一问一答中我帮家珩脱好了衣服。卿卿立刻说:"那我来帮他叠衣服。""好!"就这样,卿卿帮家珩叠好了衣服,家珩很礼貌地向他道谢。

一天下来,卿卿改变了许多,时而会主动帮助家珩搬小椅子,时而会问家珩有什么需要帮助。或许在帮助家珩的过程中,他慢慢懂得一个道理:要为自己的过错负责!

孩子们都很稚嫩,需要阳光和雨水的灌溉,希望父母、老师像阳光和雨露一样滋润他们,让他们健康成长。家珩妈妈通情达理,她们用平常心看待孩子们之间的行为,她们对老师只说了一句话:孩子手指不方便多麻烦老师了! 我感受到言语中对老师的理解和信任,也体会到言语中所肩负的责任。我们一定会做好孩子们的启蒙老师,也希望所有家长在处理孩子问题上多向这两位父母学习,相信你们的孩子一定会向积极的方向发展,成为一个善良、友好、大方、聪明的孩子!

以上两位家长能正确对待孩子的打架事件,她们从自己孩子身上找原因,找缺点。同时主动与老师取得联系,借助老师的介入,及时处理好后续问题,既照顾好家珩的在园生活问题,又让卿卿在打架事件中懂得道理、承担责任、关爱同伴。在老师的教育帮助下,孩子有了进步,明白了一些道理。

虽然只是两个家庭和老师之间的互动,因为邮箱是公开的,其作用于全班家长,当其他家长同样遇到这样的问题时,先前这两位家长的处理方式对他们来讲是一次帮助、一次学习,更是一次榜样。

(三) 解惑答疑,统一思想,减少误会

有些家长在与孩子沟通交流过程中间接了解到孩子在园的一些信息,然而孩子的描述有时并不真实,家长如果听信孩子一面之词,或许会造成对老师的误解。而通过邮箱的互动,可以让教师迅速捕捉到新信息,及时沟通、解释,帮助家长消除疑虑,同时又可以起到统一思想、引领家长的作用。

一次收到颜颜妈妈的来信,题目为"小小的处罚"

和往常一样,今天回家,问孩子学到了什么新本领。孩子告诉我说昨天有四个小朋友被罚站了,接着,念了四个小朋友的名字,我家孩子自己也在内。问原因,说是推了小朋友一下。再问:"你被罚了,证明你犯错误了,有什么感想吗?"孩子回答:"我很难受很难受!"我再问:"今后同样的错误你还犯吗?"孩子回答:"再也不犯了。"并答应,如果再犯同样的错误,在家里也要罚,并且还让所有的同学都知道。还答应:"上学后,会向被推的小朋友说一声对不起。"

原来,小小的处罚,可以收到相当不错的效果,4岁多的孩子已经能够清楚地认识对与错。希望孩子能够再接再厉,更上一层楼。

教师的及时回复:

首先能在这里与您沟通我感到很欣慰,也希望有更多家长能好好利用这个平台,多了解孩子在园的情况。孩子们来到一个大集体,难免会跟小伙伴之间发生一些小摩擦、小问题,但是作为老师和父母既不能小题大做,也不能听之任之,一定要通过引导、说服教育等方法关心他们,让他们明辨是非,和同伴友好相处。对于孩子们的一些小摩擦,我们老师一般都是通过说理让孩子懂得道理,明白自己的过错,向对方承认错误就完事了。在处理问题过程中最多会把孩子叫到老师身边,问清楚缘由,这可能就是你儿子所谓的"罚站",但我们绝对不会采用"罚站",因为这是我们一贯处理问题的原则。即使孩子真的犯下很大的错误,我们也不会使用这种方法,"晓之以理",这是我们的处事方法,也是最适合小班幼儿年龄的,所以请您放心。

希望以后多沟通,在聆听孩子的同时继续保持跟老师的联系。虽然您或许会赞成罚站这个做法,但是我们不主张,更不支持。

就这样通过你来我往的交流互动,让家长全面了解孩子的在园信息,有效解除家长疑虑,增加对老师的信任。

(四)交流分享,合作互动,共搭多向平台

就这样在老师和家长之间的互动过程中,参与互动的家长越来越多,邮箱逐渐变成了工作忙碌的父母们间接关心班级、了解孩子的最好平台。邮箱里的信息更加丰富了:孩子绘画得奖了,老师通过邮箱向家长报喜,可以激发更多的家庭参与学校组织的绘画比赛;学校要组织活动了,通过邮箱发布通知;班级要开展亲子活动了,前期准备工作是繁琐的也是必需的。门口的海报往往只能让孩子的接送者看到,但是这些信息是否带到了孩子的父母那里,仅凭再发一张小小的通知,年轻的家长又能了解活动多少?而班级邮箱就能发挥更大的作用,它可以把我们活动的目的、意图、材料的准备、制作的方法、参考资料等都公布在邮箱里,年轻的家长们不到幼儿园也能全面了解活动的整个细节和流程。

有的家长还会摘录一些好的育儿方法、幼儿营养搭配等资源发到邮箱里与大家共享,我们还在邮箱里进行家庭教育案例征稿。久而久之,参与网络互动的家长越来越多,邮箱逐渐变成了工作忙碌的父母们间接关心班级、了解孩子的最好平台,邮箱成为家长和老师、家长和家长之间互动的多向平台。

二、邮箱的管理

(一) 书面通知,及时跟进

有时家长因为工作、家庭等原因可能会在一段时间没有光顾班级邮箱,或许在班级邮箱里发布的信息很多家长没有及时阅读,此时老师的初衷可能不尽如人意。比如,亲子制作风筝活动后,邮箱里发布了活动后续的通知,让家长将对活动的感想和建议发到邮箱里。可是发布几天后,我没有收到家长的回复。于是我立刻打印了人手一份的小通知,并把自己对活动的感受也发布在邮箱里,我想家长看到我的评论一定也会有感而发的。果然,没几天我陆续收到了很多位家长的信函,而且写得非常好,都是肺腑之言,真实、亲切、自然!

(二) 斟词酌句,注意表述

当接到家长的来信后,首先要仔细阅读,还要分清事由。有的事情可能我当时并不在场,那一定得去班级了解清楚,问幼儿、问搭班老师,然后再进行回复。在表达时,首先老师的文字要规范,措辞要注意。写完后要检查一下,语句是否通顺,有无错别字。同时与家长的对白要平等,不能高高在上,说话要就事论事,不要唱高调。宗旨就是解决家长疑虑、处理好问题,让家长诚服、放心。

(三) 礼尚往来,及时回复

当收到家长来信后,一定要及时阅读并回复。如果未能及时回信的,语言一定要诚恳,这样家长也乐意接受。书信往来,家长便会把你当朋友,以后还会继续与你联系,否则一而再、再而三没有等到老师的回信,家长就会放弃与你沟通。

三、反思与感悟

(一) 邮箱作为家园互动方式更适合

邮箱不同于 QQ 群,QQ 群随意性强,体现了及时性。虽然方便、直接,很多家长在 QQ 群里想说什么就说什么,一旦说出去了,就难以收回或作修改,而在线的人都能看到，因为它的随意性而带来更多的负面影响。但是邮箱则不同，在书写的过程中可以边写边修改，并注意自己的表达、措词，完了还可以重新审视一遍，最后慎重发送。即便发送了，如觉得不妥还可以立刻删除，挽回不利局面，安全可行。如果"罚站"放在QQ群里聊的话，一则教师不能在第一时间了解到这个信息，也无法立刻给予家长一个比较详细的解释，但是可能家长的言语会在这个群里起到一定的负面影响。而在邮箱里，教师可以知道事情的大概，便于老师了解事情缘由，并有针对性地给予家长一个详细的答复，既可以解除家长的顾虑，又能让其他家长关注到这一事件的真实情况，因为老师与家长之间的对白是完全公开化的，这样可以消除大家的疑虑，起到一个积极的、正面的教育作用。

（二）借助祖辈老人，搭建家园双向平台

老人是桥梁、是后盾，有时又是主角。我们发现班级中老人接送的机会多，与教师接触多。在开展每个活动时我们一般以书面通知结合网络信息传达两方面，让老人把书面通知带给父母，父母可以借助通知了解网络上的信息。老人在这过程中既可以起到传递信息的作用，又能填补父母的空缺。如，在制作风筝活动中，我班有个孩子因父母工作繁忙无空参加，但父母给孩子一个建议，让他在爷爷和外公两个人中任选一个。孩子选了动手能力强的外公，期间父母帮助孩子一起筹集制作的材料，活动现场外公和孩子配合默契，完成了一只喜洋洋风筝，孩子快乐地和外公一起放风筝。虽然父母没有亲临现场，但是活动后我立刻看到邮箱里孩子母亲的感想，**题目为"外公一定有办法"**：

这次的风筝活动，孩子亲点外公参加，在他的心目中"外公一定有办法"。外公也很想了解启洲在学校的生活情况，所以决定祖孙两人参加。

先由爸爸上网查资料，再全家一起准备材料，找来彩色的包装纸、竹条和线。不要求做得太复杂，我们就从简单的学起，最重要的是体会到了全家总动员的乐趣。

我虽然没有亲自参加，不过听小朋友回来兴高采烈说自己制作的风筝飞上了天，那种喜悦心情也感染到了我。

做家长的只要看到小朋友开心的笑脸就已经很满足了。

祖辈老人在家庭教育中举足轻重，我们应该充分利用这一资源，真正有效地促进家园互动。

通过尝试，我们的孩子、家长、老师都在变，这不能说某一个单纯原因的作用，邮箱在家园互动过程中的作用不可忽视。邮箱体现的不仅仅是一个事件、一个活动，更是一个过程。因为它给家长们创造了一个充分交流、分享、质疑、合作、互动的平台。它记录了孩子们成长的点点滴滴,凝聚着家园的共同努力,孩子们在成长,家长们更放心,而他们的老师则更省心。

　　在以后的工作中,我们不仅要继续发挥好邮箱的作用,并兼顾其他家园互动模式,让不同的家长有发挥他们特长的一席之地,让家长的特殊资源成为孩子们可借鉴和利用的资源,致家园理念一致,同步教育,使孩子们健康、快乐地成长。

微信搭建桥梁，有效家园联系

关季红

随着信息技术的飞速发展、智能手机的广泛运用，家园联系的方式和途径也在发生着微妙的变化。微信作为一种新型的及时沟通工具，功能非常强大，它满足了不同时间、不同地点、不同人群在手机上的沟通，现在的家长中绝大多数已经是微信的忠实粉丝。这几年，班级微信渐渐替代 QQ 和飞信成为家园联系的新手段，如何利用班级微信促进有效的家园联系，如何发挥微信的正能量也是需要我们一线教师思考的问题。特别是刚刚入园的新小班，善于利用微信平台搭建家园沟通的桥梁，能使我们的家长工作事半功倍。以下是我们工作中的一些思考和体会。

一、微信传送，家长放心

9 月新小班开学第一天，幼儿在家长离开之后，突然意识到了分别的痛苦，分离焦虑使得孩子瞬间哭泣起来。一个孩子还没有安抚好，其他孩子陆陆续续来到了教室，情感马上得到了共鸣，有的孩子不愿意让家长离开，有的孩子虽然走进了教室，但是眼睛里含着泪光。随着孩子数量的增加，整个教室里充斥着分别的忧伤，哭声在教室里回荡。这时孩子在里面哭，家长久久不愿离去，看着自己的孩子是一百个不放心。看到这种情景真是让人心焦。怎么办？家长不配合，孩子哭闹不停，接下去的一日活动要如何组织？只有让孩子更快地适应幼儿园的生活，让家长能够放心地离去，我们的活动才能有效地开展。

还记得多年带小班的 9 月初，家长总是不停地通过短信、微信的方式来询问自己孩子的情况：孩子还哭吗？午饭吃得好吗？今天有没有睡着？我想到照片是最好的解说，今天应该通过微信群让家长看到自己家的孩子在幼儿园不哭闹了，能够正常地进餐、午睡了，家长悬着的心就会放下。于是，点心之后，趁着孩子们已经停止了哭闹，我给每张桌子的孩子拍摄了一张照片，趁孩子们游戏的间隙发在了班级微信群里,瞬间得到了家长的热烈回应,家长们纷纷表示现在放心了,可以踏实工作了。午睡起床后,孩子们纷纷知道马上就要离园了,开始表现出比较积极的情绪状态,我带孩子们玩玩手指游戏、念念儿歌,一方面转移孩子们的注意力,一方面以此来调动孩子的积极情绪。孩子们出乎意料地给予了我相当程度的配合,这不正是让家长放心的良好素材吗?我马上拿来相机,将孩子们积极跟随教师互动的状态也拍摄了下来。孩子们离园后,我也把这些照片发在了班级微信群里,因为来接孩子们的多是祖辈家长,辛勤工作的父母并不知道孩子们已经表现出积极的情绪状态。照片发送至群里之后,父母们也对孩子们的进步表示惊讶和意外,对我们的工作大大的点赞。相信这些照片,不仅可以让父母放心,也为第二天第三天坚持送孩子来园增强了信心。

教师千言万语的解释,有时候抵不上几张来自现场的照片,我们用事实说话,向家长证明,幼儿虽然年纪小,可是他们有自我调节情绪的能力,他们不会一整天让自己陷在消极的情绪中。虽然新小班的幼儿入园会有情绪的反复,但是只要坚持来园,孩子们一定会一天天地成长起来,取得令我们惊讶的进步!我们通过微信群发送几张照片的小小举动,让新小班的家长放心,建立起家长与幼儿园、家长与教师之间的信任,开展了一次有效的家园联系,发挥了班级微信群的及时性和时效性,为之后的家长工作打下了良好的基础。

二、微信推送,科学宣传

新小班的孩子,我们的保育重点更为明显,一日生活中的各个环节其实都是幼儿学习的内容,自理能力和自我服务能力对于新小班的孩子来说更为重要。家长的教育观念需要转变。因此,我们利用微信群,向家长推送了幼师口袋公众号中的一篇佳文《为什么幼儿园不教拼音、写字和算数?原因在这里》,向班级家长宣传幼儿园的保育重点,同时给出家长适合新小班幼儿的教育建议,让观念带动教育行动,使得家园教育重心一致,更有效地开展教育保育工作。

随着孩子们情绪的稳定,家长关心的话题逐渐从孩子哭不哭?愿不愿意上幼儿园?转移到孩子们在幼儿园每天干些什么?他们学了些什么本领?家长习惯性地会问自己的孩子,今天学了什么?新小班的幼儿由于受到思维发展水平的限制,他们没有办法清楚地表达今天集体活动的内容。有时候他们表达出的内容是一日生活中印象最深刻的一件事,有时候会说说或者唱唱儿歌(歌曲)的一部分,家长难以从孩子的回答中得到真实完整的答案。

我觉得让家长转变教育观念不是一朝一夕的事情,他们更愿意看到自己孩子的真实表现和显著学习结果。于是,当孩子们学习了儿歌《幼儿园像我家》、歌曲《好孩子不要妈妈抱》之后,我觉得,是时候利用微信群给家长吃一颗定心丸了。在集体活动中,我利用复习时间,一边播放儿歌和歌曲的教学软件,一边和孩子们一起念念儿歌、唱唱歌曲、做做动作,同时用手机记录下所有孩子们唱唱跳跳的视频,然后利用午休时间上传至班级微信群。家长们看到自己孩子在幼儿园会念儿歌了、会唱歌曲了,幼儿园的集体活动是有"学习效果"的,心里的疑问也就消失了,对教育内容也就安心了。紧接着,我们在班级微信群中发送了一条"小提示",告知家长孩子们唱的歌曲是《好孩子不要妈妈抱》,请家长问一问孩子,引导孩子思考,我们是不是好孩子? 我们要不要家长抱? 接下去的生活中请鼓励孩子做"好孩子"、走路"不要妈妈抱"。家长们纷纷表示认可。

宣传是家园联系的一项重要内容,微信群的建立使得宣传显得更加方便和科学,一些正能量微信公众号的推送可以成为我们教师的有力助手,幼儿园的教育重点、良好的教育行为都是我们教师向新小班家长宣传的内容。借助微信群这一平台,我们向新小班的家长宣传了幼儿园小班的保育重点,同时也通过现场视频的传送使家长们看到了自己孩子实实在在的学习表现。这样,家长就会对幼儿园的教育感到安心,对幼儿的学习能力感到安心,对孩子的学习表现感到安心,接下去家园双方就能在彼此信任和相互协调的起步中进行联系。

三、微信沟通,妥善处理

学前阶段的孩子由于年龄小,缺少交往经验和技巧,难免会在幼儿园的集体生活中产生一些摩擦和矛盾,特别是新小班的幼儿,第一次和同伴相处,自身的语言表达能力又有限,很多时候发生了摩擦他们也难以表述清楚,或者是遇到了问题他们没有在意,回过头来已经忘记了事情发生的经过。这个时候教师就需要根据事态的严重程度判断是否需要和家长第一时间取得联系。

这天准备集体学习活动的时候,我忽然发现铭铭的脸上有一条抓痕,我马上询问铭铭,这条抓痕是怎么回事? 铭铭显得一脸茫然,他自己也不知道自己脸上多了什么。我想起来刚才自由活动的时候嘉嘉的小汽车碰到过铭铭,看来是孩子们玩耍的时候不小心碰到了。孩子是家长的心头肉,即使是小小的伤口,如果处理不当或者没有及时和家长进行沟通,就有可能造成家长的怨气。接送铭铭的是他的奶奶,奶奶一口外地口音,平时和我们交流时有些困难,我觉得有必要通过微信和铭铭妈妈及时沟通一下。于是,我们先带铭铭去卫生室消毒,然后马上发微信给铭铭妈妈,告诉她铭铭脸上有一条抓痕,但是不严重,我们也第一时间给他消毒了;铭铭并没有和其他孩子发生过矛盾,只是玩玩具的时候有过接触,孩子皮肤比较嫩,所以不小心碰了一下就有一条印子。铭铭妈妈回复说:没关系,有时候他在家里也会自己把自己的脸抓破,他们已经习惯了。看到铭铭妈妈的回复,我们放心了。看来,第一时间通过微信和家长联系是正确的,我们得到了家长的谅解。放学的时候,我们特地和铭铭奶奶交代了一句,铭铭奶奶点点头说,妈妈已经事先和她说过这件事情了,没关系的。一件小意外,在我们及时通过微信的联系之后得到了解决。

新小班的孩子在入园的第一个月特别容易出现和同伴交往中的矛盾,一方面他们开始适应幼儿园生活,愿意尝试参与活动,动作幅度变大;一方面由于家庭生活中习惯了以自我为中心,缺乏和同伴交往的经验,往往容易发生争抢玩具或者动手阻碍他人的行为,这个时候可能就会出现不必要的摩擦。新小班的家长也在逐渐适应自己孩子和其他孩子出现交往矛盾的情况,所以,妥善处理就显得特别重要。我们利用微信的方式,第一时间跟家长汇报情况,并交代了我们及时消毒的处理方式,在家长不放心时,通过照片告知家长孩子的情况,并在微信中诚恳地请求家长的谅解,及时与妥善处理得到了家长的理解,再一次发挥了微信方便及时的桥梁作用。

四、微信畅聊,坦诚以对

前一阶段,网上接二连三曝光出学前虐童新闻,一时间,学前教育被推上了风口浪尖,社会的不信任和质疑,使得我们这些幼儿园老师也感受到了压力。作为孩子们的父母,他们一定也在关注相关事件和报道,他们心里是怎么想的?有什么话想对老师说?如果没有适时的渠道让家长的情感得以宣泄,会不会就此造成家长心里的小疙瘩,从而造成今后家园问题的导火索?

我认为,面对这种问题,我们不需要逃避,而是应当和家长坦诚以对,家长有什么想法可以告诉我们,有什么疑惑教师及时解答,家园双方敞开心胸,坦诚以对,就事论事,更利于家园之间的有效合作。于是,我们利用微信群,在晚上召开了一个微信群畅聊会。畅聊会上,我们首先讨论了孩子们入园三个多月以来的成长和变化,让家长心中感到欣慰,对幼儿园的工作予以肯定。接着,我们直接抛出话题,请家长们说说他们对这些事件的想法和观点,鼓励家长敞开说,想说什么说什么。作为教师,我们也谈谈自己作为学前教育工作者的想法,这样才能建立彼此之间的信任。辰辰妈妈和芃芃妈妈都直接表示,这种不负责任的事件毕竟是少数,有责任心的教师还是多数,不能一竿子打翻一船;然然妈妈则说,孩子的表现是最真实的,从一开始的不喜欢上幼儿园到现在喜欢上幼儿园、喜欢老师就说明了一切,因为小孩子是不会撒谎的;骏驰妈妈也表示赞同,孩子的表现会反映出幼儿园和老师是怎么对待他们的,孩子们都这么喜欢老师足以说明问题。家长的反映是从自己孩子的角度出发,既真实又有说服力,也使我们教师觉得十分窝心。孩子们的成长和反映也是对我们工作的肯定和回报,让我们和家长之间有了信任的桥梁,通过这种信任拉近了彼此之间的距离,有了共同的努力目标,也为今后继续开展工作创造了必要条件。

这次微信群的使用,也是我们一次新的创意,微信群畅聊会是我们给它取的名字。畅聊会,重点就在于一个"畅"字,这个"畅",既是态度上的敞开心胸,又是聊天的程度,希望家长畅所欲言。小班新入园的家长和教师之间也需要逐渐的磨合,父母辈的家长由于工作时间的约束,其实和教师面对面沟通的机会并不多;另一方面,也受到个人性格的影响,有的家长并不乐于或者说也不擅长和教师面对面的交流。我们就利用微信群这一现代的信息平台,抓住家长感兴趣的话题和当前的热门话题,开展了一次微信群畅聊会,畅聊的目的在于打开心门、解开疑惑,家园之间做到坦诚以对,像朋友与朋友之间聊天一样,创设出一种比较和谐的聊天氛围,搭建起新型的沟通桥梁,为顺利地开展家园联系创造了条件。

微信,为我们的家园联系搭建起一座信任、方便、高效的桥梁;微信,成为我们家园联系的又一新的平台。当然,凡事都有两面性,我们要利用好微信这一智能渠道,发挥出微信的正能量,同时在工作中不断积累经验,扬长避短,发挥出微信在家园联系之外的新的辅助功能,为开展家园共育工作添砖加瓦。

大手牵小手，共享亲子乐

——让家长走进幼儿园教学活动

赵霞萍

《幼儿园教育指导纲要》指出："家庭是幼儿园的重要合作伙伴。应本着尊重、平等、合作的原则，争取家长的理解、支持和主动参与，并积极支持、帮助家长提高教育能力。充分利用自然环境和社区的教育资源，扩展幼儿生活和学习的空间。幼儿园同时应为社区的早期教育提供服务。"

【思　考】

在幼儿教育中，教师与家长都是儿童教育的主体，共同的目标是促进儿童的发展，相互间是合作伙伴的关系。那么如何调动家长参与幼儿园教育的积极性，促进家园互动的有效性，让家庭成为延续学校教育的阵地呢？我们认为亲子活动将会是增进亲子感情、实现家园共育、资源互补的有效途径。于是我们确定了本学期的家教指导特色主题——"大手牵小手，共享亲子乐"，以主题背景下的亲子DIY系列活动，和"妈妈故事团"的家长助教活动为契机，让家长走进幼儿园的教学活动。

对于亲子制作，也许很多家长认为是负担，是幼儿园额外给家长的任务，事实上亲子制作的旨意不是给家长布置作业，也不是让家长完成任务，而是为了推动班级主题活动的进程，让家长和孩子们互动起来，玩得有乐趣起来，鼓励家长主动参与到教学活动中，实施家园共育，使孩子和家长受益。换句话说，运用亲子制作这一手段，丰富幼儿园教学活动的内容、形式和方法，让家长认识到家园共育的重要性，愉快地与孩子一起开展活动，享受亲子间的甜蜜，就能收到事半功倍的效果。此外，很多家长也想共同参与孩子的学习，却无从下手不知该如何指导，通过邀请部分家长担当助教老师，以实例给予家长方法上的指导也是相当重要的。

一、建立科学的教育理念

要指导家长开展亲子制作活动,首先应让家长了解孩子的身心特点,明白开展亲子制作活动的意义,争取家长的大力配合。于是我们利用家长园地、育儿指导期刊、家长会、来园接待等一系列途径,帮助家长树立正确的育儿观,提高家长对幼儿园教学活动的参与度。

1. 尊重孩子,建立和谐的亲子关系

亲子活动是走进孩子内心的捷径。通过游戏,通过亲子共同完成一件事情,建立彼此的信赖度,才能逐步形成和建立起平等的亲子关系。我们通过家长园地,指导家长观察日常生活中的孩子,了解孩子的兴趣、发展的现状,根据孩子的实际状况选择游戏内容进行互动。通过育儿指导期刊,宣传亲子制作活动的意义,推荐简单易行的小制作,鼓励家长在亲子制作活动中倾听孩子意见,注意孩子的需求,共同选材,商量制作内容,及时调整,做到尊重孩子,建立起和谐的亲子关系。

2. 了解孩子,运用科学的育儿方法

在家长会上,我们告知家长,三至六岁的孩子是个性倾向开始萌芽的时期,感知觉逐渐完善,对生动、形象的事物和现象容易认识;注意力不稳定,对感兴趣的事物注意力较易集中,但时间不长;以具体形象思维为主;孩子的情感常受外界情境所支配,情感容易激动、变化、外露并且不稳定;在个性方面逐渐表现出性格、兴趣、能力等方面的个人特点,指导家长逐步了解孩子心理和生理的特点。在开展家庭互动活动中要注意遵循规律,使用适合孩子特点的方法,注重科学育儿。

3. 引导孩子,注重情感能力的培养

我们在集体性的指导活动中一再强调,家长在亲子制作活动中,应注重孩子兴趣的培养而不是技能和技巧。家长应该和孩子一起通过尝试、体验、动手操作等,激发幼儿的好奇心和探究欲望,发展孩子的认识能力;积极和孩子进行交流,提高孩子语言交往的积极性,发展语言能力;在艺术活动中培养孩子初步的感受美、表现美的情趣,协助孩子在通向成长的道路上构建自我。

二、增强互动的有效性

让亲子活动以其本身固有的情趣性和娱乐性,吸引家长和孩子愉快地参与活动,能减轻家长们的重重顾虑,使家长感受到孩子们是在玩中学到了本领。通过参与实实在在的活动,家长和老师配合会更加密切、协调,从而更有效地促进家园互动和相互交流。

1. 扩大宣传，积极动员

亲子制作的内容应具有趣味性，能够真正吸引家长和孩子参加，因此每个活动我们都经过筛选，从家长和孩子的需求出发，结合当前需要和班级的教育主题而开展。

中秋节是我国重大的传统节日之一，一年一度的中秋佳节，是孩子们观赏月亮、品尝月饼、学习分享的大好时机。为了使孩子们感受民族传统文化之美，让家长共同走进幼儿园的传统文化教育，活动准备阶段，我们就公布了活动信息，把邀请函发放到每位家长手中，积极动员孩子们和家长一起搜集关于中秋节的典故，去商店买月饼，观察月亮的变化并做记录。为了使活动更有质量、更具教育意义，班主任老师与班级家委会精心筹划了活动材料的采购和活动流程，通过"小故事，大家讲""齐动手，共制作""吃月饼，同分享"等环节的落实，保障了"月饼甜甜"亲子DIY制作活动的顺利开展，让幼儿感受了中秋团圆的意境，大家在《春江花月夜》的乐曲声中边吃月饼边赏月，体会了全家团圆的含义。

将主题活动延伸到家庭中，开展符合孩子能力特点的阶段性教育，才能使亲子制作有计划、有目的地进行。我们以预告活动信息的方式，提前告知家长每月的主题名称，以及在主题背景下拟定开展的活动内容和方式，扩大活动声势和影响，使家长对活动的目的、准备、过程、如何引导活动有了更详尽的了解。随着"会动的身体"主题活动的深入开展，幼儿通过和爸爸妈妈一起亲子手指画，进一步了解身体每一部分的用处和每一部分的联系，体验自己在长大。结合"我爱我家"的主题，考虑到本班幼儿的特点及现有经验，我们开展了"布置新家"的亲子DIY活动，通过对家具的合理摆放及家里房间功能的认识，激发了孩子对家的喜爱之情。主题活动"秋天"步入了高潮，用树叶来贴画各种物体既贴近大自然，贴近幼儿生活，又能激发孩子们的创造性思维，培养他们的设计制作能力，"落叶飘飘"亲子叶贴画，为家长创设了一个陪伴孩子学习、见证孩子成长的机会。将收集到的各色豆豆通过讲一讲、摆一摆、粘一粘来完成一幅漂亮的豆贴画，发现颜色、大小的搭配和组合的乐趣。一系列主题背景下由亲子共同参与的制作活动，既推进班级主题活动的开展，又让家长从中体会到家园共育的重要，以及亲子制作的乐趣。

2. 灵活安排，保证时间

以往的亲子活动，总是由教师确定时间，家长报名参与，这样不可避免地会有一部分家长因工作或时间的原因而遗憾地缺席活动。为了让更多的家长参与到亲子互动中，我们尽量将活动安排在双休日。亲子制作活动需要充分的时间和空间，我们就将活动延续到家庭中进行，家长们有两周的时间准备和制作，便于家长灵活安排，保证了活动的参与率。家长在观察、亲身体验和感受中,逐步提高亲子活动的质量。

3. 交流学习,展示共享

每一次的亲子制作,我们都请家长通过相机或 DV 记录精彩片刻,或用文字记录亲子制作的过程及心得体会,教师再将这些作品、照片、家长的体会一一展现在亲子制作专栏上,营造出其乐融融的亲子制作氛围。率先完成作品的家长还会在群内给予大家选材、制作上的建议,推荐好的制作方法。这一做法不仅提供给家长与孩子展现作品的机会,还提供给家长们互相学习的机会,家长和幼儿能够从中学习制作经验,分享成果,同时还带动了其他家长加入到亲子制作行列中。许多家长表示:"以前我们小时候真不知道有这么多的创意可以利用,现在和孩子一起做,感觉弥补了一次缺失的童年。""做了才知道效果这么好,我们小时候都没尝试过,蛮有意思,沾了孩子的光,发挥想象力。""亲子 DIY 让我们更了解孩子,也了解了幼儿园的教学活动,形式多样,寓教于乐,真好!"

为了指导家长们参与到幼儿的学习活动中,成为幼儿园教学活动的合作者,我们组成了"妈妈故事团",由妈妈老师为孩子们讲绘本,邀请有兴趣的家长旁听,班主任老师为大家做分析,还即时将活动动态发布在群内,家长们兴趣很高,尤其是有的妈妈老师除了制作 PPT,还有小道具,为故事增色不少,也让其他家长受到启发。

三、活动带来的收获

通过转变观念——有效指导——享受过程——迁移经验的四步推进指导,使教师和家长获益不少。

家长方面:

1. 增强价值认识

开展亲子活动可以让忙碌的家长建立主人翁意识,与教师共同担当教育孩子的责任,家长与孩子在一次次的亲子制作过程中互相鼓励与肯定、相互交流,使家长更正确而全面地去了解孩子的需求和内心世界。亲子互动交流的增加,有效地促进了亲子间情感的发展。时常会听到家长这样说:"现在我一回家,孩子就拿着做了一半的东西跑过来要我陪他一起做。"家长看似抱怨的话语里其实充满了需要,家长也渴望被孩子需要与肯定。

2. 建立正确观念

在活动中教师有针对性的指导可以缩短教师与家长的距离,同时经过观察教师的教育行为,家长学会了反思自己的家庭教育内容和方法,使其在活动中获得正确的育儿观念和育儿方法,并将观念和方法融入与孩子相处的每一刻,逐步了解培养、教育孩子的重要性,从而最终实现孩子的健康和谐发展。

3. 促进关系和谐

开展丰富多彩的亲子活动,不仅有益于亲子之间的情感交流,促使亲子关系健康发展,同时对幼儿自身的发展也具有重要的促进和影响作用。它满足了幼儿依恋父母的情感需要,同时进一步密切教师与家长的关系,是实行家园同步教育的好形式。通过开展这样的亲子活动,家长之间可相互交流,相互学习,共同探讨"育儿经"。通过与教师的交流,家长们理解了老师的工作,从老师处获得了一些育儿的经验,能够对老师的工作表示理解,更愿意给予越来越多的支持与信任。

教师方面:

1. 指导更立体

指导包括理论的、形式的、活动过程的具体的指导,家长在亲子活动中获得了有益的经验,有效地带动家庭亲子活动的开展,使家庭中的亲子活动丰富的开展起来,促进了亲子关系的良性发展,同时也使家庭教育和幼儿园教育更紧密地结合起来。

2. 沟通更有效

亲子活动让家长、孩子和教师通过行为和交流进行实时沟通,而不再局限于传统的沟通模式,它变静态的、不变的交流形式为动态的、多变的、各种时间和空间的交流形式,收效更甚。

3. 认识更具象

教师在亲子活动过程中的言行,充分体现了自己对教育的理解和认识,也带动和影响着家长教育观念的转变,使家长可以借鉴到教师有益的教育理念和经验,学习到如何进行观察、沟通、设计活动、尊重孩子,孩子和教师的关系、家长和教师的关系更加轻松和融洽。

以亲子活动为形式开展家教指导,为家庭的亲子教育带来了极大的变化,教师也从家长那里学习到了许多教育经验,对家庭教育有了更加感性的认识。这种活动带来的是多方的互动和受益,也为幼儿园教育和家庭教育的优势互补带来了更多的机会和渠道。

第三部分

现代幼儿园家长工作指导实例

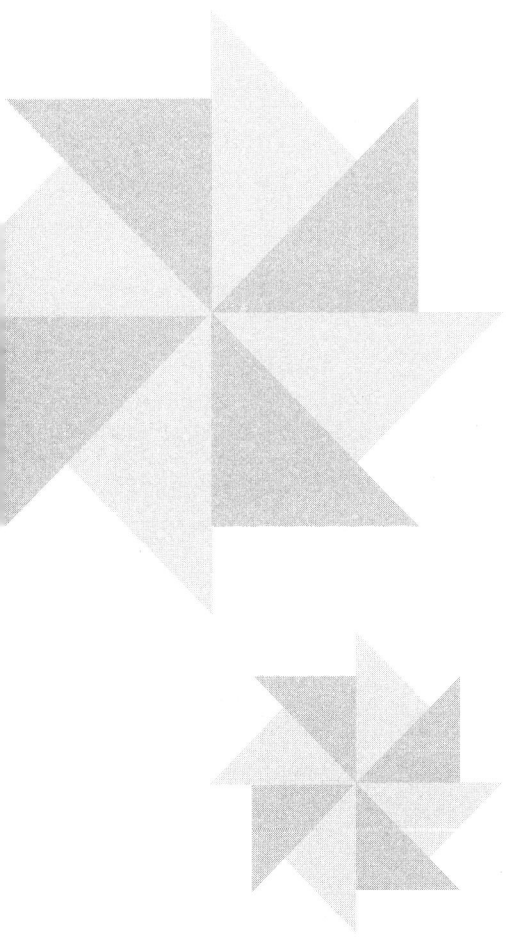

在现代幼儿园家长工作中,家长与幼儿园是亲密的合作伙伴,应当共同合作来实施对幼儿的教育。我园努力拓展课程实施的途径,积极开展"家长授课"活动的实践与研究,旨在家园携手共同开展特色课程建设,形成合力保障幼儿发展目标的最终达成。

幼儿园课程建设中"家长授课"模式的实践与研究

朱幸嫣　殷雪梅

幼儿园一日活动皆课程,我园牢牢把握幼儿园课程实施的特点,在园内积极开展课程建设工作。《幼儿园工作规程》第五十二条中指出:"幼儿园应当主动与幼儿家庭沟通合作,为家长提供科学育儿宣传指导,帮助家长创设良好的家庭教育环境,共同担负教育幼儿的任务。"可见,在幼儿园教育中,家长与幼儿园是亲密的合作伙伴,应当共同来实施对幼儿的教育。基于这样的思考,我园结合课程建设的需求,在长期的家长工作实践中大力推进"家长授课"活动,坚持通过各种途径来形成家园合力,努力拓展课程实施的途径,丰富课程内容,保障课程实施效果,切实推进幼儿园的课程建设进程,最终达成对幼儿的培养目标。

一、"家长授课"模式实践与研究的意义

(一) 体现家园合作的现代教育观

社会生产的发展,科学技术的进步,人的完美发展的需要,使得教育的概念也得以扩展。以学校教育为主体的传统教育,已发展成为包括各种形式、各个层次在内的现代大教育。它包括家庭教育、学前教育、普通教育和职业技术教育,还包括这之后成人教育以及老年教育。可见,现代社会所提出的教育概念应该是贯穿人的一生并涵盖家庭教育、学校教育和社会教育的大教育概念。

从幼儿园入园的第一天起,父母与教师就建立起了合作关系,教育社会化是幼儿教育的必然趋势,也是大教育观的体现。只有让家长认识到教育并不只是幼儿园的事情,形成家园共育的意识,才能推动家长参与到幼儿园的教育教学活动之中。

我们通过各种样式的家长授课活动,促使家长能更多地参与到幼儿园的活动中来,可以了解幼儿园的办园理念和培养目标,可以知道幼儿园的工作并不仅仅是带带

孩子,而是教与育并重,提倡体、德、智、美全面发展。让家长了解幼儿园在做些什么,小朋友的发展需要什么,作为家长能为他们做些什么等,可以使家长充分了解幼儿园的教育目标,并与其保持一致,形成家园合力。同时家长在更多地关注幼儿园的办学理念的同时,也能更多地了解老师授课的方法和步骤,积极配合,既便于教师开展家长工作,又使家长工作的开展落到实处,并逐步提高家长自身的教育能力,使幼儿园的教育焕发出更大的社会价值。

(二) 展示开放丰富的园本课程观

我园提出的"家长授课"形式是家长参与课程建设的一种方式。从活动组织的主体上来看,它既可以由教师主导、家长协助,也可以由教师与家长共同组织,还可以由家长全程主导,教师参与其中;从活动内容上来看,它既可以与基础课程内的各种主题内容相吻合,也可以从主题拓展到与家长自身的职业、阅历、特长等情况相关的内容;从活动组织形式上来看,它既可以是集体组织的活动,也可以是分组或个别开展的。

幼儿园的一日生活中有着丰富多彩的课程活动,其中绝大多数都是在园内以教师为主体进行组织和实施的。随着课程建设的不断推进,幼儿园的课程建设需要更为丰富的课程资源和实施途径,在家长资源中就蕴含着多种的可能。幼儿来自不同的家庭,家长的文化背景、职业特点和自身特长等都各不相同,他们的职业、阅历、特长等情况对幼儿园来说就是一笔丰富的教育资源。因此充分开发和利用这些资源,丰富和拓展幼儿园教育课程的内容与形式,让家长走进课堂,发挥一技之长,丰富幼儿的成长经验,是对幼儿园教育教学形式的有益补充。家长是基本的教育者,也是幼儿园课程的重要参与者。因此,我们要向家长敞开大门,以开放的姿态将自己和谐地融入社会大环境中去,与家庭、社会各方共同携手,形成合力,使幼儿教育真正达到优化。

(三) 提升专业有效的保教质量观

在课程实施的过程中,教师是重要的因素。幼儿园的课程内容从学科深度上来讲并不难,但是涉及面广、综合性强,这就对幼儿园教师提出了很高的专业要求。但目前我们幼儿园的教师多是从师范院校毕业,对学科知识的掌握还不够精深。再加上现在有很多非专业的教师加入到我们的教师队伍中,给我们的队伍建设带来了更严峻的考验。而我们的家长群体中有许多文化素质、学历层次比较高的人群,他们关心教育,从事的职业丰富多彩,且具有一技之长,这些也是可待开发的教育资源。

因此,我们在大力培养教师队伍的同时,可以将家长资源及时引入,并充分挖掘其中可用的教育要素,组织"家长授课"活动,以此来弥补教师在某些专业方面知识和技能的不足。通过"家长授课"活动可以让不同的家长带来不同的知识经验,拓展幼儿的眼界,为幼儿园课程的实施提供专业的知识保障和技术支持,提高课程实施的质量。同时,"家长授课"活动还为教师提供了良好的学习机会,丰富教师的学科知识,更新教师的技能,开拓教师的视野,使教师的专业技能得到发展和提高,从而为幼儿园课程落实的质量起到更为充分的保障作用。

二、"家长授课"模式实践与研究的内容

我园积极开展对"家长授课"模式的实践与研究,对家长进行了课程工作方面的问卷调查。通过调查,我们发现家长非常乐意参与到"授课"活动中,希望通过"家长授课"的形式在参与中了解幼儿园的课程,在走进我园的课程过程中不再只是扮演监督的角色,而是以"授课"这种切身感受的方式真正实现"家园共育"。为此,我们开展了大量的实践和研究工作,希望通过梳理家长可提供的资源,创设丰富的"家长授课"机会,完善我园课程实施的途径,帮助家长积极更新教育理念,形成科学育儿观,并与幼儿园共同携手,促进幼儿身心健康的发展。

我们对"家长授课"活动进行了细致的安排,有计划、有组织地进行了相关的实践和研究。我们的"家长授课"活动从参与对象上来看,涵盖了园级家委会、班级家委会、全园家长等各个层面。比如,有园级家委会参与的"神奇科学堂"活动,让家委会成员近距离地了解到了科学活动的组织要点,并尝试与幼儿互动探索;有全园家长共同参与的"探索嘉年华"活动,让所有家长都学到了科学小游戏的组织和指导方法,并在家庭中予以实施。从活动时间上来看,有每学期一次的"家长授课"园级活动,也有以班级为单位的、与主体开展相关的"家长授课"活动。从活动组织主体上来看,有园方和班级发动组织的"家长授课"活动,也有基于需要而由家长自发组织的"家长授课"活动。在大家的努力下,我园的"家长授课"活动已经形成了制度,并按期定时组织,也在园内外产生了广泛的影响。

三、"家长授课"主要模式的实践

在"家长授课"活动组织的过程中,我们不断实践,不断思考,从活动发起的主体和幼儿园、家长双方在活动中的作用地位角度来分,分为三种主要类型,总结出了需求引领、双向互助、自主驱动三种主要的模式,并依据活动内容的不同,在每一种模式下呈列出不同的组织方式。

（一）需求引领模式

为了使家长能了解"家长授课"活动的价值和意义，并且能够积极地参与其中，我们牢牢把握以家园合作工作中各方的需求为引领，将"家长授课"与家长育儿过程中的需求、幼儿园课程建设中的需求、幼儿身心发展的需求等有机结合，在解决问题和满足需求的过程中充分发挥授课活动的作用，使其更具有贴合度和适用性。

在这个模式中，发现和满足需求是主旨，因此，幼儿园在发起活动时既要考虑自身的课程要求，又要充分考虑家长育儿的实际需求；既要在活动过程中充分发挥组织作用，又要积极帮助家长来组织落实授课过程。于是，我园在了解和尊重各方需求的前提下，积极开展"家长授课"的实践与研究，充分发挥家长的主观能动性，让家长在课程实施中贡献出自己的能力和水平，为幼儿园的课程实施创造更适宜的条件，同时也满足自身在育儿过程中的各种需求。

1. 加强体验学习，学习课堂教学的方法

家长中大多数人都不是教育专业出身，缺乏进行授课的必备基本功。虽然他们有着参与幼儿园课程建设的热情，但是往往缺乏教学经验，也缺少适合的教学方法。在这种情况下，我园向家长开放课堂，邀请家长走进幼儿园的课程实施现场，让他们近距离地观察幼儿园中各类活动的组织现场，对组织 3～6 岁幼儿的一日活动有个直观的感受。

许多家长对幼儿园课堂教学的基本要求不太了解，而要组织好"家长授课"活动，这是最起码的认知准备。为了转变家长对幼儿园教学活动的片面认识，我们每学期向家长开放半日活动，向家长介绍幼儿园半日活动的组织和安排，并请家长随班观摩，直面教育教学的现场。我们在一学年的两个学期中分设不同的重点，第一学期以了解本年龄段常规的课程实施要求为主要目标，第二学期以主题活动形式来让家长了解本年龄段的重点教育要求，保证每学期有一次面向家长的开放活动，让家长全面了解幼儿园课程活动实施的情况。比如，教师邀请家长来园观摩集体教学活动。课前，教师会向家长介绍活动的设计思路，告诉家长在整个活动中要看些什么，例如"老师做了哪些课前准备？ 在活动中如何运用？""如何与幼儿进行有效互动？""用什么样的提问去引导孩子思考？"让家长带着问题去看，课后又把自己观察到的情况分析给家长听，使家长们初步了解整个教学的方法和步骤，为日后他们的授课打下专业的基础。

2. 组织实践体验，指导家长授课的方式

家长们有着强烈的参与授课活动的积极性，但是对如何具体组织活动没有把握，他们很希望能够得到这方面的指导,从而保障活动的顺利开展。我们在了解到这个需求后,创设了大量的机会让家长来观察幼儿园教师的活动组织,使他们对幼儿园的课程活动有了较为直观形象的认识。但是这些认识仅仅是停留在浅层次的初步了解,幼儿园的课程活动具有自己独特的领域要求、年龄段特点等要素,要这些没有经受过学前教育专业训练的家长掌握是有一定难度的。于是,我们积极创设机会,让家长接触和了解适合 3~6 岁幼儿的教育内容和方法要求,对家长进行面对面的指导和交流,帮助家长掌握授课的基本环节和组织方式。

比如,我们组织家委会成员外出学习专业科学活动场馆组织活动的情况,亲子共同参与活动,感受专业教师的指导方法,并在园内的"家长授课"活动时带头进行尝试。我们还组织全员性的嘉年华活动,由教师将近年来我们设计的科学游戏以展板加现场布置的形式向全园家长进行推广介绍,请家长带着幼儿以家庭为单位来园内进行体验。教师在介绍游戏玩法的同时,对游戏的指导要点进行讲解,让家长了解游戏的设计背景和指导重点,并鼓励家长回家后和幼儿进行游戏。有的班级还会在家长接送幼儿的时段进行小型的展示,由教师和家长代表介绍游戏材料的使用情况,解答个别家长在家庭开展游戏过程中的问题,切实保障实施的效果,并交流了家庭育儿的经验。

3. 抓住教育契机,开展家长授课的实践

我们给予各班级充分的自主权,可根据本班主题开展、家长的育儿困惑等实际需求适时地开展"家长授课"活动。大多数班级会根据主题进展的情况进行活动设计,邀请有专业优势或专长的家长来园进行授课,发挥家长的优势,丰富主题活动的内容,推进主题活动的发展。

比如,在探索主题"汽车嘀嘀嘀"活动中,教师邀请在汽车销售公司上班的家长来园进行授课。家长利用自己的专业知识精心制作了 PPT,并和教师商议授课内容和环节安排,给幼儿带来了一堂生动有趣的关于"汽车发展史"的课。课后,家长还将自己的车辆开入幼儿园,打开车门,让幼儿看看、摸摸,并耐心地解答幼儿的各种问题,使幼儿对汽车有了完整的了解,并将整个授课活动推向了高潮。

此外,我们也开展了针对家长关心的育儿问题的授课活动,比如针对家长反映小班幼儿生活自理能力培养方面的活动、家长关注的幼儿心理维护方面的授课等活动,深受家长的欢迎。在一些特殊情况下,教师也会抓住各种教育契机,指导家长积极开展授课活动,弥补现实情况中的不足。比如,现在手足口病四季常发,根据儿保部门的规定,一旦达到规定的发病人数就要立即实施关班的措施,对发病班级进行隔离,家长十分担心会因此而影响幼儿的正常学习,希望能有个适宜的处理方法。了解到这个需求后,我们针对这个难免要发生的情况进行了设计和研究,对"家长授课"活动的开展进行了新的探索。教师根据原先的教学活动安排进度,对上课内容进行编制讲义,为每一位幼儿准备学习材料,并通过家长会、班级微信群等途径向家长进行介绍,并指导家长在家中开展授课。期间,如果家长有什么问题,可以通过电话、微信、班级邮箱等各种方式和教师进行交流研讨,以此来保证家庭中开展授课的效果,保障教育教学活动的延续性,使得隔离和教学两不耽误,得到了家长的一致肯定。

(二) 双向互助模式

随着"家长授课"活动的不断开展,家长的参与积极性高涨,对幼儿园课程建设的关注度也不断提高,园内形成了家园共同关注课程、一起实施课程的良好局面。在"家长授课"活动中,要真正体现家长的主体性,就要通过各种方式来积极发挥家长作用,尊重家长的需求,幼儿园与家长共商共量来合作实施,才能使"家长授课"成为家长积极参与课程建设的重要平台。因此,在实践过程中,我们根据授课活动的需要,适时退后,鼓励家长积极发挥主动性和积极性,在授课活动中给家长提供必要的指导和帮助,为"家长授课"活动赋予新的内涵,形成了家园双向互助的运作模式。

1. 加强活动前的协调和准备

"家长授课"看似是家长来园组织一次活动,时间并不长,其实在这一次短短的活动前有大量的前期准备工作,这些前期准备是一次活动成功与否的基础保障。每一次"家长授课"活动前,组织的教师都要对活动的整体情况进行精心的设计,和家长深度交流,一起确定活动目标和过程,共同制定活动方案,分别准备有关的材料。在充分的前期准备基础上,活动的顺利实施才能得以保障。

比如,我们在"家长授课"活动前通过平时的交流、调查问卷、调查表等方式全面了解家长的职业资源和个人爱好特长资源,热情地邀请家长参与授课活动,与家长共同设定活动目标、内容,改变以前只是老师要家长做些什么家长授课就做什么的局面,让有能力的家长参与到具体教学活动的设计与实施中来。在授课活动前,教师还要帮助家长分析活动的目的和对幼儿当前的发展意义,提醒家长思考怎样设计活动的形式和内容,活动中有可能会出现什么问题等,和家长共同商议活动的方案,并结合讨论情况进行多次修改,保证活动的效果。有的班级在开展"家长授课"活动前还会通过班级邮箱、微信等信息平台进行活动宣传,将一些前期准备的要求和全班家长交流,帮助授课的家长一起来收集材料和信息,保证了活动的各项准备到位。在准备的过程中,教师与家长的交流更频繁了,互动也更密切,增进了家园之间的沟通,也促使更多的家长关心班级工作,关注幼儿园的课程实施情况。

2. 注重活动中的配合和指导

在"家长授课"活动中,家长和教师是活动实施的双主体。由于家长的教学经验不足,对活动过程中的很多问题难以把握,所以教师要在其中起到及时指导和随时配合的作用,这样才能保证活动的质量,为幼儿园的课程建设起到积极的推进作用。

比如,在某班教师与家长一起设计"家长授课"活动时,教师向家长介绍了班级主题开展的情况,和家长一起挖掘主题经验,拟定了交通棋、听辨交通工具声音等几个有趣的科学游戏内容作为授课的主要内容。在收集素材过程中,教师鼓励家长积极发挥主观能动性,主动挖掘身边的素材,用生活中的元素来丰富幼儿的经验。亮亮妈妈设计的是听辨交通工具声音、猜交通工具这一探索内容,有的声音如公共汽车、小汽车、轮船的声音网上能直接找到,而对于找不到的地铁开动的声音,她就直接到地铁站现场录音。教师和她一起根据声音的内容设计了专门的记录卡,便于幼儿边听边记和后期的检验。逸逸妈妈在设计制作交通棋的过程中,把幼儿的玩具车、警察人偶都作为材料进行组合和使用。教师在充分肯定她的基础上,向家长介绍了幼儿的认知特点,帮助她设计和制作了棋盘,并且配上从各处收集来的各种小道具,把棋盘面设计得立体逼真,与交通标示的知识自然融合,大大激发了幼儿参与活动的兴趣。通过这些活动前的设计和准备工作中,不仅为班内"家长授课"活动的顺利开展奠定了扎实的基础,也使参与活动的家长对幼儿的身心发展特点有了更为科学和深入的了解,使授课者自身也获得了专业的指导。

3. 重视活动后的分享与推广

"家长授课"活动需要得到广大家长的支持,但是一次"家长授课"活动一般是由一名家长或几名家长负责实施的,班级中的其他家长并不能在现场直接观摩。为了扩大"家长授课"的影响力,鼓励更多的家长积极参与到其中,为幼儿园的课程建设添砖加瓦,也为了能使每一次的授课活动产生深刻而广泛的影响,我园教师充分发挥现代信息技术的作用,通过网络来加强互动,及时发布信息动态,吸引更多的家长参与到"家长授课"活动中。

比如,在"我自己——身体的奥秘"这个主题活动开展过程中,教师邀请家长代表来园开展了"家长授课"活动,帮助幼儿认识自己的身体,懂得爱护自己的感官,注意自我保护。在活动结束后,教师及时通过班级邮箱进行了主题资料的分享,将授课活动的过程以视频的形式与全班家长进行了分享,并提出倡议,希望有更多的家长参与到主题活动中来,与幼儿一起亲子设计和制作更多的游戏材料。家委会代表率先在微信群里实时报道和孩子的制作过程,包括构思、创意、制作流程等,带动了人气。教师时刻关注着家长们的动态,并不时给大家鼓劲,提供材料上的支持,如学校有KT版、即时贴等材料,及时在微信群里告知家长,并鼓励家长到老师处领相关所缺的材料。一下子,微信群里就热闹起来,一些无从着手的家长开始有了灵感。怡怡妈妈晒出了制作的男孩和女孩操作材料,亮亮妈妈晒出了身体器官翻翻乐的游戏,还有浩宇爸爸制作的杂技小人,杰杰家庭制作的小熊笑了、哈哈镜、盲人摸象……游戏材料真是丰富多样!这些材料凝聚了家长的智慧和才能,为幼儿提供了丰富的课程资源,让教师感受到了家长资源的重要作用,激发了家长参与"家长授课"的积极性,也使更多的家长在"家长授课"活动后获得了专业的指导和支持,最终为班内的幼儿创设了更为丰富的课程环境。

(三)自主驱动模式

幼儿园应当充分利用家庭和社区的有利条件,丰富和拓展幼儿园的教育资源,促进幼儿园的课程建设工作。"家长授课"活动的设计和组织能让家长了解幼儿园的课程建设要求,引导家长关注课程的实施,并鼓励家长利用自身的资源参与到课程建设的过程中,激发了家长参与幼儿园课程建设的内驱力,家园共育,形成合力,促进幼儿园课程实施质量的提升,从而保证幼儿身心健康的发展。

"家长授课"活动在我们园不断深入地开展,家长的主体意识也不断增强,对幼儿园课程建设的参与度也得到较快提升,有越来越多的家长积极投入到授课活动中,家长的创意和想法日趋丰富。在这种情况下,有越来越多的班级实施了放手的策略,将授课活动的自主权赋予家长,给予他们更广阔的发挥空间,形成了家长自主驱动的模式,为"家长授课"活动的进一步开展注入了新的活力。

1. 在组织筹备过程中积极发挥家长的主导作用

每一次"家长授课"活动的策划和准备期间都有着大量的具体工作,随着我园对此项工作的不断推进,我们的"家长授课"活动逐步向家长主导的方向发展,很多班级的活动内容不再局限于班内的主题活动,而是拓展到对幼儿身心发展的关注和对幼儿能力的培养。这样的转变是源于家长对幼儿园教育的认同、对家长参与幼儿园课程建设理念的认同,是经过长期的家长工作尤其是在长期开展"家长授课"活动的基础上逐步达成的。

我们的活动主题不再是由教师指定,有越来越多的家长乐意为幼儿园的课程实施贡献自己的创意和智慧。他们在育儿的过程中不断思考,和幼儿园的教师定期沟通,及时地捕捉来自广大家长的育儿需求,积极主动地开展"家长授课"活动。

比如,在大班下学期,家长普遍会对幼小衔接的话题很感兴趣。我们的家长不满足于幼儿园组织的常规幼小衔接活动,积极地寻找更多的相关教育资源,设计和组织有关幼升小的"家长授课"活动。大班的班级家委会成员和教师一起拟定调查问卷,在大班家长中分发,并主动协助教师收集、分析问卷,商定活动形式和内容。

家委会成员希茗小朋友的妈妈对幼儿绘本了解颇深,在与自己孩子一起阅读绘本的过程中,发现有不少绘本也和幼小衔接的内容有关。于是她与班级家委会成员一起收集有关绘本,将《小女巫上学去》《小魔怪要上学》《大卫上学去》《小阿力的大学校》等书推荐给班中各位家长,并由她牵头,在班内开展了"绘本品评会"活动,通过亲子阅读指导帮助家长与幼儿做好幼小衔接的准备。在这次授课后,班中的其他家长也积极参与到分享有关幼小衔接类图书的活动中,纷纷推荐了《玛蒂娜》《窗边的小豆豆》等书,并且在家中开展亲子阅读,在班内交流分享阅读体会,品析其中幼小衔接的理念,帮助幼儿提高入学的愿望和兴趣。

通过这一系列的活动,家长纷纷表示通过"家长授课"不仅增长了幼儿关于幼小衔接的知识,增进了亲子感情的交流,也使家长得到相互学习的机会,受到了很大的启发。尤其是令家长的自主地位得以凸显,促使家长将对幼儿发展的关注化为自身的育儿自觉行为,重视家园合作的教育,重视幼儿的成长和发展。

2. 在组织实施过程中充分挖掘家长的特长爱好

当家长充分了解到"家长授课"的作用和价值后,他们就有了积极参与的热情,也会焕发出更多的思维火花。在我们众多的"家长授课"活动后,家委会成员不断地和教师沟通交流,希望能够充分挖掘家长群体中的教育资源,使幼儿园的课程内容更为丰富。通过探讨,大家发现在幼儿阶段,幼儿的主要教养者多为妈妈、奶奶、外婆等女性角色,幼儿园中也是以女教师为主,似乎男性的形象有所缺失。尤其是现在大家都非常关注"男孩的教育",我们的"家长授课"活动应该怎样来弥补这一不足呢?

为了让爸爸们认识到自己在孩子成长中的重要作用,也在幼儿的成长过程中树立男性的阳刚形象,由家委会牵头,在几个班级中组建了"爸爸授课团",召集了各有所长的爸爸们精心设计了富有男性特点的"家长授课"活动。

比如,凡凡的爸爸是体育教练,擅长运动,就由他组织了一次运动主题的"家长授课"活动。他用简单的道具创设动态的情境,把有挑战性的活动练习置于有趣的游戏情境中,吸引幼儿主动参与。活动中适宜的练习密度、梯度和小青蛙的角色体验给幼儿带来了有趣的体验,使活动有序、高效,达成了锻炼体能和发展动作技能的目标要求,培养了幼儿自主学习、勇于挑战的精神。

彦彦爸爸把他的汽车开进幼儿园让孩子观察,爸爸把教材做了 PPT,以图文并茂的形式展示给小朋友们,除了小汽车的基本知识外,还增加了行人和机动车常见的交通安全标识(人行道、横道线、禁止行人通行、禁止汽车驶入、禁止停车、禁止鸣号)和交通安全知识(过马路等安全知识要点、汽车超载的后果),通过活动让幼儿认识规则,激发好奇心和探索精神。

成成的爸爸在摄影方面有特长,他为幼儿准备了一节小小摄影师的活动。通过让幼儿欣赏美丽的摄影作品,培养了幼儿发现美的眼光,激发了他们对摄影的兴趣和鉴赏美、表现美的能力。

利用爸爸的特长组成"爸爸授课团",弥补了教师专业知识技能上的不足,同时也使得爸爸们"英雄有用武之地",极大地满足了孩子们好奇、求知、想象、创造的欲望。更令我们欣慰的是,"爸爸授课团"进入课堂、参与教育,使得爸爸们进一步了解了孩子,了解了幼儿园,转变、提升了他们的育儿观念和方法。家长之间的交流营造了一种互相学习的氛围,更激发了家长们参与班级授课活动的热情。

在"爸爸授课团"的带动下,各班家长纷纷响应,依据自身的爱好和特长,组织了"妈妈故事团""祖辈护绿团"等自发结成的授课团队,为幼儿开展故事表演,指导幼儿护理种植园地等各项授课活动,为我园的基础课程和特色课程的实施发挥了积极主动的作用。

这些源于家长的自发组团行为使我们的"家长授课"活动不再是某位家长的单打独斗,而是家长群体的群策群力,营造了良好的家园合作氛围,也增进了家长间的交流和合作。

3. 在反馈交流过程中大力搭建家长的分享平台

以家长为主导的"家长授课"离不开教师的帮助和支持,只是在这一模式中,教师的位置是相对靠后的,教师的支持是比较内隐的,教师的后退一步是为了鼓励家长的更进一步。一次授课活动结束后,教师的支持并没有结束,为家长搭建后续交流和分享的平台能有利于家长间的沟通,扩大"家长授课"活动的影响力,并能及时接收到家长的反馈信息,为日后此类活动的组织提供有意义的借鉴。

比如,在"家长授课"活动后,各班都会发放活动反馈表,请执教和参与活动的家长小结一下参与活动的体会,并与班内的家长们分享。同时,教师还会利用班级家园之窗、微信群等宣传阵地将活动的情况进行介绍,鼓励其他家长参与交流。执教家长的切身体会感染了更多的家长,"家长授课"的内容也得以推广。很多家长会向执教的家长讨教教育经验,有的还会提出自己的疑问,在相互交流和学习中,家长对幼儿园课程实施的认识逐步加深,也对幼儿园"家长授课"活动的意义有了深切的感受。

在反馈中,有家长写道:"老师与'家长老师'在一起研讨,从策划到组织、从活动流程到具体细节,感受到老师对教育事业的用心和细心,感受到'家长老师'对班级工作的热心与专心!"还有的写道:"活动从开始时只是简单的几点想法,到形成了简单的构思,到活动内容详细充实,在这个过程中,老师和班委会的妈妈们都花了很多心思。前期的努力换来孩子们难忘的回忆,真的很值得!"从活动的初步构思,到每个细节的具体落实,过程是辛苦的,结果是满意的! 我们参与策划的各位家长,大家也借此由陌生到熟悉,再到团队的配合,同心协力中资源共享,发挥各自所长。这次活动不仅为孩子们提供了展示他们才能的平台,其实也为我们家长创造了为孩子们服务、为幼儿园课程建设出力的机会。

对于这些以家长为主导的授课活动,我们教师认为授课活动完全是家长的主动行为,从策划、教案、教具都是家长自己准备,整个过程中家长作为这次活动的主导者,教师配合家长开展活动,给予专业上的建议和课堂上现场的维护。这样的模式颠覆了以往以老师为主、家长为辅的授课模式,让家长更完整地走进课堂,真正成为教育者,家园共育不再分割在学校和家里分别开展,而是不分地点相互交融,家长即教师,教师和家长缔结成了共同的教育者,使活动成效成倍增长。

四、"家长授课"模式实践与研究的成效

通过对"家长授课"模式的实践和研究,使我园的家长工作思路得以拓展,方式得以丰富,促进了家长工作质量的提升,保障了课程实施的质量,取得了较为显著的成效。

(一) 提升园本课程的内涵质量,保障幼儿身心的健康发展

对"家长授课"模式的实践与研究让我们看到了家长资源中蕴含着丰富的课程资源,能对幼儿园课程建设中不足的条件进行补充和完善,是值得幼儿园去开发和利用的。幼儿所处家庭有着不同的背景,家长所从事的职业、性格能力以及爱好特长等都有着较大的差异。我们将这种差异视作资源进行开发,挖掘家长资源中具有教育价值的内容,通过"家长授课"模式的实践为家长提供机会将自身的特长、爱好和职业能力等各种优势表现出来,恰好弥补了幼儿园课程设置中的不足和教师专业能力的欠

缺,为幼儿提供了多样化的课程内容,使我园的课程内涵更为丰富。

这些涉及各学科的专业知识通过浅显易懂且形式多样的授课活动开展,既符合幼儿的身心发展特点,又适合 3~6 岁幼儿来体验和理解,给幼儿带来了全新的感受。作为授课主体的家长自己的孩子就在听课的人群中,这位幼儿容易产生自豪感和满足感,对其个体产生正面的促进作用,增进了幼儿的自信心。参与授课活动的其他幼儿与授课家长也很熟悉,由家长进行授课可以消除幼儿心理上的紧张感和陌生感,使他们更乐意参与活动,大胆地进行探索和尝试。经常变换的家长主角风格迥异,特色明显,也给幼儿带来了十足的新鲜感,使他们参与活动的兴趣高涨。"兴趣"是幼儿接受新事物、参与活动最最重要的影响因素之一,有了兴趣,就能产生更强的学习主动性与积极性,从而实现幼儿的和谐发展。

(二)发掘家长资源的教育价值,强化参与课程的自主意识

幼儿园教育离不开家长的支持和配合,家长资源也是幼儿园课程建设中不可或缺的重要部分。家长群体中蕴含着丰富的社会资源、专业优势、个人特长等重要内容,其中有很多可以和幼儿园的教育教学进行结合,通过开发成为具有教育价值的课程内容。因此,我们积极开展"家长授课"模式的研究,希望通过推进这项工作来促使家长更多地参与到幼儿园的教学活动中,了解幼儿园教育的目标,学习教师授课的方法和步骤,更多地关注幼儿园的办学理念和课程理念,充分感受幼儿园课程实施的过程,并尝试开展授课实践,为幼儿园开展保教工作提供强有力的支持。

在对"家长授课"模式的实践和研究中,我们发现无论是以哪一方为主发起的授课活动,其中家长都是最重要的要素。家长的参与度、配合度、自主度是影响授课活动成效的重要因素。我们通过长期的实践和研究,形成的三种模式在"家长授课"活动中发挥了重要的作用,激发了家长参与课程建设的积极性,也促进了幼儿园课程的再开发。

家长资源以其独特的优势极大丰富了幼儿园的教育资源,"家长授课"活动的推进也充分证明了家长资源利用的重要。同时,对每次家长授课活动我们都会通过各种途径向更多的家长进行宣传和推广,为家长之间的相互学习和交流提供了机会。家长互动中,可以领略其他家长教育幼儿的方法和经验,对照自己的教育实践,取长补短。先行先试的家长可以介绍自己执教的经验和感受,鼓励更多的家长参与到"家长授课"中,激发了更广大家长的参与热情,进一步体现家长在课程实施过程中的自发性和自主性。

（三）培养师资队伍的专业能力，促进教育行为的持续优化

家长工作是幼儿园教师工作内容中的一项重要内容，也是衡量教师专业能力的一项重要指标。一位具有专业水平的教师不仅能顺利完成园内教育教学任务，还应具备开展各项家长工作和指导家长进行科学育儿的能力。在开展家教指导工作的过程中，教师向家长传导科学的教育理念和方法，使家长对幼儿的身心发展规律形成客观正确的认识，对育儿过程中的问题得到释疑解惑，获得专业的学前教育指导，帮助家长提升了家庭教育的质量。在这个过程中，教师的专业能力也会得到锻炼，通过与家长的互动使自身专业指导能力得到促进和提升，可谓是"教学相长"。

在我园对"家长授课"模式进行实践和研究的过程中，我们的师资队伍也得到了历练。由于"家长授课"活动不仅需要教师的设计和组织，还需要家园的密切配合，甚而还要家长有自主的创新和设想，这就对教师的统筹思考能力、交流沟通能力、组织协调能力、专业指导能力等各方面的能力水平提出了较高的要求。在活动中，教师不仅要对班级幼儿的发展水平有全面的判别，还要对全班家长的情况进行充分的了解和分析，并要想方设法地去调动家长的参与热情，帮助家长全面准备，顺利地完成授课任务。在"家长授课"的整个过程中，家长得到了专业指导和帮助，完成活动的组织和实施，教师则在与家长的全面互动过程中得到来自家长的各种信息和资源，丰富了自身的知识结构，开拓了教育视野，并锻炼了各项专业能力，最终促成了教师教育行为的不断优化。

在"家长授课"模式实践与研究过程中，我园教师组织了170余次"家长授课"活动，积累了丰富的活动资料，并撰写了30余篇专题论文，积淀了丰富的实践经验，既促进了自身教育水平的提高，又促进了家长工作质量的提升，对师资队伍的发展起到了强有力的推进作用。

（四）形成关注发展的教育合力，显现家园共育的成果效能

美国学前教育立法中规定了"家长参与"的主要特征，即"家长参与是家长将自身及家庭的教育资源向儿童教育领域投入、倾注的活动"。我们的"家长授课"正是体现这一特征的一种家园共育活动。在幼儿园的课程建设中，家长是幼儿信息的提供者、幼儿活动的督促者、幼儿园课程材料的提供者、幼儿园活动的参与者、幼儿经验的提供者、幼儿园课程的审议者、幼儿园课程的评价者。我们将家长纳入课程建设的队伍，正是努力创设机会让家长来履行这些责任，和幼儿园一起合作来实施课程，促进幼儿的身心发展。

我国的教育法规提出幼儿园、家庭及社区教育应有机结合。我们认为，家长是基本的教育者，孩子的成长是家长和教师共同的责任。家长将孩子送到幼儿园，不是其教育责任的移交，而是家长有幸在教育孩子方面增加了专业的合作者。而作为教师，不是要家长做些什么，而是希望家长与自己合作做些什么，要让家长看到家长的努力与教师的努力的关系，看到家长的努力与幼儿成长的关系。

正是秉承这样的理念，我们在"家长授课"模式的实践和研究中牢牢把握教师和家长的"双主体"作用，相互配合，相互支持，共商共议，一起发掘对幼儿成长有益的课程资源，通过幼儿喜闻乐见的形式进行落实，形成家园合力，最终达成对幼儿的共同培养目标。

"家长授课"模式的实践与研究既促进了幼儿园课程实施的质量，又促进了幼儿园家长工作质量的提升，最重要的是在园内形成了家园携手、合作共育的良好教育氛围，使幼儿、教师、家长在其中都得到发展，促成了大教育观的落实。

五、思考

我园的"家长授课"活动内容丰富，形式多样，对园本课程建设起到了补充、丰富、推助的作用。在实践与研究的过程中，我们也发现在运用"家长授课"三种模式过程中，教师根据自身的专业能力和家长工作指导能力，往往倾向于其中某一模式的运用，在三种模式的灵活选用和自主转换方面尚显不足。在今后的家庭教育指导工作中，我们要进一步提升教师对"家长授课"模式有效运用的能力，丰富家教指导方法，拓展指导途径，凸显我园家庭教育指导工作的特色。

关注需求引领家长在园内外开展授课活动

俞醒凤

孩子们自带玩具中有好多车子,自由活动时大家总是围在一起比赛、交流。一些没有玩具车的女孩也会不由自主地加入其中,玩得其乐融融。鉴于孩子们对汽车的极大兴趣,我班的探索主题"车来了"随即产生。

记得《幼儿园教育指导纲要(试行)》中明确指出:幼儿园应与家庭、社会密切配合,共同为幼儿创造一个良好的成长环境。幼儿园的活动不再是教师或家长强加给幼儿知识经验,而是家园合力引导幼儿在各种自主探索的过程中,得到学习和发展。家长资源是幼儿教育中不可或缺的重要课程资源,尤其是在探索主题活动中,家长为主题活动提供一些有效的资源,协助孩子进行一些相关的活动,幼儿的探索积极性会更高,探索会更顺利,效果会更好。

本学期我班将借助"车来了"主题活动为幼儿的探索平台,加强与家长的沟通,充分发挥家长资源的各种作用,通过家长授课开展一系列的活动,积极为幼儿创造自主探索的环境与机会,让幼儿体验探索的乐趣,从而进一步提升幼儿的探索能力。

一、停课期间预设的家庭授课计划的初次尝试,充分发挥了家长的作用

一学期一届的探索节又到了,我班的探索主题活动"车来了"即将拉开帷幕。正当我们创设好"车来了"的主题墙框架,初步酝酿好主题开展的大致进程,准备发动孩子收集资料开始探索时,意外发生了!因发生手足口病,我班须停课两周。我们真有些措手不及。孩子们将在家休息整整两个星期,难道我班的探索主题活动只能暂停了吗?我班果真不能和幼儿园的探索节同步了吗?在感到无奈、着急之后,我和搭班

老师一起陷入重新思考中。此时,恰好园领导也给予了我们提示和建议,正和我们的思考不谋而合,我们的计划得到了园领导的支持。我们从这一突发事件中挖掘到了不同以往的教育价值,我们是否可以围绕主题,将主题活动探索前期的收集资料等准备工作以及开始阶段的一些活动有序地制定在一个学习计划中,请家长们在家与孩子一对一地授课,支持孩子有序地落实,让幼儿在家休养两周期间,不仅能得到保育方面的关心,也能进行有趣的探索学习,使孩子们在家的休养生活丰富而有意义,同时也为复园后的继续探索做好准备。于是,我们通过全班幼儿家长会就家庭授课计划征求了意见,同时进行了详细的解读。家长们说正在为孩子停课在家耽误了学习而发愁呢,家庭授课计划满足了家长和孩子的需求,家长们表示大力支持与配合。

家庭授课计划马上开始得到了实施。从家长们的微信、短信的交流话语以及发送的孩子活动照片可以看出,家长们都在非常认真地按照家庭授课计划一一引导、推助着孩子对车的探索。瞧!孩子们开始从玩具里找出各种玩具车,从书架上或书柜里找出车的图书,家长协助从网上下载、打印介绍车的资料,如此,第一步的收集资料顺利完成,孩子们从中增加了对车的兴趣。接着,家长们带着孩子外出实践,观察马路上的车,让孩子们近距离接触车、认识车。不少家庭都有自备车,于是,"到爸爸车里去看看"使孩子们更直观地了解了汽车的基本构造,还发现了汽车里还有很多按钮,这些按钮的作用也各不相同。接着,"排排队、分分家"让孩子们开心不已,有的就用视频与老师互动起来,而老师便加以了即时的指导,于是,孩子们更积极了!家长们也欣喜不已,甚至提议多进行视频教学呢!家长自建的微信群热闹非凡,除了家长们的讨论,又多了孩子们的语音交流,既有孩子间的,也有孩子和老师间的。当看到老师和孩子的热闹对话,家长们笑着说:"网络学习还真不错啊!以后可以经常这样。"接下来,一系列的表现活动一个接一个,画车、搭车、拼车、泥塑等,可见孩子们对车的了解。当然,活动过程中,孩子们也产生了一些疑问,在家长的协助下,大家一起用图文并茂的形式记录着问题、答案,待以后来园分享。另外,认识马路上的标志是少不了的,这也是孩子们会主动关注的,于是,孩子们在家长老师的带领下再次走出家门,去马路边观察,回家记录,从中对各种标志加深了了解。与此同时班级老师创设了相关的主题环境和个别化学习活动环境,留出了足够的空间,以让幼儿复园后将收集的各类资料以及在家庭中开展探索活动的情况反馈、记录等充实其中,以此推进幼儿后续的探索。虽然孩子休息在家,我们的主题探索活动依然开展得热热闹闹。

时间过得真快,复园了,孩子们一到园就兴奋地将家中探索的资料一一交给老师,老师分别将它们展示在相应环境中,并安排时间组织幼儿一一进行各类交流分享。正因为有了有序的家长家庭授课,有了家长的大力支持与密切配合,孩子们的探索非常顺利,积极主动,在园分享交流时都侃侃而谈,自信满满。这就是家长家庭一对一授课的魅力。

后来,我们又召集全体家长,以举手表决的形式了解了家长对家庭授课计划内容的看法,知道了家长欢迎的内容,知道了孩子们喜欢的内容,也知道了家庭中实施有困难的活动,这对我们今后的工作有很好的借鉴和改进作用。总之,这次家庭一对一授课计划的初次尝试是成功的,教室内外到处可以看到家庭中孩子们的探索花絮和成果,家长们非常满意。尤其是和孩子一起搭建车子、组装车子等活动,家长们纷纷说自己似乎回到了童年,和孩子一起探索着、成长着,并一起快乐着。

二、幼儿园内家长主持的亲子制作活动满足了幼儿的创作表现,推助了幼儿的探索

待探索主题活动"车来了"开展一段时间后,丰富的活动让孩子们逐渐走进车的世界。瞧!资料库"小小车迷会"总是人头攒动。那里有孩子们从家里带来的各种大大小小的玩具车、爸爸妈妈协助收集的车图书等资料,孩子们每天摆弄着各种玩具车,翻阅着各种关于车的图书资料。因为好多孩子家中都有私家车,因此,他们还起劲地谈论着家中汽车什么牌子、什么颜色,甚至有的孩子还知道排量……总之,汽车是孩子的最兴奋点。他们对车的种类、颜色以及和车有关联的马路边的标志等都充满了好奇心,也正在一步步积极地探索着。探索到一定阶段了,各种形式的表达表现是少不了的,而亲子环保制作是每个探索主题活动必不可少的内容。这次在停课期间家庭授课计划当中就有收集废旧材料的内容,那是为亲子制作做准备的,得到了家长和孩子的积极响应,有的甚至迫不及待地在家中开始了制作。温馨的情景、画面不时出现在老师和家长的微信中。于是,为了满足孩子们的制作愿望,以及再次增强孩子们的环保意识,同时巩固孩子对车以及相关知识经验的认识,我们就开展了一次亲子环保制作"我喜欢的车"活动。

活动前期,我们在教室门口提出了倡议,很快引起了家长的关注。之前在小班一年中,我们已经开展过几次亲子制作活动,家长们非常认可,每次都积极参与,大家已体验到了亲子制作的好处。这次,我们尝试请家长主持开展。相信家长们依然会重视,并积极配合。

果然,提出倡议后,孩子们马上和家长一起开始积极行动了,有的竟然马上将制

作好的车子带来了。原来,停课期间收集好一些材料后孩子就吵着先要做了,这让一些忙于工作无暇来园活动的家长很欣喜,他们有机会参与了。当我们听到有的家长说怕做不好,家长老师——乐乐爸爸一方面向家长们强调活动意图,安慰大家不必想得太复杂,不必要求太完美,只要能与孩子齐心协力,有环保意识就可以。另一方面,他也准备了一些制作图样。不少家长认真观看参考图样,在得到启示后,增强了信心。活动在温馨、轻松、快乐的氛围中开始了。瞧!心灵手巧的家长们与孩子一起认真构思、大胆制作、积极配合,乐乐爸爸忙前忙后地指导,大家分别用报纸、各种纸盒、饮料瓶、卡纸、瓶盖等废旧材料制作出了一辆辆独特的车,还用各种形式对车进行了装饰。亲子间的默契与合作勾画出一道亮丽的风景线,让孩子们再次体验了成功,同时也增进了亲情。一些事先已在家制作好车的家庭依然积极参加了现场活动,在家长老师——乐乐爸爸的建议下,他们和孩子一起用各种建构材料搭建车子。不一会儿,在家长的指导帮助下,一辆辆插塑轿车、大巴士,甚至是形象的坦克一一展现在大家的面前。车子做好了,我们为每个家庭的作品拍了照,随后,都进行了展示。大家欣赏着每辆车,为这些造型不一、逼真漂亮、有创意的车啧啧称赞。作品展示后,孩子们和家长每天都会去看一看、议一议。接着,我们就进行了"最受欢迎的车"评选活动,首先我们让孩子和家长一起进行投票,大家仔细观察每一件作品,然后非常认真、负责地为自己喜欢的作品号码贴上爱心。随后,我们又组织孩子们一起进行选票统计,评选出了"最受欢迎的车"。我们还根据每件作品的不同长处分别冠以"最佳制作奖""最佳创意奖"和"最佳环保奖",以此肯定每个家庭的努力,并激励孩子继续积极参与这类活动。本次由家长老师主持的亲子活动,再次让家长体验了家长授课的魅力,也让孩子们唱响了快乐之歌。

三、有特色的家长授课施展了家长的一技之长,丰富了教学形式

　　家长授课是我园多年来开展家长工作的形式之一,也是特别受家长欢迎的形式,它的好处当然是不言而喻的。

　　孩子们每次看到爸爸或妈妈来参与教学,总是那么兴奋,对学习抱有很大的新鲜感,学习兴趣大增。活动中孩子们惊喜地发现,原来爸爸妈妈们也是如此的能干,他们也能成为好老师。家长授课让孩子们有一种自豪感,家长授课更能拉近孩子与家长之间的关系。这次"车来了"探索主题活动中我们还关注和了解到了个别家长的一技之长,而且也是孩子们喜欢的、需要积累的经验。于是我们又安排了以下两个有特色的家长授课活动,收到了良好的效果。

1. 雪花片搭建车子

之前因一些家庭已在家进行了亲子环保制作活动,因此,到了集体在园现场制作时,我就建议他们可以用其他材料进行制作。讨论片刻,雪花片成了他们的首选材料。于是,几个家庭集中在一起利用各种插塑材料尝试亲子搭建车子了。当时,我发现钧钧的爸爸指导孩子搭建的坦克既形象逼真又简单易学。因此,我就和他约定,请他来进行一次家长授课活动,他欣然答应。

这天一早,钧钧爸爸就来了。听到今天由钧钧爸爸来当老师教小朋友学本领时,孩子们非常兴奋。只见钧钧爸爸出示材料雪花片后,神秘地说要用雪花片变魔术,立刻把孩子们给吸引住了。然后,钧钧爸爸边搭边仔细介绍方法,还提醒要注意雪花片的颜色搭配呢! 不一会儿一辆小坦克搭好了,孩子们一阵欢呼。快,我们也来学着搭吧! 孩子们纷纷拿取雪花片开始搭建车子,钧钧爸爸则巡回着,不时耐心地提示、指导着孩子们,孩子们专心地搭建着,能力强的孩子很快也搭好了,马上举起小坦克给钧钧爸爸看,钧钧爸爸翘起大拇指:"嗯,你真棒! 搭得真好!"一些能力弱的孩子有些气馁、着急,钧钧爸爸就安慰他们:"不要急,你们也一定会成功的!"同时他继续指导帮助,已搭好的孩子看见了也动手去帮助同伴了。搭好的小坦克逐渐多了起来,孩子们高兴极了! 最后,钧钧爸爸说:"雪花片真奇妙,除了搭坦克,还可以搭好多车子呢。你们以后也试试,到时我来看好吗?"孩子们异口同声:"好!"

事后,每次桌面游戏,雪花片成为孩子们的首选,孩子们搭建了大巴士、小轿车,作品展示在走廊环境中,钧钧爸爸看到了又表扬了大家,更激发了孩子们的积极性。

2. 消防安全

在"车来了"主题开展之前的问卷调查中就有家长希望我们能通过该主题活动,强化幼儿的安全意识,同时个别家长还自愿报名参加家长授课活动。于是,"车来了"主题开展到后阶段,孩子们探索了特殊车辆之后,我们又安排了一次"消防安全"的家长授课活动。这次是悦悦妈妈担任助教。事前悦悦妈妈做了充分的课前准备工作。

活动开始了。刺耳的火警声一下将孩子们的注意力集中过来了。有的孩子马上叫:"这是消防车的声音!"看到悦悦妈妈演示的PPT出现了消防车,孩子们又一阵欢呼。整个活动悦悦妈妈从介绍火灾的危害——火灾的防护——认识标志——自救常识,一个一个环节紧扣,而且配有生动形象的PPT画面,孩子们非常感兴趣,也非常容易接受,教学活动现场气氛非常热烈。孩子们积极参与,尤其是悦悦变化更大。平日她是一个内向、说话细声细气的小女孩,而今天她妈妈是老师了,举手特别踊跃,声音也响亮了,这是妈妈当老师给予了悦悦自豪和自信。这就是家长授课的力量。活动的最后还有互动环节呢!悦悦妈妈采用了对一些图片上的行为进行对错抢答的形式,还提供了粘纸奖励,使活动增加了挑战性、刺激性,活动达到了高潮。

这两次家长授课活动充分说明:家长有自己的擅长之处,在与幼儿的分享过程中能让幼儿接触到不一样的教育感知;能增强幼儿的自豪感,由此产生对爸爸妈妈的一份尊敬;还能增强儿的自信心,提高他们探索学习的积极性,推助幼儿的探索学习。家长授课活动,加强了家园之间的合作,体现了家园共育的教育理念。在这里,家长资源得到了充分的开发和利用,同时也丰富、拓展了我们的课程内容。

本学期我班"家园配合共同推助幼儿开展'车来了'探索主题活动"的系列家长工作在老师和家长的共同努力下告一段落了。通过系列活动,充分证明了关注幼儿与家长的需求,充分利用家长资源的重要性。要提高学前教育的质量,幼儿园和家庭二者必须同向、同步,形成教育合力,才能有效地促进幼儿的发展。只有家园平等沟通交流、互相支持合作、资源共享才能达到家园共育的目的,才能促进幼儿、家长、教师三大人群的共同成长,才能为孩子们的健康、快乐成长营造良好的教育环境。

希望家长们继续与幼儿园积极合作,参与家长授课活动,不断获得正确的育儿观念和育儿方法,并将观念和方法融入与孩子相处的每一刻,让孩子的探索活动更加广泛深入,进一步激发幼儿探索的欲望,促进幼儿探索能力的提升。

听妈妈老师讲故事

——记妈妈故事团的成长历程

赵霞萍

　　《3～6岁儿童学习与发展指南》中指出："语言是人类交流和思维的工具，因此儿童的语言学习与发展非常重要。"《指南》中还指出："组织幼儿语言学习活动的核心概念是，除了创造一个和谐融洽的师幼互动环境，让幼儿在轻松、愉快的学习氛围中学习交流之外，还需要考虑采用灵活多变的教学方法，让幼儿带着乐意的、愉快的心境在活动中学习，在学习中活动，从而达成积极主动、卓有效率的学习效果。"

　　在家园共育中，家长授课的模式已被广大幼儿园所采用，那么"为幼儿提供丰富、适宜的低幼读物，经常和幼儿一起看图书、讲故事，丰富其语言表达能力，培养阅读兴趣和良好的阅读习惯，进一步拓展学习经验"，不失为幼儿语言学习的良策。如何通过由家长组织语言学习活动，充分展示他们的教育智慧，探寻有效的教师指导策略，提升家长授课活动的品质，实现从形式到内容的实质性突破呢？根据《指南》的要求以及中班幼儿的学习特点，我们产生了成立妈妈故事团的想法，以"听妈妈老师讲故事"的形式，让家长走进幼儿园的语言教学活动，将目标落在与家长共同"讲绘本"、掌握相关的育儿知识和技能上，使之成为家园共育的实践活动之一，成为教师课堂教学的有益补充。

一、根据幼儿的年龄特点选择内容，体现家园合作的共商性

　　选择适合幼儿阅读所需要的学习内容，是当前幼儿园阅读教育的一个关键问题。绘本是幼儿阅读学习的最为合适的内容之一，因此选择高质量的绘本，并构建成为幼儿园早期阅读教育的主要资源非常重要。

　　绘本的一个重要特点就是怡情，幼儿在阅读故事时会自然而然地产生情感上的共鸣，进而联系到自己的生活经验。在与由班级家委会代表组成的妈妈故事团进行第一次研讨活动时，教师就绘本对于幼儿认识、交往、情感、社会性发展的重要价值，

向妈妈老师们进行了解读。我们逐一分析《指南》中"倾听与表达"的目标：4～5岁幼儿能结合情境感受到不同语气、语调所表达的不同意思；"阅读兴趣习惯"的目标：4～5岁幼儿能反复看自己喜欢的图书，喜欢把听过的故事或看过的图书讲给别人听；"阅读理解能力"的目标：4～5岁幼儿能大体讲出所听故事的主要内容，能根据连续画面提供的信息，大致说出故事的情节，还能随着作品的展开产生喜悦、担忧等相应的情绪反应，体会作品所表达的情绪情感。在探讨中大家达成了选择绘本的共识。

类　别	具　体　要　求
画面上	视觉形象鲜明，主题或人物突出，幼儿能通过观察发现主要特征
情节上	故事角色不宜过多，情节有趣，便于幼儿体会理解，符合幼儿的生活经验，有助幼儿想象和思考
主题上	积极正面，贴近幼儿生活
语言上	有特点，便于幼儿模仿

经过筛选，我们最终选择了《昨天的太阳去哪儿了》《鳄鱼怕怕牙医怕怕》《月亮的味道》《小船悠悠》《彩虹色的花》这5个符合中班幼儿年龄特点和学习特点的绘本开展语言教学活动。

二、根据幼儿的学习特点设计活动，体现教师的专业性

用心进行活动设计（俗称备课），是成功组织一次精彩活动的基础，因为备课不周而造成教学活动失败的案例也不在少数。在第二次的研讨活动中，我们请妈妈老师将自己设计的教案拿出来进行讨论。以《小船悠悠》为例，教案初稿如下：

观察图，引出小船
师：大家有没有坐过船？幼：坐过。
师：大海是什么颜色的？幼：蓝色。
师：故事中，大海里住着谁呢？幼：海龟爷爷。
观察图，海龟爷爷的好朋友是谁？ 幼：小刺猬、小老鼠、小黄狗、小猪。
师：大家回答得真好。
观察图，海龟爷爷生病了，4个小动物都坐了什么船去看它的？
幼：小刺猬乘着树枝小船，小老鼠乘着西瓜小船，小黄狗乘着易拉罐小船，小猪乘着木板小船去的。
师：你们真聪明，都答对了。
······

对于初次进行活动设计的妈妈老师来说,她们普遍认为讲故事就是把故事读一遍,然后问问孩子们听明白了没有,自己再总结一下故事的主题就完事了。而这样单纯的讲述方式,以及像上述教案中涉及的一问一答式的教学活动,是很难吸引幼儿的注意力的。

教师分析:设计教案的目的是为了根据幼儿语言学习的特点,结合幼儿的具体情况,选择最合适的表达方法和顺序,来保证幼儿有效的学习。备课要备什么? 就是要理解故事所表达的主题,运用适宜的教学方法来完成教学目标。那么活动中引发幼儿的思考离不开教师的提问,怎样提问才能有助于幼儿理解故事内容,根据画面提供的信息,体会作品所表达的情绪情感呢? 妈妈老师们开始思考,互相出谋划策。在老师的指导下,她们用相机将绘本逐页拍摄下来,并制作了PPT,又根据故事内容重新设计了提问。再以《小船悠悠》为例,教案修改稿如下:

> ● 观察小黄狗、小猪画面(引导幼儿观察比较,为两个动物选择各自合适的船)
>
> 重点提问:
>
> 1. 正在岸边寻找小船的小黄狗和小猪发现了两艘什么船?
>
> 2. 听! 小黄狗和小猪争论起来了,谁坐易拉罐小船,谁坐木板小船呢?
>
> 3. 小猪,小朋友告诉你啦,你太胖,要选择一艘结实的木板小船,轻巧的易拉罐小船还是留给小黄狗吧。
>
> ● 观察小黄狗的礼物画面(引导幼儿结合生活经验,展开想象)
>
> 重点提问:
>
> 1. 小黄狗的船选好了,还需要带上什么出发呢?
>
> 2. 猜猜小黄狗会装着什么神秘的礼物呀?
>
> 3. 小黄狗已经把礼物装进大袋子了。
>
> 小结:小黄狗乘着易拉罐小船,晃晃悠悠地向海的那边驶去。
>
> ● 观察小猪画面(引发幼儿讨论怎样帮助小船提高速度)
>
> 重点提问:
>
> 1. 落在最后的小猪着急了,有什么好办法让它开得快一点呢?
>
> 2. 谢谢小朋友! 小船的确是开得快些,能不能再快一点呢? 小猪又想到了什么?
>
> 3. 真是只聪明的小猪! 有了帆,小船就能开得更快了,小猪是怎么做的呢?
>
> 小结:小猪乘着木板小船,用扫把当桅杆,衬衫当风帆,真神气!
>
> ……

三、边研讨边实施活动，体现家园的互动性

　　幼儿是学习的主体，教学活动应是师幼共同研究、共同创新、共同进步的互动过程，有效的教学活动，需要教师采用灵活多样的教法和学法，来达到最佳的组合状态，以促使幼儿主动学习。那么采用哪些教学手段来实施教学活动，才能引发幼儿兴趣、强化动机、吸引注意、启迪思考呢？活动中教学具的操作和使用又有什么妙处呢？为了让妈妈老师更直观地感受执教语言活动的要领，我们开展了实践研讨活动，由苗苗妈担当第一位执教者，其他妈妈老师作为旁听者共同参与了活动。

　　由于缺乏教学技巧，加上第一次给孩子们上课难免紧张，苗苗妈5分钟不到就把故事讲完了，然后尴尬地看看我。在我的协助下，苗苗妈又边讲边穿插提问，完成了第一个绘本教学活动。课后，我们坐下来进行了探讨：刚才的教学过程中哪些方法是有效的，孩子能够接受，就把它保留下来；哪些是不适宜的，该如何改进，逐一作了分析。这次实践研讨活动使其他的妈妈老师受到启发，直观地感受到讲述方式的改变对活动的影响。在之后的《鳄鱼怕怕牙医怕怕》教学活动中，文文妈除了声情并茂地讲述故事，还增加了与孩子们的互动——"学刷牙"，使幼儿兴趣盎然。大宝妈在执教《彩虹色的花》时，还自制了小道具——可以撕取的花瓣、画在手掌侧面的毛毛虫、插满牙签的橘子刺猬等，很大程度上提高了孩子们的学习兴趣，很好地把握了活动的节奏和氛围，使幼儿积极主动地投入到活动中，取得了很好的教学效果。

四、活动的收获

　　家长授课活动的开展，能使家长更多地参与到幼儿园的教学活动中，了解幼儿园教育的目标，了解老师授课的方法和步骤，更多地关注幼儿园的办学理念。为了促进妈妈故事团活动的顺利开展，从宣传到准备再到组织，老师即时跟进，让家长们始终感受到教师的指导就在身边，通过亲身实践，学会了聆听孩子，知道孩子在想什么、想干什么。以下是妈妈老师的助教体会：

　　感谢老师给了我这样一个机会，不仅让我有机会了解自己的孩子进入中班后在幼儿园的学习生活，更让我有机会换一个视角去看孩子，去和孩子的同伴做朋友，去体会幼儿园老师给予孩子们的爱，像妈妈一样的伟大的爱。

——苗苗妈

　　通过这次的妈妈老师讲绘本故事也让我学到了许多，最重要的一点是让我懂得如何运用我们的肢体语言来和孩子们沟通，体会孩子的世界，去很好地理解孩子们所

认知的东西,他们是怎样理解一个事物的。这次的活动对我个人都助挺大的,讲一个孩子能接受、好听的故事,其实挺难的。我平时和孩子沟通的方式都是大人说教的形式,很少去理解他们,用讲故事的方式去启发和教导他们,其实他们更能接受。

——文文妈

经过此次自主选材到课堂讲述绘本到设计提问,无一不存在学问,也由此知道平日老师们为了丰富教学内容、为了更好地教育孩子们的不容易。

——大宝妈

得益于老师的事先指导,在课堂讲故事的过程中,我注意抓住孩子的注意力,不能太平铺直叙,也不能一口气讲到底,通过肢体语言和不断抛出小问题的方式,吸引孩子边听边动脑筋,通过思考,去理解去体会趣味故事背后的一些道理。

——呼呼妈

通过此次助教活动,仿佛让自己也回到了童年时做老师的梦想。活动不仅让我们家长进一步了解幼儿园的教育理念及教育方式,而且感受到了幼儿在园里的学习、生活、游戏、活动的特点。利用家长助教活动的平台,能更好地与老师共同交流育儿心得,增进对孩子的了解,同时也丰富了教学手段,更好地促进幼儿的发展。我相信,只要在家长和老师的共同努力下,我们的孩子都会越来越棒,让我们一起加油吧!

——悠悠妈

妈妈故事团的成长历程,折射出家长助教是一项让幼儿、家长、老师共同受益的活动。对于教师而言,指导家长开展教学活动的过程,也是自我成长的过程,从活动计划的拟定、活动内容的商讨以及活动开展的参与中,我对增强家园互动的有效性,提高家长工作的实效,有了更深的理解和思考。当越来越多的经典绘本走进家庭,系统的阅读辅导知识在家庭阅读活动中却比较薄弱的现状令人担忧,作为教师,进一步探索有效指导家长开展家庭亲子绘本阅读的方法和措施,将是我的职责所在!

引领协调家长主动策划组织班级活动

朱　丹

学前教育,更多的其实一种陪伴,白天老师和同伴陪伴,其余时间是家长的陪伴。我们和家长一起才能事半功倍。以前,家长的参与多数是跟着老师走,被动地支持和配合。如何由被动转变为主动,让家长真正走进家园共育、班级活动开展更有声色、让家园配合更有魅力和默契、让孩子们更为受益呢? 这是我们在整个活动中非常注意并尽心努力的一个重要方面,当家长从开始有了组织策划的兴趣,到真正付诸行动,并把活动组织好开展好,其中老师的引领和协调是非常关键的。

从小班的品评会到中班上学期的沙龙,都是围绕"我和我的小伙伴"议题展开的,因为良好的同伴关系是幼儿心理健康发展的重要因素。在与同伴交往中,幼儿获得的同伴经验,往往是家长和其余大人所不能给予的。而且中班正处于同伴关系的分化期,这时候重视并培养伙伴之间的交往正是非常的关键和必须。

有了达成共识的议题,本学期我们继续从激发兴趣开始,适宜地放手,逐步引领家长主动策划组织班级活动。

一、孩子们地毯式互助学习增进了伙伴影响,欣喜了家长,并激发其关注和参与的兴趣

瞧,我们的海洋世界搭建开始了,孩子们不仅用积木搭建海礁、珊瑚,还想要搭水泡泡。水泡泡怎么搭呢? 灵机一动,用塑料插塑积木镶嵌成一个球,通透圆整,太好了,可是真的是有点难度,中班的孩子们可以胜任吗? 有句话说,给予孩子们的是跳一跳才能摘到的果子才是最好的,但是因为有一定的难度,好多孩子很想做却一下子搭不来。怎么办呢? 平时经常会听到孩子们说:"我会做鱼了,是涵涵教我的。""我的好朋友是婷婷,我的好朋友是乐乐。"…… 由此一个点子在我脑中出现,伙伴的影响不仅仅是情绪上的互相安慰,学习上互相帮助影响,对于中班的孩子不是正合适吗?

俗话说,孩子是在老师引导下茁壮成长,其实我们老师是因为有孩子才是老师,在各种活动中,和孩子们共同学习共同成长。基于这一点,思绪豁然开朗,于是我们在个别化的一个角落提供了这个小长条的插塑,几个孩子走来,两个孩子会了,两个孩子做小老师,教会另两个孩子。就这样,两个变四个,四个变八个,八个变十六个,很快,几乎全班都会了,地毯式学习的妙处显现无疑。

而且伙伴之间互相学习后,孩子们的竞争欲望增强了,我会了,我来教你吗;你会了,我还不会,你能教我吗⋯⋯

看着孩子们一个个把这么难的球学会,真的很惊奇,孩子们的潜力无限,我们老师就是要发现并创设条件给孩子们发挥,尽力挖掘他们的潜力。

地毯式学习中,孩子们几乎都有机会做小老师,也会更积极地去学,做小老师的激动和自豪分享给爸爸妈妈,家长们不仅鼓励肯定了孩子,有的家长还会主动关注。妍妍妈教会了女儿折花,还鼓励她来教小伙伴⋯⋯

寻求不同的教学,教学包含教与学,适宜的教为了更好地学,所以经常会更多思考如何让孩子们更好地学,从这个出发再去找适宜的教的方式方法。这次用了伙伴互相影响互助的形式,鼓励孩子一个传递一个变两个,两个传递两个变四个的地毯式学习。

地毯式可以减少遗漏,增强孩子一对一互助,便于孩子学习掌握,而且在互助中其实也增进了同伴之间的交流,培养孩子的自信心,这份自主学习的动力吸引了爸爸妈妈,不时地给我们带来了肯定和支持。

二、适宜的放手换来孩子更好的自主创造,更迎来家长的信服,进一步促动了家长主动策划活动的愿望

在播放海底世界的视频动画后,孩子们被七彩的神仙鱼所吸引,都盯着看得目不转睛。发现孩子们对神仙鱼的兴致后,我们投放了神仙鱼的图书、美艺 DIY 的各种材料、相关视频等。个别化活动开始了,瞧,几个孩子们进入了美工区,可是刚刚看完的七彩神仙鱼,刹那间没了,不知道从何下手。孩子们你看看我,我看看你。这时图书区的乐乐叫了一声:"哇,这么漂亮的神仙鱼啊!"旁边的同伴立马制止他,轻点。不过这一句让美工区的妍妍听到了,她灵机一动,跑到图书区找资料去了。临临看了看妍妍,就跑到电脑前看神仙鱼视频了,看了一会,还叫上了彤彤:"快看,这条是神仙鱼吗,长得很像,可是又和别的神仙鱼不一样。""哦,这是神仙鱼,你眼力真好,只是这是神仙鱼的另一个品种,同是神仙鱼,其实它有很多品种,你们再往下看看,还会发现

不一样的神仙鱼哦。"在孩子们质疑不前的时候,我肯定地做了回答,并鼓励孩子继续观察。

"鱼鳍很长的。""这个神仙鱼的颜色不是五颜六色的,黑的白的。""这个鱼鳍有点胖。"……在孩子们纷纷边观察边讨论时,我插了一句:"你们厉害的呀,找到了神仙鱼很多长得不一样的地方,它们是不一样的品种,那谁发现,神仙鱼是一家人,你们怎样知道它们是神仙鱼呢? 它们有长得差不多的地方是哪呢?"

在一系列的对答、同伴间互相探讨后,孩子们开始了美艺DIY,拿起了我们提供的一次性盘子,开始了图画,可能有了细细地观察和讨论,孩子们的花纹竟然那么丰富,只是到装饰鱼鳍和鱼尾时,有的孩子不知道怎么下手了。墨墨在圆盘的上下两边装了两个圆圆的鱼鳍,一旁的乐乐马上说:"不对,不对,神仙鱼一边有鱼鳍的,而且是长长尖尖的。"墨墨听着呆望着不说话也不动手,乐乐说:"不信,来,我带你看看。"……临临选了棉纸剪贴,可是原本的糨糊不起作用,粘了就掉,于是她又去弄胶水和白胶,可是在短时间内都没能粘牢。我很想去帮她,可是想想,这也是种探究,不同的材料适合不同的工具,在失败中寻求适宜。

不一会,临临看见恒恒在用双面胶贴毛线尾巴,她灵机一动,也拿起双面胶粘贴,这下的成功,让她喜出望外。我知道,如果我刚才告诉她,同样的成功或许换不来这样的笑颜。

除了孩子们和家长们的分享,我们特地把这些过程在展板上展示,让大家都看到孩子们的变化,自主创造的点滴。

中班的孩子有意观察增强,迎合这点,鼓励孩子有目的观察,还要创设适宜的利于孩子探究的环境。材料也是,因为具有方便孩子操作和利于孩子探究的材料提供和环境创设都能提高孩子的主动性。

孩子们质疑能力很可贵,老师要适当退后,但不是一味地退后,而是也要适时参与,给予孩子支持和帮助,便于进一步高兴致地探究。加上万物需要的不是他我教育,而是自我学习和自我教育,而实质上,也唯有这一部分是真正有意义和起作用的。所以在孩子有能力去探究的时候,可以等待再等待。在部分孩子尝试制作神仙鱼成功后,继续地毯式学习,让更多的孩子去尝试,也创设机会让孩子们进行更好的同伴交流。孩子们之间也会互相竞争,你会了,我也要会,这样良性循环利于孩子们的再学习。

展板上孩子们的作品呈现和孩子们的自主创造、勇于探究、友好互助的学习状态,让家长们对我们老师很是信服,更增强了老师的专业权威,增添了班委的策划组织的动力和班级家长的凝聚力。

三、放手让班委策划,体验老师的辛劳和苦心,由此更增强了家长的理解支持、班委主动策划的愿望和信心

经过班委微信群的商议,全由家长主持组织的辩论分享讨论会开始了。

活动一开始,泽泽妈妈说:今天很荣幸地受两位老师之托来主持这场家长活动。坦白来说,在这之前,我并不是很理解老师的这一做法。既然是有关教育孩子的活动,为什么不把孩子们召集在一起,让家长和孩子之间直接互动? 为什么要在跟孩子互动之前,单独做一个只有家长的活动? 有这个必要吗? 随着这次筹备活动的不断深入,在不断搜集和整理相关资料的过程中,我才真正体会到了老师的良苦用心。其实,真正关心和爱护孩子的父母,是从自我成长开始的。孩子需要学习,父母也需要学习。如果身为父母的我们都没有达成共识,对问题的理解都有偏差或者模糊不清,怎么可能指望我们能用正确的方式去教育我们的下一代呢? 我想这也应该正是两位老师的初衷吧?

体验是感觉的最好方式,一旦家长深入活动,才更能体会老师平时组织活动的不易,从而更理解老师;一旦亲身实践,本身的潜力和创作的热情被激发,主动性自然而然被调动;一旦身临其境,看到的想到的体会到的完全和被动参与不一样,感触会更深,那么活动的深意和效果才得以更好体现。

涵涵爸爸说:说到教育,说到爱,也许有的家长会觉得好笑,哪个父母会不爱自己的孩子? 没错,爱是与生俱来的天性,我们对我们的孩子都有着满满的爱,但是,我们爱的方式真的都对吗? 孩子除了在我们的身上感受到了爱,还有别的什么吗?

场景一:家长帮小朋友背书包,喂饭,一家人围着小朋友转……

涵涵爸爸说:这幅画面相信在座的家长都不会感到陌生吧。虽然咱们的孩子还没有开始上学,书包也还没有这么沉重,不过我们家长的"忙"可是早早地就开始帮起来了。捧在手心里怕摔了,含在嘴里怕化了,这就是当今太多家庭的现状。作为家长,我们有时候也很迷茫。都知道对孩子不能溺爱,可是这个度该怎么把握呢? 我们到底应该用怎样正确的方式既让我们的孩子感受到爱,同时也让他们的心中充满着爱呢? 我们做父母的,除了无私地给孩子奉献自己的爱以外,应不应该再加些条件,有所要求呢? 让我们进入今天的辩论主题——"爱是有条件的吗?"

泽泽妈妈:今天我们的活动想以一种比较特别的形式进行。因为其实这是一个蛮有争议的话题。有的家长可能会认为对孩子的爱还用谈什么条件? 当然是无私无

怨的奉献啦。我对孩子的付出从来不求回报,也不会要求他回报。他再好,或者再不好,我都义无反顾地爱他。可是有的家长也许并不这么认为。他们可能会说,只要是爱,就是有付出并期待着有所收获的。我们对孩子应当有所求。要让孩子知道父母爱自己,更要让他们知道父母也需要自己。看,两种截然相反的观点,在座的各位家长,请问您是站在哪一方呢?……

　　这是活动中抽取的几段话,从中可以感受到我们家长的迷茫困惑,感受到这个活动议题的迫切需要,感受到家长们主动参与的热情,更感受到班委协商策划的成功。也使我们感受到:不是要教孩子什么,而是要让孩子们去感受爱,爱本身就是种体验,让他们感爱、体验爱,尝试着去爱别人,体验被爱的幸福,感受爱别人、给予别人温暖也很快乐。

感悟:

引领协调家长主动策划组织之一——运用专业体系熏陶引领家长

　　孩子在不同的年龄阶段,需要不同的心理营养。而正处在 4～5 岁阶段的孩子,他们需要的心理营养是:肯定、赞美、认同。孩子们受到我们的表扬、同伴的认同无疑是非常重要的。所以我们是以这个为议题——给孩子爱别人的机会,成为一个温暖别人、受欢迎的人。并和家长分享专业知识,多沟通使得家长和我们达成共识,激发主动参与活动的兴致。

引领协调家长主动策划组织之二——孩子们的亮相提高班委策划组织的动力和家长的凝聚力

　　在我们海洋世界的主题活动中,孩子们被奇妙的互助式共生吸引了,就像我们同伴之间的友好互助。但是帮助也不全是让伙伴高兴的,在一次次感受体验和分享交流中,我们孩子意识到被需要的帮助才是同伴喜欢的,助人也更快乐了。于是在我们的个别化学习中常有互助式的学习,也常有地毯式学习:两个学会了教会另两个,两个变四个、四个变八个……

　　学习方式的适宜与否,不是看老师擅长哪个教学方式,而是看孩子们用哪种方式学得更好。

　　让家长积极又凝聚力强,让班委有动力积极主动,花费心思精力去做,那不仅仅是适宜的对家长班委的引领,其实更重要的是做好班级孩子工作,比如和家长分享孩子们的自主创造、勇于探究、友好互助等快速成长,这些都让我们家长欣喜安慰。让家长觉得老师不仅做好幕后,还要做好幕前,其实做好幕后是为了更好的幕前——为孩子服务,圆满了家长。

引领协调家长主动策划组织之三——老师大智若愚、适时适宜的引领和协调很是关键

　　总结为三句话:诚恳而不失权威、专业;放手而不失引领、指导;轻松而不失严谨、扶持。

　　家长们热情再高、积极主动性再强,如果没有专业的指导,可能会失去方向感;如果没有老师的些许权威,或许就会让班委、家长少了那么些凝聚力。

　　既然让家长组织策划开展,那就要适宜的放手,但在其中,要不时地参与协调,所以我们时常会在班委的微信群里聊天沟通,把关好方向、观念、活动的形式等。就像风筝的线,拿在手中,却可以让风筝自由地在天空飞翔。

家长授课活动课例

活动名称： 自制香皂(生活)

适合年龄： 中班

策 划 人： 呼晓华(家长)、王慧菊(老师)、陈英(老师)

授 课 人： 呼晓华(家长)

【背　景】

在关于幼儿"饮食习惯培养"的家园共育活动中,家长对幼儿生活自理能力方面的培养渐渐重视起来。但是我们也发现在进餐前的洗手环节,很多幼儿没有正确洗手,而是将手放在水龙头下快速地冲几下就结束了。那么怎样引导幼儿爱上洗手、掌握正确的洗手步骤呢?班里的俊明小朋友妈妈有着独特的见解,她认为要让幼儿喜欢洗手,吸引他们的兴趣和注意力很重要。由此她给班里的幼儿设计了一次自制香皂的活动,自己动手做香皂引导他们爱上洗手,正如《纲要》中所说:"既贴近幼儿的生活,选择幼儿感兴趣的事物或问题,又有助于拓展幼儿的经验和视野。"因此,此次活动来源于生活,又能服务于幼儿的生活。

【活动目标】

1. 尝试自己加精油、色素、调皂基等材料自制香皂。

2. 了解洗手的重要性,知道吃东西之前要洗手,愿意使用正确的方法洗手,养成良好的生活、卫生习惯。

3. 通过家长助教活动,增进家园沟通,提高家园共育水平。

【活动准备】

故事视频《贝嘟嘟的小脏手》、正确洗手六步法 PPT、各种形状的模具、自制香皂材料包(调皂基、色素、精油、干花)、毛巾等。

【活动过程】

一、活动导入,吸引注意

1. 小朋友们大家好,我是俊明小朋友的妈妈,今天我们一起来听个故事《贝嘟嘟的小脏手》,故事里的贝嘟嘟怎么了? 她的小脏手大家喜欢吗? 最后小脏手洗干净了吗?

2. 为什么要洗手呢? 怎样才能把手洗干净呢?

3. 今天我来给大家说个能把小手洗干净的好办法,我们可以用"六步洗手法":

第一步,五指并拢,掌心擦掌心;第二步,手指交错,掌心擦手背;第三步,手指交错,掌心擦掌心;第四步,两手互握,互擦指背;第五步,拇指在掌中旋转;第六步,指尖摩擦掌心。

4. 你们知道洗手需要些什么吗? 我这里有许多的肥皂宝宝,我们赶快把它们请出来吧。

(1) 哇,这么多的肥皂宝宝呀,请你们每人挑一块自己喜欢的肥皂宝宝,拿在手中仔细看一看、摸一摸、闻一闻,说说你的肥皂宝宝是什么样子的?

(2) 先与旁边小朋友互相讲一讲,再请小朋友来告诉大家。

(3) 小结:这么多肥皂宝宝是不是一样的? 有什么不一样?(有各种形状、各种颜色,闻起来有的是香味、有的是药味)

5. 欣赏课件,认识新式肥皂,进一步了解肥皂给人们生活带来的方便。

看课件认识蛋糕肥皂、棒棒糖肥皂、不锈钢肥皂、竹碳肥皂等。

小结:很多的新式肥皂看起来更漂亮,用起来更方便,对我们的健康越来越有好处,所以人们越来越喜欢使用肥皂。

二、制作香皂

1. 今天我们自己来做一块香皂吧,首先我们需要把皂基融化,把这些皂基倒在这个量杯里,然后用微波炉加热把它融化。我们一起数到30,看看会不会融化了?

2. 我们再把热热的皂基倒在小杯子里,加上2滴精油,再加1~2滴你喜欢的颜色,搅拌一下,看看颜色有没有调均匀,也可以加点花瓣或者各种香味的精油。

3. 把杯子里的皂基调好后,我们要把它们倒在小模具里,凉一凉。

4. 等它们干了,我们把它们从模具里轻轻地拿出来,香皂就完成啦! 现在你们自己去试一试吧!

5. 幼儿自制香皂,家长志愿者一起协助操作。

三、延伸活动

拿好我们的小香皂,一起去认真地洗洗手吧。

家长感悟:

这个学期我参加了中六班班级开展的一些以生活领域为主的家长授课活动,前几次我和孩子们分享了一些有关进餐的美德故事,如《孔融让梨》等,今天我来教孩子们自制香皂。活动中我先给孩子们讲了个故事,孩子们听了故事都表示要认真洗手,把手上的细菌洗干净。随后我给他们示范了做香皂的方法,在他们自己制作的过程中,我和班级其他几个助教家长一起合作对孩子们进行分组指导,最后孩子们制作出了不同颜色、不同形状、不同香味的香皂。活动中他们非常投入,可见今天的活动是非常成功的,这和我们前期对活动的充分准备是密不可分的。活动前我和老师一起讨论了活动的内容和步骤,了解了活动开展的方法。为了吸引幼儿的注意力,我不仅准备了形象生动的故事课件,还提供了和幼儿年龄特点相适应的操作材料。除了和老师沟通外,我还和其他几位助教家长一起协商活动分工的工作,收到了良好的效果。总之,这次家长授课活动不仅让班级孩子了解到了认真洗手的重要性,学会了自制香皂,还让我进一步了解了幼儿园的生活课程。我也希望今后还能多参加这类活动,再次感谢学校和各位老师!

活动名称: 胡椒南瓜汤(学习)
适合年龄: 中班
策 划 人: 郭会玲(家长)、关季红(老师)、黄群(老师)
授 课 人: 郭会玲(家长)

【背 景】

推广"亲子阅读"的难点在于激发和鼓励家长重视和参与,在和家长们交流之中我们得知很多家长对"如何给孩子讲故事、讲什么样的故事、孩子不喜欢听故事怎么办"这些问题带有困惑。于是,我们充分发挥家长资源,邀请了在杨浦图书馆担任"故事妈妈"的家长,由家长设计一场"故事妈妈"讲故事的活动,由老师组织,给家长们提供了有针对性的具体指导范例,并在活动后与家长们一同交流讨论。今天的活动是我们"故事妈妈"系列活动中的一次活动,故事妈妈选择了关于友情的《南瓜汤》系列故事中的一个小故事《胡椒南瓜汤》来进行讲述,既是对《南瓜汤》故事的一种延续,同时又可以更好地让孩子们体会朋友之间的相处之道。

【活动目标】

1. 激发孩子听故事的热情,能安静专注地聆听故事并在和故事妈妈互动中大胆表达自己的看法。

2. 对《南瓜汤》的系列故事感兴趣,知道朋友之间应该如何相处。

3. 通过此活动激发家长投身参与班级"故事妈妈"的热情。

【活动准备】

幼儿有过听绘本故事的经验,胡椒南瓜汤绘本,自制纸质大喇叭一个。

【活动过程】

一、活动导入,吸引注意

1. 和小朋友一起约定,讲故事时小嘴巴拉链拉好。

2. 手指游戏:故事妈妈和小朋友一起玩手指游戏。

二、绘本介绍

盐用完了,没有加盐的南瓜汤怎么会好喝呢? 猫、鸭子和松鼠决定到大城市去买盐。小小年纪的鸭子突发奇想,想在南瓜汤里多加一点点胡椒,鸭子停下了脚步,放开了猫的手。等他回过神来,突然发现自己迷路了……

《胡椒南瓜汤》是《南瓜汤》的第一本续集,延续了《南瓜汤》幽默而温馨的风格,但故事的场景从宁静的乡村小白屋搬到了五光十色、令人眼花缭乱的大都市。"鸭子的迷路"是这本书的核心情节,比起《南瓜汤》,这本书更多了一点紧张的气氛和戏剧性的张力。

三、故事讲述

第一遍完整讲述,故事妈妈用绘本向幼儿完整讲述故事,初步引起幼儿的注意,对故事情节有大致的了解。

第二遍分段讲述,播放故事 PPT,对故事中的重要情节做提问,与幼儿互动,加深幼儿对故事情节的印象,努力体会朋友之间的友情。

邀请部分幼儿分别扮演猫、鸭子和松鼠,模仿角色对话,和故事妈妈或教师一起分角色对话,进一步熟悉故事情节。

四、简单讨论

绘本主题的简单讨论:

虽然朋友之间的冲突是不可避免的,但冲突并不可怕,因为朋友之间有着深深的友情和爱。如果我们和朋友相处能够多一些宽容和分享,生活就少一些悲伤,多一些快乐!《南瓜汤》系列故事没有一句说教,这条友情的主线贯穿于整个系列故事之中,听得越多,孩子们就越能体会出来。听完这篇美丽的儿童绘本故事,我们应该学会珍惜友情,懂得谦让。希望绘本中所蕴含的感人力量,会长久地留在孩子们的心中,让我们和孩子一起体会这种美好!

家长感悟:

我有一位好朋友,她长期在杨浦图书馆推广"小书房"活动。作为家委会的一员,一次偶然机会和她聊起了如何开展班级活动,提起了十几年在"小书房"活动中做故事妈妈的体会,她说这真的是一项对孩子的成长极为有益、甚至使他们受益终生的活动。听到这些,本来就喜欢给孩子讲故事的我一下子就被触动,就有了这次在我们班级的尝试。这次活动能够成功非常感谢老师给我的鼓励和支持。借着老师们用心准备的调查问卷,爸爸妈妈的回应都非常的积极,愿意参加这次活动。从邀请好朋友分享经验到成立班级"妈妈故事团",从精心挑选绘本到制作简单的道具,从单纯地讲绘本故事到由许多家长和孩子参与绘本演出,一年的时间我们有了好多次的家长授课,在其中我真的是有很多美好的体会,也收获多多。

首先,让我惊讶的是孩子们对这个活动的热情和喜欢,每次给他们讲故事虽然对我来说都是第一次,也略有紧张,但没想到孩子们秩序竟然出奇的好,每一个小朋友非常的专注,在我们的精心准备下,一本本经典的绘本通过我们的声音、动作、游戏、音乐和一些简单的道具,原来可以如此生动地呈现在孩子面前,让孩子们对绘本有全新的一个认识,孩子们回到家后也开始想要让爸爸妈妈给他们读绘本。

其二,我们都不是专业的老师,经验不足,但这丝毫不影响孩子们的热情,每一次给他们讲故事,他们的眼神都充满了期待,极大地鼓励了我们。孩子们的回应也让我们参与的家长更主动地准备,学习相关的技巧,去挑选适合孩子这个年龄的绘本,希望借着每一次短短的故事时间不仅能够听到优秀的绘本作品,也能够启发孩子的心灵。

其三,故事妈妈活动非常好地加强了老师和家长之间的沟通和理解,也增进了家长和其他孩子之间的关系,每次接送孩子时,其他孩子总是老远就和我主动地打招呼,这让我真的从心里很感动。我也开始不再只是关注自己的孩子,和其他班级的家长孩子都建立了很好的关系和互动,女儿也变得更自信、更活泼了。

其四,优秀的绘本都是出自世界各地绘画大师和文学大师之手,让孩子从小接受名家名画的熏陶,能够潜移默化地提高文学和美学素养。

当然我的体会还有很多,但是最重要的是我们想通过这样一个活动去培养孩子阅读的兴趣、对文学经典的热爱,培养家长和孩子每天能够有亲子阅读的时间,更好地促进亲子关系,我相信这是给孩子的成长极为美好的礼物、美好的回忆。

活动名称:我是小学生(学习)
适合年龄:大班
策 划 人:李靖雯(家长)、朱晓华(老师)、赵霞萍(老师)
授 课 人:李靖雯(家长)

【背 景】

幼儿园是以游戏为基本活动的时期,孩子对父母和老师有很强的依赖性。大班孩子从幼儿园进入小学,是孩子成长过程中的一个重要转折,帮助孩子做好准备,顺利渡过这一转折,是幼儿园与家长的责任和义务。于是,我们充分发挥家长资源,邀请了筱逸爸爸(莲溪小学的语文老师),由家长设计一节"我要上小学"的学习活动,由家长组织,给孩子们提供一系列小学的环境照片、学习片段、小学生的故事,为幼儿向小学过渡做好生理、心理、智力、能力和行为习惯等方面的准备,以帮助幼儿顺利适应小学生活打好基础。

【活动目标】

1. 激发幼儿成为小学生的自豪感,初步培养幼儿学习汉字的兴趣。

2. 认读"小""学""生"三个生字,并学习用好办法记住字形。

3. 挖掘家长教育资源,丰富幼儿知识经验,感受家长授课的乐趣。

【活动准备】

PPT、常规教育。

【活动过程】

一、看图引入,学习词句

1. 出示图片

师:图中画了谁? 他在干什么? (图上画的是一个小学生)

(教会学生举手姿势、站立回答问题)

(1) 教师示范说,学生边听边记。

(2) 学生练习说。(训练学生大方发言)

2. 认识生字"小"字

(1) 师叙述:到学校里来读书,学知识的人就是——学生。板书:学生

(2) 跟老师读"学生"。(齐读,指名读,正音,开小火车读,强调学是第二声)(教会开小火车的方法:在课堂教学中,针对某些问题请一些同学按顺序读或说或演)

(3) 师叙述:在小学读书的学生叫小学生。板书:小

(4) 指名读:"小学生"。(强调"小"是第三声)表扬她。

(5) 师叙述:看看"小"的字形怎样记? 出示课文中的题头画,指名说。小小手,撑开来,小小脚,勾起来,小小小。

师:这种记字的办法真有趣。让我们学着方方一起来做做动作,记记这个"小"。

(6) 师在田字格中书写,并点名这格子叫"田字格",老师边写边说笔画和笔顺。

拿出右手,跟着老师在手心上来写一写。

3. 朗读句子"我是小学生"

(1) 听老师用上"小学生"这个词语说一句话(我是小学生)。谁也会说这句话?

(2) 现在开始就是一名小学生了,那多高兴啊,谁能面带笑容高高兴兴读这句句

子?（自由练读）

（3）出示句子,师点着句子带读,生齐读。（重点指导学生指读）

二、看图说话,巩固词句

1. 出示课后练习1中的第一幅图

（1）教师介绍图上的两位小朋友是怎么说的。

（2）要求学生学着他们的样子相互介绍。（指名同桌示范,评议,开双轨火车练说)教师适时点拨：和别人一样,我们说话时可以用上"也"。

2. 出示课后练习1中的第二幅图

（1）教师介绍现在图上的两位小朋友是怎么说的。告知学生：大家一起说时,要用"我们"。

（2）教师与学生配合着说一说。

3. 四人小组练习：你说,我说,大家说。任选刚才的三句句子,配上动作说一说

三、小结

师：今天,我们认识了三个生字,你们学得很认真,老师相信我们小朋友一定会成为一名爱学习的小学生。

家长感悟：

今天非常荣幸应邀参加大七班的家长助教活动。这是一次近距离感受幼儿园生活的好机会,可是我能"搞定"这些幼儿园的孩子们,为他们好好地上一堂完整的课么？为了上好这次课,我做了精心的准备。结合个人优势与幼儿特点,将活动主题定为"我要上小学",准备了活动教案,将活动过程做好精心的策划。同时因为考虑幼儿可能不能接受单纯的语言讲解,于是制作了图文结合的课件,其中还穿插了少量视频片段,以便更好地吸引幼儿兴趣。另外,为自己的讲解还准备了一份文稿。

通过此次助教活动,我感受最深的就是小朋友的认真和热情。这种活动不仅让我们家长进一步了解幼儿园的教育理念及教育方式,而且感受到了幼儿在园里的学习、生活、游戏、活动的特点。利用家长助教活动的平台,更好地与老师共同交流育儿心得,增进对孩子的了解,同时也丰富了教学手段,更好地促进幼儿的发展,从而达到家园共育的效果和目标。我相信,只要在我们家长和幼儿园老师的共同努力下,我们的孩子都会越来越棒,让我们一起加油吧！

活动名称： 动物大世界(个别化学习)

适合年龄： 5～6 岁

策 划 人： 陈斌丽(老师)

授 课 人： 刘燕妮(家长)、丁燕君(家长)、刘云侠(家长)、陈燕(家长)、张彦(家长)

【背　景】

在个别化学习中孩子们都十分积极地参与,但难免会有小朋友遇到困难,这时需要成人引导,提供帮助。而家长对孩子在园内的学习活动了解程度仅仅停留在集体教学上。因此这次"动物大世界"的主题个别化学习中,我们邀请了几位比较关注幼儿学习、成长的家长,来参与这次授课活动。想通过家长的介入、观察提高家长教育幼儿的能力,同时也能适时地给需要的孩子们引导和帮助。

【活动目标】

1. 在动手动脑中认知动物的生活环境、特殊本领等。

2. 愿意和同伴合作,相互帮助地完成学习。

3. 提高家长观察幼儿学习的能力,能适时地帮助幼儿解决问题。

【活动准备】

各种个别化学习的材料若干。

【活动过程】

一、妈妈老师来了

1. 老师向几位家长介绍本次授课的内容,并告知各个区域材料的玩法

2. 家长们分工选择授课的区域

动物大世界个别化内容：

(1) 送小动物回家：动物图片、天空、草地、大海背景。

(2) 动物棋：动物棋子若干,棋盘,任务卡。

(3) 我和影子做朋友：动物手影若干、手电筒等。

玩法： 仔细观察图片上的手影和做法,一位幼儿帮助持手电筒,一位幼儿在纸盒前学着图示做出手影。游戏后两人交换。

(4) 动物猜猜乐：各种动物图片根据特征特点分成 3 份,游戏架一个。

玩法：两名幼儿以猜拳形式确定先后。获胜幼儿开始挑选一张动物图片，并告知另一幼儿可以提几个问题。另一幼儿开始提问猜测对方手里的是什么动物。被提问的幼儿只能回答"是"或"不是"。在限定问题个数内猜出的幼儿获胜，并保留图片。然后交换游戏。以此类推，最终获得图片多者为胜。

（5）美丽的小鱼：各种鱼类底板若干，彩色橡塑纸条若干。

玩法：幼儿挑选自己喜欢的小鱼，用彩色纸条在其身上编织出美丽的条纹。

（6）小动物眼睛亮：动物头像（眼睛为小灯泡）若干，电池、电线等。

玩法：用电线连接电池，将小动物的眼睛点亮。

（7）摆平架：自制摆平架、小积木、雪花片、夹子等。

玩法：将小积木、雪花片等，小心地摆放在摆平架上，让架子平衡不倾倒。

（8）推不倒的棋子：棋子若干，尺一把。

玩法：将棋子——垒起，用一把尺快速地敲击底下的一颗棋子，使棋子平稳下落不倒下。

二、妈妈老师你好
个别化学习活动前向幼儿介绍几位妈妈老师，并互动。

三、幼儿操作学习，妈妈老师适时引导、帮助
1. 幼儿按自己的意愿选择学习区域
2. 妈妈老师各就各位，观察幼儿的操作
＊妈妈老师根据自己的特长观察不同区域的幼儿操作情况。
＊妈妈老师可在各区域中自由观察，挑选有需要的重点指导。
3. 教师观察并指导家长如何观察和帮助孩子
＊引导家长重点观察幼儿操作时是否有规则意识，并指导幼儿在提问时要针对该动物最突出的特点。
＊提醒家长让幼儿自主地操作，不急于帮助，重在观察幼儿的动手和动脑能力的锻炼。

四、活动结束
幼儿分享交流。

家长感悟（家长代表立扬妈妈）：

　　以前我作为家长来授课，是一次集体的教学活动，今天是第二次来参加了。今天的活动主要是个性化小组教育活动，不同的小组活动，教给孩子们生活中各种不同的知识，也看到了一些简单的小工具都能成为孩子们的学习用具。与其说是授课，不如说是一次学习，学习如何和不同孩子相处，学习如何能把乏味的知识生动地展示给孩子，学习如何和孩子更好的互动，学习如何能吸引孩子对学习的兴趣。非常感谢幼儿园能有这种家长授课的活动，就如刚才校长所说的，增加了家长参与孩子教育的自主性，让我们家长能更好地参与到孩子的教育中来，同时也提高更新了自己的教育理念，谢谢！

以教师为主导，引领家长开展授课活动

顾燕菁

结合幼儿园"探索节"活动的开展，我们开展了"和风儿做游戏"这样的一个探索活动，在这个过程中我们希望呈现出的状态是——利用风的原理设计各种各样和风力有关的科学小游戏，让孩子们学会玩，让孩子们在玩的过程中丰富更多关于风的相关知识。

通过思考，我们觉得老师的一己之力是没法完成这项工作的，所以我们主动地将家长们吸引到我们的活动中来。我们通过亲子探索的形式开展了这样的活动，过程中我们引导家长全程参与，和孩子一起设计游戏，制作游戏材料，并创设环境让家长们和孩子们共同来呈现他们的成果，通过各种形式的授课活动来推广和介绍这些游戏，从而大大地丰富了我们活动的内容和资源。

比如我们在亲子科学探索活动"和风儿做游戏"后，利用亲子作品"和风儿做游戏"创设的互动环境，将一些操作性、互动性较强的"和风儿做游戏"的科学小游戏的亲子自制材料，在和这部分游戏的家长作者和幼儿作者沟通后，在游戏的玩法、科学原理上进行了进一步的完善，然后参照我们在日常教学中运用的"玩中学科学"的呈现方式，在教室走廊里进行呈现，同时配合实物材料，让孩子们有机会在解读游戏版面的过程中尝试和材料进行互动，既丰富了班级探索的环境，让家长和孩子感受他们在班级探索中的分量，同时也为班级的科学探索活动注入了新的力量。

接着由我们老师引领和牵头，通过各种形式的家长授课活动来推广和宣传这些科学小游戏，通过家长参与活动来推广和丰富我们的活动内容和资源。

▌活动形式一 家长老师进课堂

由老师和家委会发起、策划，邀请有教学经验的家长老师将"风儿的科学小游戏"

带进课堂,在和幼儿互动的过程中让幼儿体验科学小游戏的神秘和有趣,继而激发幼儿想要模仿、制作的兴趣。

■ 活动形式二　家庭视频课堂

为了打破时间和空间的阻隔,为了满足更多希望参与助教活动家长的需求,作为来园授课的助教形式的补充,我们尝试采用家长视频课堂模式开展助教活动,即先让家长录制视频教学的录像,然后带来幼儿园让孩子们观看,再通过现场电话连线的形式让家长与孩子进行互动。这种模式的助教,一方面满足了家长参与助教的愿望,另一方面也让更多的家长参与到了我们的助教活动中,充分发挥了家长资源,同时也让孩子们感到新鲜有趣,乐于参与、乐于与家长进行有效的互动。由此可见,这种家长视频课堂的助教模式受到孩子和家长的欢迎。

■ 活动形式三　"家长小组授课"推广科学小游戏

作为家长来园授课、家长视频课堂的进一步补充,我们另一种形式的家长授课活动也在家长们的需求下应运而生——利用家长接送孩子来园和离园的时间开展的"科学小游戏"亲子推广活动,既不占用家长的时间,又能让家长利用接送孩子的间歇时间陪孩子一起对自己设计制作的科学小游戏进行推广和介绍,让其他小朋友从家长老师的介绍、推广、陪同游戏中汲取来自家长的科学知识,体验亲子科学小游戏的乐趣。

在整个过程中,我们教师始终引领着我们的家长们通过不同形式的授课活动来参与我们的活动,让家长体验到了家长参与授课的乐趣,也让孩子们感受到了家长授课的魅力。

家园互动彰显教育智慧

赵霞萍

在当前妈妈参与幼儿园活动居多的主体趋势之下,基于树立好爸爸形象,凸显爸爸在教育中的作用,使爸爸们意识到自己在孩子成长中的特别意义的思考,我班以"爸爸本领大"为主线,开展了一系列家长授课活动,让爸爸们走进幼儿园,通过双向互动,发挥他们自身的优势,对孩子的成长施加积极影响,并成为孩子探索新领域的向导和力量源泉,为家长、教师、幼儿园之间搭起了一座沟通、互助的桥梁。

在"爸爸老师"授课的日子里,我们充分调动大家的主动性和积极性,邀请来自不同行业、从事不同工作、具有专业特长的家长来园担当授课者,给予家长和孩子交流、学习的机会,传递教育经验,充分展示家长的才能。

一、做好活动前的准备工作

首先,我们向全体家长发出邀请,通过调查表的方式收集家长的个人爱好、工作特性等信息。这些家长集专业性、兴趣性、创造性于一身,是宝贵的教育资源,定能给孩子们带来新鲜的体验与感受。其次,真诚地邀请有意向、有专长的家长参与授课活动,与家长共同设定活动内容与目标。由于家长没有幼儿教育的经验,需要教师从专业的角度,针对活动的目的和发展意义、活动的内容与组织形式,以及可能出现的问题等方面,帮助家长分析,提出中肯的建议,保证活动的有序和有效。

1. 家长主动设计活动

在"交通工具"主题活动开展过程中,彦彦的爸爸提议把他的汽车开进幼儿园让孩子观察,并把教材做成PPT,以图文并茂的形式展示给小朋友们,除了传授小汽车的基本知识外,教师还根据孩子的年龄特点,建议增加一些简单的交通标识(人行道、横道线、禁止行人通行、禁止汽车驶入、禁止停车、禁止鸣号)和交通安全知识(过马路等安全知识要点、汽车超载的后果),使活动更契合孩子的认知需要,激发了孩子们的好奇心和探索精神。

2. 教师站在专业角度提出建议

凡凡的爸爸是体育教练，擅长运动，他提出"用简单的道具创设动态的情境，把具有挑战性的活动练习置于有趣的游戏情境中"的设计思路，教师从孩子的身心理发展特点出发给予建议，将适宜的练习密度、梯度融于活动中，提高了孩子们的兴趣和情趣，使活动有序、高效，达成了锻炼体能和发展动作技能的目标。

3. 教师辅助准备活动

澄澄的爸爸是电气工程师，他有意参与授课活动，但是不善言辞，担心自己表现不好。在老师的帮助下，设计了"安全用电知多少"的语言活动，家长比较容易掌握，孩子们在朗朗上口的儿歌中获得了许多生活经验。

二、做好活动中的组织工作

为消除家长的顾虑，营造平等、信任、尊重的心理环境，使他们充满信心地投入到整个活动之中，在组织活动的过程中，教师尽力做到退居二线，适时介入指导，给家长留有发挥的余地，既满足了孩子们的求知欲望，同时也让孩子们从中学会了自我保护、分享、坚强、宽容、奉献……深受孩子们的喜欢。通过实施授课活动，爸爸们也深切地感受到本项活动是对家长自身的一次极好的教育，他们经常会问："这个内容孩子能理解吗？""孩子从这里能学到什么？"有时还会提一些建议、想法。由此可见，家长们愈发关注起孩子的成长，更加重视教育的方法技巧了。

三、做好活动后的反馈、延伸工作

家长们从一开始对授课活动不太理解，到现在认为授课活动意义重大，期间的变化非常显著，尤其是直接参加执教后，家长们更是对老师的工作多了一份理解和支持。家长在参与幼儿园教育，帮助教师更好地完成教育任务的同时，也更多地了解了教师授课的方法和步骤，分享了教师的教育经验，学会了聆听孩子。授课活动后，我们认真收集了家长的授课体会和建议，后续再完善和改进，真正达到了互动、互补、互学，推进和提高了家长授课活动的质量。

运用爸爸的特长组成爸爸授课团，弥补了教师某领域专业知识技能上的不足，同时也使得爸爸们"英雄有用武之地"，极大地满足了孩子们好奇、求知、想象、创造的欲望。更令我们欣慰的是，通过家园互动，使得爸爸们进一步了解了孩子，了解了幼儿园，转变、提升了他们的育儿观念和方法，共同彰显出教育的智慧结晶。

调动班委策划组织班级家长活动

朱 丹

　　我们班开展过一个"给孩子爱别人的机会"的关于提高爱商的家长辩论赛。其实爱不但是一种本能,也是一种能力,这个活动几乎是班委一手组织策划并主持的,活动给家长们留下了深刻的印象。

　　活动的开始,就是主持人妈妈思想转变的一段心里话,妈妈说:我并不是很理解老师的这一做法。既然是有关教育孩子的活动,为什么不把孩子们召集在一起,让家长和孩子之间直接互动,而是单独做一个只有家长的活动? 随着这次筹备活动的不断深入,在不断搜集和整理相关资料的过程中,我才真正体会到了老师的良苦用心。真正关心和爱护孩子的父母,是从自我成长开始的。孩子需要学习,父母也需要学习。如果身为父母的我们都没有达成共识,对问题的理解都有偏差或者模糊不清,怎么可能指望我们能用正确的方式去教育我们的下一代呢? 她的话让到场的家长产生了共鸣,很好地调动了积极性。

　　紧接着,涵涵爸和泽泽妈开始轮流介绍案例,比如,家长帮小朋友背书包,书包也还没有这么重;家长自己不吃,先喂孩子吃饭;一家人围着小朋友转,怕饿着孩子。真的是捧在手心里怕摔了,含在嘴里怕化了。通过案例介绍,看到了我们孩子都有着满满的爱,但是,我们爱的方式真的是爱孩子的正确方式吗? 我们知道对孩子不能溺爱,可是这个度该怎么把握呢? 我们做父母的,除了无私地给孩子奉献自己的爱以外,应不应该再加些条件? 于是进入今天的辩论主题——"爱是有条件的吗?"

　　我们主持人让家长赞成爱是有条件的和赞成爱是没有条件的分别站队,坐在教室的左右两边。

　　小组讨论和辩论开始。双方各抒己见。主持人灵活穿插,见机行事。

　　当第一轮辩论结束后,主持人询问家长们,有改变立场的吗? 还逗趣地说,可以叛变,站到对方的队伍中。当真的有家长改变立场换队伍后,主持人说的话让大家很有感触。其实,我们今天在这里并不是想要对爱是否有条件讨论出一个所以然来。有条件也好,没条件也罢,这只是爱的方式,目的都是为了让孩子充分感受到我们的爱的同时,也具有一颗温暖的心,会爱父母、爱家人、爱老师、爱伙伴。

辩论后,我们分组进行了讨论:怎样用具体的行动让孩子学会爱。

在整个活动中,其实辩论只是一个形式,而通过辩论,我们大家达成共识,怎样的爱才是适宜的,那就是——给予孩子爱别人的机会,创设机会让孩子学会爱,知道获得爱不是理所当然,知道感恩。一个懂爱、会爱、愿意付出爱的孩子才可以承载我们的希望和期待。

班委自己策划组织、家长辩论,而不是坐下来聆听老师。对孩子我们重视体验式学习,对于家长也是。体验是感觉的最好方式,一旦家长深入活动,更能体会老师平时组织活动的不易,更理解老师。最重要一旦亲身实践,本身的潜力和创作的热情被激发,主动性自然而然被调动;一旦身临其境,看到的想到的体会到的完全和被动参与不一样,感触会更深,那么活动的深意和效果才得以更好体现。

各年龄阶段的家长授课活动初探

——爸爸妈妈老师来上课

王嘉佳

【背　景】

美国学者查尔斯·F·博伊德等人通过长期研究,把父母的教养态度分为指挥型、交往型、支持型、纠错型等几个有趣的类别。这几个类别的家长各有优势和不足,他们对幼儿的行为方式也会产生不同的效力。是的,如今的幼儿教育受到越来越多的关注,在幼儿园也越来越提倡家园互动式的教育。我一直在思考如何更好地利用家长资源,创设更多更好的机会,让家长参与到幼儿园的课程建设,参与到幼儿的日常学习、生活、运动以及游戏。我在其中发现最多最好的莫过于家长授课活动,在此,我稍稍回顾了一下过去十几年的家长工作,尤其是家长授课活动状况,把各年龄阶段的家长授课活动简单地做了一个统计和整理。

◆ **家长授课的近义词:家长授课、家长执教、家长助教、园教**

　　◆ 家长授课活动的特点

　　1. 普遍性和稳定性

顾名思义,家长选择教授的课堂内容肯定是非常具有普遍性的,对于幼儿的教育目标和意义也比较稳定。

　　2. 灵活性和变化性

由于家长不是教师,他们可以选择灵活变化的时间和内容来进行授课,家园沟通的形式也经常变化,除一直使用的来园接待、电话等,现在越来越流行 QQ、微信等在线联系方式。

3. 多样性和创造性

家长授课具有多样性,其实这和现场教育教学的改革也有很大关系,教师会从自身的教育教学经验来指导和帮助家长的授课活动,会提示他们如何寻找教案、修改教案、完善教案。

4. 个体性和区域性

对于个体差异和地区差异,家长授课也有不同。我的一位家长曾经用"有趣的沪语"为主题来进行过一次语言类的授课活动。

5. 科学性和规范性

家长授课无论如何都需要教师从旁指导和协助,所以它的科学性和规范性也是可以肯定和保障的。

◆ 各年龄阶段的家长授课活动案例概览

一、小班

分析:

小班的家长授课活动需要从最简单、最粗浅、最通俗易懂的方式开展。对于刚进入幼儿园的孩子们来说,他们是简单的、粗心的,也是单纯的。他们的家长应该也是这样,作为年轻的爸爸妈妈,他们和孩子一样,简单、粗心又单纯,所以教师对于家长也该给予和幼儿一样的耐心、细心和理解。

案例:

执教者：轩轩妈妈

活动名称：生活中的圆圆

活动目标：指导幼儿认识生活中常见的圆形物体及与之相关的生活小常识

活动准备：PPT(生活中常见的圆形物体及使用图片)

活动过程：

一、以一个米老鼠图案的圆形钟表将幼儿引入圆形世界

轩轩妈妈：小朋友们,看老师今天带谁来跟你们玩了？

幼儿：米老鼠。

轩轩妈妈(模仿米老鼠的声音)：哈哈,对啦,是我,米老鼠,让我们一起玩吧。今天我们要玩圆圆哦。

二、由米老鼠(布偶米老鼠＋老师配音)引导小朋友认知平常玩耍或生活中的圆

形物品及相关的生活小常识,如:

米老鼠:放学回家过马路的时候,路口圆圆的会亮(辅以路口交通信号灯图片)的东西是什么?

小朋友:交通信号灯。

米老鼠:对啦,这是交通信号灯。(然后分别出示三种颜色的交通信号灯,询问小朋友是否可以过马路)

三、互动,如模拟过马路的情形:让一个小朋友负责举交通信号灯,其他小朋友根据交通信号灯的颜色,判断是否可以过马路。可以过的,就走到举交通信号灯的小朋友身后;不可以过的,就站在对面等举信号灯的小朋友变换信号灯的颜色。

思考:

授课活动为部分家长提供了一个体验孩子学习活动和教师日常工作的机会,孩子感觉非常新鲜,互动情况非常好。虽然是部分家长的参与活动,但是相信孩子回家会和自己的家长津津乐道这样的活动,并且他们会"想尽办法"让自己的家长也来幼儿园参加活动。活动结束后,轩轩妈妈和几个参与助教的家长们纷纷写来反馈,赞许活动是一个很好的平台和机会。

二、中班

分析:

进入中班,孩子长大了,开始会关注他人,从教材中就可以看出来,教育活动从点扩散到线,如主题"娃娃家"变成"我爱我家","好朋友"变成"周围的人","小宝宝"变成"身体的秘密"等。进入到这个阶段的家长,算是初步了解了家长授课活动,不过活动需要慢慢从单向性的活动升级为部分家长参与再到最后的整体参与的双向性活动。中班年龄阶段的学习注重与别人的初步交往,尝试理解和关爱,做力所能及的事,自己去尝试、模仿和练习,控制自己的行为,表现出自信和初步的想象力。

案例:

执教者:欣欣爸爸

活动名称:好玩的球(中班体育)

活动目标:

1. 能调动身体控制球进行多种小游戏。

2. 能与同伴合作共同玩球。

活动准备:

1. 大小不一、种类不同的球若干,如排球、乒乓球、网球、篮球、足球、皮球等,每个小孩一个球,总共 36 个球。

2. 准备好小奖品、小礼品。

活动过程:

一、开始部分

热身运动,随音乐《健康歌》做活动身体关节的动作。

活动完了,我们坐下来休息一会儿吧。

二、基本部分

1. 谈话:你喜欢什么样的运动? 引导幼儿自由发言。

可以看录像或视频,看一段球操表演。播放录像,幼儿边看边讲解。引导幼儿注意观看体操运动员怎样用身体控制住小小的、会滚动的球。

2. 我们这里有许多球,去找一找、玩一玩好不好? 我们可以像电视上一样,一起来做做。每个幼儿拿一个球,请幼儿自由模仿,满足幼儿的模仿欲望。

3. 分散游戏,引导幼儿想出各种玩球的方法。

4. 交流学习各种玩球方法。

让小孩安静下来,坐下来交流,除了电视上的玩法,还有别的方法吗?

5. 给球搬家

(1) 引导幼儿想一想一个人怎么给球搬家。

(2) 鼓励幼儿自由探索各种“搬家”的方法,如用两手心托球、用手背托球、把球夹在两腿中间、抱在胸前等。

(3) 引导幼儿想一想两人合作怎么搬运球?

(4) 集体游戏:胸夹球

(5) 集体游戏:背夹球

(6) 闯关游戏,给获胜队颁发小奖品。

三、结束部分

做放松活动,活动结束。

四、活动延伸

可以利用课间活动继续带领幼儿探索各种球的玩法。

思考:

虽然是学校举办的助教活动,不过为了使前面单向性的爸爸参与活动转为双向性的活动,我做了一个小小的调整,婉言拒绝了积极报名的妈妈,改为在线发出邀请函,邀请爸爸们参与助教活动。像可欣爸爸的助教活动,虽然很简单,不过孩子都很有兴趣,跟着爸爸学着用各种方法玩球,尤其中班要求孩子们学拍皮球,这次大家都很有兴趣的在那里比赛呢!这次活动,还请了部分爸爸参与辅助,如梓琳爸爸、斐儿爸爸、小奕爸爸等。助教活动为部分爸爸提供了一个体验幼儿学习活动的机会,也让全体孩子有了观看和参与爸爸教本领的活动,互动情况非常好。虽然是部分爸爸参与活动,但是相信孩子回家会和自己的爸爸津津乐道这样的活动,并且他们会"想尽办法"让自己的爸爸也来幼儿园参加活动。活动结束后,可欣爸爸和几个参与助教的爸爸纷纷写来反馈,赞许活动是一个很好的平台和机会。

三、大班

分析:

这个年龄阶段,家长授课活动趋于多样化和创造性,也慢慢变得复杂和创新。在这个阶段,教师可以鼓励家长尝试较难较复杂的活动,如很多科学探索活动。在对家长进行指导时,不仅要从当前主题的实际出发,确定指导的主要内容;还要从家庭教育指导的实际情况出发,选择指导的具体形式和方法,通过多种渠道来实施,这样才能起到独特和积极的作用。

案例:

执教者:萌萌爸爸

活动名称:有趣的"力"

一、感受生活中神奇的力

1. 认识"力"字,介绍简单的力字。

2. 请幼儿分别说说"力"有什么用。

二、"力存在"的小实验和"小纸片力量大"小实验

1. 有趣的"浮力":在水桶中把很重的木质水盘放在其中,要用很大的力才能把它压下去,但是手放开,它又浮上来了。

请几个幼儿上来实际操作一下,看看什么样的情况。

感觉水是没有什么力量的,但是却能托起很重的盘子,并且要用很大的力气,才能把盘子按到水里。

2. 小纸片实验:一张小纸片,很容易就能撕开来,但是把小纸片叠加在一起却很难再撕得动。

请几个幼儿上来实际操作一下,看看什么样的情况,说一说。

每个幼儿都拿一张小纸片,不断撕,看看谁撕得最多。

小结:原来薄薄的一张小纸片,是很容易撕的,但是小纸片叠在一起,力气就大,就很难撕开了。

三、一次性杯子神力的演示

1. 观察萌萌爸爸现场做实验。实验结果:一只一次性杯子无法支撑起重重的一筐积木,大家能不能帮忙,让小杯子撑起重重的积木筐呢? 可以提供大家很多很多个一次性杯子。

2. 每组幼儿现场操作实验,如何使用多个一次性杯子撑起重重的积木筐。

3. 把积木筐换成书,看看大家在使用同数量一次性杯子时,可以支撑起多少本书? 哪组最多?

思考:

活动前,萌萌爸爸对于科学活动比较迷茫,他一直比较纠结到底选择什么样的内容来给孩子们现场操作才比较好。之前,他比较倾向于《上海托幼 亲子生活》上的一些科学游戏,不过发现要准备全班份的科学材料却比较困难,而且有很多活动需要幼儿丰富的前期经验。比如《黑黑的墨水变清了》这个活动,我们班级的幼儿在个别化学习活动中曾经有过水净化和过滤的前期经验,但是这个活动并不适合全班性的集体教学活动。我把我的建议直接告诉了他,并借给他《玩中学科学》这本书,请他翻阅其中比较简单的科学游戏。他也仔细阅读了,并最后和我商量决定采用《一次性杯子的神力》这个游戏。这个游戏材料准备较为简单,而且完全适合全班孩子的教学。为了帮助他更好地完成助教活动,我先请他自己思考这个活动的过程,然后请他来园与我共同商量活动的主要过程,最后把活动的教案按照教师平时的学习教案写出来,并进行了一点小小的修改。活动中,幼儿对于家长担任教师这一角色非常新奇,所以注意力高度集中,活动中的每个小游戏、每个小环节他们都认真又积极地参加,不论是比力气还是撕纸,他们都非常努力地尝试。一直到最后他们能按照要求用排列好的若干纸杯架起很重的积木箱。

萌萌爸爸活动感想(片段):

在进入教室后,小朋友们格外热情,都围过来问我要做什么游戏,怎么做游戏,这增进了我和小朋友们的交流和感情。在讲解中,小朋友们都踊跃地进行体验和大胆的尝试。我的每次提问,都能引起小朋友们的积极参与,我都不知道叫谁好。通过这次科学活动,使我更能体会到和小朋友沟通的重要性。小朋友有时可能无法完全理解我语言的意思。但是通过亲身体验,他们能感受到游戏或活动中的知识,所以我们每个家长都应该在生活中给小朋友理解的时间,给他们提供更多的自己动手尝试的机会,这样才能使他们理解和体会其中的乐趣。

◆ 家长授课活动的形式

1. 语言

可能因为是本学科的教师,我对语言类的家长授课活动要求更高一点。我觉得家长不仅要让幼儿明白故事或者谈话、议论的主题,再考虑到不同年龄阶段的孩子的不同智力发展程度,家长可以反复讲解,并提出适当问题引发幼儿的思考。另外,活动的形式需多样,安排操作和游戏类活动,使语言类的授课活动动静交替。如中大班年龄阶段的讲故事活动,可先讲故事的前半段,让幼儿创编一些环节等,也可以要求幼儿使用不同的词汇或者语句描述和描绘情景。

2. 科学·数学

要进行数学类的家长授课活动,教师必须指导和帮助家长控制好活动的难度。数学类的授课活动可以培养幼儿的逻辑思维能力以及对数字的敏感程度。其实数学类的家长授课活动也包罗很多内容,结构、智力等游戏活动都属于数学活动范畴。整理、分类、猜谜等都是很好的数学活动内容,不过各个年龄阶段有不同的要求,太简单会没有意义,太难幼儿又不太有兴趣参与。此类活动在任何年龄阶段进行授课活动都是比较难把握的。

3. 科学·探索

这里的探索,是除了数学外的所有探索类课程。水中物体的沉浮是一种科学探索,磁铁的正负极游戏是一种科学探索,颜色的转变、吹泡泡和吹泡泡的工具等都是一种科学探索。这类的科学授课形式非常有趣,幼儿的积极性和参与性比较高,不过对现场秩序的把握和幼儿的活动常规、活动规则等指导是一个比较困难的问题。但家长如果能很好地使用这些素材和题材,不失为一个很好的家长授课内容。这类活动比较推荐中大班的幼儿家长使用。

4. 艺术·音乐

音乐类的授课活动,对于家长本身的技能要求,尤其是音乐素养要求较高,家长至少要熟练掌握一种乐器或者某种舞蹈才能很好地把活动好好的进行下去。音乐活动必须培养幼儿对美的感受力、表现力和创造力。迄今为止,只有一位家长尝试过音乐类的授课活动。她是在中班年龄阶段进行的一个叫《春雨沙沙》的音乐活动,教案是我提供给她的,她自己也有教授经验,所以活动进行得比较顺利。此类活动不太推荐家长使用,因为对于技能技巧的掌握要求较高。

5. 艺术·美工

曾经有一项研究表明,学前儿童需要通过绘画来发泄心中积极和消极的情绪。这里的美工活动不仅仅是绘画,还有剪贴折叠等美工类技巧活动。由于幼儿小肌肉发展的限制,大部分幼儿的形体表达能力以及精细动作能力都不是很完美,家长在进行此类授课活动时需多给幼儿赞扬和鼓励,并对不同年龄阶段的幼儿有不同的要求。此外,此类授课活动的前期以及延伸活动可以拓展为参观画展、美术馆,也可以鼓励家长们把幼儿完成的作品装扮在居室里,以强化幼儿的创作。

6. 社会

社会活动的授课内容大多被女性家长选择,女性家长相对于男性家长会更仔细,更在乎良好行为习惯的养成。她们会教小朋友洗脸、擦脸、涂面霜等,也会用角色游戏的形式加入到授课活动,如买卖小菜、逛逛超市等活动。我发现,每次社会类的家长授课活动都会让幼儿或多或少地学会一些生活技能,这对幼儿的生活自理非常有帮助,也可以促进幼儿理解人与人之间的关系和联系。这类活动比较推荐小中班的幼儿家长进行,大班年龄阶段推荐小学主题的内容。

7. 健康

健康形式的授课内容比较适合男性家长,相对别的授课形式,此类活动对体能有一定要求。玩球、玩绳、投掷、室外游戏等大部分健康活动是要"动"起来,优点是不无聊,参与度高;缺点是比较"累"。同样,家长对幼儿的常规和规则指导是一个比较困难的问题。这类活动三个年龄段都比较合适,小班年龄段需注意活动时间和活动量。

◆ 家长授课活动的策略

家长授课活动可能有各种各样的特点、各种各样的形式,但作为教师首先需要指导家长了解和掌握以下几条策略:

1. 激发幼儿的学习兴趣。

2. 了解幼儿的学习方式。

3. 挖掘幼儿的学习潜力。

4. 培养幼儿的学习习惯。

◆ 家长授课活动的价值

1. 授课活动有助于家园互动,提高家长的教育素质和能力

家庭教育的重要性自然不言而喻,而家长授课活动是学前儿童家庭教育的一种

典型的指导形式。不要以为家长授课活动只是单单找了一个班级正在进行的主题内容，把活动填鸭式地灌输给幼儿。授课活动需要很多前期经验，也同样会引起其他家长的共鸣、关注和重视。教师对家长授课活动进行指导，其实不仅有助于家园互动及相互了解和近亲，还可以全面提高家长的教育素质以及教育能力。马克思和恩格斯也说过："孩子的发展能力取决于父母的发展。"

2. 授课活动可引导幼儿关注和关心他人，了解自己的家庭成员

可能现代家庭能给予幼儿的物质需求都比较高，然而这样会造成很大的精神性需求缺失。现在很多幼儿普遍较自私，对别人不甚关心，也不懂得尊重和关爱别人。这是一件很悲哀的事。要改变这种现象，首先从自己班级的幼儿下手，除了需要从平时引导和指导幼儿关心和关爱他人，尤其是家人，还需引进更多的家长执教助教模式，可以让幼儿高度关注家长的表现，产生新鲜感和自豪感。

3. 家长授课活动形式较为新颖，也非常有特色，可提高幼儿园教育质量

社会是一个大系统，幼儿园的学前教育只是一个子系统。家长授课活动可以根据幼儿园本园的特色课程和本班正在进行的主题内容进行配合、调整和跟进。其实，就是同一个幼儿园、同一个班级、同一个主题，不同的家长来进行授课和执教，在具体操作上也会显现不同。国际组织伯拉德·范·利尔基金会在总结世界各国发展儿童教育的经验时，指出家长参与园教是提高幼教质量的一个重要条件。

4. 授课活动顺应当前教育局势，有益于教育法规的落实

《上海市学前教育纲要》指出："确立大教育意识。充分利用学前教育机构、社区和家庭教育资源，开展家庭教育指导，使家长成为学前教育机构的伙伴。努力实现学前教育机构的教育与家庭社区生活一体化。"家长的授课活动有机融合了托幼机构和家庭、社区资源，使家长和教师成了亲密的伙伴和战友。

参考文献：

［1］（美）查尔斯·F.博伊德等著、易进等译.按照天性养孩子——灵活而有效的教子艺术.专利文献出版社,1998 年版

［2］李生兰著.《学前儿童家庭教育》修订版.华东师范大学出版社,2006.8 第二版

［3］（俄）T.A.玛尔科娃主编、杭志高等翻译、王德一校对.幼儿园和家庭.1983 年版

［4］（俄）塔·瓦·沃利科娃著、刘祝三翻译.家庭教育与教师工作.教育科学出版社,1984 年版

［5］赵忠心著.家庭教育学.人民教育出版社,1995 年版

［6］Bernard Spodek 著.在早期儿童的教室里如何处理不同的个性特点.Longman Publishing Group 出版社,1994 年版

［7］George S. Morrison.当代早期儿童教育.7th edition,Prentice-Hall, Inc. Simon & Schuster/A Viacom Company 出版,1998 年版

［8］(美) M.梅斯基、D.纽曼、R.J.伍沃德考斯基著、林崇德、傅安球、宫铁刚译、吕志士、林崇德校.幼儿创造性活动.北京出版社,1983 年版

［9］(日本) 藤永保编、莫伽译.创造性幼儿教育.吉林人民出版社,1984 年版

［10］陈帼眉主编.学前儿童发展与教育评价手册.北京师范大学出版社,1994 年版

［11］董奇.儿童创造力发展心理.浙江教育出版社,1998 年版

［12］联合国教科文组织国际教育发展委员会编著.学会生存——教育世界的今天和明天.教育科学出版社,1998 年版

请进来，走出去
——探索家长授课的新模式

陈 英

我们都知道，家庭是幼儿园重要的合作伙伴，争取家长的理解、支持和主动参与，常常可以起到事半功倍的效果。而多年的工作经验更使我清楚地认识到：要提高幼儿的素质，光靠幼儿园是难以实现的，只有重视家长工作，努力做好家长工作，帮助家长转变观念，及时与家长进行沟通，让家长主动参与到幼儿园的教育中来，使他们成为教师的合作伙伴，才能有效地提高保教工作的质量，促进幼儿全面健康的发展，家长授课活动就是一个非常好的形式。以往，家长授课我们都是请家长走进学校，为全班小朋友进行集体活动。本学期我们尝试了新的做法，除了把家长请进课堂，还辐射到班中每个家庭，让每位家长都参与到授课活动中。

一、将家长请进校园，进行集体授课

幼儿园的家长来自各行各业，人才济济，他们对自己的职业有切身的体会和独到的见解，是幼儿园得天独厚的教育资源。如何充分运用家长资源，发挥他们的作用，使我们的活动更加有意义，开展更深入，我们通过家长自荐、教师推荐的方式，邀请家长做"家长老师"。小朋友喜欢色彩鲜艳的东西，因为颜色让他们开心，让他们兴奋。在孩子们身边的事物中，到处都是漂亮的色彩。于是，抓住孩子们的兴趣点，我们邀请家委会的海玲爸爸来幼儿园和孩子们展开一次探索色彩之旅。那天，他早早地来到幼儿园，和孩子们一起做起了游戏。他先将三原色颜料滴在操作纸中间，注意三种颜色分开点，先不要混在一起，随后盖紧大转盘的盖子，快速转动，等转盘停下来后取出里面的操作纸，你会惊奇地发现，操作纸上会出现神奇的图案。幼儿在操作的时候，刚开始将三原色颜料滴在操作纸上时，有点缩手缩脚，只点了一点点的颜料，结果甩出来的图案只有一小部分，操作纸上显得很单调。后来在老师的鼓动下，颜料是滴得多一点了,但是滴下去的三种颜色是分开的,甩出来的图案中颜色也是分开的,画面虽然比之前丰富了,但是色彩上还没能淋漓尽致地展现三原色融合后的美妙色彩。经过几次探索,我们发现滴颜料时的窍门,那就是把三原色的颜料滴在一起,立马就会发现融合在一起后颜色开始变得奇妙了,再盖上盖子甩一甩后,出来的图案立刻变得更好看了,小朋友们兴奋不已。

探索活动"甩出来的圆盘"让幼儿初步感受到了颜色的魅力,孩子们认识了一些基本的颜色,体验了色彩及其变化带来的乐趣。爸爸老师的参与,抓住了孩子的好奇心,让孩子成为色彩世界的探索者,展开他们视觉与感觉的色彩之旅,享受各种色彩所带来的惊喜。通过这一次的家长授课活动,爸爸妈妈和宝宝也有了很大的收获,有的宝宝爱动手了,有的宝宝乐于表达了,我们相信只要付出努力,就一定会有所收获。

二、让每位家长参与家长授课

主题探索活动"奇妙的颜色"正在轰轰烈烈地开展着,虽然是小班的孩子,但是他们的探索热情一点都不亚于哥哥姐姐们。在组织这次亲子活动的过程中,我们先组织家委会成员共同参与方案的制定,从幼儿兴趣出发,以亲子互动为主,遵循趣味性、参与性、可操作性的原则。为使活动的材料更加丰富,我们开展了"废旧物品大搜索"活动,发动家长、孩子收集了许多的废旧铅笔、废旧光盘等,为亲子制作活动做好物质准备。这次活动的特点是家长们按孩子的意愿选择了制作内容,并用废旧材料制作陀螺。孩子与家长在合作过程中,表现出特有的亲情,当一个个"七彩陀螺"呈现在孩子手中的时候,孩子和家长都表现出了成功的喜悦。小朋友和家长们制作的七彩陀螺非常棒,设计出了别具一格的彩色陀螺。有的家长利用了旧唱片进行装饰,中间插上了废旧的水笔,转起来非常自如。有的家长把三原色中两种颜色进行交替排列,使陀螺在旋转后变成了另外一种颜色。例如,红和黄搭配的图案,陀螺旋转后变成了橘色。在陀螺上贴上一个一个金色的小圆点后,陀螺旋转后金色小圆点变成了一条金色的圈。有的家长在固定中间一个旋转轴时有了困难,他们积极动脑筋想办法,有的用废旧水笔,有的用家里削好的小木塞,有的用小铅笔,还有的用热胶枪进行固定。孩子们在活动中也和家长一起剪剪贴贴,和家人一起商量制作方法,在进行旋转陀螺的比赛中观察着陀螺颜色、旋转速度、旋转时间等的变化,一次又一次地探索和实践。这次家长授课活动家长的积极性非常高,全班家长人人参与,对陀螺进行精心装饰,让孩子们在做一做、动一动、玩一玩、看一看、比一比的过程中,观察着旋转的陀螺颜色的变化,从而探究这些小小玩具中蕴藏的科学奥秘。

三、让家长回归家庭,进行个别授课

对于刚入园的小班孩子来说,对周围一切事物充满着新鲜和好奇。"玩"就是小班孩子最主要的活动,他们的探索刚刚起步,为了更好地让孩子们关注他们周围存在的一些科学小秘密,家长们的帮助、指导、合作无疑是孩子们最好的老师。于是我们就将科学探索小游戏延伸到家庭中,请每位家长参与到授课活动中。家长们根据自己的特长和爱好进行制作和实验,通过和孩子一起收集资料、材料,共同商讨设计制作作品,有的家长和孩子还一起进行科学小实验操作,验证实验结果。家长们一次又一次地不断调整,使作品更加完美。有的家长利用了电的原理制作了"迷你小台灯"

"遥控小汽车";有的家长利用的磁铁具有磁性的原理设计了"磁铁宝宝走迷宫",利用同性相斥、异性相吸的原理让磁铁宝宝在迷宫中自如地来回走动。有的家长还在家里利用水的三态,做了"奇妙的小水珠"的实验,让孩子们感受水的不同状态变化。家长们还利用声音在空气中传播的原理制作了好玩的传声筒,和孩子们边玩边感受声音的奥秘。有的还利用风制作了风车、风铃等作品,使小朋友感受存在于他们生活周围的科学现象和原理,激发了孩子们的好奇心。将科学探索小游戏延伸到家庭中,全家总动员制作活动,得到了每个家庭的积极配合与支持。我们把每个家庭制作的作品在走廊里布置成一个展览会,并给每个作品编上了号码,发动家长参与评选,让家长和孩子们选出自己心目中最有创意的作品。由此可见,回归家庭,让每位家长参与授课活动,是主题开展过程中必不可少的条件,可以更加有效地推进家长合作。

　　这个学期我们探索家长授课活动的新模式,得到了家长朋友们的全力支持、积极参与,不管是孩子还是家长,都获益匪浅。家长授课活动拉近了幼儿园、家庭的距离,更重要的是家长通过这个过程形成了积极的态度,家长们纷纷表示,希望在以后的活动中老师能多多组织这样的活动,让家长陪伴孩子一起成长,一起收获快乐。我们也将探索更多更好的家长授课模式,开创幼儿园、老师、家长和孩子全方位互动与交流的盛会!

家园合作，手拉手

——家长授课活动探索

施 敏

《幼儿园教育指导纲要(试行)》指出："家长是幼儿园教师的重要合作伙伴。应本着尊重、平等的原则，吸引家长主动参与幼儿园的教育工作。"

不同层面的家长来自不同的行业，有着不同的工作经历。同时家长的职业、阅历、特长对幼儿园的课程教育来说就是一笔丰富的教育资源，因此向家长敞开大门，以开放的姿态和谐地融入社会大环境中去，与家庭、社会各方共同携手，形成合力，让幼儿教育真正达到优化。而我们以往的家园合作都存在着诸如合作流于形式、过程缺乏互动、家长主动意识淡薄等问题。在感叹家长资源利用率不足的同时，吸取自己以往的家教经验，根据小班幼儿年龄特点，小班家长关注需求，组织和开展了"家园合作，手拉手"的家长授课活动，鼓励并激发家长积极参与的欲望。

如果能从小班开始就加强家园联系的紧密性，为家长和老师搭建一个有效多样的互动交流、互相学习的平台，既能更好地促进幼儿的全面发展，也便于后三年家园合作的开展和实施。

一、如何开展家长授课活动

通过倡议书的发放，家委会成员对于"家长授课"这样的一个新活动非常的感兴趣，非常愿意到幼儿园和孩子们一起参与活动。面对这群充满热情的家长，我们特地召开了一次家长沙龙活动，与家委会成员和部分对此活动感兴趣的家长一起来了解什么是家长授课活动，帮助家长克服紧张情绪，了解幼儿园教育活动的方式。

(一) 家长授课活动前的准备

1. 召开新学期班级家委员会会议，宣传家长授课活动理念

首先我们要让家长知道什么是"家长授课"活动？开展家长授课活动对于幼儿的成长有什么帮助？哪些家长可以走进幼儿教室组织教学活动？教师要怎样做家长才愿意配合和支持家长授课活动？都是值得我们去思考的。

家长身上蕴含着丰富的教育资源，作为教师只要充分挖掘这些教育资源，利用其为教育服务，定会收到良好的教育效果。"家长授课"是一种新型的家园共育方式，它开展的成效如何，完全取决于家长参与的积极性和参与的力度。所以，通过多种途径不断地宣传以形成家长这方面的意识，是做好"家长授课"这项工作的前提。因为，只要让家长们充分意识到教育好孩子并不只是幼儿园的事，形成了相应的共育观念，他们将会积极主动地参与到幼儿园的教育活动中。

2. 填交"家长授课征询函"，鼓励家长积极参与家长授课活动

教师根据"家长授课征询函"的结果，以家长自主报名为主、教师指定为辅的形式产生授课家长。当确定了授课家长后，我们积极、主动地与家长交流、沟通，根据家长的特长、能力、兴趣确定教学主题；或者和家长一起研究并选择适合本班幼儿年龄特点及实际水平的教学内容，共同讨论切实可行的、生动活泼的教学形式，教给家长一些简单的授课用语和儿童用语，共同准备活动所需的图片、音乐、道具、多媒体等。

(二) 家长授课活动过程中的辅助

1. 积极沟通，做好家长授课活动心理准备

为了让授课活动更加完善，让家长更深切地感受授课的意义、掌握教学方法等，在授课过程中，教师、幼儿和家长应做些什么准备工作？在授课活动中，教师和家长应扮演什么角色才能正确、恰当地引导幼儿？我们及时地与家长沟通和交流，双方达成了共识。在授课活动时，幼儿仍然是教育活动的主体，家长是以教育活动的实施者出现的，而教师是整个授课活动的支持者和引导者，故在家长授课活动时，幼儿、家长、教师应同时着手做好准备。

2. 适时支持，辅助家长完成授课活动

由于家长不是专业的幼儿教师，没有组织幼儿教学活动的经验，对幼儿在活动中的许多反应往往会不能及时应对，这时就需要教师以适当的方式介入，辅助家长进行活动，以保证授课活动的正常进行。如授课家长在活动过程中可能会不经意地用他自己的语言方式描述某个活动内容，进而使得幼儿会因为不能理解而表现出骚动不

安,此时教师就可以介入,教师可以以一个听众的身份将家长老师说的孩子不懂的内容换个说法。

总之,在整个授课活动中,家长是整个教学活动的组织者和引导者,教师应该作为合作者辅助家长,为幼儿营造一个愉快、和谐、健康的活动环境。

(三)家长授课活动后的反思

只有对每次的活动进行反思,活动才算是真正的结束。反思既是一次活动的结束,又是下一次活动的开始。每个授课活动中都会有值得我们学习的地方,同样也会存在有待进一步改进的地方。活动结束后,家长和教师应该及时交流,谈授课活动中的感受与体会,为再一次参与授课或其他家长的授课活动提供借鉴的范本。

二、家长授课活动让家长的育儿经验更丰富

作为新小班的家长,对幼儿在幼儿园里的生活和学习,充满了好奇,各种各样的担心、各种各样的问题、各种各样的期望……在他们心中产生。家长授课活动能更好地拉近幼儿园与家长的距离,让家长了解幼儿园开展各种活动的情况;能更有效地利用家长资源,让家长从被动变主动,愿意参与到班级工作的开展中来;更能开阔幼儿的眼界,拓宽幼儿的思维,弥补教师在专业领域中的不足,使家长成为幼儿园的协作者、支持者。

(一)发挥家长授课活动魅力,让家长更积极主动

"家长授课"活动的邀请函一经发出,就得到了许多家长的响应。特别是第二学期,除了以前参与过活动的家长,还吸引了一些上学期想参加、但不敢参加的热心家长。

1. 热情不减的授课妈妈

一直积极和孩子们互动的龙凤胎妈妈,她在学期初就主动和我们联系,想结合三八妇女节的活动,和孩子们一起制作小礼物,送给家里的妈妈和奶奶们。活动当天她不但自己精心准备了MM巧克力、好丽友派蛋糕、长饼干、妙脆角等精美、有创意的材料,还特地请假在当天和孩子们一起完成这个爱心的祝福礼物。上学期活动后,凡凡妈妈就因为自己只扮演了圣诞老人,一直躲在面具后面没有机会用"真面孔"和孩子们互动感到特别的遗憾。再加上那几天,她持续高烧,整个人的状态特别不好,心有余而力不足,总觉得欠自己孩子一个展示好妈妈的机会。因此,凡凡妈妈没有放弃第二次的机会,主动报名参加了。佑佑妈妈,她非常想参加第二次的活动,但又有点

担心。因为上次的活动佑佑整场都在哭,那时的他不理解妈妈为什么会来幼儿园,但妈妈又不陪在他的身边,胆小的他因为没有安全感,表现出的情绪让妈妈很难过。这次佑佑妈妈主动去做佑佑的工作,没想到佑佑一口答应,孩子积极的表现让妈妈也自信了不少。

2. 一起参与的授课爸爸

第一次的活动是悦悦妈妈一个人参加的,她觉得非常的满足。第二次她一定要爸爸也来参加我们的授课活动,让爸爸一起来和孩子做游戏,感受童年的快乐。

3. 鼓起勇气的新授课家长

熠熠妈妈、晖晖妈妈、扬扬妈妈和欣欣妈妈,虽然她们都没有参加过第一次的活动,但无论是自己想参与,还是因为孩子的强烈要求才参与,大家都鼓起勇气,挑战自己,让她们的孩子为自己的妈妈而骄傲。

从这里我们可以看到,我们班的家长不再是班级活动的游离者,不再是班级活动的被动者,不再是听老师看老师的观摩者,而是能主动参加到班级的活动中来,成为班级的主人、老师的伙伴、孩子的"新老师"……

(二)家长之间互动增加,积极探讨幼儿教育

在与她们的交流中,我们能感受到几位妈妈的互相鼓励和支持,当欣欣妈妈、扬扬妈妈有点退缩的时候,熠熠妈妈给大家说了一些鼓励的话,让她们重新燃起了信心,为了孩子,为了自己,大胆参与其中。同时有经验的龙凤胎妈妈,也为大家提出设计活动的小设想、小建议,为大家出谋划策,并邀请部分住在一个小区的妈妈们,在周末的时候到她家里去,一起商量活动方案,为妈妈们解决困难。

在组织设计活动时,我们更多是关注家园合作,希望通过老师和家长的互动,能让家长了解更多的育儿知识和新的育儿观念。没有想到是家长们给了我们新的惊喜,通过这样的活动,家长之间的交流更多了,因为同一件事情,老师向家长提出要求和建议,和家长向家长提出要求和建议的效果是完全不一样的。这样的形式,会让家长更容易融入这次和以后班级开展的活动中来,使我们的工作开展更顺利更有质量。

(三)教师给予个性支持,了解更多教育的方法和技巧

当家长们亲身参与了授课活动以后,他们看到了自己孩子在集体中的表现,也看到了其他孩子在集体中的表现。对于家长来说,眼里都是只有自己的孩子,孩子的行为习惯、语言表达、动作发展、交往能力,自己非常的熟悉,但是孩子到底发展得好,还是不好呢? 他们没有比较也不是很了解。通过这次活动,许多家长对自己孩子的教

育观念都有了不同程度的改变。

1. 用欣赏的眼光看孩子

对自己孩子能力评价偏低的家长,在活动中发现了孩子的闪光点,转而为自己的孩子感到骄傲,用欣赏的眼光看待孩子。对自己孩子期望值过高的家长,在和老师共同设计活动中,发现了3~4岁年龄特点,了解一些这个年龄段孩子的知识经验,变得能正确看待孩子的发展,更理性、更耐心地等待孩子健康成长。

2. 改变教育方式爱孩子

在生活中喜欢用命令式的家长,通过自己组织活动,发现用鼓励的语言、赞扬的话语,能让孩子更容易接受自己。于是在活动后,他们也能对自己的孩子用富有童趣的语言,拉近了亲子之间的关系。也有对自己孩子情况不了解、教养问题托付给老人的家长,在活动中发现自己孩子和其他孩子的不同,在与老师交流后,获得了有针对性的指导,对孩子的教育也变得比以前更关注了,也在繁忙的工作中抽出时间和孩子进行更多的亲子交流。

三、家长授课活动让幼儿发展更全面

幼儿在园生活都是教师伴随着度过的,突然来了某位小朋友的爸爸、妈妈来组织,孩子们会表现得特别的兴奋和惊喜,树立起了"爸爸、妈妈来上课"的自豪感,从而让我们的家长授课活动开展得更顺利。同时家长的观念改变了,亲子关系融洽了,孩子发展也有着明显的变化了。

(一) 爸爸妈妈的自信,感染了孩子

佑佑是一个性格内向的孩子。刚入园时,他天天一个人坐在桌子旁边默默地流着眼泪,想着妈妈,不和小朋友说话,也不拿桌上的玩具玩。妈妈为此非常的担心,一直向我们求教解决问题的方法。虽然经过了一段时间的幼儿园生活,佑佑不再哭哭啼啼了,但他说话的声音还是小小的,不敢主动和小朋友说话,我们安慰妈妈:"没关系的,给孩子空间和时间,让孩子慢慢地成长。"为了促进佑佑胆子大起来,妈妈在上学期就参加了"家长授课"活动,可是活动当天好久没哭的佑佑又哭了,搞得妈妈不能全身心地投入到活动的组织中。当我们都在困惑,怀疑这次妈妈参与的行为是不是起到了反效果时,渐渐的我们发现佑佑在变化。佑佑愿意参加班级的活动了,愿意和小朋友坐在一起玩了,他会笑了,会和朋友交流了……回到家,佑佑开始向妈妈讲述幼儿园快乐的生活:今天谁帮我了、今天我学了什么本领了……欣喜的妈妈在学期

结束时,在朋友圈里写下了这样一段让我们感动的话:

宝贝寒假很快要到来了,这半学期的小班生活让你成长了不少,你很爱哭鼻子,也很内向,但你心思非常的细腻,你记着每位老师对你的好,每位小朋友和你的友谊。每晚临睡前你喜欢告诉我学校发生的事情,让我感受到小朋友的友善,让我感受到你对学校的适应,让我感受到内向又有点胆小的你有你自己的优点,让我感受到老师对学生的爱和温暖。感谢小11班老师们这半学期的辛勤付出。

发生在佑佑身上的这一系列的变化,让我们和家长都感受到了"家长授课"活动给孩子带来的自信,也正是由于这样的变化,家长对孩子的教育也更自信了,让家长更愿意参与和支持我们开展的各项活动,也获得了他们对老师的信任。

(二) 爸爸妈妈的关注,增进了亲子情感

参与过活动的爸爸妈妈,下班回家更愿意和孩子相处;孩子们在活动中看到了爸爸、妈妈的另一面,也更愿意和爸爸妈妈亲近。

轩轩的妈妈经常和我们说起,孩子最喜欢和她黏在一起,无论什么事情都要妈妈,而爸爸因为工作忙,和孩子相处的时间非常的少,但当爸爸想和孩子一起时,轩轩却不习惯爸爸,可怜的爸爸只能站在一边看着他们母子亲热。这次"家长授课"的活动,我们轩轩爸爸积极地参与,希望能看到父子之间关系的改善。结果是非常令人惊喜的,轩轩在同伴的交流中发现,自己有个多么能干的爸爸,心中充满了对爸爸的敬佩之情,父子之间的关系变得更融洽了。

(三) 爸爸妈妈的引导,促进孩子各方面的发展

家长们在参与活动的时候,除了完成自己上课的任务外,还体验到了集体活动中孩子的行为习惯、倾听习惯、规则意识、语言表达能力有多么的重要,细心的他们还观察到孩子在活动间隙的自理能力,发现了很多他们平时不关注的教育契机。于是他们回家后,会根据自己孩子的能力和特点,再结合班级老师的要求,有针对性地进行教育和引导。家园合作后的效果,非常的明显,孩子们各方面的进步都非常的大。

四、家长授课活动让教师家长在家园合作中更有效

(一) 家长更理解幼儿园的教育

参与"家长授课"活动,让家长们看到了老师的辛苦和付出,一个简单的活动需要我们在背后多少的准备和设计。让老师和家长之间的话题也多了起来,除了解自己孩子的情况,家长们也能关注到其他孩子的情况,更能从老师的角度出发,真心地感

受和接纳老师的教育理念,也更能理解幼儿园老师的工作。

(二)各种沟通方式成为家校合作的桥梁

一次次的联系、一次次的沟通、一次次的调整、一次次的准备……如果每次都请家长到幼儿园和老师面对面地交流、解决,相信这个工作量是非常大的,我们和家长都没有这么多的时间来回地奔波,也会让家长疲劳,失去对活动参与的热情。于是我们这次的沟通工作,大部分采用网络来进行,充分体现了网络的即时性和便利性,保证了沟通的质量。老师的一些修改意见和建议,家长可以反复查看反复思考。同时,也保证了沟通的数量,不再是一次性解决,而是给家长一个慢慢适合、慢慢整理、慢慢思考的过程。

(三)共同完成有效的活动方案

家长对家长授课活动特别认真,每次活动之前都主动地把活动的方案给我们看,希望我们给予一些建议和意见。当我们阅读了家长们的方案后,为家长们的努力而折服,虽然不能说是完美的方案,但每一份方案里都充满着这个家长的思考和智慧,而且内容丰富涉及不同的领域。

我们在尊重家长这份劳动成果的基础上,还是针对本班孩子的年龄特点、兴趣特点,给大家提出了有针对性的指导和建议。比如:

佑佑妈妈设计了一节语言课,看了教案后,我们发现妈妈一言堂的环节太多了。于是建议妈妈在和孩子们一起看图片的时候,用提问的形式,和孩子们一起讲故事,一起观察图片上的每个场景,帮助孩子们投入到活动中,增加孩子活动的兴趣。结果活动中,妈妈一边提问题,一边和孩子们讨论,取得了非常不错的效果。

扬扬妈妈在设计音乐活动时,为了激发孩子们的兴趣,她打算每个小朋友一个头饰,结果活动中会出现 14 只大灰狼。我们马上发现了问题的所在,告诉扬扬妈妈如果有 14 只大灰狼,场面将会非常的混乱,而且作为"妈妈老师"也无法观察到孩子表演的情况。于是我们建议妈妈用小组表演的形式,减少到 1 只大灰狼,这样既能满足每个孩子的表演欲,同时也能让其他孩子学会观察别人的表演,通过生生互动学到更多本领。

不太自信的晖晖妈妈却表现得出人意料,她一下子准备两份活动设计让我们帮她选择。为避免和熠熠妈妈的活动相仿,我们建议晖晖妈妈组织一次运动活动。看完了她的教案,我们发现里面一些环节不符合小班幼儿的年龄特点,于是和晖晖妈妈进行了面对面的交流,提出以下建议:将敲小铃的形式改给放音乐的形式,一放一停、一动一静,便于小班幼儿感知和判断;将成人化的身体运动口令,变为让孩子模仿小动物的方式,适合小班幼儿的年龄特点;最后一个环节增加了游戏的内容,进一步激发幼儿运动的兴趣。

　　……

　　经过这样一系列的调整,因为有老师专业的指导,妈妈组织起活动来心更定了;同时合理的方案设计,也能让孩子在自己原有水平上得到了发展和提高。

　　日后我们将在家长的需求下,考虑是否再继续开展或扩大"家长授课活动"的规模,发动更多的家长参与到班级和幼儿园的工作中来。相信无论以什么形式,我们教师和家长都会感受到"家园合作,手拉手"给我们带来的教育契机。

　　最后借用晖晖妈妈参加活动后的一段感想:

　　虽然参加这样的活动,我很不自信,也怕做不好,但为了孩子我愿意尝试一下,想通过参加这样的活动,能和孩子有更多的交流,能更多地了解自己的孩子,能走进孩子世界,低下身去倾听孩子……

搭建家长授课平台，促进家园有效互动

顾燕菁

在幼儿园的工作中，除了保教并重，还有家长工作也非常重要。如何做好家长工作其实也是一门艺术，作为幼儿教师，我们需要培养孩子，其实"好家长"也是通过我们相应的家长工作技巧培养出来的。赏识家长，和家长建立良好的朋友关系，平等交流；热心、耐心、细心对待每一个孩子，赢得家长的信任与支持；搭建平台，让家长们以各种方式参与到我们的幼儿园活动中来，让家长们了解我们的活动，走进我们的活动，进而理解我们的工作……这些都是作为教师的我们需要去做、需要去思考的。

正是在对家长工作重要性认识的基础上，结合正在开展的家教课题《幼儿园课程建设中"家长授课"模式的实践与研究》，本学期我以"有趣的声音"亲子探索活动的开展为着眼点和切入口，来对班级家园合作新形式、家长授课新形式进行了探索。通过拓展和创新班级家长授课的新形式，来充分挖掘家长资源，让家长资源为我们的活动开展所用，为不同能力、不同水平、不同需求的家长设计适合他们的家长授课的参与模式，积极争取让大部分家长都能投入到我们的探索主题活动中，下面是我的一些做法和思考。

一、深入细致地排查摸底、调查分析，为开展班级"家长授课"提供理论依据和事实基础

在开展本学期的家长特色工作《拓展家长授课形式，促进家园有效互动》之前，我首先通过实地的家访、家长个人信息梳理，对班级 29 位家长的个人信息进行了统计。通过统计、分析了解到以下家长信息：

家庭类别：新上海人家庭 75％，本地户籍家庭 25％

文化程度：本科及以上 80％，大专 10％，中专 10％

教养方式：祖辈家长负责幼儿日常起居的 80％，父母亲自教养幼儿的 20％

家庭结构：二胎家庭 60％，单亲家庭 10％，三口之家 30％

通过对现有统计数据的观察分析发现，班级家长的文化水平相对较高，由于新上海人家庭所占比例较大，这部分家长对孩子的教育也尤为重视，因此从总体上看，班级家长对孩子的教育是非常重视的，而且也具有教育和管理孩子的足够能力。但是因为二胎家庭、单亲家庭、工作原因等诸多因素，因此班级幼儿更多的是由祖辈家长带养和接送来幼儿园，家长亲身实地助力班级活动的时间似乎不多。

通过问询表的形式对家长参与"家长授课活动"的意愿、形式进行问询和了解，对这些信息梳理后我们发现：

1. 家长们参与"家长授课"的愿望是非常强烈的，100％的家长表示在能力范围内乐意参与和支持我们的活动。

2. 30％家长选择以来园授课的方式参与班级教育活动，70％的家长表示希望通过其他形式的"家长授课"来助力我们的活动。

3. 100％的家长对利用微信、网络开展微信授课活动有兴趣，并表示乐于尝试通过网络微信课堂的形式来参与我们的授课活动。

由此可见，班级家长参与"家长授课"的积极性和主动性还是非常高涨的，在授课的形式上家长希望有更多的方式供自己选择，家长希望选择自己喜欢的、在自己能力范围内的授课方式来参与和助力我们的活动。

基于此，我及时地将我们观察和分析的这些信息和班级家委会进行了沟通，由家委会代表牵头，针对本学期"亲子探索活动"开展的细节以及家园配合的内容、家长授课的形式等进行了探讨。结合班级家长的基础和需求，我们针对"家长授课"达成了这样的共识：

1. "家长来园授课"的现场授课形式引领，先由家委会代表牵头围绕班级探索活动开展需要开展 1～2 次的家长现场授课活动。

2. "微信视频课堂"这种间接的授课形式作为补充，家长和孩子围绕自己设计、制作的亲子科学小游戏拍摄一段较为完整的介绍、分享视频，介绍如何制作，如何游戏，通过全班 29 个家庭共同参与的"微信视频课堂"，将"家长授课"这种形式在家长中全面铺开，让每位家长都有机会尝试。

3. "现场亲子小课堂授课"的形式作为拓展，针对一些胆小、但是又有兴趣进行现场授课的家长,我们鼓励他们利用来园和放学时间在亲子小制作的展示区以"亲子小课堂授课"的形式开展授课活动。家长可以将自己设计的亲子小制作和小游戏,在小范围内针对部分有兴趣的孩子进行授课,通过现场亲子演示,一对一的说明等,让家长和孩子进行亲密互动,也让孩子和家长老师在互动的过程中习得知识和经验,同时这种形式的"家长授课活动"也达到了让亲子科学小制作制作者家庭推介作品、分享思路、共享和推广作品的目的。

在探讨的基础上,我们围绕以上几个方面在班级范围内通过不同形式的"家长授课活动",对家长授课的形式进行了初步的探索和尝试。

二、多种授课形式的交互运用,满足家长的不同需求,促进家园有效互动

在探索"家长授课"新形式的过程中我发现,其实"家长授课"并无固定的模式,作为老师的我们需要根据班级家长的实际水平,根据班级家长的实际需要,巧妙地设计、灵活地运用,从而让我们的"家长授课"更能契合活动需要,通过"家长授课"让家长资源为我们的活动所用,也让家长们在开展"家长授课"的过程中体验参与幼儿园活动的快乐。在本次围绕探索主题活动开展而进行的对"家长授课"形式的探索中,我们在保留以集体活动形式开展的"家长老师进课堂"的现场直接授课形式的基础上,探索以"亲子小课堂现场授课""微信视频课堂授课"等不同的授课形式为辅的班级家长授课模式,从而做到让"家长授课"在班级家长中全面开花,全面铺开,真正做到满足家长授课愿望,充分挖掘家长资源,促进家园有效互动。

1. 保留传统的"家长老师进课堂"的现场家长授课形式,为亲子探索活动的展开提供直接的支持和帮助

邀请有特点、专长的家长走进幼儿园,和老师一起组织教育活动,为孩子成长提供帮助和支持,这就是我们俗称的"家长老师进课堂",它是我们幼儿园"家长授课"的传统做法,也是我们一直在运用的家长授课形式。在这一次的亲子探索活动中,我们的"家长老师进课堂"活动为我们的亲子探索打响了响亮的第一炮。

本学期的家长老师进课堂活动——巧虎和我们做科学,由家委会发起、策划,由家委会代表直接担任家长老师。有心的爸爸老师在筹备活动期间还真是做足了功夫,他不仅对我们小班上学期孩子的年龄特点、学习特点进行了解,而且还尝试模拟"巧虎课堂"里的巧虎和孩子们一起活动,希望做到让孩子们从玩中学。活动当天,爸爸老师用自己特地准备的巧虎衣服和头套将自己全副武装,化身为孩子们最熟悉最

爱的巧虎,来到了孩子们中间。活动中,巧虎爸爸把我们的主题探索内容巧妙地融合到了他设计的几个科学小游戏中,"有趣的传声筒""打电话"……在和孩子们的亲密互动中孩子们知道了声音是会传播的,用传声筒传话可以让另一头的小朋友听得很清楚,可是传声筒外的小朋友却听不清楚,这是因为声音都通过传声筒传给对方了……游戏后孩子们探索的热情高涨,还乐此不疲地模仿巧虎爸爸玩起了"传声筒"、"打电话"的游戏,不仅如此,回家后很多孩子还欣喜若狂地把"巧虎来了"的消息告诉爸爸妈妈。由此可见,巧虎爸爸的到来不仅让孩子们欣喜不已,而且在和巧虎做游戏、和巧虎一起动脑筋、和巧虎的互动中,孩子们收获了快乐,习得了知识,巧虎的到来为我们亲子探索活动的展开起了一个好头。活动后,孩子的热情感染了家长们,他们纷纷在微信群里问起了关于"巧虎爸爸来了"的相关信息,而我们的巧虎爸爸老师在微信上也自然而然地与班级家长们进行了互动和沟通,为什么要到幼儿园开展这次的活动,为什么要扮演巧虎,为什么要做这些科学小游戏,爸爸老师娓娓道来,并畅谈自己参与活动后的感触。爸爸老师的参与热情,用心良苦,在家长群里引发了很大的震撼,大家纷纷为他的行为点赞,纷纷表示活动很有意义,有机会自己也要参与。

教师的感悟:

(1)关注活动的前期准备,保证活动的顺利开展。对于我们的家长来说,虽然他们具有高学历,高智商,但是他们却不是专业的幼儿教师,他们对孩子的年龄特点、学习方式等并不清楚,也可能并不清楚运用什么样的方式和孩子互动、和孩子沟通。因此作为老师的我们需要在活动前全程跟进,在家长准备活动的过程中,在活动内容的选择、活动形式的运用、活动的设计上都要给予专业的建议,协助家长老师对活动进行合理的组织和安排,从而保证活动的顺利开展。

(2)重视活动后家长和幼儿的反应,发挥活动的辐射作用。活动后幼儿的反应如何,既是检验活动有效与否的关键,也是我们拟定后续活动的参考依据。当发现孩子们活动后热情高涨,并且主动把这种热情传达给家长之后,我们利用了孩子们的这种"热情",通过让家长老师在微信上与家长互动的方式将本次"家长老师进课堂"活动推向家长,在让家长通过活动对我们的亲子探索有一个深入了解的同时,也让家长们对"家长授课"有一个更为感性的理解,进而充分发挥活动的辐射作用。

2. 有效地运用多种家长授课形式,让家长们有的放矢地选择适合自己的"家长

授课"形式,满足各层次家长的授课需求

　　针对大部分家长提出的希望以多种形式参与我们班级的"家长授课",我们也在努力地思考一些其他的"家长授课"形式,因为"家长进课堂"这种现场的以面向全体幼儿展开的授课活动,对大多数家长来说还是有压力的,因为家长觉得自己毕竟不是专业的教育者,进课堂对于他们来说压力山大,而且在时间安排上也要和老师不断沟通。于是家长们都希望有一些相对宽松的、能不受时间和空间限制而开展的"家长授课"形式来让自己体验。针对此,我们对以下几种授课形式进行了尝试和摸索:

　　(1)现场亲子小课堂授课

　　家长利用来园接送的时间开展的"现场亲子小课堂授课"活动,既不占用家长的时间,又能让家长利用接送孩子的间歇时间,和自己的孩子一起对自己设计制作的科学小制作进行制作方法的介绍、玩法的演示,让其他小朋友从家长老师的介绍、推广、陪同游戏中汲取来自家长的科学知识,体验亲子科学小游戏的乐趣,也能满足家长对于"家长授课"这一家园合作活动的不同参与形式的要求。

　　(2)微信视频课堂授课

　　家长们和孩子一起对自己设计的"小游戏"、"小制作"的分享和介绍方式进行设计,根据自己孩子的能力水平、喜好选择简单点的介绍,如说得少一点、演示得多一点;复杂点的介绍,边演示边介绍……家长可以多次拍摄介绍视频,选择自己表现最佳的一次、觉得最棒的那一次作为自己在微信上发布和分享的内容。(这对于孩子和家长来说,也更能体现出他们的真实水平,排除了因为场地、胆怯等感染因素的干扰,让孩子和家长更能发挥出自己真实的水平)家长在指导孩子如何介绍、在和孩子共同展示的过程中,其实也是家长们间接地在助教我们的活动。当每个家庭将一段段精彩的由家长和孩子共同参与的介绍视频发布到微信的时候,微信小课堂就在这一刻全面开花了。将微信平台作为家长授课的阵地,对于家长们来说既新鲜又实用,也不会造成家长的负担。每个家庭的孩子和家长就是微信课堂授课的老师,一个亲子小游戏小制作就是一个教学的内容,对于我们小一班来说29个家庭呈现出了29堂精彩的"教学活动",既将我们这一次的亲子探索成果全面地、清晰地、生动地、形象地呈现给了大家,也让大家在彼此分享中,既展示了自己的风采,也从别人的介绍中获得了有价值的信息,从而让家长们体验到"微信视频课堂"潜在的巨大教育价值,同时也让家长们感受微信授课带给我们的快乐体验。

教师的感悟：

　　在其他形式的家长授课活动中，我们邀请家长有目的、有选择地配合教育幼儿。因此，在过程中，我们对家长的指导体现在帮助家长了解活动的概况、了解家长需要帮助的内容。与现场授课相比，在其他相对间接的授课活动的开展过程中，作为教师的我们需要给予家长更为具体、更为细致的指导，甚至可以说是要一步步地给予指导。就比如在"微信视频课堂"活动的开展过程中，我们就采用"个别家长指导"、"微信共性问题答疑"等多种形式的互动活动来指导家长和孩子共同完成微信小课堂视频的拍摄，对家长在过程中出现的问题给予及时的回应和答疑，进而保证活动的顺利开展。因为对于教育活动本身来说，家长既然参与了微信视频授课，那我们就要充分发挥其授课内容的价值，因为它已然成了老师在开展探索活动中的重要组成部分。

三、我的感悟和思考

　　（一）我的认识

　　陈鹤琴先生曾经说："幼儿教育不是家庭或幼儿园哪一单方面可以单独胜任的。""家长授课"以其特有的作用为家长、教师搭起了一座沟通、互助的桥梁。每一次的"家长授课"，除了对家长积极参与活动的感动之外，也让我对开展"家长授课"有了更深的认识。

　　1. 家长身上蕴含着丰富的教育资源，通过"家长授课"，挖掘家长在不同领域的职业优势及生活经验，在老师的指导下，让家长来当活动的主角，这样让家长教育资源犹如新鲜血液源源不断地注入我们幼儿园教育工作中，而且还会带给孩子们崭新的、丰富的活动内容与形式，使孩子们快乐成长。

　　2. "家长授课"，拉近了孩子、老师、家长心灵的距离，让家长们的心和我们的心贴得更近了，所以"家长授课活动"是一种非常好的家园共育方式，家长是老师的合作伙伴，是丰富的教育资源。我们应该充分挖掘、利用家长这个丰富的教育资源，开展更多、更丰富的家长授课活动，让"家园共育"能够真正落到实处。

　　（二）我的思考

　　1. 不同形式的"家长授课活动"的开展，弥补了幼儿园和教师自身资源的不足

　　一个班级，几十个孩子，与几十个孩子相对应的是几十个家长，对于家长们来说，不管是在专业技能上、兴趣爱好上都有他们的所长，而家长们身上所具有的这些专业技能和特长正好弥补了教师专业上的欠缺，通过不同形式的"家长授课活动"的开展，

帮助老师获得直接的知识和能力。从文化修养看，许多"家长老师"的文化素质、学历层次比较高，从事的职业更是丰富多彩，蕴藏着极大的智力资源，可以直接满足幼儿的需要，也可以直接弥补老师知识和技能的空缺，为老师解了燃眉之急。不同的家长带来了不同的知识经验，丰富了老师的知识，更新了老师的技能，开拓了老师的视野，使老师的专业技能得到发展和提高。

2. 不同形式的"家长授课活动"的开展，促进了家园的有效互动

我们常说，幼儿园的教育离不开家长的理解、支持和参与。通过各种形式的"家长授课活动"的开展，家长们能更多地参与到幼儿园的活动中来，可以了解幼儿园教育的方针，可以知道幼儿园的工作并不仅仅是带带孩子，而是教与育并重，提倡体、德、智、美全面发展。同时家长在更多地关注幼儿园的办学理念的同时，也能更多地了解家长助力幼儿园和班级活动的方法和步骤，以便配合，这样一来不仅更便于教师开展家长合作活动，也使家长工作的开展更落到实处，更有效了。

"家长授课"是一架沟通的桥梁，它一头联系着教师，一头牵引着家长，大家为了对幼儿共同的教育而走到一起，为了幼儿全面和谐发展而共同努力。"家长授课活动"的开展既拉近了孩子、老师、家长心灵的距离，也让家长们的心和我们的心贴得更近了，"家长授课"给孩子们带来了喜悦、快乐和收获。

通过本学期对"家长授课"形式的思考、尝试和落实，我觉得教师只有在充分了解班级家长特点、班级幼儿水平，结合班级工作需要，迎合家长需求的基础上而有的放矢地运用的不同的授课形式，才更能为家长接受，使"家长授课"成为家长们都能胜任、敢于担当、乐于尝试的事情。在丰富和拓展班级"家长授课"形式的过程中，我充分挖掘家长资源，让家长资源为我们的活动开展所用，为不同能力、不同水平的家长量身定制适合他们的"家长授课"的参与形式，从而保证让大部分家长都能积极地投入到我们的探索主题活动中，促进了家园有效互动，形成了家园合力。

依托家长授课活动，促进家园有效合作

陈华夏

　　家长授课是一种在真实情境下的示范式的指导活动，是实现活动与指导相融合的一种教育形式，是家园合作教育中常用的一种形式。在亲子授课活动中，教师、家长和孩子共同相处，遇到具体问题，教师可以及时给予帮助、提供指导，因此在家长授课活动中，家长既是活动的承载者，又是活动的传递者。作为教师，我们需要依托授课活动调动家长参与幼儿园活动的积极性，使他们获得正确的育儿观念和育儿方法，并将观念和方法融入与孩子相处的每一刻，最终实现孩子健康和谐发展，这种发展是全面的、立体的、丰富的，实现这种发展是我们开展亲子授课活动的根本目的。对于教师来说，家园共育是幼儿园工作的重要内容，我们要做的就是通过各种形式的活动来实现家园合作共育，通过家园合作让孩子茁壮、健康地成长，这亦是教师和家长的共同愿望。

　　正因为意识到家长授课在家园合作教育中的重要性，因此本学期我们针对幼儿兴趣、班级情况邀请家长老师来园开展"吹泡泡"的亲子探索活动，在活动中家长和孩子体现出的是参与的主动、合作的默契、表现的精彩，教师在活动中体现的则是活动范围的普及性、活动设计的适切性、活动组织的有序性。在这次的活动中我们真正体现了家园活动的宗旨——让全体家长都能积极主动地参与，让家长和孩子在合作的过程中增进亲子情谊，让家园合作在活动中更密切。结合本次活动的开展，结合家长反馈给我们的信息，我们对活动进行了详尽的分析和思考。下面我将结合主题探索活动"吹泡泡"来谈谈我们通过家长授课活动促进家园合作的一些粗浅的想法。

一、家长授课活动之前，搭建多形式的交流平台，促成家园共同策划

　　首先，我们通过召开全班家长会的形式，向家长介绍亲子活动的目的、意义、在活动中家长应承担的角色以及需要家长配合和注意的事项等内容。考虑到是新小班，

大部分家长显然对幼儿园工作充满了好奇,所以我们还将我园开展亲子教育所走过的历程和办学特色向家长做了说明,以得到家长们的配合。

接着,我们借助网络开展了"脑力大风暴"的活动,在内容的选择上和家长进行了重点的商榷、思维的碰撞。我们先把预设的活动内容"吹泡泡"告知家长,说说我们以此为内容设计活动的思路,并和家长针对如何展开内容进行了有的放矢的讨论,讨论出了好多玩泡泡的方法以及吹泡泡工具的选用等。在共同的讨论中我们达成了共识:吹泡泡是幼儿非常喜欢的一项游戏,在幼儿自己喜欢的游戏中探究、发现,对于孩子来说是从他们的兴趣需要出发的,而爸爸妈妈在过程中给予孩子帮助,陪伴孩子一起探索,可以让每个孩子和自己的爸爸妈妈共同体验到成功吹出泡泡的神奇与喜悦,使幼儿感到科学活动不再枯燥,同时也增进了亲子间的感情。

最后,在活动形式的选择上,考虑到家长有可能对我们幼儿园的家园合作形式比较陌生,因此我们采用了家园联系单的形式向家长发放征询单,征求家长的意见。我们将幼儿园的几种家园合作形式在家园联系单上进行罗列,比如家长助教、亲子活动、座谈会、品评会等,并将每种形式如何开展活动也详细地向家长进行解释,在此基础上,再让家长选择他们比较倾向于哪种形式开展此次的"吹泡泡"活动,并说说他们的理由,然后我们收集征询单,了解家长的想法,选择大家比较认同的形式展开活动。比如:10%的家长选择了来园观摩孩子探索活动,10%的家长选择了家长助教,80%的家长选择了亲子活动,而原因就是大家觉得小班孩子的探索需要家长的陪伴,家长们也乐于参与孩子的活动。于是在此基础上,我们确定了本次活动的展开主要以亲子活动为主,以其他的家园合作活动为辅,有针对、有重点地开展活动。

因此,对于新小班来说,家长参与家园合作活动是第一次,做好和家长的沟通,让家长了解我们的活动是非常重要的,可以说老师在亲子活动开展前期的每一次准备都为家长们走进我们的活动搭建台阶,为顺利完成家园共育搭建了平台。

二、家长授课活动开展过程中,鼓励多样化的呈现,激发家长探索的热情

考虑到"吹泡泡"这个活动的特殊性,于是在这一次的活动"吹泡泡——创意泡泡画"开展时,我们将它回归家庭,之所以这样做,是希望呈现出"百花齐放"的格局,希望家长们能根据自己的特长和爱好进行创意泡泡画,而不是出现集体教学活动之后的作品,我们注重"创意"二字。考虑到时间和空间的限制,家长们在家里开展的"创意泡泡画"没法在第一时间进行呈现,因此采用了多种形式的展示。

首先是过程中的呈现,我们特意开了一个"创意泡泡画"微信的交流群,让家长们

将自己家里开展亲子探索"创意泡泡画"的照片进行上传,大家一起看看、说说。在这个过程中,一些能力比较强的家长可以说担当了领头羊的角色,他们不仅介绍自己的经验,还对一些不知从何下手的家长提供指点。在这个过程中,活动的照片、家长的想法都是一种很好的隐性的呈现和展示方式。

继而是活动后的成果呈现。从家长反馈过来的信息,能看到他们的 DIY 表现形式是多样化的。针对这种情况,我们也没有苛求家长一定要将实物进行呈现,而是能以实物呈现的就以实物进行呈现,不能以实物呈现的就以照片、视频的方式进行呈现,不仅让家长在制作时不会因为没法呈现而有诸多顾虑,也保证了孩子和家长的每一件作品都能进行精彩的呈现,从而让孩子和家长的亲子作品都能以其独特的方式进行展现,找到属于自己的一片天空。

三、家长授课活动开展过程中,加强过程性指导,提高家长的活动参与度

在以往的活动中,我们发现由于班级家长文化层次不同、家庭状况不同,如果在活动中教师对活动的解释、指导不那么明确的话,那么家长的可操作性就不强。因此在组织本次的亲子活动时,我们在组织安排活动时做到思路明确、步骤清晰,切实反映到家长那头。作为老师,我们是这么操作的。首先,我们一步一步引领家长,先做什么,再做什么,清晰地告诉家长,这样家长就知道怎么做了,就会配合老师,而且有了方向家长也会更乐于参与。过程中我们将活动分成四个阶段,逐一落实下去,即倡议发起阶段——准备指导阶段——展示评价阶段——反思总结阶段,并通过相关的家园联系单、家长园地宣传等途径、家长和老师面对面交流等方式对家长进行有目的、有针对的指导,增强了活动的可操作性。其次,我们在过程中针对家长反馈上来的信息开展两步走的指导方案,针对那些对亲子制作了解不多、目前还不知道该怎么参与亲子制作、指导孩子进行制作、文化水平相对较低的家长,我们采用"手把手"的指导方式,一步一步告诉家长先干什么,再干什么,保证家长能在老师的指导下顺利地、愉快地和孩子一起开展亲子制作。针对文化层次相对较高、已经在家和孩子筹划的家长,我们是帮助家长梳理他们和孩子一起开展亲子制作的一些有益经验,从而让家长在指导孩子开展制作方面的方法更科学,指导更有效。正因为活动安排的有序性、活动指导的有针对性,从而使家长在本次活动中能愉快地接受活动的任务,快乐地去完成任务,并通过活动,家长和孩子都有所成长,有所收获。

一个小小的、转瞬即逝的泡泡,在家长老师和我们精心的组织下,给孩子们带来了如此多的乐趣! 从一开始的抓泡泡——制作泡泡水——用不同形状的管子吹泡

泡——吹奇特泡泡——创意泡泡画,孩子们的兴趣越来越浓,他们的想象创造像开了闸的洪水,一发不可收拾,而这一切的一切都归功于家长的参与和投入。虽然从年龄特点上来说,小班上期的幼儿经验少、语言表达能力弱,但是这些影响因素因为有了家长的参与而变得微不足道。由此可见,"天下无难事,只怕有心人",作为教师,我们只要敢于尝试,只要肯花心思,也会化腐朽为神奇,把不可能变成可能,亲子探索活动中孩子们的表现很好地印证了这一点。可以说,依托亲子活动,争取家长的支持和配合,保证了我们在小班上学期也能有效地开展探索活动,同时,有效的家园合作、有效的亲子探索也是亲子活动带给我们的收获。

在活动开展之后,家长、孩子共同呼吁:让这样的活动开展得更多些,让我们在这样的活动中成长得更快,让我们在这样的活动中,和老师、爸爸妈妈们的关系更亲密! 大家的呼声,从一个侧面反映出了依托家长授课活动,促进我们家园有效合作的新局面正在逐步打开。

依托班级家委会，挖掘家长授课资源

朱晓华

在幼儿教育中，家长和教师对幼儿的教育同等的重要，两者都能促进幼儿的发展，相互间是合作伙伴的关系。班级家委会就是家长以合作者的身份，参与和协助班级的工作，是家庭和班级之间联系的桥梁和纽带。班级家委会对增进家庭和班级间的信息传递，挖掘家庭的教育资源，形成教育合力有着重要作用，他们能组织家长共同参与班级的授课活动，使班级的教育活动更加丰富多彩。

一、家委会根据家长职业，挖掘家长授课资源

家委会中的家长来自不同的行业，家长们带着自己特有的专业知识走进课堂，带给孩子们崭新的、丰富的活动内容和形式，实现了家庭、班级更为平等更为广泛的教育互补。

本学期，我们开展了主题"小花园"，家委会成员苗苗的妈妈是小学美术老师，她知道孩子们喜欢小花园中的花时，就主动跟我们商量要为孩子上一节美术活动《花园里的花》，活动又受到家委会的支持。活动前，妈妈认真地备好课，与家委会成员探讨活动内容是否符合小班孩子的年龄特点，活动环节是不是有利于主题的开展。妈妈根据建议对教案进行了修改和补充，使活动内容既贴近小班幼儿的发展水平，又能发挥她的专业能力。

活动当天，妈妈准备了花园里各种花的 PPT，以及打印好一些花的轮廓图，准备让孩子们为花涂上漂亮的颜色。妈妈老师上起课来，精神饱满，语言甜美，极具亲和力，她采用了欣赏式、提问式、演示法与幼儿进行积极有效的互动，孩子们被妈妈老师示范画的美丽的小花吸引住了，激发了他们自己涂色的强烈意愿。在绘画的时候，孩子们都选择了自己喜欢的颜色，涂画着自己的花朵，妈妈老师则在一旁提醒孩子们涂色的方法。在家长志愿者的协助下，一朵朵色彩鲜艳的花朵在孩子们的小手中盛开

了。为了让活动更丰富,我们建议把孩子绘画的漂亮花朵布置在我们的主题墙——"美丽的小花园"中。孩子们看到自己的小花盛开在小花园里,都自豪地说:"这是我画的花。""我的小花开在了花园里。"孩子们完全沉浸在自己参与布置的小花园里。

家长带着自己特有的专业知识走进课堂,带给孩子们崭新的、丰富的活动内容和形式。这个授课活动让孩子体验了不一样的美术活动,也给孩子带来了快乐。通过家长授课活动,我们可以了解家长对幼儿园教学的想法、疑惑和建议,进一步促进家园共育工作,深化家长、老师与孩子之间的合作共建。

二、家委会根据家庭结构,提供家长授课讯息

家委会能够掌握各个家庭的详细情况,有助于班级根据每个家庭的不同情况,发现教育契机,为家长授课物色人选。这学期开学不久,就是元宵节的到来,我们和家委会商量准备在元宵节进行一次家长授课活动,请家委会的家长来推荐一下。根据家委会对家长的了解,一致认为让心心的奶奶来开展这次授课活动。奶奶在家里可是做面食的高手,让奶奶来为孩子们展示做元宵的过程是最合适不过的人选了。家委会的成员也要求来做志愿者,帮助奶奶一起来完成这个授课活动。

活动当天,奶奶在家人的帮助下,拿来了授课的物品,有揉好的面团、面粉、粥、豆沙和芝麻馅以及一个电磁炉。奶奶告诉我们,为了节约时间,她在家已经揉好了一大团面粉。但是她还是想让孩子们看看制作元宵的全过程,包括和面,所以今天还特意带来和面必备的粥和面粉,多么细心的奶奶呀!

活动开始,奶奶俯身问孩子们:"你们知道今天是什么节日吗?"孩子们异口同声地说:"今天是元宵节。""元宵节我们都吃什么呀?"奶奶又问道。"吃元宵。""对呀,今天奶奶就来教你们包元宵好吗? 我们一起来开开心心过元宵节。"孩子们兴奋地说:"好!"奶奶边说边演示:"我们先把面粉倒出来,然后再把粥放进去拌一拌、揉一揉,揉面团时一定要用力,这样才能把面粉和粥和均匀。"孩子们仔细地看着奶奶和面粉。接着,奶奶把面粉搓成一长条,再分成一小段一小段,她拿起一小段,在手心里搓了起来,奶奶告诉孩子们:"现在可以往元宵里加馅了,你们吃过什么味道的元宵呀?"孩子们纷纷举起手:"我吃过肉的。""我吃过芝麻的。"奶奶接着说:"我今天带来了豆沙和芝麻馅,你们爱吃吗?""爱吃。"刚说完就看到有些孩子咽了咽口水,被元宵给馋着了。只见奶奶在搓圆的元宵中间开了一个洞,然后把准备好的芝麻馅放了进去,再继续搓圆,一个大大的芝麻汤圆完成了。孩子们高兴地拍起了手。见孩子们这么开心,奶奶说:"你们也一起来做元宵吧。"孩子们兴奋地说:"好。"家长志愿者开始为孩子们铺桌

布、分面团、分馅料，孩子们洗洗手，准备开工啦！看，孩子们搓汤圆的架势跟奶奶很像，他们在搓圆的面团中间开了一个洞，选了自己喜欢的馅放了进去，继续搓。由于孩子年龄小，放馅后的圆搓不好，家长志愿者就来帮忙，在他们的帮助下孩子们顺利地完成了元宵的制作。做完元宵，奶奶开始煮元宵，孩子们用期盼的眼神望着锅子。当家长志愿者把热腾腾的元宵端到他们面前时，孩子们着急地边吹边咬，奶奶在旁边提醒道："慢慢吃，别烫着。"吃到嘴里的元宵甜到了孩子们的心里。

　　奶奶出色的授课离不开家委会对孩子家庭情况的了解，以及他们对活动的积极支持与参与，才能使这次庆元宵活动取得了很大的成功。当孩子们亲手制作元宵、品尝元宵，他们对传统节日有了一个更深的认识，让我们的节日更为温馨更有意义。

三、家委会根据成员特点，发挥家长授课特长

　　现代家庭中，在教育孩子这件事上，爸爸常常"缺席"。为了让爸爸们认识到自己在孩子成长中的重要作用，家委会倡议要充分利用爸爸的特点与长处，组成"爸爸授课团"来开展授课活动，一定会给孩子们带来新鲜的体验与感受。

　　凡凡的爸爸是体育教练，擅长运动，于是我们邀请凡凡爸爸为孩子们上一节体育课。爸爸用简单的道具创设动态的情境，把有挑战性的活动练习置于有趣的游戏情境中，使幼儿主动参与，释放出巨大的学习潜能，表现出自主学习、勇于挑战的精神。适宜的练习密度、梯度，小青蛙的角色体验带来的兴趣和情趣，使活动有序、高效，达成了锻炼体能和发展动作技能的目标要求。

　　双胞胎的爸爸在摄影方面有特长，于是他主动为孩子们上了一节小小摄影师的活动。通过这次尝试及课后的总结，爸爸觉得，小孩摄影课的重点不在内容，而是激发兴趣，激发求知，让孩子先多看一点美丽的画面，训练他们拥有发现美的眼光。只要孩子有兴趣，孩子比大人更有想象力。

　　在交通工具主题开展过程中，彦彦爸爸提议把他的汽车开进幼儿园让孩子观察。爸爸把教材做了 PPT，以图文并茂的形式展示给小朋友们，除了小汽车的基本知识外，还增加了行人和机动车常见的交通安全标识（人行道、横道线、禁止行人通行、禁止汽车驶入、禁止停车、禁止鸣号）和交通安全知识（过马路等安全知识要点、汽车超载的后果），通过活动让孩子认识规则，激发好奇心和探索精神。

　　利用爸爸的特长组成"爸爸授课团"，弥补了教师专业知识技能上的不足，同时也使得爸爸们"英雄有用武之地"，极大地满足了孩子们好奇、求知、想象、创造的欲望。更令我们欣慰的是，爸爸授课团进入课堂、参与教育，使得爸爸们进一步了解了孩子，

了解了幼儿园,转变、提升了他们的育儿观念和方法。家长之间的交流营造了一份互相学习的氛围,更激发了家长们参与班级授课活动的热情。家委会的引领使我班的家长对孩子的活动非常重视,对我们的工作也十分支持。

　　总之,班级家委会是班级管理工作的参与者,也是一种家园共育的形式。通过家委会有效地丰富了家长的家教理论,提高了家长关注班级活动的主动性,引发家长参与班级授课活动的积极性,有效地促进了班级与家庭在教育上的同步同向进行,使孩子在家、园的一致配合下幸福、快乐地成长。

家长授课让家长成为亲子阅读中的主动推力

黄　群

吉姆·崔利斯在《朗读手册》中有这么一句话："你或许拥有无限的财富,一箱箱珠宝与一柜柜的黄金。但你永远不会比我富有,我有一位读书给我听的妈妈。"是呀,在孩子的心中,无论什么都不会比一个愿意花时间陪伴在身旁、为他轻声细语讲故事的妈妈或爸爸来得珍贵!可是现今社会,越来越多的家长被手机被工作拉走了,而孩子们不是被动选择了低营养的动画片,就是被繁重的课外培训围得团团转。阅读似乎从我们的生活中走远了,幸好有一些爸爸妈妈开始意识到儿童早期阅读的重要性,也有部分家长开始着手在家和孩子一起感受亲子阅读带来的积极影响。所以,在采集了家长们的意愿之后,我们本次中班上学期的班级家长工作重点就立足于推广和指导家庭亲子阅读。但如何推广如何指导,如何让星星之火起到燎原之效,在经过一学期的实践后,我们发现通过家长授课模式,可以充分激发幼儿和家长的参与热情,同时也是指导如何亲子阅读的很好模式。

一、在园指导家长,提升亲子阅读方法

有妈妈向我们反映,好几次孩子兴高采烈地拿着书要求妈妈讲故事,但妈妈才讲了几页纸,小朋友就表示要换一本讲。这位妈妈抱怨:孩子一点都没有耐心,思想不集中!但在我们看来是不是也有这么一个原因:家长讲述得平淡无奇,孩子失去了对这个故事的兴趣?试想如果你的讲述惟妙惟肖,能让孩子仿佛身临其境,那么他一定会深深喜爱上这本书。所以,为了让家长掌握正确的阅读指导方法,引领孩子进入绘本的精彩世界,我们做了以下努力:

1. 开展"绘本讲读展示活动",邀请图书馆专业的"故事妈妈"来为孩子讲故事,与此同时也邀请对亲子阅读有期愿有困惑的家长来观摩,这不仅引导家长观察孩子

在活动中的表现,更能引导家长观察、记录"故事妈妈"在不同的绘本讲读中是怎样针对绘本作品与幼儿进行层层深入互动的。活动中"故事妈妈"巧妙的设疑、绘声绘色的朗读吸引了孩子们阅读的热情,更为家长提供了有针对性的具体指导范例,使家长耳目一新,不仅了解了为什么要这样做,还知道如何去做。

2. 定期开展家长授课。我们班级中不乏有些家长文化水平高,有着较强的教育观念,也善于引导孩子,我们将这部分家长集中起来,积极发挥他们的作用,以点带面推广好的经验,在每周五下午定期开展故事妈妈(爸爸)活动。这些家长们扮演的故事妈妈/爸爸受到孩子们的热烈欢迎,每周五他们都期盼着:今天谁的妈妈要来了?谁的妈妈来了,都觉得自己特别神气,不但听故事认真仔细,回答问题也分外积极。令人意想不到的一点收获是:家长们也因为每周一次的故事妈妈活动,结成好朋友,他们不但在活动前商讨故事内容和形式,也会互相鼓励和打气,大家因为活动交流了阅读指导经验,还收获了友谊。另外,家长们的努力和认真也成了孩子们学习的榜样。

二、家长在家授课,持续亲子阅读热情

推广"亲子阅读"的难点和重点在于激发和鼓励家长重视和参与。试想:如果这位家长本身就是一个对阅读不感冒的爸爸或妈妈,那他们家庭开展亲子阅读的可能性就会大大降低;反之,如果家长知道并了解阅读对一个孩子成长有着极其积极重要的影响,则他们的配合度和主动性就会大大增强。所以,我们开展工作的第一步就是通过班级"家长学校"的宣传资料向家长们介绍:1. 什么是"亲子阅读"? 2. "亲子阅读"对孩子有什么作用? 通过几期的家长学校宣传,我们的家长开始对家庭中亲子陪伴质量有些许自省与反思;有些家长在和老师交流中会询问该给孩子读什么样的书。家长开始有了"亲子阅读"的初步意识和愿望。与此同时,我们也通过"每日半小时读书打卡"活动鼓励家长每天利用一些时间陪伴孩子共读一个小故事。但在接下来对"家庭亲子阅读现状调查问卷"的整理分析中我们发现:家长们在和孩子进行"亲子阅读"时,情绪化、随意性现象严重,心情好、兴致高就给孩子讲讲故事,不高兴了累了就不理睬孩子的要求。所以,我们为孩子制定了一张打卡表,鼓励孩子进行记录,通过次数的累计获得小小奖励。希望让我们的鼓励影响孩子,让孩子的期盼带动家长,让大家的力往一处使,让阅读成为一种习惯。

三、社会实践中的家长授课,让阅读无处不在

说到阅读,人们首先想到的就是"书",其实在孩子们的生活中,优美的景物、有趣

的事件都是可以阅读的内容。比如：我们开展"亲子阅读"系列活动的时候正值主题活动"我在秋天里"进行中，我们带领着孩子来到校园里观察树木的变化，鼓励孩子大胆说一说对秋天的印象。有孩子说：大风好凉爽。有孩子说：树叶宝宝离开了大树妈妈。这些优美有趣的词句就是孩子们在大自然的书本中学习而来的。于是我们鼓励家长带着孩子进行社会实践，去收集与"秋天"有关的绘本图书和资料。当我们看到很多家长都带着宝贝们去公园、去小区绿地甚至水果店超市里去发现秋天，小朋友和爸爸妈妈一起尝试做一做秋天剪贴报。当孩子们把自己发现的秋天以图片、照片、树叶贴画等形式收集在一起的时候，就是一种有目的性的观察、收集和整理，这与我们在阅读中提倡大家要"发现和思考"不谋而合。

四、让家长充分参与，使其成为亲子阅读的主推力

"亲子阅读"推广活动开展一段时间后，我们发现：其实很多家长处于一种愿望的上升期，亲子阅读的热情已被点燃，亲子阅读的习惯逐渐形成，这正是我们起初开展亲子阅读活动的初衷。所以，我们思考在接下去的时间里还要继续深化、细化活动内容和形式，继续着力推广"亲子阅读"。

1. 继续开展"故事妈妈进班级"活动

鼓励让更多的家长特别是男性家长投身参与讲故事活动。有部分家长面对整个班级的孩子还是稍有些羞涩和不自信的心理，希望我们的鼓励和部分家长的示范，能帮助这部分家长打破自己的局限，站在孩子面前勇敢地展现自我。这种榜样的力量一定会感染孩子，促进孩子的自我表达欲望。

2. 深化"图书漂流"活动

在图书交换活动中我们将在孩子交换自己图书的基础上"推荐书漂流"项目。每本推荐漂流书先由教师或提供此书的家长完成研究性阅读，然后设计一条"温馨导读"，即把绘本中蕴涵的教育信息和价值、亲子阅读的指导要点等记录在"温馨导读"栏目里，让后期家长借鉴"温馨导读"的提示开展亲子阅读，有条件的还可以记录下自己在阅读中的亲子感受。其实，每个绘本都包含一个意味深长、甚至意义深刻的道理，好的绘本总是在有趣的故事后面隐藏着作者深刻的思想，我们鼓励家长利用导读将故事深刻的寓意挖掘和表达出来。

3. 开展故事儿童剧活动

阅读的一个重要功能就是可以提高孩子的语言表达能力，而语言表达能力的提高也带动孩子的问题解决能力、社会交往能力相继提高。孩子们将变得更自信，更爱

表达,更乐于尝试。一般家长在看到成效之后往往更容易坚持,所以我们希望在进行一段时间的实践后可以有一个活动让家长看到自己孩子的变化,将成效可以展现出来。所以,在接下去的时间里,我们将重拳联合班级家委会及故事妈妈社团为孩子们组织一次亲子联欢会,让孩子有机会和家长一起展示自己。

"亲子阅读"似乎在孩子的心灵深处奏响了一首优美的乐曲,序曲是让阅读触动孩子的心弦;主题曲则让孩子充分感受阅读过程的美妙;在尾声中他们领会了阅读的精髓,这一切会让他们久久地回味……亲子阅读是父母与孩子间更积极的对话,是培养亲子关系的有效途径。所以,尽管工作再繁忙,我们做父母的也应该做到每天抽出一点时间来陪孩子读书。只要能坚持下去,持之以恒,孩子一定会在潜移默化中养成良好的阅读习惯,在成长过程中定能获益良多。

浅析幼小衔接工作中的家长授课活动

王慧菊

幼小衔接工作一直是大班家长、幼儿和教师一起关注的焦点,我们经常能听到家长在讨论幼儿将要读小学的事,有的家长十分关心他们的学习能力,有的则担心他们的不良学习习惯会影响他们小学的学习……可见,家长对幼小衔接工作的关注度越来越高。那么怎样引导家长正确了解幼小衔接,在即将进入小学前家长还需要做什么呢? 由此,我们开展了"家有小小读书郎,家园合力促成长"幼小衔接系列活动,家园合力促进幼小衔接,为幼儿读小学做好准备。结合《幼儿园教育指导纲要》指出的理念:"幼儿园与家庭密切合作,与小学相互衔接,综合利用各种教育资源,共同为幼儿的发展创造良好的条件。"在经过一段时间的家园共育幼小衔接工作后,我们发现"家长授课"这一新型的家园共育方式对促进幼小衔接工作的有效开展起着重要的作用。在活动过程中主要尝试了以下做法。

一、通过不断宣传,帮助家长了解家长授课活动

"家长授课"是一种新型的家园共育方式,它开展的成效如何,完全取决于家长参与的积极性和参与的力度。所以,通过多种途径不断地宣传以形成家长这方面的意识,是做好"家长授课"这项工作的前提。因为只要让家长们充分意识到教育好孩子并不只是幼儿园的事,形成相应的共育观念,他们才会积极主动地参与到幼儿园的教育活动中。

我们在家长园地中张贴有关"家长授课"的专题文章,在家教沙龙和家长问卷中提出"您愿为幼儿园教育做什么?"针对这些话题我们常组织家长进行讨论,利用家长接送幼儿的时间与每个家长进行交流,鼓励他们参与到我班"家长授课"的行列中,对于每位参与的家长都及时给予公开表扬和感谢。经过一段时间的宣传,我班家长都具备了家园共育的观念,大部分家长都能积极主动地参与到"家长授课"活动中。

二、充分挖掘家长特长，鼓励家长参与家长授课活动

家长身上蕴含着丰富的教育资源，班级家长分布在各行各业，不少家长的工作也是和教育相关的，而有些家长虽然不从事教育行业，但对育儿方面有着非常丰富的经验，而幼小衔接工作是离不开家长的配合和支持的。因此在活动过程中，我们充分挖掘了班中的家长资源来促进幼小衔接工作的进行。

● 小学教师家长授课，让幼儿进一步体验小学学习生活

幼小衔接活动开展以来，班中幼儿对小学的学习、生活充满了好奇和憧憬。为了使幼儿更好地适应小学生活，进一步了解小学上课的形式，班中轩轩小朋友的爸爸——小学体育老师，主动提出为班上幼儿进行了一堂小学体育活动。

活动中授课家长袁老师幽默的话语、洪亮的声音，一下子吸引了所有幼儿的眼球。在袁老师的口哨令下，他们的精神也格外抖擞。袁老师首先带领幼儿进行热身活动，随后开展了富有童趣的绕障碍物定向跑的活动，最后组织幼儿进行了抓尾巴比赛，激发了幼儿在体育活动中的拼搏精神，也感受到了小学学习活动的快乐。

此次家长授课活动不仅让幼儿体验到了小学的课堂形式，他们还真真切切地感受到了小学的学习很有趣，小学的老师也很亲切，进一步激发了幼儿上小学的积极愿望。家长资源的充分开发能够弥补幼儿园教育中存在的许多局限，首先是男家长的参与，对孩子们来说，充满了新鲜感和阳刚之气，这可以大大激发孩子们的学习兴趣；其次，家长中不乏各种类型的专业人才，对于求知欲极强的孩子们来说，他们的到来能够满足孩子们对专业知识的渴求。

三、密切家园联系，努力营造各种形式的班级家长授课氛围

密切家园之间的联系、为家长提供相互交流的平台，能使一些较好的"家长授课"方面的方法和经验对其他家长起到推广作用，是开展好"家长授课"的关键。在实际工作中，我们非常注重密切家园之间、家长与家长之间的联系，努力营造一个家园共同关心幼儿成长的良好氛围，教师与家长之间、家长与家长之间得到的良好沟通，能够使更多的家长参与到各种形式的家长授课中。通过一段时间的实践，我们发现家长授课不仅可以在班级中以集体授课进行，还可以推广到每个家庭中进行个别授课。

（一）家委会推广家庭家长授课新方式，激发幼儿上学愿望

班级家委会在家长工作中总是起着举足轻重的作用，这次我们的幼小衔接活动

也不例外,家委会在活动前期主动协助授课老师收集、分析问卷,并商定活动形式和内容。在开展社会实践活动参观小学时,也热情参与,同幼儿一起讨论参观途中的安全事项及要求。

此外,家委会成员希希小朋友的妈妈对幼儿绘本了解颇深,在与孩子一起阅读绘本的过程中,发现有不少绘本也和幼小衔接的内容有关,经过她与班级家委会成员的收集,将《小女巫上学去》《小魔怪要上学》《大卫上学去》《小阿力的大学校》等书推荐给班中各位家长,并建议家长和孩子在家一起来阅读故事、品析其中幼小衔接的理念,提高幼儿的入学愿望和兴趣。由此我们开展了"绘本品评会"活动,家长们和孩子们在亲子阅读后纷纷表达了对这些绘本的喜爱。有的孩子表示最喜欢《小魔怪要上学》一书,因为从这本书可以知道上学读书可以认识很多同学,可以增长很多知识,利用自己学来的知识可以和爸爸妈妈一起分享;有的喜欢《大卫上学去》,这本书以简单的文字配上生动形象的图片,告诉小朋友上学后哪些是能做的,应该怎么做,更好地让幼儿园孩子适应学校生活;有的较喜欢《小阿力的大学校》,觉得这本书除了讲述学校生活外,还讲了一个爱护小动物的故事,很有爱心;也有的孩子喜欢《小女巫上学去》一书,书中讲到小女巫上学时跟大家发生的快乐经历,从而鼓励孩子们能够勇敢而快乐地进入小学。在班级家委会推荐图书的引导下,班中其他家长和孩子也积极参与到分享有关幼小衔接类图书的活动中,主要推荐了《玛蒂娜》《窗边的小豆豆》《二年级小个子、一年级大个子》《四五快读》《小牛顿科学馆》《米小圈上学记》《贝贝熊系列丛书》《一年级的小豆豆》《百科全书》等书。在班级家委会成员的带领下,班中所有的家长和幼儿都能品析其中的理念,幼儿也提高了入学的兴趣和愿望。

通过这一系列的活动,我们也收到了许多来自家长的反馈,大家纷纷表示通过家长间的沟通,在家庭中的家长授课这一新形式不仅能增长幼儿关于幼小衔接的知识,对亲子交流也有帮助。

(二) 尝试家长之间的授课形式,现身说法,让家长教育家长

进入大班后,家长们就开始为入小学焦虑,开始关注幼儿在园所学的内容是否能够应对入小学面试。家长有这种心情,作为教师首先应该抱着理解的态度来面对,但是更重要的还是要思考如何通过有效的办法来消除或者缓解家长的顾虑,让家长懂得"幼小衔接不等于提早学习学科知识"。为此,我们有效地利用了家长资源,向已经从幼儿园毕业现就读小学的学生家长发出邀约,请他们结合自己孩子进入小学后的情况,谈一谈幼小衔接究竟是怎样的衔接。作为"过来人"的家长,和大班家长分享了

一些感悟,比如家长应注重培养孩子的非智力因素,如兴趣、专心、坚强、自信、乐群等心理品质,以及时间观念、规则意识、任务意识等,及早培养孩子的生活自理能力和自我管理能力是非常重要的。

《幼儿园教育指导纲要(试行)》中明确指出:"家长是幼儿园教师的重要合作伙伴。应本着尊重、平等的原则,吸引家长主动参与幼儿园的教育工作。"因此,积极有效地开展家长授课活动,能够促进家园联系,为家长和老师搭建一个互动交流、互相学习的平台,更好地促进幼儿的全面发展。家长授课是我园一项特色活动,已经深入人心,得到了家长们的充分支持和肯定,通过这一系列关于"幼小衔接"主题的家长授课活动,为大班幼儿能够顺利、自然地适应小学学习生活的新特点,做好了充分的准备工作。

后 记

近年来,我园在"探索、创新、发展"的办园理念引领下,围绕"幼儿园课程建设中'家长授课'模式的实践与研究""探索型主题活动中提升幼儿学习品质的研究""户外活动中保育支持行为的案例研究"等课题,在家园合作、教育教学、保育护理等保教工作领域开展了扎实有效的实践与研究,积累了丰富的案例,形成了有效的经验。

在课题研究的带动下,我们全园教师在实践中思考,在思考中完善,牢牢把握各种教育契机,不断优化自身的教育行为,使我园保教工作内涵质量不断提升。

由于我们水平有限,研究中还存在很多不足,希望各位领导、专家和同行在分享我们成果的同时,予以批评指正。

我们的研究得到了上海市教科院普教所黄娟娟老师,中国学前教育研究会幼儿健康专业委员会副主任姚蓓喜老师,上海市浦东新区教育发展研究院孙永青老师、徐婵娟老师,上海市浦东新区儿童保健所朱菊芳老师、王正刚老师,浦东新区教育局第四教育署领导的指导与帮助。在本书出版的过程中,我们还得到了文化学者陈家昌老师及文汇出版社编辑老师的大力支持与关心,在此一并表示感谢!

本书编委会
2018 年 6 月

丛书主编 朱幸嫣

你探索
我支持

现代幼儿园保教工作
实践与研究

现代幼儿园
学习活动新解读

本册主编 潘翠林

文汇出版社

图书在版编目(CIP)数据

现代幼儿园学习活动新解读 / 潘翠林主编. —上海:
文汇出版社,2018.9
(你探索,我支持:现代幼儿园保教工作实践与研
究 / 朱幸嫣主编)
ISBN 978 - 7 - 5496 - 2697 - 7

Ⅰ.①现… Ⅱ.①潘… Ⅲ.①幼儿园-教学活动-教
学设计 Ⅳ.①G612

中国版本图书馆 CIP 数据核字(2018)第 184159 号

"你探索,我支持——现代幼儿园保教工作实践与研究"丛书

现代幼儿园学习活动新解读

丛书主编 / 朱幸嫣
本册主编 / 潘翠林

责任编辑 / 张　涛
特约编辑 / 周春梅
封面装帧 / 梁业礼

出版发行 / Ｗ 文匯出版社
　　　　　　上海市威海路 755 号
　　　　　　(邮政编码 200041)
经　　销 / 全国新华书店
排　　版 / 南京展望文化发展有限公司
印刷装订 / 上海天地海设计印刷有限公司
版　　次 / 2018 年 9 月第 1 版
印　　次 / 2018 年 9 月第 1 次印刷
开　　本 / 787×1092　1/16
字　　数 / 880 千字
印　　张 / 49.5

ISBN 978 - 7 - 5496 - 2697 - 7
定　　价 / 108.00 元(全三册)

丛书编委会

主　　编：朱幸嫣

编　　委：殷雪梅　潘翠林　叶君　倪菊　张红
　　　　　顾燕菁　施敏　关季红　马晓华　徐敏红
　　　　　陈誉超　赵霞萍　陆丽莉

有效的探索，给力的支持

（代序）

陈家昌

北蔡幼儿园，是上海浦东一所历史悠久、文化底蕴深厚的幼儿园。浦东开发开放以来，随着导入人口急剧增加，北蔡社区人口的结构也发生了一系列深刻的变化。为了满足周边社区居民对于优质学前教育资源的旺盛需求，幼儿园领导班子带领全体教师，在先进的办园理念指导下，通过环境创设、课程建设、家园共育等形式，在促进教师专业发展的同时，持续提升保教质量，得到社会的广泛认可和赞誉，学校不仅于2004年被评为上海市一级园，并且于2016年成功通过浦东新区示范幼儿园评审，成为浦东乃至上海市优质学前教育资源的一个有机组成部分。

由于办学绩效显著，在各级领导的支持下，北蔡幼儿园办学规模不断扩大，迄今已形成一园三部的格局，成为一所周边社区居民首选的幼儿园。我曾应邀多次到北蔡幼儿园观摩考察，做学术报告。我感觉，每一次进入北蔡幼儿园，都会被一种新鲜的东西所吸引，都会感受到这所幼儿园苟日新、日日新的变化与发展，都会意识到这里的教师正走在专业发展的正道上。

此刻，我手里捧着厚厚的一沓书稿，这是北蔡幼儿园全体教师花了数年时间研究和撰写的《你探索，我支持——现代幼儿园保教工作实践与研究》丛书书稿。这套丛书共三本：第一本是由园长朱幸嫣等撰写的《现代幼儿园家长工作新探索》，其内容包括两个方面，一是介绍北蔡幼儿园长期以来坚持实施的"家长授课"的一般操作程序及其方式方法；二是对具有北蔡特点的家园共育工作的思考与研究。第二本是由潘翠林老师等撰写的《现代幼儿园学习活动新解读》，其内容分为两个部分，一是主题活动中培养幼儿积极学习方式的研究；二是探索型主题活动中提升幼儿学习品质的研究。第三本是由保健老师叶君等撰写的《现代幼儿园保育工作新实践》，其内容包括三个方面，一是现代幼儿园保育管理工作的思考；二是具有北蔡幼儿园特点的幼儿园保育实务工作案例；三是幼儿园保育工作中的新支持。

认真研读这部丛书稿,我的内心感慨良多。首先,这部书稿的容量很大,从家教指导、幼儿园教学活动到保育保健,涉及的面很广,这就给读者以较大的借鉴空间,为学前教育界的探索研究,提供了宝贵的资料。其次,一般而言,这样的书读起来会比较枯燥,但由于这套书的作者都是学前教育一线的实际工作者,她们写的案例,都是自己在实际工作中亲身经历的事件,因此显得活泼清新,加上文字比较简朴生动,增强了这套丛书的可读性。第三,从这套丛书的内容来看,其表达的主要是两层意思,一方面是幼儿、教师、幼儿家长,在教育和被教育过程中寻找有效性的探索;另一方面,则是幼儿园对这些探索的全方位支持。从而,凸显了丛书的书名——"你探索,我支持",同时也告诉读者一个深刻的道理:要想探索取得成功,必须加强对探索的支持。这也是值得学前教育界借鉴和学习的。

今天,凝聚着北蔡幼儿园全体教师智慧与心血的《你探索,我支持——现代幼儿园保教工作实践与研究》丛书即将杀青付梓,正式出版。作为始终关注这所幼儿园成长与发展的教育工作者,我在此谨向她们表示诚挚的祝贺和敬意。

北蔡幼儿园的老师不是理论家,但是,她们却切切实实在学前教育的第一线认真探究如何开展家庭教育指导,如何利用家长资源帮助幼儿园做好家教指导工作;她们根据幼儿年龄和认知发展特点,按照幼儿最近发展区的心理需求,根据园本课程建设方案,精心设计活动,并尝试性地在小、中、大班实施教学,取得了非常好的成果。她们的实践成果,得到有关专家、同行与幼儿家长的好评与赞誉。作为一所区级示范园,她们的研究成果正在向社会广泛辐射,使她们的研究产生更大的价值。

当然,如果从更高要求来看,这部丛书书稿,或者说北蔡幼儿园的实践与探索,肯定还存在不少困惑与不足。她们的探索还不能说已经臻于完成。但是,我想她们既然选择了正确的道路,并坚持探索下去,持之以恒,扎扎实实推进,那么北蔡幼儿园必将走得更远,走得更好,其前景将更加光辉灿烂。

(作者系文化学者、《论语导读》作者、上海甲辰传统文化教育服务中心理事长、上海浦东当代好课堂教育发展中心名誉理事长)

目　录

第一部分
主题活动中培养幼儿积极学习方式的研究

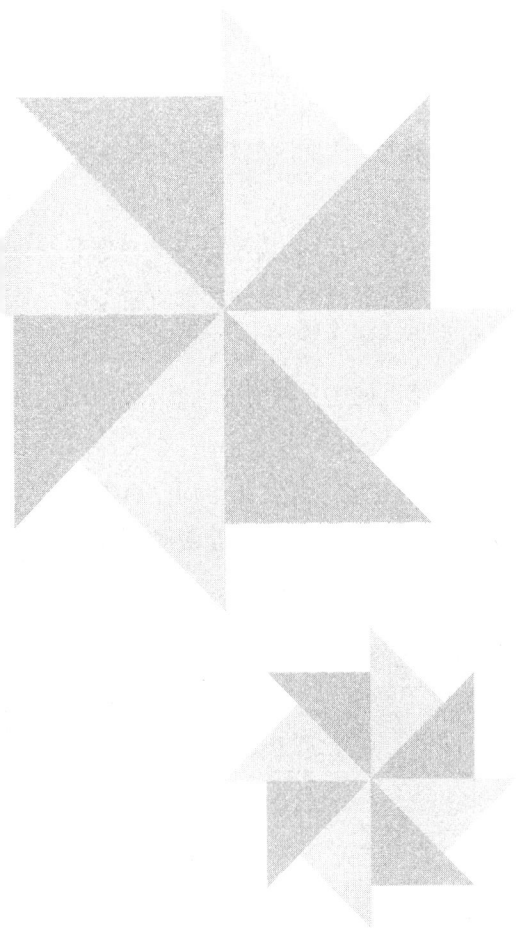

导 读

我园长期致力于对"幼儿探索"和"教师支持"的研究,研究中我们总结出了一系列有效的教师支持性行为和支持策略,形成了多项研究成果。

多年来对探索的研究使我们敏锐地意识到,幼儿的学习方式对主题活动的开展和活动效果有着极其重要的影响。因此我们以幼儿的学习方式为研究的切入口,分别在自然类(包括动物类、植物类和自然现象)和社会类(包括生活类和娱乐类)主题活动中开展培养幼儿积极学习方式的研究。

本书第一部分由现状调查与理性思考、具体实施与策略运用、成效与思考三部分组成。主要以幼儿学习方式为媒介,结合大量研究数据、案例等,围绕教师支持策略介绍了在教师着重指导的契机下,改变了幼儿学习方式的生成与使用,不同类别主题活动之间幼儿的学习行为发生了改变,学习方式使用情况的差异获得了改善,教师的指导策略有效提高了幼儿学习方式的转变和提升。

希望通过这部分内容的呈现,可以帮助一线教师更好地了解幼儿生而具有的学习能力和学习方式,遵循幼儿的学习规律,关注他们的学习方式,在幼儿成长过程中努力塑造其积极的学习方式,促进幼儿的学习和成长。

本课题组长:朱幸嫣;核心课题组成员:潘翠林、张红、倪菊、殷雪梅、陆丽莉、徐敏红、顾燕菁、田燕、关季红;其他参与研究的人员:马晓华、冯燕飞、王慧菊、王菊英。

第一章 现状调查与理性思考

第一节 调查背景

问题的提出

（一）概念界定

学习方式：指学生在完成学习任务时基本的行为和认知的取向，它不是指具体的学习策略和方法，而是学生在自主性、探究性和合作性方面的基本特征。本研究中幼儿的学习方式包括操作性学习、探索性学习、体验性学习、合作性学习、观察性学习和分享性学习这六种。

- 操作性学习：幼儿通过对玩具、操作材料的摆弄进行学习，获得知识，身心得到发展。
- 探索性学习：指一种以幼儿自主的发现、探究和解决问题为主的学习方式。
- 体验性学习：指幼儿亲身介入实践活动，能综合运用多种感官获得新的知识、技能、态度。
- 合作性学习：在小组或团队中为了完成共同的任务，有明确的责任分工的互动、互助性学习。
- 观察性学习：指幼儿通过观察客体、他人的行为来习得知识、行为的一种学习方式。
- 分享性学习：指幼儿与他人分享自己的想法、经历、学习成果等的学习方式。

（二）调查的目的和意义

1. 更好地把握幼儿学习方式所表现出的特点

本次对于幼儿学习方式的现状调查是基于我园区级课题《主题活动中培养幼儿积极学习方式的研究》，了解不同主题活动中不同年龄段幼儿在不同的学习方式上表现出的特点，分析导致这种现状的原因，并考察不同的学习方式是否在学前期能找到发展关键期。幼儿园的课程应该以幼儿为主体,从幼儿的角度出发。而做前期的现状调查正是体现了这种理念,在了解幼儿身心特点的基础上再施加适宜的教育,这样才能为幼儿提供最适合他们发展的教育,促进他们积极地学习,体现教育的针对性和适宜性。

2. 为行动研究提供现实依据,推进课题的开展

教师在了解幼儿学习方式现状的基础上,才能对症下药。通过对以前学习活动的观摩、反思,考察幼儿在活动中的表现如何、是否每个活动都采用了适宜的形式,在这样的研究探索过程中,推进课题的开展。因此前期现状调查的另一个作用就是帮助教师在了解现状的基础上推进课题的进一步开展,为教师在后续研究中培养幼儿积极的学习方式提供现实依据。

(三) 国内外研究现状分析

1. 国外研究现状分析

(1) 有关学习方式的研究

学习方式指人们在学习时所具有的或偏爱的方式,是学习者在研究解决其学习任务时所表现出来的有个人特色的方式。

学习方式的研究初期是基于学习理论发展起来的,学习理论包括:行为主义学习理论、认知主义学习理论、建构主义学习理论和人本主义学习理论。各个理论有分支,有交叉,它们的发展是前后交错,既有相互继承和发展,也有相互批评和摒弃。

行为主义认为学习就是建立条件-反射,班杜拉从观察学习为核心的社会学习理论中发展出了观察学习这种学习方式。

认知心理学家们关心我们如何发展自己知识以及如何最终获得我们学习者、记忆者和问题解决者的概念。

格式塔学习理论强调整体观和知觉经验组织的作用,主张顿悟学习,即通过重新组织知觉环境并领悟其中的关系而发生的学习,学习取决于对整体的知觉。

建构主义学派的理论者们认为学习是学习者主动地建构内部心理表征的过程。根据他们的学习观所体现的学习方式的主要特征:情境性、自主性、开放性、合作性。

人本主义心理学家更关心人的个体性和独特性,罗杰斯主张自由学习。

(2) 有关认知风格的研究

卡尔·荣格的个性类型理论,是用"心理类型"描述人们倾向的知觉和判断事物的方式,将人格划分两种基本态度(外倾和内倾)和四种机能(感觉、思维、情感和直

觉)。并把人的个性分为八种不同的类型。每个人的学习活动都可能使用它们,只是被使用的程度要因人而异。

研 究 角 度	基 本 类 型	学习方式的特征
从处理遇到的人与事的态度	外向型	待人友好、对环境感兴趣
	内向型	兴趣是内在指向的
从人的感知功能	直觉型	整体感知事物、关注其意义
	理性型	实事求是地、精确地感知信息
从人的判断能力	思考型	做判断时是逻辑性、分析性的
	感觉型	做判断时多以价值、情绪为导向
从对涉及信息的解释	感知型	更多地依靠环境中的信息
	判断型	更愿超越环境信息作自己的解释

格里乔克的心智风格能量理论根据人们在感知和时间组织方式上间均存在的差异而提出的一种不同的、更简单的理论。他认为个体的学习过程要么随机发生,要么是按顺序地从具体经验到抽象的过程。因此,他从两个基本维度(对空间的利用和对时间的利用)鉴别了四种不同类型的学习者。

不同类型的学习者	学习方式的特征
具体-有序型	这种人注重事实和具体事物,通过感知来验证其假设
抽象-有序型	这种人偏好逻辑分析,并通过预先设置的方案来验证假设
具体-随机型	这种人偏好直觉思维,验证想法时依靠个人经验,很少采纳外在证据
抽象-随机型	这种人注重自身感受和情绪体验,以主观因素作为验证假设的标准

威特金(Herman Witkin)的场依存和场独立的认知风格模型描述了学习者对信息的感知或理解受周围场或情景场影响的程度。场独立的学生较场依存的学生有更强的进行"积极分析"与知觉"差异"的能力。他们更喜欢自主学习,自己建立目标,自主完成任务并在内部动机的激发下进行自我检查和反馈。他们偏好发展自己的学习方式。相对于场独立的学生,场依存的学生则喜欢合作学习,会愿意与同学或者教师交流和沟通,需要外部的强化与指导,以及根据已经确定的活动目标与结构开展学习。

卡根(Kagan)及其合作者通过"匹配熟悉图形"实验而提出冲动——反思模式。冲动型的人对各种信息作简短的选择之后,迅速做出反应,控制行动的能力较弱,易犯错,易焦虑和缺乏自信。与冲动型相比,反思型的学习者则倾向具体而仔细考虑问题。一般情况下,反思性的学习者学业成绩较好。

高尔顿(Galton)和佩维奥(Paivio)等从言语——表象的角度描述认知风格,言语学习者不善于利用表象,保持一种"客观任务导向"的方式,个体偏好用言语、阅读等方式获取信息;而表象表达者则更多地利用表象,采用一种"主观的、自我导向"的方式,个体喜欢利用图表、例证等方式加工信息。

罗恩菲德(Viktor Lowenfeld,1939)提出的视觉——触觉型阐释了个体对视觉或触觉型信息加工方式的偏好,视觉导向的个体是很难使自己适应需要通过触摸和肌肉运动知觉的情境,习惯于采用视觉熟悉学习环境,通过视觉判断空间关系、辨别事物的区别、鉴别信息刺激的作用等。触觉导向的个体更关注的是通过触觉或肌肉运动知觉模式获得的身体感觉经验。

纵观学习方式的文献资料,多为以认知风格为基础提出的理论,这些认知风格更内隐,比较难以通过观察学习者的外部行为而进行分类。而且对于个体认知风格类型的鉴别都采用自陈式问卷,并不适合学前期的幼儿。

2. 国内研究现状分析

对于观察学习、操作学习、探索学习、合作学习、体验学习、分享学习等学习方式更多地是以理论为基础提出,实践研究较多的是针对小学以上的学生,研究不同的学习方式需要学生具备哪些能力,研究教师如何使用这些学习方式、哪些学习方式适合哪些学科以及如何综合运用等。

在学前阶段,对幼儿学习方式的研究较少,比较多的是一线教师总结实践中的经验,提炼了一些策略,例如要使用体验式学习,为幼儿创造体验的机会,将合作的理念渗透到生活、运动、游戏、学习中;如何在日常教学中采用诸如体验学习、合作学习、探索学习;使用体验学习时有哪些原则,例如要为幼儿创设真实的情境、提供合作的机会等。总体而言,一是经验比较零散,二是虽然教师的经验总结文章很多,但基本大同小异。

几乎没有研究者就这六种学习方式进行过整合的系统的研究,小中大班的幼儿分别适合哪些学习方式、不同的主题可以运用哪些学习方式、针对不同学习方式教师应该采用怎样的策略,这些问题都没有得到研究。因此我们要进行该课题研究,结合我园幼儿的实际情况,解决以上问题。

(四) 调查要解决的问题

了解不同主题活动中、不同年龄段幼儿、不同性别幼儿在不同的学习方式上表现出的特点,寻找一些规律,并分析原因,在了解现状的基础上推进课题的进一步开展,思考下一步研究的着手点,并为教师在后续研究中培养幼儿积极的学习方式提供现实依据。

第二节　调查方法和结果

一、调查方法

1. 调查时间

2011 年 10 月

2. 调查对象

对北蔡幼儿园小、中、大班共 173 名幼儿进行了问卷调查,具体由带班教师根据对幼儿学习方式的观察、了解,按照问卷内容对每一幼儿的情况做出客观的回答。回收有效问卷 173 份,其中小班幼儿 57 名,男孩 26 名,女孩 31 名;中班幼儿 66 名,男孩 35 名,女孩 31 名;大班幼儿 50 名,男孩 18 名,女孩 32 名。

3. 调查内容

本问卷包含六个维度,分别为操作性学习、探索性学习、体验性学习、合作性学习、观察性学习和分享性学习,每个维度包含 3 道评分题,分值为 1～4 分,由带班教师进行评分。1 分表示该行为从未在幼儿身上出现,2 分表示该行为偶尔会在幼儿身上出现,3 分表示该行为较经常在幼儿身上出现,4 分表示该项行为总是在幼儿身上出现。

4. 调查方法

问卷调查法,由教师根据对幼儿平时的观察、了解,对幼儿的行为进行打分。参与本次问卷调查的教师情况如下:

教龄(人)		职称(人)		是否骨干(人)	
6 年	1	幼一	1	非骨干	2
8 年	1	幼高	5	园骨干	1
11 年	1			区骨干	3
21 年	1				
23 年	2				

5. 数据统计处理

运用统计软件 SPSS 16.0 对数据进行独立样本 T 检验、配对样本 T 检验、单因素方差分析。

二、调查结果

（一）不同类别主题下幼儿学习方式平均分的比较

表 1 - 1　不同类别主题下幼儿学习方式平均分的比较

类　　别	自然类主题		社会类主题	
	平均分	标准差	平均分	标准差
操作性学习	1.87	0.5	1.88	0.48
探索性学习	1.66	0.53	1.69	0.54
体验性学习	1.74	0.58	1.78	0.6
合作性学习	1.71	0.56	1.78	0.59
分享性学习	1.77	0.64	1.77	0.64
观察性学习	1.71	0.49	1.72	0.51
合　　计	1.74	0.5	1.77	0.52

从表 1 - 1 可发现：

1. 从总体上看，在自然类主题中，幼儿六种学习方式的平均分为 1.74 分，在社会类主题中，幼儿六种学习方式的平均分为 1.77 分，可见幼儿在社会类主题下的学习方式要稍高于自然类主题。两类主题下幼儿学习方式的标准差为 0.5 和 0.52，可见幼儿在这两类主题下的学习方式分布比较平均。

对两类主题活动下学习方式的平均分做 0.05 置信水平下的配对样本 T 检验，发现自然类主题下学习方式平均分与社会类主题下学习方式平均分间均存在极其显著性差异，社会类主题下学习方式平均分极其显著性高于自然类主题。

表 1 - 2　不同主题下学习方式显著性检验

	Df	t	Sig
自然类-社会类	172	−3.878	0.000

2. 在自然类主题下，六种学习方式的平均分由高到低排列分别是：操作性学习第一、分享性学习第二、体验性学习第三、合作性学习与观察性学习并列第四、探索性

学习第六。再对六种学习方式的平均分做 0.05 置信水平下的单因素方差分析,发现操作性学习与探索性学习之间,间均存在极其显著性差异,操作性学习与体验性学习、合作性学习、观察性学习之间,间均存在显著性差异,探索性学习与分享性学习之间,间均存在边缘显著性差异。

3. 在社会类主题下,由高到低排列分别是:操作性学习第一、体验性学习和合作性学习并列第二、分享性学习第四、观察性学习第五、探索性学习第六。可见,在两类主题下,操作性学习的均最高,探索性学习的均最低。再对六种学习方式进行 0.05 置信水平下的单因素方差分析,发现操作性学习与探索性学习、观察性学习之间,间均存在显著性差异。

(二) 不同年龄段幼儿学习方式平均分的比较

1. 自然类主题下不同年龄段幼儿学习方式的平均分比较

表 2 - 1　自然类主题下不同年龄段幼儿学习方式平均分的比较

	操作性学习	探索性学习	体验性学习	合作性学习	分享性学习	观察性学习	合计
小班	1.351	1.047	1.047	1.094	1.018	1.257	1.135
中班	1.955	1.889	1.944	1.843	2.116	1.798	1.924
大班	2.333	2.047	2.260	2.227	2.180	2.100	2.191

从表 2 - 1 可知:

(1) 从整体来看,小班在自然类主题下的平均分为 1.135 分,中班为 1.924 分,大班为 2.191 分,呈现出大班高于中班高于小班的趋势。且从小班到中班,六种学习方式的均有很大的提高。

再对三个年龄段幼儿学习方式平均分做 0.05 置信水平下的单因素方差分析,发现三个年龄段幼儿学习方式存在极其显著性的差异,大班高于中班高于小班。

表 2 - 2　自然类主题下不同年龄段差异检验

		Df	t	Sig
自然类		2	262.976	0.000
	小班-中班	—	—	0.000
	中班-大班	—	—	0.000
	小班-大班			0.000

(2) 再考察各年龄段:

① 在小班,六种学习方式由高到低排列为:操作性学习第一、观察性学习第二、合作性学习第三、探索性学习和体验性学习并列第四、分享性学习第六。

再对小班幼儿六种学习方式平均分做 0.05 置信水平下的单因素方差分析,发现:操作性学习与探索性学习、体验性学习、合作性学习、分享性学习间均存在极其显著性的差异,与观察性学习间均存在显著性差异;观察性学习与探索性学习、体验性学习、合作性学习、分享性学习间均存在极其显著性的差异。

② 在中班,六种学习方式由高到低排列为:分享性学习第一、操作性学习第二、体验性学习第三、探索性学习第四、合作性学习第五、观察性学习第六。

再对中班幼儿六种学习方式平均分做 0.05 置信水平下的单因素方差分析,发现:分享性学习与操作性学习、探索性学习、体验性学习、合作性学习、观察性学习间均存在极其显著性差异;操作性学习与观察性学习间存在极其显著性差异;体验性学习与观察性学习间均存在显著性差异。

③ 在大班,六种学习方式由高到低排列为:操作性学习第一、体验性学习第二、合作性学习第三、分享性学习第四、观察性学习第五、探索性学习第六。

再对大班幼儿六种学习方式平均分做 0.05 置信水平下的单因素方差分析,发现:操作性学习与探索性学习、观察性学习间均存在极其显著性差异,与分享性学习间存在显著性差异;探索性学习与体验性学习间存在极其显著性差异,与合作性学习间存在显著性差异;体验性学习与观察性学习间存在显著性差异。

2. 社会类主题下不同年龄段幼儿学习方式平均分比较

表 2 - 3 社会类主题下不同年龄段幼儿学习方式平均分比较

	操作性学习	探索性学习	体验性学习	合作性学习	分享性学习	观察性学习	合计
小班	1.327	1.053	1.047	1.123	1.012	1.251	1.135
中班	2.018	1.955	2.020	1.919	2.126	1.843	1.980
大班	2.337	2.067	2.300	2.347	2.153	2.107	2.218

从表 2 - 3 可知:

(1) 小班在社会类主题下的平均分为 1.135 分,中班为 1.980 分,大班为 2.218 分,呈现出大班高于中班高于小班的趋势。且从小班到大班,六种学习方式的均有很大的提高。

再对三个年龄段幼儿学习方式平均分做 0.05 置信水平下的单因素方差分析，发现三个年龄段幼儿学习方式平均分存在极其显著性的差异，大班高于中班高于小班。

表 2－4　社会类主题下不同年龄段差异检验

		Df	t	Sig
社会类		2	310.322	0.000
	小班-中班	—	—	0.000
	中班-大班	—	—	0.000
	小班-大班	—	—	0.000

（2）再考察各年龄段：

① 在小班，六种学习方式由高到低排列为：操作性学习第一、观察性学习第二、合作性学习第三、探索性学习第四、体验性学习第五、分享性学习第六。

再对小班幼儿六种学习方式平均分做 0.05 置信水平下的单因素方差分析，发现：操作性学习与探索性学习、体验性学习、合作性学习、分享性学习间均存在极其显著性差异；观察性学习与探索性学习、体验性学习、合作性学习、分享性学习间均存在极其显著性差异；合作性学习与分享性学习间存在极其显著性差异。

② 在中班，六种学习方式由高到低排列为：分享性学习第一、体验性学习第二、操作性学习第三、探索性学习第四、合作性学习第五、观察性学习第六。

再对中班幼儿六种学习方式平均分做 0.05 置信水平下的单因素方差分析，发现：观察性学习与操作性学习、体验性学习、分享性学习间均存在极其显著性差异；分享性学习与探索性学习、合作性学习间均存在极其显著性差异；探索性学习和分享性学习间存在极其显著性差异。

③ 在大班，六种学习方式由高到低排列为：合作性学习第一、操作性学习第二、体验性学习第三、分享性学习第四、观察性学习第五、探索性学习第六。

再对大班幼儿六种学习方式平均分做 0.05 置信水平下的单因素方差分析，发现：探索性学习与操作性学习、合作性学习、体验性学习间均存在极其显著性差异；操作性学习与分享性学习、观察性学习间存在显著性差异；体验性学习与观察性学习间存在极其显著性差异，与分享性学习间存在显著性差异；合作性学习与分享性学习、观察性学习间均存在极其显著性差异。

表 2－5　不同年龄段两类主题下六种学习方式平均分排序

年龄	自然类	社会类	年龄	自然类	社会类	年龄	自然类	社会类
小班	操作性	操作性	中班	分享性	分享性	大班	操作性	合作性
	观察性	观察性		操作性	体验性		体验性	操作性
	合作性	合作性		体验性	操作性		合作性	体验性
	探索性	探索性		探索性	探索性		分享性	分享性
	体验性	体验性		合作性	合作性		观察性	观察性
	分享性	分享性		观察性	观察性		探索性	探索性

从表 2－5 中可发现,三个年龄段在自然类主题和社会类主题下,六种学习方式排序基本一致。

(三) 不同性别幼儿学习方式平均分的比较

1. 自然类主题下不同性别幼儿学习方式平均分比较

表 3－1　自然类主题下不同性别幼儿学习方式平均分

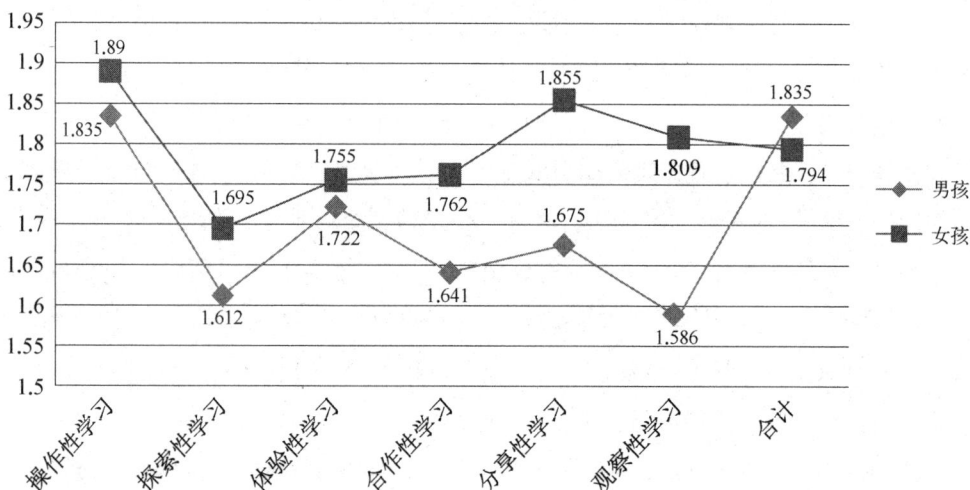

从表 3－1 可知:

(1) 从总体来看,自然类主题下,男孩学习方式均分为 1.835 分,女孩为 1.794 分,男孩高于女孩。

再对男女孩的学习方式平均分进行独立样本 T 检验,发现男、女孩之间没有显著性差异。

表 3-2 自然类主题下不同性别幼儿学习方式差异检验

	Df	t	Sig
自然类	171	−1.504	0.134

再对男、女孩在六种不同学习方式的平均分做独立样本 T 检验,发现男、女孩在观察性学习的平均分间存在极其显著性差异,女孩高于男孩。

(2) 再考察不同性别:

① 男孩中,六种学习方式由高到低排列为:操作性学习第一、体验性学习第二、分享性学习第三、合作性学习第四、探索性学习第五、观察性学习第六。

再对男孩的六种学习方式平均分做 0.05 置信水平下的单因素方差分析,发现:操作性学习与探索性学习、观察性学习间均存在极其显著性差异,与合作性学习间存在显著性差异。

② 女孩中,六种学习方式由高到低排列为:操作性学习第一、分享性学习第二、观察性学习第三、合作性学习第四、体验性学习第五、探索性学习第六。

再对女孩的六种学习方式平均分做 0.05 置信水平下的单因素方差分析,发现:操作性学习与探索性学习间存在显著性差异。

2. 社会类主题下不同性别幼儿学习方式平均分比较

表 3-3 社会类主题下不同性别幼儿学习方式平均分

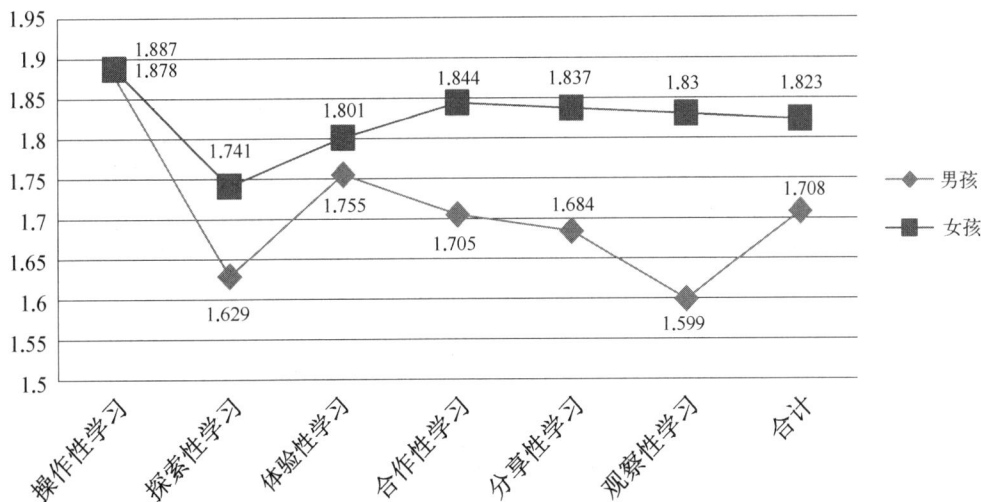

从表 3-3 可知:

(1) 从总体来看,社会类主题下,男孩学习方式平均分为 1.708 分,女孩为 1.823

分,女孩高于男孩。

再对男、女孩的学习方式平均分进行独立样本 T 检验,发现男、女孩之间没有显著性差异。

表3-4 社会类主题下不同性别幼儿学习方式差异检验

	Df	t	Sig
社会类	171	−1.467	0.144

再对男、女孩在六种不同学习方式的平均分做独立样本 T 检验,发现男、女孩在观察性学习的平均分间均存在极其显著性差异,女孩高于男孩。

(2) 再考察不同性别:

① 男孩中,六种学习方式由高到低排列为:操作性学习第一、体验性学习第二、合作性学习第三、分享性学习第四、探索性学习第五、观察性学习第六。

再对男孩的六种学习方式平均分做 0.05 置信水平下的单因素方差分析,发现:操作性学习与探索性学习、观察性学习间均存在极其显著性差异,与分享性学习间存在显著性差异。

② 女孩中,六种学习方式由高到低排列为:操作性学习第一、合作性学习第二、分享性学习第三、观察性学习第四、体验性学习第五、探索性学习第六。

再对女孩的六种学习方式平均分做 0.05 置信水平下的单因素方差分析,发现任何两种学习方式之间均无显著性差异。

表3-5 不同性别两类主题下六种学习方式排序

性 别	自然类	社会类	性 别	自然类	社会类
男 孩	操作	操作	女 孩	操作	操作
	体验	体验		分享	合作
	分享	合作		观察	分享
	合作	分享		合作	观察
	探索	探索		体验	体验
	观察	观察		探索	探索

从表3-5中可发现,男孩在自然类主题和社会类主题下,六种学习方式排序基本一致;女孩在自然类主题和社会类主题下,六种学习方式排序基本一致。但男孩与

女孩间存在一定的差异。

(四) 不同教师执教的幼儿学习方式平均分的比较

1. 不同教龄的教师执教的幼儿学习方式平均分比较

表 4 - 1　不同教龄教师执教幼儿两类主题活动学习方式平均分

年　级	教　龄	自然类	社会类
小　班	教龄长	1.107	1.094
	教龄短	1.196	1.176
中　班	教龄长	1.927	1.913
	教龄短	2.025	1.936
大　班	教龄长	2.211	2.104
	教龄短	2.250	2.154

在填写本次问卷的教师中,小班教师的教龄为 8 年和 23 年,中班教师的教龄为 11 年和 23 年,大班教师的教龄为 6 年和 21 年。分别对三个年龄段不同教龄教师执教的幼儿的学习方式平均分做独立样本 T 检验,发现:

(1) 小班中,不同教龄教师执教的幼儿自然类活动中的学习方式平均分有显著性差异,社会类活动中的学习方式平均分也有显著性差异。

(2) 中班中,不同教龄教师执教的幼儿自然类活动中的学习方式平均分无显著性差异,社会类活动中的学习方式平均分也无显著性差异。

(3) 大班中,不同教龄教师执教的幼儿自然类活动中的学习方式平均分无显著性差异,社会类活动中的学习方式平均分也无显著性差异。

表 4 - 2　不同教龄教师执教的幼儿学习方式差异检验

		Df	t	Sig
小　班	自然类	55	−2.589	0.010
	社会类	55	−2.517	0.013
中　班	自然类	64	0.190	0.850
	社会类	64	1.228	0.224
大　班	自然类	48	1.162	0.251
	社会类	48	1.235	0.223

2. 不同职称教师执教的幼儿学习方式平均分比较

表 4‒3　不同职称教师执教幼儿两类主题活动学习方式平均分

年　级	职　称	自然类	社会类
大　班	幼一	2.104	2.153
	幼高	2.212	2.249

在填写本次问卷的教师中,有 1 名职称为幼一的教师(大班),以及 5 名职称为幼高的教师。对不同职称教师执教的幼儿学习方式平均分做独立样本 T 检验,发现无显著性差异。

表 4‒4　不同职称教师执教的幼儿学习方式差异检验

		Df	t	Sig
大班	自然类	48	1.162	0.251
	社会类	48	1.235	0.223

3. 不同骨干教师执教的幼儿学习方式平均分比较

在填写本次问卷的教师中,有 2 名非骨干教师,1 名园骨干教师,3 名区骨干教师。对不同的骨干教师执教的幼儿学习方式平均分做独立样本 T 检验,发现:

表 4‒5　不同骨干教师执教幼儿两类主题活动学习方式平均分

年　级	骨　干	自然类	社会类
小　班	非骨干	1.196	1.174
	区骨干	1.106	1.093
中　班	园骨干	1.913	1.936
	区骨干	1.927	2.024
大　班	非骨干	2.104	2.153
	区骨干	2.212	2.249

(1) 小班中,非骨干教师和区骨干教师执教的幼儿,在自然类活动和社会类活动中的学习方式平均分有显著性差异;大班中,非骨干教师和区骨干教师执教的幼儿,在自然类活动和社会类活动中的学习方式平均分无显著性差异。

（2）中班中，园骨干教师和区骨干教师执教的幼儿，在自然类活动和社会类活动中的学习方式平均分无显著性差异。

第三节　分析与思考

一、分析

（一）不同类别主题活动下幼儿学习方式平均分比较

由研究结果可见：社会类主题下幼儿学习方式平均分极其显著性高于自然类主题。可能由以下原因导致：

（1）我园在主题活动安排上，社会类主题多于自然类主题，小班社会类和自然类主题的比例是3∶1，中班社会类和自然类主题的比例是2∶1，大班社会类和自然类主题的比例是1∶1，由此导致教师更多地组织社会类活动，在社会类主题活动中更多地观察到幼儿使用了不同的学习方式。

（2）幼儿积累的社会类的生活经验多于自然类，因此在社会类主题活动中更多地表现出使用了不同的学习方式。

1. 自然类主题活动下

由研究结果可见，在自然类主题下操作性学习方式平均分最高，探索性学习方式平均分最低。可能由以下原因导致：

（1）自然类主题活动包括《身体的秘密》《交通工具》《水真有用》等，这些活动比较适合操作性学习；根据3~6岁幼儿的认知特点，幼儿倾向于通过对客体的操作、摆弄等行为来认识客体，因此操作性学习占了主导；或是教师可能更多地为幼儿提供操作学习的机会，因此教师可以观察到幼儿表现出更多的操作性学习行为。

（2）自然类主题中，探索性学习指通过调查研究等方式认识事物、解决问题，需要幼儿有一定的知识网络和探索方法，这对于3~6岁幼儿来说要求比较高；或是由于教师为幼儿提供的探索性学习的机会较少，因此教师比较少地观察到幼儿表现出探索性学习行为。

2. 社会类主题活动下

由研究结果可见，在社会类主题下，操作性学习方式平均分最高，探索性学习和观察性学习方式平均分较低。可能由以下原因导致：

（1）根据 3～6 岁幼儿的认知特点，幼儿倾向于通过对客体的操作、摆弄等行为来认识客体，因此操作性学习占了主导；或是由于教师提供了更多的操作学习机会。

（2）社会类主题中包括《幼儿园里朋友多》《我爱我家》《周围的人》等，不适合采用探索性学习和观察性学习；探索性学习需要幼儿有一定的知识网络和探索方法，这对于 3～6 岁幼儿来说要求比较高；观察性学习需要良好的感官发育作为基础，对于概念、类别有相关知识经验，而 3～6 岁幼儿正处于感觉器官的发展期，感觉器官发育还不成熟；教师比较难在这类主题活动中为幼儿提供较多的探索性学习和观察性学习的机会。

（二）不同年龄段幼儿学习方式平均分比较

不管是在自然类还是社会类主题活动下，三个年龄段幼儿学习方式都间均存在极其显著性的差异，大班高于中班高于小班。该情况符合幼儿的年龄特点，随着年龄的增长，幼儿学会使用更多更丰富的学习方式。小班幼儿刚刚进入幼儿园，还处于适应期，且认知、语言、精细动作等能力较弱，因此在学习活动中还不知怎么运用不同的学习方式来学习。到了大班，随着幼儿认知、语言、精细动作等各项能力均发展得较好，因此可以比较灵活地使用不同的学习方式来认识事物。

察看三个年龄段趋势发现，从小班到中班，六种学习方式有明显的升高，而从中班到大班，有小幅度的升高。从小班到中班，分享性学习的增幅最大，观察性学习的增幅最小。从中班到大班，分享性学习和探索性学习的增幅很小，合作性学习的增幅最大。

1. 小班幼儿学习方式比较

（1）在自然类主题活动中，小班幼儿的操作性学习和观察性学习得分较高，分享性学习得分较低。

（2）在社会类主题活动中，小班幼儿的操作性学习和观察性学习得分较高，分享性学习得分较低。整体而言，小班幼儿在两类主题活动中的不同学习方式平均分趋势较为一致。

分析原因，可能是由于小班的幼儿刚入学，又都是独生子女，因此还不太懂得要与他人进行分享；而且小班幼儿语言能力较弱，而语言是交往、分享、合作的最主要的载体，所以他们还无法很好地与人交往，因此导致分享性学习很低。

此时的幼儿倾向于通过对客体的操作、摆弄等行为来认识客体，因此操作性学习占了主导。

2. 中班幼儿学习方式比较

(1) 在自然类主题活动中,中班幼儿的分享性学习得分最高,观察性学习得分最低。

(2) 在社会类主题活动中,中班幼儿的分享性学习得分最高,观察性学习得分最低。整体而言,中班幼儿在两类主题活动中的不同学习方式平均分趋势较为一致。

分析原因,可能是由于经过一年的集体生活,中班幼儿在社会性情绪发展方面得到了很大的提高,分享行为出现比较多。而且4～5岁是幼儿语言爆发期,因此中班幼儿语言能力相比小班的时候得到了较大的发展,随着语言能力的发展幼儿开始想要和他人交往。因此,中班的分享性学习得分很高。

而观察性学习从小班的较高到中班的最低,可能是由于教师在观察性学习方面给予幼儿的机会不够多。

3. 大班幼儿学习方式比较

(1) 在自然类主题活动中,大班操作性学习得分最高,探索性学习得分最低。

(2) 在社会类主题活动中,大班操作性学习得分最高,探索性学习得分最低。整体而言,大班幼儿在两类主题活动中的不同学习方式平均分趋势较为一致。

分析原因,可能是由于探索性学习对个体在感知觉、认知发展发面的要求比较高,需要个体有强烈的好奇心和创造性,大班幼儿这方面还不够。此外,可能教师提供的具有很强探索性的材料还不够丰富,教师对幼儿探索行为的指导还不够,使得幼儿探索性学习得分较低。

(三) 不同性别幼儿学习方式平均分比较

不管是在自然类还是社会类主题活动下,男孩和女孩的均无显著性差异。说明我园男孩和女孩在不同的学习方式上发展比较一致。

再看六种不同的学习方式,可发现不管是在自然类还是社会类主题活动下,男女孩在观察性学习的间均存在极其显著性的差异,女孩高于男孩。分析原因,可能是由于在幼儿园阶段,女孩对事物的观察更为仔细,女孩掌握的知识、概念比较多,因此能从不同的角度进行观察,而在这方面,男孩就相对而言比较差。

1. 男孩六种学习方式比较

(1) 在自然类主题活动中,男孩操作性学习得分最高,探索性学习和观察性学习得分最低。

(2) 在社会类主题活动中,男孩操作性学习得分最高,探索性学习和观察性学习得分最低。

分析原因,可能是因为男孩比较喜欢操作类的活动,喜欢摆弄各式各样的玩具、教具,且该阶段的幼儿也比较容易表现出操作性学习方式。而探索性学习对个体在认知发展方面的要求比较高,需要个体有强烈的好奇心和创造性;观察性学习则要求个体有良好的感知觉,视觉、听觉、嗅觉等不同感官灵敏,对于概念、类别有相关知识经验,而学前期的男孩在这些方面发展还不足以支持他们能采用这样的学习方式。此外,合作性和分享性都是社会性技能方面的能力,男孩可能由于语言、社会性情绪发展还不够,因此在这两种学习方式上的表现也一般。

2. 女孩六种学习方式比较

(1) 在自然类主题活动中,女孩操作性学习得分最高,探索性学习得分最低。

(2) 在社会类主题活动中,任何两种学习方式之间均无显著性差异。

分析原因,可能是因为自然类主题活动比较适合操作性学习,女孩也比较喜欢操作各式各样的玩具、教具,且该阶段的幼儿也比较容易表现出操作性学习方式。而探索性学习对个体在感知觉、认知发展方面的要求比较高,需要个体有强烈的好奇心和创造性,学前期的女孩在这些方面发展还不足以支持她们能采用这样的学习方式。

二、思考

首先考察我园自然类主题活动和社会类主题活动的数量安排,如果社会类主题确实多于自然类主题,那么可以考虑平衡两种主题类别的活动。然后,通过看课评课,分析每个活动是否采用了最适宜的学习方式。

对于小班幼儿,我们认为应该按照他们的年龄特点,教师提供适宜的活动。因为语言能力较弱、喜欢摆弄操作物品等,所以小班以操作性、体验性学习为主要方式。

对于中班幼儿,由于幼儿语言能力有很大的发展,社会交往能力逐步发展,因此除了本就比较高的分享性学习,还应该给幼儿创造更多的合作学习的机会,教师就幼儿的合作能力应该给予更多的指导和培养。由于观察性学习的过程比较内隐,教师不注意的话不一定能观察到。因此教师以后要多注意观察幼儿学习的过程。

考虑到大班幼儿探索性学习和观察性学习的平均分较低,而大班幼儿即将升入小学,日后的学习负担将会大大加重,这两种学习方式对于幼儿日后的持续学习很重要,也是将来学习深奥知识、进一步追求学业的基础,因此教师可以考虑在大班期间,更多地提供探索性和观察性的活动,增加探索性、学习性材料的投放,多一些能够激发幼儿探索的指导提示语。

第二章　具体实施与策略运用

第一节　自然类主题活动中培养幼儿
积极学习方式的支持策略

为了分析提炼培养幼儿不同的积极学习方式的教师支持策略,整个研究过程中共积累了 49 篇案例记录,其中小班 16 篇,中班 16 篇,大班 17 篇。通过教师支持策略案例总结,获得教师支持策略经验总结以及不同主题、不同年龄段教师支持策略成果。

一、幼儿积极学习方式教师支持策略原则

1. 教师支持策略梳理

为了有效地总结幼儿积极学习中的教师支持策略,首先对常见的教师支持策略进行梳理。根据前一个课题的研究结果,教师支持策略种类共分为关注、激励、引导、推进、解惑、配置、沟通、放手、合力九类,并对这些支持策略种类再细分,获得支持策略的构成要素表。不同的支持策略中还包含有不同的行为表现,例如:关注中教师的支持策略可分为观察、倾听、记录。教师在研究实施过程中,将自己的支持策略进行归类,以此对不同的幼儿积极学习方式进行教师支持策略的总结。之后的教师支持策略总结都将以下列表格中列出的支持策略为主。

表 1　九类教师支持策略构成要素表

教师支持策略种类	支 持 策 略 构 成 要 素
关　注	观察、倾听、记录
激　励	鼓励、表扬、情绪感染、物质支持
引　导	启发、暗示、展示学习、尝试、追问、示范

教师支持策略种类	支 持 策 略 构 成 要 素
推　进	参与活动、直接介入、媒体运用、归纳、图示符号、预设
解　惑	设疑、解疑
配　置	广集材料、情景建构、空间创设
沟　通	解读作品、讨论交流、经验分享
放　手	适当等待、追随
合　力	开放展示、利用资源

2. 教师支持策略实施

我们将常见的教师支持策略进行梳理后,教师们根据不同年龄段特点开始实施相关活动(不同主题)。在实施过程中,教师观察幼儿行为,以推动幼儿积极学习为目的,实施相应的支持策略。教师将活动情况使用课题的观察工具进行记录,并通过幼儿的行为或语言表现、教师介入或旁观等支持策略的实施行为、幼儿积极学习的效果分析与反思,由此评估教师支持策略有效与否。

经过一年多的观察坚持,教师们逐渐从反思中提炼经验,并通过课题讨论不断调整自己的教师策略,从而更有效地针对幼儿不同的积极学习方式实施支持。最终根据各年龄段幼儿、各主题的特点,从案例中进行统计和总结出幼儿积极学习方式特点及适宜的教师支持策略。

通过教师的不懈努力,在研究后我们再次进行幼儿积极学习方式的调查,得到以下结果:

表 2　各年龄段幼儿学习方式比较(后测)

年　龄	自然类	社会类	年　龄	自然类	社会类	年　龄	自然类	社会类
小班/现中班	探索性	操作性	中班/现大班	分享性	合作性	大班/现一年级	观察性	体验性
	操作性	观察性		合作性	分享性		体验性	操作性
	观察性	体验性		探索性	探索性		操作性	探索性
	体验性	合作性		操作性	操作性		探索性	观察性
	合作性	探索性		体验性	体验性		合作性	合作性
	分享性	分享性		观察性	观察性		分享性	分享性

二、自然类主题活动中培养幼儿积极学习方式的策略

1. 小班

表3 自然类主题活动中小班幼儿不同学习方式的教师支持策略

操作性学习		探索性学习		体验性学习		合作性学习		分享性学习		观察性学习	
教师支持策略	次数	教师支持策略	次数	教师支持策略	次数	教师支持策略	次数	教师支持策略	次数	教师支持策略	次数
配置	4	配置	1	引导	2			沟通	2	引导	2
激励	2	沟通	2	配置	1			推进	1	关注	1
引导	1	引导	1	激励	2			关注	1	配置	3
放手	2	解惑	1					沟通	1	推进	1
关注	4	放手	1					引导	1		
推进	1	关注	1								
/	14	/	7	/	5	/	0	/	6	/	7

由表3所得,自然类主题下教师倾向于会帮助幼儿的操作性学习,通过不同的配置方法推动他们的材料操作。根据统计结果,对幼儿的探索性学习方式及观察性学习方式,教师采取策略频率为第二,分享性学习的支持策略排第四,而小班还未能完全理解"合作"、"分享",因此教师较少做出合作分享性的引导。

教师经常会使用配置、激励、引导、关注、放手、推进等策略引导和推动幼儿的操作性方式。教师通过关注、观察了解幼儿的行为阶段,并使用配置的方式从小班幼儿喜欢的丰富材料和环境支持幼儿的积极学习方式。

案例:自然的水(自然-操作性学习-配置)

"上次看到你们和水宝宝玩得这么高兴,玩具宝宝也想和水宝宝一起玩,你们欢迎吗?"听到老师这么一问,孩子们都兴奋起来:"欢迎玩具宝宝和我们一起玩。""不过水宝宝有个小小的要求哦,玩的时候不要把衣服和地板弄湿哦! 长袖变短袖喽! 我们一起来玩吧!"

于是孩子们有序地拿起各种各样的玩具宝宝玩起了水,有的用塑料杯舀水,有的用塑料管接水……

分析:在活动开始之初,教师通过经验回忆引导本次活动的主题。以游戏的口吻拉开序幕,并把学习要求交代清楚,调动幼儿学习的主动性和积极性,使幼儿乐于

想。然后提供多样性、层次性、开放性的材料,并与材料充分互动,通过材料的收集、广泛接触,使幼儿乐于做;从材料的角度促进幼儿动手操作,通过体验获得积极学习的乐趣。

案例:动物花花衣(自然-操作性学习-关注)

我班在开展主题活动"动物花花衣"时,设计了可爱的小刺猬区域活动。小刺猬的可爱、色彩鲜艳的模板吸引了许多小朋友来这里学习。幼儿用彩色纸撕成长条,并粘贴在小刺猬的背上。

妮妮和萱萱仍旧来此区域玩。萱萱拿了贴有数字 6 的小刺猬,她分别在苹果树和橘子树上各摘了三个,并 ABABAB 这样有规律地排列在小刺猬的背上。妮妮拿了个贴有数字 8 的小刺猬,可是妮妮却在小刺猬身上夹了各种水果,还超出了这个数字。萱萱见了对妮妮说:"你不对了,这个上面是数字 8,你只能夹 8 个水果。"妮妮不理会,还继续在小刺猬身上夹水果。萱萱走过来,拉着我说:"王老师,你去看看,妮妮她不对啦!"萱萱指着妮妮的小刺猬说:"你看妮妮夹了那么多水果。"我没有作答。在一旁看热闹的小朋友也说:"不对了,是 8 个。"妮妮低下头,不作声了。萱萱说:"我来教你吧!"说完,萱萱像个小老师似的很认真地教妮妮,这次妮妮学得可认真啦! 她们一边夹还一边说:"一个香蕉,一个橘子,一个香蕉,一个橘子……一共有 8 个水果。"……慢慢地妮妮也学会了,也能有规律地进行排列啦!

分析:萱萱在操作中自然地运用了数学的排序规律,来给小刺猬背果子,表现出较高的行为水平。而妮妮却不停地把水果夹在小刺猬身上,可能喜欢夹夹子这个过程,可能是妮妮没有发现或关注到刺猬身上的数字,或者没有意识到要根据刺猬身上相应的数字来夹水果。而机灵的萱萱发现后,就觉得妮妮不对了,于是就来告诉教师。教师没有作答,而是运用了关注的策略,观察孩子们的表现。关注的策略往往是支持教师后续支持策略的基础,只有在观察幼儿不同的行为表现后,教师才能实施相应的、适宜的介入策略帮助幼儿解决问题或是引导幼儿的学习行为。在此案例中,教师通过观察分析幼儿行为的原因,同时又因为关注推动了幼儿之间的相互协助的行为出现。

根据表 2,我们还可以发现幼儿的探索性学习方式较多。而教师对于幼儿的探索性学习方式会使用沟通、配置、引导等支持策略。

案例:我爱吃……(自然-探索性学习-关注、沟通)

"我爱吃……"这个个别化学习活动内容来源于小班主题"动物花花衣"。通过该材料的投放,我尝试观察幼儿在活动中的学习方式,并给予幼儿一定的支持培养。

（材料提供：将操作面板改成同一起点不同终点,中间设置分类格。）

毛毛为小鸟选择了蓝色的路到达了分类格,稍加思索后,他送小鸟去吃了鱼(此处并没有沿着轨迹操作)。后又让猫走了同一条分类线路带它去吃了虫子(此处有沿着轨迹操作)。在第三次操作中,他准确地沿着轨迹将母鸡送去吃米,值得关注的一点是,他将教师前后方向做反的母鸡反转后操作,让操作中鸡的头部处在前进的方向。

操作完成后,我问："毛毛,小猫喜欢吃什么？"毛毛看了看操作面板："小猫喜欢吃虫子。""你家养猫吗？"他摇了摇头。"猫爱吃的东西很多,它最喜欢吃鱼了。你知道鸡喜欢吃什么吗？""小鸡喜欢吃米。"毛毛这次答对了。"你知道小鸟爱吃什么吗？"毛毛想了想："虫子。""那你为什么让小鸟去吃鱼呢？"毛毛："我想喂它吃鱼。"

分析：毛毛的操作过程中,教师首先采取关注的观察策略。毛毛对动物的食性有一定认知,但不完全,细节方面比较敏锐。随后在观察中教师就发现的疑问和毛毛进行了谈话沟通。从毛毛的回答可以进一步验证出毛毛对集体教学曾提及的鸟、鸡的食性有一定的了解,而对不熟悉的猫的食性不了解。对小鸟吃鱼的回答则体现了幼儿天真富有童趣的一面(其实某些鸟也确实是吃鱼的)。

2. 中班

表4　中班自然类主题活动中幼儿不同学习方式的教师支持策略

操作性学习		探索性学习		体验性学习		合作性学习		分享性学习		观察性学习	
教师支持策略	次数	教师支持策略	次数	教师支持策略	次数	教师支持策略	次数	教师支持策略	次数	教师支持策略	次数
关注	4	激励	1	关注	2	推进	1	关注	4	引导	1
配置	5	配置	1	引导	1	引导	1	引导	7	关注	3
放手	2	推进	1	配置	1	关注	2	推进	2	放手	1
		引导	6			放手	1	配置	2		
		关注	2					解惑	2		
		放手	1								
/	11	/	12	/	4	/	5	/	17	/	5

由表4所得,自然类主题下教师倾向于会帮助幼儿的分享性学习,通过引导的方式支持幼儿的分享性学习的发生。根据统计结果,对幼儿的探索性学习方式教师采

取策略频率为第二,幼儿的操作性学习教师采取策略频率为第三,合作性学习与观察性学习方式的支持策略排第四,而体验性学习教师的使用策略频率最低。

根据表2,我们同样发现幼儿的分享性学习方式较多。自然类主题下教师会在幼儿出现分享性学习的时候采取不同形式的策略引导幼儿。关注、倾听、引导、推进、配置、解惑都是教师常用的实施策略之一,其中教师会直接采用启发、同伴示范、暗示的方式对幼儿分享性行为进行介入与指导,从而激发幼儿的幼儿分享行为的产生,并通过分享获得当前问题的解决途径。在自然类主题下对于幼儿的操作性学习,教师会给予一定的支持策略,通过关注、配置引导幼儿的行为,也会通过直接引导、激励肯定幼儿的学习方式,推动幼儿的思维与学习。

案例:动物找家(自然-分享性学习-引导)

佳佳拿着102室的鲸鱼找不到它的家了,正东张西望地到处找,钧钧一把拿过来,眼睛直接往下看,一会儿就找到了。看到他动作非常熟练,我好奇地问:"钧钧你有什么好办法一下子就能找到?"

钧钧说:"鲸鱼生活在水里的,下面两行都是生活在水里的动物,所以找起来就很快。""那其他的动物还有什么规律呢?"我追问。钧钧指着上面两层说:"第六、第七层的动物都会飞,其他就是走路的动物。"我翘起大拇指表扬他:"钧钧观察得真仔细,一二层是生活在水里的动物,三四五层是生活在陆地上的动物,六七层是会飞的动物。"有了这个提示,接下来佳佳找起来就方便多了。

分析:当幼儿暂时对问题解决的方法毫无头绪时,另一名能力较强的幼儿帮助他完成其中一部分任务,起到了示范的作用。而教师的介入引导,进一步增加幼儿之间思维的"分享性",从旁提醒能力弱的幼儿寻找动物住房规律的方法。

3. 大班

表5　大班自然类主题活动中幼儿不同学习方式的教师支持策略

操作性学习		探索性学习		体验性学习		合作性学习		分享性学习		观察性学习	
教师支持策略	次数	教师支持策略	次数	教师支持策略	次数	教师支持策略	次数	教师支持策略	次数	教师支持策略	次数
配置	1	引导	5	配置	2	关注	2	关注	6	配置	2
关注	3	关注	2	关注	2	配置	3	引导	7	激励	5
放手	1	配置	2	引导	1	放手	1	配置		关注	3

操作性学习		探索性学习		体验性学习		合作性学习		分享性学习		观察性学习	
		放手等待	2	激励	2			沟通	4	解惑	2
		解惑	2	放手	1			合力	1	引导	1
		激励	1					推进	1	推进	1
/	5	/	14	/	8	/	7	/	21	/	14

由表5所得,自然类主题下教师更频繁地使用策略支持大班幼儿的分享性学习。根据统计结果,对幼儿的探索性学习方式和观察性学习方式教师采取策略频率为第二,与其他两个年龄段不同,幼儿的体验性学习教师采取策略频率为第四,合作性学习的支持策略排第五,而操作性学习教师的使用策略频率最低。

自然类主题下教师显然对幼儿的分享性学习更为关注,给予更多的指导。由于大班幼儿的分享合作水平相较于小中班已达到一定水平。在面对问题时,教师会更倾向通过幼儿的互动进行问题解决。而这一学习方式中,关注、引导、推进、配置、沟通、合力都是教师常用的实施策略之一。

同时,随着大班幼儿学习方式的多样化,教师也会进行更多的介入与指导,对于不同的学习方式采取多样的支持策略。在幼儿观察性学习中教师多使用激励的策略,通过语言鼓励幼儿进行更加细致的观察;而探索性学习中教师会通过追问的方式启发幼儿的行为;与其他两个年龄段不同,教师对大班幼儿较为注重幼儿的体验式学习,通过关注、激励、客观环境的创设引导幼儿通过亲自体验解决问题。在合作性学习中,教师会通过配置、关注、放手推动幼儿的学习方式;针对幼儿的操作性学习,教师则更多地关注观察幼儿的操作。

案例:插花(自然-分享性学习-引导)

此活动主要是帮助幼儿学习10以内数的加减运算,教师为孩子们提供了人手一份"插花"操作材料,里面有红、黄、紫三种颜色的花朵,而且它们除了颜色不同还有大小、花瓣的颜色、排列的规则也各不相同。大部分幼儿能够掌握基本的正确立式的方法进行操作,但有些幼儿对"＋""－"符号的真正意义还没搞清楚。

于是我在黑板上出示了一张大的白纸,边逐一把昀儿的几道算式写在上面,边请她介绍。我问孩子们:"昀儿把'1－3＝'这道题的花插在'4'花瓶上对吗? 为什么?"清清说:"不对,1－3是不可以的。"我微笑着点点头:"是啊,这是个减号,它是一个减法算式,减法就是去掉的意思。想想看,家里只有1个苹果,你想吃掉3个苹果行不行?"昀儿点点头似乎明白了一些。我随即在它的"一"号上加了"丨"变成"+"继续问:"现在对了吗? 为什么?"话匣子雅茹说:"对了对了,1+3=4,正好放在'4'的花瓶中。"我接着指着"3-2="问:"那这题对吗? 错在哪里? 昀儿你知道了吗?"只见昀儿迅速地在"一"号上加了"丨"变成"3+2="说:"3加上2等于5,放在'5'的花瓶中。"听见孩子们响亮的拍手声,昀儿的脸上顿时露出了甜甜的笑容。我翘了翘大拇指接着问:"那如果这个减号不变行吗? 如果行的话怎么插?"昀儿思忖了一下随即把花贴到"1"的花瓶中。我故作惊讶地问:"你为什么把这朵花放到'1'的花瓶中?"昀儿眼睫毛一翘说:"'3-2=1',所以应该放到'1'的花瓶中。"教室里再次响起了欢呼声。"现在请大家先检查一下自己的算式,如有不准确的地方请立刻改正,待会儿插到老师这里的花瓶中。"我话音刚落,孩子们又开始忙碌起来了。

分析:操作前,老师先交代要求,让孩子们带着任务进行操作,最后逐个把有代表性的操作结果展示在黑板上并进行分享讨论。通过大家操作结果集体展示的方式,进行结果的分享与交流,从而引发孩子思考,孩子们对花瓶上的数字与自己花上的算式之间的关系有了进一步的认识,同时在吸收同伴经验的基础上丰富了自身的知识经验,还增强了自身大胆表现能力,从而进一步推进活动的开展。

根据表2,我们还可以发现幼儿的观察性学习方式较多。而教师对于幼儿的观察性学习方式会使用激励、关注、配置、解惑等支持策略。

案例:小熊请客(自然-观察性学习-配置)

本次活动来源于大班主题"动物大世界"下的一个素材点——"小熊请客"。活动内容需要孩子逆向思维,"从吃剩下的蛋糕纸推理出小熊邀请客人的数量"。

第一环节:进入情境,了解问题

今天是小熊的生日,来了很多的朋友和它一起庆祝,和它唱呀、跳呀,整整玩了一天。傍晚,小动物都回家了,这时小熊对妈妈:"谢谢妈妈,今天我特别的高兴,因为今天有那么多的客人和我一起过生日,分享快乐。"妈妈问:"宝贝,今天到底来了多少位客人呢?"这时的小熊不好意思了,它忘记了到底来了多少客人,但是它只记得,朋友说:"今天的布丁蛋糕最好吃,我吃了两个。"有的朋友说:"我吃了一个。"妈妈说:"那你算算看空的蛋糕盒有几个。就能帮你算出可能来了多少个客人。"(10个蛋糕盒)

提问:客人一共吃了10个蛋糕,有的吃了2个,有的吃了1个。可能来了几个朋友呢?

静怡：来了 10 个。

分析：创设故事情境和问题情境，并给予幼儿充分的时间让幼儿找出关键问题"有的吃 1 个蛋糕，有的吃 2 个蛋糕"是什么意思，也为后面的操作探究打下了良好的铺垫。

案例·小班篇

动物的尾巴
关季红

背景：

小班幼儿的认知范围是有限的，但是对动物已有了一定的感性认识，这种认识大多数情况下是通过观察性学习获得的。本活动是小班上学期"小兔乖乖"主题下的一个延伸活动，以小兔乖乖开门为主线，串联起几个不同的动物来访的情景，让幼儿通过仔细地观察画面，抓住动物尾巴的典型特征来辨识动物，帮助小兔乖乖正确地开门，以此来加深幼儿对于动物特征的认识。

事件：

今天我给孩子们开展的集体活动是《动物的尾巴》，我用孩子们熟悉的小兔乖乖来串联整个情节：兔妈妈出门采蘑菇去了，小兔乖乖一个人在家里玩。之后，多媒体课件中会依次出现三个不同的动物，需要孩子们仔细观察。

这个时候响起了敲门声，是谁来了？小兔乖乖想了一个好办法："请你把尾巴伸进来让我瞧一瞧。"我点击 PPT，画面上出现了老虎的尾巴。我已经听到幼儿的直觉反应：老虎。"这是谁的尾巴？谁来了？"我请了几个孩子，她们都认为是老虎。（观察性学习）我接着问："老虎的尾巴是什么样子的？"幼儿的回答多是"细细长长的"，于是我提醒他们："老虎的尾巴是什么颜色的？花纹怎么样呢？"幼儿马上回答，是一条黄一条咖啡的。我问："你们都觉得是老虎，有不同意见吗？"心怡马上举手："加菲猫的尾巴也是这样的。"（体验性学习）我马上肯定了心怡的回答："心怡说的也有道理哦，让我们一起来看看吧。"PPT 上出现了老虎的图片，幼儿都很兴奋，因为他们猜对了。心怡也没有显出懊恼的样子，因为我事先已经对她的创新给予了肯定。

我继续讲故事："老虎只能走了，这个时候又响起了敲门声，这次又是谁来了？小兔乖乖说,请你把尾巴伸进来让我瞧一瞧。"画面上出现了狮子的尾巴,尾巴末端有一大撮毛,幼儿很快就猜出这是大狮子的尾巴。(观察性学习)我又继续问道:"这次你们有不同意见吗?"笑笑马上举手:"我觉得是螃蟹的两个大钳子,螃蟹的钳子是这样的。"(体验性学习)笑笑的想象让我有些惊讶:"螃蟹的钳子确实是这个样子的,不过这是动物的尾巴,你觉得会是螃蟹吗?"经过我的提醒,笑笑自己否定了答案。不过,我仍然表扬笑笑:"笑笑会开动脑筋,想出和别人不一样的答案,真好。"

"第三次的敲门声响起来,这次小兔乖乖有什么办法不开门就可以知道是谁在敲门呢?"我把问题抛给幼儿,这一次,孩子们自己回答,看尾巴。"那让我们一起来帮小兔乖乖说吧,请你把尾巴伸进来让我瞧一瞧。"这次画面上出现了狐狸的大蓬尾巴,幼儿也出现了两种意见,大部分幼儿认为是狐狸,也有不少幼儿认为是松鼠。(观察性学习)"你们来说说狐狸的尾巴是什么样子的? 松鼠的尾巴又是什么样子的?""狐狸的尾巴就是这个样子的。""松鼠的尾巴是大大的。""松鼠的尾巴比狐狸的尾巴还要大。""松鼠身体小小的,尾巴特别大。"(分享性学习)孩子们的话匣子被打开了,大家你一言我一语争先恐后地回答,看来孩子们的意见都有道理啊。"你们都有自己的道理,说明你们都是爱动脑筋的宝宝,给自己拍拍手吧。"幼儿在我的引导下对自己给予了肯定,"那你们到底猜得对不对呢? 我们一起来看看吧。"于是,我点击PPT,画面上出现了狡猾的狐狸。我看到,猜错的幼儿也没有失望,而是为看到狐狸而兴奋。

分析:

1. 用形象的多媒体课件吸引幼儿,主动观察

小班幼儿由于受到年龄特点的影响,他们更容易接受形象化、色彩鲜艳的学习资料,多媒体课件信息量大、直观性强、动态效果好,能充分吸引幼儿的注意力。活动中由于提供了多媒体课件,幼儿在学习中很自然地就运用了观察性学习的方式,他们的注意力被调动起来,愿意观察、主动观察,能通过观察来判断动物尾巴的特征,从而猜测动物。

2. 引导幼儿思考尾巴的特征,学会观察

幼儿在观察多媒体课件之后,需要调动自己已有的认知经验来进行匹配,集体活动中教师的引导作用就此体现。我引导幼儿思考,画面上的尾巴是什么样子的? 他们猜测的动物的尾巴又是什么样子? 两者之间是否存在共同点、匹配点? 这个时候幼儿就调动以往的生活经验来进行判断,教师的引导给予了孩子一种思考问题和解

决问题的方法,幼儿的观察性学习与体验性学习相结合,在以后需要观察性学习的时候,他们就掌握了一种观察的方式。

3. 带领幼儿分享同伴的认知经验,验证观察

集体活动中,幼儿的分享也是一次很好的学习机会,当大部分幼儿的回答都比较一致时,教师故意抛出问题,让幼儿提供不同意见,目的是让幼儿的经验有一次分享碰撞的过程。我的问题引发了幼儿的进一步思考,他们努力搜寻知识经验中其他的匹配信息,通过同伴之间的分享交流,幼儿在消化同伴的话语信息、分享同伴的认知经验,以此来验证自己的观察,验证答案的正确性。相信以此方式得到的答案会令幼儿更加印象深刻。

小刺猬背果子

王　琳

背景:

我班在开展主题活动"动物花花衣"时,设计了可爱的小刺猬区域活动。小刺猬的可爱、色彩鲜艳的模板吸引了许多小朋友来这里学习。幼儿用彩色纸撕成长条,并粘贴在小刺猬的背上。渐渐地在这个区域学习的小朋友稀少了,并出现了争抢现象。于是,老师提供了水果夹。

片段一:水果夹

萱萱、琳琳等几个小朋友来到"小刺猬背果子"的活动区。萱萱先拿了个橙色的小刺猬,推着它,模拟小刺猬走路,来到了结满香蕉的树旁,摘下了一个又一个香蕉(拿下香蕉夹),再夹到小刺猬的背上,又去樱桃树那里摘樱桃……很快小刺猬身上背满了果子(操作性学习)。琳琳、桐桐、楠楠和妮妮,他们也各自拿了个小刺猬,学萱萱的样,一边摘果子,一边嘴里还嘀咕着:"摘两个小樱桃,我摘一个苹果……"(观察性学习)。见他们玩得可欢了,我就去语言区看看。可是,突然间在那个区域里传来了哭声,我就走了过去,原来是妮妮见萱萱的小刺猬上有许多水果夹,就去抢萱萱小刺猬身上的水果夹,萱萱也不甘示弱,就捏着妮妮的手,还用指甲掐妮妮,所以妮妮哭了。"是妮妮不好……"大家都让妮妮道歉。妮妮哭着说:"那我没有啦。"我抱了抱妮妮,并抚摸着妮妮伤到的手,安慰妮妮不要哭了。

片段二:小老师

第二天,我在小刺猬的身上贴上了相应的数字或点数。妮妮和萱萱仍旧来此区域玩。萱萱拿了贴有数字6的小刺猬,她分别在苹果树和橘子树上各摘了3个,并

ABABAB 这样有规律地排列在小刺猬的背上(操作性学习)。妮妮拿了个贴有数字8 的小刺猬,可是妮妮却在小刺猬身上夹了各种水果,还超出了这个数字。萱萱见了对妮妮说:"你不对了,这个上面是数字 8,你只能夹 8 个水果。"妮妮不理会,还继续在小刺猬身上夹水果。萱萱走过来,拉着我说:"王老师,你去看看,妮妮她不对啦!"萱萱指着妮妮的小刺猬说:"你看妮妮夹了那么多水果。"我没有作答。在一旁看热闹的小朋友也说:"不对了,是 8 个。"妮妮低下头,不作声了。萱萱说:"我来教你吧。"说完,萱萱像个小老师似的很认真地教妮妮,这次妮妮学得可认真啦!(分享性学习)他们一边夹还一边说:"一个香蕉,一个橘子,一个香蕉,一个橘子……一共有 8 个水果。"……慢慢地妮妮也学会了,也能有规律地进行排列啦!

分析:

1. 增添水果夹,适当等待

在片段一中,教师运用放手策略关注孩子的举动。萱萱接受能力比较强,她见到这些材料,马上摆弄起来,玩玩小刺猬,给小刺猬身上夹上水果夹。而琳琳等看见了萱萱的玩法,便也跟着萱萱这样给小刺猬背上自己喜欢吃的果子。他们还会边摘果子,边自言自语,使幼儿的语言也得到了一定的发展。

在操作过程中,孩子们出现了争抢现象。教师没有去指责妮妮和萱萱谁对谁错,而是意识到由于自己提供材料的不足,从而引起了孩子之间的争抢。应及时提供材料或对材料进行调整。

2. 及时调整材料,关注幼儿学习表现

我根据小班幼儿的年龄特点,对材料进行了适当的调整:增加数字提示,并增加了水果的种类和数量。

由于教师在刺猬身上贴上了相应的数字后,水果夹的数量就充足了。材料调整后,我们发现萱萱在操作中自然地运用了数学的排序规律来给小刺猬背果子,表现出较高的行为水平。而妮妮却不停地把水果夹夹在小刺猬身上,可能喜欢夹夹子这个过程,因为昨天没有得到满足。也有可能妮妮没有发现或关注到刺猬身上的数字,或者没有意识到要根据刺猬身上相应的数字来夹水果。而机灵的萱萱发现后,就觉得妮妮不对了,于是就来告诉老师。老师没有作答,而是运用了关注的策略,观察孩子们的表现。在片段二中,我们可以看到在萱萱的帮助下,妮妮也开始关注到刺猬身上的数字,渐渐地也学着有规律地排列,起到了生生互动的作用。

动物门帘串串乐

王慧菊

背景：

活动来源于小班"小兔乖乖"主题，涉及的是数学领域中排序为主要内容的个别化学习活动，活动区创设了小兔等小动物的家，在小动物房子的门上有可供幼儿串门帘的材料，幼儿可通过操作不同颜色的环形搭扣来进行简单排序，为小动物的家串门帘。

事件：

每天早晨，佳欣总是喜欢给小兔家和小狗家串上漂亮的门帘，可是她却总是不知道怎样才能让门帘的颜色排列得更加有规律。这天杰杰正好也来玩了，他给小动物家串上了一条门帘，红的、黄的、绿的、蓝的，各种颜色的串在了一起。我及时表扬了他："这个门帘五颜六色的，真好看！"并追问道，"除了五颜六色的门帘，还可以怎么串门帘？能不能一个黄一个红间隔地排列？去试试吧！"我一边说，一边拿出一个黄、一个红串好的门帘给杰杰看。也许是得到了我的启发，杰杰马上用黄色和红色两种颜色的塑料扣串在了小动物的家门前。（观察性学习）我表扬说："红黄间隔排列，串出来的门帘看起来很有规律，真是太漂亮啦！"

坐在一边的佳欣听到了我的话总是盯着我看，也许她也希望我能够表扬她串的门帘。于是我仔细看她的作品，发现她用的大多数是黄色的塑料扣，我对她说："你用的大多都是黄色的，也很漂亮，但是有几个颜色不一样，如果也改成黄色的可能就会更好看。"听了我的建议她马上就改了过来，变成了一条黄色的门帘。（操作性学习）

讲评时我让他们两个都进行了简单介绍，杰杰说："这是我串的门帘，是用红色和黄色串起来的。"佳欣说："我串的门帘是黄色的。"我表扬了他们的作品："这两条门帘真好看，颜色很有规律，小动物们一定很高兴。"两人的脸上都露出了开心的笑容。下面认真听的霞霞说道："他们串的门帘真好看，我下次也要这样串。"（分享性学习）

分析：

1. 适时的引导示范，引发小班幼儿的观察性学习

对于小班幼儿来说，他们需要的学习材料是具体形象的。案例中教师观察到幼儿对为小动物串门帘很感兴趣，但是如何有规律地串遇到了困难，这时教师拿出了红

黄间隔排列的范例门帘,引导幼儿思考可以怎么串,从而通过观察模仿来学习间隔排列的方法。

2. 及时的激励表扬,进一步提高幼儿的操作性学习能力

当教师观察幼儿串的门帘没有规律时,教师没有马上否定幼儿,而是先肯定了幼儿的操作,当然对于个别化学习活动,也要有一定的要求,这时教师在先前肯定幼儿的基础上又提出了新的要求,引导幼儿规律地串门帘。对于小班的幼儿只要有了很小的进步就应该马上表扬他,让他产生自信,他们也会为自己的进步得到了老师的认可感到高兴,这样幼儿会更有自信地去尝试稍有难度的学习。

3. 提供展示学习的机会,让更多幼儿一起分享性学习

在活动最后的分享环节,教师通过提供给杰杰和佳欣介绍展示的机会,引导其他幼儿观察他们所串的门帘的规律,激发他们今后也串出漂亮的门帘。

案例·中班篇

小 小 蚂 蚁
赵霞萍

背景:

我们五星部的教室比较陈旧,时而有蚂蚁、小虫子之类的小动物出现,尤其是春季雨水较多,气温回升,蚂蚁经常光顾我们的教室,再加上我们最近正在开展有关动物的主题,成群结队的蚂蚁自然成了孩子们关注的对象。

实录:

"天宇,快过来看,这儿有蚂蚁。"小熊向不远处的天宇喊。随着小熊的喊声,好几个幼儿都围了过来。(观察性学习)

"真的,好多小蚂蚁。你看,蚂蚁爬到洞里去了。"雨杰说。"这儿肯定是它的家。"天宇说。"蚂蚁真小呀!"欣彤说。"蚂蚁当然小,要不然怎么爬进洞里去呢!"旁边的小婕回应道。

"小蚂蚁在干什么呢?""废话,当然是搬粮食喽!""我妈妈说蚂蚁是坏的,应该把它弄死。""不对,蚂蚁是好的。"(分享性学习)

"好的!""坏的!"……一时间,两种声音争论不已。孩子们把焦点落到了我的身上,大家的目光充满了期待,于是我说:"蚂蚁的种类很多,让我们从今天开始关注这

种小动物,查查资料、问问爸妈,听听他们是怎么说的吧。"

过了两天,孩子们又说起了"蚂蚁"话题。欣怡说:"我问过妈妈了,她告诉我,一个蚂蚁如果发现了食物,它就会在回家的路上留下一路的气味,其他的蚂蚁就会沿着这条路线去找食物的。""我爸爸说,有的蚂蚁会松土,有的蚂蚁可以吃害虫,但也有许多种蚂蚁会危害农作物,破坏建筑物,还会咬伤人,所以蚂蚁有好有坏。"(分享性学习)听了欣怡和小婕的对话,我专门上网查找了有关蚂蚁的知识,下载有关蚂蚁的一些图片。

蚂蚁图片的出现,引起了孩子们更多的关注,他们从资料中找到了很多信息,如蚂蚁是群体生活的,蚂蚁有六条腿,蚂蚁有四种不同的蚁型:蚁后、雄蚁、工蚁、兵蚁,每种蚂蚁都有不同的分工等。(探索性学习)在观看影像资料和图书后,孩子们对"蚂蚁为什么要搬家? 蚂蚁是怎么认路的? 为什么蚂蚁会乖乖排队行动? 蚂蚁会打架吗?"这些问题的疑惑也解开了。

分析:

1. 判断对话价值,引发观察性学习的兴趣

幼儿间自发的对话,往往反映出他们对某种事物的兴趣,教师倾听幼儿的对话,即能从对话中判断幼儿当前兴趣的价值性,关注他们观察性学习的过程,顺应他们的需求,从而引导其保持兴趣的持久性。

2. 分析当前经验,推动分享性学习的传递

了解幼儿对蚂蚁的关注度,分析幼儿对蚂蚁认识的现有经验,启发幼儿多途径地获取信息,适时投放相关资料,能帮助幼儿累积更多、更新的信息,为顺应幼儿生成新的学习活动做准备,从而推动分享性学习的传递,使同伴间的经验得以分享和提升。

3. 提供物质支持,提升探索性学习的效果

为幼儿提供必要的参考资料等物质支持,引导孩子通过质疑,发现问题,在调查研究和相互讨论中解决问题,在交流分享中寻求答案,获取经验,不但满足了孩子探索性学习的需要,而且还能提升学习的效果,让幼儿的学习更自主!

瓶 中 探 宝

顾燕菁

背景:

在开展"火辣辣的夏天"的主题活动的过程中,孩子们收集来了很多的饮料瓶子。

于是在探索区中,我把孩子们收集来的瓶子放在了一起,并在每个瓶子里放了黄豆和一些回形针,然后又提供了大小和形状不同的磁铁,创设了探索区域——瓶中探宝。新鲜的材料吸引了孩子的兴趣,孩子们纷至沓来。

事件:

竣研拿起瓶子,看了看,自言自语道:"哎,原来瓶子里面有黄豆,还有五颜六色的什么东西呀?"他问对面的欣怡:"这些有颜色的是什么东西呀?""这个东西是回形针,我看到我妈妈夹纸头用这个的。"欣怡回答竣研。

竣研将瓶子拿在手里反复地摇晃,他看了看,发现越来越多的回形针经过摇晃之后浮到表面上来了,他看了看墙面上的示意图,然后从旁边的小盘子里拿出一块小磁铁,在瓶子外面从下往上吸回形针,前面都很顺利,回形针很听话地隔着瓶身贴着磁铁跑,可是每次只要一到瓶颈打弯处,回形针就会莫名其妙地离开磁铁掉下去。竣研换了三次磁铁,从最小的换到最大的,可是试了三次结果还是一样,一枚回形针都没有取出来,最终他放弃了。(操作性学习)

第二天,竣研又来了,他又开始用磁铁吸瓶子里面的回形针,在瓶颈处回形针又掉落了。在休息了大约两分钟之后,竣研又开始试了。当他把回形针快吸到瓶颈处时,竣研尝试着将瓶子倒了过来,可是因为瓶口没有瓶盖,结果回形针没有倒出来,倒是把瓶子里的黄豆全都给洒出来了,弄得满桌都是豆豆。(操作性学习)

这时,在竣研旁边的欣怡看到竣研失败了,于是她也拿了一个瓶子再拿了块磁铁开始吸回形针,可是她也碰到了和竣研一样的问题。回形针被吸到瓶颈处的时候,她也停顿了半分钟,在停顿之后,她又开始吸了,但她不像竣研一样将瓶子整个倒过来,而是将瓶子稍稍倾斜,结果,回形针被一点一点地吸引出了瓶口。当成功取出一枚后,欣怡又用刚才的方法将瓶子中的所有回形针都取了出来,完成后她高兴得拍起了手。(探索性学习)

竣研看着欣怡,也学着她的方法尝试取出回形针,试了两次也成功了,他高兴地把回形针捧到我跟前,说:"老师,我终于成功了,原来把瓶子稍微斜一点,回形针就不会掉下去了!"我摸摸他的头,送他一个大拇指。(观察性学习)

分析:

1. 提供材料,创设情境,通过材料引发幼儿操作性学习的兴趣

对于5~6岁的孩子来说,创造性、探索性的活动总是很能吸引孩子的兴趣,不仅

可以让孩子丰富和积累有关主题的知识,而且老师材料的投入,也有利于拓宽孩子的思维,激发孩子的创新意识。正是基于以上几点考虑,因此在今天的活动中我采用了配置策略,为孩子提供了新鲜的、新奇的操作材料,让材料激发孩子操作和探索的兴趣。

2. 时时关注,适当放手,让幼儿自由地操作、大胆地探索

在孩子探索的过程中,我采用了关注观察的策略,时刻关注孩子的活动状态,了解孩子活动的进程。当孩子失败时,我没有伸出援手,因为我知道每个孩子都具有不同的经验水平,而这些经验水平就是在他们的反复探索中积累而成的。作为老师我们应该学会放手,而不是过多地去干涉孩子的活动,对孩子的活动评头论足,因为这样不仅会影响孩子的思维,还可能对孩子的行动产生阻碍。时时关注孩子的活动进程,学会放手,给予孩子自主探索的空间和实践,让幼儿在探索中学习。

3. 学会放手,适当等待,促进幼儿观察性学习方式的运用

当孩子成为一个群体时,他们会从同伴的行为中得到启发,会进行借鉴和再次发明,在这种情况下孩子会运用观察性学习的方式。因此在今天这种情况下,我采用了放手策略,耐心等待孩子。在孩子没有成功的情况下,我先站在一旁,静静观察,让孩子们自己尝试着去解决问题,让孩子通过观察同伴的行为来习得方法获得经验,因为我相信这样的方法更能让他们成长。而事实证明,孩子们成功了,我的方法是有效的。由此可见,在类似这样的探索性比较强的活动中,放手策略的运用对孩子的探索具有促进作用。

袋鼠妈妈找宝宝

潘翠林

背景:

本活动是中班下学期"动物大世界"主题下的一个以发展幼儿数学能力为主的个别化学习活动。活动区创设了一个森林背景版面,上面有若干个袋鼠妈妈,每个袋鼠妈妈胸前各有一个口袋,口袋上配有 10 以内不同数量的图形符号,幼儿可通过点数或默数图形数,将相同数量的袋鼠宝宝送到袋鼠妈妈胸前的大口袋里。

事件:

片段一:第一次投放材料后……

活动初期吸引了不少孩子,情境性学习方式深受孩子们喜欢。尧尧过来了,仔细

看了看袋鼠妈妈身上的圆形图形符号,用手指一边点一边数着1、2、3……6,然后从篮子内找了6只袋鼠宝宝,并把袋鼠宝宝放进了妈妈的口袋里,顺利地帮袋鼠妈妈找到了6只袋鼠宝宝。随后洲洲、浩浩也被吸引过来,他们一起帮其他袋鼠妈妈找宝宝。洲洲看了看袋鼠妈妈身上的图形符号(他没有点数而是通过目测数数的方法捕捉到了袋鼠妈妈宝宝个数),随后直接找了8只袋鼠宝宝往袋鼠妈妈口袋里放,边放边数,速度非常快;浩浩则用了跟尧尧相同的方法也完成了任务。就这样6只袋鼠妈妈在三个孩子的帮助下很快找到了它们的宝宝,带着成功的喜悦三个孩子离开了这个区域。(操作性学习)

片段二:材料调整后……

随着时间的推移,光顾这个区域的孩子越来越少。为此我进行了反思,是情境不吸引孩子,还是材料设计存在问题? 通过现状观察发现:在操作过程中大多数幼儿基本都能在较短的时间内完成任务。问题的关键在于:内容简单,操作单一,对大多数幼儿没有挑战性。

于是我根据中班幼儿数学活动要求及本班幼儿能力水平,及时对材料进行了调整,增加了20以内图形卡,10以内相邻数多一少一图示卡,在设计图形时有意识地变化图形的排列模式,增加幼儿数数的难度。同时改变图形卡的固定模式,图形卡背面有百变贴,可以调整更换,一个袋鼠妈妈可以摆放不同的图形符号,幼儿可多次反复操作学习而不重复练习。调整后的内容增加了难度,操作方法更灵活多样,孩子们的兴趣会怎样? 这正是我所期待的……

材料的层次性对不同幼儿来讲增加了一定的挑战性,对20以内图形卡的排列顺序有意设计成不规则,增加了目测的难度,对幼儿的观察提高了要求,尤其是多一少一的图示卡,是针对本班幼儿的能力水平设计的,需要通过观察箭头方向来思考这个数是多一还是少一? 再推断多一少一的那个数是几? 然后迅速将相应的袋鼠宝宝放进袋鼠妈妈的口袋里。

三种卡片的呈现能否激发孩子们的学习兴趣? 带着疑问我再次关注起这个区域的孩子。这天,只见卿卿来到了这个区域,他选了一张11个三角形的图形卡(第一排3个、第二排4个、第三排4个)贴在袋鼠妈妈身上,用手指点了点最下面两排,后将小手移到上面一排,嘴里数着9、10、11。随后拿了许多袋鼠卡片,只见卿卿先在口袋里放进5个苹果,再放进5个,最后又放了1个。(操作性学习)

婷婷也来了,她选了一张多一少一的图示卡,只见图示卡上面是8个圆圈,尖头上一个圆圈往外。婷婷看了看图示卡,在袋鼠妈妈口袋里放了8只袋鼠宝宝。这个材料是新增的,对于玩法孩子们还在探索中,显然婷婷第一次接触此材料,还没完全理解图示卡上的信息。于是我暗示她:"仔细看看卡片上箭头的方向,是出去还是进来? 出去或者进来几只? 再想想袋鼠妈妈到底有几个宝宝?"在我的启发下,婷婷仔细看了看卡片上的箭头方向说:"箭头是出去的。""对呀,那你想想出去了一只,袋鼠妈妈还有几只宝宝?"迟疑了片刻婷婷从袋鼠妈妈口袋里拿走了一只袋鼠宝宝,看来她理解了卡片的意思。"很棒,再帮其他几只袋鼠妈妈找找宝宝吧。"在我的启发下婷婷兴趣高昂地又选择了其他"多一少一"的卡片玩了起来,在前次经验的基础上,她先仔细观察图示卡(这张卡片上有 8 个圆点,箭头上一个圆点是进来的),只见婷婷用手点数卡片上的点子数,数到 8 她便停止了,随后见她从篮子内找了 9 只袋鼠宝宝放进袋鼠妈妈的口袋里,顺利地帮袋鼠妈妈找到了宝宝。(探索性学习)

又见强强拿了一张 20 以内图形卡(17 个三角形图形)贴在袋鼠妈妈身上,他看了看图形卡上的图形,嘴里数着数,随后往袋鼠妈妈口袋里放袋鼠宝宝,开始边放边数数,数到 7 后面就没声音了,口袋里塞了很多宝宝,大概有 20 多个。我见了暗示他:"袋鼠妈妈到底有几个宝宝呀?"老师的发问,似乎提醒了强强,他又重新数起图形卡上的三角形数量:"1、2、3……17。"(数对了)数完抬头看了看我,我点点头暗示他数对了。强强开始数袋鼠宝宝了,数了两次袋鼠宝宝的数量都比 17 多几个,或许他觉得袋鼠宝宝太多数不清楚,最后他干脆一边数一边把袋鼠宝宝一个一个在地毯上摆放得整整齐齐,这次终于数对了。他把 17 只袋鼠宝宝放进了袋鼠妈妈的口袋里,脸上露出了成功的微笑。(探索性学习)

活动中发现能力强的幼儿能用不同的方法目测图形卡上的数量,如有目测上下两排图形随后加起来再接着往下数的,有用五个五个数的,他们在取放实物卡片时速度快,会一次拿多个实物卡进行摆放。

新增加的材料对于初探索的幼儿来讲,需要在与材料的互动过程中看懂图示,然后推断相邻两数大一少一的关系,积累相关的数经验。这个材料对于中班后期的孩子来说是一次新的挑战,过程中发现能力强的孩子通过操作、思考和探索,能顺利完成任务。而能力弱的幼儿则大多是一个一个数,取放实物卡片的时候也大多是数一个放一个,在数 20 以内数量时往往受图形排列顺序等因素的干扰,数数过程正确率并不是很高。

根据幼儿操作情况我对材料再次进行了调整,用黄、橙、红三种颜色作难易标记,幼儿可根据需要自由选择,以满足不同层次幼儿的需求。另增加了一些蔬菜、水果卡片,力图通过图片的趣味性来吸引更多的幼儿。

片段三：材料再次调整后······

　　今天光顾这个区域的孩子特别多,连平时不喜欢数学的涵涵也来了。她首选黄色图形卡,(黄色为 10 以内图形卡,难易程度为初级。)第一次她选了 7 个圆点的图形卡,用手指边点边数,并成功地为袋鼠妈妈找到了 7 只袋鼠宝宝。第二次她选了 9 个三角形的图形卡,从蔬菜筐里找来了 9 个萝卜放在袋鼠妈妈口袋里,嘴里高兴地喃喃自语道:"瞧,我帮袋鼠妈妈买好了菜。"说完,她见边上的洋洋手里拿着红色的图形卡,便也找来了一张红色的多一少一的图形卡,(图形卡上是 8 多 1 的圆点)随后她选了 8 个苹果放在袋鼠妈妈的口袋里。边上的洋洋见了忙提醒她:"你放错了,你看看箭头方向,还要进来一个呢!"涵涵愣住了,不知道放多少才好。"8 多 1 应该是 9 呀!你应该送 9 个苹果呀!"在洋洋的帮助下涵涵在口袋里加了一个苹果。(分享性学习)

　　涵涵在洋洋的帮助下完成了任务,同伴间的经验分享让涵涵初步体验了红色图形卡片的操作方法,虽然这次并不是涵涵独立完成,但是她从洋洋那里领悟到了一些经验,也从中感受到了一丝快乐。涵涵并没有放弃难度大的红色卡片,而去选择橙色的卡片,她随后又拿了一张红色图形卡,决定挑战一下自己。面对涵涵的执着,我再次关注她,这次她选了一张 5 个圆点的箭头卡片,箭头上一个圆点朝外,涵涵会选多少呢? 只见她看了看圆点,选了 6 个萝卜放在袋鼠妈妈口袋里,显然她没看清楚箭头方向,我用手指了指箭头,暗示她再看看清楚,涵涵又看了看说:"箭头出去的。""对呀,5 个圆点出去一个还有几个呢?""还有 4 个吧。"涵涵领悟了,她拿走了 2 个萝卜,口袋里留下 4 个萝卜。"对呀,一定要看清楚哦! 今天你很棒,选了难度最大的挑战自己,你成功了!"(探索性学习)

　　三种颜色图形卡片的提示让幼儿选择材料时可以由易到难,也可以根据需要挑战自己。新增的蔬菜和水果等卡片,改变了帮袋鼠妈妈找宝宝单一的游戏情节,丰富的操作材料,将幼儿的学习置身于一个游戏化的环境中,方便取放,在反复操作中提高幼儿数数及按数取物的能力。

分析:

1. 适时的观察和引导,直接影响着幼儿操作性学习的效果

　　不同材料作用于不同能力发展水平的幼儿时表现是否相同? 这需要老师在幼儿的操作过程中时刻关注他们的活动过程,当幼儿遇到困难或操作有误时,教师应及时提示幼儿,给予适当的启发,帮助其完成任务。活动中当老师关注到孩子对 10 以内数基本经验掌握不是很牢固,致使幼儿数数过程中出现失误,教师即通过提示幼儿重

新来过,鼓励幼儿自己纠错等方式,在幼儿的操作过程中起着关键性的指导作用。

在幼儿自我探索过程中,教师的启发引导必不可少,尤其是当幼儿出现错误的探索行为时,教师可以适当启发、引导幼儿走出误区,直至完成任务。

2. 耐心的等待和放手,引发了幼儿之间的分享性学习

幼儿的探索过程并不是一帆风顺的,当幼儿直面问题时,教师不要急于帮助,可以静观其变,让幼儿在多次试误中学习独立解决问题,在寻找答案中不断积累经验,放手不失为一种积极有效的策略。教师的放手引发了幼儿同伴间"教和学"这种特殊的同伴交往方式,这种经验的传递便是幼儿间的分享性学习,对于同伴的提醒和纠错让涵涵突然明白了图示的含义,很快帮助袋鼠妈妈找到了自己的宝宝。

3. 材料的多次调整促使幼儿的操作性学习转化为探索性学习

数学本身比较枯燥,面对不同能力发展水平幼儿在操作过程中出现的问题,对活动材料的趣味性、层次性做了多次调整,使原本内容单一、操作简单的材料增加了难度,内容也更丰富了,避免幼儿因操作单一的游戏材料感到乏味,满足了不同水平幼儿发展的需求,顺应了幼儿发展的特点,激发了幼儿反复操作的愿望,使幼儿在操作性学习过程中形成新的学习方式。为了获得成功,幼儿多次尝试,不断调整方式,改变策略,最终获得成功,感受到探索学习的乐趣。

案例·大班篇

十二生肖排排队

陈誉超

背景:

开展"动物大世界"主题后,激发了幼儿喜爱动物、了解动物、探索动物的欲望,在日常生活中孩子们开始讨论有关十二生肖的话题,十二生肖中的许多动物都是幼儿熟悉的,喜欢的。他们有初步接触十二生肖的名称和排列顺序的经验,个别幼儿会背"鼠、牛、虎、兔、龙、蛇、马、羊、猴、鸡、狗、猪"的十二生肖顺序,大部分孩子基本都知道自己的属相。然而幼儿对每一个生肖正确的排列顺序、十二生肖一年一种属相、十二生肖12年一个轮回的规律等不是很清楚。我抓住幼儿对于十二生肖话题感兴趣这一热点,在个别化游戏中投放了十二生肖排排队的游戏材料:十二生肖动物玩具、十二生肖动物图片、十二生肖转盘、家人图片(好朋友、爸爸妈妈爷爷奶奶卡通图片)、十二生肖排列示范卡片(图片义字配对)。

事件：

片段一：给生肖动物排队

游戏开始了，婷婷和文文手拉手一起来到了"十二生肖排排队"游戏区域。婷婷取出了"十二生肖排排队"的游戏材料中的动物玩具生肖，她嘴里一边背诵着十二生肖的顺序"鼠、牛、虎、兔、龙、蛇、马、羊……"一边在材料盒中翻找着动物，她对坐在旁边的文文说："我来给动物排队，你来帮忙找小动物，我说老虎你就找老虎，好吗？"文文一口答应："好的。你要什么小动物？""我要老虎！"婷婷声音响亮地强调着说道。"我找到了，给你。"文文麻利地递给了婷婷。婷婷马不停蹄地给动物排队，又说道："你再找兔子和龙。"……排到生肖鸡时，婷婷自豪地说："我是属鸡的！我爸爸也是属鸡的！我和爸爸一样的！喔喔喔……咯咯蛋……"文文也不甘示弱，说道："我属狗的！我妈妈是属羊的！我还知道我爷爷是属猴子的。""哈哈，属猴子的！"一阵欢笑后，两人开始模仿猴子抓耳挠腮的模样……而后他们继续给生肖动物排队。过了五六分钟左右，他们两人合作完成了十二生肖排队的任务！（操作性学习）

片段二：找一找属什么

英姿和妮妮不约而同地在"十二生肖排排队"游戏区域选择了十二生肖转盘和动物生肖图片。只见妮妮一张一张寻找出龙、牛、虎、兔、鸡……然后在桌子上排列。她发现少了一张生肖猴的图片，继续寻找。凑满十二个动物后，妮妮在材料中，取出一张十二生肖转盘，然后按照十二生肖的排列顺序一张一张开始摆放。英姿先拿出一个小转盘，然后在材料盒中寻找动物，翻了几次后，她找到了鼠、兔、羊，她嘴巴里开始嘀咕："怎么没有牛的，我找不到牛！"英姿有点不耐烦了，东张西望，她看到妮妮已经在转盘上快要排满十二生肖动物，她问妮妮："你的'牛'借给我好吗？"妮妮一口回绝："不好！你自己慢慢找呀！"她没趣地说："小气鬼！"妮妮说："你先把十二个小动物找出来，把它们排放在桌子上，再把它们贴在转盘上呀！"英姿不甘示弱说："我知道的呀！"她又坐下来，开始寻找十二个动物，并整齐地排成一排。在一次次的寻找下，英姿终于把十二个小动物都贴在了转盘上。英姿开始沾沾自喜："哈哈，我完成了！"她好奇地问妮妮："你属什么的？"妮妮说："我是属狗的。你呢？""我也是也属狗的。我和你一样的！"英姿激动地说道。我连忙问她们俩道："你们都是属狗，那你们今年几岁了？""我7岁了！"孩子自信地说。我追问道："那等到过年的时候呢？明年你们几岁？"妮妮肯定地说："明年我8岁！大一岁呀！"英姿很赞同地点头说："对呀！过了年每个人都要加一岁的！"我连忙提醒她们记录自己的生肖："那快点在十二生肖转盘上记录下来，找到生肖狗，在旁边贴一张你的照片！"两人眼疾手快马上找到了自己的生肖,并贴上了相应记录,我又鼓励她们:"你们知道爸爸妈妈是属什么生肖吗?"妮妮自信地说:"当然知道了! 我爸爸是属马的,马跑得很快的,所以我爸爸也很厉害,什么难题都会做的!"我连忙翘起大拇指表扬她们:"你们真厉害! 都知道家人的属相。那你们就用贴爸爸妈妈照片的方法,找找爸爸妈妈爷爷奶奶的生肖或者是好朋友的生肖,你们两个人来比赛看谁动作快!"听我说完两人马不停蹄又开始行动。妮妮寻找爸爸妈妈的生肖,并在生肖旁边贴上了卡通爸爸妈妈的照片。英姿则迫不及待地对妮妮说:"妮妮,我知道我妈妈也是属狗,但是妈妈比我大很多,你说奇怪不奇怪?"妮妮一头雾水:"是吗? 这是怎么回事? ……"看到孩子们的疑惑,我准备继续调整材料,解决孩子们的疑问。(操作性学习)

分析:

1. 提供不同层次材料,鼓励幼儿大胆操作,提高学习能力

根据幼儿能力差异,提供不同层次的游戏材料,从直观立体的十二生肖动物玩具到平面十二生肖图片、十二生肖转盘、十二生肖文字,满足不同层次幼儿操作游戏材料。对于一些孩子感兴趣易操作的材料,教师可以放手让孩子们独立完成操作任务。孩子们能手口一致地边说边摆放十二生肖动物玩具。通过初次成功尝试后,幼儿不满足于一个人操作材料,他们互相合作,一个幼儿发布命令寻找××生肖动物,另一名幼儿负责寻找××生肖动物,两人通力合作一起排列,在速度上加快不少,同时在合作过程中还互相交流自己和家人的属相,并模仿生肖的叫声、动作,在情感上得到成功的体验和满足。

2. 耐心的等待和放手,引发了幼儿之间的分享性学习

在十二生肖转盘操作游戏中,不同层次的幼儿会遇到不同的问题。有的幼儿能运用简便、易操作的方法,首先选择自己所需要的十二生肖动物图片,再将它们正确排列到十二生肖转盘上;有的则在一堆动物中逐一寻找出十二生肖动物图片,在速度上有些慢。因此看到同伴成功完成十二生肖转盘时,幼儿就会有些焦急和不服气。通过生生互动孩子间的相互学习的提示,幼儿非常乐于接受并学习了同伴简便的方法,并成功完成排列十二生肖转盘的任务。在熟练掌握十二生肖动物玩具的排列顺序后,他们讨论交流了自己的属相和同伴、家人的属相。同时通过教师的设疑引导,他们非常积极地投入到运用卡通人物标记自己的属相,同伴、家人的属相的任务中,而且他们有开始关注自己的年龄。

通过提供不同层次的材料满足了不同水平幼儿发展的需求,顺应了幼儿发展的

特点,激发了幼儿反复操作的愿望,使幼儿在操作性学习过程中形成新的学习方式。为了获得成功,幼儿多次尝试,不断调整方式,改变策略,最终获得成功,感受到探索学习的乐趣。

3. 适时调整材料,增加操作趣味和难度,感受学习游戏的乐趣

在"十二生肖排排队"材料中增加提供任务卡片,鼓励幼儿尝试挑战各种任务,例如:(1) 今年是兔年,今年出生的孩子属什么?(2) 今年是兔年,明年是什么年?(3) 今年是什么生肖年?(2012龙年)(4) 按照一年一个生肖,你知道明年是什么生肖年吗?(蛇年)(5) 去年又是什么生肖年呢?(兔年)(6) 今年是龙年,三年以后是什么生肖年?(羊年)(7) 我们属鸡的小朋友今年是7岁,属狗的小朋友今年是几岁?(6岁)采用难点分解法,通过分解一个生肖代表一年,12年一个轮回,在层层递进的材料中由易到难,由具体到抽象的问题,将十二生肖与年龄的关系以及十二生肖的轮回等活动难点一一化解。幼儿在想想、说说、摆放的学习探索中,巩固了十二生肖的排列顺序,帮助幼儿了解十二生肖一年一种属相,12年一个轮回的规律。孩子们在师幼互动、幼幼互动的过程中突破难点,达成本次活动目标,同时培养幼儿的语言表达能力和初步的推理能力。

两栖动物大讨论

徐敏红

背景:

这个活动来源于大班主题活动"动物大世界"下开展"动物园"集体教学活动时,幼儿生成的一个活动。当幼儿在把乌龟送到动物园的时候,对乌龟的生活环境产生了疑问,进而引发了对两栖动物生活习性的大讨论。

事件:

一次在"动物园"集体教学活动中,孩子们根据动物生活的不同环境和习性,把动物送到动物园的各个地方。

在操作过程中发现孩子们有的把乌龟贴在池塘里,有的把乌龟贴在草地上。我就问孩子们为什么有的把乌龟贴在池塘里,有的贴在草地上。小宇说:"乌龟既可以生活在水中,又可以生活在陆地上。"他的回答赢得了大家一致的赞同。成成大声说:"既可以生活在水中又可以生活在陆地上的动物叫两栖动物,我还知道青蛙、螃蟹也是两栖动物。"成成的话引起了大家的广泛兴趣,孩子们七嘴八舌地说道:"还有蜥蜴

和鳄鱼也是两栖动物。""老师，螃蟹也是两栖动物。""河马和犀牛也是既可以生活在水中，也可以生活在陆地上，也是两栖动物。"……

看到孩子们讨论得如此热烈，我想：从字面意义上来看两栖动物就是可以在两种不同环境生活的动物，可他们说的河马和犀牛是哺乳动物而不是两栖动物。看来孩子们对两栖动物的概念都是一知半解。于是我也加入到他们的讨论中："看来对这个问题大家有不同的看法，我们还是先回去查查资料，明天再来讨论好吗？"（分享性学习）

第二天一早，晓琦就带来了一张小纸条，上面写了一些两栖动物的名称，并告诉我这是她上百度搜索来的答案。当我把晓琦写的一些两栖动物的名称念给孩子们听时，又引发孩子们的争论。英姿说："蜥蜴不是两栖动物，我妈妈说两栖动物小时候是用腮呼吸的，生活在水中。"小宇也跟着说："我也回去问过妈妈了，妈妈说河马和犀牛也不是两栖动物。""那么，到底什么样的动物才是两栖动物呢？"我追问道。这时，妮妮拿出了一本《动物大百科全书》一边翻看一边说："幼体在水中生活，用鳃呼吸，成体在陆上生活，用肺呼吸，同时兼用皮肤辅助呼吸，这样的动物叫两栖动物。"好标准的答案，但那些专业的术语对于大班的孩子来说还是有点深奥难懂，于是我提议大家一起继续寻找到底哪些动物才是两栖动物，并用图文并茂加以归类。孩子们画的画、写的写，兴趣达到高潮。（探索性学习）

分析：

1. 倾听、放手，引导幼儿交流分享

每一个幼儿都有着不同于他人的独立想法，会用自己的方式发现、了解世界，获得经验。当教师观察到幼儿在操作中对于乌龟的生活环境有异议并且引发了对两栖动物的探索兴趣时，教师除了在一旁静静地做一个旁观者倾听，还紧紧追随幼儿的探索热点，放手、鼓励他们去大胆探索，并组织幼儿进行交流分享，进一步激发幼儿的探索欲望。

2. 追问、推进，鼓励幼儿大胆探索

大班幼儿有着极强的好奇心及对周围世界的探索欲望。因此当幼儿通过各种途径去发现和寻找什么是两栖动物时，教师善于追问并及时抓住有价值的问题，引发幼儿思考，鼓励幼儿运用自己的方式大胆探索，从而推进主题的不断深入。

学前教育的真正价值，不是灌输给幼儿各种知识和技能，而是设置充满刺激的环境，让幼儿自行探索，主动学习。虽然幼儿园的孩子没有必要掌握两栖动物这一概念,但是从小培养他们一种探索和求知的兴趣,使他们喜欢观察、善于发现、乐于创造,这才是最重要的。

小鸟分窝

王慧菊

背景:

活动来源于大班主题活动《动物大世界》,主要内容是数领域中数的分成的个别化学习活动,活动区创设了帮助鸟妈妈为小鸟分窝的情境,并提供了小鸟的图片材料,幼儿在为小鸟分窝的情境中进行数的分成学习。

事件:

"随着春天的到来,越来越多的候鸟都会飞回来筑巢,鸟窝里的小鸟也会越来越多,7只、8只、9只、10只,那么多的小鸟,鸟妈妈该怎样分才能让每个鸟窝都有小鸟?"带着问题,孩子们来到了"小鸟分窝"区域。

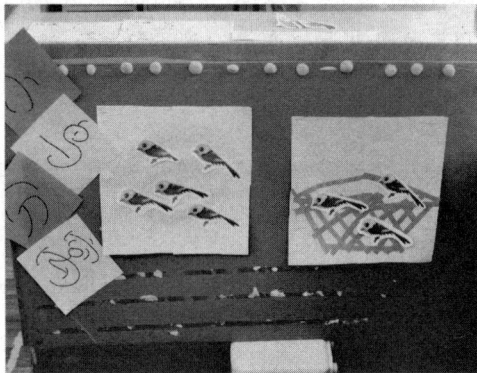

晨晨拿着7只小鸟,将4只小鸟放在了一个鸟窝里,眼看另外3只放不下了,他放到了边上另一只鸟窝里。分完鸟后,晨晨拿起了7的分合记录表,写上了4和3。晨晨正准备离开,我马上提示到:"7只小鸟除了可以分成4只和3只,还能怎么分呢?"晨晨听后,马上又拿起了7只小鸟重新排放了起来,分别将5只小鸟和2只小鸟放在了两个鸟窝里,在分合记录表上,4和3的下面分别写上了5和2。我看到后及时表扬了他:"晨晨你真厉害,帮助鸟妈妈想出了两个办法,再试试还有其他办法吗?"听到我的鼓励后,晨晨继续将7只小鸟分成1只和6只放在了两窝,并且记录了新的分成结果。(操作性学习)

睿睿拿着9只小鸟,很快分成了1和8、2和7、3和6、4和5,也在分合表内记录了下来。睿睿看见我走了过来,对我说道:"老师,我都分好了,这个一点也不难。"可见这些材料对于睿睿来说显得太简单了。于是我马上制作了张加减列式卡,对睿睿说:"你来试试写个列式卡,送给鸟妈妈,帮助它以后自己也能将小鸟分窝吧!"睿睿马上行动了起来,拿出了张减法卡,由于是第一次操作,睿睿显得有点无从下手,我边在

$\underline{A}-\underline{B}=\underline{C}$ 的 A、B 处写下了 9 和 1(即 $\underline{9}-\underline{1}=$ C),边对睿睿说:"动动脑筋想一想,9只鸟宝宝分窝,在第一个鸟窝里放 1 只,那么会剩下几只放在第二个鸟窝里呢?"睿睿看了看自己摆放的鸟窝材料,思考了片刻后说:"还剩 8 只。""对,你试试把其他方法也写下来吧。"睿睿拿起了材料又认真操作起来。(观察性学习)

分析:

1. 创设有趣的情境,促进幼儿自主学习

在大班"数领域"区域,教师创设了帮助鸟妈妈分窝的情境,引导幼儿学习 10 以内数的分合。这样既避免了枯燥的学习,也进一步促进了幼儿对数概念的理解。

2. 及时的激励、引导,提高幼儿操作性学习能力

当幼儿在教师的引导下进行思考后完成了又一次的学习,教师给予了表扬,并继续鼓励幼儿进行更多的尝试,为幼儿对材料的完整操作和 7 的分成的学习提供帮助。教师通过观察幼儿操作,发现幼儿完成一次操作后不再继续探究时,教师通过及时的提示引导,引发幼儿思考 7 的多种分成方法。

3. 教师适时地参与活动,激发幼儿观察性学习

案例中睿睿已经能较好地操作教师提供的分合材料,此时教师提供了较高难度的加减列式卡,引导幼儿进行稍高难度的学习。但是当新材料投放到区域中,幼儿无法理解材料的玩法时,教师通过参与幼儿的操作学习,用情境化的提示语言引导幼儿理解材料的操作方法,帮助幼儿解决难题。

第二节　社会类主题活动中培养幼儿积极学习方式的支持策略

为了分析提炼培养幼儿不同的积极学习方式的教师支持策略,整个研究过程中共积累了 49 篇案例记录,其中小班 16 篇,中班 16 篇,大班 17 篇。通过教师支持策略案例总结,获得教师支持策略经验总结以及不同主题、不同年龄段教师支持策略成果。

一、幼儿积极学习方式教师支持策略原则

1. 教师支持策略梳理

为了有效地总结幼儿积极学习中的教师支持策略,首先对常见的教师支持策略

进行梳理。根据前一个课题的研究结果,教师支持策略种类共分为关注、激励、引导、推进、解惑、配置、沟通、放手、合力这九类,并对这些支持策略种类再细分,获得支持策略的构成要素表。不同的支持策略中还包含有不同的行为表现,例如关注中教师的支持策略可分为观察、倾听、记录。教师在研究实施过程中,将自己的支持策略进行归类,以此对不同的幼儿积极学习方式进行教师支持策略的总结。之后的教师支持策略总结都将以下列表格中列出的支持策略为主。

表 1   九类教师支持策略构成要素表

教师支持策略种类	支持策略构成要素
关注	观察、倾听、记录
激励	鼓励、表扬、情绪感染、物质支持
引导	启发、暗示、展示学习、尝试、追问、示范
推进	参与活动、直接介入、媒体运用、归纳、图示符号、预设
解惑	设疑、解疑
配置	广集材料、情境建构、空间创设
沟通	解读作品、讨论交流、经验分享
放手	适当等待、追随
合力	开放展示、利用资源

2. 教师支持策略实施

我们将常见的教师支持策略进行梳理后,教师们根据不同年龄段特点开始实施相关活动(不同主题)。在实施过程中,教师观察幼儿行为,以推动幼儿积极学习为目的,实施相应的支持策略。教师将活动情况使用课题的观察工具进行记录,并通过幼儿的行为或语言表现、教师介入或旁观等支持策略的实施行为、幼儿积极学习的效果分析与反思,由此评估教师支持策略有效与否。

经过一年多的观察坚持,教师们逐渐从反思中提炼经验,并通过课题讨论不断调整自己的教师策略,从而更有效地针对幼儿不同的积极学习方式实施支持。最终根据各年龄段幼儿、各主题的特点,从案例中统计和总结出幼儿积极学习方式特点和适宜的教师支持策略。

通过教师的不懈努力,在研究后我们再次进行幼儿积极学习方式的调查,得到以下结果:

表 2　各年龄段幼儿学习方式比较(后测)

年　龄	自然类	社会类	年　龄	自然类	社会类	年　龄	自然类	社会类
小班/ 现中班	探索性	操作性	中班/ 现大班	分享性	合作性	大班/ 现一 年级	观察性	体验性
	操作性	观察性		合作性	分享性		体验性	操作性
	观察性	体验性		探索性	探索性		操作性	探索性
	体验性	合作性		操作性	操作性		探索性	观察性
	合作性	探索性		体验性	体验性		合作性	合作性
	分享性	分享性		观察性	观察性		分享性	分享性

二、社会类主题活动中培养幼儿积极学习方式的策略

1. 小班

表 3　小班社会类主题活动中幼儿不同学习方式的教师支持策略

操作性学习		探索性学习		体验性学习		合作性学习		分享性学习		观察性学习	
教师支 持策略	次数	教师支 持策略	次数	教师支 持策略	次数	教师支 持策略	次数	教师支 持策略	次数	教师支 持策略	次数
关注	3	引导	1	关注	1	放手	1	沟通	3	配置	4
配置	3	激励	1	沟通	1	推进	1	引导	1	引导	3
放手	1	关注	2	引导	1	关注	2	激励	1	解惑	1
		配置	2				1				
		推进	2								
/	7	/	8	/	3	/	5	/	5	/	8

　　由表 3 所得,社会类主题下教师较多地使用策略支持小班幼儿的探索性学习及观察性学习。根据统计结果,对幼儿的操作性学习方式教师采取策略频率为第三;幼儿的合作性学习及分享性学习教师采取策略频率为第四;而体验性学习教师的使用策略频率最低。

　　在使用支持策略上,探索性学习与观察性学习较有不同。教师对幼儿的观察性学习会更多地采用配置方式,而观察性学习则通过材料的配置、环境的建构激发幼儿的观察行为,并帮助幼儿更容易地通过观察进行学习。针对幼儿的探索性学习,教师会使用关注、配置、推进方式支持幼儿。例如:时刻的关注观察、材料情境的配置、教师参与性的推进。其次,教师主要会采取关注和材料提供的支持策略帮助幼儿的操

作性行为;通过关注、放手、推进支持幼儿的合作性学习;通过沟通、引导、激励支持幼儿的分享性学习。

案例:有趣的筛子(社会-探索性学习-关注)

教室里十分安静,孩子们自己去选择今天想玩的游戏,在益智区的浩浩发现了两个新的"筛子"是六面体的,引起了他的兴趣。他自己扔了两下,不知道怎么玩,问:"陈老师,这个怎么玩? 为什么两个筛子一个是点、一个是数字啊?"我回答:"两个筛子比大小,赢的小朋友拿一个雪花片放在格子里,最后雪花片多的人就赢了。"他点点头,拿着点数筛子往篮子里一扔是数字 3,再拿数字筛子往篮子里一扔,是 5,就拿一块雪花片放在了格子里。

分析:在游戏的初期,孩子们互相监督探索、互相游戏,教师采取了关注策略,而在浩浩求助时给予及时回应,使游戏可以继续进行。

案例:好玩的斜坡(社会-探索性学习-推进)

乐乐和同伴总是把车子放在斜坡从上往下开,而且不断重复这个动作,乐此不疲。突然清清似乎有新的发现:"黄老师,你把木板再垫得高些好吗?"我问:"为什么?""垫得高,车子开得快!"我就按他的要求,把板垫高,再将斜面延长,他又将车子从高的上面往下开,一边开一边还得意地说:"黄老师,你看呀。"这时我听见心怡说:"要把木板搭成山坡一样的高,这样车子开得快。"

分析:当和幼儿一起玩的时候,能在和幼儿一起互动中来激励他们跟教师学一些更好的方法,体现出老师参与活动帮助幼儿对问题进一步理解,并能促进孩子探索的行为,这对提高孩子探索起着积极作用。

案例:乘船(社会-观察性学习-配置)

"乘船"是个别化学习的材料,包括不同颜色(头部)的小人和有着不同数量的座位的小船,在小船的头上有不同的数字和不同颜色的圆点标识,为了让幼儿感知 5 以内不同的数。

在幼儿进行了一段时间的操作后,我提议:"现在,我们来一场划船比赛,看看是红队赢还是蓝队、黄队赢!""黄队在哪儿呀?"明明问。我指了指船头的圆形标识:"请你找一找你是什么队?""我是黄队!""我是蓝队!"孩子们发现了自己的船头上有着不同的颜色,一下子兴奋得叫起来。"那么黄队队员是穿什么颜色的队服呢?""黄色。"明明回答,但他一下子就发现了他的小人头上的颜色是各种各样的,显然不全是黄色队服,所以他就把所有的小人从船上拿了下来,然后选了黄色的小人放到座位上去。其他小朋友见了,也纷纷模仿他开始根据自己船头的颜色来选择小人了。比赛开始了,小朋友的热情更高涨了。

分析:教师创设了一个分队进行比赛的情境。帮助幼儿进行操作结果的检验。幼儿也很快地发现船头除了数字还有颜色的标识,进一步加深了这个个别化学习活动的方法。

根据表2,我们还可以发现幼儿的操作性学习方式较多。而教师对于幼儿的操作性学习方式会使用配置、关注、放手支持策略。

案例:好玩的斜坡(社会-操作性学习-关注)

只见乐乐先在泡沫拼地毯上玩,一会儿就吸引了几个小朋友过来玩了,因为大家感到很好奇,都想看他的车,可是这时发现车子总是撞在一起,好像地方太小了,不能把这么大的车放在这里开。于是我就叫他把车放到用椅子排成的路上开,这样看上去稳一些。但是,一会儿他到清清、彤彤那里玩了,我问他:"你怎么过来了?"他说:"一个人玩没劲。"

分析:幼儿在老师提供的泡沫拼板、地毯上面玩,观察到幼儿在玩时发现老师提供的地方还是有点小。这体现老师为孩子提供的材料让孩子在游戏过程中的需求。开汽车体现出是小班孩子喜欢玩的游戏,他们可以长时间地反复摆弄出各种玩汽车的方法。因此教师只是在一旁关注幼儿操作的情况,在看到他离开时才进行介入。

2. 中班

表4　中班社会类主题活动中幼儿不同学习方式的教师支持策略

操作性学习		探索性学习		体验性学习		合作性学习		分享性学习		观察性学习	
教师支持策略	次数	教师支持策略	次数	教师支持策略	次数	教师支持策略	次数	教师支持策略	次数	教师支持策略	次数
配置	5	关注	6	配置	1	引导	1	关注	2	激励	2
关注	4	引导	5	关注	3	关注	1	引导	1	配置	2
引导	1	激励	3	激励	1	推进	1	激励	2	放手	1
激励	1	放手	3					沟通	2	关注	1
		解惑	1					放手	1	引导	1
/	11	/	18	/	5	/	3	/	8	/	7

由表4所得,社会类主题下教师较多地使用策略支持中班幼儿的探索性学习。根据统计结果,对幼儿的操作性学习方式教师采取策略频率为第二;幼儿的分享性学

习教师采取策略频率为第三,观察性学习教师采取策略频率为第四,体验性学习支持策略第五,而合作性学习教师的使用策略频率最低。

在中班的社会类主题活动中,教师面对幼儿的探索性学习方式,首先通过关注策略了解幼儿的行为表现,接着针对幼儿的能力水平进行引导、放手、激励、解惑,推动他们积极的学习方式。而对于其他学习方式,教师则更多地通过材料或情境的配置影响幼儿的行为与认知。在幼儿进行分享性学习时,教师利用激励推动幼儿的学习方式,推动他们分享性学习方式的发生。

案例:车牌的秘密(社会-探索性学习-关注)

教师设计了"车牌的秘密"这一区域情境。通过让幼儿完整地填写车牌,丰富数的概念,掌握顺数、倒数、单数、双数、相邻数,以及简单的排列模式。浩浩在进行了第一次操作后始终不能做对,第二次他又来上车牌了,他顺利地停了几辆顺数和倒数车牌的车,当拿到一辆双数倒数排列汽车时,贴了好几次数字都没有找到停车位。这下可难倒他了,问问旁边的洁洁,洁洁看了看摇摇头;朝着其他区域玩的同伴看去,别人都在认真玩呢! 他看了看桌上的汽车,又看了看停车场,拿起汽车走到停车场,手指点着第一个已有的数字8,嘴里也念着8,眼睛在停车位上找,找到了第一个8的停车位,看看手里的汽车:"对的,就是这个,号码是8642。"边说着边快速走到桌子旁,把缺的数字贴了上去,接着把汽车停到了停车场。原来只要找到车牌上有的第一个数字或最后一个数字,就可以知道停车位上的号码了,再看着停车位的号码来放车牌号,就可以顺利地放对车牌了,好一个"聪明"的小捣蛋。有了第一次的成功,他索性不看不读汽车上的已有数字了,直接拿着汽车找停车位后再回来贴数字了。

分析:看到浩浩的操作捷径,老师并没有直接制止,而是看着他完成操作的整个过程,针对他的捷径方法寻找对策,以大班孩子好胜心强的特点来鼓励孩子自主探索的行为。

根据表2,我们还可以发现幼儿的合作性学习方式较多。而教师对于幼儿的合作性学习方式会使用引导、关注、推进支持策略。

案例:车牌的秘密(社会-合作性学习-引导)

为了避免浩浩以第一个数字和最后一个数字找车牌的这种"偷懒"的情况再发生,我又请来了研研和莹莹两位小朋友,让他们和浩浩一起来停车,先让他们把汽车平均分好,然后开始比赛,看谁最快把车牌贴好并把车停到相应的位子上。这下浩浩没有了"偷懒"的机会,他老老实实地拿起汽车先读着上面的数字,再思考着空缺的部位应该贴数字几,然后贴好找车位,碰到几辆单双数倒数的汽车,反反复复读了不知道几遍才开窍,贴对了数字找到了停车位。

分析:在活动中,教师通过引导,让幼儿之间进行相互影响:两个能力差不多的孩子进行放车牌比赛,在竞争中不得不通过自己的学习方法来得到学习的结果。

3. 大班

表5　大班社会类主题活动中幼儿不同学习方式的教师支持策略

操作性学习		探索性学习		体验性学习		合作性学习		分享性学习		观察性学习	
教师支持策略	次数	教师支持策略	次数	教师支持策略	次数	教师支持策略	次数	教师支持策略	次数	教师支持策略	次数
激励	1	解惑	2	配置	1	配置	2	关注	1	关注	3
配置	4	激励	2	放手	1	关注	5	配置	1		
关注	1	引导	3			引导	1	引导	1		
引导	3	放手	2			放手	3	沟通	5		
		关注	2			激励	1				
		配置	2								
/	9	/	13	/	2	/	12	/	8	/	3

由表5所得,对于大班幼儿,社会类主题下教师较多地使用策略支持幼儿的探索性学习。根据统计结果,对幼儿的合作性学习方式教师采取策略频率为第二,幼儿的操作性学习教师采取策略频率为第三,分享性学习教师采取策略频率为第四,观察性学习支持策略第五,而体验性学习教师的使用策略频率最低。

大班的社会类主题活动中,教师会对幼儿的探索性学习方式较多地实施直接引导、解惑等支持策略。教师还会通过激励表扬、材料配置支持幼儿思考,在等待中观察和倾听幼儿的行为和想法。而根据统计结果,教师还会利用观察较多地关注幼儿之间的合作学习情况,采取放手旁观的态度给幼儿合作学习空间和时间,不多干预解决问题的过程,引导幼儿合作共同想办法解决问题。而在分享性学习中则多鼓励进行沟通和交流,实现思想的共享。在操作性学习中,教师转变在探索性学习时直接引导的方式,通过材料情境的配置达到推进幼儿学习的目的。

案例:逛逛小超市(社会-探索性学习-引导)

今天,区域内又来了不少孩子,我取出新的操作板,问孩子:"你们看看,新的购物车有什么不一样?""这里有一行字!""老师写的是什么呀?"孩子们问题多多。孩子们说的文字是我贴上去的操作要求。"这是我们买东西的要求。"说完我就将两种购物要求念读了一遍,而后几个孩子就开始操作了。很快我发现,一边的莹莹并没有动手,在我询问下,莹莹说:"我不知道该怎么玩。"于是,我便指着提示条说:"看,它要我们10块钱正好买三样东西。"听完,莹莹挑选了三个商品价格分别是3、5、4。我并没有立即指正她,而是鼓励她将价格记录下,计算总价。莹莹很快就计算出总价为12元。"它需要我们买正好10元的三件商品,看看对不对呢?"莹莹发现总价超过了10元,于是拿着4元的商品放回到小篮子内,又在篮子里挑了一会儿,最后她拿出价格为2元的商品粘贴到操作板上。

分析:幼儿在自主探索、操作中难免会发生错误,但这也是一种经验,所以教师不第一时间进行干预,而是引导幼儿大胆进行尝试,鼓励幼儿独自完成整个操作后再提醒幼儿观察操作要求,自行验证答案是否正确,更多地引导幼儿通过自主探索得到正确答案的方法。

根据表2,我们还可以发现幼儿的体验性学习方式较多。而教师对于幼儿的体验性学习方式会使用配置、放手支持策略。

案例:手拉手小灯亮(社会-体验性学习-配置)

经过浩浩自己的努力探索,小灯终于发亮了,浩浩立刻露出了欢喜的笑容:"灯亮啦!"浩浩比边上已经成功多次的同伴显得格外兴奋。我马上问道:"浩浩,你的小灯是怎么亮的呢?"浩浩兴奋地说:"要把所有材料连接后才会让小灯亮起来。"这时,我出示了一些我们日常生活中的用品(铁片、回形针、火柴棒、螺丝、雪花片、十字螺丝刀、瓶盖等)并进行发问:"这些材料朋友能不能继续让小灯发亮呢?"随后浩浩和朋友们又开始尝试不同的材料来实验是否导电。每次灯泡亮了,他兴奋十足,总不忘欢呼一句:"亮了亮了!"

分析:幼儿探索出了让灯泡亮的方法后,教师通过配置的支持策略,广集材料,通过提供多种不同材料,让幼儿继续体验能将灯泡点亮的快乐,同时也能引导幼儿继续探索这些材料是否导电。

案例·小班篇

乘　船

柴月华

背景:

"好玩的水"主题活动开始啦。结合该主题的内容我们班开展了一系列的玩水活动,发现孩子们特别喜欢在水里玩纸船,一只只小船漂浮在水面上,他们还给自己的小船起了名字,玩得不亦乐乎。结合这个热点,我设计了乘船这个个别化学习活动,学习目标是:感知5以内数物对应。活动中投放的材料包括:不同颜色(红、黄、蓝)的小人,有着不同数量的座位的小船,在小船的头上有不同的数字(1到5),以及不同颜色(红、黄、蓝)的圆点标识。

事件:

片段一:小船超载了

活动初期吸引了不少孩子,小人乘船这个情境性学习活动深受孩子们喜欢。一开始,我在一旁观察幼儿是否能根据船头的数字放入相应数量的小人(一个座位一个小人)。

明明小朋友看了看自己船头上的数字4,他随手拿起了几个小人(各种颜色的都有)从前往后有序地一个一个把他们摆上了座位,一边放一边还在那里数:"1、2、3、4。"很快,四个座位全放满了。他就笑嘻嘻地去看其他人的小船去了。(操作性学习)

婷婷小朋友也全神贯注地放着自己的小人。她拿的小船很小,船头上有一个1字。婷婷不假思索地拿起各种小人就往船上放。其中一个摆到了船中央的座位上,其他就随意地放在船上座位外的四周,她一连放上了五六个小人,直到实在挤不下了才停了下来。(操作性学习)

于是我提醒她说:"呀,这条小船太小了。你放了这么多小人,超载了,会沉船的呀。"婷婷回答:"哦。"还是看着自己的小船不知怎么办好。"一个座位么就放一个小人呀。"一旁的明明听了我们的对话忍不住说了。(分享性学习)婷婷听了一下子明白了,她拿走了多余的那几个小人,只留下了最后那个坐在座位上的小人,然后看着我,好像在问,现在对了吗?(探索性学习)

"对了。"我笑着拍拍手,"船头上有数字的,是数字几就放几个人。请大家看一看自己放的对吗?"听了我的话,小朋友都低头开始检查起来。"我对了。"明明小朋友大声说,"我的船是坐4个人。""我也对了。我的船坐3个人。"小朋友们纷纷回答。

对于不会按数取物和一一对应的小朋友,我用了启发的方法,引导幼儿在观察和操作中感知学习,使幼儿自己发现了一个座位坐一个小人的规则,然后在操作中进一步感知了数的含义。

片段二:划船比赛喽

过了一段时间,我观察到孩子们还是没有发现船头上颜色的秘密。当明明再一次把五颜六色的小人装上船时,我不由得提议:"现在,我们来一场划船比赛,看看是红队赢还是蓝队、黄队赢?""黄队在哪儿呀?"孩子们问。我指了指船头的圆形标识:"请你找一找你是什么队?""我是黄队。""我是蓝队。"孩子们发现了自己的船头上有着不同的颜色,一下子兴奋得叫起来。"那么黄队队员是穿什么颜色的队服呢?""黄色。"明明回答,但他一下子就发现了他的小人头上的颜色是各种各样的,显然不全是黄色队服,所以他就把所有的小人从船上拿了下来,然后重新认真地选了黄色的小人放到座位上去。(观察性学习)

一旁的小朋友见了,都围拢来看着明明的小船,明明可得意了。他大声地说:"我的黄队出发了,我最快!"同一组的小朋友也纷纷模仿他开始根据自己的船头的颜色来选择小人了。(分享性学习)

不一会儿,所有的小人都被小朋友按照数字和颜色的要求放在了相应的小船上,5艘小船正准备出发,热闹的比赛开始了,"加油! 加油!"听,小朋友的热情更高涨了。

分析:

1. 在耐心等待中让幼儿体验分享性学习的乐趣

片段一中,在对明明和婷婷小朋友进行耐心观察时,我发现了不同水平的小朋友用同样的材料的操作结果是不同的。明明小朋友能根据自己的小船船头上的数字来摆放相应数量的小人;而婷婷小朋友享受的是放上小人的过程,并没有根据材料中的提示"对号入座"。在耐心地等待以后,我提醒婷婷她的船上的小人太多,但是她还是没有理解,一旁明明的一句话提醒了她,她马上就知道了一个座位只坐一个小人的规则。看来同伴之间的启发影响也是非常有效的。

在片段二中,明明小朋友一下子明白了我的游戏语言中的暗示,他第一个发现了小人头部颜色和小船船头上圆点之间的联系,再通过经验分享的方式让其他孩子也明白了按颜色乘船的方法,在生生互动的过程中该区角活动取得了预期的效果。

2. 在情境建构中引发幼儿进一步的探索性学习

小班幼儿喜欢情境性、游戏性强的活动,乘船这个个别化学习活动将比较单一的数学学习置身于一个游戏化的情境中,大大增强了其趣味性和可操作性。有效的材料使幼儿在反复操作中进一步提高幼儿一一对应及按数取物的能力。

当幼儿在活动中遇到难题,不能发现材料中对颜色的隐性要求时,我创设建构了一个分队进行划船比赛的情境,让幼儿很快地就发现了船头上除了数字还有颜色的标识。进一步明确了这个个别化学习活动的要求,深化了学习的内容,引发幼儿的探索性学习,从一维提升到多维的思考。

当然,根据幼儿的需要还可以继续在活动中增加一些比赛的背景(如"蓝色的湖水,比赛裁判和起跑线"等),让全部按要求完成数物对应的小朋友的船参加划船比赛,进一步激发幼儿的活动兴趣。

大家一起来种花

陈姬慧

背景:

本活动是小班下学期"小花园"主题下的一个以发展幼儿数能力为主的个别化学习活动。活动区创设了一个"小花园"并为幼儿提供了漂亮的花盆,让幼儿在"小花园"里扮演"小花匠"的角色,进行种花的操作。在刚开始投放时,我们并没有给幼儿太多的规定,只要能插满就好,于是幼儿随意地在花盆里种上花。这个活动的提供很受孩子们的欢迎,因为他们稍作尝试就能得到结果,享受到成功的喜悦。于是,很多幼儿都经常去学习操作,时间长了,孩子们就熟悉掌握了这点技能。接着,当幼儿掌握了这一技能后,我们在花盆上贴上了1~6的数字或点数,让幼儿进行操作;之后,我们又投放了立体的花盆,并给幼儿提供了贴有大小、红、黄、蓝颜色不同排序的模板,请幼儿按照自己喜欢的模板在花瓶上进行排序,由此在目的上又递进了一层。当有大部分幼儿也掌握了颜色配对的技能,我们又投放了需要按颜色简单排序的花盆,又进一步扩展了学习兴趣。

通过这样一个运用同一个活动角色,我发现在不同阶段也可以完成不同的学习目的。而这样的游戏学习,尤其适用于小班幼儿。小班幼儿的材料提供更应体现由简到繁、由易到难、由随意到有要求的循序渐进的过程。教师对学习活动的要求应是有一点点高度的,但幼儿能稍微跳一跳就采到成功的果实,让幼儿体验成功的快乐,让他们愿意探索,坚持下去。

事件:

片段一:发现花盆的密码

区域活动开始了,妮妮来到了小花园,走到桌子旁,看到我准备好放在那里的各色"小花",伸出一只手拿起一朵,放在眼睛前面看了看。"插哪儿呢?"她自说自话。

看到妮妮一个人站在那里嘀咕,我走过去:"妮妮,是不是不知道插哪儿呀,用你的小眼睛找找行吗?"我边说眼睛边扫了一下这个区域的提示牌。顺着我的方向,妮妮看到了那块牌子:"哦,陈老师放这里对吧?"她指了指小花园主题墙上的花盆。(探索性学习)

"对啦,妮妮真棒,找对了。"妮妮很高兴,她也顾不上把旁边的操作提示看完,就着急地拿起桌上的小花直接往花盆里插,一朵接一朵,一口气插了七八朵。(操作性学习)

"陈老师,我花盆里的花怎么会掉下来呀?""告诉你哦,这可是一个魔法花盆哦,只有你按照花盆上的密码插花进去,花才会插得进去。刚才你的花倒掉了,肯定是没有按照魔法密码插花。"看我说得神神秘秘的,妮妮瞪大眼睛看着我。"那现在我们一起来找找这个密码好吗?"妮妮连着点了四次头。我拉着妮妮一起靠近花盆,先看看花盆里面,再看看花盆外面,"陈老师,我看到密码了,你看。"妮妮说着把我的头推得更靠近花盆,用她的手指向花盆上那个红色的数字"5"。"陈老师,我知道了,密码就是数字5,你说对吗?""嗯,有可能,那我们一起试试吧,看看是不是5。"听了我的话,妮妮重新从旁边拿起花,一朵连一朵,直到插满5朵,"陈老师,密码就是5,我的花不倒了。"妮妮兴奋得拉住我跳了起来。(探索性学习)

片段二:我会了

妍妍来到了小花园,只见她根据插片上的提示把"花儿"种了进去,种得又快又熟练。浩浩走过来了,妍妍一边种花一边转过头对身旁的浩浩说:"浩浩,你要根据插片上提示的颜色来种'花儿'哦,千万别忘记哦。"听了妍妍的话,浩浩没有马上坐下来,而是站在妍妍的身后,目不转睛地看着妍妍种花。看妍妍种完一排花,浩浩坐了下来,准备开始种花。浩浩在前面两排有插片提示的花盆里种满了"花儿",准备在第三排没有插片提示的花盆里种花了,只见他把这个花盆翻来翻去,可是却没有在上面找到提示插片。浩浩举起手摸了摸自己的脑袋,然后站起身,把我拉到这里:"陈老师,这里该怎么种呢?""上面是一朵红花,一朵黄花。第二排是一朵红花一朵黄花一朵蓝花,那你想想还可以怎么种呢?"我说道。听了我的话,浩浩待在那里想了大概有三四分钟,最后还是将手上的"花儿"随意地都种了进去。(观察性学习)

"浩浩,你这样不对,不能乱种的,你可以按我的样子把刚才种的'花儿'再种下去。"妍妍看到浩浩种的第三排花,冲着浩浩说,说完她把浩浩的第三排花拿掉,"我把我种的花给你看,上面的种好了,我和你一起来种第三排吧。"浩浩点点头。浩浩看到最后一朵是蓝花,就拿了一朵红花种在第三排的花盆,接着妍妍放了一朵黄花,两个人轮流放花,直到把第三排种满。"陈老师,你过来看看,我们两个一起把花盆里的'花儿'种好了。""浩浩、妍妍,你们两个都很厉害,花盆里的'花儿'种得真漂亮。"两个

孩子听到我的表扬,高兴得拍起手来了:"老师说我们很厉害,哈哈!"(合作性学习)

对于能力强的幼儿,可以在操作材料上增加一项提示——表明方向的箭头图,让幼儿跟随箭头方向来种花,从而发现其中的规律。对于能力弱的幼儿可以将按照同一规律种花的花盆连起来,从而让材料来引导幼儿有规律地种花。在游戏讲评时对这一区域进行重点讲评,让玩过该游戏的幼儿和大家一起分享他们的游戏体验,从而让更多的幼儿掌握基本玩法。

分析:

1. 适时的引导和启发,激发了幼儿探索性学习的效果

在幼儿的操作程中作为老师的我应该时刻关注幼儿的活动过程,让幼儿寻找探索的切入点。当幼儿无从入手,不知道将小花插哪里的时候,我应该及时用语言、用眼神给孩子以提示,让幼儿能在我的引导下,将活动继续下去,找到插花的地方。同时对幼儿的点滴成功都及时给予表扬,对幼儿的自我探索表示肯定,让幼儿有信心继续将活动延续下去。

2. 适当的等待,引发了幼儿之间的经验分享性学习

在幼儿活动中,我有意识地安排能力强的幼儿和相对能力较弱的幼儿一起活动,这样便于在活动中进行学习成果的分享,让能力强的幼儿在与能力弱幼儿的共同活动中,能发挥他们主动学习的作用,让能力弱的幼儿能分享能力强的孩子的成果。让幼儿自己去尝试,相信幼儿会有好办法。在这个区域中,妍妍是个学习主动性很强的幼儿,相信当她看到浩浩在活动中碰到困难时她一定会出手相助的,这也是一个促进幼儿进行合作学习的很好的契机,因此我就放手让孩子自己去做。事实证明我的方法是正确的,两个幼儿在合作中解决了问题,获得了成功。

3. 材料设计的多功能性促进幼儿的探索和操作性学习

在操作过程中,幼儿通过墙面环境感受到春天的来临,花盆上面的数字也为幼儿提供了与点数对应学习相关问题的情境,同时通过赋予材料神秘的色彩,激发幼儿进一步观察的兴趣。如我通过告知幼儿这是一个神秘花盆,不仅激发了幼儿去探索花盆的兴趣,也把幼儿的兴趣激发了,在这里他探索的主动性更强了。幼儿在平衡操作活动过程中,能通过观察别人的活动而获得学习的经验。我做幼儿探索的伙伴,当幼儿获得成功需要人支持和认同时,我站到了幼儿的身边,给幼儿以支持;让幼儿在思考如何把小花园变漂亮的过程中,复习了点数对应和数数的能力,在排序的过程中,理解排序的概念。

垒 高

黄卫红

背景：

　　垒高是孩子非常喜爱的一种游戏，垒高的过程是一种积极主动的思维过程，可以促进孩子视觉、触觉、想象力和创造力的发展。孩子在与材料互动的过程中其小肌肉也得到良好的锻炼，同时手、眼、脑的并用使之趋向协调。通过观察孩子垒高，我们对孩子活动过程中所表现出来的行为有了更多的思考，能够比较科学地解读孩子的游戏行为，反思孩子行为背后的原因，从而采取一系列有针对性的指导策略。

事件：

　　小班孩子动作发展比较缓慢，动作协调性差，对于造型多变、操作复杂的垒高材料，孩子会感到很难把玩而难于勾起孩子的游戏欲望。我就为小班孩子准备了造型简单、可以直接堆放建构的木头套筒积木，孩子刚开始玩的时候，完全是满足一种摆弄的需要，排排、叠叠，没有任何目的。但经过多次的摆弄，他们也会通过自己独特的想法进行新的尝试。

　　森森一进教室就直奔垒高区，只见他把几只套筒都捧到了自己面前，看看摸摸，又随意地拿起一只小套筒在其他小套筒上套来套去。摆弄了一阵后，他忽然拿起一只最大蓝色套筒放在自己面前，接着挑了一只稍小的黄色的套筒看了看并和其他几只比试了一下，然后放到蓝色的套筒上，黄色套筒"啪"地一下掉进了蓝色的套筒里，他急忙取出再次放上，结果还是"啪"地掉了进去。他坐在那儿想了一分钟，然后翻转蓝色大套筒，让它的洞口朝下，再把黄色套筒放在上面，"喔！"他拍拍手好高兴。接着他用了10分钟时间把所有的套筒都叠了起来，像一座小金字塔。他再次高兴地拍起小手："我搭的小高楼。"我翘翘大拇指说："嗯，森森搭的小高楼真漂亮，我给你拍下来送给爸爸、妈妈吧。"森森的脸上露出了胜利的微笑。等我拍完照，森森"啪"地一下把小高楼推倒了。（探索性学习）

　　小班幼儿在建构中的技巧多为垒高，或者说他们对垒高很感兴趣，也喜欢推倒自己的作品，沉浸在垒高后又亲手"毁灭"的乐趣当中，也许他们知道只有推翻了，这个游戏才能重新开始。

　　我顿了顿又说："你能不能给我也造一间不一样的房子呢？""好！"他迅速抱下小

套筒开始重新拼搭,刚搭到一半他忽然停了下来,然后把所有的小套筒都推倒在桌上。他挪挪这块放放那块,然后挑了一个最小的黑色小套筒放在最下面,接着挑了一个大的绿色小套筒放在上面,这样一会儿取大的小套筒搭在上面,一会儿取不大不小的小套筒放在上面,拿到什么套筒就搭什么,小楼房摇摇晃晃一分钟不到就"啪"地倒下了。他嘴巴一撇双手往腰上一插,坐了半分钟后又重新把最小的黑色小套筒放在最下面,然后挑了一个稍大的白色小套筒搭在上面,他看看、比比,依次由小到大逐渐垒高。搭到第三层时,小楼房又"啪"地倒了,森森不甘示弱再次尝试,可结果还是一样。(操作性学习)

　　见他转身正想离开,我便急忙上前:"你刚才搭的小楼房真别致,我好喜欢耶!咦,它怎么会倒的?为什么刚才的不倒呢?"他说:"刚才,下面的大,上面小。""噢,原来是这样。那小的放在下面为什么会倒呢?我们一起来看看。""嗯。"于是森森又开始忙碌起来,他小心地把第三只小方桶叠在上面,刚要放手时我故意紧张地说:"慢!慢!小房子好像又要倒了,怎么回事?"边说边用手指指套筒。森森急忙扶着小套筒低头一看,原来第三只小套筒叠在第二只套筒的边上,他扶扶正然后小心地把手移开,"啊!成功了。"在接下去的垒高中他总是先左看右看,当小套筒放在中间并不摇晃了再进行下一步的搭建,5分钟后,一幢倒梯形的小楼房诞生了。森森站在小楼房边上欢呼起来:"你们看呀,我造的小楼房。我成功喽!"孩子们不约而同地围了过来,用羡慕的眼光看着森森,我赞许道:"这间小房子我更喜欢了,让我把它拍下来带回家吧。"(探索性学习)

分析:

1. 观察和引导对幼儿操作性学习起着举足轻重的作用

针对主题开展,老师会创设各种个别化学习区域,然而孩子们在区域的操作过程中是否有兴趣、如何摆弄材料等细节都非常重要,这些信息往往更能使老师受到启发,并促使老师进一步采取有针对性的措施来促进幼儿在现有水平上的发展。老师观察到孩子连续几次操作不成功想要放弃离开此区域时,就通过一系列语言引导:"你刚才搭的小楼房真别致,我好喜欢耶!咦,它怎么会倒的?为什么刚才的不倒呢?""那小的放在下面为什么会倒呢?我们一起来看看。"来启发孩子,使他对刚才的操作进行回忆,找到正确的操作方法。

2. 激励策略能引发幼儿的探索性学习

幼儿在探索过程中难免会碰到一些困难,有的幼儿也因此会放弃进一步的操作。

老师的鼓励、赞赏是激发他们积极性的最佳手段,是教育教学成功的桥梁。每个孩子都有一定的情感需要,这种需要决定着孩子行为中的许多东西,情感越高涨行为就越良好。得到老师的注意和赞美,对孩子来说是一种无与伦比的幸福,将进一步激发他们做出更大的成绩。当孩子第一次尝试搭出了金字塔式的小高楼后,老师便翘翘大拇指说:"嗯,森森搭的小高楼真漂亮,我给你拍下来送给爸爸、妈妈吧!"孩子的脸上就露出了自豪而胜利的微笑。接着在老师的启发下主动积极地进行了更进一层的操作、探索。

▍案例·中班篇

大吊车真厉害

杨秀英

背景:

在开展主题活动"我在马路边"的过程中,我发现孩子们对马路上的特种车辆以及一些具有特殊功能的车辆特别感兴趣,如消防车、警车、混凝土搅拌车、铲车、吊车……而且在兴趣的驱使下,很多孩子都和父母一起从网上下载了相关的信息和图片,更有一部分孩子还拿来了这些车的模型以及仿真车,每天自由活动时他们会围坐在一起讨论、摆弄这些东西。由此可见,在当前这种情况下可以说这些特殊的车辆是孩子们关注的焦点、讨论的中心。另外,在自由活动时,我也发现在这些特殊车辆里面,孩子们最喜欢操作和摆弄的就是大吊车、铲车、翻斗车,因为在玩这些车的时候,孩子们会巧妙地与教室里现成的玩具结合起来玩,如大吊车吊积木、铲车铲雪花片……他们对挂、铲、推等动作乐此不疲,而其实这种操作和摆弄也有利于幼儿手指精细动作的发展,有助于提高幼儿手指的灵活性。另外在幼儿玩大吊车的过程中我还发现了一个现象,孩子们开始比赛谁挂得多,挂好了数一数、比一比;而有的孩子呢,喜欢在将积木往上挂时选择同种颜色的积木,也有的孩子喜欢将颜色间隔着往上挂。由此可见,孩子们在无意识的操作摆弄中已经开始有意识地关注挂在吊车上的积木的数量和颜色了。

于是基于以上几点,我觉得可以以"大吊车"为活动的载体将其与数学的数数、排序等结合运用到区域活动中去。因为"排序"是数学中一个比较复杂的概念,如果死板地教,幼儿的兴趣可能不大,而且效果也不是很好。如果能创设合理的情境,将数活动融合在大吊车游戏中,相信孩子们一定喜欢。于是我设计了区域"大吊车真厉害"，一辆辆色彩鲜艳、造型各异的大吊车，并提供了各种挂到吊车上的不同颜色、形状的物品，目的是让幼儿能根据数字在大吊车上挂上相应数量的物品，尝试按颜色或形状进行有规律的排序等。

事件：

子赟、涛涛、可可、湘颖四个孩子来到"大吊车真厉害"这个区域。只见他们每人选了一辆自己喜欢的大吊车，然后从地上的小篮子里随意地取出一个个的"集装箱"，将它们一一挂到大吊车的吊钩上，一个连一个地一直往下挂，孩子们重复这个动作，直到把集装箱挂得碰到地板。（操作性学习）

4 辆大吊车上的集装箱都挂好了，四个孩子互相看来看去，然后移动自己的大吊车，把 4 辆大吊车放到了一起，比一比，看一看谁的长。（合作性学习）

在比的时候孩子们没有有意识地将一串串的集装箱拉直，只是让它们随意地拖在地板上。我在旁边看着孩子们，心想："这种方法比出来的结果是孩子们心中的结果吗？"

"可可，我的都拖到地上了，你的也拖到地上一点点，地上的怎么比呀？"子赟在比的时候发现了这个问题。听了他的话，其余三个孩子不动，还是呆呆地看着地上的大吊车。

"你们可以把大吊车举起来呀。"我建议。"对呀，我们一起把它们举起来吧。"子赟出了个主意。

听了子赟和我的话，四个孩子拿起地上的大吊车抬了起来。

我看着孩子们用力地举起手中的大吊车，向他们竖起了大拇指："真厉害，像大吊车一样厉害。"

"子赟，你看，我的比你长。"涛涛对子赟说。

"不会的，我的肯定比你长，怎么会比你短呢。"子赟不甘示弱，边说边侧过身来盯着涛涛大吊车上的集装箱和自己大吊车上的集装箱看，"不会的，我的肯定比你长的，你比我矮，大吊车没有我举得高，所以看上去比我长呢。"子赟终于发现了自己比涛涛看上去短的秘密。

"不是的，那我举得高点，和你举得一样高，我们再比。"涛涛也不甘示弱，他用力地把手举高，试图把大吊车和子赟的放在一个高度。"你看，是我的长吧？"子赟有意识地把自己的大吊车靠近涛涛的，并努力让自己的大吊车和涛涛的持平，另一只手还把挂在两辆大吊车上的一连串的集装箱并在一起。涛涛看着子赟忙前忙后，就站在那里不动。我走过去，弯下身子看着两串集装箱："涛涛，我发现秘密了，你发现了吗？"

涛涛也学着我的样子，弯下身子看着子赟并在一起的两串集装箱："哎，我也发现了，子赟的比我的多出来一个集装箱。"涛涛一看，对这个结果也一目了然了。

"哈哈，涛涛，你看我没说错吧。"子赟拉了一下呆站在那里的涛涛，发出了胜利的呼声。（探索性学习）

分析：

1. 创设情境性环境，提供丰富的材料，激发幼儿操作性学习的兴趣和愿望

提供丰富的材料，引发幼儿操作的兴趣。在该区域我提供了各种颜色和形状的大吊车、回形针制作成的双向挂钩以及仿真的集装箱，并将它们置身于建筑工地这个场景中，激发了幼儿参与活动的兴趣，让孩子能主动进行操作。

2. 适时的启发、适度的引导，引发幼儿的探索性学习

当孩子碰到问题无从下手、停滞不前时，给孩子一点提示、一点借鉴，让孩子能顺着老师给出的"线"走下去。子赟是个观察能力挺强的孩子，而且喜欢研究为什么，喜欢刨根问底，当同伴给出的答案和他预想的答案有出入的时候，我相信他肯定会追究出个所以然来。所以在目前这种情况下，作为老师，我们可以给孩子提供一点点的线索，适时地点拨孩子一下，让孩子能照着老师的样子去学习，去探索。与子赟相比，涛涛喜欢从表面的现象中发现答案，他不太会追究"所以然"，对于这样的一个孩子，作为老师我们则需要适度地启发他，给他点信息，给他一点点拨，帮他找到解决问题的切入点，让孩子能学着老师通过观察表面现象找到问题的答案，让涛涛的疑惑得到解答，获得成功。

蝴蝶结变变变

俞醒凤

背景：

本活动是中班上学期的一个幼儿在美工区自主生成的非主题活动中以幼儿美工活动为主的个别化学习活动。活动区中有一些幼儿常用的美工材料和工具，比如白纸、炫彩棒、剪刀、固体胶等。幼儿可以在那里根据自己的爱好、需要或能力自由地选择各种材料、工具来进行各种美工活动。

事件：

片段一：个别幼儿自主操作以后……

个别化学习活动开始了，我径直来到了美工区。只见颖颖从旁边柜子里取了一张白纸，又拿了一盒炫彩棒，想都没想就开始画了起来，瞧她那小手多熟练，没几笔就完成了。看着她细心地涂色，我忍不住夸奖道："哇！颖颖，你现在画画的本领真是越来越大了！"随后，我又问："颖颖，你画的是什么呀？""蝴蝶结呀！"颖颖轻松地回答后又拿起剪刀飞快地将蝴蝶结剪下，然后又走到旁边的工具架那里。她还要拿什么呢？我正疑惑着，只见颖颖拿了个固体胶在蝴蝶结后三下两下一涂，就往自己的额头上一粘，然后咧开嘴笑着对我说："老师，你看漂亮吗？""嗯，很漂亮的。"我笑着点点头。（操作性学习）

颖颖爽朗、得意的笑声引起了也在一旁画画的嘉嘉、露露、悠悠、萱萱等几个小女孩的注意，她们一齐抬起头，羡慕地看着颖颖，然后都说："我也来画。"于是，她们纷纷模仿颖颖也很快地做了个蝴蝶结粘在自己的额头上，随后，几个小女孩跟在颖颖身后兴奋得飞舞起来，又飞向其他几个区域向同伴们炫耀。（观察性学习）

片段二：其他幼儿模仿学习以后……

看着这些快乐的"蝴蝶仙子"，我也忍不住露出了笑容。可是，我突然发现萱萱拿着做好的蝴蝶结，似乎思考着什么。我很疑惑，就问道："萱萱，你在想什么？"萱萱嘟哝着小嘴回答道："我不想把蝴蝶结粘在额头上，很脏的。"我点点头："嗯，有道理。那你有什么好办法既可以把蝴蝶结戴在头上，又好看，也不脏呢？"我继续问萱萱，接着又鼓励萱萱，"你是个聪明的孩子，一定会想出好办法的！"过了一会儿，只见萱萱把蝴蝶结放在一旁，又拿了一张纸开始涂画着，我就问："萱萱，你还在画什么呀？"萱萱笑笑："嘿嘿，我在画头箍呀，可以戴在头上的。""哦。"我继续观察她，只见萱萱将剪下的一条长纸条涂成了彩色的，然后用固体胶粘成环状，又将蝴蝶结粘在了纸环上，随即往自己头上一戴，头一歪，微笑着看着我。我立刻惊喜地称赞："哇！你真是聪明！"（探索性学习）可没想到我的话音刚落，一声"哎呀"，萱萱的蝴蝶结头箍散落了。"怎么回事呀？"我发出疑问。"没粘住吧。"萱萱有点尴尬、不好意思。"那怎么办？"我也忍不住可惜地说。这时在飞舞的孩子们都围了过来，于是，我就把目光投向大家。"固体胶多涂点呀！"孩子们几乎是异口同声，而且是那么不以为然。而萱萱也已重新拿起固体胶开始粘了。（分享性学习）

片段三：教师添加工具以后……

看到孩子们的作品依然不够牢固，问题没有得到实质性的解决时，我不声不响地离开去拿了一个订书机悄悄放在了孩子们操作的桌子中间,然后继续观察着孩子们的动向。只见那些将蝴蝶结粘在额头上的孩子们又都开始学萱萱的样子做头箍了呢!萱萱再次将头箍戴在了头上,其他孩子也很快完成,她们一起戴着头箍又像一群快乐的蝴蝶在教室里飞舞起来。(分享性学习)可是好景不长,那些头箍纷纷出现了散落现象,她们只得又回到桌旁,我叹了口气:"唉!还是不够牢。有没有其他办法呢?"说完,我把目光又投向桌子。"老师,我有好办法了!"露露大声叫道,同时拿起桌上的订书机,"用这个订,很牢的。""是吗?那你们试试看。"我鼓励孩子们。露露拿起订书机开始订,一看就知道露露使用过订书机,她小心地订着,终于完成了。"戴上试试。"我又鼓励道。露露小心地戴上头饰,又蹦跳了几下,然后高兴地自言自语:"耶!不散喽!"其他孩子一见,连忙都争着用订书机了。露露看大家有些争抢,拿起订书机大声叫道:"你们不要抢,一个个订,否则我不给她了!"果然,大家都很听话,自觉地排起了队伍。(探索性学习)

不一会儿,一个个漂亮而又牢固的蝴蝶结头饰展现在我的面前了。我笑着看着孩子们,她们也朝我笑笑,然后又一同飞舞起来,还不时地互相比较着呢!那得意劲似乎比之前更强烈了。

分析:

1. 关注幼儿的操作性学习,及时发现幼儿有价值的探索行为

个别化学习活动具有较大的开放性、自主性。在活动中,孩子们轻松愉快,没有心理压力,可按自己的意愿选择活动内容、活动形式和活动伙伴,并能按自己的方式、速度去实践。这时教师应做个有心人,在一旁细心观察,从中获取幼儿个体与群体、环境与材料相互作用的准确信息,并适当进行引导,有时会有意想不到的收获,能及时发现幼儿有价值的探索行为。

2. 大胆放手、及时引导,激发幼儿间的分享性学习

在宽松自在的个别化学习活动中,每个幼儿都会有意无意地关注着同伴的一言一行。对于孩子们来说,有时同伴的行为、激励和启发往往比教师的说教更能激发起他们的求知和探索欲望。

活动中,两位幼儿的操作行为引起了孩子们的共鸣,成了孩子们学习的榜样。在她们的带动下,孩子们积极地进行着模仿、改进,体验着成功的快乐。

3. 适时调整材料给予暗示帮助,推进幼儿的探索性学习

当个别幼儿在探索学习遇到瓶颈时,教师的追问能起到引导的作用,幼儿受到了

启发以后,便会继续进行探索性学习。如此,依然出现了问题,教师便可尝试着将问题抛向大家,希望借助集体的力量,得以解决。如果这时问题还没得到完善解决,教师就可以根据幼儿探索的需要,及时置换调整材料,以暗示的方法给予幼儿及时的帮助,推进幼儿的探索学习,从而取得学习的成功。

车牌的秘密

顾瑞华

背景:

　　在"我在马路边"主题中,孩子们对马路上的车产生了兴趣,并发现了车后的车牌。丁丁说:"我爸爸的车牌是5712,每辆车后面都有车牌。"由此引发了孩子们观察车牌的兴趣,结合这一情境,我们设计了"车牌的秘密"这一区域情境。通过让幼儿完整地填写车牌,丰富数的概念,掌握顺数、倒数、单数、双数、相邻数,以及简单的排列模式。

事件:

片段一:车牌放错了吗?

　　新的材料刚投放出来,就吸引了不少孩子。浩浩看到桌子上的汽车,第一个冲了过去。只见他拿起一辆小汽车,手指着上面数字的地方对着后面的翔翔说:"我知道,我知道,这个是让我们放车牌号码的,我家里的车也有号码的。"边说边拿起盒子里的数字:"3后面应该是4对吧? 5后面是6。"贴好了一辆放到旁边,又拿起一辆,"8后面是9。"边说边拿数字9贴了上去,"咦? 9后面怎么是6呢? 不对了吧!"浩浩边说边用手挠着头,把放上去的9拿了下来,又从盒子里陆续拿出不一样的数字一一放上去,又拿下来。旁边的翔翔着急了:"我来,你看好,这个8后面应该是7,看见没? 后面就是6,再放5,后面就是4,你不会读啊?"浩浩被他一顿抢白,傻傻地看着他,一句话也不说又转身换了辆汽车。"不对不对,你又错了! 这里应该放两个8。"浩浩理都没理翔翔,扔下手里的汽车又换了一辆。"老师老师,他放的车牌都是错的,我和他说他还不肯换!"翔翔终于忍不住来告状了。"车牌号码又没有规律的了,我们家的车牌号就是这样的。""可是老师已经在上面放了数字,你就应该看着数字来放的呀!"浩浩看了看我,低下头嘀咕着:"我放得不对,你放的就怎么知道是对的啊?"(体验性学习)

片段二:比比谁又快又准确

　　对啊,怎样才能让孩子自己在操作的过程中知道车牌的秘密呢? 浩浩的嘀咕提醒了我们,要让孩子有一个验证的过程,知道自己车牌的正确性。于是我们在饭厅的墙壁上开辟了大型停车场,上面有完整的车牌号码,孩子完成了车牌后,要把这辆汽车停到它相应的车牌号码位子上,如果车牌不对,则停车位就会没有,孩子就知道自己的车牌错了,应该重新上牌了。在重新开辟了大型的背景墙后,我再次观察了这个区域的游戏孩子。

浩浩又来上车牌了,他顺利地停了几辆顺数和倒数车牌的车,当拿到一辆双数倒数排列汽车时,贴了好几次数字都没有找到停车位。这下可难倒他了,问问旁边的洁洁,洁洁看了看摇摇头。朝着其他区域玩的同伴看去,别人都在认真玩呢! 他看了看桌上的汽车,又看了看停车场,拿起汽车走到停车场,手指点着第一个已有的数字8,嘴里也念着8,眼睛在停车位上找,找到了第一个8的停车位,看看手里的汽车:"对的,就是这个,号码是8642。"边说着边快速走到桌子旁,把缺的数字贴了上去,接着把汽车停到了停车场。原来只要找到车牌上有的第一个数字或最后一个数字,就可以知道停车位上的号码了;再看着停车位的号码来放车牌号,就可以顺利地放对车牌了,好一个"聪明"的小捣蛋。有了第一次的成功,他索性不看不读汽车上的已有数字了,直接拿着汽车找停车位后再回来贴数字了。(探索性学习)

为了避免这样的情况再发生,我又请来了研研和莹莹两位小朋友,让他们和浩浩一起来停车。先让他们把汽车平均分好,然后开始比赛,看谁最快把车牌贴好并把车停到相应的位子上。这下浩浩没有了"偷懒"的机会,他老老实实地拿起汽车先读着上面的数字,再思考着空缺的部位应该贴数字几,然后贴好找车位,碰到几辆单双数倒数的汽车,反反复复读了不知道几遍才开窍,贴对了数字,找到了停车位。

分析:

1. 教师的观察与倾听,帮助幼儿更好地体验学习

大班的孩子自主学习能力比较强,在玩的过程中,能力强的孩子会更正其他孩子不正确的地方,老师在旁边的默认会更加增强孩子的自信心,使之分享经验来完成车牌。在游戏结束时,请孩子们说说每一个车牌中藏着什么秘密,是通过什么方法知道这个秘密的? 让更多的孩子分享到找秘密的方法,积累自我学习的经验。

2. 及时地调整材料和增加背景,激发幼儿探索性学习

看到浩浩的操作捷径,老师没有直接制止,而是看着他完成操作的整个过程,针对他的捷径方法寻找对策,以大班孩子好胜心强的特点来鼓励孩子自主学习。在老师的引导下,两个能力差不多的孩子来放车牌比赛,在竞争中不得不通过自己的学习

方法来得到学习的结果。在验证的过程中,数字可以不完全出示,只出示和车牌操作卡一样的,其他的用卡片遮盖起来,孩子要动手翻开才看得见。

案例·大班篇

逛逛小超市

黄　群

背景:

本活动是在大班下学期"我们的城市"主题下一个以发展幼儿数能力为主的个别化学习活动。活动区有一个超市货架画面的底板,操作材料包括有各种商品的图片,并标有数字表示价格,还有用垫板裁成购物车的底板,其中贴有简单的操作要求。幼儿可以根据垫板上的要求挑选一定价格的商品(图片),计算出自己所购买商品的价格。

事件:

片段一:游戏怎么玩

今天,我提供了以计算为主的新材料,幼儿对新的游戏材料通常都比较有兴趣。佳佳和元元发现教室里有了新的区域游戏,两人来到区域里边兴奋地看边讨论这些材料,元元说:"哇,有好多卡片哦,卡片上面有薯片,有饮料还有手机的图案呢!"佳佳指着另外一个说:"这个是购物车的图片,肯定是把卡片贴在购物车里的。"说完,将商品的图片贴进购物车的操作板内。(观察性学习)过了一会儿他开心地说:"完成啦!"我走过去提醒他:"你看,商品上面都有价格的,你可以再算一算一共花了多少钱?"佳佳想了下说:"我们可以先将商品的价格写在操作板上,然后再算一算它们加起来一共是多少,对吧?""真聪明!"我不由得竖起大拇指。元元听罢就将数字记了下来,一共3个商品,价格分别是2、3、3。两个人算了一会儿,得出答案8,最后佳佳将数字8记录在操作板上。(探索性学习)我发现佳佳和元元通过自主观察材料推测出游戏大致的玩法。

不久,浩浩也来到区域内,看到新材料很兴奋,但他很聪明,先观察了一会儿佳佳和元元的操作。(观察性学习)轮到他开始操作了,只见浩浩"叭叭叭"挑了好多商品贴在了操作板上,一数总共有6样商品,他也用笔记录下商品的价格,而后便想要计算总价,却发现商品数量太多了,自己无法完成,转而向我求助:"老师,应该是多少钱呀?"我回答他:"你买了好多商品,要算出它们一共多少钱的确很有难度,试试看少买一点,或者换几样便宜一些的试一试。"听完我的建议,浩浩拿去了所有的商品,更换了 4 件价格低的商品再次进行计算,这下他轻松计算出总价格了。(探索性学习)

片段二:挑战一下更难的

今天我在操作底板上进行了加工,贴上了不同难度的提示条,用不同数量的五角星进行区分。

区域内又来了不少孩子,我取出新的操作板,问孩子:"你们看看,新的购物车有什么不一样?""有张纸条,上面有些图片和字。""老师,它说的什么意思呀?"孩子们问题多多。孩子们说的文字是我贴上去的操作要求。"这是我们买东西的要求。"说完我就将两种购物操作板给孩子看,而后几个孩子就开始操作了。很快我发现,一边的莹莹并没有动手,在我询问下,莹莹说:"我不知道该怎么玩。"于是,我指着提示条说:"看,这是什么意思?"我指着指示条上一个 10 块钱的图片问莹莹。莹莹:"是 10 元钱吗?""对了,这是什么意思呢?"我指着一个数字 3。"买 3 样东西吗?"莹莹不确定地问我。得到我的肯定之后,莹莹挑选了 3 个商品价格分别是 3、5、4。我并没有立即指正她,而是鼓励她将价格记录下,计算总价。莹莹很快就计算出总价为 12 元。"它需要我们买正好 10 元的 3 件商品,看看对不对呢?"莹莹发现总价超过了 10 元,于是拿着 4 元的商品放回到小篮子内,又在篮子里挑了一会儿,最后她拿出价格为 2 元的商品粘贴到操作板上。"真不错!"听到我的鼓励后,莹莹自信了不少,再操作时就比较顺利了。(探索性学习)我观察了一下,很多孩子完成了俩操作板。突然,我听到欣欣和小翱两个人正在争抢同一块操作板,小翱过来向我请求帮助,我提醒道:"这个底板应该是能擦掉哦。是不是两个人商量一下可以怎么做?"听我这么一说,两人刚才气势汹汹的状态没有了,口气也缓和下来了,于是,两个孩子出现了合作的状态。欣欣拿商品粘贴,小翱计算价格。当小翱的计算出现失误时,欣欣马上指出并且用小抹布擦去错误答案,写上正确的数字。两个孩子都是能力较高的孩子,玩过之后对我说:"老师我觉得好简单呀!""你们可以试试买几样价格较贵的商品嘛。"(合作性学习)

幼儿在自主探索、操作中难免会发生错误,但这也是一种经验,所以老师并不第一时间进行干预,而是鼓励孩子进行试误。我鼓励孩子独自完成整个操作后再提醒幼儿观察操作要求,让孩子们自行验证答案是否正确。当孩子通过自主探索得到正确答案的方法,这一个过程应该是孩子获得的最好经验。

片段三:超市商品分分类

为了维持幼儿的操作热情以及帮助幼儿获得新的经验,我更新了游戏材料,并组织幼儿进行交流讨论。

　　小超市的板面已经更新布置好了，我对孩子说："我们先给超市理理货，看看商品该如何分类呢？"说的同时指给孩子看分类的各种标签，孩子们异口同声地说："数码电器。""鞋帽服饰。"这些字孩子们都认识。"哦，有些商品已经放在'数码电器'的货架上了，看看这些商品都有什么相同点？"瑶瑶说："哦，我知道了，都是用电的呀。""那你看看这个可不可以放在'数码电器'里呢？"我拿着电饭煲的图片追问她。"可以。""想一想还有哪些商品也可以放在'数码电器'里呢？"没等我问完，阳阳兴奋地指着"文具玩具"分类栏说："这里有铅笔盒、小木琴、玩具汽车的图片，我知道这里应该放玩具和学习用品的。""回答正确！现在请你们每个人拿 3 个商品去分分类。"我递过放置商品图片的小篮子鼓励他们都去分一分。（操作性学习）

分析：

　　1. 利用可视性强的材料，让孩子自主观察、操作学习

　　材料会说话，孩子利用可视性强的材料在观察过程中探索玩法，是这个个别化学习活动的第一个收获。但其中也有孩子自主观察较为浅显，没有理解游戏的真正玩法，我试图用提示启发孩子。当孩子在操作中还是遇到了问题向我寻求帮助，直接告知答案并不是一个可取的做法，老师这时可以为幼儿指点出一种可以解决问题的方法，启发幼儿变换材料，通过选择适量的材料计算出正确的答案。最后孩子们在我的提示下独立完成了操作，体验到了成功的乐趣。

　　2. 利用不同难度的提示条将操作进行难度分层，鼓励幼儿合作学习

　　在孩子进行一段操作后出现了一个问题，没有难度分层，对能力强的孩子来说挑战不够，几次操作后，兴趣逐渐降低。为了解决以上问题，我提供了难度不同的提示条，孩子们可以根据提示条完成不同的操作。另外，在观察孩子游戏进行一段时间后，我发现材料不太够用了，会发生孩子争抢材料的情况。我觉得这一情况的发生并不是常见的，所以我没有提供更多材料解决问题，而是遵循放手原则，针对大班下学期的幼儿年龄特点，鼓励孩子们进行合作，放手让他们自行解决之间的矛盾。过程中当有个别孩子操作发生错误时，我也没有立即给予更正，而是耐心地观察孩子，在适当的时候提醒一句，让孩子自主解决问题。

　　3. 加入分类元素，让操作经验更多元化

　　此个别化学习活动的主要难点是在进行 10 以内的分合，经过一段时间的操作，孩子们的操作兴趣和探索兴趣都会降低，于是根据超市理货的经验，我在超市背景板

上进行了重新布置,划分了数栏,并在每一栏贴上了分类的栏目标识,比如:电器、日用品、学习用品及玩具等。通过这个更新让小超市的游戏不再局限于计算,也拓展到分类,孩子们的操作兴趣又一次提升了。

泥 工 坊

王菊英

背景:

　　本活动是大班主题"动物大世界"主题下发展幼儿动手能力的一个个别化学习活动。组成结对完成作品,让能力强的孩子带能力弱的孩子共同完成作品,从而体验合作成功的快乐。(如能力强的孩子完成形态、颜色逼真的动物类作品,能力弱的完成花草或简单的物品)创设一个作品展览会,展示幼儿成果,与他人分享成果的快乐。请幼儿做评委,大家一起来评一评、选一选,你心目中最佳的作品。

事件:

片段一:恐龙站起来了

　　活动中情境性学习方式吸引了很多孩子,深受孩子们的喜欢。

　　新装修的泥工坊开张了,泥工架上除了一盒盒的单色橡皮泥外,还让幼儿共同收集了各种颜色的彩泥和制作工具,另外又添加了一些辅助材料,如牙签、小棒、棉签、吸管、小硬纸片等。并给幼儿布置了一个任务:用橡皮泥做仙人掌,可用辅助物进行装饰。

　　这几天很多孩子都带来了许多的恐龙玩具和恐龙资料。在泥工吧的磊磊无意中将本来要做的鲨鱼捏坏了,"呀!你们看,像不像鸭嘴龙?"他兴奋得叫起来。"真的很像,就是脖子有点短了。"小龙说。"我来加一点。""那我就来做霸王龙,它们是恐龙世界的国王呀!"军军手里拿着霸王龙的模型,也坐到彩泥区模仿着模型做了起来。慢慢地塑料展板上的彩泥恐龙渐渐的又多了几只,可是全是趴着的、平面的,只有一只剑龙是站着的。"王老师,我的鸭嘴龙站不起来。"其他小朋友都好委屈地问。"对呀,只有小剑龙站得起来的,我们的大恐龙都站不起来。"军军一脸困惑地说。"那你们想一想为什么呢?为什么小的站得起来,大的站不稳呢?"我启发道。"太重了呗!身体那么大,腿那么细,怎么站得住?"聪明的维维叫了起来。"那你们想想办法吧。"军军在我的提示下,把腿加粗了。这样几只"躺"着休息的恐龙站起来了。(操作性学习)

片段二：共建侏罗纪公园

增加各种辅助材料,如根据幼儿现在塑造恐龙和动物的情况,增添各种大小不一的珠子,让幼儿在塑造各种动物的时候显得更加生动,从而更能引起幼儿的兴趣。

卡纸、蜡笔、图画纸的提供是为了让幼儿能进一步运用多种材料完成一幅完整的作品,而不是完成一个单品。(幼儿经过一段时间的操作后,单个作品已经不能满足幼儿的欲望了)接下来我在彩泥区又新加了些材料,有各色的大小不一的珠子以及一些彩色卡纸、图画纸、蜡笔等;还有在电脑里放置了许多关于橡皮泥捏成的恐龙图片。

"哇,王老师你看,大恐龙的眼睛多神气呀!"磊磊用黑色珠子做眼睛。我看了竖起大拇指给了他一个大大的肯定,磊磊的脸上顿时绽开了笑容。这时,小龙的腕龙脖子总是直不起来,尝试了几遍都失败了。在旁边的维维看见了帮着用小棒把脖子连了起来。军军从材料库里拿了点卡纸,用剪刀剪成三角形,并插在腕龙的脊背后面,看上去很坚硬,非常形象。他们三人看着站立的腕龙。"脊背龙身上的利齿我是用卡纸做的,看上去很坚硬吧?"军军露出得意洋洋的笑容。这时维维提议道:"我们把做的恐龙变成像侏罗纪公园那样吧。"其他几个伙伴听了可来劲了,小龙把大的图画纸放平,用蜡笔画了湖和树,军军帮忙一起涂颜色,又用各种颜色的橡皮泥分工做了立体的树、花、草、湖等,维维把他们几个做的恐龙搬到画好的图画纸上,各自放到合适的位置,哇噻!不一会儿三人合作的作品完成了,好一幅美丽的恐龙画面,三人为它取名叫"侏罗纪公园"。(探索性学习)(合作性学习)

作品完成得到我和其他小朋友的一致肯定,三人的脸色露出得意的笑容,抢着为大家介绍自己怎样制作这幅作品的。

分析:

1. 适当的提示和启发,提高幼儿操作性学习的兴趣

老师在幼儿的操作过程中应时刻关注他们的活动过程,当孩子遇到困难或者过于简单操作的时候,教师给以适当的小任务和要求提示幼儿,帮助启发完成其任务。活动中幼儿制作的恐龙是全趴的,提醒幼儿运用各种辅助材料使作品能更逼真地完成。教师的提示在幼儿操作过程中起着关键性的作用。

当孩子遇到困惑,我通过提示点拨,帮助幼儿找到解开困惑的钥匙,从而更能拓展孩子的思维。

2. 增添丰富的材料,促使幼儿操作性学习转化为探索性学习

增加各种辅助材料,卡纸、蜡笔、图画纸的提供是为了让幼儿能进一步运用多种

材料完成一幅完整的作品,而不是完成一个单品。对磊磊的自我探索给予肯定,这样更能激发孩子活动的兴趣,从而也促进其他幼儿探索的欲望。

3. 适当的激励和放手,引发了幼儿之间的分享性学习

肯定孩子,放手让孩子自己去探索操作。在完成作品后通过鼓励和肯定让幼儿自己介绍交流怎样制作的过程和运用的材料,从而让同伴共同分享体验他们的快乐。

在活动中对磊磊的自我探索给予充分的肯定,这样更能激发孩子活动的兴趣,从而也促进其他幼儿探索的欲望。鼓励幼儿组成结对完成作品,让能力强的孩子带能力弱的孩子共同完成作品,从而体验合作成功的快乐。

小学生的一天

徐敏红

背景:

本活动是大班下学期"我要上小学"主题下的一个模拟小学课堂的个别化学习活动。在这个"小课堂"中我创设和提供了课桌椅、时钟、小学课程表、红绿领巾、小书包、文具盒、书本……相应的环境与材料供幼儿自主操作,使他们更全面地了解小学生的学习和生活,同时在活动中培养幼儿的坚持性、合作精神和规则意识,养成良好的行为习惯、学习习惯,激发幼儿对入小学的向往。

事件:

片段一:整理书包

对于大班幼儿而言,应创设更为接近社会场景的学习情境。因此我针对大班孩子即将进入小学,但生活自理能力较为欠缺的现状,结合幼小衔接的主题,模拟了小学课堂的社会环境,有课程表、课桌……其中的学习内容有整理书包、削铅笔、佩戴绿领巾和队长标志等,从而激发孩子参与的兴趣。

一天阳阳和小宇首先来到了这一区域,只见小宇径直走到书架前翻看那些小学课本,阳阳先拿了一个书包,随后也来到书架前。看到小宇手里拿了好几本书,阳阳就说:"我们把书放到书包里来吧!"于是阳阳帮着小宇一起把书装到书包里。"小学生上课是把所有的书都装到书包里的吗?"看到他俩装得起劲,我问道。小宇被我一问,有点茫然不知所措,阳阳听了我的话开始若有所思起来,他看了看墙上的课程表说:"小学生上课要根据课程表整理书包。今天是星期三,我们一起先看看课程表上星期三有哪些课再来理书包。"听了阳阳的话,小宇边点头边看课程表,对照书包里的

课本整理起书包来。(操作性学习)

片段二：我来做老师

不一会儿雯雯、妮妮、英姿等几个女孩子也来到了这一区域。英姿提议大家一起玩小老师的游戏，得到了大家的认同。谁来做老师呢？妮妮自告奋勇地说："我认识好多字，我来给大家上语文课！"大家都表示同意。于是，妮妮请大家拿出语文书，翻到第一页，像模像样地教小朋友朗读课文。

正当大家都在认真"上课"的时候，只听成成在前面一边拨着钟面，一边嘴里嚷道："打铃了，下课了！"妮妮的课被打断了，她跑到成成面前气呼呼地说："成成，你捣乱！"成成一本正经地指着钟说："没有啊，你看十点了，下课了！"可妮妮还不服气，转而向我讨说法。于是我问其他孩子对这件事的看法，孩子们七嘴八舌地议论开了。倩倩说："小学生一个半天要上好几节课呢！下课了，广播里会放一段音乐提醒老师和学生。""对！"孩子们纷纷点头表示同意。(合作性学习)

英姿说："老是上语文课真没劲，我们换节课吧。"于是英姿当起了小老师，教小朋友戴绿领巾、红领巾。绿领巾后面有个搭扣，戴到脖子上后把后面的搭扣一搭就戴好了。可红领巾就没这么好戴了，雯雯拨弄了半天还是没戴好。成成见状前来帮忙，他边看戴红领巾的操作示意图边帮雯雯系红领巾。可是系到要把红领巾的一个角塞到里面去的这一步成成怎么也不会，急得他在那儿一个劲儿地抓耳挠腮。于是我问其他小朋友："有谁会系红领巾，来教教成成？"英姿自告奋勇来帮忙，只见她手把手地教着成成，不一会儿成成就帮雯雯戴好了，成成也长长地舒了一口气。"英姿老师，你也来教教其他小朋友怎么戴红领巾吧！"我的提议得到了其他幼儿的一致赞同。(探索性学习)

大班幼儿的学习主动性、交往能力大大增强了。当他们在活动中出现纠纷，作为教师我们应多引导幼儿听听别人的想法，让他们自主地发现、探究和解决问题。如果活动中大家有共同的兴趣或目标，幼儿相互之间能很好地进行分工、合作，那么我们教师就应该放手给予幼儿充分的时间和空间自主地开展各项活动。

分析：

1. 创设情境，提供材料，引导幼儿进行操作性学习

情境创设和材料提供对幼儿行为的产生与发展有着非同寻常的作用。通过模拟小课堂的情境，提供课程表、书包、课本等幼儿熟悉的材料，自然地引发了幼儿整理书包的活动。

教师通过对学习情境的创设和材料的设计、提供,引发幼儿在情境化的环境中进行主动建构,能给幼儿带来快乐并能在真正意义上满足幼儿的需求,激发学习的兴趣,从而促进幼儿情感、认知、能力及社会化等学习品质的发展。

2. 细致观察,充分放手,引发幼儿间的合作性学习

由于幼儿间存在着对小学生活的认知差异,因此造成了妮妮和成成之间的矛盾冲突。面对妮妮的告状,我并没有直接告诉她答案,而是把这个问题抛给了其他幼儿,让其他幼儿运用自己的经验来进行分析和判断,并在幼儿间进行经验分享,使个别幼儿的个体经验通过合作性学习转换成大家的集体经验。

在个别化学习活动中,需要老师要有一双善于发现的眼睛,仔细观察幼儿的每一个举动,关注幼儿学习与发展的整体性,尊重幼儿发展的个体差异,理解每个幼儿的学习方式和特点,充分尊重保护幼儿的好奇心和学习兴趣,积极支持和鼓励幼儿与同伴一起合作,在探索的过程中解决问题。

3. 耐心倾听,适时引导,鼓励幼儿进行探索性学习

个别化学习活动的性质与特点决定了老师的指导应以间接指导为宜,因此当发现雯雯、成成在学习时遇到困难时,我并没有手把手地教孩子来帮助他们,而是通过启发、引导,鼓励幼儿间的相互学习和探索。

面对幼儿的自主探索行为,我们不但应该给予幼儿足够的时间与空间,还要给予适时的支持和引导,积极调动幼儿的探索欲望,鼓励他们通过调整方式、改变策略等最终克服困难,达到胜利的彼岸。

第三章　成效与思考

培养幼儿积极学习方式的研究成效和思考

一、研究后期开展效果调查的目的和意义

1. 与初期测试结果比较，论证研究成效

基于我园区级课题《主题活动中培养幼儿积极学习方式的研究》初期所做的调查结果，在研究结束时期通过相同的调查方式，再次对不同主题活动中、不同年龄段幼儿在不同的学习方式上表现出的特点进行了解。与不同时间段获得调查结果进行数据比较，并根据差异性比较结果分析课题研究的有效性，为论证本次《主题活动中培养幼儿积极学习方式的研究》的课题研究成效提供依据。

2. 提供后续研究的依据

根据研究前后两次研究的现状比较，了解在培养幼儿积极学习方式的过程中的优势及不足之处，分析其可能存在的原因，对研究过程进行反思与调整，为后续的研究提供依据及研究的建议。

二、调查的方法

1. 调查时间

2013 年 6 月

2. 调查对象

对北蔡幼儿园小、中、大班共 173 名幼儿进行了问卷调查，具体由带班教师根据对幼儿学习方式的观察、了解，按照问卷内容对每一幼儿的情况做出客观的回答。回收有效问卷 173 份。其中小班幼儿(升中班)57 名,中班幼儿(升大班)66 名,大班幼儿(毕业升一年级)50 名。

3. 调查内容

本问卷包含六个维度,分别为操作性学习、探索性学习、体验性学习、合作性学习、观察性学习和分享性学习,每个维度包含三道评分题,分值为 1～4 分,由带班教师进行评分。1 分表示该行为从未在幼儿身上出现,2 分表示该行为偶尔会在幼儿身上出现,3 分表示该行为较经常在幼儿身上出现,4 分表示该项行为总是在幼儿身上出现。

4. 调查方法

问卷调查法,由教师根据对幼儿平时的观察、了解,对幼儿的行为进行打分。参与本次问卷调查的教师情况如下:

教龄(人)		职称(人)		是否骨干(人)	
6 年	1	幼一	1	非骨干	2
8 年	1	幼高	5	园骨干	1
11 年	1			区骨干	3
21 年	1				
23 年	2				

5. 数据统计处理

运用统计软件 SPSS 16.0 对数据进行平均数、百分数、独立样本 T 检验、配对样本 T 检验、单因素方差分析。

三、研究效果

(一) 研究后不同类别主题下幼儿学习方式的比较

表 1-1 不同类别主题下幼儿学习方式平均分的比较

	自然类主题		社会类主题	
	平均分	标准差	平均分	标准差
操作性学习	3.204	0.828	3.187	0.804
探索性学习	3.171	1.326	3.133	0.894
体验性学习	3.169	1.060	3.142	1.029
合作性学习	3.098	0.934	3.105	0.925
分享性学习	2.991	0.946	2.972	0.956

	自然类主题		社会类主题	
	平均分	标准差	平均分	标准差
观察性学习	3.114	1.029	3.092	1.043
合　计	3.125	0.069	3.093	0.203

从总体上看,在自然类主题中,幼儿六种学习方式的平均为 3.125 分;在社会类主题中,幼儿六种学习方式的平均为 3.093 分,可见幼儿在自然类主题下的学习方式要略高于社会类主题。两类主题下幼儿学习方式的标准差为 0.069 和 0.203,可见幼儿在这两类主题下的学习方式分布较为一致,差别不大。

对两类主题活动下学习方式的平均分做 0.05 置信水平 0.05 下的配对样本 T 检验,发现两类主题下学习方式平均分差异不显著,说明虽然平均分自然类要略高于社会类,但已经几近差不多。

表 1-2　不同类别主题下幼儿学习方式显著性检验

	Df	t	Sig
自然类-社会类	172	1.098	.276

(二) 研究后不同年龄段幼儿学习方式的比较

表 2-1　各年龄段幼儿学习方式平均分的比较

自然主题	小　班	中　班	大　班
操作性学习	2.511	3.267	3.755
探索性学习	2.556	3.297	3.593
体验性学习	2.406	3.236	3.779
合作性学习	2.283	3.359	3.569
分享性学习	2.072	3.369	3.441
观察性学习	2.500	3.154	3.618

社会主题	小　班	中　班	大　班
操作性学习	2.494	3.277	3.711
探索性学习	2.350	3.318	3.647

续 表

社会主题	小 班	中 班	大 班
体验性学习	2.406	3.221	3.716
合作性学习	2.356	3.385	3.500
分享性学习	2.028	3.369	3.426
观察性学习	2.478	3.154	3.574

在自然类主题下,小班幼儿获得平均分最高的是探索性学习,中班幼儿获得平均分最高的是分享性学习,大班幼儿获得平均分最高的是体验性学习。

案例:美丽的小花园(小班-自然类-探索性学习)

刚开始撕小草时,小苇分不清手工纸对折后究竟该从哪一边开始撕,总是撕错撕坏,而且撕得也不均匀,一条很粗,一条很细,并且很容易一不小心就撕到底撕断了。

……

小苇歪着脑袋看了看我折的,他一边看,我一边故意把中间多折的一条压了回去。这回,小苇终于发现了,他惊喜地说:"我知道了!我知道了!不能全部都折起来的,要一根隔一根地折,这样小草才能站起来呢!"

案例:快乐的蜗牛(中班-自然类-分享性学习)

早上,蕾蕾和文文结伴来到个别化学习活动"快乐的蜗牛"里,蕾蕾选了围成大圆圈的蜗牛,只见她先用记号笔在一只蜗牛头上轻轻点了一下,然后数了起来。数完后在操作卡上写上"12"贴在旁边。文文指着一块草地上的蜗牛数了数,在操作卡上写上"7"贴在旁边。她又选了围成圆圈的蜗牛,数了一遍又数一遍,嘴里说着"怎么一会儿13,一会儿又15啦?"蕾蕾听到了走过来说:"我来数数。"只见她用刚才的方法数了一遍说:"一共14只,你要先找到第一只做好记号,再往下数就不会错啦!"文文高兴地说:"好办法,我也试试。"蕾蕾指着旁边的蜗牛对文文说:"你数给我看看。"只见文文用同样的方法数了一遍,"对啦,你真聪明!"蕾蕾笑着说。

案例:动物睡相大讨论(大班-自然类-体验性学习)

在动物大世界主题活动中,孩子们总结出生活中很多动物的睡姿,如:小羊前脚跪着睡,小猫趴着睡,仙鹤站着睡,鸳鸯搂在一起睡,小袋鼠在妈妈的袋袋里睡,狮子、老虎趴着睡,小松鼠躺着睡并把大尾巴当被子……"你喜欢哪一种动物?它是怎样睡的?来学一学动物睡觉的样子。"孩子们摆着各种奇怪的姿势……"你学的是什么?"

淘淘:"我喜欢小猫,它躺或趴在地上有时候还把身子缩成团睡觉。"边说边躺在地上一会儿躺着,一会儿趴着,一会儿把身子缩成团,学得有模有样。凯凯说:"我喜欢狗和狮子,它们都趴着睡的。"薇薇说:"我喜欢刺猬,它变成一个球睡的。"孩子们模仿着各种小动物,光说似乎满足不了幼儿的兴趣,最后大家提出,让一个幼儿来模仿睡姿后让其他幼儿来猜,现场气氛浓烈,几乎每个幼儿都积极参与,好不热闹,而且大家都扮演得有模有样。

在社会类主题下,小班幼儿获得平均分最高的是操作性学习,中班幼儿获得平均分最高的是合作性学习,大班幼儿获得平均分最高的是体验性学习。

案例:乘船(小班-社会类-操作性学习)

今天在我们的个别化学习中,新投放了"乘船"这个新的个别化学习的材料,包括不同颜色(头部)的小人和有着不同数量的座位的小船,在小船的头上有不同的数字和不同颜色的圆点标识。为了让幼儿感知5以内不同的数,一开始,我在一旁观察幼儿是否能根据座位的数量放入相应数量的小人(一个座位一个小人)。明明看了看自己船头上的4,他随手拿起了小人(各种颜色的都有)从前往后有序地一个一个把他们摆上了座位,一边放一边还在那里数:"1、2、3、4。"很快,4个座位全放满了,他就笑嘻嘻地去看其他人的小船去了。婷婷小朋友也全神贯注地放着自己的小人。她拿的小船很小,船头上有一个1字。她不假思索地拿起各种小人就往船上放。其中一个摆到了座位上,其他就随意地放在四周,她一连放上了五六个小人,直到实在挤不下了才停了下来。

案例:送信(中班-社会类-合作性学习)

"烨烨,我们今天去玩送信吧。"恒恒提议道。于是,他俩一起搬着椅子来到"送信"这个活动区。只见烨烨不停地在操作篮中翻找,拿起一封标有1号楼的信封,来到1号楼前,再仔细地看了看信封上面的提示,然后与信箱上的门牌号码逐一进行对应,推理出信件的正确归属后,将信塞到了信箱里。恒恒随意地拿了一封信,看了看自言自语地说:"我知道了,这是3号楼的302的信。"随后来到3号楼前:"一楼、二楼、三楼,301、302,耶我找到了。"不到5分钟,他们俩就把操作篮中的信送完了。然后,互相检查了一下,比了比谁送的信多。之后,东张西望说起话来。

"恒恒,信送完了我们还可以干什么呢?"烨烨问道。"是呀,真没劲。我们来看看,信封里有没有东西。"说着,他从信箱里抽出一封信,打开一看:"呀,里面什么都没有。"烨烨一边把信从信箱里一封封抽出来,一边说:"恒恒,我们再送一次吧。"恒恒说:"我不想玩了。"烨烨就一个人玩了起来,恒恒则在一旁无所事事。

案例:我和书包做朋友(大班-社会类-体验性学习)

在"我和书包做朋友"活动中,为了让幼儿了解书包里该放些什么,区分学习用品与非学习用品后,我们决定进行一次整理书包的比赛。当听说要比赛,孩子们个个摩拳擦掌,跃跃欲试,随着我喊声"预备——开始",一声令下,小选手们动作敏捷,一本本书、写字本有条不紊地放入书包。铅笔盒内的铅笔、橡皮等小东西转眼也乖乖地躺了进去,最后,迅速地背上自己的小书包。"耶!我胜利啦!"一个个小家伙真像光荣的小学生!

1. 小班

通过相关样本 T 检验分析,发现所有主题下六种学习方式之间探索性学习、观察性学习、操作性学习、体验性学习都与分享性学习方式及合作性学习方式存在显著性差异。体验性学习与观察性学习也呈显著性差异。

表 2-2　小班幼儿不同学习方式之间显著性差异

小　班	Df	T	Sig
操作性学习-探索性学习	113	0.438	0.662
操作性学习-体验性学习	113	1.452	0.149
操作性学习-合作性学习	113	3.311	0.001
操作性学习-分享性学习	113	8.680	0.000
操作性学习-观察性学习	113	0.198	0.844
探索性学习-体验性学习	113	0.399	0.691
探索性学习-合作性学习	113	1.164	0.247
探索性学习-分享性学习	113	3.527	0.001
探索性学习-观察性学习	113	-0.326	0.745
体验性学习-合作性学习	113	2.817	0.006
体验性学习-分享性学习	113	7.887	0.000
体验性学习-观察性学习	113	-4.218	0.000
合作性学习-分享性学习	113	8.402	0.000
合作性学习-观察性学习	113	-4.829	0.000
分享性学习-观察性学习	113	-8.332	0.000

在自然主题下,幼儿较常出现的学习方式由高至低依次为:探索性学习、操作性学习、观察性学习、体验性学习、合作性学习、分享性学习;社会主题下:操作性学习、观察性学习、体验性学习、合作性学习、探索性学习、分享性学习。符合小班幼儿还处于习惯独自学习阶段的年龄特点。

案例:有趣的拓印(小班-自然类-观察性学习)

早晨在拓印这个区域里,人头攒动,时不时地进来了一批又一批的幼儿。浩浩走进这个区域,看到印章就拿起来胡乱地在纸上敲了起来,敲完就离开了座位去其他的区域玩了。在旁边的乐乐拿起印章也急着往纸上敲,一边敲还一边对旁边的园园说:"你看我敲得好看吗?"园园看了看说:"你的小蘑菇敲反了。"乐乐看了看印章图案,对了对印章又敲了起来……

教师提供了各种大小不一的印章、颜色不一的颜料,给孩子提供了充分的观察和探究空间。

2. 中班

所有主题下六种学习方式中,分享性学习与合作性学习无显著差异,与探索性学习、观察性学习、操作性学习、体验性学习皆呈现显著性差异。观察性学习分别与其他五种学习方式呈显著性差异。

表2-3　中班幼儿不同学习方式之间显著性差异

中　　班	Df	T	Sig
操作性学习-探索性学习	131	−1.277	0.204
操作性学习-体验性学习	131	1.612	0.109
操作性学习-合作性学习	131	−3.252	0.001
操作性学习-分享性学习	131	−2.985	0.003
操作性学习-观察性学习	131	4.096	0.000
探索性学习-体验性学习	131	3.440	0.001
探索性学习-合作性学习	131	−2.492	0.014
探索性学习-分享性学习	131	−2.001	0.048
探索性学习-观察性学习	131	6.184	0.000
体验性学习-合作性学习	131	−4.731	0.000
体验性学习-分享性学习	131	−4.761	0.000

中　班	Df	T	Sig
体验性学习-观察性学习	131	2.947	0.004
合作性学习-分享性学习	131	0.220	0.826
合作性学习-观察性学习	131	7.246	0.000
分享性学习-观察性学习	131	7.681	0.000

在自然主题下,六种学习方式由高到低排列为:分享性学习、合作性学习、探索性学习、操作性学习、体验性学习、观察性学习;社会主题下则为:合作性学习、分享性学习、探索性学习、操作性学习、体验性学习、观察性学习。分享与合作在中班幼儿的学习方式中慢慢凸显出来。

案例:蝴蝶结变变变(中班-社会类-探索性学习)

在美工区画画的嘉嘉、露露、悠悠、萱萱纷纷模仿颖颖也很快地做了个蝴蝶结粘在自己的额头上,随后,几个小女孩跟在颖颖身后兴奋地飞舞起来,又飞向其他几个区域向同伴们炫耀。

看着这些快乐的"蝴蝶仙子",我也忍不住露出了笑容。可是,我突然发现萱萱拿着做好的蝴蝶结,似乎思考着什么。我很疑惑,就问道:"萱萱,你在想什么?"萱萱嘟哝着小嘴回答道:"我不想把蝴蝶结粘在额头上,很脏的。"我点点头:"嗯,有道理。那你有什么好办法既可以把蝴蝶结戴在头上,又好看,也不脏呢?"我继续问萱萱,接着又鼓励萱萱,"你是个聪明的孩子,一定会想出好办法的!"过了一会儿,只见萱萱把蝴蝶结放在一旁,又拿了一张纸开始涂画着,于是,我就问:"萱萱,你还在画什么呀?"萱萱笑笑:"嘿嘿,我在画头箍呀! 可以戴在头上的。""哦。"我继续观察她,只见萱萱将剪下的一条长纸条涂成了彩色的,然后用固体胶粘成环状,又将蝴蝶结粘在了纸环上,随即往自己头上一戴,头一歪,微笑着看着我。我立刻惊喜地称赞:"哇! 你真是聪明!"

3. 大班

所有主题下六种学习方式平均分做 0.05 置信水平下的相关 T 检验,发现:探索性学习与操作性学习、分享性学习、合作性学习、体验性学习间均存在极其显著性差异;操作性学习与体验性学习、分享性学习呈现极其显著性差异,与合作性学习存在显著性差异;体验性学习与分享性学习、合作性学习及观察性学习间存在显著性差异;合作性学习与分享性学习、分享性学习与观察性学习间均存在极其显著性差异;合作性学习与观察性学习存在显著性差异。

表 2 - 4 大班幼儿不同学习方式之间显著性差异

大　班	Df	T	Sig
操作性学习-探索性学习	99	4.492	0.000
操作性学习-体验性学习	99	−0.503	0.616
操作性学习-合作性学习	99	5.837	0.000
操作性学习-分享性学习	99	10.109	0.000
操作性学习-观察性学习	99	4.601	0.000
探索性学习-体验性学习	99	−4.035	0.000
探索性学习-合作性学习	99	2.329	0.021
探索性学习-分享性学习	99	5.897	0.000
探索性学习-观察性学习	99	0.764	0.446
体验性学习-合作性学习	99	7.919	0.000
体验性学习-分享性学习	99	10.752	0.000
体验性学习-观察性学习	99	6.238	0.000
合作性学习-分享性学习	99	3.703	0.000
合作性学习-观察性学习	99	−2.148	0.034
分享性学习-观察性学习	99	−6.486	0.000

在自然主题下,六种学习方式由高至低依次为:观察性学习、体验性学习、操作性学习、探索性学习、合作性学习、分享性学习;社会主题下则为:体验性学习、操作性学习、探索性学习、观察性学习、合作性学习、分享性学习。

案例:小小文具店(大班-社会类-合作性学习)

最近,"我要上小学"主题活动正轰轰烈烈地开展着。其中收集文具得到了孩子们的积极响应。这几天,孩子们收集的文具渐渐多了,我发现一些孩子时不时地去收集区观赏、议论,有的孩子还在整理呢!开展"小小文具店"集体教学活动的时机到了。

"这么多文具,我们应该怎么摆好呢?"我顺势自然地将活动导入到下一环节。"用分家的办法放呀。"孩子们几乎是异口同声。我想这是前阶段"动物分家"的经验给予孩子们的启示。"好!"我立刻表示赞同,随即又提出疑惑:"怎么分呢?"扬扬说:"一样的放在一起。""是的。笔管笔,橡皮管橡皮。"湛湛补充道。"嗯,这个办法不错。"我点点头,"还可以怎么分呢? 等会儿大家按小组一起商量一下,然后坐到自己一组的桌旁,一组成员的文具集中在一起,把你们的分法记录统计下来。"

接着,我就请孩子们拿回自己的文具。孩子们开始合作了,我也就开始了巡回观察。只听见梦涵说:"我们先把笔挑出来放一起吧。"思琪、毅杰、宁睿等马上挑出笔放在梦涵面前。"现在拿橡皮。"梦涵再次指挥大家。大家又很快拿出橡皮……第二组孩子在梦涵的组织下有序地按文具的名称进行了一次分类……

(三) 研究前后不同年龄幼儿学习方式差异比较

表3-1　各年龄段幼儿学习方式比较(前测)

年龄	自然类	社会类	年龄	自然类	社会类	年龄	自然类	社会类
小班	操作性	操作性	中班	分享性	分享性	大班	操作性	合作性
	观察性	观察性		操作性	体验性		体验性	操作性
	合作性	合作性		体验性	操作性		合作性	体验性
	探索性	探索性		探索性	探索性		分享性	分享性
	体验性	体验性		合作性	合作性		观察性	观察性
	分享性	分享性		观察性	观察性		探索性	探索性

表3-2　各年龄段幼儿学习方式比较(后测)

年 龄	自然类	社会类	年 龄	自然类	社会类	年 龄	自然类	社会类
小班/现中班	探索性	操作性	中班/现大班	分享性	合作性	大班/现一年级	观察性	体验性
	操作性	观察性		合作性	分享性		体验性	操作性
	观察性	体验性		探索性	探索性		操作性	探索性
	体验性	合作性		操作性	操作性		探索性	观察性
	合作性	探索性		体验性	体验性		合作性	合作性
	分享性	分享性		观察性	观察性		分享性	分享性

研究前,在自然类主题中,原小班幼儿的操作性学习排列第一,现探索性学习为第一;中班前后测排序中仍为分享性学习排第一;大班原操作性学习排列第一,现为观察性学习。在社会类主题中,小班最常出现的学习方式仍然分别是操作性学习;而中班的分享性学习排序为第一;原大班合作性学习排列第一,现为体验性学习。

原先使用频率较低的学习方式有了很大的改变,如在社会类主题活动中,大班幼儿的探索性由原先的第六变为排列第四;原小班的探索性学习在自然类主题学习活动中排列在原先的第五,现在上升变成了第一。研究后,在自然类主题活动中探索性学习的使用频率明显置前了。

(四) 研究前后不同主题下幼儿学习方式比较

1. 自然类主题

表4-1　自然类主题下研究前后幼儿学习方式平均分比较

	操作性学习	探索性学习	体验性学习	合作性学习	分享性学习	观察性学习	合计
研究前	1.865	1.657	1.739	1.707	1.772	1.707	1.742
研究后	3.204	3.171	3.169	3.098	2.991	3.114	3.125

(1) 在自然主题下,研究前平均分为1.742,研究后平均分为3.125,整体幼儿在后一次的测试中表现出更多的明显的学习方式使用行为。

(2) 对前后两次同一批幼儿同一种学习方式的调查结果进行0.05置信水平下的独立T检验,发现六种学习方式平均分均存在极其显著的差异性,详见下表:

表4-2　自然类主题下研究前后幼儿学习方式差异检验

自然主题	Df	t	Sig
操作性学习	344	−18.485	.000
探索性学习	344	−14.059	.000
体验性学习	344	−15.756	.000
合作性学习	344	−17.008	.000
分享性学习	344	−14.263	.000
观察性学习	344	−16.404	.000

表4-3　自然类主题下研究前后各年龄段幼儿学习方式差异检验

自然主题	小班			中班			大班		
	Df	t	Sig	Df	t	Sig	Df	t	Sig
操作性学习	112	−8.891	.000	130	−16.044	.000	98	−23.313	.000
探索性学习	112	−5.333	.000	130	−16.339	.000	98	−22.089	.000

自然主题	小　班			中　班			大　班		
	Df	*t*	*Sig*	*Df*	*t*	*Sig*	*Df*	*t*	*Sig*
体验性学习	112	−7.290	.000	130	−13.478	.000	98	−23.890	.000
合作性学习	112	−7.742	.000	130	−19.205	.000	98	−16.988	.000
分享性学习	112	−8.133	.000	130	−12.259	.000	98	−16.523	.000
观察性学习	112	−6.389	.000	130	−13.186	.000	98	−24.605	.000

2. 社会类主题

表 4-4　社会类主题下研究前后幼儿学习方式平均分比较

	操作性学习	探索性学习	体验性学习	合作性学习	分享性学习	观察性学习	合　计
研究前	1.882	1.690	1.780	1.780	1.767	1.724	1.771
研究后	3.187	3.133	3.142	3.105	2.972	3.092	3.093

从表中可以发现：

(1) 社会类主题前测平均分为 1.771，后测平均分为 3.093，幼儿的六种学习方式一年多后表现出更多地采用学习方式行为。

(2) 对前后两次同一批幼儿同一种学习方式的调查结果进行 0.05 置信水平下的独立 T 检验，发现六种学习方式平均分在社会类主题下亦均存在极其显著的差异性，详见下表：

表 4-5　社会类主题下研究前后幼儿学习方式差异检验

社　会　主　题	*Df*	*t*	*Sig*
操作性学习	344	−18.562	.000
探索性学习	344	−18.387	.000
体验性学习	344	−15.225	.000
合作性学习	344	−16.112	.000
分享性学习	344	−14.002	.000
观察性学习	344	−15.617	.000

表4-6　社会类主题下研究前后各年龄段幼儿学习方式差异检验

社会主题	小　班			中　班			大　班		
	Df	t	Sig	Df	t	Sig	Df	t	Sig
操作性学习	112	−9.445	.000	130	−15.623	.000	98	−27.776	.000
探索性学习	112	−9.226	.000	130	−15.346	.000	98	−25.709	.000
体验性学习	112	−7.626	.000	130	−12.323	.000	98	−20.829	.000
合作性学习	112	−7.918	.000	130	−17.639	.000	98	−14.075	.000
分享性学习	112	−7.647	.000	130	−12.340	.000	98	−17.556	.000
观察性学习	112	−6.224	.000	130	−12.569	.000	98	−19.826	.000

（五）研究前后同一年龄段幼儿学习方式差异比较

由表5-1对同一年龄段对照中班与实验中班、对照大班与实验大班幼儿学习方式结果进行横向比较,可以发现两者的学习方式除了大班的合作性学习之外,其余学习方式都存在极其显著性的差异,基本排除了本研究中年龄因素对学习方式的影响,说明随着研究的开展,教师的指导对幼儿起到了一定的影响,改变了幼儿学习方式的生成与使用。

表5-1　自然类主题下研究前后同一年龄段幼儿学习方式差异检验

自然主题	平　均　数			
	对照中班	实验中班	对照大班	实验大班
操作性学习	1.955	3.267	2.333	3.755
探索性学习	1.889	3.297	2.047	3.593
体验性学习	1.944	3.236	2.260	3.779
合作性学习	1.843	3.359	2.227	3.569
分享性学习	2.116	3.369	2.180	3.441
观察性学习	1.798	3.154	2.100	3.618

自然主题	Df		t		Sig	
	中　班	大　班	中　班	大　班	中　班	大　班
操作性学习	120	98	−4.516	−9.534	.000	.000
探索性学习	120	98	−2.513	−11.957	.000	.000

续 表

自然主题	Df		t		Sig	
	中 班	大 班	中 班	大 班	中 班	大 班
体验性学习	120	98	−2.589	−8.994	.000	.000
合作性学习	120	98	−2.993	−11.769	.000	.068
分享性学习	120	98	0.326	−11.224	.000	.000
观察性学习	120	98	−3.875	−9.292	.000	.000

由表 5-2 对同一年龄段对照中班与实验中班、对照大班与实验大班幼儿学习方式结果进行横向比较,可以发现两次幼儿的学习方式结果存在极其显著性的差异,避免了本研究中年龄因素在社会类主题中对学习方式的影响。说明我园此项研究过程中,通过教师的指导策略有效提高幼儿的学习方式的转变和提升。

案例:十二生肖排排队(大班-自然类-合作性学习)

开展"动物大世界"主题后,激发幼儿喜爱动物、了解动物、探索动物的欲望,在日常生活中孩子们开始讨论有关十二生肖的话题。十二生肖中的许多动物都是幼儿熟悉的、喜欢的。他们有初步接触十二生肖的名称和排列顺序的经验,个别幼儿会背"鼠、牛、虎、兔、龙、蛇、马、羊、猴、鸡、狗、猪"的十二生肖顺序,大部分孩子基本都知道自己的属相,然而幼儿对每一个生肖正确的排列顺序,十二生肖一年一种属相,十二生肖 12 年一个轮回的规律等不是很清楚。我抓住幼儿对于十二生肖话题感兴趣的这一热点,在个别化游戏中投放了十二生肖排排队的游戏材料:十二生肖动物玩具、十二生肖动物图片、十二生肖转盘、家人图片(好朋友、爸爸妈妈爷爷奶奶卡通图片)、十二生肖排列示范卡片(图片文字配对)。

游戏开始了,婷婷和文文手拉手一起来到了"十二生肖排排队"游戏区域。婷婷取出了"十二生肖排排队"的游戏材料中的动物玩具生肖,她嘴里一边背诵着十二生肖的顺序"鼠、牛、虎、兔、龙、蛇、马、羊……"一边在材料盒中翻找着动物,她对坐在旁边的文文说:"我来给动物排队,你来帮忙找小动物,我说老虎你就找老虎,好吗?"文文一口答应:"好的!你要什么小动物?""我要老虎!"婷婷声音响亮地强调着说道。"我找到了!给你!"文文麻利地递给了婷婷。婷婷马不停蹄地给动物排队,又说道:"你再找兔子和龙。"……

表5-2　社会类主题下研究前后同一年龄段幼儿学习方式差异检验

社会主题	平　均　数			
	对照中班	实验中班	对照大班	实验大班
操作性学习	2.018	3.277	2.337	3.711
探索性学习	1.955	3.318	2.067	3.647
体验性学习	2.020	3.221	2.300	3.716
合作性学习	1.919	3.385	2.347	3.500
分享性学习	2.126	3.369	2.153	3.426
观察性学习	1.843	3.154	2.107	3.574

社会主题	Df		t		Sig	
	中　班	大　班	中　班	大　班	中　班	大　班
操作性学习	120	98	−4.169	−9.829	.000	.000
探索性学习	120	98	−2.912	−11.840	.000	.000
体验性学习	120	98	−2.238	−8.841	.000	.000
合作性学习	120	98	−2.921	−10.974	.000	.000
分享性学习	120	98	.717	−11.504	.000	.000
观察性学习	120	98	−3.421	−9.291	.000	.000

四、讨论

(一) 探索性学习方式有了提升

由研究结果可见,研究前小、中、大班在主题活动开展中,幼儿的探索性学习方式在六种学习方式中都排列滞后,但是研究后都有了变化。幼儿的探索性学习跟情境创设有很大关系,教师提供的材料是否带有问题情境,能否激发幼儿的问题意识等,很大程度上决定幼儿的探索性学习方式。

在现状调查的问题上,教师们开始调整相关策略,为幼儿提供相应的材料,尽量能引发幼儿探索和发现的、鼓励幼儿探索的、带有一定问题情境的。幼儿在这样的学习环境中,自然引发了他们探索性的学习方式。

以下案例展现了教师采取了不同的支持策略以推动幼儿的探索性学习方式。

案例：回家的路(大班-社会-探索性学习-关注)

书骅一组用积木测量四条路,由于提供的积木比较多,因此,他们小组的四个人,一人负责一条路,把积木一块一块排列在路线上。书骅和颖颖的动作比较快,不一会儿就排好了,他们数了一下一共用了多少块积木并记录下来。可是辰辰和嘉嘉在排到一半时,都发现积木不够用了,还有一半的路没有测量完怎么办? 书骅说:"我们已经量好了,把积木给她们吧。"这时我在一旁说:"这个方法不错,但是太麻烦了,有没有更好的方法?"辰辰就先数了一下嘉嘉已经铺好了几块积木,打算用这些积木继续铺下去,可还是被同伴说太麻烦了。

最后,书骅从这条路的头上拿了一块积木,放在要连下去的地方,在来回拿的过程中,书骅也发现这样跑来跑去太麻烦,还会碰坏其他的已经铺好的路,于是在他又发现:只要用两块积木来回地摆放,再一边数,就能方便地测量出来⋯⋯

分析: 教师观察到幼儿的不同解决方法,没有立刻否定,而是给予幼儿充分探索的机会,寻找出最合适的方法。

案例：寻找春天的足迹(中班-自然-探索性学习-推进)

在初春中,春天的季节特征还不是很明显。为了让幼儿更好地感受春天来到时的细微变化,我们先带孩子们走出教室,在幼儿园里、到幼儿园附近小区的花园里寻找春天,发现春天,引导幼儿用眼睛去发现、去寻找春天的足迹。

孩子们来到了幼儿园里的种植区,"老师你快过来看呀,青菜开出黄色的花了。"珈珈兴奋地叫道。这时,辰辰拉着我的手说:"俞老师,你看那边长得高高的、上面还有一朵朵小花的是什么呀?"我刚想回答,珊珊抢着说:"这是蚕豆,是我的爷爷、奶奶种的,我们家里的田里种了好多好多呢。"彬彬和敏敏蹲在地上两个人你一句我一句地争论着,彬彬说:"这是土豆,你看这里露出了一点点。""不对,土豆不是这样的,上面怎么会有这个呢?""那是因为土豆发芽了呀,你看这上面还长出了小小的叶子呢。"

当我告诉孩子们,再到幼儿园附近小区的花园里去找找春天时,孩子们高兴得跳了起来。来到小花园后,孩子们四散开来,继续开始寻找春天。"哇! 这里的草地真绿呀。"敏敏趴在草地上用手摸摸小草说。"老师,这是什么花?"业业问。毓毓抢着说:"我知道,这叫迎春花,妈妈告诉我的。"

分析: 认识春天,对于中班幼儿来说,较合适的方式就是让孩子们置身于大自然中,生动直观的事物,容易引起幼儿的观察和认知。为了使幼儿了解一些春天的明显特征,教师决定让孩子们走出教室、走出幼儿园,引导幼儿用眼睛去发现、去寻找春天的足迹,使用预设环境的"推进"策略推动主题活动的开展。

案例:自然的水(小班-自然-探索性学习-沟通、配置)

"上次看到你们和水宝宝玩得这么高兴,玩具宝宝也想和水宝宝一起玩,你们欢迎吗?"听到老师这么一问,孩子们都兴奋起来:"欢迎玩具宝宝和我们一起玩。""不过水宝宝有个小小的要求哦,玩的时候不要把衣服和地板弄湿哦,长袖变短袖喽,我们一起来玩吧!"只见有的用杯子运水,有的用杯子勺子运水,还有的却怎么也装不起水来……5分钟后我召集大家围坐在水池的一旁:"谁来大声地告诉小朋友你是用什么运水的?"

涵涵:"我是用海绵运水的,海绵能运水的。"

"海绵能运水吗?""好像不可以的。"孩子们听了涵涵的话都议论开了。"我们请涵涵来试一试,到底能不能运水。"只见涵涵把海绵放进水中吸足了水,再轻手轻脚地运到另一只水桶旁,用两只小手用力拧,水马上出来了。大家都鼓起了掌。

康康:"我用漏斗运水了。"

琏琏:"漏斗是不能运水的,它是有洞洞的,水从洞洞里流掉了。"

康康:"漏斗可以运水的。"

琏琏:"不可以的。"孩子的分歧越来越大。

"那我们请康康来示范一下,好吗?"只见康康用小手把洞洞堵住装好水再运水,"原来康康想到了这个好办法哦,真厉害。"

"还有什么有洞洞的玩具宝宝能运水?"我提醒道。

"吸管。"洋洋大声地说道。于是我请洋洋来示范操作。

"你们看,水池里的水真的多了。"宝宝们都鼓起了掌。

"原来不是每种工具宝宝都能运水的,有的行有的不行。现在,工具宝宝想请你们帮忙——把它们送回家,送的时候可要开动小脑筋噢,千万不要送错了。"让宝宝们看标识送工具宝宝回家。

分析:针对幼儿的探索性学习方式,教师采用交互运用沟通和配置策略,调动幼儿多感官参与,从而让幼儿的探索向纵深发展。幼儿与材料的互动能让其感受并积累相关的经验,幼儿使用材料时会产生内在的学习动机,享受并体验探究的快乐。因此在这个过程中教师一方面采用沟通策略让幼儿分享彼此新的经验,另一方面还采取了情境演示的策略,让幼儿来演示自己的探索结果,而在这个过程中教师也直接参与了幼儿的活动,通过观察引导,提醒幼儿发现问题,并不断尝试激发幼儿的思维,从而让幼儿的探索更为深入,也让幼儿对"水"的经验化零为整。

(二) 研究后不同主题幼儿学习方式呈现无显著差异

研究前幼儿的学习方式在自然类主题活动与社会类主题活动中呈现出显著差异,但通过研究后测数据可得,经过研究在不同主题活动中幼儿出现的学习方式已经不存在显著差异。幼儿在两种主题活动中使用相近的学习方式进行学习。

从数据分析结果看,通过研究中教师指导策略的实施、主题活动安排的调整,幼儿能够在社会类与自然类使用不同的学习方式达到自己解决问题、获得经验的学习目的。同时不同学习方式两两相较也可发现,通过课题的研究,在教师着重指导的契机下增强了探索性学习行为的发生情况。针对不同主题,幼儿选择的学习方式侧重点各有不同,但通过课题研究,不同类别主题活动之间学习方式使用情况的差异获得了改善。

(三) 研究后同一年龄段幼儿受到课题开展影响在合作性学习上呈现差异

自然类的主题活动中,合作性学习的差异性不大,可能是由于在大班这个年龄段,通过一年多的集体生活,大班幼儿在社会性情绪发展较中小班有较为明显的提高,因此大班幼儿在合作性学习方式使用程度上的提升更多的是受到了幼儿成长的影响,减弱了研究的干预成效。

五、后续研究计划

课题组已经对不同年龄段幼儿,在不同主题活动下的学习方式的现状及教师支持策略,进行了比较完整的研究。根据研究的情况,我们对后续研究工作展开了进一步的思考,设想有如下一些研究的方向和可能。

1. 从研究中我们发现,教师使用有效的支持策略对培养幼儿有效学习方式有着积极的影响。而我园教师在年龄结构、专业背景等方面存在着较明显的差异性,这些差异将直接影响教师使用支持策略的效果。因此,我们可以从不同教师群体的特点出发,对各类教师实施支持策略培养幼儿有效学习方式的情况进行更为深入和细致的研究,提升各类群体教师正确使用支持策略的能力和水平,促进师资队伍的整体水平提升。

2. 幼儿园的一日活动皆课程,幼儿的学习并不局限于每天的一次集体学习活动和一次个别化学习活动,一日生活中蕴含着丰富的教育契机,因此教师的支持策略对培养幼儿有效学习方式的影响范围可以进一步扩大,从单一的主题活动拓展到基础课程的其他板块中。如果开展这方面的研究将使教师支持策略的作用得到充分发挥,全面提升教师对幼儿发展的支持力度,进一步促进幼儿身心健康的全面发展。

3. 我园长期致力于以探索为特色的课程园本化实施的研究,积累了大量的探索特色课程内容。从本课题的两次幼儿学习方式测试情况的比较可见,教师支持策略的运用提升了幼儿积极的学习意识,增强了幼儿积极的探索学习行为。因此,我们可以将课题研究与园本特色课程的建设紧密结合,积极探索教师有效支持策略在特色课程构建过程中的作用与价值,以科研促课程建设,以此来提升教师实施课程的能力和水平。

本课题的研究给我们带来了很多的思考,我们将继续秉承扎实推进的科研作风,进一步开拓思路,积极寻找能促进本园内涵发展的研究新方向,持续不断地开展研究,以此来促进教师专业水平的不断提升,保障幼儿身心健康发展。

关注幼儿学习方式,有效运用支持策略

潘翠林

主题活动是当前幼儿园一种主要的课程模式,它通常围绕一个主题,追随幼儿的生活和经验,通过师生共同建构,生成一系列活动,共同探求新知。幼儿学习方式是指个体在活动中获得知识、经验、技能所采用的方法和活动形式。

从幼儿学习行为的角度出发,幼儿常见的学习方法有:观察性学习、模仿性学习、操作性学习、探索性学习、体验性学习、合作性学习、分享性学习等。在实际学习情境中,这些学习方式是交织融合在一起的,幼儿需同时采用多种学习方法来完成活动。

当前在幼儿园教育实践中,普遍存在着教师对幼儿积极的学习方式关注得少、研究得少,甚至忽略幼儿积极的学习方式的现象。教师更多地把幼儿的学习当作群体的学习活动来考虑,很少关注幼儿个体的独特性和学习方式的差异性,这种做法只能使幼儿变傻、变糊涂,既危害其身体健康,又危害其智力发展。

因此,教师应该了解和认识幼儿独特的学习能力和学习方式,遵循幼儿的学习规律,关注他们的学习方式,在幼儿成长过程中努力塑造其积极的学习方式,促进幼儿的发展。

一、观察性学习

幼儿通过观察客体、他人的行为来习得知识、行为的一种学习方式。个体能通过观察他人的行为得到某种认知表象,并以之指导自己以后的行为。

【实录片段一】

　　每天都会有很多幼儿参与到剪纸区,很多孩子尝试剪喜字。剪纸第一步就是折纸,折纸的顺序、方法关系到剪出来的形状。斌斌一边观看着墙面上的喜字步骤图,将纸折了再对折,然后开始剪起来。第一次他剪的方向不对了,结果剪出来的喜字不是成对称的,口字只有半个。他拿过来给我看,我暗示他:"你看看,你的方向不对了,折好的纸方向应对着剪刀的开口。"他似乎明白了,回去又拿起纸重新剪了起来,没多久他又将剪好的喜字拿过来,这次方向对了,可是喜字少了一横。于是我鼓励他将剪好的喜字跟墙面上的喜字对照一下,他终于发现了秘密,我安慰道:"进步了,马上就要成功了,再试一次!"他兴致勃勃地拿起了第三张纸,又埋头剪起来,在前两次的经验上只见他动作更熟练了,边剪边不停地看范例,显得很小心。他终于成功了,我翘起大拇指,并当场奖励他一个粘纸,建议他将作品贴到展示板上。几天后我发现展示板上贴出的喜字越来越多了,越来越多的幼儿体验到了成功感。

【实录片段二】

　　随后我在区角中又增加了"五角星"的图示,鼓励幼儿尝试学习五角星的折叠方法剪五角星。涵涵很感兴趣,可折五角星有点难度,因为需要有一定的目测能力,估计出二份和一份间的量关系,通过将原先的两份对折变出四份,加上原先的一份变成五份,方可剪出五角星。涵涵在折五等份的时候最后留出来的一份太多了点,于是我引导他稍微进行调整,在几次调整的基础上终于折出了五份,第一个五角星剪出来了,他可高兴了,一连剪了好几个。于是我鼓励他在五角星的基础上进行剪纸,可以剪出圆形的窗花。涵涵在我的引导下,小心地开始尝试起来,然而剪第三刀就不小心把纸剪断了。原来涵涵剪的时候没有转动剪刀,用剪刀一刀剪下,这样很容易把纸剪断。于是我拿起剪刀示范给涵涵看,边示范边告诉他要转动剪刀,用剪刀里面剪纸,这样剪起来就更快更安全。剪的时候还要想好想剪什么花纹,想好了再剪下去,因为剪错了就没办法更正了。涵涵听得可仔细了,这次他开始尝试让小剪刀边剪边转弯,虽然剪得不怎么匀称,但是圆形的窗花对于孩子来讲还是第一次,中间还带有一个星形的五角星呢!

【幼儿学习方式分析】

　　在此过程中幼儿出现了观察性学习。此类幼儿在操作之前,往往寻求教师为使其掌握操作的基本程序而提供图示演示,然后在此基础上自觉地进行模仿,实现经验的内化,从而获得知识。这类幼儿在观看图示时,非常认真仔细地观看图片上的每一操作步骤,操作时,惟妙惟肖地临摹。当他们离开图示时,往往做不出作品,或者是不敢轻易动手做,老是观望同伴,有时就模仿同伴。这类幼儿在活动过程中喜欢不断寻求教师的暗示提醒及帮助,能够向他人学习,对他人的情感和意见敏感,操作时比较细致。

【教师支持策略运用】

在此学习方式中教师采用图片演示、引导暗示的策略。

任何种类的绘画都是人作画,纸不动,而民间剪纸则不同,必须把纸转动起来,不然就剪不下来。而很多幼儿在剪纸的时候习惯用剪刀头剪,这样很容易将纸剪断。孩子们画画常常是边画边想,随意性比较强。而剪纸必须事先想好不然就会剪断,而且一成型就难以修改。

因此在此过程中老师考虑到剪纸的特殊性,为幼儿提供了步骤图供其观察学习,这样幼儿可以通过图示非常清楚地了解每一步的剪纸方法和顺序,并进行一一核对、观察,比较自己的作品与图示是否一样? 哪里出现状况? 一旦遇到问题,他们会寻求老师的帮助和提示,再进行调整、操作,或许失败或许完成了任务。当幼儿遇到问题时他们首先会请求老师的帮助,因此,此刻老师的暗示和引导非常关键,教师的示范、引导、暗示等策略,是激发幼儿继续操作的动力,也是孩子获得成功的关键。

二、操作性学习

此类是幼儿通过对玩具、操作材料的操作动作进行学习,获得知识,身心得到发展的学习方式。操作性学习活动以物体材料(玩具等客体)为学习对象。学习效果不仅与操作方式有关,也与客体材料的性质有关,要充分发挥操作性学习方式的作用,必须精心选择、设计和利用操作材料的功能。

【实录片段】邮票设计师

孩子们越来越喜欢邮票了,一有空就拿着放大镜看看集邮册上的邮票,设计邮票的愿望也越来越强烈。于是我在区域里提供了各种颜色的手工纸和一把齿轮剪刀、各色笔。

齿轮剪刀能剪出齿轮状的环纹,孩子们看到"齿口"显得特别兴奋。嘉嘉最喜欢恐龙了,他早想设计一张恐龙邮票了,只见他利索地用齿轮剪刀剪了一张小长方形纸,在纸上画了一只小恐龙。他告诉我:"因为现在恐龙灭绝了,我要设计一张纪念恐龙的邮票。"边上的伟伟看了很羡慕,也学着他的样子画了起来。

我启发孩子们画自己想画的、喜欢画的,可以画风景、人物、建筑、动物、美丽的上海、我的家、我们快乐的北蔡幼儿园……在我的暗示下,孩子们的作品开始显得丰富起来,有画保护动物的,有画热爱大自然的,有画美丽大上海的,有画同伴友好合作的,有画爱妈妈的……设计好了邮票的图案,他们开始在邮票上歪歪扭扭地写上了"中国邮政"四个字,还在邮票上写上了"面值"等。有的写了 100 分,但雯雯在邮票上只写了"1 分",我奇怪地问:"为什么这么便宜?"雯雯笑着说:"小朋友还没攒钱,便宜点小朋友就可以买下了,这样可以让小朋友买到很多漂亮的邮票,大家都可以集邮了,这样多好。"难怪,这小家伙还想得挺周到哦!

最后一张张精美的邮票在孩子们的精心设计下大功告成了,为了让大家欣赏到彼此的作品,于是我们决定在教室里开辟一个天地,布置一个邮票展。当一张张邮票都被贴上去后,孩子们议论着、欢笑着。放学回家前迫不及待拉着爸爸、妈妈来到我们的邮票展区,脸上显出成功的微笑,毕竟这是他们设计的第一张邮票!

需要是人的一切行为的内心起因和动力之源。人的需要既有个体性的,也有社会性的。需要对人来讲无时不有,无所不在。一个需要满足后,其他需要又会很快出现。

【幼儿学习方式分析】

在此案例中幼儿出现了操作性学习的方式,材料的提供激发了幼儿的操作兴趣,集邮册的出现满足了孩子们探索邮票的欲望。随着对邮票经验的逐渐丰富,新的需要随之又产生,孩子们萌发了自己设计邮票的愿望,在老师的启发下,幼儿尝试按照自己的意愿自己设计、自己构思,设计出了各种不同画面和分值的邮票。

【教师支持策略运用】

在此过程中教师运用的支持策略是情境创设、语言引导策略。

活动中教师关注到集邮册的提供吸引了很多孩子,很多幼儿对邮票有了一定的经验,萌发了设计邮票的意愿。此时教师顺应幼儿的兴趣,提供相应的制作材料,满足幼儿自己设计邮票的愿望,并通过语言暗示等引导幼儿设计与众不同的图案和内容,最后呈现的邮票各有各的特色,孩子们潜在的想象力、创造力在设计邮票中得到了再现。

三、探索性学习

幼儿以自主的发现、探究和解决问题为主的学习方式。在此过程中他们能自觉质疑、思考、尝试、顿悟、自我探索、自我发现、自我肯定,有着积极的学习动机,做出的作品与众不同。在探究学习中,教师或者学习者能提出具有挑战性的问题是探究学习的关键。探究学习中,提出的问题首先在于激发学生解决问题的欲望。探究过程一方面展示幼儿在探究过程中暴露的疑问、困难和矛盾,另一方面也是展示幼儿的聪明才智、个性的过程。探究学习更注重幼儿在学习过程中获得丰富多彩的学习体验和个性化的创造性表现。

【实录片段】

在搭建纸砖过程中,我给每组幼儿提供了3～4块纸板模型,每组有一块是搭建好的纸砖。要求每组合作,看哪组能把砖最快搭建好。

别看这一张硬纸板,虽然其中有很多折线,但是要围成一块砖也不是件容易的事。今天带着疑问想看看孩子们到底有没有这个挑战能力,看看幼儿在拼砖过程中运用了哪些学习方式? 最后能否解决问题?

动手是我班孩子的最爱,大家开始动手搭起来。只见卿卿将纸往中间折起来,可是折来折去就是折不出砖的完整版模样来,他不停地叫:"老师,怎么搭呀? 是不是这样的?"我看了看,非常淡定地回答了他:"自己研究,多看看折好的那块砖。"此时见第六组的乐乐一边折一边不停地看看桌上那块折好的砖,不停地将砖翻过来翻过去,时而还用手掰一下似乎想看看里面究竟怎么样的,然后不停地调整自己折的方向,突然他冒出来一句:"老师,我能否把这个搭好的砖拆开来?""当然能啊!"我一口答应了,并为他的探索欲望感到欣喜。同时建议其他组的幼儿:"你们可以把搭好的那块砖拆开来研究研究,看看能否对你们有些帮助?"话音刚落,孩子们纷纷试着拆开桌上的范例,企图了解拼装的秘密。此时乐乐拆了拆又将之合起来,他似乎领略到其中的奥秘,将手中的砖长的两边先往中间折起来,然后再试着将边上短的两头往中间插,当插不进去时,不断调整纸的方向和位置,最后终于成功了! 他欣喜若狂,并相互传递经验。其实孩子们就差最后关键性的一步,就是两头插进去是有一点挑战的,如果是四条边一起往里折那是肯定折不出这块砖的,只要了解其中的奥秘,问题就迎刃而解了。没多一会儿工夫,所有桌上的砖都拼装完成了!

【幼儿学习方式分析】

此活动中乐乐的学习方式体现了探索性学习的特点,活动中他凭借着对事物的探索欲望,自己摸索、自己发现并不断调整自己的行为,过程中他主动、大胆、执着,有着顽强的挑战欲望,不怕失败,勇于尝试,最终顺利地完成了任务。而卿卿则显得比较浮躁,怕困难、急于求成的情绪表露显现,所以仅体现操作性学习的特点。

【教师支持策略运用】

在此案例中教师采用了材料提供及放手的策略。因为大班的孩子有一定的动手能力和探索能力,如果幼儿一遇到问题教师就一味地满足幼儿、帮助幼儿,就会扼杀幼儿的探索欲望。因此对于幼儿的无助、求助,教师没有急于把答案告诉幼儿,而是让幼儿自己研究,静观其变,创设机会,留给幼儿更多的时间满足幼儿探索的欲望。

案例中的乐乐通过自我发现、自我探索,终于解决了问题,完成了任务。

四、合作性学习

在小组或团队中为了完成共同的任务,有明确的责任分工的互动、互助性学习。合作学习要求每个幼儿学会同其他合作伙伴的配合、互动,既积极主动地完成自己负责的任务,又善于融入团队的整体工作,支持他人,倾听意见,互动交流,协同完成任务,达到共同提高和发展的目的。

【实录片段】

在大中国主题活动中,民间游戏是孩子们喜欢的内容。在活动区我们陈列了民间游戏角,有孩子们带来的陀螺、沙包、毽子、橡皮筋等,不久发现有的幼儿学会了挑板线,在班中吸引了很多孩子的关注。看大家兴趣正浓,于是我特地在活动区准备了一些带子、线供幼儿挑板线用。

挑板线需要两个人合作,晨晨会挑板线,于是我和他开始向大家示范起来。我一边挑一边向幼儿讲解每个板线变化时的名称,以激发幼儿学习的兴趣。一边观看的婷婷见了激动起来:"我也会挑!"于是我便让晨晨和婷婷挑了起来,有几个难度高的板线她不会,于是我边示范边请她练习,不一会她便学会了。教室里一下子热闹起来,很多幼儿开始寻找朋友一起学习挑板线,有的幼儿在和同伴挑的时候一不留神,很容易把绳子搞乱,我便鼓励他们重新再来;也有的幼儿挑到一半,对方误以为完成提前放手了,结果也挑不下去。只有小心翼翼、配合默契才能挑得更久,花样更多。关注到孩子们的这些状况,我一方面提醒他们慢点,一定要等对方把绳子挑起来完成了才可放手。有的幼儿很想挑,可是没有掌握挑绳子的方法,他们不知道用哪几个手指挑。我鼓励他们在边上多看看同伴是怎么挑的,请朋友帮忙,并准备了一些挑板线的图示,让幼儿在过程中遇到问题可以边看边学。几天下来,孩子们能应付多种不同的板线花样,同伴间配合的时间更长了,孩子们学习的兴趣更浓了,他们一边挑一边说着每种板线的花样:花被子、开飞机、乱杂库、钩小指……大家玩得不亦乐乎!

【幼儿学习方式分析】

在此过程中孩子们基本运用了合作性的学习方法,因为挑板线需要两两合作方能完成。当挑完一个花样,板线不停地变换着另一种花样,而每种花样的挑法都是不一样的,这需要幼儿灵活把握每种板线不同的挑法,同时也需要两个人之间彼此合作方能顺利进行。如果双方挑板线的能力差异很悬殊,或者任意一方在过程中粗心大意,那么都可能会影响彼此是否能顺利进行下去,挑板线更注重幼儿之间的合作。

【教师支持策略运用】

活动中教师运用的策略为：材料提供、示范、图示法。当发现孩子们对民间游戏挑板线产生兴趣后，教师及时在活动区内提供相应的材料，创设机会让幼儿学习挑板线。在两两合作中，当幼儿遇到问题时，则通过教师或者同伴的示范，帮助他们解决即时出现的问题，起到很好的效果。很多幼儿在实践、操作、练习、纠错中挑板线的能力得到提高，经验得到了提升，学习兴趣也增强了！

五、分享性学习

活动中幼儿与他人分享自己的想法、经历、学习成果等的一种学习方式。在师生互动过程中，当幼儿与教师的兴趣、智慧在共同的问题上集合时，双方就会在认知、情感、社会经验等方面进行积极的交流、互动，幼儿可以分享教师丰富的经验，教师可以分享幼儿独特的视角。

【实录片段】

"大中国"的主题在班中展开，孩子们知道自己是中国人，在父母的帮助下收集了很多有关大中国的资料，有祖国名胜古迹的图片、地图、地球仪、天安门、中国奥运冠军、中国的四大发明等。我把中国地图、世界地图、上海地图等材料贴到前面、桌面上，经常会发现孩子们聚集在一起查找地图，"北京在哪里？""上海在哪里？"聪明的尧尧还认识了不少字，她从地图上找到了上海两个字，还找到了北京，兴奋地指着地图，告诉小朋友："我找到了，上海在这里，北京在这里！"看到孩子们对地图那么有兴趣，我故意问幼儿："你们这么喜欢看地图，那有没有发现中国的地图像什么？"孩子们听到我的提问一下子安静下来，函函的回答打破了平静："中国地图像公鸡！"看来家长们平时也不时给孩子们讲一些与主题有关的知识，这不让函函有了露一手的机会。"那我们的首都在公鸡的哪个部位呢？""在公鸡的头颈部。"尧尧马上接口道。"上海在哪里呢？让我们尧尧告诉你们吧！"我故意把机会留给尧尧，尧尧别提有多高兴了，她一个箭步跨上来在地图上指出了上海。见孩子们兴趣这么高，我把我们中国两条河——长江和黄河介绍给了大家。我知道我们班有好多幼儿的老家不在上海，于是故意问函函："你的家乡在哪里呢？你能在地图上找出来吗？"函函平时小朋友都叫他"小山东"，大家都知道他的老家在山东，于是孩子们在公鸡的头上找到了山东省。函函可高兴了，告诉大家家乡的枣子最有名了！洁洁的老家在新疆，新疆在哪里呢？当我在地图上贴上新疆两个字时，孩子们叫起来："原来在公鸡的尾巴上啊！"尧尧叫起来："我的老家在黄山！"我明白她的意思，安徽两个字又出现在地图上……

【幼儿学习方式分析】

由于生活、学习的环境不同,每个孩子的智力发展水平各不相同。有的孩子语言表达能力很强;有的孩子观察能力很强,能发现许多细节。对于一项任务的完成,每个人都会发挥自己善于表现的方面,这就要求在幼儿独立思考后,我们要为他们提供展示、交流结果和讨论问题的空间。在此案例中师生之间的谈话引发了孩子们之间思维的碰撞,大家你一言我一语对中国熟悉的地名产生了好奇,由于几位幼儿是外地的,他们能带给大家一些未知的经验,通过谈话式的分享和交流,大家在地图上找到了很多地理名。当幼儿之间带着各自的兴趣、需要进行对话、互动时,他们也可以分享彼此的经验,并在分享中激励探索。可见,分享式学习实质就是教师和幼儿、幼儿和幼儿共同探索的过程。

【教师支持策略运用】

在此案例中教师通过沟通引发幼儿之间的交流,促进幼儿之间零散的经验得到提升。在实施过程中,教师注意通过幼儿之间的相互学习、交流和观点碰撞,激发和扩展他们积极的思维活动,帮助幼儿形成"学习共同体",促进幼儿之间的经验分享、合作和交流。

适时地参与幼儿的讨论,帮助幼儿寻找自己的家乡,这是孩子们所关心的问题。教师及时的引导、沟通激发了幼儿探索的欲望,在讨论、交流中幼儿的主题经验得到提升。

材料的调整可以延续幼儿的兴趣,如让孩子们在地图上寻找自己的家乡,这是很多孩子乐意做的事情,并为幼儿提供地理文字,幼儿找到一个地名就可以将中文字样摆在地图相应位置上。不同省市文字贴的提供帮助幼儿进一步熟悉省市地理方位,激发了幼儿深入探索的欲望。

六、体验式学习

指幼儿亲身介入实践活动,能综合运用多种感官获得新的知识、技能、态度。学习者通过在一定情境中的亲身感受,充分地运用自身的多种感知通道去接触情境中的事物、材料,进而在感受、刺激的过程中产生丰富的、真实的体验。

【实录片段一】

如在"看电影"活动中,为了让幼儿理解10以内序数并与实际生活建立联系,教师模仿电影院为幼儿创设了看电影的体验式学习情境。幼儿置身在看电影的情境中,买票、读票、观看海报、走进电影院、观察座位,最后找到自己的座位,坐下来看电影。总之,体验的情境越真切就越令人难忘,活动也就越有效果,比教师不断说教更有意义。

【实录片段二】

在开展"我自己"主题活动中,"我们在呼吸"活动中教师让幼儿通过呼气、吸气过程感受呼吸的存在。为了体验运动能让呼吸变快,孩子们跟随音乐一起做运动,片刻大家感受到心跳、呼吸都加快了,在屏气过程中大家发现停止呼吸会很难受,呼吸就是生命存在的特征。通过观看跳水员十分钟屏气潜水后大家知道了每个人屏气时间是有长短的,特殊体质的人能长时间屏气,一般人仅能屏气半分钟左右。随后孩子们还观看了人肺工作原理、解剖后青蛙的呼吸过程、蝗虫的气孔呼吸、地球呼吸等一系列活动,了解地球上所有生物都要呼吸,呼吸需要氧气,而植物呼吸又能产生氧气,大自然是可循环的,我们更要保护环境。

当今的幼儿知识面广、个性独立,对于陌生的世界有着太多的好奇和探索的冲动。体验式学习就是在幼儿的认知活动中,给幼儿提供真实的情境,让幼儿通过不同感官感受事物的变化规律,促进其对它们的了解,获得更多的知识和体验。

【幼儿学习方式分析】

以上片段一中,教师为幼儿创设了丰富的情境,感受看电影过程中的不同环节,通过亲身体验看电影整个过程,了解看电影的规则、细节、知识,从而获得亲身的体验。因此幼儿运用了体验式的学习方式。

片段二中,教师为了让幼儿了解呼吸,通过幼儿亲身地体验呼气、吸气,感受呼吸的存在、屏气后的感受等。同时通过感官刺激,了解不同物种呼吸的特点:有的动物通过气孔、腮、肺呼吸等。活动中幼儿运用多种感官亲身介入实践活动,或亲身体验,或感官了解……从而在体验、互动中获得知识经验。

【教师支持策略运用】

在幼儿体验式学习过程中教师则通过情境创设、多种感官刺激来引发幼儿学习和探索。因为体验式学习更多地倾向于幼儿的亲身体验,因此情境的创设能让幼儿身临其境,获得更多情感的满足,在体验中获得经验。同时提供的活动尽量能调动幼儿多种感官,让幼儿通过自身的体验获得经验。在"我们在呼吸"教学活动中,教师引发幼儿通过模拟呼吸、屏气游戏、肢体运动、多媒体视频等,多种体验式学习中感受呼吸的快慢、人肺呼吸原理、不同物体呼吸的特点等,从而真正了解万物呼吸的特点。

幼儿在不同的学习活动中,会产生各种各样的学习方式,在不同时段幼儿的学习方式也会因之发生改变。作为教师应时刻关注幼儿表现的不同学习方式,实践中我们要不断地转变教育思想,更多地关注幼儿的学法,从关注幼儿学到了多少转变到更多地关注幼儿是怎么学的。要善于分析幼儿行为背后的原因，了解幼儿所想、所需，适时、适当地给予必要的支持，激发幼儿的学习动力，推动幼儿学习能力的发展。

小区域，大设计
——依托趣味性材料促进幼儿良好学习方式的形成
顾燕菁

区域活动作为个别化学习的教育活动和教育教学活动的前期准备和延伸，蕴涵着诸多的因素，它包括环境、材料、幼儿、教师等，而材料则是区域活动中至关重要的因素，它所赋予的暗示、引导、规范、协调和控制幼儿的行为等自治因素，能够充分调动幼儿参与活动的主动性、积极性，激发幼儿操作、探索的欲望，有助于幼儿良好学习方式的形成。

伟大的教育家皮亚杰就曾说过："儿童的智慧源于材料。"可见区域活动的教育功能主要是通过材料来表现的，不同的材料蕴涵不同的教育功能，不同的材料会萌发幼儿不同的活动行为和思维创造。因此我们在对个别化学习活动材料进行设计时，不仅要考虑活动材料的多功能性，还要考虑活动材料的拓展性和延伸性。另外，每位幼儿都是独立的个体，在他们成长的过程中，受到家庭、环境、自身条件等因素的影响，存在着个体差异。因此在设计时还要考虑到活动材料的层次性和差异性，通过对区域活动材料的设计，以期满足和保证每位幼儿在与个别化学习活动材料互动的过程中得到充分的发展。

通过一学年来对我们班幼儿在个别化学习活动中与材料互动的情况的记录，我深入细致地去追踪、比较活动材料对幼儿活动效果的影响，从而力求发现什么样的个别化学习活动材料更能迎合小班幼儿的需要、促进幼儿能力的发展。过程中，我发现在设计小班幼儿个别化学习活动材料时，我们不光要关注材料的多功能性、多样性、拓展性、层次性，尤其需要重点关注的是材料的趣味性。因为幼儿园幼儿的特点就是年龄小，爱玩、好动是这个年龄段幼儿比较突出的共性特点，特别对于我们小班幼儿来说这个特点尤为明显。在集体教学活动中小班幼儿集中注意力的时间在 10～15 分钟，过了这个时间他们的注意力就会分散到别的地方去。当然在个别化学习活动中也会产生这个问题，那怎么样才能调动小班幼儿学习的积极性，使其积极投入个别化学习的过程，运用有效的学习方式进行学习呢？研究中我发现这和我们设计材料的趣味性有直接的关系。下面我就结合我班开展的个别化学习活动，针对如何通过设计趣味性材料促进幼儿良好学习方式的形成谈谈我的一些想法和做法。

一、活动材料的外观设计逼真有趣,让幼儿想要玩,让幼儿在操作中自主学习

俗话说:"兴趣是最好的老师。"从孩子的兴趣点出发,选择孩子感兴趣的材料,孩子才能乐意去玩,玩得快乐。因此在设计个别化学习活动材料时,我首先考虑的一点就是活动的材料要夺幼儿之眼球,因为对于小班幼儿来说,他们的年龄特点决定了颜色鲜亮的操作材料和美观的图示,对他们有很大的吸引力。所以我们设计和提供的材料既要美观又要有趣,以此来激发幼儿操作摆弄的愿望,让幼儿通过操作性学习的方式来积累经验,获得体验。

如,在"动物花花衣"主题开展过程中,我准备设计"小猫钓鱼"这个区域。很凑巧的是,隔壁几个班也有在开展这个区域活动的,活动的目标大致相同,不同的是活动材料的提供和环境创设上的不同,有的是用呼啦圈做池塘,然后提供有数字和点子的小鱼让幼儿模拟钓鱼;有的是在墙面上呈现这个区域的。通过几天的观察,我发现前两天孩子们都还能感到新鲜,但是一个星期之后,这个区域就鲜有人问津了。看到这种情况,我就在想我们班的"小猫钓鱼"我该怎么设计呢? 怎么才能做到既能吸引幼儿,又能保持幼儿的兴趣呢?

于是首先,我找来了一个很大的冰箱盒子,盒口剪裁成波浪的样子,盒内和盒外贴上蓝色即时贴,再用白色双面胶贴出水纹,一下子一个小池塘活灵活现地呈现在孩子们的眼前。"大家快来看呀,顾老师做了个小池塘啊,小池塘里可以养小鱼的哦。"还没等我向孩子们说明我在干什么,孩子已经从这个形象逼真的小池塘上体会到了我的意图。"是呀,小池塘里漂亮吗? 你想到小池塘里来干什么呢?"看到孩子们兴趣盎然的样子,我追问。"可以钓鱼呀。""可以游泳,可是这个小池塘太小了,游不了。"……别看孩子们小,但是他们意见还挺多。"那我们就到小池塘里来钓鱼吧。"于是,我和孩子们一起动手用手工纸做了大大小小的好多鱼,然后我在每条鱼身上贴上点子和数字,并让孩子们自己把小鱼放进了池塘。万事俱备,只欠东风,"老师,还有钓鱼的桶和鱼竿呢?""对的,这个东西还没有呢。""没有怎么钓鱼呢?"……看孩子们的样子好像迫不及待地想要钓鱼了,可是手头没有什么材料呀。薇薇公主来了,手里拿了一个我们平时放零食的爆米花桶:

"老师,这个好大的,那里还有。"哈哈哈,我忍不住要笑出来了,这不是我和孩子们吃完爆米花的桶吗,有好几个呢。我不得不惊讶于孩子们的智慧。找到了放鱼的桶之后,孩子们又拿来了教室里用完即时贴后剩下的纸棍,我把它们稍加装饰后,变成了一根稍显夸张的钓鱼竿,虽然有点蠢笨,但是粗粗大大的,不是正迎合了我们小班孩子的喜好嘛,而且大大的鱼竿还不容易绞在一起、缠在一起呢。东西都准备好了,为了让我们的池塘更显有趣和逼真,我在池塘的岸边贴上了一只大大的正在钓鱼的小猫,一下子让我们本来安静的岸边显得热闹起来了。第二天的区域活动时间,当我把小池塘往教室中央一放,孩子们络绎不绝,轮到的孩子开心地坐下来钓鱼了,没轮到的孩子忍不住在旁边张望。"老师,小鱼都被我们钓上来啦!""啊,干什么啦,你干吗把小鱼都倒进小池塘呀!""倒进去再钓呀。"……在钓的过程中孩子们又出现了问题,于是我悄悄地在池塘旁边贴了几条透明的塑封纸,让孩子们能把钓的小鱼插进去,能力强的可以根据提示按照小鱼的大小、颜色一边把鱼放回池塘一边动脑筋排序,一举两得,也解决了孩子们目前出现的如何处理钓的鱼的问题。此后,孩子们的争吵少了,"小猫钓鱼"区域里孩子们的活动有序了,刚来该区域活动的孩子就钓钓鱼,来过几次的孩子动脑筋把小鱼放回去,让孩子们身临其境,乐趣无穷。由此可见,逼真有趣的活动材料不仅吸引了孩子,让每个孩子都想玩,而且还让他们玩得开心,玩得快乐。在这个过程中,孩子们和材料亲密地互动,在操作性学习的过程中孩子们潜移默化地获取着知识,快乐地学习着。

二、活动材料的玩法设计多维有趣,让幼儿乐于玩,让幼儿在探索中深入学习

从教以来,每次在进行幼儿个别化学习活动环境创设和材料制作的时候,我最大的感受就是,做得很辛苦,可是幼儿对这些材料的兴趣保持的时间却不长,为开展幼儿个别化学习活动所制作的材料生命短暂,生命力不强,总感觉在这上面的付出和收获是不成正比的。于是在设计个别化学习活动材料和开展个别化学习实践过程中,我开始关注这个问题,一方面是期待让自己的劳动和努力能有所收获,另一方也期待自己设计的个别化学习活动的材料不仅能吸引孩子们的兴趣,让孩子们乐此不疲,更想让材料长时间地吸引孩子,增强材料的可玩性、探究性,延长材料的生命力,更希望通过材料来促发幼儿的探索性学习。

在过程中,我发现单调的、玩法单一的材料,虽然一开始的时候还能吸引孩子,但是在玩了几次后,孩子们就不会再去碰了。只有玩法有趣、玩法多样、功能多样的材料才能让孩子长时间地保持兴趣,让孩子们在与材料互动的过程中,不断地探索新的玩法,从而玩出新方法,体验探索的乐趣。

　　就比如"动物找家"区域的创设。我改变了以往单纯的按照脚印找家或者按照动物皮毛找家的传统模式,而在保留传统元素的基础上,通过提供新的材料对传统的"动物找家"活动进行更新和挑战。

正面:按动物脚印找家(材料提供:动物头饰、地面动物脚印、房子里的可操作的动物发条玩具)

反面:按动物皮毛找家(材料提供:动物头饰、贴在房子里的动物轮廓、用于粘贴到动物身上的动物花纹)

　　首先,我将按皮毛特征找家和按脚印找家两个维度的内容捏在一起,设计和制作在一套材料上,正面是按动物脚印找家,反面是按照动物皮毛找家。这样一来,孩子们就可以根据自己的兴趣需要在同一区域里选择玩什么,多了一种选择,相信孩子们会更乐于参与。考虑到单纯的"按脚印找家"和"按皮毛找家"比较单一,于是在找家的活动中,我提供了动物的头饰,让孩子们戴上头饰进行活动,不仅让孩子感觉有趣,而且更容易让孩子以角色的身份投入活动。然后在"脚印找家"这个维度的活动中,我在地面上提供了动物的脚印,让孩子们根据自己所佩戴的头饰寻找相应的动物脚印找到动物的家;接着找到家之后自己打开门,看到小房子里的动物后再和自己佩戴的头饰进行验证;最后再从房子里取出对应的发条小动物玩一玩,让小动物们沿着自己的脚印走一走。形象生动的头饰、好玩的发条玩具本身就是小班孩子喜欢的,将它们作为这个活动中的材料,更让孩子们百玩不厌。而在"按照皮毛找家"这个维度的活动中,我则将一个有趣的故事《魔法师来了》引用了进来,事先录在小收音机里,孩子可以自己按按钮听故事,体验小动物们被魔法师施了魔法之后失去花花衣的痛苦,从而激发他们动手去为小动物贴上花花衣的愿望。可以说,在这个区域中,生动的场景创设、形象有趣的头饰和玩具、故事的融入及多种操作材料的融合,不仅让孩子们有了更多的选择,也激发了孩子们进一步探索材料的兴趣和愿望,让孩子们能通过探索性学习的方式去理解材料,发现玩法,从而进行更深入的学习。

三、活动材料的取放设计直观有趣,让幼儿自主操作,让幼儿在体验中快乐学习

在开展个别化学习活动的过程中,我发现幼儿自主性的激发是至关重要的,特别是材料取放的自主性,是需要我们尤为重视的。那如何通过材料的设计来引导幼儿自发取放材料,让活动的操作材料不是单纯地被放到操作盘里,而是重新回到情境中去呢?

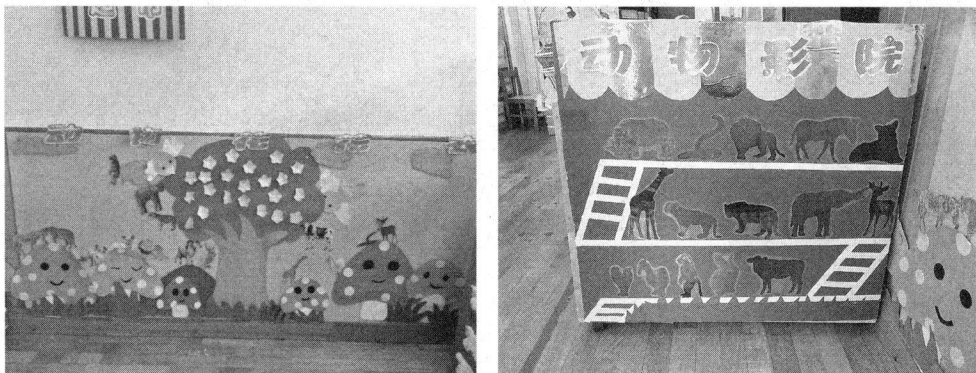

在"动物影院"这个区域设计时,我就是考虑到活动材料取放的自主性、有趣性这两个因素进行设计的。首先,我将这个区域中的操作材料——各种动物放在"动物花花衣"的主题背景中,让孩子们在进行"动物影院"活动时,能方便、直接地从主题版面上将动物们取下来。其次,我设计了"动物影院"电影开场的有趣音乐和散场的有趣音乐,让孩子们在听到不同的音乐之后能自己把小动物们从主题墙上取下来贴到"动物影院"上的动物轮廓上,然后在听到散场音乐之后再将动物们取下放回到主题墙上。从孩子们活动的情况看,孩子们非常喜欢听着音乐取放材料进行操作,而且直观地呈现在主题版面上的动物也便于孩子们取放,情境中的动物更增加了材料的趣味性,让孩子们的操作自主性被充分地激发,孩子们在取、放、粘贴,再取、放、粘贴的过程中体验自主操作的成功和乐趣。在这样的活动情境中,孩子们身临其境,充分地调动各种感官,通过体验性学习的方式进行自主的、快乐的学习。

通过对幼儿小班个别化学习活动材料趣味性的研究,我发现趣味性的材料不仅能让幼儿的个别化学习活动兴趣更持久,能让幼儿的探索更深入,更有助于幼儿有效学习方式的形成和建立。因此作为教师我们要充分解读本年龄段孩子的年龄特点,深入了解幼儿的兴趣需要,从而让我们设计的个别化学习活动材料更能促进幼儿的发展,提高幼儿的能力。

"变"中激趣，"探"中发展

——小记探索活动"变了变了"

徐　洁

《幼儿园教育指导纲要（试行）》强调："科学教育应密切联系幼儿的实际生活进行，利用身边的事物与现象作为科学探索的对象。"即提出幼儿园科学教育活动生活化的教育要求，科学教育的内容应从幼儿的身边取材。儿童天生好奇、好问、好动、爱探究，而幼儿年龄阶段是儿童科学素养初步养成阶段，因此，作为教师要根据幼儿的需求创设适宜的探究环境，投放能够满足幼儿需求的游戏材料来促进幼儿多方面的发展。那么，如何激发幼儿的认知兴趣和探究欲望呢？在活动"变了变了"中，通过认知、猜测、实验等系列活动，去大胆地求证事物的发生过程。孩子们在观察感知、操作尝试中去了解，开阔了眼界，发展了观察、思维、操作和创造等能力。

一、背景和选材依据

（一）背景从幼儿兴趣出发，对小班幼儿的"生成"内容进行探究

玩水是孩子们的天性，更何况是小班的孩子。在洗手时，他们经常会把衣服袖子弄湿。为了满足孩子们的好奇心，使他们对水有更多的了解，结合夏天的到来，我们预设了"好玩的水"的主题活动，让孩子们参与了系列关于物体的沉浮、水中花的实验活动。小班幼儿的好奇心是很强的，在自然角里的土豆、绿豆、花生等在水里会慢慢发芽长大，根据幼儿的兴趣点，设计了本次探索活动"变了变了"。

（二）选材符合小班幼儿年龄特点，具有挑战性，给予幼儿探索的空间

《幼儿园教育指导纲要》强调：科学教育的内容应从身边取材。引导幼儿对身边常见事物和现象的特点、变化规律产生兴趣和探究的欲望。

选择合适的材料，培养幼儿自主探究的兴趣。黑木耳是幼儿平时一直会吃到的比较熟悉的食物，但是没做之前是什么样子的？放在水里后又会发生什么样的变化？也许不是所有幼儿都知道的。

小班幼儿具有直观思维的特点，运用"做中学"的教育理念，让幼儿在观察、比较、猜测、实验验证和交流的过程中发现物体膨胀的有趣现象。对于活动材料的选择，我事先做过试验，发现玫瑰花等膨胀需要的时间很长，而且膨胀前后变化不够明显，只有黑木耳具有需时短、膨胀前后对比效果明显两大特点。通过这次活动，让小班幼儿充分体验科学探究、科学发现的整个过程，从而激发他们的探究兴趣，提高他们的探

究能力。

二、活动进程

(一) 充分运用感官,感知黑木耳的基本特征

小班年龄的幼儿正处于由直觉行动到形象思维的过渡阶段,对事物的认识很大程度上依赖于行动。根据此阶段幼儿的身心特点,让幼儿在操作中感知体验"玩一玩、看一看、想一想",充分地运用了感官,激发好奇心,吸引幼儿的注意力,让幼儿在游戏中探索和思考。在开始部分,我直入主题,出示黑木耳,让幼儿看一看、摸一摸、搓一搓、闻一闻,在说一说中感知、了解黑木耳的基本特征。当然,凭借着各自的生活经验,孩子们的感受也是不一样的,从形状、颜色入手,有的说木耳黑黑的、硬硬的、小小的,有的触摸感觉到凹凸不平、刺刺的,还有的孩子闻到了木耳特有的一股味道。

(二) 猜测

巧妙地设疑,把黑木耳放在水里会发生什么变化? 引发了孩子们很多精彩的设想,通过有效的提问提高幼儿自主探究的能力。孩子们凭借着实际经验的迁移说说自己的猜想,木耳会浮在水面上,会沉到水底,会浸湿,会变软……通过提问激发幼儿思考猜测,进而增加幼儿之后操作的兴趣,为实验的验证作铺垫。

(三) 运用多种方式,感知体验木耳泡发的有趣变化

1. 幼儿亲手验证,感受变化,满足了参与活动的愿望

"夏天到了,木耳宝宝要到水里去游泳了。"我运用形象有趣的语言激发孩子去实验操作,在操作中感知、探究木耳的变化,从中获得有关木耳变化的知识经验。我提供了温水,还有小勺可以搅拌一下,鼓励孩子用小手摸一摸,体会到木耳湿湿、滑滑的感觉。木耳在水里慢慢长大,细心的孩子发现在水里的木耳颜色也发生了变化,由黑色变成红褐色。

2. 体验游戏"变呀变",运用肢体表现,感受其乐趣

模仿木耳硬硬小小的特点,把自己的小身体抱得紧紧的,真像一颗干干硬硬的小木耳。随着流水声的响起,孩子们一起随音乐表演,用不同的动作表现木耳泡发变化的过程,小腰扭一扭,小手舞动打开,挥一挥,转转圈,鼓励幼儿把木耳泡发变化的过程用不同的动作来表演。

(四) 迁移生活经验,了解其他可以泡发的食物

从实验验证——肢体表现——又回归到幼儿的日常生活,在探索体验,用不同的肢体语言表达表现中,让孩子们回忆从生活中找在水中会长大的食物。孩子们凭借着生活经验说到土豆、饼干、香菇、蘑菇等。

（五）提供更多的操作材料,让孩子们有更多的体验,激发探索的欲望

孩子依赖材料进行探索,通过操作材料,亲历实验过程,来寻找事实真相。可见,只有让幼儿主动地与材料互动,才能调动幼儿的积极性,从中体验发现的乐趣,激发探究的欲望,使幼儿的探索活动更加深入,获取丰富的知识经验。在活动中,让孩子们尝试用黑木耳放温水里,观察比较木耳膨胀变化,又回归到幼儿的日常生活,从生活中找会膨胀的物体。我就有意识地提供红枣、紫菜、菊花,再次实验,体验探索的乐趣。在活动中,紫菜是最快长大的,由于时间的局限性,菊花、红枣的变化不明显,所以活动延伸到探索区,让幼儿可以有更多的时间和空间去尝试、比较。去科学角里继续寻找泡发的东西,玩体验游戏,感觉快乐,将幼儿的认知放大、扩宽,引向生活,是让幼儿认识、了解、熟悉、理解生活的重要一步。

三、活动反思

本次活动过程始终以幼儿为主体,幼儿对活动内容非常感兴趣,教师创造条件让幼儿积极参与其中。教师为主导,让幼儿在活动中,通过看一看、说一说、猜一猜、做一做等方式体验,幼儿亲手验证,感受变化,满足了参与活动的愿望,激发幼儿探索热情,在实际操作探索中发现木耳在水中的变化,用肢体语言感受木耳变化的乐趣。在活动中,发言积极踊跃,幼儿充分利用教师提供的材料进行操作,教师带动起幼儿,以给木耳宝宝洗澡的游戏形式来实验操作,持续引发幼儿内在的探究动机和兴趣,使幼儿参与活动的积极性很浓厚,引导幼儿通过自己的探究和发现获得相关的经验。每个环节也初步达到预设的目标。

四、活动建议

1. 在第二环节幼儿根据生活经验进行猜测过程中,教师根据幼儿的讲述用图示记录,图片表征不够明显清晰,鉴于小班孩子,可以将这一环节省略。

2. 本次活动是以探索为主体,中间的体验游戏"变呀变",运用肢体语言表达表现这一环节时间可缩短。

3. 迁移生活经验,了解其他可以泡发的食物中教师提问:"除了木耳,你还知道有哪些食物在水里会发生变化?"孩子们说到了饼干、土豆等,当然这些食物放在水中是会发生变化的,如何提供有效的提问能让孩子们一下就联想到生活中还有其他的一些泡发食物。

4. 在实验分享过程中,在教师的启发引导下,孩子们说到木耳在水中变大了。此时,教师可以出示干木耳和湿木耳,让孩子直观地观察了解木耳大小的不同,突显本次活动的重点,帮助幼儿更好地感知事物膨胀的原理。

感知时间，珍惜每分每秒

——在体验活动中培养大班幼儿的时间观念

陈慧雪

时间对幼儿来说比较抽象，观念淡薄，所以做事拖拉的现象随时可见。整理玩具时边玩边整理；写作业时东看看西摸摸，浪费了许多宝贵时间。在日常生活中，我们常常可以看到这样的现象：父母急急忙忙地拖着孩子上学，而孩子呢？却不紧不慢地跟在后面，边吃早点边欣赏着路边的风景。在教学中，我们也何尝不是因为幼儿的拖拉现象而影响了下一环节的开展呢。因此，我们尝试通过多种途径和有效的方法帮助幼儿感知和理解时间，引导他们建立初步的时间观念，减少"入学不适应症"，让幼儿充分感知时间与人们的生活之间的关系，真正感受到时间的宝贵，进而学会珍惜每一分每一秒的时间，做事不拖拉。对于大班幼儿来说，培养珍惜时间的意识，形成初步的时间概念，有助其适应将来的小学生活。

一、建立初步的时间概念

事件一：一分钟有多长

对于大班的孩子，认识时间还是比较感兴趣的，但是在日常生活中，大多数的孩子时间概念比较模糊。于是为了让幼儿充分感受到时间的宝贵，设计了体验一分钟这一活动。如何使用各种方法让幼儿体验到一分钟的长短，时间本身就是抽象的东西，应把抽象的东西物化到具体的操作中，让幼儿在具体的操作过程中体验到一分钟的长短，从而延伸到幼儿对时间观念的增强，学会珍惜每一分钟。结合纲要和教材分析，把活动的目标定于在操作中体验一分钟的长短，增强时间观念，懂得珍惜每一分钟上。为了调动幼儿对活动的兴趣，在知识和材料方面做了充分的准备，利用课件时钟帮助幼儿体验一分钟，使幼儿很直观地看到了一分钟的运转。

第一个环节，就是调动幼儿有关时间的概念。出示课件时钟，帮助幼儿认识一分钟，感知一分钟有 60 秒的关系，这样孩子对于一分钟已经有了初步的认识。这个环节我拨动钟面，把时针、分针、秒针三个都呈现出来。

第二个环节让幼儿猜测一分钟的长短，孩子的回答各种各样，并且具体到做哪些事情上面。我利用孩子的回答，让孩子验证自己的想象，让孩子从不同的方面去体验一分钟的不同感受，利用等待一分钟和观看动画片一分钟让孩子自主地说体验的感受。

第三个环节利用同样的时间一分钟却有着不同感受,让幼儿参与操作活动,体验一分钟的长短。通过两次的不同操作,引导幼儿发现时间的价值与自身努力的关系。

第四个环节引导幼儿与同伴操作,体验一分钟的快乐。这个环节孩子的竞争意识很强,与同伴共同完成一分钟的事情,孩子通过拼拼图、搭玩具共同合作,对孩子共同完成的成果进行评价,使孩子产生自信。

第五个环节的延伸活动启发幼儿讨论如何利用时间,珍惜每一分钟,引导幼儿自主地发现时间的重要性。整个活动在开展时,充分动脑、动手又动口,使他们的感官处于最佳活动状态,充分调动幼儿参与的积极性,促进思维能力的发展。

每一环节都顺应幼儿的认知发展需求,幼儿参与积极主动。体验一分钟,帮助幼儿建立时间概念的基础上,知道要珍惜每一分钟,让孩子感受生活中时间的重要性。在幼儿首次操作后,孩子都是惊讶地说:呀,一分钟这么快就没了!在第二次操作的时候,明显看到孩子们动作迅速了,有了珍惜时间的意识了。

时间对每个人都是很公平的,做同样的事情,动作慢了,就会花很长时间;动作抓紧了,同样一分钟就会做很多事情,让幼儿建立珍惜生活中的每一分钟的观念。

二、学习管理时间的方法
事件二:30分钟吃饭

我们发现午餐前有些小朋友一进盥洗室就玩耍,吃饭还要讲话,一顿饭总要超出规定时间很多。为改变这种状况,告诉小朋友午餐的时间是30分钟,并让小朋友在吃饭前先看到时钟上指针在哪里?然后进行推算半小时后时针在哪里就应该吃完了。

为了进一步强化这个时间概念,我和小朋友约定凡在30分钟内吃完饭的,就可以奖励一颗小红星。这一招很管用,许多小朋友一改往日常态,进餐明显加快了。但是随之而来的是洗手争先恐后,有的连肥皂液也不涂、毛巾也不擦就去吃饭;还有的狼吞虎咽,五六分钟饭就吃完了,真是一个极端走向另一个极端!怎么办?老师抛出问题:洗手不涂肥皂液、不擦毛巾算不算动作快?吃饭狼吞虎咽有什么害处?还请来了保健老师给大家讲讲这样做的坏处,让小朋友明白进餐过快过慢都会影响身体健康。接下来我们就和小朋友商定用红、蓝笔记录自己用餐的时间,15~30分钟之间用红笔记录表示抓紧时间,超出或没到这段时间则用蓝笔自我警示。有意思的是一些平时吃饭过快的小朋友速度一下子还真降不下来,可是当他们提起蓝笔记录时又很不甘心,于是他们就开始注意看时间来调节吃饭的速度。在限时的吃饭时间中幼儿渐渐地建立起了遵守时间的概念,大部分幼儿会调节自己的进餐时间了。

　　所以在日常生活中,我们不应将自己的想法和规则强加在孩子身上,把孩子看作独立的个体,和他们一起商量制定适合的计划表,是我们老师需要努力尝试的。因为只有这样,孩子才能在平等民主的氛围下有一种参与感,体验到成人对他的尊重。而且,这样的时间计划表是真正意义上孩子自己制定的时间规则,孩子比较乐意接受。和孩子共同商量活动的内容,在孩子自己评判、执行中掌握时间的情况;和孩子一起选定合理的时间去完成一些任务,这样会大大调动孩子的积极性,提高孩子做事的速度,在不知不觉中改掉做事拖拉的坏习惯。

　　三、比赛中感受时间的紧迫感

事件三:垒高比赛

　　对于大班孩子来说,垒高似乎很简单,但是垒高游戏中其实既蕴含着建筑原理,又因为有提供的秒表进行计时,使游戏更加激烈。

　　第一次我请小朋友一对一进行比赛,在规定时间内看谁垒得更高,并请一位幼儿用秒表计时。计时前,我让幼儿认识了秒表指针走时的规律,听听滴答滴答秒表行走的声音,让他们感受秒表走动的速度,产生一种急迫感。

　　当孩子们一看到彩色长条形积木要进行垒高比赛的时候,全都显得很兴奋,并且对自己充满了信心,个个摩拳擦掌。当第一次讲解游戏规则的时候,孩子们并不是听得很认真,全都专注于积木,在那里数积木。在接下来的垒高练习中,发现有的孩子只追求垒得高,而忘了在计时,花了很长时间将积木竖着一个个往上面垒,结果垒了没有几块就倒了;有的孩子虽然垒得比较稳,但是垒得很低,没有高度可言。这两种孩子在规定时间里都不理想。晨晨在操作过程中,不停东张西望看别人,所以,当别的孩子已经把积木垒高后欢呼雀跃时,他的积木还有好几块没有垒上去,他生气地把积木推倒了。这次,我调整了垒高人数,分两组,每组三个孩子进行比赛。

　　第二次比赛开始了,这次三人一组,在规定时间内把 20 块积木垒高,看哪一组在规定时间内垒得最快、最高、最稳。只见桐桐、欣欣等三位小朋友找到好朋友后,非常开心,当听到老师说垒高的游戏规则时,她们已经迫不及待各自拿积木垒高,各自垒高自己身体前的积木。我等待、观察别的小组合作垒高的情况,当发现晓艺、阳阳等三人合作的一组垒高时,"时间到。"凌凌边按手中的秒表,边叫道。只见晓艺一组的积木稳稳地、高高地树立了起来,而桐桐一组的积木高度相差了好多。孩子们欢呼起来,晓艺一组赢了。我顺势问了孩子们:"为什么她们成功了?"晓艺介绍说:"我往上面搭积木,阳阳要把积木一块一块传给我,晨晨挡住搭好的垒高,不把它掉下来。"阳阳的解说更精彩,他说:"我们三个人仔细加小心,假如倒了,我们再重新来,不泄气……"多么好的经验呀！我在集体中赞赏了三位孩子合作精神好,鼓励其他孩子也要使用这种合作商量的办法,并且争取时间,才能赢得胜利。有的孩子建议:"还要再来一次。"于是,第二次垒高合作活动又开始了。

让孩子进行垒高比赛的目的,一方面是建构活动的需要,另一方面主要是让他们知道时间的概念,知道在比赛中,我们争取到每一分、每一秒都是获得胜利的关键。通过秒表计时,让幼儿感知秒表上数字在快速变化,感受到时间快速向前带来的紧迫感,从而逐渐认识时间的变化和我们生活中的关系,知道不仅要在比赛中抓紧时间,而且在平时生活中更要珍惜时间。

四、提高感知时间的能力

事件四:上学一定不迟到

今天我们大班孩子要参观莲溪小学,第一件事是看小学生进校门。在我们的要求下,我们参观了小学生上学进校门的过程。小学生陆续背书包站在了校门口,杰杰不解地问同伴:"他们怎么不进去啊?"萱萱不屑地答道:"门还没开呢,怎么进去?"晨晨神秘兮兮地回头对我说:"老师,校门没开,小学生是不能进去玩的,对吗?"杰杰和阳阳立马笑起来:"呵,小学跟幼儿园真是不一样。"

过了一会儿,我让幼儿站两排,观察小学生上学。孩子们新奇地看着一批批的小学生,背着沉甸甸的书包,独立而有序地走进校园。孩子们还看到:进入校门口时,每个小学生都有礼貌地向老师、值勤生问好,而老师和值勤生也鞠躬问好回礼。好模仿的小朋友也有意无意地学起了哥哥姐姐鞠躬的样子,引来大家开心一笑……

一会儿随着上课的铃声,保安叔叔过来准备把大门关上,这时不远处有一位小男生已经跑得满脸通红,这下可急坏了我们班的孩子们 ,杰杰带头对着保安叔叔大叫:"叔叔——,等等关门 。"队伍里不知是谁朝着那个小男生喊了一声"加油",紧接着变成了一片"加油"声,小男生的脸被弟弟妹妹喊得更红了。还好,总算在关门前冲进了校门内。大家这才松了口气。

"好险呢!"整队要进小学参观了,我听见杰杰对着阳阳、萱萱小声地嘀咕了一句:"上小学,一定不能迟到。"我冲着杰杰笑了笑,顺着他们的话对小朋友说:"上学一定不迟到!"

其实幼儿主动学习的能力是很强的,让孩子们自己站在小学门口观察小学的哥哥姐姐上学的情景,在没有教师的提示下,孩子们自己就从中发现了很有意义的事情。幼儿的思维特点是直观具体的,仅仅在幼儿园的课堂上给孩子们讲小学的准时规则是不够的,不如让孩子们亲身体会一下小学要准时上学的情境,孩子们自己就能深刻体验到上小学，一定不能迟到。并且这种学习与体验不会仅仅停留在上学不能迟到这一件事情上，我们巧妙运用这次经验，相信在培养幼儿规则意识的其他活动上都会大有益处。

五、家园合力培养大班幼儿的时间观念

事件五：制作时钟

亲子制作"时钟"活动前，孩子和家长做了充分的准备。他们在家里收集资料，废旧盒子和各种装饰材料，幼儿园也给亲子活动准备了辅助材料。

亲子制作中首先让孩子观察钟面。第一步：在硬卡纸上画出自己感到满意的圆形。让孩子帮忙想办法"怎么画出比较完美的图形（圆形、正方形、长方形、月牙形）"，观察一下教室里的一些用品，有没有合适的工具能帮助我们画形状，让孩子想办法。凌凌随手拿起在他身边的笔筒："老师，这个可以画圆。"我随即肯定地点点头。这时，潇潇的妈妈说："我就用这个长方形的盘子画吧。"小朋友的目光都转向了她。孩子们的思路豁然开朗起来，只见孩子们急切地拿起他们周围的书、蜡笔盒、玩具盒等物品在纸上画了起来。杰杰不断催促着："妈妈，快点，我们要落后了。"妈妈说："嗯嗯，我们要抓紧时间。"只见小朋友各自快速地忙碌了起来。

第二步：留出写数字的空间，画出刻度。这一步难度较大，必须观察钟面。孩子细致观察后，家长帮助孩子等分成四个特殊的刻度：12、3、6、9。可做方形直径，在直径上过圆心画垂线，家长边做边让孩子观察。开始之前，和孩子说这样的一句："怎么才能把这12个刻度尽量画成相隔一样大呢？"篆篆说："画出四个间隔后，可以用直尺辅助在每个间隔之间画出三等份，分别画出1、2刻度线，并标上刻度和相对应的数字……"小朋友和家长都为他的讲解鼓起了掌。老师接着说："在每两个刻度间大约等分成5个小格就可以了，因为我们只认识到整时和半时，几分不是学习的内容，所以分的刻度不用那么规范。"

第三步：做时针和分针。让孩子观察时针和分针的区别，知道"时针粗又短，分针细又长"就可以了。家长画出，孩子帮着剪好。在圆心交叠，用图钉固定，并在反面在钉尖处扎上小橡皮，这是为了安全。这样一个钟面模型就做好了。装饰的部分就交给孩子吧。

在家长们的共同努力下，制作钟表的活动顺利完成了，在制作过程中，家长们和孩子一起收集了各种形状的盒子，通过添画、剪贴、装饰等多种形式，组合成了很精美和奇特的时钟。孩子在制作过程中发展了读时间、记录时间和感受时间的能力，认识秒表并能独立完成计时，达到认知层面的目标。组织家长来园参加探索活动《制作时

钟》,帮助幼儿进一步了解时钟的结构及分针、时针的运行规律。

俗话说:"一寸光阴一寸金,寸金难买寸光阴。"可见时间是多么的宝贵。尽管幼儿尚未形成成熟的、社会化的时间观念,但他们对时间的意义有着自己独特的认识,所以,培养幼儿的时间观念,让他们意识到管理时间不是为了家长、教师的要求,也不是为了敷衍工作、争取游戏时间,而是为了让自己更快乐地投入到自己想做的事中。因此,让孩子渐渐学会管理时间,珍惜时间,形成稳定的时间观念。"钟表时间"只是形成时间观念的辅佐手段,培养幼儿时间观念的实质是形成有计划、有规律的行为习惯。因而,我们不要因为孩子尚未认识数字便忽略对孩子时间观念的培养,错过培养孩子良好习惯的重要时机。科学有效地培养幼儿的时间观念,才能让幼儿健康生活,快乐成长!

游戏和数学教学活动的碰撞

施　敏

数学与我们的生活的息息相关不言而喻,人的生活实践(衣、食、住、行)几乎都离不开数学,自然界中的一切物体又都潜藏着数学美。但数学又是一种高度抽象的逻辑数理知识,其逻辑性与精确性等特点对幼儿来说极具挑战。以往幼儿数学教学,教师往往重视教授数学知识,习惯采用重复灌输的教学方法,而忽视幼儿的思维特点和培养幼儿初步的数学思维能力,使幼儿数学教学活动显得十分沉闷、枯燥,不易被幼儿接受。因此,"如何激发幼儿学数的兴趣,继而运用数学思维来思考问题、解决问题,使数学变得有趣。"值得我们教师深思。

近两年来,我们对如何通过游戏的形式开展数学集体教学作了一系列探讨,试图使幼儿在轻松、欢愉的气氛中学习数学,积累相关经验,体验运用数学思维解决问题的快乐。我们认为:用游戏的形式进行数学知识学习,可以使抽象的数学知识与具体的游戏情境结合起来,把数学教育的内容具体化、形象化,使3~6岁的幼儿更易于接受,能有效地激发幼儿的学习兴趣,全身心地投入到活动中。这样,枯燥的数学知识就会变得有趣,简单重复的练习也因游戏而变得生动起来,使幼儿在愉快的情绪中轻轻松松、饶有趣味地学习数学,效果也会更好。

幼儿数学教育游戏化其最基本的要求是:借助游戏情节,将数学教学的目的和内容转化为游戏的内容和规则。若将数学知识和各类游戏相结合,让幼儿在游戏中得到心理上的满足,一方面能让幼儿在游戏中发现数学、感受数学;另一方面,还能让幼儿在运用数学方法解决游戏中某些简单问题的过程中理解数学、运用数学。

那么当集体数学活动和游戏结合在一起,会碰撞出什么样的火化呢? 孩子们是玩得更开心了,还是变得不会玩了? 是学得更主动了,还是变得学不到什么了? 这需要我们从游戏和教学活动的本质出发去挖掘,寻找到能促进两者融合的交叉点,进行"游戏体验＋数学思维"的思考。

一、游戏与教学活动的本质

1. 游戏的本质

是指一类由儿童自主控制的、能带来愉快情绪体验的、有操作材料的活动,其中自主控制是游戏最内在的本质。说得通俗一些:游戏是儿童主动、自愿的活动;游戏伴随着愉悦的情绪。所以我们可通过"活动看上去好玩吗? 孩子对活动的内容有兴趣吗? 在活动过程中孩子开心吗?"这三点来判断这个活动是否是游戏。

2. 教学活动的本质

是一种具有教育意图的目的性的活动过程,并追求一定的教育结果。由此可见教学活动中需要有核心经验的呈现,并且能体现教学活动的有效性。

二、游戏与数学教学活动的区别

游戏是以直接获得快乐、愉悦感为主要目的;游戏时是自由的、自主的、自发的。

数学是一门概括性、抽象性、逻辑性都很强,甚至是有点枯燥的学科,需要教师的引导和支持,孩子在过程中相对被动的。

如果能将游戏和教学活动相融合,矛盾升华成精彩,是不是将会给孩子们带来一个既有趣又有效,即基于儿童游戏性,又具有教师目的性的教学活动呢?

三、游戏与数学教学活动的有机结合

结合以上的理论支持和想法,我设计和组织了多个的数学教学活动,尝试将游戏的形式融入进行,让孩子在快乐的游戏中积累配对和归类的数经验。

1. 数学和游戏的选择,来自幼儿生活经验,鼓励幼儿自主学习

(1)寻找适合的数学元素

因为是数学教学活动,所以首先在《学习》书中重点寻找合适的数学元素。如:"小花园"主题下——大树和小树——小鸟和大树——玩法二(小班《学习生活P143)。认识圆形、正方形、三角形,学习正确的命名;学习按物体的一个特征进行配对和归类。

在"熊的故事"主题中根据数熊山的儿歌设计的数活动《数熊山》(小班《学习生活》p110),就是将小班手口一致点数的经验、中班接着往下数的经验通过游戏的形

式,帮助幼儿打下生活中出现的各类数数方式的基础。

（2）挖掘有趣的传统游戏

在这个素材点中小鸟和大树就像好朋友一样,找到和自己一样的图形朋友,开心地抱在一起。这让我想到了传统的民间游戏"找朋友"——找呀找呀找朋友,找到一个好朋友,敬个礼握握手,你是我的好朋友。

小班"找椅子"活动就源于幼儿生活的常规,是个现成的游戏,老师抓住其中的数学元素设计活动,幼儿在反复找椅子的过程中理解人和椅子之间"一一对应,数量比多少"的数量关系,还有隐性的"6以内的点数"、"手口一致数数"等数学元素,通过反复游戏使幼儿运用数学思维找到了生活中椅子和人数不匹配时,如何采取应对的方法。

（3）寻找中国特色的民间游戏

《讨小狗》引导幼儿反复念童谣"笃笃笃、卖糖粥,三斤核桃,四斤壳……"通过挑小狗、给小狗喂食和小狗吃饱汪汪叫等三个既有联系又有变化的情境,将数数经验融入其中,积累按小狗特征分类的经验。

《数动物》,是根据儿歌"一二三四五,上山打老虎,老虎没打到,打到小松鼠……"来设计的。在与幼儿用儿歌一问一答的过程中,鼓励幼儿自发地快乐数数。

2. 游戏和逻辑的有机整合,符合幼儿兴趣特点,激发幼儿快乐学习

当游戏和逻辑整合的时候,需要我们在有效性上加强有趣性。

（1）保留传统游戏的形式

《找朋友》的情境适合放入教学活动中,找朋友的游戏方法也适合在教学活动中开展。于是第一步就是保留传统游戏的形式,并由这个游戏成为教学活动各环节的串连,把每个数经验有效地结合起来。

（2）调整传统游戏的儿歌

由于《找朋友》教学活动设计的需要,孩子们不是一对一地找朋友,只要是和我一样的都是我的好朋友,帮助幼儿积累经验迁移的能力。并根据素材点里——小鸟和大树找到朋友后抱在一起的情感体验,我将儿歌进行了一些调整和修改,使它更适合教学活动的开展——"找呀找呀找呀找,找到我的好朋友,碰一碰呀抱一抱,我们都是好朋友。"并保证儿歌的韵律、结构和之前的一样。

《数动物》,原来的儿歌是"一二三四五,上山打老虎,老虎没打到,打到小松鼠,松鼠有几只,让我数一数,数来又数去,一二三四五。"一是因为儿歌中数量固定,儿歌较长或太长,每游戏一次,就要念一遍儿歌,很占时间;其次从保护动物的角度考虑也不

适合,所以改成"一二三四五,上山看动物,动物有几只,让我数一数"。在与幼儿用儿歌一问一答的过程中,既保持民间游戏的原汁原味,又完成了数学活动目标。

《马兰花》的童谣和开花作为数学活动线索,制定出新的"两人合开一朵花"新规则,使幼儿在反复游戏中直观地发现单双数。

（3）教学活动的主线是游戏

在《找朋友》教学活动组织的时候,先从和孩子们回忆找朋友的游戏开始,说说自己好朋友和名字,抱抱自己的好朋友,让孩子们从一开始就进入游戏的状态,愉快地开始活动。在卡片找朋友的环节中,无论是颜色找朋友、形状找朋友,还是最后的两维度找朋友,老师都用找朋友的口吻和孩子们讲游戏的要求;用找朋友的儿歌开始游戏;用给找到朋友起个好的名字尝试根据特征命名;最后用朋友的角度感谢孩子们的帮助——找到朋友了。让孩子们在游戏中积累相关认知经验和情感经验。

在《炒黄豆》的教学活动中,从两人一组同时翻身,演变到幼儿手持一筐两面不同颜色的圆片片 6～10 个,一边念儿歌,一边"炒"筐里的"黄豆",念到最后一个字时,用力一翻,看看数数筐里有几个黄豆"翻跟斗"了。每次翻跟斗的结果都不一样,又控制在自己手里,所以幼儿特别感兴趣,不厌其烦地一遍遍"翻跟斗"、一遍遍数黄豆。这个游戏在不同的年龄段可以有不同的数要求:小班——数量少些,练习数数;中班——数量多些,练习目测数数;大班——学习 10 以内数的组成。

3. 游戏和教学的时间分配,基于幼儿年龄特点,帮助幼儿有效学习

由于幼儿的年龄特点,孩子们更喜欢在轻松愉快的氛围中获得经验。如在"找朋友"、"找椅子"的教学活动中,游戏和教学几乎是不分家,同时进行,因此游戏和教学在时间分配上应该是两者相辅相成,不分上下。只有在玩中学、学中玩,才能让幼儿的学习更有效。

4. 游戏和教学的契合度,基于幼儿发展需求,让幼儿爱上"学习"

游戏和教学活动的结合,往往上着上着就会变成重游戏轻教学——重形式,或是重教学轻游戏——重经验。

如:在做游戏的时候,需要把 7 名幼儿分成两队,怎么分呢?

一种是与幼儿的生活相结合,大家一起来讨论,发现 7 是单数,怎么分都多一个人出来,怎么办?最后大家商量出多的那个人为裁判,继续游戏。

另一种方法是引导幼儿:7 可以分成 3 和 4、7 可以分成 2 和 5……结果变成了组成,与游戏完全没有关系了。

再如:做给小兔分家家的游戏。

一种是和幼儿一起讨论：小兔要住的新家是两个大山洞，玩一玩分房间的游戏，两个山洞都要住进小兔，小兔不能留在外面，都要回家。兔子有白的、有黑的、有灰的……让好朋友住在一起。鼓励幼儿按兔子的特征分类。

另一种也是小兔要住新家，规定要相同的住一起，运用提问让幼儿表述可以怎样住一起。老师为了达到心中的目标，全过程都是按老师的特征分类要求进行。在游戏时为幼儿设置了许多刻板的规定，一心导向教师心中的模式，幼儿则在教师的"精心"安排下机械地消极模仿，游戏成了"假游戏"。

以上两种倾向仅仅只是戴上一顶游戏的帽子，难怪幼儿在开始时兴高采烈，在过程中无精打采，在结束时说："一点也不好玩！"这就在提醒我们思考：如何才能让孩子们在游戏中快乐地学习。这就需要我们在开展教学活动时，不要将游戏和教学分离：不是为了游戏而游戏，也不是为了教学而教学。而是一边游戏一边学习，通过游戏的手段达到经验的积累，并在有限的时间，通过游戏有序地开展，完成数学教学活动的相关内容，把儿童注意力有效地回落到教学活动中。

四、在数学活动中发挥孩子的游戏自主控制权，做学习操作的主人

在集体活动中，游戏化除了能给孩子带来愉快的情绪体验，更重要的是体现孩子的自主控制权，因为自主控制是游戏的内在本质。因此，在活动中每次游戏规则的制定，都应该遵从孩子的游戏需求和游戏发展的需要，而不是简单地从老师的口中提出，将游戏流于形式。

在《找朋友》的活动中，因为小班幼儿的年龄特点的原因，第一次的游戏规则是由我提出，并让孩子理解游戏的玩法。但第二次游戏的规则，则是让孩子在充分观察游戏材料后，自发地制定出新的游戏规则。第三次游戏的规则在没有制订的情况下，就让孩子来玩"找朋友"的游戏，结果是可想而知的——无法完成。于是孩子们从前一次自发的制定游戏规则，自然地过渡到这一次自主地制定游戏规则，既激发了孩子游戏的积极性，也充分体现了数学活动中的游戏化。

我们发现游戏和数学教学活动的有机整合，会给我们的数学教学活动带来更有效的形式，让我们发现孩子学习数学更主动、更积极。同时也给我们带来了其他方面的思考：当游戏和教学活动冲突时，我们需要如何取舍；在关注孩子兴趣的同时，如何根据他们的现场反应进行有效的跟进和调整……

相信随着我们的不断探索和尝试，会解决更多的问题，也会获得更多的经验。

第二部分

探索型主题活动中提升
幼儿学习品质的研究

导　读

　　《主题活动中提升幼儿学习品质的研究》是前一课题《探索型主题活动中培养幼儿积极学习方式的研究》的拓展和延伸,在培养幼儿积极学习方式研究过程中我们积累了许多有效的支持策略,在此基础上,深入开展幼儿学习品质提升的研究是我们结合园本特色课程建设的重要举措。

　　本部分有现状调查与理性思考、提升幼儿学习品质的实施途径、提升幼儿学习品质的实施策略、成效与思考四部分组成。现状调查与理性思考在现状研究的基础上分析了影响幼儿学习品质的因素,归纳了不同年龄幼儿在学习品质上表现出的特点和规律,对下阶段研究提出了一些理性的思考。实施途径从园内学习活动及家园合作两方面作了介绍。提升幼儿学习品质的实施策略运用大量案例提炼出了开展集体教学活动及个别化学习活动中的代表性共性策略和个性化策略。其中,集体教学活动借助教学活动设计及活动实施后的案例分享等形式,剖析了一线教师在开展不同年龄段幼儿教学实践中,如何运用有效的支持策略提升幼儿的学习品质,通过实例中的观察和描述,进行了深入的反思、调整和分析、指导。个别化学习活动则围绕幼儿六个学习品质(好奇心、主动性、坚持性、合作性、质疑能力、问题解决能力),运用案例形式分享了教师在开展个别化学习活动中对幼儿学习品质的支持情况。

　　本部分内容聚焦幼儿的学习品质,总结了许多有效的支持策略,其中有大量的数据分析和提升幼儿学习品质的案例。我们期待本研究成果能够对从事学前教育的同行们有所帮助。

　　本课题组长:朱幸嫣;核心课题组成员:潘翠林、张红、倪菊、殷雪梅、陆丽莉、徐敏红、顾燕菁、关季红、田燕、马晓华、冯燕飞、王慧菊、王菊英;其他参与研究的人员:陈誉超。

第一章　现状调查与理性思考

第一节　调查背景

问题的提出

(一) 概念界定

探索型主题活动是指幼儿围绕一个个主题,进行自主观察,探索周围现象和事物,教师适时、适度地予以支持和引导的一系列活动。

幼儿学习品质是指学习态度、行为习惯、学习方法等与学习密切相关的基本素质,是在幼儿期开始出现与发展,并对幼儿现在与将来的学习都具有重要影响的基本素质。我们认为主要包括好奇心、主动性、坚持性、合作性、质疑能力、问题解决能力等。

提升幼儿学习品质是指能使幼儿全身心投入、参与到学习活动中,并融入个体情感、体悟和感受,促使个体需要得到满足的一种进取的学习方式,是幼儿建构、内化知识,个体得到持续变化,主动获得经验的过程。我们认为提升学习品质主要包括提升的目标、内容、途径、策略等。

(二) 调查的目的和意义

在学前教育领域,学习品质已成为幼儿教师和家长所关注的一个热点,也日益受到国内外研究者的重视,成为制定早期儿童学习标准中不可或缺的一个方面。在学前教育阶段培养幼儿良好的学习品质,对幼儿的入学准备以及终身学习都具有非常重要的意义。

1. 重视幼儿学习品质的培养是世界幼教的潮流

在美国、约旦和乌拉圭等很多国家的儿童学习目标中都有关于学习品质内容的明确表述,在我国教育部正式出台的《3～6 岁儿童学习与发展指南》的“说明”部分提出：应"重视幼儿的学习品质"，并明确指出："幼儿在活动过程中表现出的积极态度和良好行为倾向是终身学习与发展所必需的宝贵品质。要充分尊重和保护幼儿的好奇心和学习兴趣，帮助幼儿逐步养成积极主动、认真专注、不怕困难、敢于探究和尝试、乐于想象和创造等良好学习品质。忽视幼儿学习品质培养，单纯追求知识技能学习的做法是短视而有害的。"由此可见，学习品质的培养是素质教育精神的具体体现。

2. 重视幼儿学习品质的培养有益于人的终身学习和发展

3~6岁的幼儿正处于良好学习态度、习惯和方法养成及获得的关键期，他们好奇好问、好探究，对周围的人和物具有强烈的探究欲望，良好学习品质的养成能有助于激发幼儿学习的兴趣和主动性，能使幼儿建立起稳定有效的学习模式，能发挥幼儿学习的主动性和积极性，能提升幼儿的观察力、逻辑思维和表现表达力等，全面激发幼儿的潜能和创造力，为幼儿将来的入学乃至终身学习奠定基础。

3. 重视幼儿学习品质的培养能有效提升教师的课程执行水平

我园以"探索型主题活动"为载体，先后开展了教师支持策略、幼儿有效学习方式等一系列相关课题的研究，积累了丰富的研究经验，形成了浓厚的教学研究氛围。在此基础上，深入开展幼儿学习品质提升的研究是我们结合园本特色课程建设的重要举措。在研究中，教师们通过对"探索型主题活动"中主题核心经验的思考，对幼儿年龄特点、发展水平的把握，对活动价值的充分思考，在"实践—反思—调整—再实践—总结提升"的过程中，得到专业成长，提升课程执行力，确保课程实施的有效性。

(三) 国内外研究现状

1. 对探索型主题活动的研究

近年来，国内幼教发生了重大改革，我们通过情报资料了解到已有很多幼儿园都在幼儿探索实践活动方面进行了许多尝试，并已有不少宝贵的经验。

（1）对探索型主题活动内容的研究

在上海市教委教研室的指导下，上海市的思南路幼儿园、芷江中路幼儿园、浦东东方幼儿园、上海儿童世界基金会普陀幼儿园、七色花幼儿园、荷花池幼儿园等七所幼儿园组成了专题研究小组，对"探索型主题活动"进行了富有创造性的研究。在研究中，他们发现幼儿的学习是一个主动获得经验的过程，它并非只是成人教学的结果，常常也是幼儿主动获得经验的过程。儿童在自主状态下主动建构知识和经验的学习，往往正是儿童真正有意义的、有价值的学习，并于2001年出版了《幼儿园探索型主题活动实施与案例》《幼儿园主题探索活动100例》等书。

（2）对探索型主题活动实施策略的研究

近年来幼教工作者对如何实施探索型主题的研究正越来越多,并且已有不少的经验和成果。2006年海门市少年宫幼儿园对"幼儿园探索精神的培养"进行了研究,开展内容丰富、形式多样的科学游戏、科学实验、科学小制作和科学探索的主题活动,让每个幼儿在主动探索、发现和获得经验的过程中,提高科学素养。2007年无锡市港下中心幼儿园的"关于农村幼儿探究性学习活动的研究与思考"围绕"科学探究活动的组织与指导"、"主题探究活动的组织与指导"、"美术探究活动的组织与指导"、"科学认读探究活动的组织与指导"、"区域化学习探究活动的组织与指导"、"指导家长培养孩子的探究能力"进行了研究,形成了幼儿探究性学习活动教学模式,构建了幼儿探究性学习活动的评价标准。

2. 对幼儿学习品质的研究

（1）国内对幼儿学习品质的相关研究

① 培养学习品质的研究

《3～6岁儿童学习与发展指南》在"说明"部分强调,实施《指南》时应"重视幼儿的学习品质",并明确指出:"幼儿在活动过程中表现出的积极态度和良好行为倾向是终身学习与发展所必需的宝贵品质,要充分尊重和保护幼儿的好奇心和学习兴趣,帮助幼儿逐步养成良好学习品质。"随着学习品质越来越受到重视,上海市普陀区小铃铛幼儿园于2007年进行了"幼儿快乐学习品质养成的环境创设研究",探索幼儿快乐品质养成的心理环境,进一步创设多元的、符合幼儿年龄特点的学习环境,构建幼儿快乐自信、主动积极、自主探索的快乐品质。南京师范大学许卓娅教授于2011年就"幼儿园音乐游戏中培养幼儿的学习品质"进行了专题研究,通过对音乐游戏教学方案的设计研究,研究如何做到循序渐进培养幼儿的学习品质、注意力、自控力等。江苏省苏州市沧浪区实验小学幼儿园朱文华(2011)进行了"开展情境教学提升幼儿学习品质"的研究,研究发现通过围绕教学活动的目标和内容,创设"真"的情境,把握境中之"情",运用情中之"趣",营造情境之"美",以此进行教学,能使幼儿的关注度提高、注意力集中、自觉性增强、情感格外丰富等。

② 影响幼儿学习品质的研究

目前国内对影响幼儿学习品质发展因素进行了诸多的分析与研究,但这些研究更多地集中于幼儿家庭各种因素对幼儿学习品质的影响。如首都师范大学研究生李帆于2011年就曾进行"幼儿家庭常规和学习品质的关系研究",研究中用实验观察法考察了幼儿的学习品质,同时用问卷调查法考察了幼儿生活常规及其家庭社会经济地位,发现幼儿家庭常规和学习品质之间呈正相关关系。我们发现目前对幼儿园各类教学活动与幼儿学习品质之间的关系、影响等的研究较少,通过探索型主题活动来对幼儿学习品质进行影响的研究则更少。

（2）国外对学习品质的相关研究

《学习品质：美国儿童入学准备的一个新领域》（2009年）中提出的一个新的儿童学习与发展领域,目前人们对它的研究还较少,但已越来越受到关注。它通常指向与学习有关的倾向、态度、习惯、风格、特质等,是儿童社会性、情绪、认知发展及其交互作用的核心,一般包括好奇与兴趣、主动性、坚持与注意、创造与发明、反思与解释等具体内容。2006年美国已有十几个州在其制订的早期儿童学习与发展标准中将学习品质作为一个独立的领域来考虑。

庄甜甜和郭力平于2011年进行了"对美国早期儿童学习标准中'学习品质'领域的分析研究",通过研究分析得知,美国早期儿童学习标准中,"学习品质"主要重视培养幼儿的坚持性、好奇心、主动性、创造力、问题解决能力和反思能力。

综上所述,虽然近年来对"探索型主题活动"和"幼儿学习品质"进行研究的幼儿园甚多,但是这些研究仅仅局限于"探索型主题活动"和"幼儿学习品质"本身。多年来我园积极开展"探索型主题活动"的实践研究,并在这方面积累了一定的研究经验,随着研究的深入,我们逐渐关注到学习品质对探索型主题活动的重要作用。开展探索型主题活动是我园多年来的特色。为此,本园确立了该课题,通过对探索型主题活动中幼儿学习品质的研究,旨在如何通过各种途径、有效的教师支持策略来提升幼儿的学习品质。

（四）调查要解决的问题

了解探索型主题活动中,不同年龄段、不同性别、不同健康状况的幼儿,不同教龄教师执教的幼儿,开展主题活动不同年限教师执教的幼儿在学习品质上表现出的特点,寻找一些规律,并分析影响幼儿学习品质的因素,在了解现状的基础上推进课题的进一步开展,思考下一步研究的着手点,并为教师在后续研究中提升幼儿学习品质提供现实依据。

第二节　调查方法和结果

一、调查方法

1. 调查时间：2014年10月

2. 调查对象

对北蔡幼儿园小、中、大班共 188 名幼儿进行了问卷调查,具体由带班教师根据对幼儿学习品质的观察、了解,按照问卷内容对每一幼儿的情况做出客观的回答。回收有效问卷 188 份。其中小班幼儿 52 名,中班幼儿 65 名,大班幼儿 71 名。

3. 调查内容

本问卷分别为幼儿情况、执教教师情况及幼儿学习品质三大方面,幼儿学习品质包含六个维度,分别为好奇心、主动性、坚持性、合作性、质疑能力、问题解决能力。每个维度包含三道评分题,分值由低到高为 1~4 分。

4. 调查方法

问卷调查法,由教师根据对幼儿平时的观察、了解,对幼儿的行为进行打分。

5. 数据统计处理

运用统计软件 SPSS 17.0 对数据进行统计分析。

二、调查结果

(一) 不同性别幼儿学习品质比较

1. 不同性别幼儿学习品质平均分比较

表 1-1 不同性别幼儿学习品质平均分比较

	男(N=100 人)		女(N=88 人)	
	平均数	标准差	平均数	标准差
好奇心	6.40	1.83	6.53	1.84
主动性	7.08	2.03	7.23	1.91
坚持性	6.31	1.50	6.78	1.77
合作性	6.38	1.75	6.76	1.91
质疑能力	5.80	1.83	5.83	1.743
问题解决能力	5.68	1.57	5.88	1.45
合 计	6.28	1.75	6.50	1.774

从表 1-1 可见:

(1) 从总体来看,男孩学习品质均分为 6.28 分,女孩为 6.50 分,女孩高于男孩。

(2) 考察不同性别:

男孩中,六种学习品质由高到低排列为:主动性、好奇心、合作性、坚持性、质疑能力、问题解决能力。

女孩中,六种学习品质由高到低排列为:主动性、坚持性、合作性、好奇心、问题解决能力、质疑能力。

2. 不同性别幼儿学习品质差异检验

表 1-2　不同性别幼儿学习品质差异检验

		Df	t	Sig
男-女	好奇心	186	−0.50	0.62
	主动性	186	−0.51	0.61
	坚持性	186	−1.99	0.05
	合作性	186	−1.43	0.15
	质疑能力	186	−0.11	0.91
	问题解决能力	186	−0.88	0.38

由表 1-2 可见:

对男女孩学习品质平均分进行独立样本 T 检验,发现坚持性品质在男女孩之间存在显著性差异。

(二) 不同健康状况幼儿学习品质比较

1. 不同健康状况幼儿学习品质平均分比较

表 2-1　不同健康状况幼儿学习品质平均分比较

	健康差		健康一般		健康好	
	平均数	标准差	平均数	标准差	平均数	标准差
好奇心	4	1.414	5.31	1.50	6.91	1.74
主动性	5	0	5.57	1.40	7.74	1.82
坚持性	4.50	2.12	5.27	1.08	7.01	1.55
合作性	3.50	0.71	5.24	1.38	7.07	1.70
质疑能力	3.00	1.65	4.69	1.65	6.26	1.63
问题解决能力	3.00		4.86	1.31	6.14	1.43
合　计	3.83	0.71	5.16	1.36	6.86	1.65

从表 2-1 可见:

(1) 从总体来看,健康差的幼儿学习品质均分为 3.83 分,健康一般的幼儿学习品质均分为 5.16 分,健康好的幼儿学习品质均分为 6.86 分。

（2）考察不同健康状况：

健康差中：六种学习品质由高到低排列为：主动性、坚持性、好奇心、合作性、问题解决能力、质疑能力。

健康一般中：六种学习品质由高到低排列为：主动性、好奇心、坚持性、合作性、质疑能力、问题解决能力。

健康好中：六种学习品质由高到低排列为：主动性、合作性、坚持性、好奇心、质疑能力、问题解决能力。

2. 不同健康状况幼儿学习品质差异检验

表2-2 不同健康状况幼儿学习品质差异检验

		Df	t	Sig
健康差- 健康一般	好奇心	49	-1.21	0.23
	主动性	49	-0.57	0.57
	坚持性	49	-0.96	0.34
	合作性	49	-1.77	0.08
	质疑能力	49	-1.44	0.16
	问题解决能力	49	-1.99	0.05
健康一般- 健康好	好奇心	184	-5.73	0.00
	主动性	184	-7.58	0.00
	坚持性	184	-7.28	0.00
	合作性	184	-6.77	0.00
	质疑能力	184	-5.75	0.00
	问题解决能力	184	-5.52	0.00
健康差- 健康好	好奇心	137	0.02	-2.35
	主动性	137	-2.12	0.04
	坚持性	137	-2.27	0.03
	合作性	137	-2.96	0.00
	质疑能力	137	-2.82	0.01
	问题解决能力	137	-3.10	0.00

由表2-2可见：

对不同健康状况幼儿学习品质平均分进行独立样本 T 检验，发现健康一般和健康好的幼儿在好奇心、主动性、坚持性、合作性、质疑能力、解决问题能力六方面存在极其高度显著性差异；健康差与健康好的幼儿在主动性、坚持性方面有显著性差异，合作性、质疑能力、解决问题能力存在极显著性差异。

(三) 不同年龄幼儿学习品质比较

1. 不同年龄幼儿学习品质平均分比较

表3-1　不同年龄幼儿学习品质平均分比较

	小　班		中　班		大　班	
	平均数	标准差	平均数	标准差	平均数	标准差
好奇心	5.08	1.19	6.38	1.58	7.55	1.75
主动性	5.75	1.15	6.94	1.99	8.37	1.68
坚持性	5.29	0.98	6.22	1.49	7.73	1.35
合作性	4.87	0.99	6.32	1.46	8.01	1.39
质疑能力	4.19	1.24	5.91	1.27	6.92	1.65
问题解决能力	4.52	1.11	5.71	1.43	6.75	1.13
合　计	4.95	1.11	6.25	1.53	7.55	1.74

从表3-1可见：

(1) 从总体来看,小班幼儿学习品质均分为4.95分,中班幼儿学习品质均分为6.25分,大班幼儿学习品质均分为7.55分,大班高于中班高于小班。

(2) 考察不同年龄段幼儿：

小班中,六种学习品质由高到低排列为：主动性、坚持性、好奇心、合作性、问题解决能力、质疑能力。

中班中,六种学习品质由高到低排列为：主动性、好奇心、合作性、坚持性、质疑能力、问题解决能力。

大班中,六种学习品质由高到低排列为：主动性、合作性、坚持性、好奇心、质疑能力、问题解决能力。

2. 不同年龄幼儿学习品质差异检验

表3-2　不同年龄幼儿学习品质差异检验

		Df	t	Sig
小班-中班	好奇心	115	-4.96	0.000
	主动性	115	-3.83	0.000
	坚持性	115	-3.88	0.000

		Df	t	Sig
小班-中班	合作性	115	-6.16	0.000
	质疑能力	115	-7.34	0.000
	问题解决能力	115	-4.91	0.000
中班-大班	好奇心	134	-4.07	0.000
	主动性	134	-4.55	0.000
	坚持性	134	-6.24	0.000
	合作性	134	-6.92	0.000
	质疑能力	134	-3.97	0.000
	问题解决能力	134	-4.71	0.000
小班-大班	好奇心	121	-8.82	0.000
	主动性	121	-9.700	0.000
	坚持性	121	-11.08	0.000
	合作性	121	-13.95	0.000
	质疑能力	121	-10.03	0.000
	问题解决能力	121	-10.87	0.000

由表3-2可见：

对小、中、大班幼儿学习品质平均分进行独立样本 T 检验，发现小班与中班、中班与大班、小班与大班幼儿在主动性、坚持性、好奇心、合作性、质疑能力、问题解决能力方面均存在极其高度显著性差异。

(四) 不同教龄教师执教的幼儿学习品质比较

1. 不同教龄教师执教的幼儿学习品质平均分比较

表4-1　不同教龄教师执教的幼儿学习品质平均分比较

	教龄11~20年		教龄21~30年	
	平均数	标准差	平均数	标准差
好奇心	6.52	2.29	6.43	1.56
主动性	6.83	2.20	7.31	1.83
坚持性	6.32	1.87	6.64	1.52

	教龄 11～20 年		教龄 21～30 年	
	平均数	标准差	平均数	标准差
合作性	6.52	2.23	6.58	1.60
质疑能力	6.08	2.47	5.68	1.31
问题解决能力	5.95	1.84	5.68	1.33
合　计	6.37	1.74	6.39	1.52

从表 4-1 可见：

(1) 从总体来看,教师教龄为 21～30 年的教师执教的幼儿学习品质均分为 6.39 分,教师教龄为 11～20 年的教师执教的幼儿学习品质均分为 6.37,教师教龄为 21～30 年的教师执教的幼儿学习品质均分略高于教师教龄为 11～20 年的教师执教的幼儿学习品质。

(2) 考察不同教龄教师执教的幼儿学习品质：

教师教龄为 11～20 年的教师,执教的幼儿六种学习品质由高到低排列为：主动性、好奇心和合作性、坚持性、质疑能力、问题解决能力。

教师教龄为 21～30 年的教师,执教的幼儿六种学习品质由高到低排列为：主动性、坚持性、合作性、好奇心、问题解决能力和质疑能力。

2. 不同教龄教师执教的幼儿学习品质差异检验

表 4-2　不同教龄教师执教的幼儿学习品质差异检验

		Df	t	Sig
教龄 11～20 年 - 教龄 21～30 年	好奇心	186	0.32	0.75
	主动性	186	-1.61	0.11
	坚持性	186	-1.27	0.21
	合作性	186	-0.18	0.85
	质疑能力	186	1.45	0.15
	问题解决能力	186	1.16	0.25

由表 4-2 可见：

对不同教龄教师执教的幼儿学习品质平均分进行独立样本 T 检验,发现幼儿的学习品质之间无显著性差异。

（五）开展主题活动不同年限教师执教的幼儿学习品质比较

1. 开展主题活动不同年限教师执教的幼儿学习品质平均分比较

表 5-1 开展主题活动不同年限教师执教的幼儿学习品质平均分比较

	年限 1~10 年		年限 11~20 年	
	平均数	标准差	平均数	标准差
好奇心	5.28	1.14	6.64	1.86
主动性	6.32	1.28	7.28	2.03
坚持性	5.76	0.52	6.65	1.73
合作性	5.24	0.97	6.76	1.85
质疑能力	4.24	1.01	6.06	1.76
问题解决能力	4.56	0.92	5.96	1.51
合　计	5.23	0.97	6.56	1.79

从表 5-1 可见：

（1）从总体来看，开展主题活动年限为 1~10 年的教师执教的幼儿平均分为 5.23，开展主题活动年限为 11~20 年的教师执教的幼儿平均分为 6.56，开展主题活动年限长的教师幼儿学习品质平均分高于年限短的教师。

（2）考察不同年限：

开展主题活动年限为 1~10 年的教师执教的幼儿，六种学习品质由高到低排列为：主动性、坚持性、好奇心、合作性、问题解决能力、质疑能力。

开展主题活动年限为 11~20 年的教师执教的幼儿，六种学习品质由高到低排列为：主动性、合作性、坚持性、好奇心、质疑能力、问题解决能力。

2. 开展主题活动不同年限教师执教的幼儿学习品质差异检验

表 5-2 开展主题活动不同年限教师执教的幼儿学习品质差异检验

		Df	t	Sig
年限 1~10 年 - 年限 11~20 年	好奇心	186	−3.57	0.001
	主动性	186	−2.29	0.00
	坚持性	186	−2.56	0.00
	合作性	186	−4.03	0.001
	质疑能力	186	−5.04	0.25
	问题解决能力	186	−4.49	0.31

由表 5-2 可见:

对开展主题活动不同年限教师执教的幼儿学习品质平均分进行独立样本 T 检验,发现坚持性、主动性、合作性、好奇心品质在开展主题活动 1～10 年教师执教的幼儿和 11～20 年的教师执教的幼儿之间存在极其高度显著性差异。

(六) 幼儿学习品质相关系数检验

表 6-1 幼儿学习品质相关系数检验

	好奇心合	主动性合	坚持性合	合作性合	质疑能力合	解决问题合
好奇心合	1	.811**	.754**	.757**	.807**	.797**
主动性合	.811**	1	.780**	.780**	.757**	.750**
坚持性合	.754**	.780**	1	.784**	.723**	.742**
合作性合	.757**	.780**	.784**	1	.759**	.773**
质疑能力合	.807**	.757**	.723**	.759**	1	.838**
解决问题合	.797**	.750**	.742**	.773**	.838**	1

由表 6-1 可见:

幼儿的好奇心与主动性、好奇心与坚持性、好奇心与合作性、好奇心与质疑能力、好奇心与解决问题、主动性与坚持性、主动性与合作性、主动性与质疑能力、主动性与解决问题、坚持性与合作性、坚持性与质疑能力、坚持性与解决问题、合作性与质疑能力、合作性与解决问题、质疑能力与解决问题之间存在正相关。

第三节 分析与思考

一、分析

(一) 不同性别幼儿学习品质平均分比较

1. 男孩和女孩的性别特征对学习品质,尤其是坚持性方面有明显的影响

男孩女孩在注意方面存在着较明显的性别差异。一般而言,女生注意的稳定性比男生强,男生比女生容易分散注意。男孩一般比较好动,对新生的事物充满好奇,为之会寻求更多的新刺激,保持注意稳定的时间较短,注意力相对女孩来讲比较容易分散,所以男孩比女孩注意的转移速度快。

女孩性格好静,感情细腻,她们的天性和风格是遵循规则。女孩往往把精力集中在老师安排的任务上,并力求完成学习任务,为之她们会想方设法去克服困难,完成任务。因此在坚持性类型上也有比较明显的个别差异,男孩大多表现为兴趣型和成就型,女孩更多地表现为服从型。

但在坚持时间的离散性上,男孩却大于女孩,女孩的坚持性差异较小,男孩的差异表现得十分明显。表现在同一组活动中,一般坚持时间最长者和最短者均为男孩。这主要是由于男孩的注意稳定性较女孩差,活动过程中的专注度比女孩低,所以男孩比女孩注意的转移速度快。因此男女孩在性别方面的差异特点造成女孩活动中的坚持性一般略强于男孩。

(二) 不同健康状况幼儿学习品质平均分比较

1. 不同健康状况幼儿学习品质与其身心状况有关

健康差的幼儿由于其身体各方面原因,平时因生病等原因缺勤相对较多,参与学校活动的机会相对较少,缺失了学习活动的机会。健康一般的幼儿身体状况良好,情绪稳定,适应能力较好。健康好的幼儿有健康良好的体质,情绪饱满愉快,适应能力较强。因此,这些情况导致幼儿在学习品质方面存在差异。

2. 不同健康状况幼儿学习品质与其动作发展有关

健康差的幼儿体质较弱,动作灵活性、力量耐力都较缺乏。健康一般的幼儿身体健康良好,动作较协调,灵敏度较好。健康好的幼儿体能好,身体全面发展,具备一定的力量和耐力,手部肌肉的动作灵活协调。因此,这些情况导致幼儿在各方面能力发展上存在差异。

3. 不同健康状况的幼儿学习品质与其生活习惯与生活能力有关

健康差的幼儿在日常生活中,由于身体和精神状况较差,大多事情都由成人包办代替,所以生活习惯与生活能力都非常弱。健康一般的幼儿在日常生活中能基本保证自我服务,所以生活习惯与生活能力较稳定。健康好的幼儿由于身体精力充沛,在日常生活中不但具备一定的生活自理能力,还相对关心安全知识与自我保护能力。在学前阶段,生活即教育,生活习惯和生活能力对幼儿的学习和探索有着一定的影响。因此,这些情况导致幼儿在探索品质方面存在差异。

(三) 不同年龄段幼儿学习品质平均分比较

1. 幼儿的学习品质随着年龄的递增逐步增长

大班幼儿学习品质平均分高于中班,中班高于小班,呈现出随年龄递增的特点。

这是因为幼儿的学习兴趣、认知能力、解决问题的能力等多方面的能力是随着年龄的增长逐步发展的。

2. 幼儿在学习品质方面的差异与不同年龄段的年龄特点密切相关

小、中、大班三个年龄段的幼儿都具有该年龄段幼儿独有的年龄特点和身心发展规律,正因为如此,三个年龄段的幼儿在学习品质方面就会产生显著的差异。

比如,大班年龄段的幼儿在合作性方面,较中班、小班幼儿相比有明显的高度显著性差异。之所以这样,是因为小班幼儿的口语表达和人际交往能力与中班、大班相比还较差,他们常常通过自己的行动表达需求。而进入大班的幼儿语言更加丰富,动作更为娴熟,交往能力逐渐提高,在相互交往中,该年龄段的幼儿开始有了合作意识,他们会选择自己喜欢的玩伴,也能与三五个小朋友一起开展合作性游戏。他们会逐渐明白公平的原则和需要服从集体约定的意见,也能向其他伙伴介绍、解释活动的规则。他们开始学习着控制自己的行为,遵守集体的一些共同规则,具有一定的合作水平。

在坚持性上,大班幼儿与小、中班幼儿相比也有极其显著性差异,这是因为如果以大脑额叶逐渐发展和神经纤维髓鞘化接近完成为标志,5～6岁的大班幼儿的神经系统比5岁前的幼儿成熟许多,与此相对应,幼儿的自我控制能力明显提高,这既表现在他们对动作准确性的控制上,又表现在对他们自己行为的控制上。正因为大班幼儿逐步形成的自我约束和控制能力,所以在各种活动中大班幼儿较小、中班幼儿相比,更能安静地坐下来,服从一定的纪律,善始善终地去做一件事情,在坚持性上比小、中班幼儿更具有明显的优势,体现出明显的差异。

小班幼儿的质疑能力与中、大班幼儿相比,也存在极其显著差异。这是因为小班幼儿对事物的认知和学习只停留在表面,不会刨根问底,而且学习的坚持性也相对比较短,因此质疑能力相对较弱。而大班幼儿随着神经系统的成熟,思维水平较小、中班幼儿也有提高,表现为虽然他们的思维还是以具体形象思维为主,但是却出现了抽象逻辑思维的初步萌芽。在认识事物方面,他们不仅能够感知事物的特点,而且能够进行初步的归纳和推理。5～6岁的幼儿有强烈的好奇心,他们思维积极、活跃,愿意学习新东西。正如陈帼眉教授在《学前心理学》中所指出的那样:"如果说4岁儿童的活跃主要表现在身体的活动上的话,那么5岁儿童的活跃主要表现在智力活动的积极性上。"在他们的头脑中总有数不清的疑问、问不完的问题。而且他们喜欢有一定挑战性的学习内容、问题情境,有适当的难度、有一定的挑战性的学习内容,更能顺应大班幼儿积极思考的特点,而且有利于他们进行思维、产生质疑,因为大班幼儿喜欢享受那种在努力克服一定的困难、解决问题后的成功体验带给他们的满足和快乐,因此与小中班幼儿相比,大班幼儿的质疑能力明显高于小班幼儿。

（四）开展主题活动不同年限教师执教的幼儿学习品质平均分比较

1. 坚持性品质在开展主题活动 1～10 年教师执教的幼儿和 11～20 年的教师执教的幼儿之间存在极其高度显著性差异

开展主题活动年限长的教师,对开展主题活动的经验比较丰富,表现出具有一定的预见性,他们会在头脑中形成包括主题活动目标在内的表象和心理表征,并且能预测执行主题活动计划时的情况。他们知道什么时候幼儿会出现退缩的情况,能够根据幼儿实际和面临的情境及时做出选择和决策,把握教育时机、转化教育矛盾和调节教育行为的魄力也较为强劲,当幼儿出现不能坚持的情况时,他们能够运用合适的策略鼓励幼儿继续坚持。而开展主题活动年限比较短的教师,这方面经验比较欠缺,不能预测主题计划执行时的情况,因为这些教师往往更多地想到自己做什么,而不知道幼儿将要做些什么,不能有效地鼓励幼儿坚持,幼儿的坚持性品质得分才较低。

2. 主动性、合作性、好奇心品质在开展主题活动 1～10 年教师执教的幼儿和 11～20 年教师执教的幼儿之间存在极其显著性差异

开展主题活动年限长的教师,有一套完善的吸引幼儿兴趣的方法,对每个幼儿的学习品质了解得比较深入,会开展更加吸引幼儿主动参与的主题活动,因此,幼儿表现出较好的主动性学习品质,在整个主题活动的各个阶段都能主动参与。而开展主题活动年限短的教师则相对缺乏这些方法,因此幼儿的主动性略显不足。

开展主题活动年限长的教师会在主题活动开展过程中运用各种策略引导幼儿合作完成任务,并在活动后及时组织幼儿交流,与同伴分享合作成功后体验到的愉快感,以此提高幼儿的合作性学习品质。而开展主题活动年限比较短的教师,与幼儿的互动没有执教年限长的教师那么积极,幼儿之间的合作性学习品质表现就相对较差。

在开展主题活动年限长的教师的长期教育熏陶下,他们执教的幼儿也会具备较好的好奇心品质,因为有经验的教师在主题活动过程中提供材料时会注意科学性、有序性、新颖性,能吸引幼儿,促进幼儿好奇心的发展,因此幼儿的好奇心学习品质表现得比较突出。而开展主题活动年限短的教师则这方面经验比较欠缺,材料提供比较单一,当幼儿发生兴趣转移的时候,他们显得束手无策,不能很好地激发幼儿的好奇心,因此幼儿的好奇心品质表现比较一般。

（五）幼儿六种学习品质之间呈现正相关

在幼儿的学习品质中,好奇心是个体学习的内在动机之一,也是个体寻求知识的

动力。对于幼儿来说,好奇是孩子的天性,一旦面临新奇的、神秘的、自相矛盾的事物或环境,幼儿自然而然地就会产生探究行为,如好奇、好问、爱质疑等,他们会有选择性地了解周围事物,并积累大量生活经验。在此过程中,如果具备适当的引导并创设满足幼儿好奇心的环境条件,就会把幼儿的好奇心引向强烈的探究行为。这些探究行为如果能够得到不断的强化与满足,还会逐步内化为个体良好的学习品质,如积极主动、学会坚持、敢于尝试、乐于合作、勇于解决问题等。由此可见,这六种学习品质是相辅相成、互相促进、密不可分的。

二、思考

(一) 尊重差异,优势互补

教师应充分认识到由于男女生理构造等差异,男孩和女孩在心理发展和性格特征等方面存在着各自的特点,这是正常的性别差异。因此,在主题活动中教师应该尊重幼儿的性别差异,并将差异视作资源进行开发和利用,通过采取有针对性的指导策略来发挥不同性别优势,弥补不足,促进男孩和女孩的身心健康发展。

比如,针对男孩好奇心强、富有冒险精神的特点,教师可在主题活动中设置富有挑战性的内容,鼓励男孩大胆创想,积极动手实践;针对女孩持久性强等特点,教师可以设置需要细致研究的内容,鼓励女孩在主题活动中充分发挥性别优势,围绕问题进行深入的研究。同时,针对男孩持久性不足、注意力易分散等特点,教师要注意多开发一些富有创意的活动,以活动内容的新奇性、创新性来增加吸引力。另一方面要多给予男孩以支持,鼓励他们坚持完成任务,帮助他们增强责任意识和任务意识;针对女孩较胆小保守,开拓性思维不够的特点,教师要鼓励她们大胆质疑,敢于提出自己的想法。可以将男女幼儿混合编组活动,使男女性别的优势互补,相互促进,在主题活动中共同发展和进步。

(二) 切实保障,充分参与

教师要充分意识到身心健康是幼儿发展的基础,尤其在学习品质培养的过程中,良好的身体素质和心理素质在探索的过程中都发挥着重要的作用。因此,教师一方面要积极做好保教结合工作,提高幼儿体质,降低发病率,保证幼儿的有充足的在园时间。同时,关注幼儿心理发展,培养良好的心理素质,为主题活动的开展奠定基础。另一方面要积极开展家教工作,争取家长的理解和支持,宣传科学育儿的知识,家园一致形成合力,共同关注幼儿身心健康发展。

在幼儿园的一日活动中,教师应该严格执行幼儿园的课程计划,合理安排一日活动各环节,切实保障幼儿有充分参与主题活动的时间。在主题开展的过程中,教师要善于利用家长、社区等各种资源,丰富主题活动的内容,拓展主题探索的途径,帮助幼儿在主题活动中积极思考和实践,积累探索的经验,提高各方面的能力,培育探索品质。

(三)分别指导,个性支持

教师要尊重幼儿的年龄差异,充分了解不同年龄段幼儿的身心发展特点,在主题活动中根据不同年龄段幼儿的发展需求开展有针对性的指导,帮助各年龄段幼儿形成并逐步提升探索品质。

比如,对小班幼儿,教师可以通过创设主题情境、设计和组织有趣的活动等来萌发幼儿的探索兴趣,鼓励幼儿积极参与到主题活动中。在活动中教师要深入了解幼儿参与活动的情况,满足幼儿的探索兴趣,允许其充分摆弄材料,并适时地给予指导,帮助幼儿发现现象,产生问题。对中大班幼儿,教师可以通过介绍一些探索的方法,和幼儿一起收集主题活动的资源等方法来支持幼儿的探索。

教师要注意保护幼儿的好奇心,鼓励幼儿大胆地提问和质疑。当幼儿提出问题时,教师不必马上给予正面的回答,可以鼓励幼儿通过同伴互助、小组研究等方式开展活动,鼓励他们运用合作的方法,通过团队的力量来解决问题,推进主题活动的开展。教师可以通过环境创设来对幼儿进行隐性的影响和指导,如在班级中设立探索问答墙,将幼儿的问题列在墙面上,鼓励幼儿积极地寻找答案;在集体教学活动和个别化学习活动中增加探索的元素,多设置开放式的问题,允许幼儿有不同的意见,加强动手实践和体验,鼓励幼儿在活动中大胆探索,积极创想。

(四)培养师资,共享经验

教师参与主题活动的时间长短造成了教师指导主题活动经验的差异。因此,幼儿园要注意加强对教师队伍的培养,提升教师的专业素养。如在课程方案的设计中立足三个园区的实际情况,合理安排一日活动环节,保障教师有较为充分的时间来组织主题活动;组织教研和科研活动,围绕主题的开展进行有效研究,搭建交流分享的平台,鼓励缺乏参与主题活动经验的教师提出问题,让经验丰富的教师进行经验交流,大家共商共议,运用头脑风暴等方法寻找解决问题的对策,帮助更多的教师积累在主题活动中培养幼儿探索品质的经验;加强对师资的自培工作,及时了解教师在专业发展中的需求,充分挖掘和利用园内外的各种专业资源,如引入专家进行指导,组建园内导师团进行专项培训,开展专题式、体验式的研训活动,拓展教师的专业视野;园内可通过撰写案例反思、专题小结等方式鼓励教师总结自身的教育教学经验,通过资料学习、现场观摩、公开展示等方式相互学习,相互借鉴,共享优质的教育经验,互通有效的教育方法,通过个人和团队的良性交互作用来提升整体师资队伍的专业水准。

第二章 提升幼儿学习品质的实施途径

第一节 园内学习活动中的实施

根据探索型主题活动中幼儿学习品质现状调查,发现小、中班幼儿在坚持性、合作性、质疑能力方面比较薄弱,另外教师开展主题活动的年限对幼儿学习品质也有一定的影响。因此我们利用园内各种学习活动,重点在集体教学活动、个别化学习活动中,开展提升幼儿学习品质的实践,实施的着眼点更多关注幼儿的学习品质,并实施更为有效、丰富的支持策略,提高幼儿的学习品质。

一、个别化学习活动中提升幼儿学习品质

个别化学习是幼儿园的一种重要学习活动方式,它为幼儿的个别化、小组化的学习创设了条件,充分体现对个体差异的尊重,有利于幼儿进行自主的学习,有利于教师对幼儿开展个性化的、分层化的帮助和指导。在探索型主题活动中,个别化学习更是能充分发挥其宽松、自主和低结构的优势,为幼儿的学习品质培养提供了更多的可能。因此,我们高度重视在个别化学习活动中对幼儿学习品质的培养,在空间、时间、内容、专业支持等方面给予了充分的保障。

1. 空间上拓展

我们全园各班在个别化学习活动中都设立了探索角,同时老师根据探索型主题活动的情况及幼儿的兴趣爱好确立个别化学习的主要内容,并为幼儿设计与主题相关的各种个别化学习材料。通过材料的提供、环境的创设,引发幼儿的探索兴趣,鼓励幼儿去探索、去体验,学会发现问题,在实验中学会不怕失败,学会坚持不懈,学会相互合作,不断提升学习品质。

2. 时间上调整

我们在活动时间上进行调整,将原先每周五下午的探索型主题活动时段归零为整,各年龄班分别设立相对统一的探索主题时段,学校设立为期一个月的探索节,保证主题开展的连续性,使探索能有充足的、连贯的时间进行,便于探索的纵向深入和横向拓展,也为探索型主题活动背景下的个别化学习活动提供时间上的保证。

3. 内容上丰富

在确保基础课程主题内容的前提下,我们鼓励教师从资源库中自主选择探索型主题进行活动,可以从园本特色课程中选择,也可以是原创的内容。为了保证内容的丰富性,我们鼓励教师自主运用班班联动等方式形成研究团队,共同实践,完善探索主题内涵质量。这些由根据本班情况进行自主选择的内容,极大地激发了教师对个别化学习活动内容设计的兴趣和幼儿参与的积极性,为幼儿学习品质的培养提供了良好的内容基础。

4. 专业上支持

我们重视专业的研究与支持,帮助教师提升对幼儿学习品质的理解和实践培养能力。我们组织课题组现场观摩不同年龄段幼儿个别化学习活动。活动后课题组老师针对幼儿学习品质进行了现场交流和研讨,大家就幼儿个别化活动中老师对幼儿学习品质发展的培养展开了热烈的讨论,并积极寻找对策。研讨过程中课题组老师与执教老师进行了互动交流,针对现场出现的情况提出了可行性的建议,以便老师有针对性地进行调整和改进。如在观摩两个大班个别化学习活动后,课题组老师认为个别化内容呈现丰富,活动中幼儿的合作性、坚持性等学习品质表现突出,但内容的整合性、材料的层次性方面还需加强调整。

通过这样头脑风暴式的研讨,有利于教师积极改变各种支持策略,促进幼儿学习品质的发展。

二、在集体教学活动中提升幼儿学习品质

1. 开展教学观摩活动

集体教学活动是幼儿园主要的学习方式,这种在集体环境中进行的学习活动除了具有在比较集中的时间内有效地进行学习这一优势之外,还能给予幼儿更多的交流、互动、合作等机会,对幼儿的表达表现、人际交往、相互协作等方面的能力有良好的促进作用。同时,集体教学活动也是教师和幼儿之间开展有效互动、实施有针对性指导的重要途径。于是,我们组织全园教师结合幼儿学习品质的培养策略开展教学

活动设计、组织课堂教学等活动,聘请课题组成员进行现场观摩,再由执教老师介绍活动中对幼儿学习品质的支持策略运用情况,如中班科学教学活动"小黑和点点"的执教者马老师课后谈了自己的心得,活动中马老师通过情境创设、语言启发等策略有效激发了幼儿的好奇心,并将幼儿的好奇心转化为解决问题的行为,最后通过救点点的过程满足了孩子们的好奇心。就这样,通过一个个教学活动的实施,老师们对幼儿学习品质的培养更为关注了,他们会将各种支持策略融合在活动的实施中,并通过活动中对幼儿学习品质表现情况的及时关注,随机改变和调整策略,促使幼儿的学习品质有效得到发展。

2. 组织观摩研讨活动

我们组织课题组老师现场观摩集体教学活动后,针对幼儿学习品质培养进行现场交流和研讨,最后由课题组老师进行现场反馈和沟通,提出调整和改进意见。

比如,大家就集体教学活动中老师对幼儿好奇心的培养展开了热烈的讨论。在小班集体教学活动"大熊山"中,教师通过大熊山的背景图片引发幼儿对于草地上小老鼠的关注,引起幼儿充分的好奇心。接着,教师通过教具设计让大熊山的山坡产生变化,吸引了幼儿的眼球,充分引起幼儿的好奇心,也促使幼儿根据自己的经验调整自己的思维,使幼儿都表现出积极的思维状态。

在中班集体教学活动"圆圆圆!变变变!"中,教师以圆形"变魔术"的形式导入,勾起了幼儿强烈的好奇心和兴趣。从"一个圆、两个圆、三个圆能变出什么"开始,教师用多媒体形式示范出一个圆能变出苹果,两个大小不同的圆能变出小鸡,三个圆能变出花朵,然后过渡到"许多圆能变什么",鼓励幼儿来变魔术,让他们想象生活中由圆形组合拼贴的各种物体,幼儿回答问题的积极性一下子被激发出来,个个都说了还想说。生活周围有各种各样的圆形物品,"魔术情境"的创设激发了幼儿的好奇心,引导幼儿关注周围事物,将幼儿的兴趣、需求与活动内容有机整合起来,发展了幼儿动手动脑的能力,在操作中激发了学习兴趣,增强了关注周围生活的愿望,培养了对科学的兴趣,并激活了孩子原有的认知经验。

在大班集体教学活动"影子娃娃的舞蹈"中,教师以一段皮影戏的录像导入,录像中的影子人随着音乐做着各种舞蹈动作,音乐一停,影子人都摆着各种动作姿势,像木头人一样展现在幼儿眼前。幼儿对录像里的影子人非常好奇,他们迫不及待地也想模仿影子舞蹈的动作,动一动身上的关节。正当幼儿在学着影子舞蹈的动作时,教师出示了手电筒和影子道具背景,问幼儿:"你们想不想和录像里的影子舞蹈一样,来这里试一试自己的影子舞蹈,看一看自己身体的影子哪些地方在动呢?"幼儿既好奇又兴奋,逐个来到手电筒光照着的影子道具前,尝试自己身体在扭动的影子展示给大家看,个个都兴奋不已。教师用皮影戏这个幼儿不常看到的视频激发幼儿的兴趣,引发他们对影子舞蹈的好奇,利用直观的手电筒和白色幕布道具让幼儿去探索影子舞蹈动作,用自己的身体去体验感知影子舞蹈动作的变化,去探索影子身体的关节,去发现自己的影子舞蹈什么地方在动,使幼儿在自主探索的过程中,积累了感性经验,推动了探索过程的发展。

这样的观摩研讨针对性强,对老师提升非常快,转变了老师的教育观念,促进了老师专业水平的提高,有效推动幼儿学习品质的发展。

3. 开展案例研究

通过观摩和研讨,教师们在集体教学活动中学会了关注幼儿的行为表现、学习品质的特点,并能及时调整有效的教学策略和方法,鼓励幼儿操作、体验,在尝试中寻求解决问题的方法,有效激发了幼儿的好奇心,并将幼儿的好奇心转化为解决问题的行为。就这样一个个生动的教学故事浮现在老师们的眼前,于是,我们鼓励教师针对活动中某一个学习品质的培养开展集体教学活动案例研究,将教学实录转化为对幼儿学习品质的深层剖析,透过活动看教师的支持策略和幼儿学习品质的发展和变化。就这样,我们积累了100多篇案例。在对所有案例进行梳理过程中,我们总结和提炼出了教师在开展集体教学活动中的一些共性支持策略,如引导启知、时态把握、创境激趣等,以及一些个性化支持策略,如结合操作实证、以趣激学、合作共赢等,教师支持策略的运用促使幼儿的学习品质得到了有效的提升。

第二节　家园合作活动中的实施

当今社会已越来越向着社会化、多元化方向发展。幼儿园不是幼儿学习的唯一场所,老师不是幼儿的唯一教育者。幼儿园活动的开展,光靠老师的力量是不够的。家长的人力、物力、文化、专业技术、信息资源等是幼儿园主题活动的一块宝贵资源,如果能够充分挖掘这块宝贵的资源并得到合理的利用,不仅能对活动的顺利开展起到促进作用,还能丰富课程资源、拓展合作途径,更重要的是可以让家长走进孩子的学习乐园,关注幼儿学习品质的发展,对提升幼儿学习品质的发展起到推波助澜的作用。

一、开展家长授课活动

在"家长授课"活动组织的过程中,我们不断实践,不断思考,从活动发起的主体和幼儿园、家长双方在活动中的作用地位角度总结出了需求引领、双向互助、自主驱动三种主要策略,并依据活动内容的不同,在每一种策略下呈列出不同的组织方式。

1. 需求引领

为了使家长能了解"家长授课"活动的价值和意义,并且能够积极地参与其中,我们牢牢把握以家园合作工作中各方的需求为引领,将"家长授课"与家长育儿过程中的需求、幼儿园课程建设中的需求、幼儿身心发展的需求等有机结合,在解决问题和满足需求的过程中充分发挥授课活动的作用,使其更具有贴合度和适用性。

在这个策略中,发现和满足需求是主旨,因此,幼儿园在发起活动时既要考虑自身的课程要求,又要充分考虑家长育儿的实际需求;既要在活动过程中充分发挥组织作用,又要积极帮助家长来组织落实授课过程。于是,我园在了解和尊重各方需求的前提下,积极开展"家长授课"的实践与研究,充分发挥家长的主观能动性,让家长在课程实施中贡献出自己的能力和水平,为幼儿园的课程实施创造更适宜的条件,同时也满足自身在育儿过程中的各种需求。

● 加强体验学习,学习课堂教学的方法。家长中大多数人都不是教育专业出身,缺乏进行授课的必备基本功。虽然他们有着参与幼儿园课程建设的热情,但是往往缺乏教学经验,也缺少适合的教学方法。在这种情况下,我园向家长开放课堂,邀请家长走进幼儿园的课程实施现场,让他们近距离地观察幼儿园中各类活动的组织现场,对组织3～6岁幼儿的一日活动有个直观的感受。

● 组织实践体验,指导家长授课的方式。家长们有着强烈的参与授课活动的积极性,但是对如何具体组织活动没有把握,他们很希望能够得到这方面的指导,从而保障活动的顺利开展。我们在了解到这个需求后,创设了大量的机会让家长来观察幼儿园教师的活动组织,使他们对幼儿园的课程活动有了较为直观形象的认识。但是这些认识仅仅是停留在浅层次的初步了解,幼儿园的课程活动具有自己独特的领域要求、年龄段特点等要素,要这些没有经受过学前教育专业训练的家长掌握是有一定难度的。于是,我们积极创设机会,让家长接触和了解适合3～6岁幼儿的教育内容和方法要求,对家长进行面对面的指导和交流,帮助家长掌握授课的基本环节和组织方式。

● 抓住教育契机,开展家长授课的实践。我们给予各班级充分的自主权,可根据本班主题开展、家长的育儿困惑等实际需求适时地开展"家长授课"活动。大多数班级会根据主题进展的情况进行活动设计,邀请有专业优势或专长的家长来园进行授课,发挥家长的优势,丰富主题活动的内容,推进主题活动的发展。

在探索主题"汽车嘀嘀嘀"活动中,教师邀请在汽车销售公司上班的家长来园进行授课。家长利用自己的专业知识精心制作了 PPT,并和教师商议授课内容和环节安排,给幼儿带来了一堂生动有趣的关于"汽车发展史"的课。课后,家长还将自己的车辆开入幼儿园,打开车门,让幼儿看看、摸摸,并耐心地解答幼儿的各种问题,使幼儿对汽车有了完整的了解,并将整个授课活动推向了高潮。

2. 双向互助

随着"家长授课"活动的不断开展,家长的参与积极性高涨,对幼儿园课程建设的关注度也不断提高,园内形成了家园共同关注课程、一起实施课程的良好局面。在"家长授课"活动中,要真正体现家长的主体性,就要通过各种方式来积极发挥家长作用,尊重家长的需求,幼儿园与家长共商共量来合作实施,才能使"家长授课"成为家长积极参与课程建设的重要平台。因此,在实践过程中,我们根据授课活动的需要,适时退后,鼓励家长积极发挥主动性和积极性,在授课活动中给家长提供必要的指导和帮助,为"家长授课"活动赋予新的内涵,采取家园双向互助的运作策略。

● 加强活动前的协调和准备。"家长授课"看似是家长来园组织一次活动,时间并不长,其实在这一次短短的活动前有大量的前期准备工作,这些前期准备是一次活动成功与否的基础保障。每一次"家长授课"活动前,组织的教师都要对活动的整体情况进行精心的设计,和家长深度交流,一起确定活动目标和过程,共同制定活动方案,分别准备有关的材料。在充分的前期准备基础上,活动的顺利实施才能得以保障。

● 注重活动中的配合和指导。在"家长授课"活动中,家长和教师是活动实施的双主体。由于家长的教学经验不足,对活动过程中的很多问题难以把握,所以教师要在其中起到及时指导和随时配合的作用,这样才能保证活动的质量,为幼儿园的课程建设起到积极的推进作用。

如:在某班教师与家长一起设计"家长授课"活动时,教师向家长介绍了班级主题开展的情况,和家长一起挖掘主题经验,拟定了交通棋、听辨交通工具声音等几个有趣的科学游戏内容作为授课的主要内容。在收集素材过程中,教师鼓励家长积极发挥主观能动性,主动挖掘身边的素材,用生活中的元素来丰富幼儿的经验。亮亮妈妈设计的是听辨交通工具声音、猜交通工具这一探索内容,有的声音如公共汽车、小汽车、轮船的声音网上能直接找到，而对于找不到的地铁开动的声音，她就直接到地铁站现场录音。教师和她一起根据声音的内容设计了专门的记录卡，便于幼儿边听边记和后期的检验。逸逸妈妈在设计制作交通棋的过程中，把幼儿的玩具车、警察人偶都作为材料进行组合和使用。教师在充分肯定她的基础上，向家长介绍了幼儿的认知特点，帮助她设计和制作了棋盘，并且配上从各处收集来的各种小道具，把棋盘面设计得立体逼真，与交通标识的知识自然融合，大大激发了幼儿参与活动的兴趣。通过这些活动前的设计和准备工作中，不仅为班内"家长授课"活动的顺利开展奠定了扎实的基础，也使参与活动的家长对幼儿的身心发展特点有了更为科学和深入的了解，使授课者自身也获得了专业的指导。

● 重视活动后的分享与推广。"家长授课"活动需要得到广大家长的支持，但是一次"家长授课"活动一般是由一名家长或几名家长负责实施的，班级中的其他家长并不能在现场直接观摩。为了扩大"家长授课"的影响力，鼓励更多的家长积极参与到其中，为幼儿园的课程建设添砖加瓦，也为了能使每一次的授课活动产生深刻而广泛的影响，我园教师充分发挥现代信息技术的作用，通过网络来加强互动，及时发布信息动态，吸引更多的家长参与到"家长授课"活动中。

在"我自己——身体的奥秘"这个主题活动开展过程中，教师邀请家长代表来园开展了"家长授课"活动，帮助幼儿认识自己的身体，懂得爱护自己的感官，注意自我保护。在活动结束后，教师及时通过班级邮箱进行了主题资料的分享，将授课活动的过程以视频的形式与全班家长进行了分享，并提出倡议，希望有更多的家长参与到主题活动中来，与幼儿一起亲子设计和制作更多的游戏材料。家委会代表率先在微信群里实时报道和孩子的制作过程，包括构思、创意、制作流程等，带动了人气。教师时刻关注着家长们的动态，并不时给大家鼓劲，提供材料上的支持，如学校有KT板、即时贴等材料，及时在微信群里告知家长，并鼓励家长到老师处领相关所缺的材料。一下子，微信群里就热闹起来，一些无从着手的家长开始有了灵感。怡怡妈妈晒出了制作的男孩和女孩操作材料，亮亮妈妈晒出了身体器官翻翻乐的游戏，还有浩宇爸爸制作的杂技小人，杰杰家庭制作的小熊笑了、哈哈镜、盲人摸象……游戏材料真是丰富多样！

这些材料凝聚了家长的智慧和才能，为幼儿提供了丰富的课程资源，让教师感受到了家长资源的重要作用，激发了家长参与"家长授课"的积极性，也使更多的家长在"家长授课"活动后获得了专业的指导和支持，最终为班内的幼儿创设了更为丰富的课程坏境。

3. 自主驱动

"家长授课"活动的深入开展,家长的主体意识也不断增强,对幼儿园课程建设的参与度也得到较快提升,有越来越多的家长积极投入到授课活动中,家长的创意和想法日趋丰富。在这种情况下,有越来越多的班级实施了放手的策略,将授课活动的自主权赋予家长,给予他们更广阔的发挥空间。我们采取了家长自主驱动策略,为"家长授课"活动的进一步开展注入了新的活力。

在组织筹备过程中积极发挥家长的主导作用。每一次"家长授课"活动的策划和准备期间都有着大量的具体工作,随着我园对此项工作的不断推进,我们的"家长授课"活动逐步向家长主导的方向发展,很多班级的活动内容不再局限于班内的主题活动,而是拓展到对幼儿身心发展的关注和对幼儿能力的培养。这样的转变是源于家长对幼儿园教育的认同、对家长参与幼儿园课程建设理念的认同,是经过长期的家长工作尤其是在长期开展"家长授课"活动的基础上逐步达成的。

我们的活动主题不再是由教师指定,有越来越多的家长乐意为幼儿园的课程实施贡献自己的创意和智慧。他们在育儿的过程中不断思考,和幼儿园的教师定期沟通,及时地捕捉来自广大家长的育儿需求,积极主动地开展"家长授课"活动。

比如,在大班下学期,家长普遍会对幼小衔接的话题很感兴趣。我们的家长不满足于幼儿园组织的常规幼小衔接活动,积极地寻找更多的相关教育资源,设计和组织有关幼升小的"家长授课"活动。大班的班级家委会成员和教师一起拟定调查问卷,在大班家长中分发,并主动协助教师收集、分析问卷,商定活动形式和内容。

家委会成员希茗小朋友的妈妈对幼儿绘本了解颇深,在与自己孩子一起阅读绘本的过程中,发现有不少绘本也和幼小衔接的内容有关。于是她与班级家委会成员一起收集有关绘本,将《小女巫上学去》《小魔怪要上学》《大卫上学去》《小阿力的大学校》等书推荐给班中各位家长,并由她牵头,在班内开展了"绘本品评会"活动,通过亲子阅读指导帮助家长与幼儿做好幼小衔接的准备。在这次授课后,班中的其他家长也积极参与到分享有关幼小衔接类图书的活动中,纷纷推荐了《玛蒂娜》《窗边的小豆豆》等书,并且在家中开展亲子阅读,在班内交流分享阅读体会,品析其中幼小衔接的理念,帮助幼儿提高入学的愿望和兴趣。

通过这一系列的活动,家长纷纷表示通过"家长授课"不仅增长了幼儿关于幼小衔接的知识,增进了亲子感情的交流,也使家长相互学习,受到了很大的启发。尤其是令家长的自主地位得以凸显,促使家长将对幼儿发展的关注化为自身的育儿自觉行为,重视家园合作的教育,重视幼儿的成长和发展。

对于这些以家长为主导的授课活动,我们教师认为授课活动完全是家长的主动行为,从策划、教案、教具都是家长自己准备,整个过程中家长作为这次活动的主导者,教师配合家长开展活动,给予专业上的建议和课堂上现场的维护。这样的模式颠覆了以往以老师为主、家长为辅的授课模式,让家长更完整地走进课堂,真正成为教育者,家园共育不再分割在学校和家里分别开展,而是不分地点相互交融,家长即教师,教师和家长缔结成为共同的教育者,使活动成效成倍增长。

二、举办亲子科学实践活动

1. 浸润体验

每年的探索节是孩子们的"探索嘉年华",它已经成为孩子们的节日,更是孩子与家长共同的"家庭日"。在幼儿园多功能大厅布置了一个互动体验区,体验区按游戏年龄段进行分区,参与体验者有全体教师和家长智囊团成员。分享体验活动开始,由游戏设计者为现场体验者推荐游戏的亮点和巧妙之处。体验者有的先观察,有的则先尝试,在操作遇到阻碍时再主动询问设计者;也有请设计者进行一番操作演示,自己再体验……体验团成员们穿梭于小、中、大各种探索游戏之间,乐此不疲,意犹未尽,没有一位家长游离在活动之外,不管是体验者,还是设计者,老师和家长们都在操作、体验、互动的过程中充分地交流着、探讨着,围绕着科学游戏的材料、玩法、最适宜哪个年龄段、安全性、趣味性等方面展开了热烈的讨论,在思维碰撞中我们老师希望向家长们传递出我们布展体验的活动意图,更是希望能鼓励和带动这些家长也能成为我们嘉年华队伍中的一员,成为一名游戏的设计者。

通过家园以点带面的互动和指导,一个更大范围展示的活动方案也酝酿成熟。我们发动更多感兴趣的家长参与到设计队伍中,集家长和老师的共同智慧,游戏库的资源更加丰富了。家长们也体会到,自身参与了设计的游戏过程,就会思考游戏设计是否适宜,能否满足和激发幼儿的探究兴趣,还有什么地方需要完善和调整。只有玩过了、体验过了、操作过了,自己会玩爱玩才会有效地与孩子一起互动。

每年我们都会组织全园各班家长和孩子以亲子游戏的方式参与活动,参与体验的家长们自然成了活动的指导者与宣传者,"探索嘉年华"游戏展厅热闹非凡,更是让孩子和家长们流连忘返。展厅外的留言板上,家长帮助孩子记录下了体验之旅后的留言,有的留下了开心的表情,有的表露了赞美,有的表达了感谢……展示体验活动让更多的家长感受到了幼儿园特色课程的魅力,让更多孩子享受到了探索节的乐趣和快乐,这60个游戏也渐渐被打磨成了幼儿园里的经典游戏。

2. 展示推广

我们还利用各部资源拓展"探索节"展示区,扩大受众面。基于各部探索活动室的条件愈加完善,又有许多探索节里积累的科学小游戏不断充实。幼儿园各部结合本部的探索活动室内容设计布置了科学游戏展区。如北中部精选内容更适合中大班,莲园部精选内容更适合小班,内容也更符合各部幼儿的年龄特点。2015"勇探索、重参与、同快乐、共分享"的"北蔡幼儿园探索节"活动,我们的设想是:开放各部探索室,并充分挖掘场地优势,创造性地设计布局,设立分部科学游戏展示互动区,全园三分部以亲子参与的形式进行同步开放。展区指导者队伍也由教师扩大到了家长,不少家长主动报名担当体验区的讲解员和指导员,全园亲子参与率高达98%。孩子们尽情感受着探索节带来的无尽乐趣。他们脸上洋溢着快乐的笑容,他们的心中充满着尝试、获得、超越的激动心情。参与其中,家长、教师也定是收获满满,对幼儿园更是一种丰实和创造,是一种文化的丰富和发展。

每年"探索嘉年华"不断创新的家园展示互动,让来源于生活的科学小游戏也随之融入幼儿平日生活,并且带入了幼儿家庭生活,孩子们"在玩,又不只是在玩"。在幼儿玩科学的过程中开拓了幼儿们的视野,激发幼儿积极动脑、感知操作和无限畅想,提高了对问题的探索、解决能力,真正体现寓教于乐的精神。

通过家园合作,激发孩子对学习科学的热情,共同培养和提升幼儿科学探究的学习品质。

3. 开发拓展

探索节活动进入第三年,每年我们也力求创新,如何在活动内容和形式上有所拓展一直是我们思考的部分,既推广幼儿园传统内容,又不断拓展和挖掘新资源。我们与上海神奇科学堂儿童体验中心合作,走出校园开展的"神奇科学堂"科学体验活动,邀请家长和孩子走进"Mad Science 神奇科学堂","与蚯蚓零距离"、"漂亮蝴蝶"、"制作恐龙牙齿"、"恐龙电影"等活动让幼儿在亲身实践的科学实验中,感受科学独一无二的神奇魅力;与北蔡地区的特色种植园"闲情雅趣"合作,开设了校外科学课堂"神奇的黄豆"、"薄荷变变变"、"多肉亲手栽",家长志愿者参与,和孩子们一起动手做一做、尝一尝、栽一栽。同时我们也将这些优质的特色资源请进校园,与上海神奇科学堂儿童体验中心合作展示"科学秀"活动,邀请全园家委会家长参与,"好玩的空气"、"神奇的干冰"、"香香的雪花"无不充满神秘,激发了幼儿强烈的好奇心。与"童领天下"合作开展了"健康、快乐、合作、探索"主题亲子运动会,邀请全园家长参与,通过生动活泼的亲子活动,激发探索欲望,建立和谐的亲子关系;引进 STEM+课程,向全园家长展示各班"科学展示板",让全园家长了解幼儿园新的探索项目活动等。丰富多样的活动打破了幼儿园老师唱主角的格局,优质的教育资源及新颖的探究活动内容和组织形式吸引着幼儿、家长、老师的眼球,大家都觉得耳目一新,孩子开心、家长乐意、教师叫好,这真是我们所力求的。它成功展示了幼儿园的课程建设之路,园内外资源的开发和利用不仅激发和满足了幼儿的探究兴趣,也让我们体会到了新资源所带来的惊喜。

通过请进来走出去的方式,呈现了家园互动的不断创新,尽量多地创造条件让幼儿在自己动手摆弄、操作、探索活动中进行观察和思考,发现问题,主动解决问题,使他们感受科学探究的过程和方法,体验发现的乐趣。探索节活动拓展并丰富幼儿的科学探索课程模式,满足了幼儿好奇探究的欲望,幼儿有更多机会在感知、发现和交流分享中习得经验,有效促进幼儿探索品质的发展,也给我们的探索节增添了活力。

第三章 提升幼儿学习品质的实施策略

"实施"是指用实际行动去落实施行。"策略"是指计谋、谋略。"提升幼儿学习品质的策略"是指，为了提升幼儿的学习品质，教师进行的一系列思考、选择、行动。三个年龄阶段教师的实施策略既有共性，又有个性。不同策略的共同作用能够提升不同年龄段幼儿的学习品质。

"个性化实施策略"，就是非大众化的实施策略，就是教师为了实现提升不同年龄段幼儿的学习品质，进行的一系列非大众化的思考、选择、行动，呈现出的是在幼儿学习活动中为提升幼儿学习品质而实施的独特的、拥有个性特质的策略。

第一节 集体教学活动中提升幼儿学习品质的共性实施策略

一、小、中、大班共性支持策略

1. 小班：创境激趣——创造轻松、愉快的游戏化学习环境，激发幼儿浓厚的求知兴趣，能主动愉快地学习。

幼儿学习品质(好奇心)——教师支持策略(创境激趣)

案例：猜猜我是谁

"今天有一个动物朋友过生日，你们知道是谁吗？"我一边说，"它有两只长长的耳朵。"一边播放 PPT，屏幕上出现了一对长耳朵的影子。孩子们看到屏幕上的影子，"怎么是黑色的？""我知道，是小兔子。"……孩子们你一句我一句地说着。"原来真是小白兔！"我边说边播放小白兔在家里的图片。"我们和小白兔打招呼吧。"孩子们很热情地和小白兔打起了招呼:"你好,你好小白兔!""小白兔请了许多动物朋友一起来庆祝自己的生日,心里可开心了!"刚说完,忽然听到"啪嗒"一声,播放小白兔家里一片漆黑的图片。我就装出很惊讶的表情问:"哎呀! 怎么回事呀?""老师,电脑怎么黑了?""是不是没电了?"……"哎,是哪里没电了?"我说道。"是小白兔家里没电了。"

　　"叮咚,叮咚,什么声音呀?"我同时播放门铃的声音。"是家里的门铃响了。"孩子们异口同声地说道。"原来是小白兔的好朋友来了,可是这么黑,什么都看不见,你们知道是谁吗? 小兔请手电筒来帮忙。"我播放动物影子。"你们看看,是谁来了?"变变说:"是一个黑黑的影子。""三角形的耳朵,有胡须,是小花猫。"泽泽很兴奋地说道。"那我们一起看看到底谁?""原来真的是小花猫,你们眼睛真厉害,能猜出是小花猫。""那你是怎么猜出来的呢?""我是看到一个影子是小花猫。"泽泽站起来说。我一边表扬孩子们一边播放"叮咚、叮咚"的声音。"咦! 又有谁来了?"孩子们观察屏幕上出现的一个长满刺的影子,"身上有尖尖的刺,会是谁呢?""我知道了,是小刺猬,刺猬身上有一根根刺。"一涵大声地说。"身上有刺的,我们一起来看看是不是小刺猬?"说完,我就播放小刺猬的原图,"原来真是小刺猬。""那你们都是怎么猜出这些小动物的呢?""我们是从它们的影子猜出来的。"孩子们异口同声地说道。

　　小班孩子对小动物都很喜欢,通过有音乐的门铃声敲门的情节来激发小班幼儿的好奇心,启发幼儿通过观察影子猜小动物,进一步也激发了孩子对手电筒照在小动物身上能产生影子有了好奇心,激发孩子们参与探索活动的主动性,通过游戏情节去吸引幼儿的好奇心。通过这个环节不仅激发了孩子去思考为什么手电筒照在身上却没有影子的好奇心,孩子们通过观察也发现了因为没有光照在身上是不会产生影子的道理。

　　2. 中班: 引导启知——指当幼儿学习遇到困难时(幼儿思维不畅时、在幼儿切入重难点时、在幼儿疑惑不解时、在幼儿束手无策时)教师以明确的教学目标为指引,有目的地给予提醒或提示,启发幼儿思维活动的持续发展,自主获得新知识和新技能,促进幼儿思维的不断深化。

幼儿学习品质(好奇心)——教师支持策略(引导启知)

案例: 小点点遇险

　　活动是在一棵秋意浓郁的大树下开始的。我出示点点的图片,用第一人称的方式介绍故事的主角:"小朋友好,我是小蚂蚁小黑。"孩子们眼睛盯着小黑,挺有兴趣,但是没有回应小黑的问好。考虑到活动重点是帮助蚂蚁脱离险境，孩子需要与蚂蚁这个角色建立感情和关心，因此我在此时跳出蚂蚁的角色引导孩子："小黑，你好！"孩子们看我打招呼了，也热情地说你好。接着，我又引出小蚂蚁点点，孩子们有了第一次的经验，这次就很主动地和点点问好，进行互动。

接着我开始讲述小蚂蚁小黑和点点的故事。点点和小黑它们住在一棵大树的树洞里，当凉风吹起的时候，两只小蚂蚁决定去树梢上看风景。树梢是树的哪里？孩子们说树梢是大树的最顶尖上，它们你帮我来、我帮你，嘿呦，嘿呦，小朋友一起给它们加油，加油，加油，嘿呦嘿呦它们终于爬到了树梢，它们站在树上放眼望去，哎呀，好美的景色啊，你猜猜点点和小黑可能看到了什么美丽的景色？孩子们有的说可能看到梧桐树了，秋天的梧桐树叶都是黄的，很好看；有的说看到了菊花，秋天是菊花开放的季节。孩子们说了很多，小蚂蚁们真的看到了这些景色，太漂亮啦，所以点点激动地向前跨了一步，哎呀，咕咚，它从树上怎么样了呀？（操作让点点掉到了操作板下面的叶子上）掉到了小池塘里的落叶上，点点焦急地看着它的朋友求救："救救我，救救我。"小黑呢也非常着急地说："我会来救你的。"危难时有时候身边的东西就能起到救助的作用，它拿起身边的树枝说："我来救你，我来救你。""小朋友看怎么样啊？"孩子们着急地叫："太短了，要拿长一点的。""那有什么办法可以救点点呀？"孩子们七嘴八舌开始想办法："点点快点爬上来。""拿长一点的树枝就能够得着啦。""找一根绳子。""快点游泳。"……救小点点的心可真是很急切啊。

在中班，引导幼儿讨论是激发幼儿思考和动手操作愿望的重要方法。在活动操作前，我鼓励幼儿积极思考，大胆猜测答案和结论。如：有什么办法可以救点点？你用什么东西把什么变长了？满足幼儿的好奇心理，促使幼儿积极有目的地进行探索，最终有效地完成教学目标。另外因为幼儿爱动、好学这一特点，引导幼儿自己通过动手、动脑去探索救点点的办法。这种学习方法符合幼儿思维发展规律。

3. 大班：实态把握——在教育活动中了解把握幼儿学习的现实状态，发现幼儿学习上存在的问题，从而找出与目标之间的差距，采用合适的方法，帮助幼儿达成教育目标。

幼儿学习品质（合作性）——教师支持策略（实态把握）

案例：分组合作，探索成功

第二次的合作开始了，这次除了巩固之前的合作要求外，还加入了艺术的美感。

这一次我按照人数让孩子们分成三组进行自由组合,因为有了前面的分享,两组朋友都很好地在商量,商量后就按照计划搭建:一组是搭建埃及金字塔,一组是搭建快乐城堡。因为之前的不成功,我又重点观察了小远的这组,只见他们在商量的时候就出现了问题,小远说:"我们搭个赛车场吧。"蕙涵说:"我们还是搭金茂大厦吧。"可见意见还没有统一,我想他们会再商量下去吧。没想到的是,当我到其他组一晃再转身过来的时候,他们已经动手搭了起来,小远不管意见有没有被采纳,自顾自搭了起来,好朋友熙熙在帮忙,而蕙涵和小芸却呆呆地在一旁,不知道干什么好。于是我过去询问,蕙涵就说我们意见还没统一,小远就自顾自搭了,没办法。我就对小远建议道:"小远,我们今天的任务是和好朋友一起搭纸杯,大家要商量好再一起搭,这样才能成功。"小远想了想说:"那好吧,我们就搭金茂大厦吧,搭完了旁边再搭一个停车场。"这下,几个女孩子和小远一起搭了起来,他们合作得很好,不一会儿工夫就把金茂大厦和停车场都完成了。

在大班幼儿的集体教学活动中,当幼儿处于什么状态时教师需要介入显得非常重要,这就需要教师恰当地把握实态。在第二次搭建中,教师第一次观察实态,小远这组还在进行讨论,教师认为此时不是介入的时机,因此没有进行干预,而是采取了等待。第二次教师观察到小远这组不成功,因为根本没有发生合作,教师认为此时需要介入。于是教师适时地介入并进行指导,启发孩子思考今天的任务,让孩子们找到不成功的原因,帮助他们去改进方法,促成幼儿之间的合作,从而完成合作建构的任务。该案例显示,教师需要在幼儿未能完成任务或者是确定幼儿合作发生困难的时候介入,通过成人的引导来促进幼儿的合作性学习,促进幼儿的任务达成。

第二节　集体教学活动中提升幼儿学习品质的个性化实施策略

一、小、中、大班个性化支持策略

1. 小班:操作实证——指通过提供材料或实践机会,让幼儿通过操作验证其猜想是否正确,解决问题的一种策略。

幼儿学习品质(问题解决能力)——教师支持策略(操作实证)

案例：椅子多了少了怎么办

一、一一对应,感知问题

第一次的游戏,椅子和孩子的数量是一样的。

游戏开始了,一部分孩子在前面围着椅子玩游戏,一部分孩子坐在下面一边念儿歌一边观察：是不是每个同伴都找到椅子坐下来了,并在老师的提问下关注到了椅子和人数的关系："大家都坐到椅子了吗?"小朋友都回答："都坐到了。"于是我再追问："你是怎么知道的?"这时候小朋友就会说："都坐下来了。"可是却怎么也说不清楚"为什么都坐到椅子了"。

于是我和小朋友一起通过一一对应的方式——"一张椅子一个小朋友",帮助孩子进一步感知椅子和人数的关系。"一张椅子一个小朋友、一张椅子一个小朋友……椅子和小朋友不多也不少,一样多。"

二、发现问题,提出解决问题的方法

第二次游戏,有 5 个小朋友参加,可是有 6 把小椅子。游戏结束后,孩子们马上发现："多了一把小椅子。"在运用一一对应"一张椅子一个小朋友、一张椅子一个小朋友……"的经验,比较过椅子和孩子的数量后,我接着问："怎么样才能让椅子和小朋友一样多?"孩子们有了两种不一样的答案：再请一个小朋友上来;搬掉一个小椅子。

三、实践验证

第三次游戏,有 6 个小朋友参加,小椅子只有 5 把。没有坐到椅子的飞飞,一开始似乎很紧张,以为自己游戏失败了,一脸沮丧地站在那里。于是我又接着问："怎么样才能让椅子和小朋友一样多呢?"孩子们说："让飞飞下去。"可是飞飞一听,更不开心了,怎么也不肯下去。"还有什么办法,可以让椅子和小朋友一样多呢?"孩子又通过一一对应的方法比较椅子和朋友的数量,发现少了一把椅子。于是飞飞在大家的帮助下,到旁边搬了一把椅子坐了下来。椅子和小朋友一样多了。

关注孩子的自主学习,让孩子自己去发现问题、解决问题。那小班孩子会不会自己解决问题呢? 从不断进阶的抢椅子游戏中不难发现,只要教师相信孩子,适时适宜地抛出问题,我们的孩子自有办法。

这些方法不是说说就可以了,教师都和孩子们一起通过一一对应、做游戏来检

验,最终得出一把椅子一个小朋友,小朋友和椅子一样多,每个人都能找到椅子了。这些答案的获得,不是教师给予的,而是孩子自己"悟"出来的。

所以教师要敏锐地观察孩子的关注点,把教育自然地渗透在孩子的游戏中,通过操作实证,让孩子潜移默化地学习,在游戏中培养孩子解决问题的能力,鼓励幼儿在游戏中寻找解决问题的方法。

2. 中班:以趣激学——知晓幼儿的兴趣所在,适时、有效地进行引导,让幼儿能主动愉快乐于学习。

幼儿学习品质(主动性)——教师支持策略(以趣激学)

案例:小球乖乖

生活中,球是孩子们比较了解的,因此在看到图片后大家很乐意地就打开话匣子,主动谈论。当出现有争议的乒乓球时,我采用间接提示,孩子们的情绪也高涨起来。现成表演的照片不但吸引了孩子们的兴趣,而且激发了他们跃跃欲试的主动性,准备挑战自我。

老师将一些常见的球类图片制成PPT,在孩子们自由讲述各自知道的球类后播放,"看看图片,还有哪些是我们没有说到的?""棒球。""第几排第几个是棒球呢?""第一排最后一个。"播放乒乓球图片,"这是什么球?""高尔夫球!""高尔夫是白色的。"……可能图片是很多白色和黄色的球混在一起,没有任何其他的参照物,孩子们没有人说对,我想还是用肢体动作来提示吧,聪明的孩子肯定能猜出,于是我做了几个打乒乓球的动作,果然墨林兴奋地答道:"乒乓球,是乒乓球。"他这么一说,好几个孩子附和着。

"老师把你们平时玩球的照片都拍了下来,我们一起看看大家是怎么玩球的。""琪琪在拍球,子恒在投篮,艾米在赶小猪,俊俊把绳子绑在球上拎着走……"由于照片上都是孩子们平时活动中的情景,因此大家感觉很亲切,说起来意犹未尽。

"我这里还有一些哥哥姐姐们玩球的照片,他们可厉害了,看他们是怎么玩球的呀?""踢球。""用什么部位踢的?""用脚踢球。""用头顶球。"有了前一张图的完整回答提示,孩子们后几张都能说出用身体的什么部位玩球了。

运用孩子们感兴趣的探索材料——球,激发孩子的主动性。球是孩子们平时体育活动中最常用也是最喜欢的玩具之一。球好玩,但对于中班的孩子来说是比较难控制的,球体圆形,一不小心就滚走了,正是因为这一特性,"小球乖乖"给孩子们带来了挑战,激发了他们想办法让小球听话的主动性。当通过自己的尝试后小球不乱跑听话了,他们的成功感得到了满足,对玩球更喜欢了。同时在开始导入部分,我运用了平时孩子们活动的场景以及他们熟悉的一些球类照片,在经验的基础上孩子们的主动性更易激发。

3. 大班:合作共赢——通过幼儿与幼儿、幼儿与教师之间的讨论、互助等形式,促进幼儿之间相互协同,交互合作学习,互相取长补短,共同发展进步,最大限度地促进幼儿的发展。

幼儿学习品质(合作性)——教师支持策略(合作共赢)

案例:一起搭纸杯

在活动之前,我让孩子们有过一次各自玩纸杯的经历,在过程中,他们也发现了一些问题:一个人玩变不出花样,只能搭简单的东西,时间不够……那如何来解决?我就想通过"玩纸杯"的活动让他们尝试用合作的方法来解决。

活动开始,当我把问题抛出的一瞬间,孩子们都纷纷说了自己的想法,涵涵:"我觉得有两个办法,一个要冷静,一个就是要找朋友一起合作。"珺珺:"我觉得也是找朋友合作,可以把想搭的东西搭得更漂亮。"孩子们的回答也正是我想要的答案,于是我就及时鼓励他们的想法,并引出了今天的合作话题。

怎么合作才是真正的合作,说说简单,瞧!孩子们说:"要找到朋友,再商量商量搭什么?""搭的时候,如果遇到问题,就好好地想办法解决,实在不行的话,就请老师帮忙。"……说得真好,于是我就让他们从找朋友入手。

因为之前的每次建构活动,他们都会去找朋友,所以这个对于他们来说真不算什么,但是找到朋友后的共同商量却不是简单的一件事情。第一次的合作玩纸杯,就出现了不一样的结果:珺珺一组,看到了他们的合作商量,所以作品比较成功,说明他们已经在学着共同商量完成作品;而小远一组,明显的没商量,而且只求高,没有配合好,结果在过程中倒掉了,作品没完成。

搭纸杯的案例中,教师就利用了集体活动中科学探索的形式来让幼儿合作,共同建构,探索让纸杯搭得又高又稳的方法。这次机会让幼儿可以把自己个人的建构经验在小组中进行分享,从而促进幼儿与同伴的合作。

小班集体活动及案例

小鱼和鲨鱼
——在音乐活动中培养幼儿学习的主动性
顾燕菁

活动名称：小鱼和鲨鱼(艺术★★★　语言★★★　社会★　健康★)

适宜年龄：小班

设计者：顾燕菁

活动目标：

1. 初步培养幼儿聆听的习惯,引导幼儿辨听小鱼和鲨鱼不同形态的音乐,模仿各种小鱼游的动作,表现其音乐形象。

2. 激发幼儿喜欢小鱼的情感及做音乐游戏的兴趣。

活动准备：海底世界场景布置、鲨鱼头饰、鲨鱼披风、PPT 课件、编辑的音乐

活动过程：

一、音乐游戏《许多小鱼游来了》,激发兴趣

1.(出示海底背景图)今天我要带你们去一个地方,看,是什么地方?

对呀,我们来到了海底世界,我是鱼妈妈,你们是我的鱼宝宝,我们一起去海底世界逛逛、玩玩吧。

(教师扮演鱼妈妈,幼儿扮演小鱼,小鱼跟着鱼妈妈到海底场景中游一游、看一看)

2. 游戏：许多小鱼游来了。

海底世界真漂亮,生活在这里真开心,小鱼们和妈妈一起来玩个游戏吧。

(音乐游戏《许多小鱼游来了》)

二、欣赏小鱼游的音乐,通过动作表现音乐形象

1. 听,什么声音? 嘘,小耳朵仔细听。

听到这段音乐,你觉得是海里的什么动物来了? 到底是谁来了呢?

(出示小鱼)原来这段音乐讲的是小鱼们在海底里的快乐生活,听到这段音乐,小鱼们你们会想要去干什么呢?

好吧,小鱼们,那我们听着这段欢快、开心的音乐一起去海底里玩玩吧。

2. 教师和幼儿一起听着音乐模仿各种小鱼游的动作到场景中游戏,教师适时地

引导。

　　小结：小鱼们在海底世界的生活真是丰富多彩呀，它们自由自在地游来游去，有时吐吐泡泡，有时找找吃的，有时做做游戏，小鱼们你们喜欢海底里的生活吗？

　　三、欣赏大鲨鱼音乐，感受音乐形象

　　1. 可是，你们知道吗？海底世界除了我们这些小鱼，还有其他的动物也生活在这里，闭上眼睛，听一听这次会是谁来了？（幼儿讨论，是谁来了）

　　到底是谁来了？为什么？

　　小结：原来，大鲨鱼的音乐听起来重重的，让我们听了感觉很紧张，很害怕，所以一听到这个音乐我们就应该知道鲨鱼在向我们这里游来了。

　　2. 海底世界不只有我们小鱼，还有会伤害我们的大鲨鱼，那小鱼们，你们在海底世界里玩的时候，如果听到大鲨鱼的音乐，你们要怎么办？

　　（交代游戏规则——鲨鱼来了我们怎么办？躲到哪里去？什么时候躲……）

　　四、音乐游戏"小鱼和鲨鱼"，进一步表达对音乐的理解

　　1. 通过不断地辨听小鱼和鲨鱼的音乐，引导幼儿感受小鱼和鲨鱼音乐的不同，并能通过不同的动作和行为来表现音乐形象以及对音乐的理解。

　　2. 可邀请幼儿扮演鲨鱼，增强幼儿游戏的趣味性。

案例：

背景：

　　幼儿发展的核心是主动学习，主动学习是幼儿学习的内在动力。培养幼儿学习的主动性，不仅对幼儿在幼儿园期间学习的成功与否带来影响，而且对幼儿以后的学习也有着深远的影响，它关系到幼儿自信心的建立、活泼性格的养成以及好奇心、求知欲和各方面能力的发展，也关系到幼儿对待学习、对待自我和对待周围世界的态度。对于小班的孩子来说，他们年龄小，大脑发育还不够完善，注意力集中的时间较为短暂。虽然他们的认知范围在不断地扩大，但是此时他们是以直观形象思维为主的，只有那些生动的、鲜艳的、活动的、具体形象的材料才会吸引他们的注意力。从这一点上来说，情境化的材料、有趣的游戏能充分地调动小班幼儿的情感力量，萌发和强化他们的学习兴趣，继而激发幼儿学习的主动性。

　　《幼儿园教育指导纲要》中明确提出，幼儿园对幼儿音乐方面的培养就在于幼儿能够主动参与到老师组织的活动中和自发地进行音乐活动。可见，在音乐活动中，教

师应该充分地调动幼儿学习的积极性,发挥幼儿在音乐活动中的主体性,促进幼儿学习的主动性。

基于以上种种思考,针对小班幼儿的年龄特点,我设计了《小鱼和鲨鱼》这个音乐活动,活动中我通过情境的创设、游戏的设计、有效的引导让幼儿在游戏中感受音乐、理解音乐,从而真正做到让幼儿在游戏中学习,在玩中学,在自然的情境中促发幼儿学习的主动性。

事件:

片段一:创设情境,激发幼儿活动的兴趣

"宝贝们,看,这是哪里呀?"边问孩子,我边在大屏幕上出示了一张大大的海底背景图。"这是海底里。""我看到小鱼了。""我看到海草了。""蓝色的是海洋呀。"……孩子们的目光一下子聚焦在了这幅背景上,兴奋地边说边用手指出自己看到的各种海洋鱼类。

"对呀,海底真漂亮,生活在这里的小鱼们真开心呀,那我来做鱼妈妈,你们做我的鱼宝宝,我们一起去海底里玩一玩吧。"说着,我做了招呼孩子们到我身边来的手势,接着我两手往前伸展,做出小鱼游的动作,开始"游起来"了。"我的小鱼宝宝们,我们出发啦。"……听到我的指令,孩子们也模仿我做小鱼游的动作,跟着我游起来了。

教室的四周我布置了很多的水草,水草上贴着一些海底的生物,然后我带着孩子们模仿小鱼游的动作在水草里穿梭,置身于海底这个情境中。"老师,这么多的水草,好长呀。""老师,海底里还有贝壳,还有海星。""还有……"孩子们边游边迫不及待地把自己看到"海底生物"一一说出来,犹如一条条快乐的小鱼自由地穿梭在海底里,自由地玩耍。

片段二:游戏互动,引发幼儿主动地参与

"小鱼们,听,什么声音?""听到这个声音想要干什么?"随着小鱼们游完静下来,我播放了一段"小鱼游"的欢快的音乐,"听了好舒服。""听了想出去玩。"……好吧,听着这段音乐我们一起去玩玩吧。在熟悉的场景中,听着欢快的音乐,小鱼们再一次跟着鱼妈妈出游了,我也通过不断地变换小鱼游的动作带领孩子们在海底里穿梭,小手往前摆动往前游,小手往后摆动转个弯游,双手往上往上游,多种多样、不同姿态的小鱼游动作让孩子们乐此不疲地在海底里游。

就在这时,我播放了一段"鲨鱼"的音乐,孩子们一下子安静下来,"小鱼们,听到这个音乐你觉得是谁来了？""怪物来了。""大怪兽来了。""大鲨鱼来了。"……深沉的声音让孩子一下子安静下来，有的孩子做出了害怕的、哆嗦的样子。

"那我们一起去看看到底是谁来了？"边说我边在大屏幕上出示动态的画面，一条大鲨鱼伴随着深沉的"鲨鱼"音乐向孩子们迎面扑来。"啊，鲨鱼来啦，是大鲨鱼。"……孩子们叫了起来。

"原来这个音乐是告诉我们大鲨鱼来了。大鲨鱼来了，小鱼们应该怎么办呢？"边问，我边用我的目光扫了一圈周围的海草……

"老师，躲起来，大鲨鱼就不吃我们了。""快点逃走，大鲨鱼就抓不到我们了。"……大鲨鱼带给孩子们强烈的震撼，于是他们纷纷发表自己的意见，寻找解决方案。

"对呀，大鲨鱼来的时候小鱼们可以找个安全的地方躲起来，水草里面，石头后面都可以躲，而且听到大鲨鱼的音乐出来了，小鱼们要快快地躲哦，不然速度慢了也会被抓到哦。"我用稍显紧张的口吻告知孩子们。

孩子们看着我，眼睛一眨不眨，拼命地点头。

"小鱼们，记住妈妈的话了吗？我们又要出发，妈妈又要带你们一起出去玩了。"我边播放"小鱼游"的音乐，边提醒孩子们。同样的，我又做出了小鱼游的动作，孩子们看到我的动作示意，听着音乐跟着我快乐地出游了。

正在孩子们开心地在海里游的时候，我转而播放"鲨鱼"音乐，对比鲜明的音乐一下子给孩子们带来了很大的震撼，只见刚才还在开心地慢慢游的孩子们突然间到处窜，飞快地找地方躲，而同时由阿姨扮演的鲨鱼也出现了，惟妙惟肖的鲨鱼的出现，更让孩子们加快了躲闪的步伐，孩子们或躲在水草后，或躲在石头后，完全沉浸在"鲨鱼来了"这个情境中。

片段三：启发引导，提高幼儿学习主动性

"哎呀呀，我有一条小鱼宝贝不见了，它到哪里去了呀？"我着急地问孩子们。

"在那里，被鲨鱼抓走了。""呜呜，它被抓到鲨鱼家里去了。"……甚至有孩子已经着急地哭了起来。

"鲨鱼这么恐怖，你们都害怕，那你们说说这条小鱼是怎么被鲨鱼抓走的呀？"看到孩子们这么害怕，我赶紧问。

"它跑得太慢了。""它最后一个躲进来，被鲨鱼看见了。""它没有躲在看不见的地方。""它躲的地方太挤了，所以被鲨鱼发现了。"……

"哎呀，小鱼，你知道了吗，你的小鱼朋友们帮你找到原因了，鲨鱼音乐出来了就

是告诉大家鲨鱼来了,你们得赶快躲起来,要躲在鲨鱼看不见的地方哦。"我对被鲨鱼抓走的小鱼说。

小鱼可怜地点点头:"我知道了。"

"哎呀,那小鱼宝贝们,你们说听到鲨鱼的音乐要赶快躲起来,那是这段音乐吗?"我边说边播放音乐让孩子们听辨。

"不是的,这个不是鲨鱼来的音乐,这个是小鱼的音乐。"孩子们异口同声。

"那是这个音乐吗?"我又转而播放鲨鱼的音乐。

孩子们一听到条件反射似地四处逃窜了,边逃还边说:"是这个,这个是大鲨鱼来的音乐。"……

分析:

1. 创设情境,激发幼儿主动学习的兴趣

《纲要》中提出:"创设与教育相适应的良好环境,为幼儿提供活动和表现能力的机会和条件。"现代教育应该十分重视环境对幼儿发展的作用,创设一个宽松、自由、开放、快乐的环境,给孩子提供自主和自主活动的时间和空间,是确保幼儿主动学习的一个重要方面。音乐作为最富有情感的艺术,只有创设一种与音乐情境相和谐的情境、气氛,才能使幼儿很快地进入音乐,把自己的理解、感受用音乐语言表达出来。而对于小班的孩子们来说好模仿是该年龄段孩子身上最显著的一个特点,在情境中学习更是激发小班孩子主动学习的一种有效教学方法。比如在活动的一开始通过"海底世界"图片的提供,吸引了孩子们的注意力,引发了孩子们自由、主动的表达,挖掘孩子们对于海底世界的已有经验,并与当前的"海底世界"建立直接的联系。其次,通过创设模拟的海底世界情境,让孩子们扮演角色融入这个情境中,身临其境,从而让孩子们在情境中通过模仿小鱼游的动作,通过看一看、找一找、说一说、躲一躲等去熟悉海底的情境。可以说在这个过程中,孩子们有兴趣主动地去表达、去模仿。通过情境的创设、角色的扮演,让孩子们在一种比较自然的状态下,主动地去活动区熟悉活动环境,让孩子们瞬间融入了这个学习的情境,幼儿主动学习的兴趣也被激发了,从而为下面的活动做好铺垫。

2. 注重游戏化,促发幼儿主动学习的行为

游戏是幼儿学习的基本方法,游戏化不仅体现在音乐游戏这样的特殊成分,而且体现在它一切活动形式方法都比较自由、灵活多样,使幼儿在玩中自觉自愿地、不知不觉、快乐地投身到活动之中。在今天的活动中,我赋予了"小鱼"和"鲨鱼"音乐的

色彩,选择两种风格和形态截然不同的音乐,并将这两种音乐与"小鱼"和"鲨鱼"这两种动物形象建立联系,通过音乐游戏"小鱼和鲨鱼",让孩子们在熟悉的海底世界场景中,以游戏的形式去进一步理解和感受音乐,让孩子们在游戏中用动作、表情来完美地诠释自己对"小鱼和鲨鱼"这两段音乐的理解。可以说在游戏中,作为老师的我成为孩子们的游戏伙伴,退到了孩子们的身后,把孩子们推到了前面,让孩子们在音乐游戏中能不受老师的影响和束缚,完完全全地根据自己对音乐的理解进行表达,在不知不觉中通过动作感知音乐,积极表现,积极参与。由此可见,以游戏的形式,利用场景、借助音乐,让孩子在游戏中辨听小鱼和鲨鱼不同形态的音乐,表现其音乐形象,在这样的游戏情境中,孩子们沉浸其中,快乐游戏,主动思考,继而习得知识。因此,在音乐活动中,以游戏的形式让孩子投身于活动中,的确不失为一个良策,它促进了幼儿的主动学习。

3. 善于启发引导,提高幼儿主动学习的效果

《纲要》中提出:"教师应该成为幼儿学习活动的支持者、合作者、引导者。"同时,幼儿是一个个体,个性不一,能力有别,知识经验缺乏或者认知策略不当,幼儿的探索和理解容易停留在表面或者陷于困境,无法进行深入的探究。所以,幼儿在学习的过程中,需要教师进行适当的启发、有效的引导,即在适当的时机进行引导,注重启发式,使幼儿理解音乐作品,表现作品。比如当孩子们还处于"鲨鱼"来了的震惊中的时候,教师因势利导"鲨鱼来了怎么办",这时孩子们会主动地去思考,去寻找解决方案,这个过程中孩子们的思考是积极的、主动的。当"小鱼"没有及时地躲起来或者躲得不好而被鲨鱼抓住时,我会问:"哎呀,为什么这条小鱼被抓住了呀?"……让孩子们充分地表达,一起寻找被抓住的原因。孩子们大声地、大胆地结合自己的体验说出了自己的见解,相信有了这样的经验,孩子们在接下来的游戏中肯定会对游戏规则把握得更好,肯定会更用心地去倾听和辨别音乐,并用自己的动作和行为来正确地表达自己的理解。

孩子们的世界是需要孩子们自己去探索和发现的,对于孩子们来说他们都具有音乐的潜能,因此作为老师的我们需要通过创设丰富的、有趣的音乐活动环境,为孩子们自主感受、学习音乐提供自由、主动的学习空间,让他们能自主地表达和表现,使他们在自主、自由的活动情境中去感受音乐、理解音乐,从音乐中体验更大的乐趣。作为老师的我们,要尊重孩子的年龄特点,理解孩子的需要,通过各种有效的方式方法激发孩子的主动性,让孩子真正成为学习的主人。

找 椅 子
——在数学游戏中激发孩子问题解决的能力
施 敏

活动名称：找椅子(科学★★★　语言★　社会★)

适宜年龄：小班

设计者：施敏

活动目标：

1. 在找椅子的游戏中,尝试用一一对应的方法比较两组物体的多、少或一样多。

2. 试着自己解决游戏中的小问题,体验与同伴一起做游戏的快乐。

活动准备：

1. 经验准备：幼儿事先学会儿歌(铃鼓铃鼓你真灵,敲的声音真好听,丁铃丁铃敲起铃,找个椅子来坐定)。

2. 物质准备：椅子6把、铃鼓。

活动过程：

一、和铃鼓做朋友

1. 出示铃鼓,回忆儿歌。看看今天我请来了哪个朋友,看看它是谁?(出示铃鼓)

2. 交代游戏玩法。边念儿歌边走,儿歌念完,就找前面的一把椅子坐下。

二、找椅子游戏

第一次游戏：5把椅子,5名幼儿。(感受人和椅子一样多)

1. 游戏开始了。下面的宝贝和我们一起念儿歌好吗? 待会就轮到你们游戏啦。

2. 每个朋友都找到椅子了吗? 做游戏的小朋友都坐到椅子了吗? 你是怎么知道的?

3. 小朋友和椅子比 ,哪个多? 哪个少? 我们一起来比一比。

小结：小朋友和椅子正正好好,不多也不少,就是小朋友和椅子一样多。

第二次游戏：5把椅子,4名幼儿。(感受人少椅子多)

1. 小朋友都找到椅子了吗? 一起来看看,你们还发现了什么? 哪个多? 哪个少?

2. 有什么办法让椅子和小朋友一样多?

3. 幼儿想办法,教师随机按照幼儿的办法进行一一对应比较、验证。

小结：搬掉了一张椅子(或请上来一个朋友)，现在宝贝和椅子正正好好，一样多。

第三次游戏：5把椅子，6名幼儿。(感受椅子少人多)

1. 这次每个朋友都找到椅子了吗？你们发现了什么？怎么会有一个朋友找不到椅子呢？

2. 椅子和小朋友比，哪个多哪个少呢？

3. 有什么办法使小朋友和椅子一样多？

4. 幼儿想办法，教师随机按照幼儿的办法进行一一对应比较、验证。

小结：现在椅子和小朋友正正好好，一样多。

三、我和铃鼓请朋友

第四次游戏：椅子找朋友(幼儿运用已有经验为椅子找朋友)

1. 铃鼓说你们真聪明，做游戏不争也不抢。现在铃鼓想请你们做小老师来为椅子找朋友啦。

要求：

(1) 请上来的朋友要和红色的椅子一样多。

(2) 请上来的朋友要比红色的椅子多(少)一个。

2. 铃鼓说和你们做游戏真开心，我们带着铃鼓去教室里做游戏跳舞好吗？

案例：

背景：

小班的孩子带着浓浓的奶香味，刚刚步入幼儿园，不愿自己动手动脑，缺乏自己想办法解决问题的能力，总习惯向成人求助，爱说："老师，我不会。"针对小班孩子的依赖心理，我尝试用问题来衔接活动环节、用问题来引导孩子总结，很好地保证了孩子在整个活动中的主体地位，教师在不断提问的过程中实现了主导地位。孩子在不断地解决、回答问题的过程中，思维得到了发展，能力得到了提高。

游戏"找椅子"可以说是孩子百玩不厌的游戏之一，我们小时候也特别喜欢玩，紧张又刺激。但回忆以往玩游戏的经验，你会发现，每次教师发起游戏时总是会告诉孩子，拿5张椅子上来，再请6个朋友来玩抢椅子的游戏。于是铃声响起，孩子们开始全神贯注地将注意力放在倾听铃声快速去抢座位的动作上。输的孩子下去，再拿掉一个椅子，游戏继续进行。从小班开始玩这个游戏，我想几乎没有多少老师会去问孩子，你为什么没有坐到座位？如果你也想坐到座位，需要拿几个椅子上来……

因此结合小班孩子问题解决能力的弱点,在"找椅子"的活动中我对活动的组织和实施有了新的设计和挑战。

事件:

片段一:在游戏中尝试发现椅子和人数的关系

6把椅子摆在中间,第一次游戏开始了。6个孩子跟着老师一边念着儿歌,一边围着6把小椅子转,这次的游戏椅子和孩子的数量是一样的。儿歌停下的时候,游戏着的每个孩子马上找到了1把椅子坐了下来,所有的孩子都笑得非常开心。这时我问坐在下面的孩子:"大家都坐到椅子了吗?"孩子异口同声地说:"坐到了。"我又接着问:"你们是怎么知道的?"齐齐说:"都坐到了。"其他孩子也跟着说:"坐到了……"可见孩子们都看到了游戏的结果,但是无法用语言表达出来。于是我走到6把椅子后面,摸着第一小朋友的头说:"一个小朋友一把椅子、一个小朋友一把椅子……"接着所有的孩子跟着我一起说:"一个小朋友一把椅子……"数完后,我对孩子们说:"椅子和小朋友不多不少,正正好好,一样多。"通过一一对应的方式,帮助孩子们初步感知和积累椅子和人数的关系。

片段二:在游戏中尝试发现解决问题的多种方法

第二次游戏时,我悄悄地多请了一个孩子——6把椅子和7个小朋友。游戏结束后,孩子们都发现游戏结果和刚才不一样了,大声地说:"浩浩没有坐到椅子。"我马上抛出一个问题:"怎么样才能让椅子和小朋友一样多呢?"根据以前玩抢椅子游戏的经验,天天马上说:"请浩浩下来。"本来浩浩因为没有坐到椅子,已经很失望了,听到小朋友这么一说,感觉浩浩都要哭出来了。于是我再问大家:"浩浩也想玩游戏,有什么办法可以让浩浩也有椅子坐?"当大家都想不出办法的时候,琪琪说:"再搬一张椅子给浩浩。"在琪琪的帮助下,浩浩坐了下来,脸上也开心地笑了。这时我再和孩子们用一一对应的方式,帮助孩子们进一步感知和积累椅子和人数的关系。

第三次游戏时,我又少请了一个孩子——7把椅子和6个小朋友。当我再问大家:"怎么样才能让椅子和小朋友一样多呢?"这时孩子们会根据他们已有的经验,解决当下的问题。有的孩子说:"再请一个小朋友就一样多了。"也有孩子说:"搬掉一张小椅子就可以了。"……

分析：

1. 在反复游戏中体验并积累解决问题的前期经验

其实在平时的一日活动中，我和孩子们也一直在玩这个游戏，一玩到这个游戏，孩子们就以最快的速度坐到自己的小椅子上，又有趣又能准确回到自己的座位，班级的常规也好了许多。但孩子们都没有发现旁边多余的小椅子，也没有去关注椅子和人数之间的数量关系。

可能有的老师会觉得奇怪，怎么游戏玩了那么多次，提问没有给幼儿解决问题的设定呢？原因在于：（1）小班孩子刚进幼儿园，对游戏本身的兴趣会高于对数认知的关注 。（2）小班孩子反应慢，只有通过多次反复体验才能自己真正有所发现。(3) 在游戏中感知"一样多"，为后面环节中比较多少积累相关经验。

所以在活动后面的游戏中，当椅子和人数不一样时，经过孩子事先寻求解决问题的方法经验积累——一一对应的方法，自然而然明白了原因所在。

2. 在自己寻求中发现解决问题的多种方法

二期课改非常关注孩子的自主学习，让孩子自己去发现问题、解决问题。那小班孩子会不会自己解决问题呢？从活动过程不难发现，只要教师相信孩子，适时适宜地抛出问题，我们的孩子自有办法。

这些方法不是说说就可以了，教师都和孩子们一起通过一一对应、做游戏来检验。最终得出一把椅子一个小朋友，小朋友和椅子一样多，每个人都能找到椅子了。这些答案的获得，不是教师给予的，而是孩子自己"悟"出来的。

现实生活中很多游戏蕴含着丰富的数学学习内容，虽然有时孩子可能注意到或接触到这些问题或现象，但往往处于无意识状态，可能不会对此寻根究底。所以教师要敏锐地观察孩子的关注点，把教育自然地渗透在孩子的游戏中，让孩子潜移默化地学习，在游戏中培养孩子解决问题的能力，鼓励幼儿在游戏中寻找解决问题的方法。

中班集体活动及案例

奇 妙 森 林
——运用音乐游戏带动幼儿学习的主动性

陈　婷

活动名称：奇妙森林（艺术★★★　语言★★　社会、健康★）

适宜年龄：中班

设计者：陈婷

活动目标：

1. 愿意倾听音乐，并发现乐曲中的节奏型。

2. 尝试用乐器为节奏型伴奏，体验合作的乐趣。

活动准备：手鼓、响棒、节奏卡、课件、改编音乐

活动过程：

一、律动游戏

1. 律动导入，带领幼儿郊游。

　　导入语：小朋友们，和陈老师一起去森林里拍照吧！（音乐律动）

2. 请幼儿坐在草地上休息。

　　师：前面有片大草地，我们坐下来休息一下。

二、情节导入

1. 发出求救声。

师：你们有没有听见声音？好像是从城堡里发出来的，一起去看一看。

2. 引出被困的公主。

师：原来是有位公主被困在城堡里了，她在请求帮助。怎样才能帮助她呢？听一听公主怎么说。（播放录音）

你们愿意做聪明勇敢的人吗？那我们赶快出发去森林里找一找。

三、开始探险之旅

1. 寻找大象。

师：你找到大象了吗？一起去请大象帮忙把！你会怎样对大象说呢？

2. 播放大象的音乐，引导找出节奏咒语。

3. 学习大象的节奏，能用手拍出。

师出示节奏卡，帮助幼儿练习。

4. 找到袋鼠，得到法宝。

说一说袋鼠的法宝是什么？（响棒、手鼓）

四、解救公主

1. 知道解救公主的方法。

小结：原来要用法宝正确地敲出咒语，就能救出公主了。

2. 试着配合音乐演奏乐器。

　　3. 救出公主后欢快舞蹈。

案例：

背景：

　　在幼儿园学习活动中,幼儿大多是在教师所预设的过程中进行探索、学习,概念上经常把教学内容放在首位,过分强调了教师的主导作用,而忽视了作为主体的幼儿的学习主动性,导致幼儿"神貌分离",表面上是在学习,但并非自己积极主动地在学习,有些幼儿就表现为眼神游离的状态。

　　《幼儿园教育指导纲要(试行)》中明确指出:"幼儿园的教育活动,是教师以多种形式有目的、有计划地引导幼儿生动活动、主动活动的教育过程。"本次活动,我特意定向于音乐艺术领域,与其他形式教学活动相比,音乐活动有着宽松的活动环境,幼儿可以按照自己的兴趣和能力自主选择活动,在愉悦的环境中主动、愉快地学习,以音乐内在的特性和感染力来唤醒幼儿的主动意识,促进幼儿的主动发展。

事件：

片段一：生动的活动意境激发幼儿兴趣

　　此次活动伊始,我制作了生动的多媒体课件,在愉快的郊游活动中带入游戏：有位公主被困在施了魔法的城堡里,她在请求帮助。以森林探险引入活动意境,在笛声中激发幼儿寻找声音来源,并通过被困的公主来透露解救公主的信息,问题和多媒体课件相互贯通,层层递进。对于这样形式的开场白,孩子们感觉像是进入了游戏,主动性大大提升,同时在专注力上也更进一步,孩子们听到公主的解救要求,都信心满满地想要进行接下来的挑战,把公主从城堡中解救出来。以幼儿感兴趣的带有童话色彩的意境作为引子,有效地吸引了幼儿的眼球,孩子们对这个活动有了非常大的兴趣,从而自然地引发幼儿学习的主动性。

片段二：以游戏的形式带动幼儿主动性

　　第二过程也就是营救公主的过程,以两个游戏线索带领幼儿思路,首先是要找到大象,学会它的节奏咒语;然后要找到袋鼠,得到它的法宝。幼儿通过线索要求,在绘声绘色的多媒体课件中积极寻找,首先是在音乐中找到节奏,对音乐基础较薄弱的孩子可能第一遍不易找到,于是我便利用无意的手部提示来帮助幼儿理解,孩子们很快就听出了比较明显的节奏。当找到节奏后,孩子们兴趣更浓,积极提出要去找法宝,于是自然过渡到乐器演奏这一环节,通过演奏乐器的方式让孩子对节奏有更进一步的理解和熟悉节拍。孩子们对第一遍乐器节奏的尝试还不是很满意,于是主动要求再来一次,主动性上得到再次升华。

　　整个第二过程,在第一线索中包含了欣赏环节《大象》,需要幼儿听出节奏明显的乐句,能够用手拍出来。通过这一种身临其境的感受,不仅激发了幼儿的创作和想象欲望,又可以帮助理解音乐。完成了第一任务,幼儿十分自然地过渡到寻找第二线索中。

片段三：在合作中升华幼儿主动性

　　这是一个需要幼儿合作的环节,也是继第二过程后的一个难点,请孩子们用自己选用的乐器(法宝)来敲奏出节奏,才能真正救出公主。在这一过程中,我采用课件中人物的录音来引导幼儿完成最后的任务,给幼儿以自由,让他们有进行自主活动的权利和机会,在最后营救活动中,充分利用眼、耳、手、脑去发现、去感受,帮助幼儿成为学习的主人,使幼儿的学习主动性得到成功的升华。

分析：

　　1. 抓住年龄特点,从兴趣出发引导幼儿主动学习

　　幼儿学习的主动性与幼儿对学习的兴趣密切相关。幼儿喜欢音乐活动,因为在音乐活动中幼儿通过韵律活动(案例中的郊游前奏)、敲打乐器(案例中的响棒、手鼓)、探究声音(案例中大象的节奏音乐)等直接体验到快乐,幼儿有着与生俱来的对音乐的自然倾向。因此,了解幼儿学习音乐的兴趣和需要,是发展幼儿主动意识和主动能力的重要条件。

　　正如游戏开始,在音乐的伴奏下,我带领幼儿愉快地组织郊游活动,孩子们的积极性被调动起来,自然对下面的过程有了一个愉悦的学习态度。

　　2. 在游戏活动中培养幼儿主动性学习

　　《幼儿园工作规程》明确指出："幼儿必须通过自身积极主动的活动,才能获得必要的经验。"游戏活动是幼儿最喜欢的活动,最能发挥幼儿主动性的活动,也最符合幼儿的年龄特点。因此,我在设计活动时采用游戏体验的形式,以游戏营救公主为主线,以音乐节奏和乐器演奏为游戏线索,使幼儿对活动产生浓厚的兴趣,成为教育的载体,并乐于积极地投入到整个学习活动中去。

　　3. 调动各种感官,引导幼儿主动参与学习

　　在音乐活动中要更好地调动和激发幼儿参与活动的主动性,采用调动幼儿的多种感觉器官(如听觉、视觉、运动觉)协同参与音乐学习的方法。在最后合奏乐器环节,不是单纯地仅从听觉活动入手,而时借助于听觉、视觉、运动觉多种感觉通道的统合活动来帮助幼儿更好地体验活动的乐趣,并使幼儿的主动意识和主动能力得到更

好的培养和提高。

4. 在引导激励中培养幼儿主动性学习

由于中班幼儿特定的生理和心理特点,虽然已经具备可以评价自身言行的能力,但更多地还是依赖于教师的评价。在教学活动中,教师在幼儿自主活动中的态度、语言,会对幼儿产生很大影响。因此,教师要以鼓励的态度,用启发开放的语言,引导幼儿更主动地获得新经验。例如我在本次教学中主要使用"你这个方法真不错"、"你这么有礼貌,它一定愿意帮助你"等等。教师积极的语言、鼓励性的微笑、轻松的气氛,使得幼儿的心情始终保持信心,有不断探索的愿望,促进了幼儿主动地学习。

通过此次案例活动,幼儿的主动性在游戏的带动下提升了,音乐形式带给了孩子们学习的乐趣。儿童的世界是他们自己去探索发现的,只有孩子主动探求来的知识才是能被内化吸收和利用的真知识。

智 救 唐 僧

——在闯关游戏中培养孩子的坚持性

冯燕飞

活动名称: 智救唐僧(科学★★★　语言★★　健康★★　社会★★)

适宜年龄: 中班

设计者: 冯燕飞

活动目标:

1. 尝试运用眼、耳、鼻完成相应的任务。

2. 体验眼、耳、鼻的重要性,建立初步的自我保护意识。

活动准备:

1. 经验准备:幼儿看过《西游记》的动画片,了解孙悟空的本领。

2. 物质准备:PPT 课件,练眼力图纸 1 张,带有香蕉、橘子味道的纸杯各 1 个,装有米粒和橘子的铁罐各 1 个,装有茶水、酒精、白开水的塑料盒(并编号),黑板架,自制翻板 1 块

活动过程:

一、导入活动

1. 教师:孙悟空是唐僧的大徒弟,他的本领很大,保护唐僧去西天取经,那你们知道孙悟空有哪些厉害的本领吗?

小结：对,孙悟空有一双千里眼,能看到离他很远很远的东西;还有一对顺风耳,能听到很远很远的地方传来的声音。

2. 教师：但是这天,孙悟空遇到大麻烦了。他醒来突然发现自己躺在一个山洞里,周围黑漆漆的什么都看不见。这时,山洞里传来一个声音……

（声效：孙悟空,我是大魔王,你的师父唐僧已经被我抓来了,我施了法术,你的千里眼和顺风耳都没有用啦。哈哈哈哈！如果你想带他一起离开这个可怕的山洞,必须得找到一把银色钥匙。）

教师：孙悟空暂时失去了千里眼和顺风耳的本领,看来这下只能靠我们大家来帮助他了,你们愿意吗？好样的！有了你们的帮助,孙悟空更有信心了。这时黑暗中有一点点亮光,孙悟空朝着亮光走啊走,只见眼前出现了一扇门,还冒出来一个可怕的绿妖怪。绿妖怪交给孙悟空一张图纸,看看上面说了什么？对,原来大魔王把钥匙分成了三段,要得到三段钥匙才能合成一把银色钥匙打开门,救出唐僧。

二、第一关：猜出大魔王爱吃什么

1. 分别用眼、耳、鼻寻找线索。

（声效：第一关,请你猜出我最喜欢吃的一种水果,不过你得把三道题结合起来,才能猜出答案。）

教师：你们觉得大魔王最喜欢吃什么水果？可是我们这么瞎猜可不是办法,咦？后面的三张桌子上好像有线索,我们到桌子上去找找和水果有关的线索吧！多用用你们的眼睛、耳朵和鼻子,找到线索后我们马上回到这里来。好,行动！

2. 提问：你用什么本领发现了和什么水果有关的线索？

（引导幼儿运用眼睛、鼻子和耳朵来寻找线索）

小结：通过三道题,我们发现大魔王最喜欢吃的水果是橘子,我们把橘子交给大魔王,看看到底对不对？如果答对了,他会交给我们什么？耐心等一等。

三、第二关：冰中取物

1. 教师：孙悟空拿着第一段钥匙继续往前走,这时他的面前出现了一个巨大的冰块,冰块周围还有一点小火苗。

（声效：没想到你那么快就拿到了第一段钥匙,不过第二段你肯定拿不到,因为我把它冷冻在大冰块里面啦！除非你能找到神秘水,神秘水能让火烧得旺,你就能很快得到钥匙,我只给你十分钟,十分钟后你还没成功,我就把唐僧吃了,哈哈哈哈！）

教师：现在桌子上放了三杯水,它们看起来颜色有点不一样,气味好像也不一样,但是只有一杯是神秘水,另外两杯是大魔王用来迷惑我们的。可是到底哪一杯才是真正的神秘水呢?你们瞎猜可不行,这里有三盒大魔王给的神秘水,我把它们放在后面的桌子上,请你们去研究一下盒子里的神秘水,然后上来选一选哪个杯子里装的才是真正的神秘水,请你记住它的号码,等会儿要告诉大魔王的。好,时间紧迫,我们快点行动吧,不然唐僧要被吃掉啦!

2. 幼儿分头探索,教师巡回指导。

3. 验证交流。

教师:时间到了,现在我们心里都有答案了,举手表决吧! 认为 1 号杯子是神秘水的小朋友请举手;认为 2 号杯子是神秘水的请举手;认为 3 号杯子是神秘水的请举手! 好,我们来试试看,它能不能让火更旺。哇! 成功了,你们知道神秘水是什么了吗?

提问:你用了什么本领发现神秘水是酒精?

小结:你们用眼睛的本领看到了神秘水是没有颜色的,又用了鼻子的本领闻到了酒精的味道。如果只用眼睛而不用鼻子的本领,我们可能会以为神秘水就是自来水、矿泉水,看来有时候必须得把几种本领结合起来才能找到答案。酒精让火越烧越旺,我们在规定的时间里让冰融化了,瞧,钥匙出现了!

四、第三关:说出保护眼耳鼻的方法

1. 教师:孙悟空等冰块融化后拿着两段钥匙继续往前走,这时,他的面前出现了一个宝箱,难道最后的钥匙就在宝箱里吗?

(声效:哼! 气死我了,你肯定请了帮手来帮你,不然怎么可能那么快得到两段钥匙? 不过你有小帮手也没用,最后一关可是很难的,你得说出 9 种保护眼睛、鼻子还有耳朵的方法,才能打开这个宝箱,难住你了吧? 哼哈哈哈哈哈!)

2. 出示自制翻板,教师根据幼儿的回答翻出正确答案的图片。

3. 小结:你们都动了脑筋想到了那么多好办法来保护我们的眼睛、鼻子和耳朵,大魔王只能交出了最后一段钥匙。看! 我们终于合成银色钥匙了,快点交给孙悟空,让他去救师父吧!

五、结束部分

——孙悟空救出了唐僧,而那个大魔王早就吓得逃走了,谢谢你们用眼睛、耳朵和鼻子的本领帮助孙悟空救出了唐僧。孙悟空说,下次请你们到他的花果山去作客,他请你们吃他最喜欢的水果。

案例：

背景：

　　古人曰："锲而舍之，朽木不折；锲而不舍，金石可镂。"顽强的毅力是取得成功的最好秘诀，良好的习惯养成终身受益。《纲要》中也明确提出了："幼儿园教育要为幼儿一生的发展打好基础。要特别注重那些对儿童一生产生影响的品质，为其后继学习和终身发展奠定基础。"坚持性是指不怕挫折、失败，能克服困难，坚持达到目的的意志品质。它是意志品质中的一个重要指标，它对幼儿素质的完善和提高，以至对于人的一生都有不可低估的作用。

　　中班上学期的孩子虽然较小班时期的坚持性有了明显进步，但他们的注意力还是比较易于分散，许多孩子在集体活动中，刚开始都是兴致勃勃，但是一遇到困难或受到影响后就会把目标转移到别的事情上去了。今天，我以"智救唐僧"的故事为线索，利用幼儿的各种感官操作活动为条件，让孩子们在一个个的闯关游戏情境中坚持把自己的任务完成，让他们感受到自己把任务坚持完成，帮助孙悟空救出唐僧是一件非常开心的事情，从而产生成功的体验和愉快的情绪。

事件：

片段一：众志成城，决定帮助孙悟空救出唐僧
——危难之中挺身而出，激起斗志

　　"孙悟空是唐僧的大徒弟，他的本领很大，保护唐僧去西天取经。但是这天，孙悟空遇到大麻烦了。他醒来突然发现自己躺在一个山洞里，周围黑漆漆的什么都看不见。这时，山洞里传来一个声音：'孙悟空，我是大魔王，你的师父唐僧已经被我抓来了，我施了法术，你的千里眼和顺风耳都没有用啦。哈哈哈哈！如果你想带他一起离开这个可怕的山洞，必须得找到一把银色钥匙。'哎呀！孙悟空暂时失去了千里眼和顺风耳的本领，看来这下只能靠我们大家来帮助他了，你们愿意吗？"孩子们的兴趣一下子被调动起来，纷纷举起小手答道："我愿意！我愿意！"于是，我继续说道："嗯，好样的！有了你们的帮助，孙悟空更有信心了！这时黑暗中有一点点亮光，孙悟空朝着亮光走啊走，只见眼前出现了一扇门，还冒出来一个可怕的绿妖怪。绿妖怪交给孙悟空一张图纸，看看上面说了什么？"孩子们都瞪大了眼睛，一起看着图纸上的内容："老师，大魔王把钥匙分成了三段，孙悟空必须得到三段钥匙才能合成一把银色钥匙打开门，救出唐僧。""好，那我们就来挑战大魔王吧！来，听听看，怎么才能拿到第一段钥匙？"播放声效——第一

关,请你猜出我最喜欢吃的一种水果,不过你得把三道题结合起来,才能猜出答案。

片段二:猜猜大魔王最爱吃哪种水果?
——在看看、闻闻、听听中找到答案

"那你们觉得大魔王最喜欢吃什么水果啊?"灏灏说:"我觉得大魔王最喜欢吃西瓜。"小玥说:"我猜大魔王最喜欢吃菠萝了。"……"可是,我们这么瞎猜可不是办法,咦?后面的三张桌子上好像有线索,我们到桌子上去找找和水果有关的线索吧!多用用你们的眼睛、耳朵和鼻子,找到线索后我们马上回到这里来。好,行动!"在得到了老师的提示后,孩子们纷纷到后面的桌子边去找线索了。天天、小白、源源和小颖来到了1号桌旁,歪着小脑袋看了看桌上的图纸,纷纷说道:"我看到了苹果。""我看到了橘子。""我还看到了香蕉。""我也看到了苹果。"峰峰、辰辰几个孩子都围在2号桌旁,拿起桌上的纸杯,闻了闻里面的味道,说道:"我闻到了香蕉的味道。""我闻到了橘子的味道。"小畅第一个冲到了3号桌旁,拿起其中一个罐子,摇了摇里面的东西,听到发出了"沙沙沙"的声音,就对我说:"老师,我听到里面有'沙沙沙'的声音,好像是沙子。"我追问道:"那沙子是水果吗?"小畅摇了摇头,我赶紧顺势提示她:"再听听旁边那个罐子,猜猜会是什么?"小畅拿起另一个罐子,摇了摇,猜道:"这个好像是橘子,因为感觉是圆滚滚的东西。""好!那我们一起来讨论一下吧。你用什么本领发现了和什么水果有关的线索?"天天:"我们看到了苹果、香蕉和橘子。""哦,天天他们用眼睛的本领找到了三种水果。可是大魔王喜欢的水果只有一种,到底是这三种中的哪一种呢?有没有用鼻子的本领找到线索的?"峰峰说:"我闻到了橘子和香蕉的味道。""原来峰峰用鼻子的本领闻到了橘子和香蕉的气味,那大魔王喜欢吃的到底是这两种水果中的哪一种呢?橘子还是香蕉?看来3号桌上的线索很关键,我们赶快请3号桌的小朋友来说说他们的发现吧!"小畅说:"我听到了沙子的声音。""你们说沙子是水果吗?看来真正的答案就在这个罐子里,到底是橘子还是香蕉呢?我们来听一听——你们觉得听起来是橘子还是香蕉?"孩子们异口同声道:"是橘子。""好,那我们把罐子打开,再用眼睛的本领来确定一下吧。"打开盖子后,大家看到确实是橘子,于是,我说道:"通过三道题,我们发现大魔王最喜欢吃的水果是橘子,我们把橘子交给大魔王,看看到底对不对,如果答对了,他会交给我们什么?耐心等一等吧。——哇!原来大魔王真的最喜欢吃橘子呢!看,他把第一段钥匙给了孙悟空。"

片段三:寻找神秘水,冰中取物闯二关
——在看看、闻闻中发现神秘水

"孙悟空拿着第一段钥匙继续往前走,这时他的面前出现了一个巨大的冰块,冰

块周围还有一点小火苗。听！大魔王又说话了——没想到你那么快就拿到了第一段钥匙，不过第二段你肯定拿不到，因为我把它冷冻在大冰块里面啦！除非你能找到神秘水，神秘水能让火烧得旺，你就能很快得到钥匙，我只给你十分钟，十分钟后你还没成功，我就把唐僧吃了，哈哈哈哈！哎呀！这回大魔王要我们找神秘水，你们有信心吗？""有！"孩子们异口同声地回答道。"好！大魔王给了我们三杯神秘水，但是只有一杯才是真正的神秘水，其他两杯都是大魔王用来迷惑我们的，待会儿请你们去研究一下后面的三盒神秘水吧。"孩子们陆陆续续地走到后面的桌子旁，欣怡对着一盒透明的液体闻了闻，说："这个盒子的水没有味道的，我猜是自来水吧。"乐乐走到了2号桌子边上，看了看盒子里的液体，又凑过去闻了闻，自言自语道："这个神秘水好像有点冰红茶的味道嘛。"小白和小畅在3号桌旁边，对桌上透明的液体端详了一会儿，然后小白用鼻子去闻了闻，说："咦？这个好像有酒精的味道，我们家的咪咪打针时都要用酒精棉花来消毒，就是这个味道。"等大家对3个桌子上的神秘水研究得差不多时，我让孩子们一起来讨论："好，时间到了！现在我们心里都有答案了，来举手表决吧！认为1号杯子是神秘水的小朋友请举手；认为2号杯子是神秘水的请举手；认为3号杯子是神秘水的请举手！好，我们来试试看，它能不能让火更旺。"在根据了孩子们的经验交流之后，最后确定了3号杯子里的酒精才是神秘水。"哇！成功了，你们知道神秘水是什么了吗？那你们是用什么本领发现神秘水是酒精的？"小白说："我一开始用眼睛看，以为神秘水是自来水，后来用鼻子一闻，有一股酒精的味道，我就知道了。""哦，原来你们用眼睛的本领看到了神秘水是没有颜色的，又用了鼻子的本领闻到了酒精的味道。如果只用眼睛而不用鼻子的本领，我们可能会以为神秘水就是自来水、矿泉水。看来有时候必须得把几种本领结合起来才能找到答案。酒精让火越烧越旺，我们在规定的时间里让冰融化了，瞧，钥匙出现了！"

片段四：说出保护眼耳鼻方法，智闯第三关

——在头脑风暴中打开宝箱，救出唐僧

"孙悟空等冰块融化后拿着两段钥匙继续往前走，这时，他的面前出现了一个宝箱，难道最后的钥匙就在宝箱里吗？我们来听听看。"老师播放大魔王的声效："哼！气死我了，你肯定请了帮手来帮你，不然怎么可能那么快得到两段钥匙，不过你有小帮手也没用，最后一关可是很难的，你得说出9种保护眼睛、鼻子还有耳朵的方法，才能打开这个宝箱，难住你了吧？哼哈哈哈哈哈！""我们赶紧来帮助孙悟空一起想想吧！"问题一下去，结果没几个孩子举手，一下子出现了冷场。于是，老师连忙提醒道："我们先来想想，平时我们可以怎么保护眼睛吧？比如说，看电视，应该注意什么？"在老师的言语指导下,孩子们纷纷举起了小手——欣怡说:"看电视不能离电视机太近,否则眼睛要坏掉的。""嗯,所以我们为了保护眼睛,看电视的时候必须离电视机远一点。好!欣怡说出了一种保护眼睛的方法,还有什么方法可以保护我们的眼睛吗?"源源说:"不能用脏的手揉眼睛,否则眼睛要发炎的。""加油!还有什么好方法吗?"天天说:"不能用手去挖鼻子,否则会流鼻血的。"小玥说:"不能哇啦哇啦地对人家讲话,否则耳朵要聋掉的。"小白说:"不能自己挖耳朵,否则耳朵会受伤的。"……在老师的言语刺激下,每个孩子都开动了脑筋,大家一起来头脑风暴,齐心协力共说出了9种保护眼睛、鼻子和耳朵的方法,终于帮助孙悟空打开了宝箱,取到了最后一段钥匙,并将三段钥匙拼成了一把银色的大钥匙,打开门救出了唐僧。

分析:

1. 从激发幼儿的斗志入手,引发幼儿的坚持性

孙悟空是孩子们耳熟能详的人物,他那些神通广大的本领也是众所周知的。因此,活动开始老师就以唐僧和孙悟空被大魔王抓住,大魔王让孙悟空暂时失去了千里眼和顺风耳的本领,需要孩子们一起帮忙,完成任务,救出唐僧为由,创设了一个闯关游戏的情境,激起了孩子们的斗志,使他们在好胜心的驱使下,努力去完成任务,从而引发了幼儿要坚持完成任务的信心。

2. 多条线索层层递进,运用排除法缩小包围圈并得出结论,促进幼儿的坚持性

在第一关里,大魔王要求大家猜出他最喜欢吃的水果,需要通过眼睛、耳朵、鼻子这三条线索来找答案。孩子们通过老师的提示,在看看、闻闻、听听的过程中,根据多条线索,层层递进,从第一张桌子的练眼力,找出苹果、橘子和香蕉这三种水果,然后到第二张桌子上的闻一闻,发现是橘子和香蕉的味道,再到第三张桌子上用耳朵听罐子里装的沙子和橘子做比较,从而得出是橘子的结论。这样一步一步,层层递进地运用排除法,从而缩小包围圈,最后得出结论,避免了当有的幼儿找了一组或两组的线索就想放弃的情况发生,让幼儿在小步递进的成功体验中感受到,要找到答案,就必须要坚持到底,不能中途放弃,从而促进了幼儿参与活动的坚持性。

3. 运用生活经验判断神秘水,得出结论,提高幼儿的坚持性

在第二关的冰中取物,找神秘水的过程中,老师为孩子们准备了三杯神秘水,需要他们用眼睛和鼻子去判断,到底哪一杯才是能让火越烧越旺的神秘水?在幼儿找神秘水的过程中,老师通过引导幼儿运用生活经验来判断,比如:1号杯子里是水,水是无味的,能让火烧起来吗?并让孩子直接来闻一闻,说出是茶的味道、水的味道、酒

精的味道。再问幼儿,那你们想一想,水能让火越烧越旺吗? 答案是肯定不行,水只能灭火。那么2号杯子的茶呢? 茶和水一样,也不能。运用了孩子们的经验来判断,选用了排除法,得出最后那个像酒一样的才是真正的神秘水,让孩子有了一个经验并用的过程。整个过程都以幼儿为主,同时将判断的过程与他们的认知水平相结合,最后根据幼儿的经验判断出了酒精就是神秘水,从而提高了幼儿参与活动的坚持性。

4. 在教师的言语指导下,结合幼儿经验水平,强化幼儿的坚持性

第三关应该是个高潮,但是现场效果与前面两个环节的气氛好像有点脱节。因为第三关的要求是让幼儿说出9种保护眼睛、鼻子和耳朵的方法,都是说的,比较抽象,孩子需要想一想,所以这一关相对前两关来说比较难。因此当大魔王提出了第三关的要求之后一度出现了冷场,从而导致了孩子们的行为出现了盲目的、随意的、不自觉的、缺乏坚持的现象。在任务过程中,老师的言语指导对调节幼儿行为作用的提高是幼儿发展自我控制能力的前提,且幼儿最初都是靠成人的言语指导行动,并坚持完成某项任务的。所以,老师马上采用了言语指导的方法,给幼儿指明了思考的方向,从而打开了幼儿的思路,并强化了幼儿坚持性行为的稳定和巩固。

大班集体活动及案例

磁铁的秘密
——在操作探索中提高幼儿解决问题的能力
潘翠林

活动名称:磁铁的秘密(科学、语言★★★　社会、健康★★　艺术★)

适宜年龄:大班

设计者:潘翠林

活动目标:

1. 在操作实验中,发现磁铁的秘密,感受磁铁的特性。

2. 能主动探索,大胆交流自己的发现,体验成功快乐。

3. 初步感知磁铁的磁性与生活的关系。

活动准备:

1. 磁铁、铁制品与非铁制品若干(回形针、金属瓶盖、钥匙、纸片、塑料杯、螺丝

钉、电线、木片等）

2.记录表三份、圆形磁铁操作材料幼儿人手一份

3.课件PPT

活动过程：

一、导入——引出主题

引出磁铁：这是什么？你们玩过磁铁吗？你是怎么玩的？

二、在猜猜玩玩中感知磁铁吸铁的特性

（一）猜想记录，激发幼儿探索兴趣

1.逐一出示铁制品、纸制品、塑料制品、木制品等材料。

2.出示记录表，集体猜一猜，哪些能被磁铁吸住？哪些不能吸住？

（二）幼儿分组合作实验，验证猜想，感知磁铁吸铁的特性，尝试记录分类

1.幼儿实验

2.分享交流

（1）谁愿意告诉大家你的发现？实验下来原先哪些猜测需要调整的？

（2）为什么有的东西能被吸住，有的东西不能被吸住？你有什么新的发现？（启发：剪刀、回形针都是什么材料制作的?）

（3）设疑解疑：为什么同样是金属钥匙，有的能被磁铁吸住，有的却不能？

小结：原来这两种钥匙是用不同的材料做成的，铁做的就能被磁铁吸住，而铜质的钥匙就不能吸住，所以并不是所有的金属都能被磁铁吸住。

三、在操作实验中体验磁铁穿透性的神奇魅力

1.幼儿实验——尝试利用铁制品使磁铁吸住非铁制品。

2.幼儿交流自己的发现：你的磁铁吸起了谁？用了什么办法？

小结：原来磁铁的磁性有穿透性，磁铁能穿过纸、塑料杯、木块吸住铁制品，把原本不能被磁铁吸住的东西吸起来了。

四、在合作探索中发现磁铁同极相斥、异极相吸的奥秘

1.磁铁跟磁铁是好朋友吗？它们见面会抱在一起吗？

（出示彩色环形磁铁、长条形磁铁）

2.请你们拿彩色磁铁和好朋友的彩色磁铁碰一碰：红的与红的一面碰一碰，蓝的与蓝的一面碰一碰，红的与蓝的一面碰一碰，仔细观察发生了什么现象？

3.交流：你们有什么发现？

小结：原来每块磁铁都有两极，相同的两极相碰会产生推力，不同的两个极相碰

会产生吸力,这就是同极相斥,异极相吸。

4. 幼儿利用磁铁同极相斥的特性制作磁铁弹簧。

师:知道磁铁同极相斥、异极相吸的秘密,我制作了一个磁铁小弹簧,你们想不想试一试?

小结:只要将相同的两极放在一起就会产生推力,磁铁弹簧就完成了。

五、在说说看看中拓展经验,了解磁铁在生活中的作用

1. 磁铁真好玩,在生活中哪里用到磁铁了?(幼儿自由说)

2. 通过 PPT 了解磁铁在生活中的运用。

3. 磁铁的用处真大,回家再跟爸爸妈妈一起找找,还有哪些地方用到了磁铁?把发现的秘密告诉大家。

案例:

背景:

幼儿期是幼儿行为能力发展的关键期和最佳期,在幼儿成长的过程中,会遇到各种各样的问题,但由于幼儿年龄小,认知能力有限,自主性较差,所以幼儿在学习时往往面对疑难问题难以进行求证,甚至在遭遇到问题和挫折时,缺乏应有的独立性和解决问题的能力。以科学探索活动"有趣的磁铁"为例,老师通过材料的创设,引发幼儿发现问题,在操作尝试中和幼儿一起求证问题,进而激发幼儿想方设法通过努力利用磁铁的特性去尝试解决问题,最后在获得成功的同时去进一步感知磁铁的多种特性。通过一系列的操作探索,不断提高幼儿发现问题和解决问题的能力。

事件:

片段一:磁铁能吸住哪些物体?
——在猜猜讲讲中发现问题

"今天,老师带来了一些好玩的东西,看看有些什么? 它们能被磁铁吸住吗?"孩子们的兴趣一下子被调动起来,"我这里有一张大的记录表,我们一起来猜一猜。"老师逐一出示回形针、金属瓶盖、塑料板、纸杯、电线、银色的钥匙、铜色的钥匙、木片、塑料瓶盖、铁质螺帽、纽扣、剪刀。孩子们都觉得回形针、金属瓶盖、钥匙、螺帽、剪刀能被磁铁吸住,认为纸杯、塑料板、塑料瓶盖、纽扣、木片都不能被磁铁吸住。但是对电线存在分歧,有的认为能被磁铁吸住,有的则认为不能被磁铁吸住,于是老师就把电线放在记录表中间。有分歧就意味出现不同意见,孩子们有不同见解,这就是老师所

期盼的。于是老师很顺利地把问题抛给了孩子们："到底你们猜得对不对呢？我们一起来试一试吧。每组有张小记录表，实验完了别忘了把结果贴到记录表上。"话音刚落，孩子们早按捺不住内心的激动开始忙活起来，他们拿起磁铁这个吸一吸，那个吸一吸，吸不住的放在大叉处，吸得住的就放在打勾处。实验中孩子们分别把两种不同的钥匙放在记录纸的不同区域，把银色的钥匙放在能吸住区域，铜色的钥匙放在不能吸住区域。而电线则每组都放在不能吸住区域，一会儿工夫，孩子们操作完毕。彼此之间的经验分享便开始了："谁愿意告诉大家你的发现？原先的哪些材料猜错了，有需要调整的？""为什么有的能被磁铁吸住，有的却不能被磁铁吸住？看看这些能被吸住的物体都是用什么材料来做的？"……老师把问题抛给了孩子们。悦悦说："剪刀、回形针都能被磁铁吸起来。"阳阳举起小手自信地告诉老师："我发现能被磁铁吸住的材料上都有铁的，剪刀的前面部分有铁的。"顺着孩子们的话题，老师继续追问："那不能被吸住的物体都是些什么材料呢？"此时凯凯举起小手示意老师，于是老师请凯凯补充："我发现纸头、木头、塑料的材料不能被磁铁吸住。"孩子们的总结到位，老师倍感欣慰。"哪些材料猜错了有需要调整的？"老师通过提问想让孩子们转向另一个话题，并引出质疑。见孩子们没有回应，老师指着电线问："刚才大家对电线能不能吸住有争议，实验下来能不能？"孩子们异口同声说："不能。"于是老师把电线放入打叉区域。

通过实验孩子们原先的猜测得到了很好的验证，在交流讨论中得出了结论，原来铁的金属材料能被磁铁吸起来。

片段二：两把金属钥匙都能被磁铁吸住吗？
——在实验操作中求证问题

在分享过程中，孩子们对于金属的材料能被磁铁吸起来都深信不疑。于是老师便将又一问题抛给了孩子们："为什么同样是金属的钥匙，你们四组实验的结果不同？"老师指着第三组的记录纸（两把钥匙都能被磁铁吸住）顺势启发道："请第三组的小朋友来试一试，两把钥匙都能被吸住吗？"凡凡被邀请上来再次实验进行验证，结果发现铜色的钥匙没能被磁铁吸起来。阳阳见了问老师："为什么同样是金属钥匙，银色的能被吸住，铜色的不能被吸住呢？"婷婷听了若有所悟地告诉阳阳："黄色的钥匙旧了，因为有了灰尘，所以吸不住。"……孩子们众说纷纭，各抒己见，看似理由都是那么充分。老师并没有否定孩子们的回答，而是采用以疑激趣、以疑诱思的方法运用问题鼓励幼儿开展求证性的探索："为什么金属瓶盖也很旧，但是还是能被磁铁吸起来呢？"源源说："因为铜色的是用金做的。"孩子们的思绪又被点燃，有点眉目了，老师心中一喜："金的颜色也是黄的,不过金制的钥匙太昂贵了,用不起。""不过这把钥匙确实不是铁制的,也不是金的,那会是什么材料制作的呢?"看到孩子们谜团重重,老师顺势鼓励幼儿继续说说自己的想法:"你们知道还有哪些金属也是黄色的呢?"此时凯凯忽闪着两只大眼睛嚷起来:"我家里有个黄色的汤婆子,听妈妈说不是金的而是铜的,难道这黄色的钥匙也是铜的?"我笑着点点头并顺势帮助幼儿揭开了谜底:"被你说对了。其实并不是所有金属都能被磁铁吸起来,原来这两种金属钥匙是用不同的材料做成的,银色的钥匙里面是铁质的材料,而黄色的钥匙是铜质的材料。铁质的金属才是磁铁的好朋友,所以铜质的钥匙不能被磁铁吸起来!"

片段三:怎样用磁铁把纸杯、木片等非铁制品吸起来?

——在探索发现中解决问题

在实验操作中孩子们进一步感知了铁质材料能被磁铁吸住的特性,于是接下来的任务就是考验孩子们解决问题的时刻了,老师把问题抛给了孩子们:"知道了铁质朋友是磁铁的好朋友,那我们能否请这些铁制品朋友帮忙,用磁铁吸起塑料板、木片、纸杯呢?"话音刚落,孩子们立刻投入到实验探索活动中了,只见妍妍迅速拿起纸杯,并将纸杯倒过来,把磁铁顶在纸杯里面,看似被吸起来了,表情流露出一丝自信。老师见状故意将她的纸杯倒过来,纸杯很快掉落到桌上。妍妍见状,没有放弃,开始思考调整策略。她又拿起纸杯,在纸杯里放上了一个金属瓶盖,然后将磁铁吸在杯底,再试着将杯子倒过来,杯子被吸住了,她不停地将眼光转向老师,想让老师看到她的成果。老师过来了,送给她一个翘起的大拇指,妍妍还是没有放下纸杯去探索其他材料,仍然沉浸在纸杯被吸的喜悦之中。边上的艳艳用磁铁穿过塑料板吸住了铁夹子,她高兴地喊起来:"哦,塑料板吸起来了!"对面的阳阳最执着,她不停地变换着用磁铁去吸不同的材料,阳阳用磁铁吸起了塑料纽扣、木片等多种非铁制的材料。他们一组只剩凡凡一人没有成功了,只见他一直一声不吭,不断尝试着用磁铁去碰塑料瓶盖,可是塑料瓶盖碰到磁铁就是不理不睬。老师走过来问他成功了没有,他摇摇头。看到旁边的小朋友都成功了,他嘟起小嘴有些不甘心,但没有放弃,他又拿起铁夹子,磁铁碰到铁夹子马上抱在一起了,可是塑料瓶盖还是吸不住啊。看了看对面的阳阳,凡凡似乎发现了什么,立刻找了一个回形针放在瓶盖的上面,将磁铁伸入瓶盖里面,磁铁穿过瓶盖吸住了回形针,原本怎么也吸不起来的瓶盖终于被成功地吸起来了。此刻时间到了,老师请大家一起分享自己的小发现。第一位上来的是阳阳,阳阳大胆向大家介绍了自己的成功秘诀。老师用语言引导她:"你找了哪个铁制品朋友帮忙? 磁铁穿过了谁吸住了这位朋友?"阳阳自信地告诉大家:"我用磁铁穿过纸杯吸住了回形针。"边介绍边不停地转动纸杯的方向,果然纸杯被吸得牢牢的。此时凡凡也举起小手暗示老师要分享他的经验,果然老师发现了他,并邀请他上来介绍,只见他拿起塑料瓶盖,将刚才的实验再次展示给了大家看,磁铁穿过瓶盖吸住了回形针,他成功了,脸上露出自信的笑容。最后介绍的是另一组的凯凯,凯凯成功地介绍了自己用磁铁穿过塑料板吸住剪刀的过程。孩子们非常欣喜地享受着通过自己的尝试和努力,用磁铁将非铁制品吸起来的过程。老师在肯定大家的同时,通过总结让孩子们又一次感知了磁铁的另一个特性,磁铁具有穿透性。

分析:

1. 在猜猜讲讲中发现问题

"疑问"是探索的起点,是幼儿认识问题、发现问题的开端。活动开始,在猜猜讲讲过程中老师给孩子们创设了一个问题情境,引发幼儿的兴趣,产生认知需求。幼儿之间的猜测出现了分歧,有分歧就有问题,有问题就能激发幼儿的学习和探索动机。

为了求证这些猜测结果,孩子们便进行了小组合作探索,并将实验结果记录下来,为后面的验证和讨论分享埋下伏笔。由于幼儿带着问题去探索,因此操作目的很强,很快完成了此次任务。在分享交流过程中对于原先存在分歧的问题迎刃而解,原来电线是不能被磁铁吸起来的。老师抛给幼儿一连串问题,致使幼儿的思维一下子活跃起来,让幼儿更有意识地去观察、分析这些能被磁铁吸住的物体的共同点。幼儿调动自己已有的知识、经验,来回答老师提出的问题,他们发现了物体的材料是能不能被磁铁吸起来的关键,而纸制的、木制的、塑料的材料都不能被磁铁吸起来。

2. 在实验操作中求证问题

学习过程就是要从有问题到没有问题再到有问题的求知过程,学习的问题不是没有问题,而是要产生新问题。老师通过设置一定的疑难问题,激发幼儿的学习兴趣和求知欲望,在师幼互动、生生互动中致使疑问步步推进、深化疑问、升华疑问,在问题的解疑过程中得到发展。

同样是两把金属的钥匙,为什么银色的钥匙能被磁铁吸起来,而黄色的钥匙不能被磁铁吸起来呢?老师通过问题的设置,驱使幼儿之间开展求证性的讨论和探索,顺应幼儿的解答、质疑幼儿的问题,引发幼儿重新思考发现问题。幼儿借助已有经验说到了金等金属材料,通过头脑风暴式的讨论,幼儿探知到了金属材质上的不同。老师的解疑让幼儿感知并非所有金属都能被磁铁吸起来的秘密,原来铜制的金属材料并不是磁铁的好朋友。

3. 在探索发现中解决问题

问题就是阻碍,解决问题就是排除障碍。阻碍如何排除不外乎两种方式:一是绕开它无视它,即回避了问题;二是搬开它跨越它,即解决了问题。如何"搬开、跨越阻碍"必须有一定方法,掌握了这些方法技巧就具备了解决问题的能力。因此,老师的引导和启发尤为重要。活动开始前,老师的交代非常简洁明了:"你能请这些铁制品朋友帮忙让磁铁吸起纸杯、木片、塑料板吗?"暗示了幼儿一些解决问题的方法和技巧,幼儿操作过程中目的性就更强了。

过程中教师在幼儿出现困难时给予暗示或提示,当幼儿出现错误时及时通过验证进行检验,促使幼儿调整方法、改变策略,帮助幼儿获得一些解决问题的成功经验;当幼儿获得成功时则给予一定肯定和鼓励,增强幼儿的自信。幼儿借助自己的思维能力,利用技能技巧,最终将思维能力表现在解决问题的过程和结果中。很快有的孩子成功了,有的则借助同伴的经验进行迁移,不断调整自己的方法和技巧,最终也获得了成功。

帆船不倒的秘密
——在探索活动中发展幼儿问题解决能力
徐　洁

活动名称:帆船不倒的秘密(科学★★★　艺术★★　语言、社会、情感★)

适宜年龄:大班

设计者:徐洁

活动目标:

1. 借助不同的材料让帆船保持平衡浮于水面,体验让帆船不倒的乐趣。

2. 能够大胆地表达表现。

活动准备:帆船课件,记录表、泡沫、不同材质的帆、竹签、皮筋、牙签、剪刀、扭扭棒、双面胶、橡皮泥等,水盆若干

活动过程:

一、问题导入——感知帆船的组成

1. 提问:图片上的交通工具你认识吗? 是什么交通工具? (出示课件)

2. 追问:帆船是有哪些部分组成呢?

3. 小结:帆船由船体、船帆和船杆组成的。

二、制作帆船——了解帆船倾倒的原因

1. 今天我带来了一些材料,我们一起来制作一艘帆船吧。

2. 操作提示:

(1) 用三种材料,制作一艘帆船。

(2) 做好帆船后放在水里试一试,观察帆船会怎么样。

(3) 实验结束后,不管成功还是不成功,让你的帆船停放在水里。

3. 幼儿制作,教师巡回观察。

4. 提问1:我们的帆船做好了,把它放到水里它会怎么样?帆船能浮在水面上吗?

提问2:为什么帆船会倒下来?

小结:我们发现了船体小,船帆大,船杆没有装在船体的中心位置,使帆船头重脚轻,左右前后不平衡,会使帆船翻倒。

三、操作实验——探索让帆船不倒的秘密

1. 你们想不想一起来帮助翻倒的帆船站起来呢?有什么好办法帮它稳稳地浮在水面上?

2. 老师准备了一些材料来帮助帆船不倒,一起看看有哪些材料?

3. 鼓励幼儿利用现有材料,说说让帆船不倒的好办法。

你准备选择哪些材料?怎么做才能使帆船不倒在水中?

4. 操作提示:

(1) 挑选一种或多种材料来进行实验。

(2) 如果实验失败,及时想办法调整材料,让你的帆船稳稳地浮在水面上。

5. 幼儿选择材料进行实验:

(1) 幼儿实验,教师观察,提供必要的帮助。

(2) 幼儿介绍自己的实验过程和结果。

你选择了什么材料制作帆船?你是怎么做?最后成功了吗?

(3) 教师用图示将幼儿操作经验归纳。

小结:通过我们的尝试调整,让船体变大或船帆变小,或者选择短船杆,都能让帆船稳稳地浮在水面上。

四、活动延伸——继续关注与探索帆船的行驶快慢和风力、帆的大小有关

今天我们已经知道让倒了的帆船稳稳地站起来的方法,你有什么办法让帆船能在水中向前航行呢?

案例：

背景：

　　《幼儿园教育指导纲要》中关于科学教育的目标强调让幼儿能"运用各种感官，动手动脑，探究问题"，在指导要点中指出："要尽量创造条件让幼儿实际参加探究活动，使他们感受科学探究的过程和方法，体验发现的乐趣。"而帆船不倒的秘密这一实验活动有效地激发幼儿对使帆船不倒的探索欲望。以感知、观察、操作、发现问题以及解决问题寻求答案等一系列的层层递进的探索过程，保持幼儿的好奇心，激发探究热情，使他们从小就乐于探索、善于发现。

事件：

　　老师："老师带来了一些材料，有泡沫板、竹签、手工纸，我们来一起制作一艘帆船吧。做好帆船后放在水里试一试，观察帆船会怎么样，实验结束后不管成功还是不成功，让你的帆船停放在水里。"话音刚落，孩子们就分组去制作帆船了。有的用竹签一头插在手工纸上，一头插在泡沫板上，像似一把撑开的伞；有的用竹签在手工纸上戳了两下，这个"帆"牢牢地固定在船杆上，然后再戳在泡沫板的船体上。做好了帆船纷纷下水航行，可是很遗憾，船儿纷纷倒下，没有几艘船能浮在水面上。巍巍在实验中自我安慰道："没关系，失败是成功之母！"

　　船儿在水面上七倒八歪，于是，我组织孩子们讨论，为什么帆船会倒下来？

　　雯雯说："因为帆船两边不平，一边有东西一边没东西。"

　　多多说："因为帆船不稳，不平衡，船杆固定得不好。"

　　然然说："纸摆放的角度不对，没有放在中心。"

　　球球说："船帆太上面了。"

　　"那有什么好办法帮船儿稳稳地浮在水面上？"我顺势问道。

　　巍巍说："把船帆放下来一点。"

　　乐乐说："把船杆插在中间。"

　　然然说："把船身变大就可以了。"

　　于是，我出示了一些材料："帮助帆船不倒，我们来看看有哪些材料？你准备选择哪些材料？怎么做才能使帆船不倒在水中？"

　　多多说："把两个塑料泡沫用双面胶连接起来。"

　　琳琳说："用小棒把泡沫板插在一起，船身用两个帆，找一根短点的小棒做船杆。"

然然说:"找根短点的小棒做船杆,然后装上船帆,插在泡沫塑料的中间。"

孩子们在再次试验后,教师组织孩子们一起分享实验过程和结果:你用了什么材料? 你是怎么做? 成功了吗? 轮到然然来分享:"我在泡沫板下面加了橡塑纸。"看看船儿能不能稳稳地站起来呢? 船儿在水里漂浮不定,最终还是倒下了! "不是很稳啊,想想办法让帆船站起来。"于是教师引导然然想办法,然然说:"把船身加大,用两个泡沫板。"一边说着拿上来一块泡沫板,我追问:"用什么材料固定呢?"然然说:"用纽纽棒绕。"由于纽纽棒太软,还是没成功。其他的小伙伴纷纷一起参与其中,多多说:"用牙签吧。"性急的乐乐帮忙拿来了皮筋,用皮筋很快速地将两块泡沫板固定衔接在一起,这下,船儿稳稳地站了起来!

分析:

科学探索活动是幼儿围绕一个现象进行自主观察、探索,教师适时、适度地予以支持与引导的活动,它为幼儿的自主探索、自主学习提供了现实性和可能性。

1. 试误法——激发幼儿探索的兴趣

在第一次实验中,让孩子制作帆船,提供三种材料,由于船体小、船杆长、船帆大,所以结果几乎都以失败告终。引发孩子的好奇心的科学现象作为活动的先导——帆船为什么会倒下? 从而大大激发孩子的探索欲望,自然进入下一个阶段。

2. 材料丰富性——支持幼儿积极主动地探索

科学活动时所用的材料是幼儿科学教育的外部条件之一,教师不仅要为幼儿提供丰富的可操作的材料,为每个幼儿都能运用感官、多种方式进行探索提供活动的条件,而且,教师在准备材料时,还必须考虑到材料具备的典型特征,通过特征鲜明的、并且能直观地感受到的突出的事例,使幼儿的脑中形成表象,从而获得科学经验。

在孩子们第一次的实验操作中教师有意识地提供小泡沫板、长竹签和大手工纸,孩子们实验基本以失败告终。在第二次的实验操作中,提供了大小、材质不同的纸,长短不一的小棒,还有彩泥、雪花片、皮筋等辅助材料。

3. 渐进性的提问——支持幼儿猜想验证

猜想与验证是科学探究的中心环节,在科学活动中,我尽量为幼儿设计适宜的问题情境,鼓励幼儿利用已有的经验进行大胆的猜想和假设,与同伴互相质疑,并在操作活动中进行验证。要让幼儿明白,只有自己试一试,才能知道自己想得对不对。孩子们只有大胆地猜测,才会有创新,孩子们的实验才会丰富,才会有价值。

渐进性的提问,不仅能引起幼儿对材料的观察兴趣,而且有助于引发幼儿逐步地发现事物之间的联系。在第一次实验后,我根据孩子已有的经验,请孩子们讨论为什么帆船会倒下来? 然后让孩子们一起想有什么好办法帮船稳稳地浮在水面上? 然后呈现丰富的材料时,我请幼儿观察思考:你准备选择哪些材料? 怎么做才能使帆船不倒在水中? 实验后,我问幼儿:你用了什么材料? 你是怎么做? 最后成功了吗? 在整个活动中通过教师的渐进性提问,鼓励幼儿进行大胆的猜想,然后落实到实际的实验操作中验证。

4. 概括认识——提升探索经验

引导孩子将探究的过程和结果进行交流和分享,将得到的认识进行梳理和总结。帆船不倒的秘密里就是这样一个交流分享的过程,在这个过程中,幼儿将自己在探索过程中观察到的现象、发现的问题跟大家一起分享,并且大家一起参与帮助解决。教师用图示将幼儿的操作经验进行归纳,帮助幼儿积累更多的经验。

第三节　个别化学习活动中提升幼儿学习品质的共性实施策略

为了分析提炼提升幼儿学习品质的教师支持策略,通过对教师支持策略案例的总结,获得在探索型主题活动的集体教学及个别化学习活动中提升幼儿学习品质的教师支持策略。

小、中、大班共性支持策略

1. 小班：情境创设——是指教师为幼儿的活动有目的地设计或设置的能引起幼儿积极情绪体验、使幼儿能置身其中的具体而生动的场景。在此情境中幼儿不再是一个观察者、模仿者和被动接受者,更是一个主动的探索者、发现者以及和同伴、老师学习资源的互动者。

幼儿学习品质(主动性)——教师支持策略(情境创设)

案例：找空气

最近孩子们一直在跟空气宝宝做游戏,为了进一步帮助幼儿感知空气无处不有的特性,活动室开辟了一个实验角,里面陈列了各种各样的实验材料:石头、粉笔、针筒、麦管、装有水的玻璃杯、水盆、马甲袋等,宛如一个小小的实验室。

一天,捷捷的喊声吸引了馨馨:"快来看啊!"原来她把粉笔扔进了有水的玻璃杯,发现了有趣的现象,她高兴地对跑过来观看的小伙伴说:"你看,里面有泡泡了。""咦,里面的泡泡好小好小啊,一个接着一个,真好玩!""你看,泡泡像一条细细的线。""为什么水里会出现泡泡呢?"我故意试探性地问孩子。只见尧尧忽闪着大眼睛挤进了围观的人群:"我知道,粉笔里有空气宝宝。"……孩子们细心地关注着水里的粉笔,大家你一句我一言,围观的孩子越来越多,不知哪个孩子把一块小石头也扔进了水里,只听见尧尧的叫声:"泡泡,你们看,水里也有泡泡。""哇,连石头里也有空气宝宝啊!"孩子们似乎找到了答案。此时,孩子们的兴趣一下子被激发了,他们看到什么都想往水里扔,看看里面有没有空气。小针筒、麦管都成了孩子们实验的材料,他们都会放在水里推一推、吹一吹:"哇,空气宝宝到水里变成泡泡了!"石头扔进水里会出现一串串水泡泡,用麦管往水里吹泡泡冒出来了,还会发出"扑哧,扑哧"的响声呢! 空气宝宝真是无处不有、无处不在啊!

小班幼儿的年龄特点决定了他们需要通过物质材料的辅助,在操作中进行知识建构,材料能激发幼儿的探索兴趣和动力。活动中由于老师有意识在区角中增设了一些新的材料,这些材料激发了孩子们的好奇心,并产生了强烈的探索欲望。粉笔扔进水中冒出的一连串气泡将满怀好奇的幼儿置身探索环境中,并吸引了更多的同伴,由此产生了更多的探索行为:孩子们玩起了针筒往水里挤、水里吹麦管的游戏……他们尝试将各种实验材料放水里试一试,幼儿通过观看石头、粉笔在水里的变化,观看麦管往水里吹后发生的现象,在与空气的互动中去辨析、思考、探索,从中感知空气的特性。

2. 中班:启迪引发——即开导、启发。指在个别化学习活动中,当幼儿遇到困难时,教师通过语言、动作、材料等各种方式和方法给予幼儿提示和启发,引起幼儿联想并有所领悟,从而将幼儿的活动引向深入。

幼儿学习品质(坚持性)——教师支持策略(启迪引发)

案例:昆虫分家家

益智区的"昆虫分家家"里,美达正低着头在给昆虫们分家家。只见她把蜜蜂、蝴蝶、蜻蜓等这些常见的昆虫都夹到昆虫的家里(笑脸房子),把小狗、小猫、青蛙……夹到了不是昆虫的家里(哭脸房子)。一会儿,两幢房子上分别住上了昆虫以及不是昆虫的动物,美达把篮子里她能够区分的虫子和动物都贴到了相应的房子里。最后,小篮子里还剩下一些美达只能叫出名字的虫子和动物图片了,美达看了看,站起身,然后又犹豫地往篮子里看了一下,最后转身准备离开了。不难发现,美达目前所进行的操作是运用她的已有经验来完成的,她刚才给昆虫分家家所挑选的图片都是她所熟悉的、知道的,是在已有经验范围内的,而当篮子里剩下的图片是孩子所不太熟悉的时候,孩子就觉得有难度,就开始犹豫,思考是继续还是放弃。这时候,我觉得作为老师应该给予她适当的鼓励,对孩子之前的行为进行肯定,帮助孩子树立信心,并进行进一步的引导,支持孩子的探索。

于是在这个时候,我走向美达,蹲下身,摸摸美达的头说:"这么多的昆虫,都找到了自己的家,它们肯定很开心的,美达,你说对吗?"美达看我走过来,听我这么一说,开心地说:"嗯,是的。""你真棒呀,帮这么多的昆虫和动物都找到了自己的家。"我边说边向美达竖起了大拇指,美达开心地笑了。

"咦,美达,你看篮子里的其他动物和昆虫在向你提意见了,你还没有帮它们找到它们的家呢,想不想帮它们也找到自己的家呀?"美达毫不犹豫,肯定地点了点头。

接着美达又坐了下来,从篮子里拿起一张蝎子的图片,往昆虫的家里放了放,收回来,又往不是昆虫的家里放了,又收了回来,拿着蝎子的图片,美达不知道怎么办了。这时,我点了点旁边贴着的昆虫的结构图,美达顺着我指的方向看去,一下子她好像明白了什么,她数了数蝎子的腿,然后毫不犹豫地把蝎子图片放到了哭脸房子——不是昆虫的那个家里。

"美达,你怎么知道它不是昆虫呢?"我问道。这时,美达的脸上没有了刚才的犹豫,她肯定地告诉我:"因为昆虫都有六条腿,可是蝎子有八条腿,所以它不是昆虫。"美达还没有说完,我就拍起了手:"你的本领可真大,把这些图片上的虫子、动物和老师给你的昆虫特征的图片比较,然后不一样的就不是昆虫对吗? 你的办法可真棒啊!"我说道。

"嗯。"美达开心地笑笑,低下头继续分家家。她已经从刚才的好办法里尝到了甜头,在操作中她一定发现了,用比较的方法去分辨是否是昆虫,的确不失为一种好办法。

从上述的描述中,不难发现,刚开始幼儿所进行的操作是运用她的已有经验来完成的,她在给昆虫分家家时所挑选的图片都是她所熟悉的、知道的,是在已有经验范围内的。而当篮子里剩下的图片是她不太熟悉的时候,幼儿就觉得有难度,就开始犹豫,思考是继续还是放弃。这时候,我觉得作为老师应该在给予她适当鼓励和肯定的同时,进行进一步的引导,支持幼儿的探索。就如案例中的老师,她适时地出现,点拨和启迪幼儿,鼓励幼儿再去试一试自己没玩过的、没做过的,在这个时候幼儿一定会在老师的引导下,鼓起试一试的勇气。由此可见,当幼儿的探索遭遇瓶颈的时候,老师的适时、适度的启发和鼓励是激发幼儿勇于去接受挑战的助推力,推进了幼儿的探索。

当幼儿在探索的过程中举棋不定的时候,老师通过一个暗示的动作、一句提示的话语来启迪幼儿,有时候就像及时雨给幼儿的探索注入了新的活力,让幼儿茅塞顿开,让幼儿有信心坚持和继续。当幼儿的探索取得了一定成效的时候,老师的启发也会激发幼儿深入地思考,让幼儿有意识地去想"为什么",让幼儿的思维更为活跃,让他们更乐于主动地去探索。

3. 大班:材料配置——是指教师为幼儿个别化学习提供材料过程中有计划、有步骤、系统化调整的一种方法。即教师根据幼儿的兴趣点在为幼儿提供物质的基础上将一些缺少的、遗漏的材料补充完整,加以设计并陈列出来。

在幼儿个别化学习活动中,教师必须根据幼儿兴趣和发展水平提供层次性和多样性的材料,并依据对幼儿操作情况的观察,进行定期调整、补充与更换。这样既增加了学习的难度,又发挥了个别化学习活动的最大教育价值,也使幼儿在个别化学习活动中的积极性、主动性得到不同程度的发展。

幼儿学习品质(合作性)——教师支持策略(材料配置)

案例:健康棋

瞧!这天,活动一开始,有8位幼儿一齐快步走向"健康棋"区域,浩浩大声说:"人太多了,只能两个人玩!"宇宇马上说:"我先到的。"文文说:"哼!我先到。"诺诺说:"我们一起到的。"孩子们争论起来,谁都不愿让出。看到这一状况,我说:"哎呀!别的区域小朋友都已经开始学习了,你们争到现在,谁都玩不成了。"孩子们马上停止争论看着我。我继续说:"老师知道,你们都想走'健康棋',可这副棋内容很少,放在桌面上只适合两个人一起玩,你们想想有什么好办法能让大家一起玩起来?"

我们的健康棋不同于幼儿以往接触过、玩过的其他棋类游戏,它在棋谱中融进健康习惯内容有关的一些内容。在我的启发下,孩子们找来了大块的泡沫板,将局限于桌面的棋改为地面自由拼搭棋盘的大型棋,又拿来了关于健康方面的拼图、卡片等材料,赋予棋类游戏更丰富的内容。可这么多人一起玩,棋子不够呀,这时浩浩突发奇想地说:"棋子不够,我们可以做棋子呀。"于是,孩子们在原来的玩法上,加上了拼图、问答、动作表现等,兴奋地玩起了新的"健康棋"。

　　新型的"健康棋"随着材料的调整和添加,增加了活动的挑战性,也体现了个别化学习中材料的多功能性,幼儿对于自身当"棋子"的玩法尤为感兴趣。在玩棋的过程中,幼儿动静交替,合作性得到了培养和发展。

第四节　个别化学习活动中提升幼儿学习品质的个性化实施策略

小、中、大班个性化支持策略

　　1. 小班:经验提取——经验提取指从已发生的事件中获取知识。

幼儿学习品质(问题解决能力)——教师支持策略(经验提取)

　　案例:为什么不用看提示图?

　　扬扬小朋友从小在家里就喜欢玩拼图,对于他来说,三片的拼图没有任何难度,于是他选择了我们的四片拼图(该拼图采用斜线分割的方式)和五片拼图(既有幼儿熟悉的十字形分割,又有类似于四片斑马拼图的竖形分割,每片拼图的大小也有所不同),我只是在旁边静静地观察。我发现,扬扬拼四片的大象几乎不用看提示图就完成了,而拼五片的老虎时,只有一次,他看了看提示图,将手里的拼图片翻转一下就顺利地完成了。

　　在集体分享的时候,我请扬扬来介绍一下他拼图的经验,我问扬扬,为什么他拼四片拼图的时候可以不用看提示图就拼好了? 扬扬略显腼腆地回答说:"因为拼图放在外面的是平的。"原来,扬扬发现了拼图的窍门。"对啦,我们拼拼图的时候,可以先找拼图的边边,这样拼起来就快啦!"我帮助扬扬小结,相信他的经验会对其他孩子拼拼图的时候摆放拼图有所帮助。

　　第二天,童童也去玩拼图啦,我来到童童身边,问:"童童,你玩过拼图吗?"童童轻轻地点了点头。他拿了一幅四片的大象,先摆好了大象的头和前腿,然后摆上大象的尾巴和后腿,摆完后腿那片拼图后,看了看提示图,调整了一下后腿那片拼图的方向,完成了大象的拼图。接着,他又选择了五片的老虎拼图,童童拼了一会,总是找不到正确的位置。可能因为老虎拼图是不规则分割的,因此对童童来说是一种挑战。这时,我轻轻地提醒童童:"还记得扬扬是怎么拼的吗?"童童侧着脑袋想了一想:"要先找拼图的边边。"童童说完就把拼图的边边都转向了外面,使拼出的拼图外围出现了一个长方形。这下,老虎的图案马上凸显出来,童童略微调整了一下两块拼图的位置,老虎拼图也完成啦!

抓住拼图中的典型特征快速解决问题。幼儿在一次次玩拼图的过程中,他们会发现每块拼图的图案、特征不同,有的是典型特征,有的是一般特征,要完成拼图就要把拼图周围的颜色、特征看清楚。教师通过提问的方式引导幼儿关注典型特征,通过对提示图的观察,从而成功地完成了拼图。成功的经验分享帮助解决问题,有时候个人的摸索见效比较慢,而集体智慧的分享却能拓展幼儿的思维,帮助幼儿从多个角度来解决问题,所以幼儿之间成功经验的分享也显得至关重要。有的幼儿玩拼图的经验比较少,而有的幼儿经常玩拼图,拼图快。此时,教师就可以通过关键提问,来引发幼儿的思考,为什么有的幼儿可以快速完成拼图? 他们用了什么方法? 玩过拼图的人都知道,拼图先要把边缘看清楚,理清纹路,也就是说,拼图的四边都是平整的,凹凸不平的地方是不可能放在拼图的外围的,拼图快的幼儿已经有了这样的意识,教师就通过分享把这种经验带给其他幼儿,使个体的经验能够成为集体的经验,成为幼儿今后玩拼图的方法提示。在后续的拼图活动中,教师通过简单的一句提醒,使成功幼儿的经验成为其他幼儿解决问题的助手,幼儿在选择拼图片的时候更加快速,摆放拼图片的时候更加准确,从而提高完成拼图的速度,成功解决问题。

2. 中班:鼓励试误——鼓励即激发、勉励;试误即尝试错误。鼓励试误即教师通过各种方法激发幼儿想要自主尝试的兴趣和愿望,然后引导幼儿通过亲身的实验和操作来尝试与错误,从而去验证自己的猜测或者实验结果的一种方法。

幼儿学习品质(问题解决能力)——教师支持策略(鼓励试误)

案例:羊毛卷卷

小哲和星星原先用剪刀剪纸圈的方法剪成羊毛的样子,用固体胶贴到羊的身体上,但是这种方法对孩子使用剪刀的要求比较高,而且速度也比较慢,两个孩子剪了大半天才剪了几根羊毛。这时,小哲看到了我提供的放在一边的材料花花绿绿的各色纽扣。"星星,我们用这个做羊毛好吗? 贴在小羊身上肯定很漂亮。""好哇,好哇。"星星也被这些纽扣给吸引了,"可是小哲,这个用固体胶贴行吗?"小哲毫不犹豫地回答:"可以的,固体胶是黏黏的,都能贴上去。"说完,就忙不迭地开始用固体胶贴纽扣了,可星星还是在后面有点犹豫不决:"小哲,纸是可以用固体胶粘的,可是老师没有告诉我们纽扣也可以粘呀,不会粘不上吧。"被星星这么一说,小哲也犹豫了。两个人你看看我,我看看你。我走过去:"你们两个怎么啦,干吗停着不动了呀?""小哲说这个纽扣可以用固体胶贴,但是我们不知道能贴上去哇,我害怕粘不上。""你们很想知道到底能不能用固体胶把纽扣粘到小羊的身体上是吗? 那有什么方法可以知道呢?""粘了才知道行不行。"星星很肯定地告诉我。"对呀,你们试一试,试了就知道行不行了,因为我也很想知道答案哦。"听我这么一说,两个娃开始忙活开了,纷纷拿起扣子涂上固体胶往小羊身上粘。一粒一粒,瞬间小羊的身上就被花花绿绿的纽扣打扮得很漂亮了,两个兴奋的孩子迫不及待地竖起小羊给我看他们的成果,在他俩拿起小羊的一瞬间,花花绿绿的纽扣"哗啦啦"就全掉了。小哲有点沮丧,我马上说道:"看起来,固体胶粘不住呢,你们觉得呢?"两个孩子点了点头。"不要灰心,看呀,我们还有很多很多的其他材料,你们还可以试一试,到底哪个行?"顺手我还拿起个双面胶,"这些你们都可以去试一试。"星星看到我手里的双面胶,大叫:"这个我用它粘过玩具呢。""嗯,这个我们家里也有,好像很牢的!"小哲马上接过星星递过来的双面胶,把纽扣粘到小羊身上去后,还有点半信半疑地摇了摇,见果然没有掉下来,才高兴地把小羊炫耀似地朝我摇了摇。

　　从案例可知,两位幼儿结合自身已有的经验进行了初步的尝试和判断,最终他们选择了颜色好看、又能迅速达成效果的纽扣作为羊毛的替代物,但是在选择粘贴材料上孩子们犯难了。之所以会出现这种情况,一是因为在初次尝试用固体胶粘贴时,孩子们遭遇了失败,二是因为剩下的几种粘贴材料孩子们没有使用的经验,对于结果他们没法预知,所以他们踌躇、犹豫,想试又不敢试。这时作为老师的我们面对幼儿的自主探究行为和创新意识,一方面要给予孩子足够的时间、空间,其次还要鼓励孩子去试一试。比如老师说:我也不知道呀,我们去粘一下,粘了就知道结果了,我也很想知道。诸如此类的话,对孩子都是很大的触动和鼓励,鼓励孩子们去尝试新的材料,试一试到底行不行。可以说在这个过程中老师采用鼓励试误的方法,不仅调动了幼儿主动探究的欲望,也支持和鼓励幼儿在探究的过程中积极动手动脑寻找答案或解决问题,让幼儿有发现、有收获。

　　3. 大班:延时评价——教师通过观察幼儿在个别化学习活动中的行为表现、对材料操作、交往合作等,选择合适的时间段或活动后过段时间进行发现问题、与幼儿共同探究、解决问题的一种评价过程。

幼儿学习品质(问题解决能力)——教师支持策略(延时评价)

案例：大桥站稳了

片段一："南浦大桥"倒了

经过商量，辰辰和庭庭决定用雪花片造南浦大桥。辰辰说："我来搭桥上面那个H一样的柱子，你搭桥面，怎么样？"庭庭欣然接受。一切都进行得十分顺利，当他们将各自搭好的部分拼在一起时，两个人高兴得抱在了一起。看到他们的兴奋样，乐乐也围了过来，并很快发现了问题："你们搭的桥怎么是在地上的？如果有船开过来怎么办呢？"辰辰和庭庭听了，觉得乐乐说得有道理，就决定在桥面下再搭两个桥墩，这样桥就能架起来了。征得辰辰和庭庭的同意，乐乐也加入了造南浦大桥的队伍，很快两根单薄的桥墩完成了，他们小心地将桥墩安在了桥面下面，可是没想到"南浦大桥"并没有像他们想象中那样稳稳地站起来。

"哦，我发现了，乐乐搭的那个桥墩好像比我们搭的高。"细心的辰辰似乎发现了问题。"好像是有点不一样。"庭庭看了看也觉得不对劲，他们分别数了数搭两个桥墩所用的雪花片，发现确实数量不同，于是迅速将自己搭的那个桥墩"加高"了："这下就一样高了。"可是，"南浦大桥"依然没有稳稳地站起来，不是向前倒就是向后倒。经过一番摆弄，当他们试图将双手脱离大桥的时候，大桥又一次倒了下来，桥墩和桥面都断成好几段。在接连失败了几次之后，三个人有些灰心，不知该怎么办了。

片段二："南浦大桥"架起来了

我观察到三个小家伙失败后的不知所措，立即走过去和他们讨论起来："仔细想想，为什么桥墩和桥面会断掉呢？""可能是我们的雪花片没插紧吧。""也许是造的桥太重了吧？""我觉得可能是柱子太高了。""看来你们都有自己的想法，不如我们一个一个来试，看看问题到底出在哪里？"

他们仔细地检查了所有的连接处，没发现什么问题。辰辰把桥面上的那个H型的柱子拆了下来，却发现并没有解决实际问题。"成功了吗？"显然三个孩子有点失落："把这个柱子拿走了就不像南浦大桥了呀！""对，而且好像看上去还是会倒。"边说，他们一边又将H型的柱子插回了原处。"要不我们再试试庭庭的办法。"我又建议道。于是大家又忙着将原先的几个柱子拆掉了几层，大桥在大家的期盼下，坚持了几秒，再一次倒下了。"看，还是桥太重了吧。"辰辰和乐乐经过了几次试验，终于达成了共识，庭庭却怎么也不同意将H型的柱子拆掉。对峙之下，我提出了建议："那么，我们是不是可以在桥墩上想想办法,让桥墩变得牢固一点,变得能够多承受一些重量呢?"

听了我的建议,乐乐第一个回应:"我们试试把桥墩搭得粗一些。"辰辰十分赞同,还不忘提醒道:"再多搭几个桥墩,南浦大桥下面应该有很多桥墩的。""再试一试吧,祝你们成功!"

他们开始把原先的桥墩一一加粗,还多搭了四个桥墩。当他们慢慢移开双手,看到"南浦大桥"终于稳稳地架起来时,激动得跳了起来,急切地拉我过来欣赏他们的大作,我不失时机地抓拍了这一成功的瞬间!

在此过程中,教师没有急于对孩子们的言行进行评价,而是让它处于一种自然的发展状态,给予幼儿多种的思考方式,积极鼓励孩子们对想到的原因一一作了尝试,虽然有争执,但是在层层剥离后,他们渐渐找到了门道,最终获得了成功。可见"延迟性评价"策略的运用,更好地培养了幼儿自我解决问题的能力。

幼儿学习品质——好奇心

小班案例: 小手和果果
——在情境创设中激发孩子的好奇心
朱　丹

背景:

好奇心是个体遇到新奇事物或处在新的外界条件下所产生的注意、操作、提问的心理倾向。好奇心是个体学习的内在动机之一,个体寻求知识的动力,是创造性人才的重要特征。

对于孩子来说,他们对这个世界抱持着极大的好奇,关键在于,我们是否给予有效的激发、维持。在未来,技术、科技领域的发展将注定适者生存,那么,如何从孩童时代起,就很好地鼓励孩子保持好奇心呢? 这也是孩子们不断创新的动力之一。

小班的孩子好奇好问,如何更好地激发并保护是我们所要努力的,如何运用好孩子们的好奇心,增进主动探究更是我们要注意的。

在小班的"苹果和橘子"主题中,我们通过环境的创设、材料的提供、组织形式的适宜性等来更好地激发孩子的好奇心和探究的兴趣,鼓励幼儿运用各种感官参与,在好奇心激发的基础上调动探究的主动性积极性。

事件：

片段一：这是苹果吗
——提供材料引发好奇心

水果对于孩子们来说并不陌生，但是真的要孩子们说出特征，大胆、完整地表述出来的时候，或许你就会发现可以挖掘孩子们好多好多东西。瞧，我走进"猜猜我是谁"的区域，看到轩轩把一只苹果悄悄地藏在身后，神秘地说："猜猜，这是什么水果呀？"话音刚落，泽泽马上叫了起来："是苹果。""是橘子。""是梨。""是香蕉。"……孩子们纷纷猜道。

看到伙伴们的注意力都集中到他身后藏着的水果上，轩轩拿出了藏着的苹果。"哦，原来真的是苹果啊！"看到孩子们纷纷好奇地走上前来，我拿出一旁篮子里的苹果若干，分给孩子们，鼓励孩子摸摸、闻闻，让他们说说苹果的皮肤和我们先前讨论过的橘子有什么不一样。"颜色不一样。"冉冉首当其冲地说。有的孩子说："苹果滑滑的，苹果硬硬的。"有的孩子说："苹果是圆圆的，但是小酒窝长在头顶上。"还有的说："苹果的头上还长着一个小辫子，细细的。"……

在孩子们对外形讨论差不多时，我问道："你们吃过苹果吗？""吃过。"孩子们异口同声地答道。"那苹果是什么味道的？"我接着问。乐乐说："甜甜的。"轩轩说："有一点酸。""到底苹果是酸的还是甜的呢，我们一起来尝一尝味道好吗？"我把苹果分给孩子们品尝。"苹果是什么味道的？""很甜很甜的。""酸酸的。""冷冷的。""硬硬的。"……

片段二：猜猜这是谁
——运用各感官调动好奇心

我们把和孩子们一起收集来的水果图片、照片布置在一角，让孩子们随时关注探究，并辨认、区别不同类型的水果。

孩子们在我们的鼓励下会时不时地过去看看，馨馨："我看到香蕉了。"曦曦："我知道草莓是水果。"绮绮："我最喜欢吃西瓜，西瓜也是水果。"

在孩子们谈论热烈时我也会凑个热闹，和孩子一起关注这些水果，引导孩子关注这些水果的形状、颜色。孩子们能辨认出一些常见的水果，但比较容易混淆。如甜橙和橘子等。在孩子产生问题时鼓励孩子先去观察、询问，再和孩子一起分享缘由，加深印象。

在接下来的游戏中，我们一起玩了摸箱，进一步了解水果的不同特征。我准备了柿子、香蕉、苹果、猕猴桃等水果，请小朋友用手摸摸箱里的水果，"猜一猜是什么水果呀?"猜好后拿出来看一看自己猜得对不对。绮绮最起劲了,而且每次都说对,瞧,她一本正经地把手伸进摸箱,边摸边自言自语:"毛毛的软软的——猕猴桃。"说完抽出手来一看,激动得叫道:"猕猴桃,我猜对了。"紧接着又伸手去摸,这下很快把手抽出来,原来是摸到了香蕉,绮绮笑了,两个眼睛眯成了一条缝……她的兴奋和愉悦感染了别的孩子,也带动了同伴来参与的兴趣,孩子们纷纷而上,气氛活跃。

"啊,怎么都难不倒你们呀? 真聪明,那除了用眼睛看、用手摸,还能用什么方法知道是什么水果呢?"当我提出这个问题后,孩子们一下子说不出了,于是我灵机一动,请一个孩子上来蒙上他的眼睛,鼓励他想想。"用嘴尝一尝"、"用鼻子闻一闻"等方法就在引导下如数而出。

片段三:我来陪你玩
——创设情境激发好奇心主动探究

因为水果超市的开张,教室里多了很多各种各样的水果,孩子们摸一摸,知道了苹果是硬硬的、滑滑的;猕猴桃是软软的、毛毛的……孩子们闻一闻,知道水果的味道是不一样的,有香蕉味、橘子味……

小班的孩子好奇好问,但是如何保护并维持呢? 于是我们教室一角选择性地放了一些水果,引起孩子们和水果一起玩的兴趣。瞧,乐乐和欢欢玩起了滚水果,乐乐滚苹果,欢欢拿起了橘子也开始滚,苹果滚起来快还是橘子滚得快呀? 乐乐和欢欢边滚边观察着……辰辰玩得不一样,正在把柚子当成皮球一样在转……一旁的文文手拿着香蕉却怎么都转不动,正愁着呢。

另一边,孩子们在剥水果。火龙果长相别致,或许是因为颜色,或许是因为形状,孩子们摸、闻等总是对它情有独钟,瞧,冉冉看着一边的沐妍在剥橘子,自己手里禁不住也开始剥火龙果,这当然不是一个层次的,火龙果就像是穿了盔甲一样的难弄,可小家伙似乎有蛮力般的竟撕开了小口,"火龙果出血了!"一旁的沐妍叫着……孩子们纷纷看过来,"火龙果出血了吗? 我们来看看!"我也凑过去看。我们一起把火龙果剥开,切成小片,边吃边和孩子们一起聊聊——火龙果的别样之处,别样的果汁颜色、果肉的芝麻粒掺杂……孩子们对火龙果的认识经验也在剥开、品尝等系列活动中得到了提升。

小班幼儿好奇好问,对感知觉的体验尤为重要,老师通过材料配置,引发幼儿运用多种感官探索水果的好奇心,在听、看、触、摸、闻等方式中感知不同水果的特点,进而获得知识。

分析:

1. 创设丰富的材料, 调动感官, 激发幼儿的好奇心

活动中我们为孩子提供了丰富的水果实物、图片等, 孩子们可以随时观察水果, 跟水果做游戏, 在看看讲讲中了解不同水果的外形特征, 使孩子们在实践中与材料亲密互动, 充分感受, 切身体验, 引发好奇心, 增进探索欲望。

小班幼儿特别好奇好问, 操作体验尤为重要, 我们鼓励幼儿通过听、看、触、摸、闻等方式感知水果, 从而获得知识。摸箱游戏更是贴近小班孩子的年龄特点, 孩子们对箱子里的水果尤为好奇, 而摸箱游戏则有效帮助幼儿进一步感知水果的外形特征, 提升了相关的经验。

2. 巧用拟人化的语言激发好奇心, 促进幼儿深入探索

在孩子们与水果亲密接触过程中, 运用拟人化的语言启发、暗示孩子, 可以激发幼儿探知水果的好奇心。比如在探究水果的外表特征时, 启发孩子比较哪个水果宝宝的皮肤比较光滑、哪个比较粗糙甚至毛毛的等, 拟人化的语言立刻点燃了孩子们探索水果外形特征的好奇心。

孩子的问题虽然天真、幼稚, 但却蕴含着想象的火花, 我们不仅要给予适当的回应, 还要走进孩子们的世界, 接受孩子们天真烂漫的解读, 如:"火龙果出血了吗?"教师的回应和介入, 推动了孩子们探知水果内部构造的好奇心。

小班案例:"苹果"长大了
——激发小班幼儿对科学区角活动的好奇心
柴月华

背景:

最近, 我们在科学探索角里创设了"苹果长大了"这个别化学习活动。在一棵大大的立体苹果树上, 挂着一个个大大的"红苹果"(红色气球), 里面还隐藏着两个没有打气的红气球放在树背后通过小孔连着两只脚踏式打气筒。预设的目标是让幼儿用脚踩打气筒的方法发现气球"苹果"慢慢变大的科学现象。

事件:

片段一:"苹果"为什么变大啦?

亮丽有趣的苹果树刚拿到教室里, 马上就吸引了小朋友的注意。有三个小朋友来到了这个区角, 站在那里用手摸摸这个苹果, 摸摸那个树叶。妞妞小朋友第一个发

现了背后的打气筒,就试着用脚去踩,结果用力不均匀,脚滑了一下,踩歪了,她就放弃了。敏敏和家乐小朋友也来尝试了,他们蹲下去用手去压,压不动,他们就开始去拉树上的气球了。

"看,秋天到了,水果园里大丰收啦。农民伯伯不停地给果树浇水施肥,苹果成熟了。它越变越大了……"我一边说一边把脚下的打气筒不停地踩,红色气球慢慢变大了。孩子们睁大天真的眼睛,一眨也不眨地盯着"大苹果",充满了好奇心。随着"苹果"的不断变大,他们开心地叫了起来:"大了！大了！""刚刚苹果还是小小的,为什么会变大呢?"我问他们。敏敏抢着回答:"因为有气。"我点着头说:"对,因为有许多空气进去了。"然后继续追问,"空气从哪里进去的?"敏敏一边指着打气筒的管子说:"那个管子里。"我追问道:"那管子里的空气是哪来的?"小朋友的注意力被成功地吸引到那个打气筒上了。他们回答:"是那个踩出来的。""那个叫什么呢?""打气筒,我家车子里也有的。""对呀,我们家打气球是用这个。"小朋友纷纷地联想起自己的生活经验。"那,爸爸妈妈是怎样用打气筒打气的?"我问道。"脚踩上去,这样呼呼呼踩。"妞妞一边模仿一边说。"请你们再踩打气筒时,注意把它放平,不要滑倒了。看看空气是不是被送进气球里去了?"我一边示范一边说着。在我的鼓励下他们又开始尝试用脚踏起那个打气筒来。敏敏小心翼翼地把打气筒抓着放平,然后把小脚放上去,小心地用力踩。终于,"苹果"在不断的打气声中慢慢由小变大了,小朋友为自己的成功拍起手来。

片段二:"苹果"为什么瘪掉啦?

过了一天,苹果树上原来大大的"苹果"们有变化了,有的苹果还是老样子或者只缩小了一点点,只有一个"苹果"明显地瘪掉了。小朋友们围着瘪掉的这个"苹果"气球说:"这个大苹果怎么变小了?"妞妞大声说:"我来给它打打气。"

只见妞妞专心地用脚踩式打气筒往一个瘪了的"苹果"里充气,但是她使劲地踩了好几下都没有让"苹果"变大,"苹果"大了一会儿又缩回去了。她转过身疑惑地看着我,眼中满是求助的神情。我走过去先拿起打气筒检查了一下气球和打气筒的接口,没有松动的痕迹,是密封的状态。我再拿起打气筒打了好几下以后,发现了问题。但我没有马上说,只是拿起气球东找找西看看,故意问:"这是怎么回事呢？妞妞你帮我扶一下气球,我再来打打气。"说着,把她的小手放在气球下端,稳稳地扶着气球。我一打气,就看见气球鼓起来又马上瘪下去。几次下来,妞妞终于发现了气球上有个洞,因为我一打气,那里就马上在漏气,她用自己的手感觉到了这个洞里有一股气正在漏出来,她马上激动地告诉我们:"漏气了！漏气了！"我对妞妞竖起了大拇指说:"妞妞观察得真仔细呀！到底哪里漏气啦?"妞妞听了夸奖笑得开心极了,积极地把漏气的地方指给我们看。

"原来气球上有个小洞洞呀。"我请一旁的小朋友都用手来感觉一下。他们都恍然大悟地说："气球漏气了呀。"找到原因了，我们马上换上新的气球"苹果"，一边换一边检查接口，用橡皮筋绑得牢牢的。我说："原来不密封的气球哪怕是个小洞也是会漏气的，我们打气之前要检查一下有没有绑紧，有没有漏气的地方。"小朋友继续尝试打气，"苹果"又变大了，大家都欢呼起来了。

分析：

1. 将科学内容置身于游戏化的情境中，激发幼儿学习的好奇心

小班幼儿的年龄特点是对新鲜事物具有强烈的好奇心，并有强烈的尝试愿望。"苹果变大了"这一区角活动的设计十分符合幼儿的年龄特点，材料设计有新鲜感，颜色鲜艳造型夸张，引发了幼儿的探索兴趣。

小班幼儿还特别喜欢各种游戏。我把空气流动性这一科学现象融入到了有趣的游戏情境中。游戏化的设计，成功吸引了幼儿的注意力，再以游戏化语言激发幼儿的对苹果如何会变大的好奇心。在这样一个游戏情境中他们参与热情进一步提高，效果显著。

2. 适时的启迪引导，有效推动了幼儿探知问题的好奇心

当幼儿在让苹果长大过程中屡遭失败而感到沮丧时，我及时地发现了她的沮丧，这次失败的尝试给她的进一步探索带来了阻碍，所以我及时伸出了援手。当我仔细观察后，发现了问题，但没有直接去指出问题所在，而是适时地启迪引导幼儿细心观察，他们自然而然会带着问题去思索：为什么"苹果"变小了？其他"苹果"怎么没变？当妞妞用手去感受气球的小洞上漏出的气时，老师顺势而为，在层层深入的引导下小朋友终于发现了问题：原来不密封的气球哪怕是个小洞也是会漏气的。对小班的幼儿，当孩子们通过自己的努力发现问题，并且锲而不舍坚持探索的时候，老师真的不能吝啬自己的赞扬。因为他们会为此而更喜欢科学活动。

▎幼儿学习品质——主动性

小班案例：有趣的空气宝宝
——在操作探索中培养幼儿学习的主动性

潘翠林

背景：

所谓主动性，就是主体性，是幼儿在同个体或群体相互作用中表现出来的主观能

动性、积极性和创造性。对幼儿来说,就是不待外力推动而自觉参加学习、生活、游戏等行动的一种积极向上的心理状态。幼儿个别化活动是由教师和幼儿共同创设活动环境,幼儿可以根据自己的兴趣、爱好、特长及能力主动选择活动内容,尝试各种解决问题的办法,大胆发表自己的见解。它可以使幼儿产生内发学习动机,真正成为学习的主人,是培养幼儿主动性的有效途径之一。

实践中我们发现具有主动性的幼儿经常表现出能够独立自主地承担任务,积极主动地完成任务,因此培养幼儿学习主动性尤为重要。

以小班主题"空气宝宝"个别化学习活动为例,老师通过启发引导、放手关注等策略注重调动幼儿学习的主动性,为幼儿创设了自由选择、大胆探索的空间,为幼儿提供了主动学习的机会,有效调动了幼儿参与活动的积极性和主动型,发挥了幼儿潜在的创造力、想象力,促进了幼儿思维的发展。

事件:

片段一:抓空气
——在启迪引导下诱发幼儿学习的主动性

"空气宝宝到处都有,那我们一起来用手抓点空气吧。"我边说边用手试着去抓空气,孩子们见了都学着我的样子,大家都伸出小手不停地抓了起来,可是忙碌了一阵大家发现手心里什么也没有。原来空气看不见、摸不着,像玻璃一样无色、透明的。

空气宝宝那么调皮,我们用什么办法去捉住它们呢? 我一边引导一边鼓励幼儿动脑筋想办法。机灵的杰杰看到地上的一只马甲袋大声地喊道:"老师,我们可以用袋子去装点空气呀。""对呀! 真是好办法!"于是孩子们和我一起从储藏室里找到了很多马甲袋,连垃圾袋也拿出来了。孩子们拿起塑料袋都玩起了抓空气的游戏,小雨不停地抖动着袋袋,想让袋口张得更大点,多装点空气。俊俊看了也学着她的样子不住地甩动袋袋,完了忙着把袋袋捏紧。看到鼓起来的袋袋,孩子们高兴得叫起来:"我抓到空气了!"

"你们在哪里抓到空气的呢?"我启发道。天真的杰杰抬头看了看指指教室说:"在教室里抓到的。"馨馨说:"在椅子后找到的。"其其说:"我在门旁边抓到的。"……

小雨的袋袋鼓鼓的,抓了好多空气,我故意对着她的小脸使劲捏袋袋,小雨忙用手捂着小脸叫起来:"好凉快啊!"她笑着说,"有风!"这时围观的幼儿都觉得很好玩,都想感受一下空气从袋袋里出来的感觉,于是捉空气、放空气,孩子们重复着、玩耍着,快乐九比!

"为什么会有风呢?"我引发孩子们一起讨论。"因为空气宝宝被我们挤出来了。"小雨说。"挤出空气宝宝会有风,那我们把针筒里的空气宝宝也挤出来,看看有没有风?"孩子们一起用针筒对着同伴一挤,真的好凉快啊! 原来空气宝宝运动就有风了,我启发幼儿赶空气宝宝,"头发动了。""脸旁有风了。""风来了。""好凉快呀!"……

片段二:生活中的充气玩具
——在放手关注中推动幼儿学习的主动性

在跟充气玩具做朋友的过程中,孩子们还想出了许多生活中的充气玩具:轮胎、救生圈、热气球、气球等。通过联系册我们发动孩子和家长一起收集了很多充气玩具,有的带来了充气榔头,有的带来了充气天线宝宝,有充气小鹿、皮球、气球等,于是我们区角里开辟了一个"充气角"。在跟充气玩具做朋友时,幼儿发现充气玩具有弹性的,敲在手上、头上一点也不疼。

可是时间长了,充气玩具有的瘪掉了。一天,我特地在区角里增加了两个充气筒,它的出现吸引了很多孩子,他们都争着给瘪掉的充气玩具打气,一下子充气角里挤满了人。于是我只得暗示幼儿:"每个区域限进四个人。"只见斌斌走到我身边轻轻地问我:"老师,我能看他们吗?"我领会他的意思便欣然答应。可是等我转一圈回来却发现,原本充气角里观看的人早就禁不住诱惑,全都动手了。

由于材料第一次出现,孩子们都很好奇,此时的我也不去阻止他们,放手让他们过把瘾,但还是细心观察他们的操作情况,看看他们如何去协商用两个打气筒。尽管只有两个充气工具,没想到他们都使出了看家本领,只见有的用嘴在吹,有的则用工具打。再看看打气球的孩子们,他们靠一个人的力量难以让气球鼓起来,于是他们学会了两个人合作,一个人捏气球,不让气跑出来,一个人打气。那些打气的孩子,也各有各的不同,有的用两个手不停地按,有的则用小脚不停地踩,气球变大了,他们做起了让空气宝宝跑出来的实验,"哧"的一声,气球飞上了屋顶。一阵欢笑,孩子们玩得不亦乐乎。不一会儿,很多瘪掉的充气玩具变得鼓鼓的,人多力量大啊!

分析:

1. 在启迪引导中诱发幼儿学习的主动性

在主题活动开展过程中教师应注重改变自己的引导策略,引导观察、引导操作和引导讨论等多种策略,为让幼儿成为活动的主体,使幼儿的思维活动从定向性转变为多向性和变通性,为幼儿提供更广阔的探索空间,推进幼儿主题探索的发展。

在观察、操作的基础上组织幼儿进一步讨论,马甲袋里怎么会有风? 水里怎么会有泡泡？适度组织幼儿开展群体讨论，可使幼儿之间互相触发思维的"火花"。在讨论过程中，幼儿的思维不但致力于自己怎样想，而且更关注别人怎样说。通过一系列引导探索，在互相启发、互相补充下，幼儿原有的经验得到提升。

2. 在放手关注中推动幼儿学习的主动性

小班的孩子对新鲜的物品都充满好奇，充气玩具是孩子们熟悉的物品，能使用未曾用过的打气筒让充气玩具鼓起来，是孩子们非常感兴趣的事情，所以出现充气角人数爆满的现象。

面对充气工具的有限，而孩子们的兴趣又如此高昂，作为老师并没有过分去限制他们，而是顺应孩子们的需求，静观孩子们的探索、随机应变，推动幼儿主动介入自己喜欢的活动中，尝试自己去调整材料与人数之间的不平衡。活动中幼儿借助已有经验，运用不同的方法去探索、去发现。教师的放手关注，有效助推了幼儿的探索行为、创造火花。

在轻松愉快的探索氛围中孩子们会出现意想不到的探索行为：他们不仅学会与同伴合作，而且借用已有的生活经验自己动脑筋，尝试运用不同的方法让充气玩具鼓起来。气球爆炸、气球飞上天这些有趣的现象，激发了孩子们的创造性思维和探索欲望，空气宝宝有时真像个大力士！

中班案例：几何图形拼贴
——在个别化活动中激发幼儿学习的主动性
徐 洁

背景：

在开展"在动物园"主题活动中，投放"几何图形拼搭"个别化学习活动材料时，在欣赏图形拼贴画的基础上，模仿拼贴动物。在变魔法的游戏活动中，想让幼儿尝试用图形拼贴各种常见的动物，发挥材料的能动性、创造性，幼儿更好地利用创设的操作环境与之进行更有效、更多元的互动。

事件：
片段一：百变小兔

在几何图形拼搭个别化学习活动中，鹏鹏边看着作品范例边模仿拼贴动物小兔，是和范例一模一样的小兔，鹏鹏对我说："老师，我拼了一只小兔。"我看了一下，随口说了一声"不错"。在一边的乐乐也拼了只小兔，她欣喜地说："老师，看我的小兔在做操。"乐乐拼的小兔和鹏鹏的明显不同,我就顺势引导两个孩子进行观察:"看看小兔哪里不一样,用了哪些图形?"乐乐点了点小兔的身体说:"他的是圆形的身体,我的小兔是椭圆形的,我的小兔会做操。"鹏鹏说:"我的小兔很懒,蹲着一动也不动。乐乐的小兔有手和脚。""小眼睛看得真仔细,小动物的身体可以用不同的图形来拼,还可以拼出不一样的小兔,小兔除了会做操,还会做什么?"鹏鹏说:"小兔还会拍球,会做很多运动。"受乐乐小朋友的启发,鹏鹏又开始创作出蹦蹦跳的小兔,手里还拿着一只蘑菇,他欣喜地告诉我和同伴:"我的小兔在草地上采蘑菇。"

片段二:动物总动员

我给孩子们创设了一幅有山有水有青草地的森林背景图,并预设了一部分动物,同时也将孩子们的拼贴作品融入这个大情境中来进行客串互动,将自己拼贴的动物剪下,投放在大背景下,一副热闹的景象。孩子们在动物总动员的场景中创编着故事,我又陆续提供日字格的记录卡、数字卡以及几何图形,拼贴的小动物标签,孩子们很是好奇地问:"老师,这个怎么玩啊?"我鼓励孩子道:"看看这里提供的新材料,想想有什么新玩法。"原先创设的这个区域是孩子区分辨别说说空中飞、水中游、陆地上的动物,然后做统计。聪明的昊昊大受启发,拿起材料,开始操作统计图形的个数,点数拼贴动物一共用了几个图形,用数字卡记录下来。在讲评肯定新玩法的过程中,孩子们还提道,可以根据颜色、大小做记录。幼儿和材料又开始互动起来,既满足了幼儿的兴趣,又提升了幼儿新经验。

分析:

1. 同伴的榜样激励,促进幼儿主动学习

幼儿经过一段时间的操作后,对于简单的材料已经熟能生巧了。随着新的学习兴趣的产生,和对已有操作体验的疲乏,会使其操作意识逐渐薄弱。如何使已有的操作材料不断给幼儿新鲜感,使幼儿在不断操作中迸发出新的兴趣、感受新的体验、获得新的发展呢?让孩子在已有的生活经验及表象的积累基础上进行再创作,看似枯燥的几何图形在孩子们的眼中又会变换出各种有趣的动物;其次,在个别分享交流的过程中,引导孩子们观察发现拼贴出的同一种动物可以用不同的图形来拼贴显现,拓宽了孩子们的思维。

2. 情境材料的多样性、探索新玩法,激发幼儿的主动性

为幼儿创设一个生动有趣、富有情调、符合教育教学内容的环境,让幼儿一进入这个环境就有一种兴奋、好奇的感觉,就马上投入到这个环境中来,并能情不自禁地

表达自己的愿望,进行创编故事。材料有潜在性,在原有的基础上,增添材料操作的多样性、层次性,提供日字格和数字卡,以此带给幼儿新的刺激,使幼儿因为有新元素的加入,而乐意再次自主选择学习内容,进行统计。此时幼儿的学习兴趣性提高,幼儿的探索欲望增强,经验也得到提升,幼儿在与材料新的操作体验中,尝试新的探索和发现,获得新的乐趣和发展。

幼儿学习品质——坚持性

中班案例:停车场
——创设良好的个别化学习活动环境培养幼儿学习的坚持性
顾燕菁

背景:

　　个别化学习活动是幼儿园普遍采用的一种教育活动形式,是一种人为创设自然情境下的幼儿学习活动,是为幼儿自由选择、自发探索、操作创造的自主活动开启的一扇门。因为对幼儿来说,他们可以自己做主,玩什么、怎么玩;但对老师来说则是通过一定的教育意图与教育要求来激发幼儿对周围环境的兴趣,引发幼儿的活动。

　　创设良好的个别化学习活动环境,投放适宜的活动材料,可以促进幼儿的积极探索行为。因此创设一个能吸引幼儿、引导幼儿、支持幼儿活动的个别化学习活动环境,从而促进幼儿的主动活动,让孩子们有信心、有耐心地进行和开展活动,是我在开展个别化学习活动前首先关注的问题。我觉得作为老师我们既要为幼儿提供一个有准备的、丰富的、精心设计的、有序的环境,又要提供一个开放的、变化的、有多种探索发现机会的环境,让幼儿在与环境和材料的互动中培养学习的坚持性。

　　坚持性,就是指不怕挫折、失败,能克服困难,坚持达到目的的意志品质,是指人们为了完成任务而持续地克服困难的一种心理能力。它是意志品质中的一个重要指标,是自我意识的重要成分,也是人们学习活动的重要的非智力因素。幼儿坚持性的培养不仅能形成幼儿健康的人格,而且对于发展幼儿的认识能力也具有十分重要的意义。

　　心理研究表明,4～5岁是幼儿坚持性发展的关键期,因此结合"停车场"这个个别化学习活动,我尝试对"如何促进幼儿坚持性"进行了实践研究。下面我就结合个别化学习活动"停车场"的实施情况,来谈谈我通过创设良好的个别化学习活动环境,培养幼儿学习坚持性的切身体会。

事件：

片段一：停车场里来停车
——共同参与、一起发现，让幼儿有兴趣坚持

"老师，你在干什么？"看到我在布置停车场，孩子们纷纷围了过来。

"老师，停车场怎么是空的呀？""对呀，停车场里怎么没有车停呀？"……孩子们叽叽喳喳地讨论开了。

"对呀，停车场应该有车呀，愿意和我一起来做小车停到停车场吗？"我问孩子们。

"我要来。""我会的。""我也做过车子的。"……

孩子们纷纷响应，于是我拿出事先准备的各种颜色的车身、轮子，和孩子们一起开始组装车子。

"我装了一辆紫色的车子。""我的是蓝色的。""我的是红色的。"……孩子们兴奋地展示自己的车子，一会儿工夫，孩子们就把各种各样的小车组合、拼装好了。而后，孩子们和我一起根据颜色把自己制作的车分分类，放在四个不同的盒子里。

"现在可以去停车了吧。""我也要去停。"……孩子们纷纷走进了"停车场"区域。

手里拿着车子，孩子们开始在"停车场"里逛了，"怎么停？""不对，不可以乱停的。"……孩子们走走看看，为了把自己做的车子停好，孩子们在区域里努力地发现和寻找着停车的秘密。"你看，这里有牌子告诉我们的。""哇，我发现秘密了，停好了是这样的。""哎哎，不能先偷看的，偷看了不算的。""偷看了算赖皮的。""我才不会赖皮呢，我会停得和它一样的。""我也行的。"孩子们边分享着自己的秘密，边兴致勃勃地投入活动了。为了想办法停成最终的"停车场"，孩子们讨论着、商量着、思考着，为了最终的任务他们坚持着。

片段二：停车场里来闯关
——勇于尝试、敢于挑战，让幼儿在不断尝试中努力坚持

桐桐和乐乐今天一起来到了"停车场"。

"乐乐，我们去把停车场的车子停满好哇？"桐桐指着停车场的车位对乐乐说。

"很难的，我不会。"乐乐面露难色。

桐桐看看乐乐，然后走近前面的停车场，突然他兴奋地拉起乐乐的手："乐乐，你快看，我有好办法了。"他指着1号停车场对乐乐说，"你和我一起来数，数一数停车场的车位。"

"1、2、3、4、5。"两个人数完1号停车场，又接着数了2号、3号、4号、5号、6号，一口气把六个停车场的车位都数完了："乐乐，我发现了一个秘密。"桐桐说。

"没有秘密呀,就是数数呀,1、2、3 号停车场是 5 个车位的,4、5、6 号停车场是 6 个车位。"乐乐有点莫名其妙。

"嘿嘿,这就是秘密呀,5 比 6 小,那就是 5 个车位简单,6 个车位难,你不要害怕,我让你停 5 个车位的停车场,我来停 6 个车位的,这样你就简单点了。"桐桐出了个好主意。

"哦,我停 5 个车位呀,真的简单吗?可我如果不会怎么办?"乐乐还是不自信,还在犹像。

"放心,我会帮你的。"在桐桐不止一次的劝说下,乐乐终于鼓起勇气玩了。

"乐乐,你看有的停车场已经有车子停在里面了,你就从车子停得最多的停车场开始玩哦。"桐桐自己一边玩,一边还像小老师一样给乐乐提示。

终于在桐桐的帮助下,乐乐把 1 号停车场的车停满了,因为在 1 号停车场老师已经将两辆小车固定在那里,乐乐自己只需要停三辆车就把车停满了,再说又有桐桐的帮助,乐乐完成任务可谓是不费吹灰之力。当车子停满后,乐乐开心地对桐桐说:"桐桐,你看我停好了,你帮我看看对吗?"乐乐忙不迭地去把桐桐拉过来。"乐乐,你看你自己可以检查的,最下面那张白色的图片翻过来就能看到答案了。"乐乐将信将疑地把图片翻了过来,果然那是一张停车场的完成图,乐乐认真地拿起图片和自己的停车场对照:"桐桐,我和它一样的,我对啦!"乐乐开心得叫了起来。"乐乐,你看我把 4 号 6 个车位的停车场也停好了,我也停对了。"桐桐也把自己的喜讯告诉了乐乐。

"那现在在我们就来停已经固定好一辆车的停车场好吗?你停 2 号停车场,我停 5 号停车场。"桐桐又发出指令了。他倒是挺能分配的,他为两个人都选择了已经固定好一辆车的停车场,区别就在于乐乐是 5 个车位的,他自己是 6 个车位的。

两个好朋友就这样一步步闯关,从最简单的 5 车位的已经固定两辆车的停车场到难度最大的 6 车位的空的停车场,他们俩一步步地去攻破。每次当他们停好一个停车场的车,拿起图片进行验证的时候,我看到他们的脸上充满的是对自己劳动成果的期待。当看到自己的操作结果和验证图片上的答案一模一样时,我看到的是他们自豪的表情,以及进一步开展活动的激情。

分析:

1. 选择和设计幼儿感兴趣的活动材料,激发幼儿想要坚持的愿望和兴趣

中班幼儿,活动中的专注性还不强,活动目标易转移,因此个别化学习活动除了需要有一定的规则外,趣味性强、操作性强的各种活动材料更能激发幼儿活动的兴

趣。正是基于对以前个别化学习活动中幼儿游戏情况的分析,因此在选择幼儿的操作材料时我也特别地谨慎,一是要让幼儿感兴趣,二是要让幼儿持久保持住对材料的兴趣。于是在选择"停车场"的操作材料——小汽车时,我并没有选择色彩鲜艳的现成的图片汽车,也没有选择形象逼真的仿真实物汽车,而是选择了让幼儿自己粘贴制作的小汽车。我事先根据个别化学习活动的要求设计好车子的颜色和造型,准备好半成品,让幼儿自己来完成这些小汽车,并将其作为"停车场"的操作材料。因为我知道,幼儿对自己的东西尤其喜欢和关注,如果将他们自己制作的小汽车作为操作材料,那他们会特别钟爱,分外感兴趣。

另外,为了增加材料的趣味性,我在提供停车场的操作步骤图的时候将最后一步的验证图片设计成"打开来看一看"——将停车场停车完毕的效果图设计成隐蔽的,只有当孩子们一步步完成任务到最后一步时,才可以将图片翻过来看,检查是否和自己的停车场停车情况一致,让孩子获得正确的答案。因此可以说这最后一步对孩子们来说有点神秘又有点渴望,正是这种复杂的情感会驱使孩子坚持到最后一步。另一方面,这张图片的提供不仅可以让幼儿对自己的活动结果进行验证,进行评价,而且也便于让幼儿及时地纠正操作结果。这种自我验证对于中班的孩子来说是有必要的,对他们来说也是一种挑战,更能激发孩子活动的兴趣,以及对活动的坚持。

由此可见,当幼儿对某种事物有浓厚的兴趣时,才能在活动中保持愉快的情绪,处于积极主动的探求状态。兴趣是幼儿学习的原动力,而幼儿的能力与水平又是制约其发展的影响因素,当幼儿觉得游戏也就如此时,他们就会失去活动的兴趣,不愿意再玩了。因此在活动中提供让幼儿感兴趣的材料,激发幼儿对活动的兴趣,让他们有兴趣去坚持,这是在材料设计和提供时考虑的一个至关重要的因素。

2. 提供层次性与多样性的活动材料,满足不同水平幼儿发展的需要,坚定幼儿坚持的信心

材料的投放要根据班级幼儿不同的需要、能力,尽可能多地提供有较强操作性、趣味性、可变性的材料吸引幼儿的主动探索,因为多样的材料不仅能吸引幼儿,而且可以让幼儿有多种选择。另外,在提供材料时除了要注重材料的多样性之外,我们还要关注所提供材料的层次性。众所周知的"水桶"理论告诉我们,每个幼儿的发展水平不可能是整齐划一的,不同的幼儿,有着不同的兴趣、爱好和个性,甚至同一年龄的幼儿,他们之间也存在着能力上的差异,而且发展速度也不一样。所以我们在提供材料时,千万不能"一刀切",既要考虑"吃不了"的幼儿,还要兼顾到"吃不饱"的幼儿。比如我在停车场活动中提供的材料,提供的有的停车场是 5 车位的,有的是 6 车位

的;有的停车场是空的,有的停车场是已经有部分车停进去的……通过不同层次、不同难度材料的提供来满足不同能力幼儿的学习和探索需求,让他们都可以有所为,使每一个幼儿都能在适宜的环境中获得发展。由此可见,活动材料的提供要兼顾每个层次的幼儿,不能都简单,也不能都复杂,要为不同水平的幼儿提供活动的机会和成功的条件,让每个孩子都能通过区域活动,在最近发展区得到发展,保证了幼儿在该活动中游戏的持久性和创造性。

幼儿是天生的探索家,有自我发展的潜力。单调枯燥、一成不变的材料会使幼儿失去兴趣。新事物的不断出现,会激起幼儿不断探索的欲望,认识也随之不断地发展提高。"停车场"活动中多层次、多样性的活动材料,让幼儿在一次次的尝试和探索后,努力地坚持,勇敢地挑战,从而潜移默化地提高自身学习能力,培养学习的坚持性。

中班案例:小小书屋
——在情境创设中激发孩子的坚持性
计　星

背景:

语言区是幼儿园区域活动的基本设置之一,为幼儿创设提供这样一个以促进语言发展为明确指向的学习活动环境,对幼儿的语言发展无疑有很大的意义。我们一般都会在图书角的书架上放置一些书让幼儿翻阅,学习说一说。但是很快我们会发现随着幼儿年龄的增长,这样一成不变的阅读环境会使语言区域的人次越来越少。那么怎样才能使幼儿越来越喜欢语言区域,学习的热情越来越持久呢?

事件:

片段一:冷清的小书屋

个别化学习活动开始了,孩子们根据自己的喜好自由地选择了不同的活动区域,但是我发现语言区域竟然一个人也没有。怎么样才能吸引孩子们呢? 于是,我问道:"谁愿意去小小书屋呀?"可是没有人理睬。于是我说:"哎,那今天小小书屋里神秘礼物没人要喽!"一听到小小书屋里有神秘礼物,孩子们的好奇心被激发了:"老师,是什么神秘的礼物呀?""老师我去我去。"……我故意卖着关子:"如果说出来了就不是神秘礼物了,只有去了才知道哦!"听我这么一说,鑫鑫和几位小伙伴满怀希望地来到了小小书屋,看看这里,翻翻那里,没几分钟就有些不耐烦了:"神秘礼物在哪里呀?""等你们把故事书说完了,它就会出来的哦。"于是,鑫鑫和小伙伴们一脸无奈地回到了座位上,拿起了书看了起来。虽然"小小书屋"有了一些生机,但并没有起到语言区域的真正意义。

片段二:热闹的小书屋

个别化学习活动又开始了,孩子们根据自己的喜好自由地选择了不同的活动区域。今天的"小小书屋"可是门庭若市,热闹得很哦,时不时都会听到孩子们在里面大胆表述的情景。看!孩子们拿出了自制图书《我的爸爸》,因为是自己作小记者采访并亲手画的,所以他们更愿意说、更能大胆地说,"泽泽,这是我的爸爸,我的爸爸是属牛的,我爸爸的本领有……""杨杨,这是我的爸爸,我的爸爸会修电脑哦!"过了一会儿,"杨杨,我们一起去看看'我们的农场'吧!"这是根据主题而创设的认一认、说一说区域,"这是马的影子,这是牛的影子……""你知道吗?农场里两条腿的、蛋生的、有羽毛的是家禽还是家畜?""我知道,是家禽哦。""那这个呢?"……时间过得真快,活动时间结束了,可还能听到孩子们的话语:"泽泽,下次我们一起去'故事盒'那儿讲一讲故事——小猪的家人,好吗?""好的,我们明天再来。"听着孩子们的话语,看着孩子们依依不舍的身影,我的脸上也露出了欣慰的神情,"小小书屋"重生了。

分析:

1. 情境创设激发了幼儿的坚持性

皮亚杰认为:"幼儿的发展是在主客体交互过程中获得的。"而我也认为在环境的交互作用下能更好地促进幼儿的语言发展,因为良好的情境创设能使幼儿感到心理安全,产生积极活动的欲望,从而激发其学习的坚持性。于是我先创设了小小书屋的屋檐,再运用屏风作围墙来给予幼儿一个安静的、半封闭的学习空间。在此区域中放置书架、操作台供幼儿进行操作学习,从而使幼儿产生想来、愿意来的欲望,并通过用心去倾听孩子们的心声,了解他们的需求,结合主题活动的内容及时地增添材料,这样才能更好地激发幼儿学习的坚持性。

2. 材料的多样性促进了幼儿的坚持性

原先我们在语言区域里放置一些主题的书籍让幼儿翻阅学习,但是很快我们会发现随着幼儿年龄的增长,这样单一的学习材料会使幼儿产生厌倦,使"小小书屋"越来越冷清。因此老师进行了及时的调整,投放多样性的操作学习材料,满足每个幼儿的需求,激发了他们想说、愿意说的欲望,激发了幼儿参与活动的积极性,活动中的坚持性增强了。

幼儿学习品质——问题解决能力

中班案例：哪条路开得快
——运用材料配置培养幼儿解决问题的能力

马晓华

背景：

随着探索主题"车来了"的开展，孩子们从家中收集来很多各式各样的小车玩具，尝试在桌子、椅子、柜子甚至窗台等地开。有些孩子还不满足于让小车在平地上开，将小车从椅子背、桌子角上面往下滑，凡是能让小车开动的地方，都能见到孩子们兴致勃勃玩开车游戏的身影。关注到幼儿对车行轨道的需求，我创设了"哪条路开得快"这个个别化游戏区域，幼儿可以在此区域中探索不同材质轨道对小车滑行的影响。

事件：

童童和小雨对新投放的材料很有兴趣，一开始并没有立即玩，而是一样样翻看这些材料，特别是贴上皱纸、KT板及瓦楞纸的木板轨道，还用手在上面摸摸感受不同的触感。随后，他们将轨道平放在地上，开始玩小车游戏。

只见童童将小车在瓦楞纸轨道上一推，小车斜斜地开了出去，脱离了轨道开到了地上。而小雨选择从坑坑洼洼的KT板轨道上开小车，他也选择用大力一推，小车嗖地一下出发了，但开到轨道的一半就从一旁翻了下来。童童也试了试，小车也从KT板轨道上翻下。

小雨观察到刚刚车子开出的方向和轨道并不是一条直线，方向斜了。在再一次尝试时，很仔细地将车子和轨道对齐，让车头的方向直直地对准轨道。这次小车开出去的距离远了一些，但由于速度较快，小车在接近轨道末端的地方又翻了。

童童也发现小车一定要对准轨道开，轻轻地送出小车，小车在轨道上磕磕绊绊地开到了底。很快他们发现在光滑的轨道上开小车速度最快，也最容易成功。

通过观察片段一中两名幼儿的活动情况，我发现轨道比较狭窄，轨道上放置的KT板、瓦楞纸会在小车行进中产生阻力，幼儿即使有意识地对准终点开小车，但小车还是经常会在中途翻离轨道，对幼儿的实验造成了无关干扰。因此，我在轨道的两侧增加了护栏,防止小车滑行中翻离轨道。

小杰选择了 KT 板轨道,小车磕磕碰碰地从轨道上滑下,刚滑行一小段距离就停止了,只有半米左右。小杰似乎对 KT 板轨道的滑行距离不太满意,他取回小车,用力将小车推下轨道,这次小车的滑行距离比第一次远了一些,但依然达不到 1 米。第三次,他用了更大的力气推小车,没想到小车开到中途就翻车了。

这时,小杰的朋友文文来了。小杰对他说:"推车子不能用太大的力气,会翻车的。"文文试了试,发现太大力推小车真的比较容易翻车。那又要滑得远,又要不翻车,该怎么办呢? 带着问题,他们又在其他的几块轨道上进行了实验,他们将光滑轨道放在木砖上,由于有了护栏的保护,小车很顺利地一开到底,滑行了两米左右。随后,他换上瓦楞纸轨道,这次小车滑行得比第一次短一点的距离。最后他们发现光滑的轨道可以用最大的力气推小车开得最远,瓦楞纸轨道是不大不小的力气推小车开得第二远,KT 板轨道只能用一点点力气推了,小车开不远。

分析:

1. 关注材料,在放手试误中培养幼儿解决问题的能力

在本案例中,幼儿都遇到了活动中小车容易侧翻的问题。案例中幼儿第一次尝试引起侧翻的原因有两个: ① 幼儿操作不当,小车推行方向歪离轨道。② 教师提供的轨道比较狭窄,不够科学。幼儿遇到问题后,并没有寻求教师帮助,因此教师采取了放手策略,在一旁默默关注幼儿的探索。最后幼儿通过观察同伴操作和自我反思,注意到操作时要沿着轨道的方向推小车才能成功,依靠自己的力量解决了问题。

2. 调整材料,让幼儿在分享学习中进一步提升解决问题的能力

根据第一次尝试的操作情况,我采取了调整材料的策略增加了轨道护栏,排除多余干扰。在后续其他幼儿的探索过程中,翻车的原因集中在发车时的力度问题。当小杰发现这个问题后,他进行了多次尝试来进行控制,发现了轨道上用不同力气推,会对小车的滑行产生多种不同的影响。最后幼儿在多次试误中积累了经验,解决了问题,得出了结论。而在此过程中教师采取的放手策略则引发了幼儿同伴间经验的分享,小杰分享了他在操作中遇到的困难和发现的问题,甚至是自己的初步操作结论,让同伴文文少走弯路,这个过程是幼儿间主动地分享性学习。

大班案例：球儿滚起来
——在启发引导中推动幼儿的问题解决能力
张　君

背景：

解决问题的能力，就是掌握一定的方法和技巧，能够对问题的处理提出意见和方案，并付诸实施，最终使问题得到解决的能力。

大班幼儿思维活跃，主意和办法比较多，而且有一定的动手操作能力，由此为他们解决问题提供了保障。木质轨道玩具是男孩子们热衷的，但中班阶段一直都没有根本解决木球自动滚动的问题，他们都停留在平面搭建、手动推动小球前进。进入大班，大家玩这一区域搭建的兴趣丝毫不减，但对这一现状不再满足，从而通过老师的推动激发了孩子们解决问题的兴趣。

事件：

片段一：改建轨道

由于认知能力的差异，不同幼儿在同一区域操作过程中会出现各种操作行为，这就需要老师通过仔细观察，了解每个幼儿的学习情况。当发现孩子们热衷的玩具只停留在粗浅的水平，没有任何发展的时候，需要老师通过观察，引导孩子发现找到问题所在，通过对材料再次探索，从而解决问题。

轨道区航航搭起了简易轨道，只用了一根直轨道和两根弯道轨道连接后就直接把球放在轨道上，用手推动球前进。小安用玫红色小积木当柱子，两边分别三块，上面横架着一根轨道，也用手推动木球。熠熠和琪琪两个好哥们一起搭了长长的轨道，又在半中间各自搭起了横着的桥，就好像立交桥似的。他们同样都用手推球前进。这时我见孩子们仍然停留在中班时的状态，就提示到："能不能不用手推，让木球自己滚起来呢？"航航看也不看我，直接回答："不能。"又沉浸在自己用手推球的过程中。小安说："张老师，你看，我的球能自己滚起来的。"说完，他仍旧如以前一样，用手推一下球，球只滚动了几厘米，接着又推了一下。"这可不算哦，只能在开始的时候用手推球，中间不能再推，怎么样能让球从开始一直滚到最后？""把一个地方垫高。"熠熠回答道。说完他就在自己和琪琪一起合作的作品上自己搭建的部分开始了改建，把原来架在两块竖着和一块横着积木组合成的山洞门上的轨道先用手提高，垫上了一块红色积木，再把轨道放在了红积木上，这样就一头高了。小安看到熠熠的行动，他也照着方法在一边的柱子上加上一块。琪琪在熠熠改建好的轨道上放上木球,一放手球就自己滚起来了。"能自己滚了,张老师你看!"琪琪高兴地叫着。"让我也试试。"航航探过头也有了参与的兴趣……

片段二:好兄弟携手成功

每个孩子都有自己独到的见解,有时一个人无法解决的问题,通过同伴的帮助或启发就能让问题迎刃而解。当发现孩子有问题并遇到困惑时,看似无意间的提示或鼓励,让孩子主动协助解决问题,同时感受合作的力量。

我发现桥墩下面有个方形木盘:"这是干什么的呀?"熠熠说:"这是接住滚下的球的。"说完他演示给我看,结果木球滚动起来冲力太大,球一下冲到地上,并没有滚进木盘。"怎么会滚出来了呢?"熠熠疑惑道。"本来可以滚到盘子里的。"琪琪解释说。"再来再来!"熠熠坚持着,他们试了好几次,结果都一样。看他俩一下没了方向,不知该如何时,我自言自语说:"我记得上次琪琪好像不是这样搭桥墩的。琪琪发挥一下你的聪明小脑瓜,能想出好办法吗?"听见我的话后,琪琪几乎不假思索说:"熠熠,我来帮你。"琪琪看了看桥墩,然后数了数架桥墩的小积木,接着把直轨道下的垫高小积木取走一块。我想,真聪明,这样球的冲力就变小了,可能就成功了。"熠熠,我们再试试。"琪琪将球放上轨道,小球缓缓滚动起来,可惜还是没有落进木盘。熠熠突然说:"我知道了,我拿着木盘,熠熠你来放球。"就这样,两人分工合作,随着球再次缓缓滚下,熠熠小心地看着,将木盘往外挪了一点,不再靠紧桥墩,"接住了!成功了,耶!"成功后熠熠满脸笑意地看着我。"厉害!你们两个真是好兄弟!""让我也玩一次。"一直围观的航航也默默地在自己的作品上搭起了一头高一头低的桥墩,开始了新的尝试。

分析:

1. 启发诱导,独立解决

在同一区域,同样材料提供下,孩子们在遇到问题需要解决时表现出比较明显的层次。如琪琪和熠熠在老师明确的规则提示下,主动地尝试各种搭建的方法,一步一步解决了所有问题。能力较强的大班孩子对于老师的启发性语言有着心领神会、一点即通的悟性。因此,当发现孩子们在探索过程中遇到困境、瓶颈时,只需老师的只言片语就能起到助推作用,让他们顺着灵感把难题迎刃而解。

2. 引导互助,合作解决

针对不同能力层次的孩子,老师要有目的地采取不同的激励方式,如能力相对强的孩子采用激励、反问设疑等更能刺激他们开动脑筋,不断调整获得成功。而能力相对较弱的孩子则更适合较直接的暗示或榜样的引导等方式来推动。老师的语言启发,鼓励推动了幼儿问题的解决能力。如案例中,熠熠在老师的鼓励下不断调整桥墩高度,破解了球儿不能自己滚动的难题;琪琪主动投入,和熠熠相互合作接住了滚落的球,从而解决了"球儿滚起来"这一活动中所有的问题。在他们成功的感染下,同伴的榜样作用激发了能力较弱的航航也主动尝试起让球儿滚起来。

老师的语言推动、启发鼓励是孩子们在遇到困难、解决问题时的助推剂,让在"如麻的困境"中的孩子发现一根线头,顺着它慢慢尝试,便是成功。

▌幼儿学习品质——合作性

中班案例:造桥小能手
——在个别化学习活动中培养幼儿的合作性

潘翠林

背景:

"桥"是孩子们继汽车主题后延伸的一个小主题,孩子们经常会搭建一些斜坡、大桥,把小汽车放在建构物上开,孩子们的兴趣开始转移到各种桥上。一提起桥,生活在上海大都市里的孩子们无不为上海的几座斜拉桥而感到骄傲,他们首先讲到的就是杨浦大桥和南浦大桥。一天,涵涵带来了和爸爸一起制作的徐浦大桥,我把这座桥放在展示区,没想到吸引了好多孩子,有的将折好的纸船放在桥底,有的也开始用各种积木尝试搭建小桥,经常会看见孩子们有意无意地搭建各种各样的桥。

事件:

片段一:初次合作见成效

见孩子们造桥的兴趣比较高,但是对桥的设计还比较缺乏,于是我特地在活动区创设了一个建构区域,并把孩子们带来的各种桥摆放在区域内。区域活动开始啦,有很多孩子一蜂窝跑到新开辟的建构区找大块的长条形积木,动作快的拿了三块,动作慢的拿了两块、一块……手里一有材料也没加考虑就开始动手搭建起来,几块材料三下两下就搭建没了,桥的形状还没出来,怎么办呢? 见此情景我暗示他们:"你们要学会跟好朋友一起商量,几个人的材料合起来才能造出更漂亮的桥。"话音刚落,只见小雨和捷捷、洁洁三人围在一起,小雨用圆柱形的积木当桥墩,捷捷在一旁当助手忙着给她递上圆柱形积木,用两块长条形的积木连接起来当作桥面,桥面太长了缺了桥墩怎么办啊? 这时雯雯也加入进来了,把手中的另一块递给小雨,终于桥面稳当了。小雨一边在桥的一侧摆上一块斜坡,一边对大家说:"快找块长方形积木。"原来她要造桥栏杆。伙伴们听了立刻分头去找材料了,看来小雨还挺有号召力的! 我在一边鼓励道:"你能商量着、合作着搭,真好!"一会儿大伙找了好多小长方形木条,小雨小心地将积木一块块横放在桥面的两侧,还挺别致的! 只是另一头还少了一个斜坡,于是我故意问她们:"汽车开到这里怎么下啊?"聪明的小雨听了立刻领会我的意思,急忙又找来一块长木板架在桥面上,好一座漂亮的桥啊! 真是人多力量大!

片段二:合作中出现求异和创新

孩子们合作的意识加强了,建构区的幼儿人数明显增多了。但是我发现孩子们用的材料比较单一,柜子里有很多材料都没有好好利用,而鸣鸣和月月却为争夺一块长木板而僵持不下。为了激发幼儿用各种材料,建造与众不同的桥型,我启发道:"柜子里还有好多材料都可以造桥,看谁最会动脑筋!"机灵的琪琪从柜子里找了一篮插塑,便动起小脑筋来。鑫鑫见了也加入进来,和他一起插了起来,不一会儿就搭出了一座拱形桥,又在桥下摆上一块块长条木块。见我一直关注他们,琪琪神秘地问道:"老师,你知道我造的是什么桥吗? 我造的是人造天桥。"我轻抚孩子的肩膀说:"哦,你造的桥真特别,跟别人不一样!"

当幼儿能较好地与同伴一同合作搭建时,教师及时地给予肯定与鼓励,教师赞许的目光、肯定的语言,以及轻抚孩子的肩膀等使幼儿受到极大的鼓励,因而进一步强化合作的动机,愿意更多地、自觉地做出合作行为。

长条积木都被同伴取走了,尧尧和逸逸便找来了好多小长条积木,没想到小积木也能派上用处。只见他们将一块块小积木竖起来紧紧挨着排列,最后在两头摆上一块斜坡,一座小巧玲珑的木桥造好了!

孩子们都很投入,自由结合分成好几个组,我一边夸他们是造桥工程师,一边不停地把他们设计的大桥一一拍下来。不久,更多的桥也随之诞生了:凡凡与杰杰用插塑玩具搭出了一座很别致的独木桥,蕾蕾和优优用几种形状不同的木块搭建了一座拱形桥,月月、雯雯等四个人造了一座带有栏杆的桥,馨馨正独自欣赏着和朋友搭建的直板桥……

面对与同伴一起合作搭建的成果,孩子们正陶醉在喜悦中,初次合作得到成功,也证实了集体的智慧、合作的力量!

好多桥造好了,款式还真不少,我觉得有必要带其他孩子们参观一下,以此来分享彼此的经验。我引导孩子们边参观边评议出自己最喜欢的桥,并说说喜欢的理由。有的说拱形桥漂亮,有的说有栏杆桥漂亮,有的称尧尧的桥像多米诺骨牌,有的夸凡凡的桥像长江大桥……"今天你们个个都是造桥工程师,设计的大桥座座那么漂亮!"在我的称赞声中造桥小能手们脸上露出了自信的笑容。

分析:

1. 在启发引导中初步尝试合作

游戏中当教师发现幼儿合作意识淡薄,不能发挥合作效力时,通过启发、暗示等支持行为引导幼儿在独立思考的基础上,有计划地与同伴一起合作搭建,改变了一人独建的现象,增强他们的合作意识,提高他们的合作技能,帮助幼儿尝试与他人合作,借助集体的力量、集体的智慧去解决、战胜困难,从中体验合作的快乐。孩子们的活动热情一下子高涨起来,大家三五成群,出谋划策,配合协调,搭建出一座座与众不同的大桥,初步形成了集体探究的氛围,发挥了群体的力量。

当老师观察到由于材料选择的单一限制了孩子们的构思和想象力的发挥时,此时教师引导让孩子主动收集建构所需的材料,因为如果材料都由教师包办,那么幼儿只能做简单的接受,游戏中幼儿的交往必然受到无形的阻碍,而事实材料选择的多样化更能点燃幼儿创造的火花。

2. 在表扬激励中出现合作创新

活动中教师不仅要启发幼儿积极采用各种探索材料,还要善于使用激励策略,使幼儿保持探究热情。教师的肯定、赏识、"工程师"美称,能使幼儿受到极大的鼓励,对幼儿的合作、创新行为教师及时给予表扬,老师的赞赏对幼儿是一个促进,因而进一步强化合作的动机,愿意更多地、自觉地做出合作行为,促使幼儿保持足够的探究热情,产生强大的内部动力以争取新的更大的成功,随之酝酿出各种造型不一的桥,使活动出现了比预期更好的效果!

3. 在展示分享中体验到合作之悦

分享是情感交流的最佳方法,"在人的心灵深处,都有一种根深蒂固的需要,就是希望自己是一个发现者、研究者、探索者,而在儿童的精神世界中,这种需要特别强烈。"教师不仅要激发幼儿心灵深处那种强烈的探求欲望,而且要让幼儿在探究活动中获得成功的情感体验。

合作与分享是相辅相成的。光有合作没有分享,会导致孩子养成独享的习惯;光有分享没有合作,会使孩子养成坐享其成的品行。幼儿之间的合作常常会带来积极愉快的结果,这对幼儿巩固、强化合作行为进而产生更多的合作行为是极为重要的。但幼儿自己常常不能明显感觉到,此时,教师通过组织幼儿参观活动,引导幼儿感受合作的成果,体验合作的愉快,激发了幼儿进一步合作的内在动机,使合作行为更加稳定、自觉化。同伴间的参观分享,让幼儿彼此得到了情感上的满足。

中班案例:赛龙舟
——在个别化学习活动中培养幼儿的合作性
施 敏

背景:

　　端午节就要到了,在环境布置中我们创设了"粽叶飘香"的情境,在区域活动中,我们也投放了"包粽子"的材料,让幼儿尝试用纸来包立体的粽子。在"粽叶飘香"的一角,还有一块版面的空白,于是我想到可以让幼儿绘画"赛龙舟"的作品,并将它们布置其中。集体活动"赛龙舟"开始了,我给孩子们讲了"端午节"的由来,并让幼儿观看了赛龙舟的画片,激起了幼儿对龙舟的兴趣。幼儿讲述到"赛龙舟"的特点"同心协力"时,我受到了这四个字的启发,请孩子们用自由组合的形式,以小组为单位,在个别化学习活动中合作画"赛龙舟"。听到这一建议,再看到大的图画纸,孩子们都激动起来:"好大的纸呀!""太好了! 大家一起画!"……每天我都会观察不同组的孩子作画的方式和进展的速度,我发现每天每批孩子表现都不一样。

事件:

片段一:初次作画,毫无合作

　　第一组:由于琰琰一直参加各种绘画比赛,对于大的画纸比较熟悉,但是她没有和其他小朋友商量,直接第一个拿起铅笔开始在画纸上构图,一副很自信的样子,不一会儿就画出了两个小人。其他小朋友就站在旁边静静地看着,没有人拿起笔和她一起构图。第二组:这一组星星和静怡这两个小朋友画画都不错,表现力也比较强,所以两个人都拿起笔开始构图,一个在左边开始画龙舟,一个在右边开始画人。结果发现对方也在画,而且和自己画的不一样,星星说:"不对,要先画龙舟。"静怡说:"不对,要先画人。"而其他小朋友有的帮星星,有的帮静怡,两队人马发生了激烈的争执。第三组:大家直接都把构图的任务交给了轩轩,可是轩轩不肯接笔,不停地说:"我不会,我不会。"然后把笔交给旁边的浩浩,浩浩也不肯,把笔还给轩轩,两个人推来推去,直接笔掉在了地上,一组人哈哈大笑。

片段二：再次作画，逐渐合作

第一组：雯雯看到琰琰已经画好一排小人了，拿起了勾线笔，在第一个小人上开始用黑笔勾线，天天看了也找了一只勾线笔帮着一起勾线。琰琰说："太好了，我画，你们来勾线，这样好快呀！"一旁的东东说："你们勾好线了，我来涂颜色。"几次下来，这一组的合作正式开始了，作品也慢慢地完整呈现出来了。第二组：第二次作画的时候，静怡选择离开了这一组，因此没有了争吵，这一组的小朋友都在星星的指挥下，有的勾线，有的涂色，有的负责选择颜色……一组人互相商量着，慢慢地进入了合作的状态。第三组：正好这一组群龙无首，大家面对一大张白纸，不知道该怎么办的时候，静怡来到了这一组，在静怡的带领下，这一组也顺利地开始"工作"了。

片段三：多次作画，充分合作

看到大家都在努力地画，但是情境性不够，有些孩子总是慢吞吞不着急，画了近一周的时间，没有一组将作品完成的。于是我对大家说："我们不能参加真正的龙舟赛，但是我们画画的方式也是一种比赛，哪一组先画好，就说明这一组的龙舟第一个划到终点，将会贴在作品栏的最前面哦！"一听到这个，孩子们的动力一下子就来了，一到个别化学习的时间，就挤到这个区域，分工合作，同时合作得更加有目标性，也更愉快了。有的小朋友说："快快快！"有的小朋友涂色的速度更快了；有的小朋友两个一起涂色，尝试运用接色的技巧……看着大家又快又忙又有些乱的时候，行行还在旁边大叫："要冷静！要冷静！"

当然在合作作画时，也出现了许多的小矛盾。在自己作画时，可以自己想画什么就画什么，想用什么颜色就用什么颜色，但是在合作画中，这种随意就有可能遭到同伴的否定。这不第三组的燕婕被同伴说哭了，因为她用的颜色大家不喜欢。这时我就问他们："有什么办法可以画上大家都喜欢的颜色？"小芃说："要用好看的颜色，还要大家商量。""对呀，一起合作画画，商量也是非常重要的。"大家通过商量的方法，矛盾逐渐减少，速度也越来越快。

分析：

1. 耐心等待，鼓励合作

《幼儿园教育指导纲要》中明确了"培养孩子的合作能力是早期教育中必不可少的一项内容"。《3～6岁儿童学习与发展指南》中也指出："幼儿园应多为幼儿提供需要大家齐心协力才能完成的活动，让幼儿在具体活动中体会合作的重要性，学习分工合作。"在幼儿绘画活动中，运用合作绘画的形式是培养幼儿合作能力最有效的活动之一。但3~6岁的幼儿自我意识较强，合作意识薄弱，不能很好地与同伴配合，在需要合作的情境中也较难自发地表现出合作行为，甚至可能不知道如何去合作。幼儿在合作作画时根本没协商也没分配任务，对他们来说合作就是把几个人的画一起放进一张大纸。所以这就需要老师耐心等待，让每个幼儿都有机会表现自己的想法，无论是积极还是消极，都鼓励他们自己解决，自己发现问题，发表自己的意见……这样一方面增强了幼儿的自主权，并且循序渐进地教给幼儿商量的内容，帮助幼儿取得目标的一致性。

2. 有效观察，引导合作

也正由于第一次尝试合作作画，不了解幼儿在这方面的发展水平，和可能会产生的问题及困难，因此在前面的示范和讲解中，我没有详细地说明，或与幼儿讨论该如何画。而在过程中加强观察，及时捕捉幼儿产生的问题和精彩的瞬间，并与大家一起经验分享，促使大家在过程中一起找到合作作画的方法和技巧，来自幼儿的经验也更利于他们接受和掌握。也正是由于有了亲身的体验，每个幼儿都能有自己独特的见解，并且学会了尊重别人的意见，幼儿从中获得了群体意识和合作精神。让幼儿学会互相讨论、配合，互相尊重，敢于表达自己的看法，学习一起去解决一个问题，去做同一件事，也就是懂得基本合作。

3. 运用情境，提升合作

合作绘画的内容选择是至关重要的。一般情况下，场景丰富的、带有故事情节的内容比较适合合作绘画，如《赛龙舟》，这是一个民间传统活动，非常能够吸引孩子，特别是赛龙舟的场面宏大，非常热闹，怎样才能表现出来这种场景呢？让幼儿单独在一张小纸上来表现气氛不够热烈，在长条幅上画吧，一个人或个别人来画是不现实的，这时幼儿就意识到这样的作品需要大家集体合作来完成。虽然合作画画是幼儿第一次的尝试，但是由于有情境穿插在其中，幼儿没有感受到这个任务的难度，而是在活动中，很享受地与同伴合作，幼儿间争执的情况也很少发生，一组幼儿为了同一目标"画龙舟"而努力，特别是当我发现有个别幼儿没有积极投入时，我又一次提出"赛龙舟！争第一！"的情景，幼儿的反应更是强烈，他们似乎真的置身于一场龙舟赛中，同心协力向前"划"。

4. 展示成果，体验快乐

合作绘画的展示，能让幼儿体验到合作带来的积极愉悦的情感。将合作成果展示出来，组织幼儿一起欣赏同伴的作品，每组选出一名中心发言人，大胆讲述本组合作情况，如小组成员是怎样商量的，如何分工，中间遇到什么障碍，如何解决了，大家合作的作品有什么价值,本组设计的画有什么特点,新奇的地方在哪里等。通过合作场景的回顾,使幼儿能够感受合作的有趣。绘画活动中幼儿之间的合作常常会带来积极愉快的结果:共同完成一幅作品,活动成功,增进友谊。这对幼儿巩固、强化合作行为进而产生更多的合作行为是极为重要的。

幼儿学习品质——质疑能力

大班案例：不能转动的鞭抽陀螺

——在实验探索中激发幼儿的质疑能力

潘翠林

背景：

在自由活动时,常常发现班上有五六位男孩经常聚集在一起,一起玩起陀螺的游戏,有时见他们在地板上玩,有时又见他们放在桌上转动陀螺,时而又见他们把椅子弄个底朝天,索性把陀螺放在椅子的脚上玩,偶尔又见他们用积木围成一个田字,把陀螺放在里面转动,听孩子们说这是他们搭建的陀螺跑道。

陀螺游戏渐渐吸引了更多的孩子,就连女孩子也参与进来了。陀螺的种类也越来越多,有的是购买的,有的是孩子们制作的,但是都比较简单,如孩子们带来的水晶陀螺、三国陀螺,皓皓带来的自制的塑料陀螺,佳佳用硬纸板做的陀螺,伟伟用瓶盖做的陀螺,聪聪带来的开关陀螺,鹏鹏带来的鞭抽陀螺等。大家发现陀螺的材料有木头的、塑料的、金属的、纸的,便根据不同材料的陀螺把收集到的陀螺分成了四类。随即班级里展开了玩陀螺热……

事件：

鹏鹏带来的鞭抽陀螺吸引了孩子们的兴趣,很多孩子都争先试着玩鞭抽陀螺。鹏鹏告诉大家:先把绳子绕在陀螺身上,边抽绳子边放下陀螺,陀螺就能转起来,不间断抽动陀螺,陀螺就能不停地转动。经过一段时间的探索,班上已有好几个孩子都会玩鞭抽陀螺了。不久,禹禹小朋友也带来了一个木制的鞭抽陀螺,可是大家不管怎么抽打陀螺,却始终不能转起来。孩子们都觉得很纳闷,鹏鹏率先提出了质疑:"为什么两个一样的木制鞭抽陀螺,一个能转,另一个却不能转动?""是呀,你们仔细看看两个鞭抽陀螺,说不定会让你们找到答案。"在我引导下一场有趣的探索便展开了。

臻臻说:"我发现不能转的陀螺全身是斜的,能转的陀螺绕线的地方是平的。"其实我明白孩子的话，陀螺的全身是圆锥体的不能转，另一个上身是圆柱体，下身是圆锥体却能转，在比较中我随机教幼儿认识了圆柱体和圆锥体。

我无意间把两个陀螺躺下来横放着，谁知庞庞又发现了秘密："老师，不能转的陀螺的尖端碰到了桌面，能转的陀螺尖端是翘起来的。"我一看，对呀，孩子的观察力还真够厉害的。他们对陀螺的外部特征最为敏感，由于摆放位置的不同而产生的细微变化，很快被心细的庞庞发现了形状上的差异。

我故意问幼儿："那如果要你们做这样的陀螺，你们会做出哪种形状的陀螺？"孩子们立刻响亮地告诉我："上面是圆柱体的，下面是圆锥体的。"

不知这个结论是否正确，不妨让禹禹将陀螺回去重新加工一下，鼓励孩子回家跟爸爸妈妈一起尝试将陀螺调整为上身圆柱体下身圆锥体的形状，看形状改变后是否能转动？第二天，禹禹一进门就兴奋地告诉大家，他的陀螺能抽动啦，边说还边当场演示起来，果然，调整过的陀螺转动自如。边上的孩子们看了都纷纷争着要玩一玩禹禹的鞭抽陀螺，就这样，禹禹的陀螺一下子变得受欢迎啦！

不久后的一个早上，静静兴冲冲地告诉我："我爸爸也给做了一个鞭抽陀螺。"我觉得好奇，想看看陀螺的形状，一看发现符合讨论的要求，便问她："能转吗？"只见她很自信地点点头，"那你转给我看看。"孩子摇摇头，告诉我她还不会玩鞭抽陀螺，但是她说爸爸抽过的，能转的。于是我便请班上的鞭抽高手鹏鹏试一下，果然陀螺转了起来。看来陀螺的形状和转动很有关系，孩子们得出的结论里蕴含着深奥的平衡原理。

就这样，班级里的鞭抽陀螺由一个变为两个、三个……孩子们玩鞭抽陀螺的兴趣愈发浓厚了。

分析：

1. 介入质疑，诱导推进

当幼儿在探索活动中发现问题并引发质疑时，教师的介入可以激发幼儿深入探索的欲望。教师的介入行为无疑能向孩子传达教师对他们行为的关注、重视、尊重和欣赏。介入意味着赋予幼儿以价值，对他们及他们所说的话持欢迎态度。通过诱导推进，老师不仅能从孩子们的热烈讨论中扩展视野，同时也激发了其他参与讨论和倾听的幼儿。这个过程，让老师更好地了解到孩子们的学习方式，孩子们的思维具有形象思维的特点，因此他们特别关注事物的外部特征。两个鞭抽陀螺的不同运转结果引发了孩子的关注，而他们最敏感是陀螺的外部特征，形状上的差异及由于摆放位置的不同而产生的细微变化，都被敏感的幼儿发现。比较中，孩子们从他们自身的角度得出了陀螺不能转动的原因。

2. 现场分析,验证核实

讨论中孩子们大胆说出自己的见解,在启发中提出了改进意见。老师则进行跟踪了解,进一步关注孩子调整陀螺外形后的后续情况,鼓励幼儿演示实验效果,给予幼儿求证的机会。在验证中核实孩子们之前猜测的可能性是否存在,就这样在质疑、观察、比较、猜测、求证、结论等一系列探索的过程中,孩子们的思辨能力得到了提升,幼儿之间玩鞭抽陀螺的兴趣也随之高昂起来。

过程中孩子们发现了问题,大胆提出了质疑,并通过仔细观察比较发现了问题,从幼儿发现问题到质疑、讨论、求证、验证等一系列活动中,孩子们对鞭抽陀螺的认识丰富了,探索的兴趣更浓了,彼此的经验在碰撞中得到了提升。

第四章 成 效 与 思 考

一、研究成效

1. 研究前后实验班和对照班幼儿学习品质的比较

通过对探索型主题活动中提升幼儿学习品质的研究,现对实验班原小一、小二(现大一、大二)与对照班大一、大二班,现实验班中一、中二班与对照班中一、中二班两个班级幼儿学习品质进行效果测试,结果如下:

(1) 不同年龄实验班、对照班幼儿学习品质总体平均数比较及差异检验

表 1-1　不同年龄实验班、对照班幼儿学习品质总体平均数比较及差异检验

年 龄	班 级	总平均数	标准差	t	Df	Sig
中班	实验班	50.31	10.42	-7.48	120	.000
	对照班	37.72	8.01			
大班	实验班	62.25	6.68	-10.97	102	.000
	对照班	45.52	8.74			

由表 1-1 可见:

① 中班实验班幼儿学习品质总体平均数为 50.31,对照班幼儿学习品质总体平均数为 37.72,实验班幼儿学习品质高于对照班。对实验班及对照班幼儿学习品质平均数进行独立样本 T 检验,发现实验班与对照班幼儿学习品质存在极其高度显著性差异,实验班幼儿学习品质明显优于对照班。

② 大班实验班幼儿学习品质总体平均数为 62.25,对照班幼儿学习品质总体平

均数为 45.52,实验班幼儿学习品质高于对照班。对实验班及对照班幼儿学习品质平均数进行独立样本 T 检验,发现实验班与对照班幼儿学习品质存在极其高度显著性差异。实验班幼儿学习品质明显优于对照班。

(2) 不同年龄实验班、对照班幼儿学习品质各项目平均数比较及差异检验

① 中班实验班、对照班幼儿学习品质各项目平均数比较及差异检验

表 2-1　中班实验班、对照班幼儿学习品质各项目平均数比较及差异检验

学习品质	班 级	平均分	标准差	t	Df	Sig
好奇心	实验班	8.43	2.05	−6.08	120	.000
	对照班	6.43	1.54			
主动性	实验班	8.92	2.05	−5.50	120	.000
	对照班	6.92	1.96			
坚持性	实验班	8.56	1.98	−6.79	120	.000
	对照班	6.38	1.54			
合作性	实验班	8.77	1.88	−8.03	120	.000
	对照班	6.34	1.43			
质疑能力	实验班	7.95	1.87	−6.99	120	.000
	对照班	5.92	1.30			
问题解决能力	实验班	7.69	1.76	−6.72	120	.000
	对照班	5.74	1.44			

由表 2-1 可见:

中班实验班幼儿好奇心、主动性、坚持性、合作性、质疑能力、问题解决能力平均分均高于对照班。对中班实验班及对照班幼儿学习品质各项目平均数进行独立样本 T 检验,发现对照班与实验班幼儿学习品质在好奇心、主动性、坚持性、合作性、质疑能力、问题解决能力方面均存在极其高度显著性差异。

② 大班实验班、对照班幼儿学习品质各项目平均数比较及差异检验

表 2-2　大班幼儿学习品质各项目平均数比较及差异检验

学习品质	班 级	平均分	标准差	t	Df	Sig
好奇心	实验班	10.37	1.27	−8.56	102	.000
	对照班	7.63	1.92			

学习品质	班　级	平均分	标准差	t	Df	Sig
主动性	实验班	10.52	1.39	−6.89	102	.000
	对照班	8.27	1.90			
坚持性	实验班	10.23	1.40	−9.59	102	.000
	对照班	7.56	1.45			
合作性	实验班	10.60	1.19	−9.93	102	.000
	对照班	7.94	1.51			
质疑能力	实验班	10.40	1.58	−9.57	102	.000
	对照班	7.19	1.84			
问题解决能力	实验班	10.13	1.36	−12.62	102	.000
	对照班	6.92	1.23			

由表 2-2 可见：

大班实验班幼儿好奇心、主动性、坚持性、合作性、质疑能力、问题解决能力平均数均高于对照班。对大班实验班及对照班幼儿学习品质各项目平均数进行独立样本 T 检验，发现对照班与实验班幼儿学习品质在好奇心、主动性、坚持性、合作性、质疑能力、问题解决能力方面均存在极其高度显著性差异。

2. 研究后幼儿学习品质的提升

(1) 幼儿的好奇心得到有效激发

启迪引发——好奇心

幼儿对世界的认识是从好奇开始的，强烈的好奇心会增强幼儿的求知欲。教师利用现有的资源——孩子们饲养的蚕宝宝，顺势利导，引发幼儿去关注和探索，甚至与蚕宝宝亲密接触等，老师的引导启知有效激发了幼儿对蚕宝宝的好奇心。

片段：有趣的蚕宝宝

孩子们每天给蚕宝宝换桑叶，看着蚕宝宝一天天长大，最让他们吃惊的是五一长假后家珩把带回去的蚕宝宝重新带来，孩子们看到一条条又白又大的蚕宝宝，忍不住惊喜地喊起来："哇，蚕宝宝变成大胖子了，又粗又长。"长大的蚕宝宝让孩子们观察得更清楚了，函函说："蚕宝宝的身体是一节一节的。""看看蚕宝宝有脚吗？""它下面有好多脚。"有的幼儿开始数起蚕宝宝的脚了，7 条、10 条……"我看见蚕宝宝的头了。"

"蚕宝宝身上有什么呢?"我故意启发道。"蚕宝宝身上还有一条一条的线呢。""蚕宝宝的身上还有小点点的。""对了,蚕宝宝的身体是一节一节的,蚕宝宝身上的小孔就像我们的鼻孔一样,叫气孔,是用来呼吸的。"听我这么一说孩子们忍不住摸摸自己的小鼻子。"蚕宝宝是怎么运动的呢?"我顺势引导。"是扭来扭去的。"调皮的小雨边说边扭动着身体模仿着,这时很多孩子学着蚕宝宝的样子扭起来。"你们敢摸蚕宝宝吗?"其实我自己都不敢去触摸这小昆虫,但是我忍不住试试孩子们的胆量。起初几个孩子有点胆怯,伸出手来又缩回来,但是几次试探后,开始有人轻轻碰了碰蚕宝宝的身体,见蚕宝宝没什么大的反应,胆子便大了起来,孩子们摸了又摸。"摸上去什么感觉?"我不失时机问孩子们。"软软的。""滑滑的。""光光的。""摸上去很舒服。"……孩子们的胆子越来越大了,有的甚至把蚕宝宝连着桑叶提起来,见蚕宝宝稳稳趴在桑叶上没有掉下来,觉得很好玩,都笑了起来。"为什么它没掉下来呢?""因为它有很多脚能牢牢抓住桑叶。"孩子们异口同声地说。

新鲜的事物越发能激起幼儿的兴趣,由于蚕宝宝的生长周期比较短,幼儿能在较短的周期内观察到蚕宝宝的身体变化,这些因素越发吸引幼儿的关注。

(2)幼儿学习的主动性加强了

实态把握——主动性

活动过程中通过组织谈话等形式了解把握幼儿当前现有的经验,及时捕捉幼儿写信过程中存在的问题,适时启发可以激发幼儿学习的主动性,幼儿的思维被点燃,最终运用图夹文的方法表达书信的内容,达成教育目标。

片段：第一次写信

孩子们知道写信必须要准备信封,信封上要写上家庭地址和邮编。于是我把信封都发给每位孩子,让他们自己动脑筋。聪明的孩子们把信封带回家让爸爸、妈妈写家庭地址,有的孩子连邮票都粘上去了,而且还知道了自己家的邮编号码。在交谈中,孩子们发现大家的邮编基本上是相同的,只有懿懿家的邮编跟大家不一样。这到底是怎么回事呢? 懿懿说:"因为我搬新家了,到康桥去了,不住北蔡了。"哦,孩子们明白了原来一个地方的邮编都是一样的。

说到写信,立刻就有孩子提出困惑了,嘉嘉说:"老师,我们还不会写字呢,怎么给妈妈写信呢?""是呀,那我们动动脑筋想想有什么更好的办法?"在我的启发下,莹莹说:"我们虽然不会写字,但是我们会画画呀。"亮亮说:"我能照着样子写很多字。"那给妈妈写什么? 画什么呢? 想想妈妈平时喜欢什么? 妈妈最大的愿望是什么? 孩子们的思绪立刻被我的话打开了,他们七嘴八舌地议论开了。有的说妈妈喜欢背包,我给妈妈画背包;有的说妈妈喜欢裙子,我设计一条漂亮的裙子给妈妈;静静说妈妈很辛苦了,我想给妈妈分担点家务,我要画一张让妈妈高兴的画……就这样,大家你一句我一句,于是,我立刻给孩子们提供了纸和笔,大家兴趣正高,开始动手写信了,有的给妈妈画了鲜花,有的写了英文 I LOVE YOU,用的用图夹文形式写了很多心里的话……只见昊昊在纸上画得满满的,他画了一家三口,手牵着手,纸上画满爱心……当我问他的时候他眼里噙着泪水,原来前不久爸爸和妈妈吵架闹离婚,他最大的心愿就是希望爸爸和妈妈重归于好,我想昊昊的爸爸妈妈一定会被孩子真诚的心所融化的。

活动中孩子们学习的主动性得到了提升,在观看信封时幼儿自发发现了邮编的不同,带着疑问在讨论中找到了答案。在写信过程中,幼儿不会写字遇到困难时,自发想出了很多替代文字的办法,他们尝试运用图片、符号等方法表达了内心真实的想法,追随孩子,在解读孩子们信件中明白了信函里流露出的各种情感。

(3)幼儿学习中的持久性增强了

适时引导——坚持性

孩子好奇好动,会积极地运用感官去探索、去了解新鲜事物,但在探索学习的过程中,不少孩子每每遇到这样那样的困难和失败时便会气馁、会放弃,即缺乏学习的坚持性,由此会影响他们对于知识经验的掌握。但期间如果教师能运用一些有效的支持策略,则不仅能激发孩子的坚持性,还能提高幼儿克服困难的决心和勇气。

片段:昆虫运动会

活动开始了,我说:"听说,上次我们和爸爸妈妈一起开了一个运动会,可开心了,所以昆虫王国里也要举行运动会了。"说到这里,只见孩子们都目不转睛地盯着我。我继续说道:"现在有三位运动员先来参加比赛,到底是谁呢? 请你们来猜一猜。"孩子们露出疑惑的眼神。我开始念谜语:"第一位——小飞机,纱翅膀,飞来飞去灭虫忙。"鸣鸣轻轻地说:"是蜜蜂吧?"桓桓马上纠正说:"不对,是蜻蜓。"我问桓桓:"为什么?"桓桓说:"蜻蜓像飞机,而且它要吃虫子的。""哦。"我演示 PPT,看到飞来一只蜻蜓,孩子们高兴地欢呼……孩子们被有趣的游戏情境所吸引,开始投入到活动中。

"比赛开始了!"我边说边演示 PPT,"瞧! 首先进行的是什么比赛呀?"孩子们异口同声:"跑步。"我提醒小朋友:"小裁判要认真观看比赛,根据比赛结果给每位运动员记分哦。"当我演示完跑步结果,好多孩子马上行动起来,在自己的记录表中粘贴星星,而有的孩子则迟疑着。于是,我提示道:"先想想计分规则是怎么样的?""比赛时你看到谁跑得最快,给它几颗星?"……这时,桓桓边贴星星边自言自语:"蚱蜢最快,是第一名,给它三颗星。"可是欣欣却抬头看看我,哭丧着脸,我问:"欣欣,你怎么不动呀?""俞老师,我没看清楚。"欣欣快哭出来了。我马上安慰她:"哦,没关系。你第一次做裁判呀!"接着,我又笑着说:"幸好刚才我拍下来了,我再放一遍给你看吧。"欣欣马上笑了:"好的。"看完画面,她立刻开始粘贴星星了。"小裁判计分好了,就拿上来给大家看看。"我鼓励孩子们展示自己的操作结果,等待一起检验。

"比赛结束了,要给运动员颁奖了。"画面出现了一个漂亮的奖杯。孩子们两眼放光。我面露难色,说道:"可奖杯只有一个,该给谁呢? 说说你的理由。"我引导孩子们将视线集中到我的大计分表上:"来,我们一起看看运动员们的成绩。"孩子们开始发表自己的意见。乐乐说:"给蜻蜓,它飞行得了三颗星。"韬韬说:"给蜜蜂,它也有三颗星。"琳琳就说:"那蚱蜢也有三颗星的呀。"我点点头说:"对呀,三个运动员都得过三颗星。所以不能只看三颗星。那还可以看什么呢?"嘟嘟想了想说:"那给蜜蜂,它得了两次三颗星。"这时,桓桓恍然大悟似的:"我有办法了。""好,你说什么办法?"我请起桓桓。桓桓有些激动地说:"奖杯给三次比赛得到星星最多的那个运动员。"我面向大家说:"孩子们,你们说这个办法行不行呢?""行!"大家一致赞同。于是,孩子们一起起劲地开始集体数数了,最后统计出每个运动员的得分数。我在最后贴上相应的数。"哦,蜜蜂是冠军!"这时我小结道:"正确记录每个运动员每个项目的得分,然后再用数数的方法算出它一共得到的星星总数,这个好方法就是统计。"今天我们学到了新本领,真开心呀!

幼儿在学习过程中难免会遇到这样或那样的困难,因此而产生退却行为。这时,老师及时的语言或配合肢体动作的鼓励、赞赏,会促进幼儿坚持完成任务。

(4) 幼儿合作性得到提升

情境创设——合作性

活动中老师有意识地为幼儿提供的材料隐藏着一定的合作性要求,需要同伴间的合作方能发现材料设置中的有趣现象,由于操作过程设置的障碍,可以激发幼儿为了探索而引发的同伴间合作行为。过程中幼儿会尝试各种方法,无意间的合作让他们发现互相帮助得到了成功,合作就慢慢成为他们的有意识行为。

片段:玩皮影

桐桐发现昊昊手里拿着手电筒在玩手影游戏,说:"昊昊,你的手电筒借我用一下哦。"话音刚落,就把昊昊手里的手电筒拿走了。桐桐打开那个箱子上的小洞洞门,打开手电筒,让手电筒的光照进箱子里,然后在同一个洞洞往里看,很吃力的,鼻子也要碰到了手电筒。同时宇宇却打开了另一个洞口门,凑着一只眼睛看,边看边说:"我看到了老虎,从草里走出来了。"桐桐拿着手电筒,走到宇宇一边说:"我怎么没看到,你让我看看。"宇宇说:"现在我也看不到了,里面又一片黑乎乎的了。你刚才手电筒照着,我才能看见的。"桐桐说:"那我把手电筒给你,你去那里照着,让我看看。"宇宇说:"好的。"就这样,一个人照手电筒,一个人看,他们合作着发现了原来箱子里有这么多有趣的事情。

皮影戏箱子只留下可以观察的小洞洞,没有捷径、又想一探究竟的幼儿只能想办法。教师运用配置策略使孩子们在活动中感受到来自同伴间合作所发现的有趣现象,无意间在同伴的照射下发现了箱子里的秘密,进而激发了他们之间再度合作的愿望,一个人完成不了的事情通过两个人的合作方能完成任务,成功的喜悦让他们体会到合作的神奇。

(5) 幼儿解决问题的能力得到提高

耐心等待——解决问题

学习活动中幼儿会遇到各种操作上的困难,老师不必急于引导,放手给幼儿自我尝试,或许在失败中他们会不断调整,找到成功的方法。有时同伴间的成功经验也是他们互相模仿、克服困难的好途径。

片段:滚动的球

琪琪在建构区搭建轨道,一下子拿来了四五根直的和弯的轨道,一根接一根,很快一条可以滚球的轨道初具规模。当他拿来木球从一头开始滚动而球不会自己滚动时,他用手不断推动木球滚到另一头。就这样玩了好几次,看他的样子似乎觉得无聊,我忍着没有作声。又玩了几次后,他似乎想到了什么,跑去材料箱找来一根5厘米左右的长方体竖着,将一段弯道的一头放在上面,另一端放在垫子上连接其他的轨道,再把球放上轨道高的一头,一放手,球很快自动滚下来了,他立刻兴奋地跑去捡球。一旁的俊俊还重复着原先和琪琪一样的平面轨道的搭建,忽然他发现琪琪搭建了一个斜坡,球滚得好快啊,他似乎感悟到了什么,也学着琪琪的样子搭出了让球体自由滚落的新轨道,两个人还一起比赛谁的球滚得远滚得快,玩得不亦乐乎!

当幼儿在探索过程中遇到困难时,如果老师急于介入,这样就会影响幼儿学习的主动性,幼儿就会被动学习和接受老师的指令,缺乏主动解决问题的能力,那么,探究活动就不成为探究,幼儿也不会发现,不会主动思考,更解决不了问题。所以,理智的等待很大程度上决定着幼儿探究活动的有效性。同伴成功经验的借鉴,在活动中是那么自然和愉悦,活动中无需老师过多的干预,只需静观其变、放手等待,幼儿的问题就在顺其自然中得到解决。

（6）幼儿质疑能力得到了发展

设疑解疑——质疑能力

学习过程就是要从有问题到没有问题再到有问题的求知过程,学习的问题不是没有问题,而是要产生新问题。老师通过设置一定的问题情境,激发幼儿的学习兴趣和求知欲望,在师幼互动、生生互动中致使疑问步步推进、深化疑问、升华疑问,在问题的解疑过程中质疑能力得到发展。

片段：有趣的磁铁

在实验操作中孩子们进一步感知了铁质材料能被磁铁吸住的特性,对于金属的材料能被磁铁吸起来都深信不疑。可是在操作中阳阳发现同样是金属钥匙,铜色的钥匙没能被磁铁吸起来。阳阳问老师:"为什么同样是金属钥匙,白色的那把能被吸住,黄色的那把不能被吸住呢?"婷婷听了若有所悟地告诉阳阳:"黄色的钥匙旧了,因为有了灰尘,所以吸不住。"孩子的理由看似都是那么充分,老师并没有否定孩子们的回答,而是采取以疑激趣、以疑诱思的方法,运用问题鼓励幼儿开展求证性的探索:"金属瓶盖也很旧啊,但还是能被磁铁吸起来呢。"源源说:"因为黄色的钥匙是用金做的。"孩子们的思绪又被点燃,有点眉目了,老师心中一喜:"金的颜色也是黄的,不过金制的钥匙太昂贵了,用不起。""不过这把钥匙确实不是铁制的,也不是金的,那会是什么材料制作的呢?"看到孩子们谜团重重,老师顺势鼓励幼儿继续说说自己的想法:"你们知道还有哪些金属也是黄色的呢?"此时凯凯忽闪着两只大眼睛嚷起来:"我家里有个黄色的汤婆子,听妈妈说不是金的而是铜的,难道这黄色的钥匙也是铜的?"我笑着点点头并顺势帮助幼儿揭开了谜底:"被你说对了。其实并不是所有金属都能被磁铁吸起来,原来这两种金属钥匙是用不同的材料做成的,银色的钥匙里面是铁质的材料,而黄色的钥匙是铜质的材料。铁质的金属才是磁铁的好朋友,所以铜质的钥匙不能被磁铁吸起来!"

在科学探索活动中,老师通过问题情境的设置,驱使幼儿在探索中发现问题,引发质疑,通过同伴间开展求证性的讨论,顺应幼儿的质疑、倾听幼儿间的讨论、引发幼儿重新思考求证问题。在头脑风暴式的讨论中,幼儿探知到了金属材质上的不同,经验在碰撞中得到提升,老师的解疑让幼儿感知并非所有金属都能被磁铁吸起来的秘密,铜制的金属材料并不是磁铁的好朋友。幼儿的质疑能力得到了发展。

二、思考

研究中我们发现幼儿在质疑学习品质方面比较薄弱,作为老师应为幼儿创设一个敢于质疑、乐于质疑的环境,在教学环境中要为幼儿创设一个使其敢于质疑的宽松和谐的心理环境,包括幼儿在出错时教师适时的鼓励和支持,幼儿有所发现时予以激励性的评价等。在质疑过程中接纳幼儿的观点和兴趣,保护幼儿质疑的欲望,重视对幼儿质疑态度的尊重、引导和维系,鼓励幼儿别出心裁,勇于求新立异,保护和关照幼儿的质疑精神,适当地给予幼儿以自由的成长空间,努力挖掘提升幼儿质疑学习品质的支持策略。

巧用教师支持策略,提升幼儿学习品质

潘翠林

背景:

在二期课改理念下,在园龙头课题《探索型主题活动中提升幼儿学习品质的研究》课题引领下,作为一线教师应根据幼儿主题活动中有价值的探索内容,积极建构幼儿生成与教师预设的桥梁,关注不同幼儿在各种活动中表现的学习品质特点,积极采取适宜的支持策略,推动幼儿探索活动的发展,最终提升幼儿的学习品质。

以下是大班"我们的城市"主题探索活动中开展的一系列活动,通过案例的形式就主题活动中提升幼儿学习品质的支持策略谈一些体会和简单做法。

一、解决问题能力——及时预设,放手关注

问题就是阻碍,解决问题就是排除障碍。在主题活动开展过程中,根据主题需要及时预设相关的实践活动,通过活动帮助幼儿学习独立解决过程中遇到的各种问题,此间老师则静观其后,通过放手的方法关注每个幼儿购物的情况,面对幼儿生成的各种问题则通过暗示等策略鼓励幼儿独立解决,获取经验。

事件:小鬼当家逛超市,买份礼物表爱心

一年一度的"母亲节"快到了,该如何向妈妈表达自己的心意呢? 很多形式都尝试过了,如亲手做花、表演节目、制作贺卡、回家做力所能及的事情……这次买朵花似乎意义不怎么大,怎么办呢? 想来想去大家想出用自己的零花钱亲自到超市为妈妈挑选一份喜欢的礼物,这个主意很快得到大家的认同。

孩子们从小时候起,就领受了父母的养育之恩,学会感恩是责任的表现,没有感恩,很难想象一个社会能够正常发展下去。结合当前主题——逛街,及节日来临之际,教师让幼儿在集体讨论的基础上,想出孩子们喜欢的感恩的方式——"逛超市买礼物"得到了大家的认同,教师顺应孩子的需求,通过预设活动的方式,创造机会满足

他们的愿望。

　　既然大家都认可了，便定好了时间，并鼓励幼儿事先通过采访了解一下妈妈喜欢的礼物，有什么愿望等。第二天，出乎意料，竟然每个孩子都带好了零用钱，多的10元，少则5元。逸逸告诉我："妈妈说只要我买的，不管什么礼物妈妈都喜欢。"馨馨说："我妈妈想要一支笔，一会儿我到超市给妈妈选一支。"奕奕说："我要给妈妈买一支牙膏。"……看来很多孩子的目的性都很强，他们早已想好了准备给妈妈买什么样的礼物。

　　这天，孩子们早已按捺不住内心的激动，我们的队伍便出发了。一出校门孩子们像出笼的小鸟叽叽喳喳说个不停，月月也忍不住问我上哪家超市？我告诉她到菜场边上的联华超市。一到超市，孩子们一个个有序地进入，货架上的商品琳琅满目、井然有序，孩子们一边走一边瞧着，有的开始动起手来，有的选了标价超过10元，有的超过5元的，而大多数幼儿口袋里只有5元，我暗示他们："上面有价格的，仔细看看，再选你要买的物品。"杰杰手里拿着5元钱，不知道选什么，他指着货架上的奶茶一个劲问我："这个能买吗？"我指着上面的标价故意念给他听："3元5角，你看你的钱够买吗？"他看了看手里的钱点点头，随后便取了一盒。朱朱拿着10元钱选了一双7元多的女袜。这时我看到很多孩子都买了3元5角的奶茶。我故意提醒："看看剩下的钱还能买些什么呢？"几个聪明的小朋友边走边看到货架上商品的标价，他们不会盲目跟从，函函买了一瓶番茄沙司（4元2角），鸣鸣也挑了一瓶番茄沙司（梅林的5元），我问她为什么会挑这个？她告诉我妈妈做菜要用的。这时我看到几个买奶茶的手里又多了三包牙签，原来在超市营业员的启发下，他们把剩下的钱都花完了。此时见馨馨空着手什么也没买到，她似乎在寻找着什么，一问原来她说妈妈喜欢笔。我建议她去询问边上的阿姨，可是阿姨告诉她这里没有笔，她似乎有点失望，我安慰她："只要你买的，妈妈都会喜欢的，你挑别的吧。"最后馨馨给妈妈挑了一双袜子。……经过半个小时左右的挑选，每个孩子手里都挑上了妈妈喜欢的礼物，有的买了牙膏，有的挑了肥皂，有的选了妈妈喜欢吃的零食……该排队买单了，孩子们选的商品有没有超支呢？我正在担心这个问题，不过没关系，看看收银员会怎么说。我在一边暗暗关注孩子们与收银员的交流。

　　孩子们早等在收银台排着队准备付钱了，毕竟是第一次当家，往常都是妈妈买单的，很多孩子没有付费的经验，找零都忘记了，收银员阿姨不时提醒孩子们把收银条和零钱都拿着，别忘了！买了东西还有零钱呢，还真开心啊，孩子们的脸上露出灿烂的笑容。也有的一算钱不够了，当轮到奕奕买单了，收银员告诉他超了5角钱，奕奕不知道怎么办了,收银员叔叔暗示他去换一个商品或者去掉一件商品,原来奕奕 10 元钱共选了三件商品,他看了看手里的牙刷、肥皂、袜子,不得不把牙刷放回了货架上。

超市是孩子们喜欢逛的场所,但是大多数孩子一般都是跟随父母前往,在选购物品时只知道取自己喜欢的东西,而对商品的价格一般都不太去关注,很多孩子甚至对钞票上的面值、不同钞票间的数量关系不是很清楚,如:一元钱就是 10 角。因此对自己手里的钱能买多少商品,很多孩子还不会算,甚至有的超支了,却还不知道。鼓励试误也是一个非常好的支持行为,让幼儿在与收银员的交款互动中知道买的商品要算一算,不能超过所带的资金。

最有趣的是我们的鸣鸣出了超市门口,忽然又冲进来了,嚷着告诉我忘记给找零了。我听了非常重视,心想:"还好有收银条,可以对一下账单。"仔细翻了一下马甲袋里果然没有钱,取出收银条一看,恍然大悟,原来单子上明明白白写得很清楚共 5 元,正好! 后来一问,才知道,原来同伴函函也买了一瓶番茄沙司,他找零 8 毛,可是她不知道,两瓶番茄沙司的牌子不一样,价格也不同。这小鬼还真够机灵啊!

孩子们带着自己购买的礼物满载而归,等待着放学一刻,献上亲手选购的礼物,送上真诚的祝福,一份暖流涌进妈妈的心田……

排队买单引发了孩子们一系列生成的问题,相同的物品为什么还能找零? 这个问题的发现引发了鸣鸣的主动质疑行为,她主动跟收银员交涉,最终使她明白一个道理,原来相同的商品由于牌子不同,价格也不同。活动中老师以放手、关注等策略及时了解每个幼儿的购物情况、遇到什么问题等。在购物、超支、找零、质疑等一系列过程中,孩子们解决问题的能力得到了有效提升。

二、主动性、质疑能力——家园合作,跟进引导

主动性指幼儿按照自己规定或设置的目标行动,而不依赖外力推动的行为品质。教师针对幼儿感兴趣的寄信活动及时进行预设,并通过家园合作的形式积极创设条件,协助幼儿通过写信、寄信、取信、读信的系列活动,激发幼儿对寄信活动充满兴趣、对邮筒产生好奇,激发幼儿积极、主动探索寄信过程中生成的各种疑难问题,并及时采用跟进策略,引发幼儿质疑,活动一环扣一环,幼儿活动目的性强。

事件:小小邮筒真有趣,学写书信表心意

有了给同伴模拟写信的经验,孩子们很想给爸爸、妈妈写信,并亲自体验寄信的过程。在对信的调查中孩子们知道写信必须要准备信封,信封上要写上家庭地址和邮编。于是我把信封都发给每位孩子,让他们自己动脑筋写上家庭地址。不会写字怎么办？聪明的孩子们把信封带回家让爸爸、妈妈写好家庭地址，有的孩子连邮票都粘上去了，有的还知道了自己家的邮编。在对照同伴的信封中，孩子们发现大家的邮编基本上是相同的，只有懿懿家的邮编跟大家不一样。"这到底是怎么回事呢？"我启发道。懿懿说："因为我搬新家了，到康桥去了，不住北蔡了。"哦，孩子们明白了原来不同地方的邮编是不一样的。

教师抓住幼儿探索中的热点问题，及时引发幼儿思考，使幼儿在与同伴的探讨中寻找答案，比单纯老师直接的给予更有价值，更有意义，这是一种隐性的支持。

想想妈妈平时喜欢什么？妈妈最大的愿望是什么？孩子们的思绪立刻被我的话打开了，他们七嘴八舌地议论开了，有的说妈妈喜欢背包，我给妈妈画背包；有的说妈妈喜欢裙子，我设计一条漂亮的裙子给妈妈；静静说妈妈很辛苦了，我想给妈妈分担点家务，我要画一张让妈妈高兴的画……就这样，大家你一句我一句，不一会就开始动手写信了，昊昊在纸上画得满满的，他画了一家三口，手牵着手。当我问他的时候他眼里噙着泪水，原来前不久爸爸和妈妈吵架闹离婚，他最大的心愿就是希望爸爸和妈妈重归于好，我想昊昊的爸爸妈妈一定会被孩子真诚所融化的。有的幼儿则把要当小学生的心情和决定好好读书的决心在信上表达出来；也有的幼儿故作神秘不肯给我看，说这是秘密！

写完信，孩子们迫不及待地把信塞进信封里，因为这是孩子们头一回写信，想到马上要去寄信，孩子们显得格外激动，他们多么想快点把信寄出去啊！

满足幼儿的求知欲望，是主题生成和延续的关键，如果没有寄信的情感体验，孩子们的探索欲望就此而受到压抑。而此时教师能根据前一活动中幼儿生成的兴趣点，及时创设机会，让幼儿得到满足，并由此而预设了一次实践活动：寄信。

今天要去寄信了，孩子们别提有多高兴啊，大家一起检查了信封上的地址、邮编，小心地贴上了邮票，封上了信封，一个个像小鸟似的一路上叽叽喳喳地说个不停，手里紧紧握着信生怕不小心掉了。当走到街口时孩子们发现了一个邮箱，大家一蜂窝地围上去急着把自己的信封塞进邮箱里，由于邮筒比较高，几个矮个子的孩子还塞不进去，于是有的请同伴帮忙，有的则请老师帮忙。这是观察邮筒的最好时机，于是我故意问孩子们："仔细看邮筒，你们有什么发现吗？"心细的孩子发现信箱上写着两行字，几位识字的孩子念出来，原来是取信的时间：上午 10:00，下午 16:00。孩子们高兴地说："我的信上午就要去旅游了（当时约 9:30）。""咦，这里有一把锁。"伟伟叫起来，"一定是邮递员叔叔取信用的。""对，否则我们的信要被别人拿走了。""这样我们的信件就很安全了。""快来看，这里有个标记。""老师，这是什么？""这是邮政标志。"

"哦。我上次去邮局也看到这个标记的。""邮政车上我也看到过这个标志。"孩子们七嘴八舌地议论起来,看来这次寄信收获不小……

成功后快乐是一种巨大的情绪力量,它可以促进幼儿深入探索。由于没有寄信的生活经验,所以对孩子们来讲这次活动都是非常新鲜和激动的,看到邮筒孩子们最想做的事情就是把信件塞进去,他们的兴趣都集中在寄信上。教师不失时机地引导进一步推动了幼儿的探索,引发了幼儿对邮筒的一系列探索。

邮件一寄出,我便通过微信群与家长们进行了联系,希望他们带着孩子一起开信箱,让孩子亲自体验信件旅游到自己家信箱的喜悦,并通过微信群一起晒一下家长和孩子一起读信的丰富甜蜜感。

什么时候能收到信呢?孩子们都很心急。几天后,有孩子兴奋地告诉我,妈妈收到我写的信了,孩子们之间也互相交流着,"你妈妈收到信了吗?""收到了,收到了!""还没有,因为我寄到我妈妈单位里,在市区的。""哦,原来你的信不是跟我的信绑在一起的……"

与此同时,我们的家长也在微信群里分享跟孩子一起读信的幸福过程,家长的肺腑之言让我们听了为之感动。琳琳妈妈说道:"母亲节收到的特殊礼物,让我感觉到女儿满满的爱。她长大了,我们变老,陪伴,是多么幸福的过程。女儿成长过程中也给予了我们很多快乐,让我感觉家有小女万事足。一切的辛苦和付出都是浮云了。女儿就是天使,让我们的生活更完美。感恩生活!感恩女儿!"妍妍妈妈说道:"今天是母亲节,收到女儿的信很幸福,比什么礼物都好,女儿知道爸爸妈妈的辛苦,自己许愿长大后,她给我买衣服、项链……心里感觉很开心,感觉自己再苦再累也值得。她要马上读小学了,自己定下目标,争取考满分,要做大队长。感觉她一下子长大了,也感谢老师这次活动,非常有意义,特别难忘。"阳阳妈妈说道:"包子妹妹用写信的方式表达了对母亲的爱,和包子妹妹一起从信箱里取信——一起读信,字里行间,让我感觉到包子妹妹长大了,平时大大咧咧的包子妹妹原来也是细腻的,最让我感动的是她偷偷拿了爸爸的钱给我包了一个大红包,激动地跟我说:'妈妈,我知道这个是你最需要的。'让我感动而又开心的母亲节。"婕婕妈妈告诉我:"信是女儿写给爸爸的,所以只准爸爸看,我连看一眼都不行。"言语中感知到孩子妈妈在吃醋的同时,心情还是愉悦的、自豪的,因为孩子学会写信了。

当第一次写给家人的信突然出现在小区信箱中时,孩子们互相交流着成功的喜悦,他们亲自体验了信的旅游全程。看着每个家庭晒着甜蜜的一刻,孩子和家长依偎在一起读信的幸福时刻,我觉得这是一次亲身的体验,也是一次经验的积累,或许对于我们的孩子来说,是终生难忘。

　　妍妍的信迟迟未收到,原来粗心的孩子把家里的地址向外公报错了,外公把路名写错了,结果这封信被退回了学校,送到了班级里。这封信也引发了孩子们的议论:为什么会被退回来呢? 邮递员找不到地址吗? 原来地址写错了是会被退回寄信地点的。无意间的一次小粗心,又让大家知道了写清地址的重要性。粗心的孩子只好自己当了一回投递员,亲自将信送到爸爸手里,这对妍妍来讲,是一次经验的积累。好复杂的一次信的旅行啊!

　　小小的一次寄信活动,孩子们有思想了,他们在向妈妈、爸爸告白过程中,学会了表达,也流露出感恩之情。同样,一封被退回的信件,通过放大,孩子们在质疑过程中自己寻找原因,积累了相关的经验。

　　三、好奇心——材料置换,适时启发

　　好奇心是个体遇到新奇事物或处在新的外界条件下所产生的注意、操作、提问的心理倾向。在幼儿探索活动中,当发现幼儿由于材料的奇思妙想而碰撞出了一丝探索火花时,教师应为幼儿提供相应的材料,以激发幼儿进一步探索。当幼儿在探索中遇到问题或者同伴之间发生争议时,可以通过启发、引导等策略激发幼儿通过再实验、再验证等形式寻找答案,丰富探索经验,从而推动幼儿探索行为的发展。

　　事件:斜坡实验

　　孩子们在玩汽车的过程中,很喜欢把汽车放到有坡度的斜坡上让汽车滑行,比赛谁的车子滑得快滑得远。斌斌和齐齐将小汽车排成一排,再把汽车放在木板上,观察着汽车缓缓下滑。一会儿,调皮的斌斌从口袋里掏出餐巾纸,将它铺在木板上,齐齐的汽车正好从斜坡上慢慢滑下,轮子碰到纸,一下子缓慢下来,这时斌斌对齐齐喊了起来:"快看,汽车慢了!"真的,汽车差点卡住不动,一会儿总算慢慢滑下了坡,下坡没多远就停住不动了,他俩哈哈大笑起来。齐齐被感染了,四处张望了一下,只见他奔到工具箱旁,找来了一块抹布,将它铺在木板上,斌斌立刻将小汽车放到斜坡上,他俩一起观察汽车下坡,抹布太硬了,汽车滑到抹布上就不动了! 齐齐索性把抹布一拉,汽车骨碌一下子滑下坡,往前冲了好长一段路。我被他们的行为感染了,忽然灵机一动,心想:如果此时教师能提供不同材料的斜坡,让幼儿观察汽车在坡上的滑行速度、滑行的距离,这样的支持将引发幼儿怎样的探索行为呢? 可是到哪里去找呢?

　　事后我四处寻觅,在探索室发现了一块木板,正好有四种不同的材料:长绒毛、地毯、绒布、木板。我像发现宝贝似地赶紧把它带到活动室,用四块积木垒高,把板的一头搁在上面,斜坡便形成了。

斜坡的出现立刻吸引了更多幼儿的参与,他们争先恐后地要把汽车放到斜坡上,观察他们的滑行速度,不断重复着,百玩不厌。几天后,见仍有不少孩子在斜坡区探索,我故意问尧尧:"你发现什么秘密吗?"尧尧忽闪着大眼睛说:"我发现汽车在木板上很快的,在黑色上面就一动不动了。"我知道她指的是黑色绒毛地毯。"那其他两个材料上呢?"我继续追问。只见她歪着小脑袋十分自信地告诉我:"第二个快的是黄色的材料上,第三个快的是红色材料。"这小机灵可真厉害,还能将四种材料的速度按快慢进行排列呢。她正说着,旁边的杰杰似乎有些不同意见:"我觉得第二个快的是红色的地毯。"孩子们的回答出现了争议,那到底哪个材料快呢? 我建议他们再次进行实验,杰杰随手找来了一辆搅拌车,依次放在四种不同的材料上,区域里的孩子一下子安静起来,看得非常出神,当车子缓缓而下还未停止,尧尧早按捺不住内心的激动,大声叫了起来:"瞧见了吗? 黄色的滑得快,红色的滑得慢!"其他孩子也认同了尧尧先前的看法。

孩子们积累了不同材料滑坡上滑车的经验,他们还一起比赛谁的车滑得远,于是我设计了一张记录纸,鼓励幼儿把不同材料的滑坡用颜色做符号,然后用1、2、3、4来记录它们的不同速度,最后还在地板上贴上有数字的标尺,孩子们在学习记录的同时不仅学会了读数,还能比较数字的大小,然后再比较车子在不同材料坡度上的滑行距离。

记录表和标尺的增设更增添了孩子们滑坡上玩车的兴趣,男孩子们比女孩子尤为喜欢。不仅如此,他们还发现汽车的大小、轻重影响汽车滑行的距离,而学会记录则成为幼儿之间分享经验的依据。

在幼儿的探索活动中,教师应根据幼儿的需要及自发产生的探索热点及时调整材料,推动幼儿探索行为的发展。过程中不同材质斜坡的呈现、记录表的提供,满足了幼儿探索斜坡实验的强烈需求,从而也引发了幼儿一系列探索行为。

活动中家长资源的挖掘、材料的提供、教师放手关注等策略成为幼儿积极探索、克服困难的催化剂,教师的有效支持会对幼儿的探索形成推波助澜的作用,使幼儿在探索活动中获得乐趣并体验到成功的快乐,继而积极投入新的探索。在教师积极的支持下,幼儿的探索行为在转换,幼儿的自我价值得以体现,探索活动也在这良性循环中不断发展,从而有效提升幼儿学习品质的发展。

在"不变"中求"改变"

——有效设计材料,提升幼儿学习品质

顾燕菁

通过前期围绕"个别化学习活动材料设计"开展的相关实践和研究,我深刻地感悟到在科学探索区活动中材料设计的重要性,一方面活动材料是承载教师教育意图的物质载体,它本身的特性以及由这些特性所规定的活动方式,往往决定着幼儿可能获得什么样的学习经验、获得哪些方面的问题;另一方面设计适宜、合理的活动材料能引发幼儿与材料发生相互作用,引起幼儿的积极思维活动,从而促进幼儿探索和建构科学知识的进程,而这种相互的过程,也就是幼儿积极学习科学知识的过程。由此可见,幼儿的科学探索活动,离不开可供操作的物质材料,对材料的操作,能使幼儿具体地理解初级的科学概念,自觉地体验到事物的关系等,而这一点,恰恰是抽象的科学概念所不能比拟的。正因为如此,本学期在科学探索区活动材料设计、活动环境创设的过程中,我对活动材料设计进行了重点的思考和研究,同时结合幼儿园的课题《探索型主题活动中提升幼儿学习品质的研究》,我希望通过科学探索区材料的合理设计来引发孩子的兴趣,培养幼儿探索科学的兴趣,调动幼儿学习科学知识的积极性,提升幼儿的学习品质。下面我结合本学期开展的科学探索区活动,来谈谈我是如何通过设计和调整科学探索区活动材料来提升幼儿学习品质的几点做法。

一、同一区域的不同情境创设,激发幼儿好奇心,让幼儿有兴趣地投入活动

通过对《3～6岁儿童学习与发展指南》的学习,结合自己的亲身实践,我发现情境的创设在科学探索区环境创设、材料设计过程中有着举足轻重的作用。因为对于我们中班的幼儿来说,他们的思维还是处于具体形象思维的阶段,他们喜欢根据事物的表面属性来判断自己对该事物的兴趣,因此可以说以幼儿当前正在研究的、幼儿感兴趣的内容进行环境的创设、情境的创设、投放活动材料,既可以引发幼儿的兴趣,拉近幼儿与材料之间的距离,又可以让幼儿在与环境、材料以及幼儿与幼儿之间进行有效互动。在这里我提到了一点,那就是幼儿感兴趣的内容,对于幼

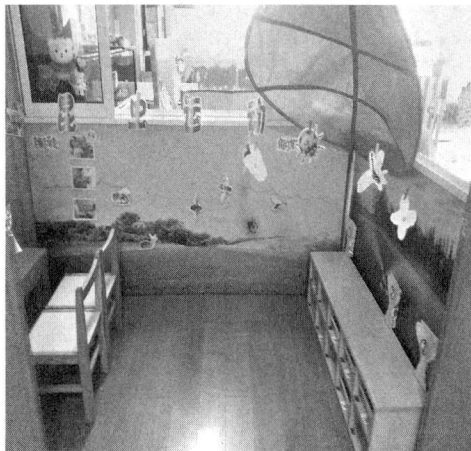

儿来说,感兴趣的东西可能是当前主题中的,也可能是以往主题中的内容,因此作为老师的我们不仅要着眼当前,而且还要学会反思之前活动区中的内容,要学做一位智慧的老师,一位善于思考的老师,在科学探索区材料设计上也要学会"偷懒",要善于将以往幼儿感兴趣的材料进行调整,通过不同的情境创设,赋予以往的活动内容以新的面貌,从而重新激发幼儿对该活动区内容和材料的兴趣。

在上学期的"在秋天里"主题开展过程中,我们创设了科学探索区"昆虫运动会",这个科学小游戏是在孩子们参加家长助教活动"昆虫赛跑"后根据孩子们的兴趣和需要而创设的一个科学小游戏,而这个小游戏也因为"材料简单、玩法多样、利于探索"而一直深受孩子们的喜欢,让孩子们兴趣浓厚,百玩不厌。因为该游戏是将平常孩子们熟悉的绳子、晾衣夹运用进来,让孩子们探索绳子穿进夹子孔的方法,让夹子上的昆虫在绳子上移动起来,让孩子们体验探索的乐趣、成功的喜悦。在上学期该游戏情境的创设中,我是在反复观看这段录像后,选取了动画中两个最有代表性的、最能引起孩子们共鸣的、又能激发孩子们讨论的场景,作为"昆虫运动会"这一活动区的主背景,并将动画中孩子们喜欢的几个昆虫角色在背景上进行立体的呈现,从而给孩子们以真实的动画感受,让孩子们感觉自己也走进了"昆虫赛跑"的现场。

而本学期,我们的科学探索月的活动主题是"车车总动员",教室里的环境创设和个别化学习活动的内容也将围绕该主题而进行调整和重新的设计。因为考虑到幼儿对"昆虫运动会"这个游戏的内容还是很有兴趣,每天还是会有很多幼儿来到这个区域进行活动,并且在活动过程中幼儿还是有新的发现,比如说他们发现两个人玩的时候"昆虫"可以在绳子上往前、后退、原地徘徊;把绳子从顶上拉下的话"昆虫"还可以往上爬到屋顶,很有趣⋯⋯总之,随着游戏的深入,孩子们的玩法更多样了。如果在这个时候将该游戏撤掉的话,孩子们肯定会不舍,甚至在我布置环境的时候有孩子还专门跑过来跟我说:"顾老师,这个不能不要的,我还没玩好呢,明天我还要去玩的。""我也是,往上爬的我还没玩过呢。"⋯⋯孩子们表现出来的种种让我不得不思考在保留原有游戏方法的情况下,如何将"昆虫运动会"通过微调成为与当前主题相匹配的、能进一步激发孩子们探索兴趣的科学探索小游戏呢?

于是在思考之后,我保留了"昆虫运动会"原有的操作材料:绳子、夹子、背景以及幼儿活动的相关照片。然后对活动背景进行了调整,首先将原来背景上的昆虫图片调整为幼儿喜欢的各种各样的车子,营造出马路上车来车往的情境;其次,制作了两条色彩醒目的马路,幼儿和伙伴一起游戏时可以有一种身临其境在马路上开车的感觉;另外,我在绳子的长度上也作了调整,有短绳(适合一个人探究车子在绳子上动起来的方法的)、中长绳(幼儿两个人游戏时中长的绳子合作起来相对难度较低)、长绳(两人合作游戏时相对难度较高);最后,我在绳子拉长后所在的地方贴了一些简单的交通标志(停车标志、减速标志、前进标志),既增加游戏的趣味性,也能让幼儿在主题中积累的关于交通标志的经验在游戏中进行运用。

经过调整后的游戏环境,一下子让孩子们眼前一亮,"哇噻,这么宽的马路,可以开车的。""看呀,老师把昆虫的图片换成汽车图片。""绳子和夹子还在这里,我们只要把车子图片夹进去就可以玩开汽车的游戏了。""看呀,大马路上这么多车,这是卡车,这是……""哈哈哈,看呀,开车的时候还要看交通标志呢,不然违反交通规则的。"……孩子们探头探脑地寻找着"昆虫运动会"变身为"车车拉力赛"之后这里的一切变化,指手画脚、七嘴八舌地讨论开了,相信在"昆虫运动会"里积累的游戏经验能很快地帮助他们去理解"车车拉力赛"里的一切,"车车拉力赛"的吸引力会诱发他们对"拉力赛"游戏的新一轮探索。

由此可见,根据我们中班幼儿的年龄特点,情境的创设显得尤为重要,情境创设犹如中班幼儿科学探索区活动中的"助推器",使幼儿的探索不仅是一种行为上的参与,更是一种心理上、智力上的积极互动。同一游戏内容通过不同的情境创设,同样能引发幼儿的兴趣,让幼儿在好奇心的驱使下主动地投入活动,与材料进行充分的互动。

二、同一玩法的不同材料置换,培养幼儿坚持性,将幼儿的探索引向深入

科学探索区中的材料,在投放初期,幼儿往往都会对材料充满兴趣,但是经过一段时间的操作和活动之后,幼儿往往会对材料失去一开始的新鲜感。正因为如此,我们在材料投放时一方面要关注材料投放的层次性,另一方面还要考虑同一年龄段幼儿在认知水平和发展速度等方面的差异。因为如果活动中投放的材料是单一的、没有梯度的,能力较弱的幼儿可能望而却步,能力较强的幼儿可能因缺乏挑战而丧失兴趣,因此,必须在同一活动中投放不同难度的材料,这样就能引发幼儿的进一步探索。

"昆虫运动会"情境和材料经过调整变身为"车车拉力赛"之后,我发现幼儿因为有了上学期的游戏经验,已能很好地掌握绳子穿进夹子孔的方法,并对穿绳方向和车子在绳子上的移动方向之间的关系也了解得很清楚了。如果让幼儿再这样重复地、一味地玩下去,我觉得时间久了幼儿迟早会厌倦,而且也不利于幼儿的进一步探索。于是我就在思考,在这个探索小游戏中将绳子穿进夹子的孔中让夹子在绳子上移动起来,这是该活动的一个重点和关键,也是要幼儿掌握的基本方法。但是目前幼儿已经掌握了这个基本方法,那我该如何再将这个活动引向深入呢? 绳子和夹子是两个关键的、主要的材料,绳子是夹子移动起来的基础,而夹子则是载体和媒介,于是我就在想是不是可以通过其他材料的置换来为夹子寻找替代物,让幼儿在掌握基本穿绳方法的基础上去尝试运用其他材料来替换夹子,也让车子在绳子上动起来,这样一来不仅为游戏注入了新的探索源泉,也能将"车车拉力赛"的游戏引向深入。于是,我在对夹子造型进行仔细观察和比对的基础上,在自己反复试验后提供了四种材料:单孔塑料管子、双孔的塑封纸片、三孔的雪花片、六孔的塑料积木,之所以提供四种不同的材料,是因为考虑到孩子的能力水平不同,四种不同层次的材料可以满足不同水平孩子的需要,单孔的塑料管和双孔的塑封纸片相对比较简单,幼儿只需借鉴和迁移自己在夹子上穿绳的方法;而三孔的雪花片则需要幼儿判断和选择其中的两个孔,然后再借助已有经验进行反复尝试;六孔的四方形塑料积木则对幼儿来说是一种很大的挑战,光靠目测是不行的,需要判断、试验、思考,再调整、再试验、再思考,在不断尝试的过程中探索正确的穿孔方法。可以说这几种材料能让不同水平的孩子在已有经验基础上获得成功,也能让幼儿通过探索和尝试在最近发展区得到发展。

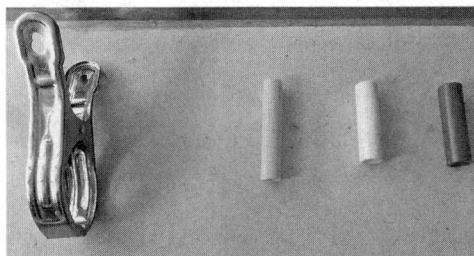

单孔塑料管子

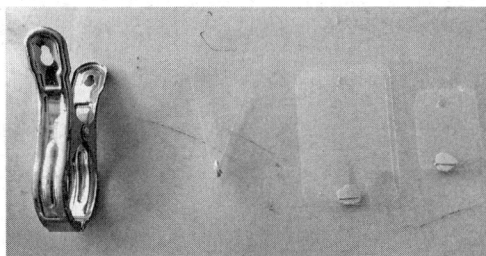

双孔的人塑封纸片

三孔的雪花片

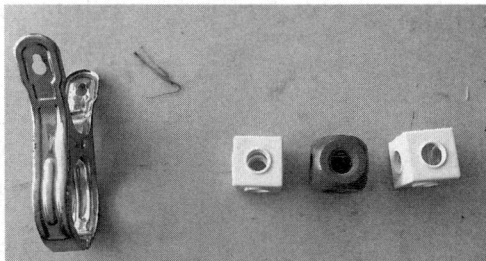

六孔的塑料积木

当新材料投入之后,幼儿既感觉新鲜又感觉好奇,"这些有什么用呢?""干什么的呀?""是积木哎。""哎呀,怎么铁夹子少了呀?"……孩子们讨论纷纷。"这些新材料是来帮夹子上班的,夹子说它也想要休息,所以邀请你们帮助它找找,看看它们里面有谁能代替它来上班的。"我故弄玄虚,幼儿却很当真,有了新的挑战后,幼儿活动的积极性被调动起来,操作兴趣增强,他们兴致勃勃地开始了他们新一轮的探索——帮夹子找一个替身,替它来上班。由此可见,学会在原有材料基础上进行调整、进行更新,让材料常换常新,通过对同一玩法的科学探索活动材料进行不同材料的置换,可以将幼儿的探索活动引向深入,让幼儿在不断深入的活动中体验探索的乐趣,感受作为一个小小探索者的快乐。

三、同一材料的不同玩法设计,引发幼儿主动性,让不同能力的幼儿都得到发展

幼儿天生好奇,因此在科学探索区活动材料的提供上,作为老师我们要尊重和支持幼儿能自发地对材料产生兴趣,能使幼儿的探索处于积极主动的状态,因此在活动中我们需要配以设计新颖、有趣的材料,继而引起幼儿的注意,使幼儿在愉快的状态下进行探索、操作活动,从而促进幼儿记忆力、观察力、思维能力的发展,培养幼儿动手能力。并且老师提供给幼儿的活动材料最好能不断引发幼儿思考"为什么"、"怎么样",不断促进幼儿从多个角度、用不同方法解决问题,这可以为促进幼儿进行持续不断的探索活动,进而为促进幼儿创造意识的萌发和初步创造能力的发展提供有利条件。

因此可以说,在设计和选择科学探索区活动材料时我们要选择利于幼儿的探索和发现的、幼儿熟悉的生活化的材料,这样就能拉近幼儿与材料之间的距离。另外,材料的品种不可以过多过杂,这样会让幼儿感觉没有头绪,因此在进行材料选择和设计时要控制材料的品种,拓展材料的玩法,这样一来不仅可以引发幼儿的积极探索,而且可以满足不同水平孩子的需要。

例如在科学小游戏《皮绳小车》材料设计和选择时,我选择了皮绳——电线来作为该区的主要活动材料,希望利用皮绳让幼儿在该活动区中探究皮绳小车在螺旋形滑道上的行驶速度和皮绳小车本身重量大小以及与螺旋形滑道坡高之间的关系。之所以选择了孩子们平常都见过的、接触过的、知道的皮绳作为游戏的材料,首先是因为皮绳能引发孩子们的兴趣,"这不是电线吗?""电线也可以玩游戏吗?""怎么玩呀?"……这一材料一经投放,孩子们就问题多多,由此可见"皮绳"是能引发孩子们的兴趣和激发孩子们的思考的。其次,采用了生活中的皮绳作为幼儿游戏的材料,是考虑到电线这种材料适合制作皮绳滑道和皮绳小车,因为它容易塑形,而且电线的粗细

不同，可以方便我在游戏中有的放矢地根据需要进行选择，可以根据我不同的玩法和层次设计选择不同粗细的皮绳，从而通过同种材料的不同玩法设计，方便幼儿探索和操作，满足不同层次幼儿、不同玩法中幼儿的需要。

《皮绳小车》我设计了三个不同层次的三种玩法，在三种玩法中根据幼儿操作的特点和需要选择了三种不同粗细的皮绳，就比如在第一个层次"看一看、玩一玩"中，这个层次中我设计的玩法是：（1）幼儿看墙面提示，和一个或两个同伴一起将皮绳小车放到滑道上，共同商量好出发的时间，观察在三个不同坡高的皮绳滑道上，相同大小、重量的皮绳小车在哪条道上滑得快，并尝试记录实验的结果。（2）观察在三个相同坡高的皮绳滑道上，不同重量的皮绳小车在哪条道上滑得快，并尝试记录实验的结果。（3）和同伴们一起看看自己实验的结果，想想为什么？结合这一玩法的需要，在该层次中我用 7 毫米的电线做成了各种坡高的螺旋形滑道和皮绳小车，因为考虑到这份材料是用来让幼儿重复玩和体验的，所以采用了比较粗的皮绳，这样经久耐用，不容易变形，可以满足幼儿不断操作、不断体验的需要。

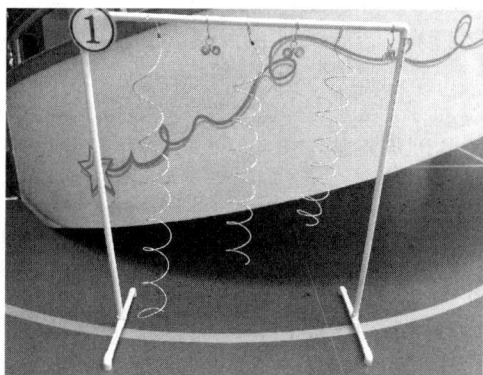

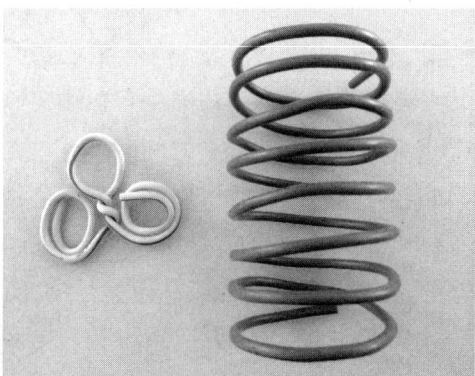

在第二个层次"想一想，动一动"中，我设计的玩法是：（1）幼儿探索各种让皮绳小车在皮绳滑道上动起来的方法。（2）互相比比、看看，谁的方法更好、更合适。（3）幼儿利用橡皮泥等辅助材料探索让皮绳小车在皮绳滑道上滑得更快的方法。配合该玩法，我采用相对细一点的 5 毫米的皮绳，因为考虑到是要幼儿自己来操作的，需要幼儿自己拉长变短，太细了容易变形,太粗了幼儿的力气不够,而5毫米的通过反复试验,正合适,能满足幼儿操作的需要。

在第三层次"做一做,试一试"环节中,我设计的玩法是:(1)幼儿运用皮绳和塑料管自己制作一个皮绳滑道。(2)选择一辆皮绳小车,让皮绳小车在自制的皮绳滑道上动起来。(3)看谁的小车滑得快。幼儿和同伴结伴玩小车,通过采用拉长皮绳滑道、加重皮绳小车的重量等方法让自己的皮绳小车滑得更快。这个环节的设计主要是让幼儿体验制作的乐趣,让幼儿获得成功的体验,所以我采用了3毫米的细皮绳,因为考虑到要让幼儿自己来做一根皮绳滑道,太软或者太硬都不便于幼儿操作,而且要保证每个幼儿都能制作成功,所以选择了3毫米的正合适,既可以让幼儿利用圆棍绕成螺旋滑道的样子,孩子们能轻易地拉伸和缩短,而且也能保证后来的幼儿能自行拉直后重新来做一个新的螺旋滑道,从而让材料真正能成为幼儿自主操作的材料,避免了因为材料调整的需要让老师过多地介入孩子的活动,把活动真正地还给幼儿。

由此可见,简单的皮绳正是因为具有粗细不同、便于塑形这样的特有性质,所以让我们能在不同环节的运用上可以灵活运用和选择。这样一来既减少了因为材料多种多样而影响了幼儿对材料操作方式的理解,减少了幼儿对材料的最初探索,而且同一操作材料的利用便于幼儿了解其明显的、外露的操作方式,从而让幼儿能很快地进入探索过程,让幼儿能直入主题地进行探索和操作,而且同一材料(皮绳)的不同玩法设计,既避免了幼儿的放弃或做与该探索活动无关的事情,更满足了幼儿在不同层次的游戏的玩法中对材料操作的需要,便于幼儿能通过不断的经验积累而将探索引向深入,从而保证了在做做玩玩中学到了一些粗浅的科学知识,习得一些简单的科学道理。

由此可见,科学探索活动区的材料设计和投放与幼儿的兴趣有着相互的密切作用,材料设计得好、投放得巧,就能激发幼儿的兴趣和探索欲望,而且满足幼儿兴趣的材料更能促进幼儿的思考。因此作为一名活动材料设计者的我们,更要学会观察幼儿,了解幼儿对材料的兴趣,思考幼儿和材料的互动情况,学会去设计,学会去调整,让科学探索区的材料真正迎合幼儿的兴趣、满足幼儿的需要、促进幼儿的发展。更重要的是,我们要做一位智慧的老师,要学会在原有科学探索活动玩法、材料基础上去改变、去完善,让自己做得轻松,让幼儿玩得快乐,让科学探索区活动材料真正体现它的探索价值,真正成为幼儿探索世界的媒介和桥梁,让幼儿通过活动得到发展,让幼儿通过活动学习品质得到提升。

科学活动中如何调动小班幼儿学习的主动性

徐敏红

幼儿园科学活动过程是教师引导下的幼儿学习过程,幼儿学习的积极性、主动性发挥得如何,直接影响教学效果。一般来说,幼儿学习的主动性、积极性愈大,求知欲和探索性越强,学习效果越好。小班幼儿对周围世界充满浓厚的兴趣,对新鲜事物具有强烈的好奇心,会主动接近,喜欢操作摆弄,探索其中的奥秘。但是小班幼儿有意注意时间短,观察的目的性不强,知识经验较贫乏,易受外界其他因素的干扰,对材料的使用存在着操作无目的。如何在科学活动中调动小班幼儿学习的主动性和积极性,我做了以下几点尝试,收到了不错的效果。

一、从兴趣出发吸引幼儿主动学习

幼儿天生就有丰富的好奇心,主要表现在他们的好动、好问上。他们头脑中有无数个为什么,如"为什么小鸭会游泳,小鸡不会?""为什么哨子会响?"等,这些"十万个为什么"是他们对世界的最初探索。兴趣是最好的老师,从小培养幼儿对科学的兴趣,满足幼儿的好奇心,激发幼儿的求知欲,使之成为永久的兴趣,使幼儿主动学习科学,"迷"上科学。因此幼儿园科学活动的内容要选择幼儿感兴趣的主题。

在教学实践中,我发现越是贴近幼儿生活的内容、幼儿熟悉的东西,越能引起他们的兴趣和共鸣。如果内容是幼儿平时生活中最熟悉的,幼儿就对它有亲切感,从而能促使幼儿大胆地探索,让幼儿主动去发现。如在"好玩的玻璃纸"活动中我选择"玻璃纸"这个幼儿身边既熟悉又陌生的事物作为科学活动的内容。通过多种不同形式的游戏贯穿整个活动,让幼儿去感受、体验"玻璃纸"的不同特性。幼儿对玻璃纸这种材质的纸张非常好奇、感兴趣,活动中积极性也高。选择幼儿熟悉的教育内容,不仅可以为幼儿获得能真正理解科学知识的经验提供了前提和可能,而且可以让幼儿发现和感受到周围世界的神奇,保持永久强烈的好奇心和求知欲望。因此,让幼儿从兴趣出发,以自己的方式学习科学,只有这样才能让幼儿真正体验到科学活动的探索乐趣,吸引幼儿主动学习。

二、在游戏情境中引导幼儿主动学习

游戏是幼儿基本的主要的活动,幼儿喜爱游戏,在游戏他们会表现出各种兴趣和学习的需要。游戏既是科学活动的内容,又是科学活动的实施途径。让幼儿在玩中学科学,在愉快体验中学科学,教学效果更佳。

小班幼儿的注意力、持久性都比较差。在设计科学活动时,需要老师创设游戏情境,让幼儿在一个连贯的情境中活动,使幼儿积极主动地投入到探索活动之中,感受科学的奥秘。如在"好玩的玻璃纸"活动中,一开始我就以"超级变变变"的游戏情境吸引幼儿的注意力,接着又创设了"小兔来做客"的游戏情境,通过"看一看"、"变一变"、"听一听"三个操作环节让幼儿与材料进行互动,最后又以"和小兔一起开音乐会"的游戏情境让幼儿在看看、做做、听听中了解玻璃纸的不同特性。在整个活动中幼儿参与活动的积极性与主动性始终高涨。可见,科学活动中游戏情境的创设既能满足幼儿的游戏需要,又能维持幼儿对科学活动的探索兴趣,从而引导幼儿主动学习。

三、以动手操作促进幼儿主动学习

幼儿天生好动,好奇心强,总想对感兴趣的事物摸一摸、玩一玩、做一做。操作、探索是幼儿获得科学知识的最重要途径,幼儿通过自己的活动从而感知的科学现象印象最深刻,获得丰富的科学经验,产生新的好奇,从而更乐于动手、动脑。动手操作正是让幼儿自己动手去发现问题、解决问题,充分发挥幼儿积极主动性的一种先试后讲的方法,它符合幼儿的心理特点。

如在"好玩的玻璃纸"活动中,我一共设计了三个操作环节,首先利用玻璃纸透光的特性让幼儿拿起玻璃纸看一看,幼儿会发现透过玻璃纸看到的物体跟原先不一样了。他们兴奋地大声表达着自己看到的奇妙景象:"我看到时钟变成红色的了。""徐老师是蓝色的。""桌子变绿了。""电视机是黄色的。"……接着我又设计了"变一变"这个环节,让孩子通过折、卷、捏等各种动作让玻璃纸变一变,变成礼物送给小兔。孩子们做手工的经验在这里就可以进行迁移,而且想到是要作为礼物送给小兔,各个都很积极投入,而且也非常乐意表达自己做了什么礼物送给小兔。在"听一听"这个环节中,我又利用了玻璃纸的特性,让幼儿想办法使玻璃纸发出声音。孩子们有的拍、有的抖、有的吹,想出了各种使玻璃纸发出响声的好办法,并且利用两只大小不同的兔子,让幼儿控制自己的手部动作发出不同轻响的声音。在这三个操作环节中我为幼儿提供了适宜的可操作的材料,充分调动幼儿的感官,请孩子们用眼睛认真观察、自己动手操作材料、用耳朵倾听和感知声音、并用语言表达自己的感受等充分调动幼儿的各种感官参与到活动中,孩子们乐此不疲,自然地获得了有益的经验。因此,在幼

儿园的科学活动中,教师为幼儿提供充分动手操作的时间和空间,幼儿在操作中探索,在探索中寻找答案,从而促进幼儿主动学习。

四、在鼓励支持中激励幼儿主动学习

《指南》科学领域指出:"成人应真诚地接纳、多方面支持和鼓励幼儿的探索行为。"小班幼儿的行为受情绪支配作用大,他们学习的投入性和主动性受到情绪和兴趣的支配,积极的情绪状态有助于幼儿的积极探索。因此在活动过程中,教师要鼓励、支持幼儿的探索行为,使他们获得成功。

在"好玩的玻璃纸"活动中,三个操作环节的设计开放性都很强,没有标准划一的答案,而是注重孩子在操作、探索过程中的感受和体验。"看一看"环节中幼儿看到了任何现象老师都以赞许的语言接纳孩子,激发他们的积极性;"变一变"环节中不管幼儿变出了什么,老师也都以包容的心态相信幼儿经过努力,在老师帮助下可以"独立"去完成;"听一听"环节中老师更是以同伴的身份一起参与到音乐会中,在轻松愉快的氛围中幼儿感到成功的喜悦,情绪高涨,兴趣倍增,更加积极主动。活动中对幼儿的每一句话,老师都要认真注意倾听,对幼儿每一个正当要求和意见,都要尽力帮助满足。活动中师生成了朋友,幼儿乐意将自己的发现告诉老师。师生共同交流,共享欢乐,在欢乐积极的情绪中激励幼儿主动学习,发展了能力和主动积极的学习态度。

总之儿童的世界是他们自己去探索发现的,只有他们自己所探求来的知识才是真知识,只有他们自己发现的世界才是真世界。我们要充分理解《指南》精神,更多地给幼儿以自由,让他们有进行自主活动的权利和机会,使他们在自由的天地里,在实践活动中,充分利用眼、耳、手、脑去发现、去创造,也只有这样才能充分调动幼儿学习的主动性、积极性,使幼儿真正成为学习的主人,使幼儿的身心都得到健康和谐的发展!

如何在情境创设中激发孩子的好奇心
——浅谈中班数学活动中的情境创设
乔　敏

情境教学是激发幼儿学习的最好手段。兴趣是最好的老师。在我们平时的教学实践中可以证明,幼儿只有对学习的内容产生浓厚的兴趣,才有继续探究的动力。因此,我们可以利用幼儿的这一个心理特点,在活动中创设丰富的教学情境,将幼儿置于这些情感中,来激发幼儿的好奇心,调动幼儿的求知欲望。下面谈一谈我在教学活动中进行情境创设的一些做法。

一、创设有趣的故事情境引发幼儿的好奇心

大部分老师跟我一样有着同样的感受,都感觉数学活动比较枯燥乏味,孩子们不怎么感兴趣,于是我不断找原因。在与孩子们的接触中,我发现孩子们都非常喜欢听故事,于是,我就根据这一特点把故事融入数学的活动中,让幼儿在故事情境中有意无意地接近数学,愉快地步入数学世界。

《大熊的储藏室》是一个以"数阅读"为主的集体教学活动。这个绘本以生动有趣的故事情境,将分类知识融入其中。大熊先根据食物的特点,分别运用大小、形状、颜色来进行分类;接着请小朋友帮助大熊,运用按照种类分的方法,把储藏室的食物进行了合理的整理。所以,我在教学活动的开始部分就创设了故事情境:利用冬天的音乐、大熊储藏室的多媒体课件、KT 板做的储藏室等形式把情境再现了,把静态的知识动态化,就好像真的把大熊的储藏室带了过来,使幼儿一开始就对活动充满好奇。例如在活动的开始部分,教师:"冬天就要来了,大熊马上要冬眠了,它准备了大量的食物来过冬。可是这么多的食物该放在哪儿呢? 于是,他准备了一个大大的储藏室。瞧,这就是'大熊的储藏室'。我们一起去瞧一瞧,大熊准备了哪些好吃的食物呢?"故事听到这里,小朋友们都充满了好奇,他们都很想知道大熊的储藏室是怎样的? 大熊到底有哪些好吃的食物呢? 当故事的画面出现大熊储藏室里的许许多多食物时,大家都争先恐后地回答起来:"有苹果、梨、柿子、香蕉、哈密瓜、白菜、马铃薯、胡萝卜、南瓜、蜂蜜、奶酪、小鱼干、饼干……"活动中的这个片段,通过故事的情境来激发幼儿的好奇心,使幼儿有了进一步想探索下一个环节的兴趣。从活动的实践来看,开始的故事导入部分比较有效地调动起了孩子们的好奇心和积极性。

在《小兔做客》的数学活动中,创设了小熊搬家的情境,刚开始我就用绘声绘色的故事,再配上一些背景音乐,使幼儿的注意力一下子被吸引了,孩子们在情境化的故事吸引下很快进入了角色,每个幼儿都十分认真地看着小兔去小熊家经过的地方,为帮小兔找到回家的路线奠定了良好的基础。所以,在活动中我们要给予孩子们学习方法的情境化,这样孩子们就会投入其中了。

二、设置问题情境引发幼儿的好奇心

疑问是探索的起点,好奇是求知的发动机。在活动中各种问题的引入,能激发孩子们的好奇心。问题情境具有情感上的吸引力,能让幼儿产生学习的兴趣,激发幼儿的求知欲和好奇心。在《大熊的储藏室》这个活动中,我设置问题情境,活动中一边设疑一边解惑,发散幼儿思维,通过各种问题引发幼儿的好奇心,激发幼儿学习的兴趣。

例如：在活动中，我问幼儿："小朋友们，谁愿意来帮帮它呢？你们觉得怎样整理才合适呢？你们觉得它这样整理好吗？为什么？"这样从幼儿主体出发、围绕教学目标、积极启发、激励幼儿大胆探索，通过设置问题把幼儿的好奇心引发到学习上来。我还通过一些启发性的提问，让孩子们帮助大熊找一找"最合适的整理分类方法"。例如，我问幼儿："大熊是怎么整理它的储藏室的呢？"于是幼儿就找出了好多帮助大熊的分类办法。其实，这时候幼儿都很好奇，他们都很想知道到底是哪一种分类方法最适合大熊的储藏室，于是，我让个别幼儿操作演示前先提出问题："谁愿意来帮助大熊？你们觉得怎样分才合适呢？你们觉得它这样整理好吗？为什么？"通过一系列的问题来引起幼儿的好奇心，去激励幼儿探索学习的兴趣。

三、通过操作性活动情境引发幼儿好奇心

在数学活动中，通过操作性活动情境来引发孩子的好奇心。在每个活动的操作性活动前，我会先为幼儿创设合适的环境，提供必要的材料来促发幼儿的好奇心。例如在《大熊的储藏室》这个活动的第三个环节，是让幼儿一起帮助大熊整理储藏室。我先让幼儿看到的是用 KT 板做的储藏室，就像储藏室就在小朋友中间，然后我提供的是幼儿人手一份材料：储藏室的背景、各种食物。中班的孩子都充满了好奇心，相对都喜欢挑战和探索。幼儿看到了老师提供的操作材料以后，都很感兴趣，他们都急着要去帮助大熊。当小朋友们看到了这些提供的材料以后就产生了好奇："我该怎么去整理呢？"当我说："我们去帮助大熊一起去整理储藏室吧。"幼儿们就迫不及待地走到操作材料前开始活动了。操作活动开始了，小朋友们看着储藏室的标记很快将萝卜、饼干、大白菜、哈密瓜等食物进行了分类。在操作中，提高了幼儿的探索、分类、概括的能力。这样通过具体的操作发展了幼儿的数概念，还培养了幼儿动手操作能力，让幼儿体验了成功的乐趣，而引发幼儿对生活中分类的好奇和关注，并间接的学会整理物品。可见，在学习数学的过程中，通过操作性活动来引发幼儿的好奇心还是不可缺少的。

四、创设丰富多彩的游戏情境引发幼儿好奇心

我们每位老师都知道游戏是幼儿最喜欢的活动。寓教于乐是数学教育的特点。在数学活动中，教师要通过采用积极的方法，各种各样有趣、有意义的活动，让孩子们积极自信地参与数活动，创设孩子们喜欢的游戏情境。例如在"春天来了"幼儿如何数呈封闭式排列物体的数量这一知识点中，我创设了一个春天的角色游戏情境，孩子们在春游的游戏情境中能结伴而行进行活动。在游戏活动中能力强的孩子能带动能力弱的孩子。在数数的过程中，老师让孩子自己去发现错在哪里，该怎么数。老师对

孩子的争论,给予了引导,体现了对孩子的尊重。孩子的争论有时也是学习、探讨的一种方法。孩子间相互争论所得的数数的方法,对孩子来说更容易接受。可以看出,在老师创设的游戏情境中,孩子们能积极与材料互动,在与材料、同伴之间的互动中也学到了知识,在不知不觉中提高了幼儿的数学能力,同时也体验了数活动的乐趣。

总之,创设情境教学的方法是多种多样的,我们要根据幼儿的实际、不同的教材等情况进行灵活运用,创设出适合本班幼儿的数学情境,使幼儿在情景交融中愉快地探索和学习。教学是一种多元化手段的展示舞台。只要我们在孩子身上多花点心思,就会达到意想不到的效果!

营造机会,培养幼儿合作能力

王　琳

合作是指两个或两个以上的个体为了实现共同目标或共同利益而自愿地结合在一起,通过相互之间的配合和协调而实现共同目标或共同利益,最终个人利益也获得满足的一种社会交往活动。联合国教科文组织的报告《教育——财富蕴藏其中》指出:"学会合作,是面向 21 世纪的四大教育支柱之一。"《上海市学前教育课程指南》在 5～6 岁阶段目标中也明确指出:要求幼儿"体验人与人交往、合作的重要与快乐,尊重他人的需要。学会选择,形成良好的自我意识,规则意识,学习评价自己和同伴。"因此,大班幼儿面临幼小衔接,更需要尝试在幼儿园对幼儿交往技能和合作行为进行训练,促进发展,为其入小学与合作学习打好基础。

对于大班后期的幼儿来说,不再是独自、单一的玩,更喜欢与同伴一起玩,合作意识逐渐形成。所以教师在组织各种活动中要有意识地设计合作环节,让幼儿相互之间通过合作才能完成,以此来培养和提高幼儿的合作意识。

一、调整学习内容,增强合作意识

在个别化学习中,大多是独立操作的比较多,如美工区、拼图区、科学区、益智区等,幼儿之间交流合作较少,都是较安静地独立完成。而我认为宽松、自在、合作的个别化学习活动,反而会给幼儿带来愉悦,在开心的环境中进行学习。于是,我对一些个别化学习内容材料进行调整,并精心设计、提供机会,让幼儿尝试合作带来的乐趣。

实录:旅游棋

在个别化学习中,增加了有趣的旅游棋,受到大家喜欢。今天瑜瑜、琪琪、诺诺、可可四个人拿到了入场票在这里玩。瑜瑜说:"可可,我从起点开始拼,你从终点开始拼,这样就能很快拼完成,就可以玩下棋啦。"我向瑜瑜翘了一个大拇指,瑜瑜笑了。瑜瑜和可可先把大型的旅游棋的棋谱放在地上两人合作进行拼搭。而诺诺和琪琪在摆放下棋时要用到的拼图材料、大家来找茬图片和警察手势标志图。一切准备完毕,开始玩旅游棋啦! 四位朋友各自选择了一个可爱的立体小人作为棋子,开始旅游了。只见小小的可可抱了一个超大的筛子一筛,筛到了数字3,可可就把自己的小人走了三步,正好这格里是"警察"的标识图,于是可可就去警察各种手势的图片里,抽了一张,插在板上。接着可可说:"我来做警察,瑜瑜你来开汽车,琪琪、诺诺你们可以做行人行走。""好的。"大家异口同声。而可可来扮演警察,按照刚才板上的图片,模仿警察的手势,其他小朋友就跟着手势来做动作,玩起了交通警察的游戏。玩好一个场景后,大家继续下棋。轮到琪琪筛筛子,琪琪走了两步,这一格什么都没有,于是大家继续轮流走。诺诺一筛,筛到了数字5,第五格棋谱上显示拼东方明珠的标识图。四个人一起来到拼图的桌子前,找到东方明珠的图片,大家一起来拼图。诺诺说:"我找到了东方明珠的圆形图形,我来拼它的身体。""我找到了一个尖角,这个应该是东方明珠的最高的地方,我从最高的地方开始拼。"琪琪边说边动手拼了。可可帮忙在找与颜色相似的图案,分别给他们两个,就这样有的拼,有的找,暂停了下棋,共同帮助同伴来完成任务。完成任务后,再继续下棋。就这样一会儿下下棋,一会儿拼拼图、找找茬、玩玩扮演游戏,大家玩得可欢啦。

　　教师根据开展的主题活动"我们的城市",设计了个别化学习内容旅游棋和景点拼图等。而这个旅游棋在桌面上玩,玩了三四次后大部分幼儿都不去玩了。还有景点拼图,去玩的小朋友寥寥无几。看来,幼儿对新增的个别化学习内容开始有点不感兴趣了。

　　于是,教师对"旅游棋"进行了调整,从原先的桌面上下棋的形式,调整到地面上玩,并且将棋谱切割成块状,让幼儿进行拼搭完成后,才能进行下棋。再特意把筛子做得超大。还把景点拼图、大家来找茬和旅游棋相结合起来,让幼儿通过玩玩棋,再拼拼图或找找茬,或扮演一下某个角色,这样引导幼儿重新对活动产生兴趣。

　　在实录中,我们可以看到幼儿对这个经过老师调整过的"旅游棋"区域的学习主动性增强了。在拼搭棋谱时,幼儿想到两个人合作进行拼搭,这样可以快点完成。此时,教师运用了肢体语言,来鼓励和肯定了瑜瑜的想法。在下棋活动中,教师运用了关注的策略,观察幼儿的行为,发现幼儿能发挥自己的创意来编排并分配角色,进行模仿交通警察的游戏,使幼儿的合作和想象能力得到了发展。

　　下棋过程中,虽然有几个幼儿一起玩,但是合作的意识不明显,且玩久了幼儿就不感兴趣了。而拼图和找茬的游戏都是幼儿独自完成的游戏。为了让幼儿在个别化学习活动中增加合作意识,教师有意识地把下棋、拼图、找茬、模仿等结合在一起,有目的地营造合作的环境,使幼儿身处其中,受材料的影响,推动幼儿相互合作。可见,只要教师精心设计,就可创设出充满氛围的合作情境,使幼儿合作意识逐渐提高,学会自觉合作。

二、创设合作情境,学习合作方法

在合作的情境中,幼儿的各方面能力不仅可以得到提高,而且还能得到别人的尊重和关注。幼儿进行合作学习的机会越多,其合作技能也能提高。因此,对大班幼儿来说,教师应在教学活动中,多创设合作情境,让幼儿在合作中相互学习。

实录:有趣的影子

恰好今天天气真好,阳光明媚,我带着孩子们来到操场上,感受阳光的淋浴。孩子们轻松地在操场上自由结伴玩。我启发道:"瞧瞧,地上有什么?"熙熙和其他几个男孩回答道:"是影子。"几个男孩子做起了奥特曼的动作,地上也马上出现了奥特曼的影子。孩子们都开始关注起自己的影子,女孩们做起了美丽的花、蝴蝶等舞蹈动作。我用照相机拍摄下孩子们漂亮的动作。大家说说、做做、笑笑觉得很有趣。可是没多久,孩子们相互追逐起来,对影子的兴趣淡化了。

此时,我拿来了粉笔,把孩子们叫过来说:"我们一起来,画下自己可爱的影子吧。"我给小朋友每人发了一支粉笔,孩子们对第一次使用粉笔,觉得特别惊奇、好玩。熙熙放好了动作,当要用粉笔画自己的影子时,自己的影子就不见了。怎么会这样呢? 其他小朋友也发现了。熙熙对我说:"王老师,不行呀,不能画,我去画影子了,可它不见了,画不到呀。"熙熙想求助我。我笑笑说:"你想想怎样才能把影子画下来呢?"熙熙歪着头,好像在想办法。这时宇宇走过来说:"你做好动作,我帮你画吧。"我用手摸了摸宇宇,并笑了笑。于是,熙熙走到宇宇那里说:"宇宇,我做动作,你帮我画。""好的。"熙熙和宇宇一起合作画影子。我对他们翘起了大拇指。其他小朋友也学他们,自由结伴合作进行绘画。没过多久,操场上出现了一个个千姿百态的影子。孩子们画了一个又一个,相互观看自己的影子,说说,笑笑,学学别人影子的动作。活动结束了,孩子们意犹未尽。

在活动中,当幼儿对活动开始不感兴趣时,教师能运用推进策略,提供粉笔让幼儿记录下自己的影子。对于大班的幼儿来说,逐渐产生合作意识,此时教师运用了引导的策略,让幼儿产生了初步合作的意识,相互合作绘画出千姿百态的影子。幼儿在合作中体会到互画影子的乐趣。这两个策略运用效果很好。但对于如何记录影子时,教师提出的建议可以再开放性些,不要急于套入你预设的内容,如我们怎样记录下自己漂亮的影子呢？这样让幼儿想象出各种办法。随后，教师才拿出粉笔说："我们今天先来试试绘画的方法。"这样就可以培养幼儿的创造性思维。既然幼儿对影子十分感兴趣，我们可以组织幼儿一起合作继续探索，如几个朋友各自做个动作，通过组合在一起形成某个造型的影子，使幼儿在合作玩中，其自主学习、创新能力得到培养。

在"有趣的影子"活动中，教师从幼儿的兴趣入手，选择适合幼儿合作学习的内容，利用自然界的现象进行教学活动，营造了轻松、无拘无束的合作氛围，让幼儿更主动地进行合作学习，全身心地投入到合作学习中，获取知识，提高合作能力，并体会到合作的快乐。

三、开展合作游戏，提高合作能力

其实幼儿天生就有与同伴合作、交往的愿望。在合作游戏活动中，幼儿有一种轻松、随意、无拘无束的氛围，其学习的积极性、主动性就被有效地调动起来了，合作协商解决问题的能力也更加凸显。

实录：合力小球

我打开PPT，孩子们都目不转睛地注视着电视屏幕。我说："他们在玩游戏，请你选一张自己喜欢的游戏照片，讲讲怎么玩？"大家都争先恐后地说……

接着我介绍了今天要玩的新游戏和游戏材料。大家看见几个水桶和水桶里的彩色小球，孩子们觉得奇怪和新奇。当我说清楚游戏玩法后，孩子们都很兴奋，觉得自己一定能成功。

第一次尝试：大家相互商量，熙熙、泓泓、瑜瑜他们三个人为一组，开始每人拉一根绳子。泓泓动作快先用力拉绳子，小球就从水桶口溜出来了。瑜瑜也拉自己的绳子，小球也出来了。熙熙的小球也从洞口出来了，着急地说："怎么一个个都出来了？"熙熙说："我们要配合好，泓泓你不能这么快，这样就不能把桶提起来了。""哦，我知道了。"泓泓说。

第二次尝试：泓泓、熙熙和瑜瑜进行了第二次尝试。这一次，熙熙想出了一个办法说："我来叫口令，数到三了，一起拉。"其他两个人也觉得这个办法不错，一致同意了。熙熙喊道："一、二、三。"三个人一起拉，小桶被提起来了，泓泓兴奋地叫道："小桶提……"话还没说完，就一会儿工夫，桶又掉落了。熙熙手一摊，无奈地说："哦，又失败了。"瑜瑜说："都是泓泓不好，把绳子放掉了，球掉下去了。"熙熙也说："是的，是泓泓不好。"泓泓说："不是的，我拉着的，是瑜瑜太用力了，小球先出来了。"……我见他们争论起来，就走过去说："你们这样相互指责有用吗？你们刚才用叫口令的方法很好，但是后来当你们一起提起小桶后，是否还配合好呢？赶紧找到失败的原因，再试呀。"听我这么一说,泓泓说:"是的,我们提起小桶后,我太高兴了,手松了一下,我的小球就掉下去了一点。"我提醒道:"你们忘记了吗? 这三个小球的名字叫什么?"熙熙说:"合力小球。"我继续说:"对呀,那你们要想办法把三个小球合在一起,它才有力量,才能把小桶提起来哦。"泓泓说:"我知道了,要想办法,把小球排在一起。"熙熙说:"我有办法了。我们把桶提起来时,要把绳子拉紧,不好松,一松小球就会掉下来……"瑜瑜说:"要让三个小球都到水桶口这里,不要让小球出来。"……

第三次尝试:这次熙熙还是叫口令:"一、二、三。"三个人相互配合好,水桶被提起来了。这次泓泓用双手拉住绳子,生怕松手掉下去,熙熙和瑜瑜也目不转睛地盯着小桶口,如发现自己的小球有点下滑了,就赶紧再次拉紧绳子。这次成功啦,而且保持了 60 秒。三个人兴奋得抱在了一起。

大班幼儿的合作意识逐渐增强,在合作游戏中,幼儿在共同完成任务时,要相互交流,解决问题,所以小组成员积极参与和合作显得更为重要。

在实录中,我们可以看到当熙熙、泓泓、瑜瑜,三个小男孩他们第一次合作尝试失败了,他们会去找原因,觉得是因为泓泓动作太快,先把球拉出来了,造成不成功。教师此时,运用了关注的策略,继续观察幼儿的情况。熙熙想出了新方法用叫口令的方法,来帮助大家步调一致,这样就能控制快慢。这个方法,让水桶提起来了,成功啦。可是一会儿就又掉下来了。教师采用了引导幼儿继续尝试,并暗示到三个小球的名字叫什么呢,让幼儿重新注意对三个小球的认识,从而推进幼儿再思考、想办法、解决问题的能力。泓泓想到了只要我们把三个小球排挤在一起,堵住洞口,这样就能把水桶提起来。熙熙又想到了,每个人拉的绳子要拉紧,不能松。于是,他们三个人齐心协力一起把水桶提起来了,且还保持了很长的时间,终于成功了。

当教师在看到幼儿能与同伴一起友好合作地玩耍、协商时,应注意引导幼儿感受合作的成果,体验合作的愉快。当幼儿合作成功时,教师要给予适当鼓励,哪怕是微小的进步都应及时肯定,这样会更好地激励幼儿与同伴合作,提高其合作能力。

作为教师要积极地引导幼儿,激发幼儿合作的兴趣,为幼儿创造合作的机会,指导幼儿掌握合作的技巧,为幼儿良好个性发展奠定扎实的基础。

在小班绘本教学中运用多种情境提升幼儿学习的主动性

陈誉超

语言是社会交往的重要工具。3~6 岁是人的一生中掌握语言最迅速的时期,是幼儿语言发展的关键期。通过与幼儿日常接触,我发现班级中幼儿在语言方面存在着许多问题和现象,幼儿的语言表达能力参差不齐。大多数幼儿表现为不愿意在集体面前表达,说话口齿不清、发音不准、语句颠倒等。同时由于小班幼儿刚脱离家庭生活的怀抱进入一个陌生的集体环境中,他们和老师、同伴都处于一个熟悉的过程中,其生活经验、知识的积累、对事物的理解、语言的表达等诸多方面都处在最初的发展阶段,这就使得幼儿对文学作品中例如故事、儿歌、诗歌等内容的学习和欣赏有了一定的难度。所以,需要把握这一学习语言的最佳时期,运用良好的语言刺激和环境来提高幼儿的语言能力。而发展幼儿语言的关键是要创设一个他们想说、敢说、喜欢说、有机会说并能得到积极应答的环境。也就是要发挥幼儿在语言活动中的主体性。

《幼儿园教育指导纲要(试行)》指出:"创设一个自由、宽松的语言交往环境,支持、鼓励、吸引幼儿与教师、同伴或其他人交谈,体验语言交流的乐趣。"教师根据教育内容、幼儿认知特点和学习规律,有意识创设符合幼儿年龄特点的语言教学情境,让幼儿"身临其境"地体验,在情绪上感染幼儿,诱发幼儿的好奇心和兴趣,使幼儿积极地投入到语言活动中主动学习,从而发展孩子的语言,促进幼儿思维和语言能力的发展。

小班幼儿年龄虽只有 3~4 岁,他们已经有了阅读各种图书的愿望和兴趣。而绘本的图画精美、独特,而文字非常的简单,是以文字和图画共同讲述一个完整的故事,它的内容往往都贴近孩子的生活,我觉得可以借助绘本教学活动,提升幼儿主动学习语言,从而发展幼儿语言表达能力。因此本学期我尝试运用绘本作为载体,在小班绘本教学中创设情境模式,强化语言实践,从而提升幼儿学习主动性。我做了以下几个方面的初步探索和尝试。

一、选择适合小班幼儿的绘本,培养幼儿阅读的兴趣,挖掘幼儿的学习动机

兴趣是求知的发动机,能使幼儿产生学习的兴趣,才能激发幼儿去大胆尝试获取经验,让幼儿主动地活动。小班幼儿年龄小,注意力容易分散,给教师组织活动带来了一定的困难。但是如果孩子对活动内容感兴趣,他们就会非常投入,积极思考。如何抓住孩子的兴趣是第一步。所以在选择绘本时,第一要色彩鲜艳;第二绘本的动物和人物形象要可爱、内容短小有趣;第三绘本的选择要贴近生活的故事内容、情节变化起伏,最好有重复的情节。因为有重复的语言,适合儿童在发现、模仿的基础上深入阅读;有悬念和猜想,儿童可以主动探索和想象。

对于小班幼儿刚从温馨的家庭中走出来踏入幼儿园大门,他们需要逐步适应集体生活,需要学习与人交往。因而,在小班初期有意识地帮助幼儿学习与人交往,学习和同伴友好相处是非常重要的。《小黄鸡和小黑鸡》以幼儿喜欢的小动物为线索展开故事情节,故事内容充满童趣,是非常生活化的故事。小黄鸡和小黑鸡一起玩游戏、遇到困难害怕哭闹等情景,就是幼儿日常生活中的情景,对小班幼儿来说是他们非常熟悉的,故事中的动物角色,它们遇到困难和问题的处理办法对幼儿来说是可以借鉴和给予指引的,是一个充满浓浓友情的讲述着同伴间相互友爱的故事,绘本中鲜明的形象非常适合小班幼儿的年龄特点,能有助于幼儿学习与同伴交往,学习关心关爱他人。同时,该故事画面生动形象,图片表现力强,有利于幼儿观察画面,提高听说的主动性。

二、挖掘绘本教育价值,设计教育情境,激发幼儿主动参与

小班幼儿的思维正处于直觉行动思维向具体形象思维过渡时期,他们情感外露,带有很大的情绪性。在实际教学实践中我发现小班幼儿在听说能力上的表现有以下三个方面特点:一是听说带有模仿性;二是听说带有明显的对象感、拟人性;三是在叙述生活中的事物时,带有很大的情境性。小班幼儿思维的特点决定了他们喜欢在动作模仿和游戏情境中学习。

在《小黄鸡和小黑鸡》故事中,生活化的游戏场景,动物一起游戏(捉迷藏)、一起面对困难(被雨淋湿、害怕打雷等),一次又一次的悬念总吸引得幼儿流连忘返。完整听故事,师生一起布置故事场景,幼儿在教师的指导下模仿角色扮演故事中的人物,学说人物间的对话,幼儿兴趣倍增,全身心地融入了故事的情节发展中。通过解读绘本教育价值,我充分利用其情节结构的起伏性、真实性和有趣性,根据幼儿年龄特点,把教育过程游戏化,根据故事场景我预设让幼儿模仿动物角色、捉迷藏游戏、角色对话表演等,从而激发幼儿主动参与教学活动中。

三、创设体验式情境法,引发幼儿语言表达的主动性

体验式情境法是教师创设情境,通过图片信息、声音和情感交流等多种途径,使幼儿通过五官等感觉器官激活自己身体行为直接感知事物,在不断的"体验"中获得知识,发展能力,让幼儿在感受、理解、领悟、欣赏等无拘无束的自然状态下学习。体验式情境法更注重幼儿对过程的主体性体验。根据小班幼儿的思维具有具体形象的特点,对色彩鲜艳、富有儿童情趣的事物产生兴趣。幼儿在轻松自然的情境和气氛中,感受体验各种美的事物,从而产生积极的态度,调动幼儿内在的学习动力。因此在绘本教学活动中,根据教学内容创设相适应的形象生动的情境,让幼儿去感受体验绘本作品中的美的形象、美的意境。

（一）模仿情境法——激发幼儿语言表达的愿望

模拟情境法指创设一个可供模拟的特定情境,使幼儿产生模仿、学习的愿望和行动,是激发幼儿学习的自觉性、积极性和主动性的一种方法。教师利用小班幼儿言语、思维和行动带有好模仿、重复的特点,让幼儿在所创设的情境中进行模仿、扮演,激发幼儿听说的自觉性、主动性和积极性。

教学片断一:

教师运用 PPT 引出故事中的主角:小黄鸡和小黑鸡。

师:叽叽叽,叽叽叽……来了一对相亲相爱的好朋友,你们看是谁呀?

幼1:是小鸡。

师:它们长得一样吗? 哪里不一样?

幼2:不一样。

幼3:一只小鸡黄的,一只小鸡是黑的。

师:黄色的那只叫小黄鸡,黑色的那只叫小黑鸡。我们和小黄鸡、小黑鸡打个招呼吧。你好! 小黄鸡。你好! 小黑鸡。

幼儿们非常兴奋,大声地和小黄鸡、小黑鸡打招呼:"你好! 小黄鸡。你好! 小黑鸡。"有的幼儿不时摇摆着小手热情地打招呼。有个别幼儿还用英语说:"Hello……"

教学片断二:

教师播放 PPT:小黄鸡和小黑鸡高高兴兴地来到了草地上。

师:它们在干什么呀?

幼1:有许多毛毛虫。

幼2:它们在捉虫子。

师:它们在哪里捉虫子?

幼3:它们在草地上捉虫吃。

师:"叽叽叽",宝贝们让我们和它们一起来捉捉虫吧!

幼儿们一拥而上,两只小手学着小鸡的尖尖嘴,一边学小鸡叫,一边找虫子吃。还不时地说:"这里有虫子,叽叽叽……"他们非常投入角色,仿佛自己就是那只小鸡。

分析:

小班幼儿爱模仿,常把周围的一切都看成是有生命的、有灵性的存在。我运用模仿情境法,提供让幼儿参与观察、讲述故事的 PPT 图片和具体形象的小黄鸡和小黑鸡的动物表演头饰、道具及背景等,为幼儿创设了具有一定语言仿"真"情境,让幼儿认识故事中的两个角色(小黄鸡和小黑鸡),和小黄鸡、小黑鸡相互打招呼的对话及各自动作的情境来激发幼儿交流互动的兴趣,这些在观察条件下的模仿过程,使幼儿对表达时的语气、动作、表情等有了更深入的感知,从而培养了他们初步具有与同伴交流的习惯和技能。活动中幼儿乐于描述和模仿书中动物的动作,愉快主动地参与活动,激发幼儿学说话的愿望。

（二）游戏情境法——推动幼儿语言发展的进程

游戏情境法是教师创设具有一定情绪色彩的、形象生动具体的游戏场景,以游戏为方式,来激活幼儿思维,发展幼儿口语交流能力。针对小班幼儿活泼好动的特点,在本次活动中预设孩子们喜欢的"捉迷藏"游戏。创设一个"说"的环境,让幼儿在有趣的情境中发挥主动性,在游戏中练习说。

教学片断三：

师：小黄鸡和小黑鸡在玩捉迷藏的游戏。

（1）第一次捉迷藏

师：看看谁在找？谁在躲？

孩子们迫不及待地大声叫了起来。

幼1：幼儿指着小黄鸡说道：它在找。

幼2：小黑鸡躲起来。

师：它是谁？谁在找？

幼1：小黄鸡在找。

师：你怎么知道的？你从哪里看出来的？

幼3：它戴了个眼罩。

师：你的小眼睛真亮！小黄鸡用一根长长的布把眼睛都蒙起来了。

那小黑鸡呢？它在干什么？

幼4：小黑鸡躲起来了。

幼5：小黑鸡躲到大树后面去了。

师：原来小黑鸡躲在了大树的后面。小黄鸡可着急啦,它蒙着眼睛对小黑鸡说："小黑鸡小黑鸡,你躲好了吗？"我们一起叫叫它："小黑鸡小黑鸡,你躲好了吗？"

幼儿们蒙着眼睛学着问："小黑鸡小黑鸡,你躲好了吗？""你躲好了吗？"有个别幼儿偷偷把小手分开偷看……

（2）第二次捉迷藏

师：我们一起来玩捉迷藏的游戏吧。等一会我们每一个人选一个头饰。你们做小黑鸡,我来做小黄鸡。小黑鸡们看看草地上有什么？

幼儿们：有大树、石头、花丛……

师：这里有大树、石头、花丛和房子。等一会儿，小黑鸡去躲起来，我（小黄鸡）来找。被我找到的小黑鸡都要说，刚才你躲在哪里。我们开始游戏吧。

幼儿们迫不及待地戴好头饰，眼睛四处打量，似乎在盘算着躲着哪里。

师：我是小黄鸡，我先蒙起眼睛。小黑鸡们快去躲起来吧。刚说完，孩子们就迫不及待地躲起来。刚才还人声鼎沸，现在草地上一下子安静了。我转过身问道："小黑鸡小黑鸡，你躲好了吗？"我还故作疑惑地问道："小黑鸡躲在了哪里？"小房子那边传来嬉笑声。我闻声而去："找到了！小黑鸡们快出来吧！我找到你们了！"孩子们开心地咯咯咯笑了起来。我拉着小黑鸡的手说："小黑鸡，你们躲在哪里啊？"小黑鸡们说："房子后面。"

说完孩子们又是一片笑声。

师：我们一起再去找其他小黑鸡吧。这下他们非常起劲。在这里……我连忙走了过去来到了小树边说道："小黑鸡找到你们了。你们躲在哪里啊？"

五只小黑鸡笑着说："在大树后面……"

（3）第三次捉迷藏

师：捉迷藏游戏真好玩。我们一起把捉迷藏的游戏场景重新布置一下。比如可以把大树放在一起变成树林。你们看哦，除了小树林还有哪里可以躲？我已经想到了，可以躲在……还可以……这一次被我找到的小黑鸡要大声地说出你躲在哪里，要把话说完整。还没等我说完孩子们就飞快地躲了起来。我看到有的孩子在我的提示下躲到了其他地方。

师："小黑鸡，小黑鸡，你躲好了吗？这次躲在了哪里呀？"

树林里传来"嘘！嘘！"的声音。

师：我走到树林边问道："小黑鸡，找到你们啦。这次你们躲在了哪里呀？"

幼儿们：我们躲在小树林里。

师：我们一起去找一找，其他的小黑鸡躲到哪里去了？

师和幼儿又来到了小黑板边。

师：找到了。小黑鸡快出来吧。告诉大家你们躲在哪里？

幼儿们：我们在这里。

师：这是什么呀？

幼儿们：大黑板后面。

师：那你们躲在……

幼儿们：我们躲在大黑板后面。

师：小黄鸡和小黑鸡玩得可高兴了⋯⋯

分析：

根据小班幼儿的年龄特点，预设了游戏角色小黄鸡和小黑鸡，并贯穿游戏始终，通过"看一看、藏一藏、找一找、说一说"，通过让幼儿观察图片，在倾听中了解游戏规则，与孩子们一起玩捉迷藏的游戏，教师扮演小黄鸡，通过"小黑鸡小黑鸡，你躲好了吗？""你躲在哪里呀？"等语言引导幼儿进入游戏情境，利用道具让小黑鸡藏起来。教师创设了有利于激发幼儿积极性的游戏情境，情境游戏化的语言提示让幼儿感受到了游戏的趣味，推动了游戏的进程，让幼儿在游戏情境中发挥了主动性，以游戏为方式，来激活幼儿思维，在与教师（小黄鸡）的相互交流中，幼儿在游戏中大胆讲话，学说比较连贯、完整的句子。

（三）角色表演情境法——发展幼儿对话语言

角色表演是在情境化的游戏环境中，幼儿通过扮演角色，使用玩具和道具展开对话和表演，运用模仿和想象，在扮演过程中的角色对话来锻炼幼儿的语言表达能力。

教学片断四：

第一次捉迷藏

师：小黄鸡和小黑鸡在玩捉迷藏的游戏。小黄鸡可着急啦，它蒙着眼睛对小黑鸡说："小黑鸡小黑鸡，你躲好了吗？"我们一起叫叫它："小黑鸡小黑鸡，你躲好了吗？"

幼儿们蒙着眼睛学着问："小黑鸡小黑鸡，你躲好了吗？""你躲好了吗？"有个别幼儿偷偷把小手分开偷看⋯⋯

第二次捉迷藏

师："小黑鸡躲在了哪里？"小房子那边传来嬉笑声。我闻声而去，"找到了！小黑鸡们快出来吧！我找到你们了！"

孩子们开心地咯咯咯笑了起来。

我拉着小黑鸡的手说："小黑鸡，你们躲在哪里啊？"

小黑鸡们高兴地说："房子后面。"

第三次捉迷藏

师：我找到你啦。你们躲在哪里啊？

小黑鸡笑着说："我躲在大树后面。""我躲在房子后面。""我躲在黑板后面。"

教学片段五：

师：轰隆隆。怎么了？（播放打雷的声音和图片）

幼儿们：是打雷了……下大雨啦。

师："呜呜……我怕，我怕。"小黄鸡听到打雷的声音吓哭了。看到小黄鸡被吓哭了，小黑鸡们，你会怎么做呢？

幼儿们开始议论起来：找个地方躲起来呀……快点回家呀……

幼1：我来抱抱你吧。

师：我来做小黄鸡，请你们来做小黑鸡（小朋友），一起来安慰小黄鸡。小黑鸡会怎么样说、怎么做呢？

幼2：不要怕！用小手把耳朵捂起来。

幼3：找个锅子放在头上，就听不到打雷的声音啦。

幼4：我来给你唱歌。

幼5：我会唱英文歌曲 ABCD……你就不害怕了

……

分析：

幼儿言语能力的差异，能力强的幼儿积极主动参与，愿意大胆尝试表演角色，能力弱的幼儿在一旁观望和勉强讲几句话。《小黄鸡和小黑鸡》故事情节生动，并且故事中角色间有重复的语言，易于能力弱的孩子模仿角色间的对话，通过分角色教师扮演小黄鸡，幼儿扮演小黑鸡，幼儿戴上动物的头饰进行角色表演进行对话表演。例如小黄鸡和小黑鸡在玩捉迷藏游戏中的语言对话："小黑鸡，你们躲在哪里啊？""我躲在大树后面。""我躲在房子后面。"……语言的发展是在反复练习、不断校正、逐步规范的过程。故事中小动物们你一句我一句的有趣对话为小班幼儿提供大量的规范口语练习的机会。而对于能力强的幼儿，通过为小黑鸡想办法安慰被打雷吓哭的小黄鸡环节中，两只小鸡的对话幼儿都参与其中，从而促使幼儿言语能力得到提高。在活动过程中注重激发幼儿主动参与活动的热情，整个活动中充满童趣，在说说演演中体验小黄鸡和小黑鸡互相帮助的语言。

通过故事角色表演、简单的对话，幼儿亲身体验了故事的情节内容，加深了幼儿对故事的理解，激发了幼儿学习对话语言的主动性和积极性。幼儿学起来轻松愉快，语言表达更流畅和完整。

四、问题情境法，引导幼儿自主表达语言

问题情境是指以语言方式，通过形象的描述而提出问题，或以活动方式设置、模拟一定环境而提出问题,提出的问题与形象、情境相联系,使幼儿有如临其境的逼真感。

(一)借助故事情节,创设问题情境,引发幼儿探索思维

爱听故事是幼儿的天性,教师可根据教材特点和幼儿实际,借助幼儿喜爱的故事来吸引他们的注意力,加深幼儿对故事的理解。绘本作品中,小黄鸡和小黑鸡喜欢玩的捉迷藏游戏、所经历的问题和困难——避雨和害怕打雷,就如幼儿园中的小朋友。整个活动始终以幼儿的生活经验为依托,我运用 PPT 多媒体教学手段通过"层层递进"一系列问题情境,引导孩子们一步步去探寻。例如在讲述两只小鸡一起玩耍时,小黄鸡和小黑鸡要来做游戏了,玩什么呢?哦!原来它们在玩捉迷藏的游戏。谁在找?谁在躲?通过预设重点提问,让幼儿观察图片,初步了解捉迷藏的游戏规则。在两只小鸡遇到困难(如何避雨)的问题时,通过重点提问"小黄鸡和小黑鸡要淋湿了怎么办呀?快来帮忙想想办法。你想到什么好办法啦?"引发幼儿思考联系自身生活经验来解决问题。这一连串的问题情境使孩子们的高度沉浸在教学活动中,这些问题引导着孩子一步一步走向文学作品内容的深处。

(二)利用认知冲突,创设问题情境,激励幼儿主动思维

此外还可以根据幼儿的心理特征,抓住时机创设问题情境,使新旧知识之间的矛盾,构成幼儿认识活动的内部矛盾,形成强烈的解决问题的内部动机,大大激发其内在的学习动机,激起求知欲和好奇心,从而有效地调动幼儿思维活动的积极性。一旦幼儿的问题得到了解答,认知不平衡引起的紧张感就会解除,由此带来的轻松、愉悦和满足的情绪体验会对认知动机起到强化作用,使学习动机稳固,幼儿就会真正充当起学习主体的角色,变"要我学"为"我要学",提高学习语言的主动性。

情境化学习模式的创设和运用可以在活动过程中引起幼儿的直接注意,引起幼儿的情绪高涨,引起其积极的情感体验,能有利于幼儿活动动机的增强与认识的内化和强化,产生愉快的学习情绪,提高幼儿学习语言的主动性,发展幼儿的思维能力。作为教师,我会在今后的绘本教学中不断挖掘幼儿的学习潜力,创造适宜的情境,使幼儿在情景交融之中愉快地主动探索和学习,提高语言的表达能力。

参考文献

1. 李帆.幼儿家庭常规和学习品质的关系研究[D]. 首都师范大学硕士学位论文，2011,5.

2. 周国红.关于农村幼儿探索性学习活动的研究与思考[DB/OL].http://www.eduzha i.net/ youer/357/416/youer_145005.html.

3. 朱文华.开展情境教学提升幼儿学习品质[J].中国教育技术装备,2011,(34).

4. 庄甜甜、郭力平. 对美国早期儿童学习标准中"学习品质"领域的分析研究[J].早期教育,2012,(2).

5. 李季湄、冯晓霞.《3～6 儿童学习与发展指南》解读[M].北京：人民教育出版社.2013.3.

6. 上海市教委教研室.幼儿园探索型主题活动实施与案例. 上海科技教育出版社.2001.6.

7. 许卓娅.幼儿园音乐游戏中培养幼儿的学习品质的培养. 2011.4.http://www.docin.com/p－792427748.html.

8. 鄢超云.学习品质：美国儿童入学准备的一个新领域.2009.2 .http://www.docin.com/p－1313308460.html.

9. 李帆.幼儿家庭常规和学习品质的关系研究.首都师范大学.2011,(3).

10. 上海市教委教研室.幼儿园探索型主题活动实施与案例.上海科技教育出版社.2001 年 6 月.

11. 教育部《幼儿园教育指导纲要(试行)》.幼儿教育.2001 年第 9 期.

12. 上海市学前教育课程指南(征求意见稿).上海教育出版社.2002 年 8 月.

13. 倪冰如、赵赫.幼教改革新探.上海教育出版社.1997 年 8 月.

14. 上海市学前教育课程指南(征求意见稿).上海教育出版社.2002 年 8 月.

15. 刘占兰.教师因材施教的策略.学前教育.1999 年第 11 期.

后 记

近年来,我园在"探索、创新、发展"的办园理念引领下,围绕"幼儿园课程建设中'家长授课'模式的实践与研究""探索型主题活动中提升幼儿学习品质的研究""户外活动中保育支持行为的案例研究"等课题,在家园合作、教育教学、保育护理等保教工作领域开展了扎实有效的实践与研究,积累了丰富的案例,形成了有效的经验。

在课题研究的带动下,我们全园教师在实践中思考,在思考中完善,牢牢把握各种教育契机,不断优化自身的教育行为,使我园保教工作内涵质量不断提升。

由于我们水平有限,研究中还存在很多不足,希望各位领导、专家和同行在分享我们成果的同时,予以批评指正。

我们的研究得到了上海市教科院普教所黄娟娟老师,中国学前教育研究会幼儿健康专业委员会副主任姚蓓喜老师,上海市浦东新区教育发展研究院孙永青老师、徐婵娟老师、上海市浦东新区儿童保健所朱菊芳老师、王正刚老师,浦东新区教育局第四教育署领导的指导与帮助。在本书出版的过程中,我们还得到了文化学者陈家昌老师及文汇出版社编辑老师的大力支持与关心,在此一并表示感谢!

本书编委会

2018 年 6 月

丛书主编 朱幸嫣

你探索我支持

现代幼儿园保教工作实践与研究

现代幼儿园保育工作新实践

本册主编 叶 君

文汇出版社

图书在版编目(CIP)数据

现代幼儿园保育工作新实践 / 叶君主编. —上海：
文汇出版社，2018.9
（你探索，我支持：现代幼儿园保教工作实践与研
究 / 朱幸嫣主编）
ISBN 978 - 7 - 5496 - 2697 - 7

Ⅰ.①现… Ⅱ.①叶… Ⅲ.①幼儿园－工作 Ⅳ.
①G617

中国版本图书馆 CIP 数据核字(2018)第 184154 号

"你探索,我支持——现代幼儿园保教工作实践与研究"丛书

现代幼儿园保育工作新实践

丛书主编 / 朱幸嫣
本册主编 / 叶　君

责任编辑 / 张　涛
特约编辑 / 周春梅
封面装帧 / 梁业礼

出版发行 / 文匯出版社
　　　　　上海市威海路 755 号
　　　　　（邮政编码 200041）
经　　销 / 全国新华书店
排　　版 / 南京展望文化发展有限公司
印刷装订 / 上海天地海设计印刷有限公司
版　　次 / 2018 年 9 月第 1 版
印　　次 / 2018 年 9 月第 1 次印刷
开　　本 / 787×1092　1/16
字　　数 / 880 千字
印　　张 / 49.5

ISBN 978 - 7 - 5496 - 2697 - 7
定　　价 / 108.00 元(全三册)

丛书编委会

主　　编：朱辛嫣

编　　委：殷雪梅　潘翠林　叶君　倪菊　张红
　　　　　顾燕菁　施敏　关季红　马晓华　徐敏红
　　　　　陈誉超　赵霞萍　陆丽莉

有效的探索,给力的支持

(代序)

陈家昌

北蔡幼儿园,是上海浦东一所历史悠久、文化底蕴深厚的幼儿园。浦东开发开放以来,随着导入人口急剧增加,北蔡社区人口的结构也发生了一系列深刻的变化。为了满足周边社区居民对于优质学前教育资源的旺盛需求,幼儿园领导班子带领全体教师,在先进的办园理念指导下,通过环境创设、课程建设、家园共育等形式,在促进教师专业发展的同时,持续提升保教质量,得到社会的广泛认可和赞誉,学校不仅于2004年被评为上海市一级园,并且于2016年成功通过浦东新区示范幼儿园评审,成为浦东乃至上海市优质学前教育资源的一个有机组成部分。

由于办学绩效显著,在各级领导的支持下,北蔡幼儿园办学规模不断扩大,迄今已形成一园三部的格局,成为一所周边社区居民首选的幼儿园。我曾应邀多次到北蔡幼儿园观摩考察,做学术报告。我感觉,每一次进入北蔡幼儿园,都会被一种新鲜的东西所吸引,都会感受到这所幼儿园苟日新、日日新的变化与发展,都会意识到这里的教师正走在专业发展的正道上。

此刻,我手里捧着厚厚的一沓书稿,这是北蔡幼儿园全体教师花了数年时间研究和撰写的《你探索,我支持——现代幼儿园保教工作实践与研究》丛书书稿。这套丛书共三本:第一本是由园长朱幸嫣等撰写的《现代幼儿园家长工作新探索》,其内容包括两个方面,一是介绍北蔡幼儿园长期以来坚持实施的"家长授课"的一般操作程序及其方式方法;二是对具有北蔡特点的家园共育工作的思考与研究。第二本是由潘翠林老师等撰写的《现代幼儿园学习活动新解读》,其内容分为两个部分,一是主题活动中培养幼儿积极学习方式的研究;二是探索型主题活动中提升幼儿学习品质的研究。第三本是由保健老师叶君等撰写的《现代幼儿园保育工作新实践》,其内容包括三个方面,一是现代幼儿园保育管理工作的思考;二是具有北蔡幼儿园特点的幼儿园保育实务工作案例;三是幼儿园保育工作中的新支持。

认真研读这部丛书稿,我的内心感慨良多。首先,这部书稿的容量很大,从家教指导、幼儿园教学活动到保育保健,涉及的面很广,这就给读者以较大的借鉴空间,为学前教育界的探索研究,提供了宝贵的资料。其次,一般而言,这样的书读起来会比较枯燥,但由于这套书的作者都是学前教育一线的实际工作者,她们写的案例,都是自己在实际工作中亲身经历的事件,因此显得活泼清新,加上文字比较简朴生动,增强了这套丛书的可读性。第三,从这套丛书的内容来看,其表达的主要是两层意思,一方面是幼儿、教师、幼儿家长,在教育和被教育过程中寻找有效性的探索;另一方面,则是幼儿园对这些探索的全方位支持。从而,凸显了丛书的书名——"你探索,我支持",同时也告诉读者一个深刻的道理:要想探索取得成功,必须加强对探索的支持。这也是值得学前教育界借鉴和学习的。

今天,凝聚着北蔡幼儿园全体教师智慧与心血的《你探索,我支持——现代幼儿园保教工作实践与研究》丛书即将杀青付梓,正式出版。作为始终关注这所幼儿园成长与发展的教育工作者,我在此谨向她们表示诚挚的祝贺和敬意。

北蔡幼儿园的老师不是理论家,但是,她们却切切实实在学前教育的第一线认真探究如何开展家庭教育指导,如何利用家长资源帮助幼儿园做好家教指导工作;她们根据幼儿年龄和认知发展特点,按照幼儿最近发展区的心理需求,根据园本课程建设方案,精心设计活动,并尝试性地在小、中、大班实施教学,取得了非常好的成果。她们的实践成果,得到有关专家、同行与幼儿家长的好评与赞誉。作为一所区级示范园,她们的研究成果正在向社会广泛辐射,使她们的研究产生更大的价值。

当然,如果从更高要求来看,这部丛书书稿,或者说北蔡幼儿园的实践与探索,肯定还存在不少困惑与不足。她们的探索还不能说已经臻于完成。但是,我想她们既然选择了正确的道路,并坚持探索下去,持之以恒,扎扎实实推进,那么北蔡幼儿园必将走得更远,走得更好,其前景将更加光辉灿烂。

(作者系文化学者、《论语导读》作者、上海甲辰传统文化教育服务中心理事长、上海浦东当代好课堂教育发展中心名誉理事长)

目　录

第一部分　现代幼儿园保育工作实践与思考

现代幼儿园保育管理工作的实践与思考

现代幼儿园保育队伍建设的实践与思考

现代幼儿园保育环境创设的实践与思考

现代幼儿园保育支持行为的实践与思考

第二部分　现代幼儿园保育工作案例精选

第三部分　现代幼儿园保育工作创新设计与实践

第一部分

现代幼儿园保育工作实践与思考

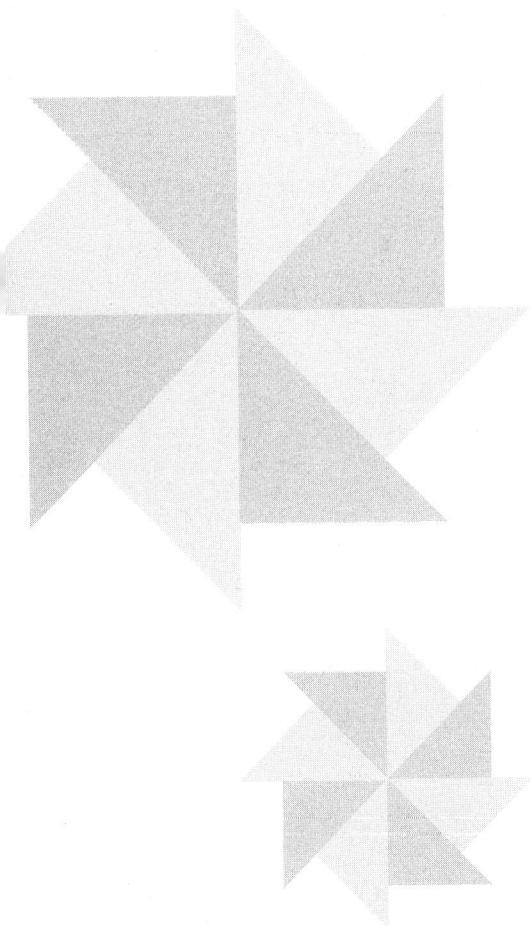

关于构建幼儿园保育管理支持链的实践与思考

朱幸嫣

幼儿的年龄特点决定了幼儿园中保育与教育一样有着同等重要的地位,因此,保教结合,教养并重,是幼儿园工作的显著特点。尤其是二期课改提出的"一日活动均是教育"的理念,更是把保育工作推向了教育的前沿。"今天怎样做好保育管理工作"成为园长需要重点思考和解答的问题。

保育工作涉及园内各条线、各岗位,是与幼儿身心健康直接相关的重要工作内容。经过研究,我园明确以"主动保育,适度支持"为核心理念,以构建保育支持链为目标,充分挖掘园内外各方资源,形成保育合力,提升保育质量。

为此,我们以学习转观念、实践求规范、研究促效益三管齐下,通过制度保障、人文关怀和专业提高等多种方式来促进保育工作质量的提升。

一、提供多维支持,形成多部制、一体化的保育管理系统

(一) 梳理管理架构,提供组织支持

我们根据幼儿园保教结合的工作特点,结合我园一园多校区的特点,对全园的保育管理流程和环节进行了总体规划和具体安排。我园的保育管理工作由园长总负责,行政主任协助管理,各部负责人全面负责本部保育工作的管理,各部保健员负责本部保育工作的具体实施,形成了覆盖各校区的保育管理网络。同时,明确各岗位职责权限范围,大家各司其职,相互配合,确保了园内保育工作的有序开展。

（二）明确职责规范，提供制度支持

为了保证保育工作的组织和落实，我们根据幼儿园工作的要求，对每个岗位设定了相应的工作职责，建立了比较完整的、适合幼儿园实际的一系列保育管理工作制度，如涉及保育管理各岗位的工作职责、各岗位考核制度等。在制度规范的引领下，保育管理及工作人员职责分明，工作规范。同时，根据我园一园多址的实际情况，我们对部分岗位的权限进行了调整。比如，保健员在我园承担着保育管理的主要职责，我们就对保健员的工作职责进行了调整，赋予其一定的经费管理权与人事安排权，为其开展管理工作创造条件。

（三）调整奖惩措施，提供经费支持

根据幼儿园的实际情况，我们不断提升保育工作人员的福利薪酬，完善和修订相关发放标准，如针对我园后勤队伍中 80％是外聘人员，流动性大的问题，修订了《聘用工薪酬分发方案》《聘用工考核方案》等文本，改变了以前仅仅按职称划分工资的做法，以职级水平确定基本工资，以考评结果调整工资，增设全勤奖、园龄津贴、办学成本补贴、超班额补贴等项目，向在岗位上做出实绩的教工倾斜，鼓励良性竞争，激励先进，使聘用人员能安心工作。为了优化队伍，我们还鼓励聘用人员培训提高，规定了考证奖励。凡获得高一级证书的教工除培训费报销外，还增加工资予以奖励。

二、提供深度支持，形成研究型、专业化的保育质量保障机制

（一）强化专业培训，不断提高保育工作水平

为了确保保育工作融合与渗透在幼儿园一日生活的各个环节之中，提高保育工作人员的专业服务水平，我们从学习培训着手，坚持开展保育研究工作，确保保育工作质量。我们坚持园长深入指导，后勤大组长协调安排，各部负责人组织落实，保健员具体操作，积极运用制度保障操作规范，通过带教提升操作规范，实施奖励鼓励操作规范，全面提升了后勤人员的规范意识和规范操作的能力，促进了后勤队伍的规范化和专业化。

比如，园长每月参与保健工作的研究与指导，与后勤组长、保健员一起商讨保育管理工作，并参与督查；每两周一次开展专门的保育业务学习与培训，接受最新的保育工作信息；邀请儿保所的专家来园指导保健业务，现场评析保育护理工作；组织三个校区之间的互查活动，及时发现保育工作中的问题，围绕问题进行研讨，寻找对策，并开展跟进式的研究；开展保育工作规范评比活动，以保育员一日操作中的各环节为主要内容，进行全员性的操作规范竞赛，进一步促使保育工作人员掌握规范操作的技

能,保证工作质量。

我们根据后勤人员的不同特点,开展了有针对性的培训活动,促进三大员专业素养的提升。比如,对新进保育员,我们以保育员一日工作要求为主要内容,以师徒带教形式,与老保育员结对,开展常规工作跟教活动,使新入人员能较快地适应岗位工作的要求。对后勤人员中的年轻人员和骨干人员,我们提供外出学习的机会,让她们走出幼儿园,去市内保育工作做得较为出色的示范园参观学习。同时,我们请这些骨干发挥作用,开展带教结对工作,为她们建立带教档案,通过实地带教、异地实践等多种方式进行园内的辐射和引领。

(二) 注重实践思考,切实开展保育研究工作

我园长期开展与教研同等重要的"保研"活动。为了进一步提高幼儿园保育工作的质量,我们积极开展保育保健课题研究。近两年来,我们先后开展了《关于 3～6 岁幼儿饮食行为、卫生习惯的调查报告及研究》《幼儿龋齿及其家庭口腔卫生教育的实验研究》等相关的课题研究,总结了一定的经验。比如,《幼儿龋齿及其家庭口腔卫生教育的实验研究》就我园幼儿的龋齿情况的现状和相应家庭口腔卫生教育的现状做了调查分析,找到了问题的症结所在,采取了积极的措施,用科学的方法向家长就有关龋齿发生的情况做了科学的宣传,并寻求相关的医疗机构来园检查矫治,降低了幼儿龋齿的发生率,得到了家长的一致肯定。同样《关于 3～6 岁幼儿饮食行为、卫生习惯的调查报告及研究》也是运用向老师、家长发放问卷的方式,在对真实数据的分析基础上总结经验,探寻培养幼儿饮食行为、卫生习惯的好方法,使我们的保育工作效果有了实质性的提高。

我们还经常开展三部之间的互动活动,既使园内各部之间增进了交流,也使各部的工作特色得以展示,更重要的是能在其中找到需要研究的问题,使保育护理工作更富有实效。

比如,我们针对户外活动环节中的保育护理和安全管理进行了专项研究,开展了《户外活动中保育支持行为的案例研究》这一市普教所基地课题,由园长、行政主任、各部负责人和后勤大组长牵头,组织各部保健员参与三个部的户外活动,进行现场观察和保育工作质量评定。我们以"主动保育,适度支持"这一核心概念为指导思想,分别对三部的实施情况进行分析,归结优势和不足,商讨调整方法。各部保健员带着这些设想,回本部带领相关人员开展研究,确定具体整改措施,并将其作为下阶段工作的方向,在实践中加以落实。一阶段后,再进行回访,了解措施的实际效果,并在此基础上发现新

的研究问题。同时,各岗位人员撰写相关案例,总结工作经验,归结相关保育支持行为。

研究工作对后勤人员来说可能是一个有难度的工作,但是我们已经看到了它对幼儿园的教育工作、对幼儿的发展起到的支持和促进作用,我们将继续深入研究,扎实推进,以研究来切实提高保育工作的质量。

(三) 整合家长资源,建立保育质量监测评价机制

幼儿园保育工作的服务对象是广大的家长与幼儿,为了使服务对象能更了解和支持保育工作,使我园的保育质量不断提升,我们鼓励家长积极参与幼儿园的保育管理工作,通过建立家长监测评价机制来确保工作的实效。比如,我们通过发放调查问卷,了解家长对保育工作的关注热点,并认真地分析家长的意见和建议,结合幼儿园的工作要求,确定保育工作重点,列出"营养膳食"、"安全防病"、"消毒隔离"三大块工作作为监测点,并由园方拟订监测评价指标和流程,报家委会审议通过。我们邀请家长代表自主选择参与管理的项目,成立保育质量监测评价小组。然后,各部轮流开放,请监测小组家长全方位、全过程地了解幼儿园的保育护理各方面工作。由各部负责人带队,监测小组进行现场勘查,查阅资料,相关工作人员进行现场操作、演示和介绍。然后由园长组织座谈,听取监测小组的反馈意见,并接受询问,现场解答。最后请家长监测评价小组填写评定表和反馈意见表。随后,由园长会同相关负责人对监测小组的评价结果进行汇总和分析,将整个过程和监测评价的结果向全园家长进行公示。

家长保育质量监测评价小组的介入,使家长能更深入地了解到幼儿园保育管理工作的情况,进一步理解和支持我们的工作,也使我们自己能更全面地了解到我园保育管理工作的实际情况和实施效果。

我们还在每学期的全园家长问卷中,增加保育工作的评价指标,广泛收集第一手的评价信息,与专项的监测评价活动情况相结合,及时发现自身的优势,找到突出的问题,并将这些问题带入保育研究活动中作进一步的讨论和研究,为保育管理的后续工作奠定基础。

保育管理工作相比教育教学工作而言,显得平凡而细碎,但是,正是这看似平常的工作却关系到师生的身心健康,关系到幼儿园的长远发展。园内对于保育工作的管理支持使得各条线和各岗位的配合更加默契,促进工作人员立足本岗,为幼儿和家长提供更好的服务与更适宜的支持,形成多方合力,共同保障幼儿的身心健康。

我们将在以后的工作中继续思考和探索,进一步寻求实施保育管理的好方法,努力构建和完善保育管理支持链,以此来促进办园质量的全面提升。

幼儿园保育管理工作初探

张 红

《幼儿园工作规程》明确指出：幼儿园的任务是坚持保育与教育相结合的原则，对幼儿实施体、智、德、美诸方面全面发展的教育，促进其身心和谐发展。

随着"幼儿生活即课程"的课程观逐步确立，人们对保育工作的内涵认识不断深化。保育工作更关注如何照顾好幼儿一日的起居饮食，提高幼儿的生活质量，更重视关注幼儿的情绪和需要，养成幼儿健康的行为习惯，形成积极、合理的生活态度和生活方式。由此可见，保育和教育在幼儿园具有同等重要的地位，而提高保育人员的专业水平则是幼儿园管理工作中的重要内容。

在具体实施的过程中，我们尝试采取以下措施，不断推进保育工作的规范化、标准化和科学化。

一、计划先行，标准明确

为了确保保育工作的有效实施，我们首先从管理、保障机制入手，为保育工作有序运行打下基础。每学期，各部保教主任和保健老师针对本部保育工作的实际情况和优、弱势进行了分析，以优势互补、改进弱势为目的，围绕保育基础工作、三大员培训学习、规范操作等方面，制定保育工作实施计划，明确学期保育工作的重点，有序推进保育工作的开展。如莲园部都是新小班，针对这一特点，把如何帮助小班幼儿适应环境、熟悉一日生活起居饮食、养成良好生活习惯作为学期工作重点；总部主要是中班和大班，孩子们已经有了一定的生活行为习惯，研究重点就和保育课题相结合，主要围绕"主动保育，适度支持"展开；而五星部小班、中班、大班兼有，如何兼顾不同年龄段幼儿特点，均衡做好保育护理则成为研究之重。在计划制定的同时，我们围绕放置物品、用具，幼儿进餐，幼儿午睡，教室、活动室环境卫生，杯子、桌面消毒清洁五个方面制定了保育员工作标准，便于保育员在每日操作的过程中对照执行，有效保障了保育工作的落实。

二、立足园本，建立规范

幼儿生长发育的特点决定了幼儿园保育工作必须是全面的、多元的、与日常工作相融合的。在幼儿园一日活动中，保育员工作琐碎而又繁杂。为了使保育员明确工作任务，减少忙乱现象，我们根据幼儿园一日活动安排表，对保育员的工作时间和工作内容进行了合理的安排，拟订保育员一日操作细则，建立一日工作规范。对照一日活动安排时间表中的不同课程领域，明细保育员工作职责和规范，及时把生活活动中的保育和学习活动中的保育、活动室环境和包干区环境、点心午餐护理和餐具毛巾消毒等内容进行有机的整合。一日工作常规不仅仅能让保育员搞好清洁卫生和照顾好孩子的生活，还能及时配合老师组织好教育活动，在一日活动中随时注意对孩子进行思想品德教育和良好生活习惯培养。

三、保教配合，细化流程

在幼儿一日活动中，教师和保育员承担着保育教导的主要任务，每个年龄段、每个班级都有各自的特点，在日常工作中，更需要管理者、教师和保育员三者之间的密切配合，并在工作实践中不断改进，逐步形成适合本部本班的生活护理规范和良好的操作程序，不断细化和完善保育操作细则。

新学期，总有不少新的变化，如孩子们的生活学习环境、一日作息时间等，这些都对保育员的操作规范和工作流程带来新的挑战。为确保各部各班尽快熟悉规范一日保教工作，我们尝试采取以下六步法，帮助教师和保育员建立良好的生活常规，保障教育教学工作的有序开展。

第一步：集中布置，分层落实。首先，学期初，园长会在行政会议和保健会议上明确本学期各部门各条线需要调整关注的保育工作重点。然后，由各部保教和保健人员传达至每位教师和保育员，人人做到心中有数，目标明确。

第二步：实践巡视，了解现状。教师和保育员在明确一日作息制度的基础上积极开展为期一周的实践，并把一日操作各环节中遇到的问题进行收集。同时行政和保健老师加强对各班各环节的巡视，对入园、吃点心、课间活动、午餐、午睡等一日生活各环节中的幼儿保育工作进行观察，及时发现并记录一日环节操作中的亮点和不足，聆听教师和保育员对环节操作的建议和想法。

第三步：头脑风暴，集中焦点。分别召开年龄段教师会议、保育员会议，鼓励大家把自己的做法和问题抛出来,确保信息的互通。过程中大家积极发言,共同分享实践经验,共同制定改进措施,做到个性问题个别解决,共性问题集体讨论。如对于点心活动的组织,既探讨点心环节保教人员的配合和站位,又探究如何指导幼儿的点心。又如活动室和点心环节之间的衔接,保教人员如何配合等。

第四步:自我剖析,互补实践。面对过程中出现的问题,我们先鼓励各班教师和保育员对照操作规范先反思自己的操作行为,以确保幼儿良好生活习惯形成为前提,同时结合头脑风暴中大家提出的合理建议和做法,对自身不合理的操作行为和工作流程进行调整和改进,在实践中进一步完善保育操作规范流程。

第五步:三方会诊,细则完善。经过了多次的实践和操作,发现有些问题各班能自行解决,还有些问题需要行政、保教、保健员三方进一步的商榷整理,不断细化操作细则,并在此基础上形成调整方案。如针对总部中班早上来园—9:00时间段中涉及来园接待、生活活动、游戏活动或分室活动内容比较多的现状,出现了教师在点心环节开始的时间点选择上随意性较大,造成有的游戏时间不保证、有的点心环节幼儿拥挤或者幼儿等待现象严重等问题。针对这一现象在确保游戏时间的前提下,我们把点心时间统一定在8:40,各班可以根据本班今天的课程内容安排执行。也就是说8:40之前保育员已经做好了幼儿点心前的一切准备,如做好餐桌消毒,准备好牛奶、饼干、杯子和毛巾,8:40开始一部分幼儿可以进行盥洗和点心,这时保育员就要和教师一起做好幼儿点心的护理和指导工作,如观察幼儿有没有自己独立倒牛奶? 牛奶倒得是否适量? 是否根据今天的需要取饼干? 幼儿是否一口饼干一口牛奶? 点心后有没有擦毛巾? 等等,并对过程中发现的不良行为和习惯进行引导和指正。又如在介绍时,发现中五班的点心环节有序、宽松,仔细了解后得知在新常规建立的这一周中,两位教师和保育员都是共同进班,积极沟通,不断调整,避免了操作环节因人而异、不统一的现象。在接下去的实践中,我们就建议各班教师和保育员纷纷效仿,有效促进了班级良好常规的建立。

第六步:沟通完善,优化流程。经过了一系列的实践、调整和完善,在与班级保育员、教师、保健员共同协商、分析、研究的过程中,各部逐渐形成并完善了保育员一日工作程序,规范并细化了保育员一日操作流程,时间段、课程领域、保育员操作要点三者之间的统一,促进了保育员工作的主动性和积极性,有效提高了保育工作的科学性。

四、监督检查,长效发展

就像幼儿良好的行为习惯非一朝一夕形成一样,保育员的一日操作规范也并非一蹴而就,而是需要管理者建立监督检查机制,保障保育规范的落实和到位。如实行值班制度,对各班、各岗位的工作状态进行巡视,及时发现问题并解决问题。实行评价机制,学期末,园方向家长发放家长问卷调查表,请家长进行评价,确保保育工作能真正落实到每位幼儿。又如实行考核机制。幼儿园将保育工作作为常规工作检查、督促的重点,教室通风、幼儿衣着、午睡管理等均是考核的内容,做到及时发现、及时提醒、及时调整。

总之,幼儿园的保育管理是全园管理工作的重要组成部分。保育员在后勤队伍中占了很大的比例,而且直接接触孩子,而幼儿园的保育员管理工作有别于一般学校,除了教好孩子,还要让孩子学好、吃好、睡好、环境好、生活好。所以我们必须重视保育管理,积极开展保育工作,鼓励保育员形成各自鲜明的保育特色。在实施保教工作中要进一步深入正确认识保育的价值,有效地实施保育,将保育工作落到实处,以提高幼儿园整体工作水平。

优化保障激励机制，提升保育工作质量

陆丽莉

清晨，孩子们的活动室里保育员已经在忙碌，开窗、拖地、擦洗，她们在为孩子们的到来做准备。"大妈妈早!"一声声响亮的声音倍感亲切，这是孩子们对保育员的昵称。在我们幼儿园，每班都配有一名保育员。每天，她们和教师一起迎接孩子们的到来，与家长沟通，协助教师做好幼儿一日活动中的生活、运动、学习等工作。在幼儿园中随处可见保育员们忙碌的身影，她们是幼儿园教职员工中不可缺少的组成部分，更是幼儿园孩子成长发展的功臣。

随着教育体制改革的深入，学校后勤人员逐步社会化，幼儿园也不例外，属于幼儿园后勤人员之一的保育员基本是非编制人员，她们年龄偏大、学历偏低、工资待遇与在编人员有明显差异。然而，在幼儿教育中，保育员对幼儿的影响非常大，在保育员与幼儿的交流中，幼儿会随时提出问题，这就要求保育员及时给予回答，她们逐渐成为幼儿学习的榜样，潜移默化地影响着幼儿的发展。面对这样的现状，重视保育员队伍的管理是十分必要的。其中，合理的工作激励机制尤其重要。

实录一

2012年11月6日中午午餐时(学期中途的一个工作日)，中班的一名保育员(以下以蒋阿姨代称)打电话给一位小班的保育员(以下以王阿姨代称):

蒋阿姨:昨天一位外园的熟人告诉我，她们幼儿园需要保育员，工资待遇要比这里高一点，我想过去，你和我一起去怎样?

王阿姨:那边待遇是比这里好一点，但是，我来到北蔡幼儿园已经有5年，这里的领导很重视我,教师非常尊重我,和这个小班孩子虽然相处不过两个多月,但是他们真的很可爱,很喜欢我,每天"大妈妈"叫个不停。虽然这里待遇略低一点,但是,这里环境好,我对这里真的很有感情。再说,现在是学期中期,如果我走了,班级的孩子们怎么办?学校突然缺了保育员怎么办?我想这样不太好吧。

三天后,蒋阿姨走了,王阿姨还是和直呼"大妈妈"的孩子们在一起。

分析和措施:

保育员的家庭条件都一般,她们来幼儿园打一份工也是为了改善家庭生活,她们对工作待遇看得较重是很正常的。但是,每个保育员因自身素质的不同,对职业的认同度也不同,所凸显出的职业道德和对薪酬福利的认识也有差异。

每所幼儿园的财政情况和对保育员的薪酬福利制度都有所不同,幼儿园为了稳定保育员队伍,往往会在多方面创造有利于她们发展的环境和条件,也会根据自身实际制定出相对合理的保育员管理条例。

针对以上实录情况,我园召开了行政管理人员会议,针对此事进行思考和讨论。

议题:针对保育员思想和行动的不同,我们能否进一步优化保育员激励机制,鼓励保育员们踏实地工作?

建议一:应加强保育员的职业道德和专业培训,不断提高保育员综合素质。

建议二:鼓励保育员积极参加高一层次的职称培训,不断提高思想意识和专业技能。并提高保育员职称培训的补贴。

建议三:要给予工作认真负责、在园工龄长的保育员更多的奖励。

建议四:我们北蔡地区是人口导入区,班级幼儿人数多,保育员的工作压力较大,针对实际可以给予适当的补贴。

根据以上建议,我们认真分析,达成共识。

在保育工作中保育员是工作的主体,保育员的素质决定保育工作的质量。保育员工作的稳定性对幼儿园、特别对孩子的发展起到关键作用。经过幼儿园行政管理人员和教代表的集体讨论决定,修改保育员(并扩大到所有后勤人员)培训和奖励条例:

第一,定期开展保育员职业道德和专业培训,加强保育工作的检查和宣传力度。

第二,对于取得各级别保育员培训证书的人员分别给予一定的奖励。对于取得高一层次保育员职称的人员在原有基础上每月递增职称奖励200%。

第三,对于在园工作认真、稳定的保育员提高园龄奖200%。

第四,根据班级幼儿人数的实际给予保育员适当的超人数补贴。

第五,对于家长满意率高、工作有实绩的保育员适当提高学期考核奖。

此项措施实施以后,保育员工作主动性、积极性进一步提高,在幼儿园保育员学习交流中,保育员们真情流露:幼儿园很尊重我们阿姨的工作,处处能为我们着想,这里环境好,家长热情,孩子们和我们很亲热。我们知道每个幼儿园都有自身的情况,工资待遇等不可能都一样,北蔡幼儿园对于后勤人员很人性化的,我们工作开心。现在幼儿园完善了后勤人员的奖励制度,我们的待遇又提高了,我们心里感到很舒心。

实录二

2012年9月我园新来一位保育员,幼儿园和她交流有关缴纳社会保险的事宜,她马上说:"我已有单位缴纳的,不需要幼儿园为我缴纳社保。"一周后,她突然和人事干部说,需要幼儿园为她缴纳社保。为了弄清楚事情原委,幼儿园两次走访了区社保中心,详细了解了该同志的社保情况,并与之进行了沟通。她说:"我原本认为,社保事宜是很简单的事情,只要单位为我做就好了,我不需要了解的。通过此事,我感到幼儿园真的为我着想,做事认真细致,我很感谢幼儿园的。"

分析和措施:

我园众多保育员,社会保险的情况错综复杂,很多保育员不清楚自己的社会保险情况,不了解社会保险对自己的实际意义。有的保育员会因为暂时的利益而忽略社保,也有的保育员因不重视自己的社保而听之任之。

既然她们来到我们北蔡幼儿园,为我园的发展和孩子们的成长付出辛勤的劳动,我们就要为她们的利益负责。为此,我园认真摸排了所有保育员的社保情况,进行了详细的咨询和了解,并进行排序和记录。根据保育员的不同情况进行交流沟通,细化分析,并根据不同保育员的社保情况做好相应的工作。

其一,与有资质的劳务派遣单位沟通保育员缴纳社会保险的事宜。

其二,与保育员本人交流社会保险的事宜,让之知晓幼儿园为之所做的系列工作。

其三,根据有关政策要求做好保育员社会保险相关工作。

随着社会的发展,个人的社会保险越来越规范。对于非编制的职工,单位往往要支出一大笔的经费。特别是非编制职工因为薪酬较低,需要单位付出的社保费用则更多。但是,为了保证非编制职工的长远利益,我们应该做到规范操作。

保育员工作有其特殊的价值,但是保育员也往往会因为薪酬、编制等原因呈现较多的流动性,对于保育员招录和培养过程也需要付出大量的精力,为此,健全和规范保育员管理制度非常重要。近几年,我园为之不断付出努力,园长总体负责,保健专业指导,将人文关怀、指导监督和考核奖励有机结合,实现全方位的支持链。

保育员需要引领,需要导向,需要压力,也需要动力,这样才能让其保持不懈的进取心和责任感。在大家的努力下,园内时时会呈现动人的景象——幼儿餐桌边保育员的轻声细语、运动场上保育员的主动支持、家长对保育员的真诚赞扬、毕业典礼上保育员和孩子们的热泪相拥……这是保育员热爱工作、善待孩子的真切体现,也是幼儿园工作激励机制不断优化的成果,更蕴含着幼儿园适宜的保育管理理念。我们会不断地加强保育员队伍的建设,为幼儿园体现一流的保育工作而努力。

以保研促保育员专业化成长

殷雪梅

《幼儿园工作规程》明确指出,幼儿园的任务是坚持保育与教育相结合的原则,对幼儿实施体、智、德、美等方面的教育,促进其身心和谐发展。可见,保育和教育是幼儿园工作的核心,其中,保育员是实施幼儿园保育工作的主要群体,也是决定学校保育质量的关键所在。为遵循"保教并重"的原则,我园十分重视保育员管理,重视保育员的操作规范,利用两周一次保育员业务学习的契机,以保育教研的形式对保育员进行业务培训,通过理论知识、实践操作、课题研究等举措,不断夯实保育员的专业知识基础,提升保育员规范操作能力,促进保育员的专业化成长,从而提升园保教质量。

一、园本系列保育常规操作培训促保育员规范操作

在幼儿园一日活动中,保育员的工作琐碎而繁杂,为了确保保育工作的规范性,就要对保育操作提出具体详细的要求。我园以保育教研为平台,组织全体保育员开展园本化的保育常规操作培训。

(一) 制定园本保育常规操作细则使一切操作有章可循

1. 依据《上海市托幼机构保育工作手册》制定更为详尽的《北蔡幼儿园保育员每日工作常规操作细则》

在保育教研活动中,我园组织全体保育员扎实认真地学习了《幼儿园工作规程》《托幼机构消毒隔离》《上海市儿童保健工作常规》等文件,特别是在《上海市托幼机构保育工作手册》学习过程中,保育员更进一步明确了自身的职业要求、岗位职责和每日常规工作的操作细则,在此基础上,根据我园实际情况及保育员一日工作流程和保育操作各环节,激发保育员们将《上海市托幼机构保育工作手册》中有关保育操作细则重新梳理,使之更具体、更细化、更便于操作,制定园本化的《北蔡幼儿园保育员每

日工作常规操作细则》,确保保育操作的科学化及规范性。

2. 依据各部各年龄段《幼儿一日活动作息时间安排表》制定个性化的《北蔡幼儿园保育员一日工作流程》

我园一园三址的办学规模,由于各部场地、专用活动室等硬件设施各不相同,根据不同年龄段幼儿的年龄特征,从教育教学管理出发,各部教师制定了《幼儿一日活动作息时间安排表》,各部的保育员们在贯彻实施园本化的《北蔡幼儿园保育员每日工作常规操作细则》过程中,在保育教研中,为充分体现教中有保、保中有教、保教相结合原则,根据各部不同的幼儿作息时间安排,制定了个性化的《北蔡幼儿园保育员一日工作流程》,确保了园保教质量的整体提升。

(二)开展操作技能演练使一切操作更具规范性

有了极具操作指导意义的《北蔡幼儿园保育员每日工作常规操作细则》和《北蔡幼儿园保育员一日工作流程》的指引,为了进一步提高保育员的践行能力,在园本保育教研中,我们更注重保育员的实际操作能力,开展了"如何正确消毒餐桌"、"如何规范擦拭凉席"、"如何有序分餐"等一系列的现场观摩、交流竞赛活动。在现场演示活动中,园管理者、保健员和保育员们立足操作现场,发现问题,解决问题,互动评议,鼓励规范行为,由单向的说教、示范培训转变为直观的、互动的、共同参与的保研活动,贴近了保育员的需要,更有效地解决了保育员在实际工作中的具体问题,使保育员真正成了保育教研的主人,从而使每一位保育员得到切实的专业化成长。

二、园本保育专题研究促园保育员专业化成长

我园是教育科研先进单位,历年来,园科研组的有关教育课题研究、一线教师撰写的有关教育教学论文获得了无数国家级及市区级的各种奖项。在科研氛围浓郁的北蔡幼儿园,随着后勤保育人员业务素养的不断提升,园方鼓励保育员积极参与保育课题研究,在提高保育队伍科研能力的同时,深化保育员对保教并重内涵的认识。

(一)转变观念确立保育研究课题

一直以来,大多数幼儿园保育员队伍的现状是年龄偏大、知识水平低、保育意识差,错将保育工作简单理解为搞卫生、看孩子,保教失衡,保育处于弱势地位。近几年,随着《幼儿园工作规程》《幼儿园指导纲要》等法规文件的出台,将幼儿园的保育工作提升到了与教育工作同等高度,把教师和保育员放在平等的位置,肯定保育员在幼儿园的工作中同样发挥着重要的作用。为此,保育员的工作得到了家长和社会的认

可,我园在尊重保育员人格、肯定她们工作价值的同时,鼓励保育教研开展专题研究,以幼儿户外运动中的保育行为研究为切入点,开展《户外活动中保育支持行为的案例研究》的课题研究。

(二) 注重案例撰写开展保育课题研究

确立研究课题后,各班保育员对班级日常户外活动中幼儿的行为进行重点观察,对自身的保育行为积极反思,以案例的形式将有研究价值的活动片段一一记录。在保育教研活动中,园方邀请了科研专家、幼儿保育专家共同参与倾听了保育员们的案例交流,并对案例进行了概括和提炼,总结了保育员在幼儿的户外活动中应采用适度的保育支持行为,具体的案例研究就不再展开。(详见第二部分保育案例)

三、我们的思考

1. 细研才能深知,深知才能吃透每一个保育环节的操作规范

保育教研让全体保育员在巩固基础知识和实践操作中获得集体智慧,在关注每一个操作流程的细节中,不断获得新的工作经验,规范自身的操作行为,通过保育教研的形式,不断促进保育员专业化成长。

2. 细研才能专研,要将专研成果转化为保育员的日常保育行为

保育研究要为保育实践服务,保研工作与日常保育工作不能割裂,二者是相互促进、相互影响、相互转化的。专题研究帮助保育员解决实际工作中遇到的问题,促进保育员对自身的保育工作进行反思和调整,有效地改变了她们的保育观念和保育行为。只有将保研成果不断地向保育实践转化,才能真正提高北幼的保教质量。

优化保育环境，促进幼儿发展

倪 菊

"保"字走在前，有了保才有正常的幼儿教育，有了保才有教育的精彩！在幼儿园工作中，我们把保育工作看得尤为重要。那么如何落实且落实得有实效，是需要认真思考的，要基于幼儿园实际，要基于幼儿能力，更要基于幼儿园发展。就我所在的莲园小班部来说吧，共有 7 个班级，幼儿活动室、卧室合用，走廊及楼道狭窄，公共活动区场地不够，这些客观因素给教师和保育员的保教工作带来了不少困难，随着幼儿及幼儿园发展的需要，环境优化工作迫在眉睫。

1. 针对我们小班幼儿的年龄需要，怎样构建一个优美舒适开放自主的幼儿活动环境？

2. 如何优化各类设施环境，及时有效地帮助教师解决工作上的问题或困难……真正地为幼儿服务、为教师服务、为后勤服务？希望通过优化保育环境，提高保育质量，促进幼儿的身心发展。

"螺蛳壳里做道场"是一项艰巨的工程，需要有一定的条理，统筹思考。我们以"发现问题-大胆设想-及时落实-效果观察-微调改进"为工作方式，"人人乐参与"为工作态度，一步一个脚印地进行了逐阶段的改进，集教师们的智慧以及园领导的支持，这两年间，我们莲园小班部的保育环境已经发生了很大的变化。

一、活动室格局的整体改变——幼儿兴趣为先

从 2011 年开始，莲园部招生对象已经全部面向小班幼儿，因此，为了满足小班幼儿的需要，使幼儿能够在更轻松、更自主、更愉快的环境中获得发展，真正做到"以幼

儿为本"，需要对专用活动室的整体格局进行重点调整。原先的活动区设置内容已经不适合小班幼儿。大家共同商榷改进方案，大胆地提出各种设想，以突显小班教育特色的设计目标，拟定出了淘气堡、游戏小乐园、生活发现室、快乐建构区、阅读室等专用活动室的构思。

　　以"**游戏小乐园**"的创建为例，因各班活动室较小，一室要集幼儿进餐、午睡、活动多项功能，组织布局都极为困难，所以教师们特别期待有个公共的角色游戏区。可开辟在哪个公共区域呢？教师们反映："美艺 DIY"区布局和内容设置大龄化，小班幼儿动手能力不强，兴趣性差；"生活馆"内的微波炉、煮蛋器、榨汁机危险性高，一般都是幼儿看教师操作，参与被动。经过观察和一番斟酌，将它们进行了合并和重组，形成创意生活馆，并投放了大量的适合幼儿个别化自主探索的操作材料，幼儿主动参与的兴趣高了。再看现场，小朋友们操作投入，区域安静，不再因为没有兴趣而嘈杂一片。环境中自然地融入了幼儿良好的操作习惯的培养，教师组织活动觉得有头绪了。腾出的空间，教师们精心布局和装点了。经改头换面，娃娃家、点心店、小医院、小剧场……"游戏小乐园"俨然出炉了。此刻，我想到了学前教育游戏专家周淑瑛老师在游戏报告中的一句话："游戏活动区的空间规划：充分利用，细致规划。每一个空间都是游戏场所，每个游戏场所都是幼儿需要的。"可能只有去做了，体会才会这么深刻。

　　"**淘气堡**"里玩海洋球一直是小班幼儿特别青睐的，色彩艳丽的海洋球

不仅可刺激幼儿视觉器官的良好发育,还能培养该年龄段幼儿的平衡感。为了能有"淘气堡"这样的活动室,我们将原先室内的阅览区域移至楼梯间,将该室腾空后演变成了孩子们喜欢的淘气堡。于是,底楼形成了两个活动区,班级幼儿可分流到两个活动区同时活动,一边是孩子们专注地看书,一边是欢悦着体验海洋球的环抱,一静一动,既满足幼儿活动需求,还起到了动静交替的作用。

通过调整活动区分布,增加活动区材料,我们看到孩子们在轻松的环境下,结伴玩乐、相互尊重,情感的满足让小班幼儿们慢慢与同伴建立起了良好的同伴交往环境。宽松、愉悦、尊重幼儿需求的心理氛围,使幼儿在自主的活动过程中,满足了生理和心理需要,也激发其内驱力,达到促进幼儿积极主动发展的目的。

二、生活设施环境的优化——增强服务意识

多用自己的眼睛去观察了解,第一时间去发现,多亲临现场地去掌握幼儿园里的保育实情,并脚踏实地去进行改进和调整。这就是我理解的服务意识。

● 保育环境要服务于幼儿的需要

在幼儿园的一日活动中,生活活动的时间占 50％以上,故创设一个温馨的、宽松的、舒适的生活环境显得尤为重要,包括用具、玩具、空间、时间等诸方面,它们直接关系到幼儿的生活质量。

我在日常的巡园过程中发现:本来已经很窄的各班教室门口有两个大箩筐,一个装满衣服,一个塞满小书包。取放中幼儿经常将它们翻得很凌乱,有的老师为了避免这种现象,索性自己代劳,孩子们取放习惯的培养,要么被剥夺,要么被放任。

对策:

1. 首先利用储物间改建的机会,在橱柜下专设了衣帽架,解决了幼儿衣物无处挂放的问题。

2. 走廊空间已经比较狭窄,书包架的设计和制作只有量体裁衣去做了。我观察了一下小朋友们用的小书包,一般都在 30 公分左右,于是,将书包架的厚度定为 25 公分,小书包的大半个身体能放进架子内,不会轻易掉出来了,同时节省的地方,不影响通道走路。

效果观察:实施中,幼儿在自由活动中的自主性明显提高,因为翻找玩具引来的麻烦得到了根治,整洁有序了,教师、家长很满意。

借鉴、拓展：

1. 有了这样成功的第一步，我们发现走廊还可以进一步的利用，因为每个活动室所占的走廊都是比较长的，所以在书包架边上又陆续增设了图书架和茶杯架，茶桶采用了墙体嵌入式，原先很占地方的茶水架得以改进。午餐后，幼儿漱口、喝水都能在老师可看到的视野范围内，幼儿也可以悠闲自在地在走廊里看看书，使幼儿的生活环境得到很大改善。

2. 公共阅览区利用楼梯上升的斜面，制作成阶梯状的书架，层层递增，非常整洁，而且空间利用非常充足，小小的楼梯间一下子温馨很多，成为幼儿和家长入门就能看到的一景。这里也成了家长和孩子亲子阅读的场所，孩子们在这样的场景中自然而然地学会了如何取放图书，更懂得了爱惜图书。

通过这些贴近幼儿生活的细小的保育环境的优化，改善了以往教师"管、帮、替代"多的现象，考虑幼儿发展需求多了，幼儿主动了。我们认识到，幼儿是一个主动发

展着的个体,要使幼儿形成健康生活的情绪、态度和良好的行为习惯,没有幼儿主动积极的参与是难以实现的。

● 保育环境要服务于保育工作的需要

随着现代保育观念的不断更新,保育的内涵随之扩大,对幼儿园的保育工作也提出了更高的要求,这就必须为后勤人员提供规范、有序操作所必备的物质条件和操作环境。我们改进了消毒间的橱柜设施,分区及标记,尽量控制污染源。

再以户外保育环境为例,我们根据发现的情况及时跟进。而每一个问题的出现,又给了我们创作的灵感。于是,一个个的小发明出现在了我们的活动场上。

1. 衣物装载车

户外活动时,各班保育员都备有一个衣物篮,便于幼儿放置衣服、毛巾和纸巾,但幼儿园场地环境有限,没有固定的地方可供保育员放置,随处放置又不符合卫生保育要求。

于是,一辆集多项装载功能的小车横空出世了,卫生、轻便、灵活,它可以随着保育员紧跟班级幼儿,孩子们再也不会嚷嚷着让保育员提拿衣服了。

小车似乎会对孩子们说:"你们开心地玩吧,我就在你身边!"

2. 茶水架

这是户外活动中必不可少的,活动过程中幼儿自主取水、取毛巾的专用架子。我在外园观摩学习后借鉴并进行了投放,但在使用过程中,教师们却都反映说取放不方便,喝水的与擦汗的小朋友经常在架子前面挤来挤去的。我纳闷,人家用得好好的,而我们为什么会状况百出呢? 于是,和保健老师一起进行了细心观察,原来问题不在于该架子的结构设计,而是保育员的摆放问题,她们是将架子横向贴紧墙面放置,所以只有一面能让幼儿取放,孩子们都

只能集中在架子前面,喝水的、拿毛巾的混在一起,你推我攘的现象就不可避免地发生了。解决方法很简单,我们把架子转个 90 度方向,竖向放置,并告诉幼儿正面拿杯子,背面拿毛巾。小小的一个改变,问题解决了。

这件小事给了我启发,学习和借鉴别人的,要懂得善用。

3. PVC 小推车

草地上,大型玩具上小朋友爬上滑下,十分忙碌,有两个孩子各推着一辆独轮车沿着草地的边缘行进着,可小车动不动就倒下了,运送的小砖块看来是很难到达终点了。小班幼儿毕竟力气小,依靠他们的臂力和平衡能力来控制这些小车肯定是有困难的,久而久之,不少孩子都放弃了想法,俩小车也时常是搁置在墙边。一天,一群孩子推着一个个滚筒割草机从我身边跑过时,我心想,这些用 PVC 管子制作的自制器具,都是孩子们爱不离手的运动玩具了,何不也尝试再用 PVC 管子做一些推车呢? 制作的师傅根据我的想法和要求试做了 6 辆,一经投放,孩子们轻松驾驭,还能装上几块砖稳稳地沿着操场边的小道前行了,搬运过程让孩子们满足不已,因为自己终于会推独轮小车了。

小推车的出现,让我感悟到两个字"变通"。基于幼儿兴趣和能力水平的变通,一定能真正地促进幼儿发展。

三、安全卫生设施的优化——多一份责任心

要使幼儿在适合他们健康成长的环境中生活,安全、卫生是重要的条件,幼儿园环境创设必须服从于卫生和安全的要求,以保证幼儿身心健康。在一次家长智囊团的课程巡视活动中,家长也向我们反映了莲园部大楼接送出口只有一个,而且楼梯狭窄的问题,每到家长接孩子的时间段,七个班级的幼儿和家长都要经过门厅,楼上四个班级的幼儿和家长需走楼道,拥挤且危险。虽然采取过分时段接的措施,但是收效不大。另外,从消防安全的要求来看,一般是要求有双通道。

对策:大胆提出了能否在底楼通道增设一个安全出口。经与园长及施工部门共同商榷,制定了一个两全齐美的改进方案:移除洗手池,打通墙面开一道门,然后在大门口新建了一个造型优美的集戏水、洗手功能于一体新洗手池。

效果观察：

1. 洗手区域宽敞，水龙头的数量也增加了，幼儿来园洗手时，流动快且不拥挤。户外活动小手弄脏了也便于及时清洗。

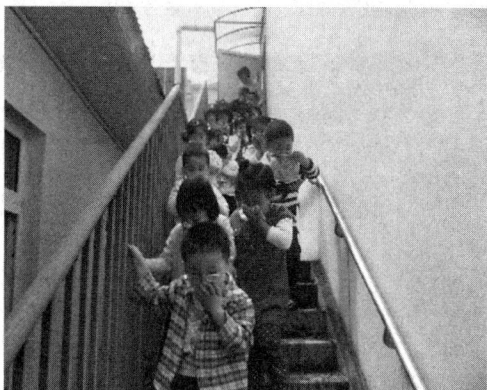

2. 底楼的小二、小三班家长和幼儿，在进出时有了自己的专用通道，也很好地缓解了门厅的拥挤。

3. 有了安全设施的更新，让幼儿学会自我保护必不可少，因为看护、爱护不如自护，培养幼儿的自我保护能力就显得尤为重要。所以，我们每学期会进行一次消防演习，帮助幼儿了解学习一些常规的逃生自救的方法。消防演习过程中，通道起到了很大的作用，疏散速度快，幼儿安全得到保障。

后续：为了加强楼道安全，考虑到三楼有两个专用活动室和一个班级，半日活动中时常会有三个班级在此活动，所以在三楼入口处加设一道防护栅栏门，以保证幼儿的安全。

环境中的设施、设备首先应该是安全的，幼儿有安全感，才会放开手脚，放大胆子去活动；当我们发现原先的平衡木椅子架太高，幼儿活动危险性大时，并没有因为不适合而被闲置起来，而是及时将高凳改成了矮凳，孩子们又恋上这个新器械了。

对于幼儿园安全，我们会本着"宁可有备无患，不可无备有患"的原则，提高自己的责任心，细心发现环境中的隐患，认真开展每一个活动，教给幼儿多方面的安全知识，避免幼儿危险和意外的发生，真正做到让每个幼儿健康、快乐地成长。

实践告诉我们：宽松、愉快、积极、自主的游戏、学习环境和安全有序的生活环境是促进幼儿身心和谐发展的根本保证。我们创设的环境若是符合幼儿年龄特点和发展需要的，幼儿才会喜欢幼儿园。为此，我们还在不断努力当中，比如，最近又丰富了建构室淘气堡的墙面设计，使之更加富有童趣了。我们会不断地边做边调整，多观察、多思考、勤发现、勤改进，尽量能给幼儿一个更开放、更丰富的活动环境，希望每个孩子能更自由地选择，自主地进入，展开幼儿园生活的快乐之旅。

户外活动中保育支持行为的案例研究

朱幸嫣　叶　君

课题基本框架

(一) 研究背景和意义

户外活动是幼儿最喜欢的,但却是教师最担心的环节,许多安全事故通常是在这一环节发生的。就幼儿园本身来讲,它需要全体保教人员共同施加教育影响,相互协调、相互配合,以达成保教目标。孩子们玩得兴奋时,常常忘乎所以,大型玩具、沙池边缘、园舍地面经常会有轻者擦伤、重者磕伤的事情。以往,在户外活动中,保育员负责幼儿的安全照顾工作,教师并不参与其中。然而,既要让孩子们玩得快乐,也要让孩子们玩得安全,并不仅仅是保育员个人的责任,同时也需要教师的协同配合,二者一起指导幼儿玩得有度、玩得得法,并要做到观察全面、照顾细微,提醒教育幼儿有安全意识和自我保护意识,尽量避免安全事故的发生。

我园的保育员队伍来自社会各个阶层,并非专业出身,因此对于保育专业知识的理解不够深入,保育员能够按照要求进行规范的操作,但是却并不知道为什么要这么做,对幼儿的年龄特点把握也不够。而且幼儿每个人体质情况都不同,不能千篇一律地同样对待。例如,在后背给孩子塞一块毛巾是为了及时吸汗,但是有些保育员就在活动之前将毛巾塞入孩子的后背,不仅没有起到吸汗的作用,反而让孩子更容易出汗。再例如,有些孩子体质较弱,稍微一动就容易出汗;有些孩子则不容易出汗,因此需要区别对待,在不同的时刻帮他们及时擦汗。

此外,在保教配合方面,教师具有保育的意识,也能按照要求进行常规操作,但是缺乏主动保育的意识。通常当发生了问题时才会采取保育措施,对幼儿的观察不够仔细,同时也缺乏预见问题的能力。而且,当事故产生了,教师也不具备急救知识,导致不能采取正确的行为。

保健员在向保育员传授保育知识、指导规范其保育行为方面有着至关重要的作用,我园保健员以往在该方面的研究、培训都较少,因此希望通过调动保健员参与这次课题研究,一来加强保健员的科研能力,更新对保育保健行为的认识;二来提升保健员的成就感,体现其作用。

综上所述,希望通过本次研究,解决上述问题,完善我园的保育工作,为幼儿创造一个更为安全的支持性环境,让幼儿更愉快、更健康地运动、游戏。

1. 提升教师和保育员的主动保育意识

通过本研究,提升教师和保育员的主动保育意识。对于教师而言,从较少参与保育工作到学习保育知识,从而指导并配合保育员一起进行保育行为;对于保育员而言,从被动、机械地执行保育行为到理解每个行为的原因和幼儿的年龄特点,从而针对不同的幼儿、不同的情况灵活采取适当的保育行为。

2. 加强教师和保育员之间的配合,真正做到"保教结合"

以往保育员认为自己的职责就是做好幼儿的保健卫生工作,至于教育工作则与自己无关,是教师的任务;教师则认为保育工作比较简单,应该完全由保育员承担,自己主要应承担教学工作。然而事实上,教师和保育员面对的教育对象是一致的,因此两者的工作应该是统一的、密切协调的。保育员和教师工作的区别只是分工不同,各有不同的侧重点,但这并不意味着保育员和教师的工作是截然分开的。并且,在新颁布的《幼儿园工作规程》中规定:"保育员要在教师指导下,管理幼儿生活,并配合本班教师组织教育活动。"因此,希望通过本研究,促使教师和保育员在户外活动时,相互配合做好保育工作,真正做到"保教结合"。

3. 为幼儿提供一个更安全的支持性环境

《幼儿教育指导纲要》明确要求:"幼儿园必须把保护幼儿的生命和促进幼儿的健康放在工作的首位。"而幼儿在户外活动时最容易发生意外事故和生病,因此在户外活动时对幼儿的保育工作就显得格外重要。而这时的保育工作只依靠保育员是明显不够的,希望通过本研究,形成"保健-教师-保育"三位一体的支持链,保健员梳理操作规范和注意点,并指导教师和保育员如何正确操作;教师和保育员实践中协同配合,关注幼儿,树立主动保育的意识,提高实践操作水平,为幼儿提供一个更为安全的支持性环境,让幼儿更愉快、更健康地活动、游戏。

4. 培养幼儿自我保护的意识

小班的幼儿还没有自我保护的意识和能力,但是随着年龄的增长,幼儿的身体运动协调能力和认识水平都会有迅速的发展,中、大班的幼儿能够形成初步的自我保护意识,也能掌握一些初步、简单的自我保护措施。因此,教师和保育员在对幼儿进行保育的同时,也能向幼儿传递自我保护的意识,教授自我保护的行为,让幼儿知道什么时候、什么情况下应该采取怎样的行为。

(二) 概念界定

保育: 指成人(家长或保育人员)精心照管儿童,使之在身心与环境适应等方面健康成长。为此,所实施的措施,包括日常生活中的照料养育、保健工作、预防疾病、防范事故等,都是保育行为。

支持行为: 某一项活动中使用各种方法主动自发地改变负面情境、推动活动顺利开展的协助性行为。这种行为是在活动前预期设定的、适度的,为支持活动而产生的,非完全替代的。

保育支持行为: 本研究中的保育支持行为指,在户外活动中,针对不同年龄段幼儿的特点所采取的保育行为,目的是为幼儿提供一个健康、安全的支持环境,让幼儿能愉快、自主地运动、游戏。由保健员制定保育操作规范,进行专业指导,实施保育支持行为的主体是教师和保育员,二者相互配合,从而形成"保健-教师-保育"三位一体的支持链。教师和保育员的保育行为是主动、自发的,具有预见性的,而不是在发生问题后采取的应对措施;教师和保育员的保育行为是适度的,根据幼儿的年龄特点有所不同,并不是完全的包办代替。

(三) 研究目标

通过对我园户外活动中保育支持行为以及幼儿健康、安全状况的现状调查,分析保育员和教师对于保育支持行为在认识上和操作上的问题和不足,从而提炼户外活动中实施保育支持行为的原则,制定适合不同年龄段幼儿的保育目标和内容,总结相关策略和方法,形成"保健-教师-保育"三位一体的支持链,树立"主动保育、适度支持"的新型保育理念,提高我园保育工作的水平,为幼儿提供一个更健康、更安全的户外活动支持环境,同时培养幼儿的自我保护意识。

(四) 研究内容

1. 我园户外活动中保育支持行为的现状研究

● 保育员在户外活动中,对不同年龄段幼儿的保育支持行为的现状研究

2. 幼儿在户外活动中健康、安全状况的现状研究

- 幼儿在户外活动中健康状况的现状研究

- 幼儿在户外活动中安全状况的现状研究

3. 制定一套户外活动中进行保育支持行为的方案

- 户外活动中保育支持行为的原则

- 户外活动中保育支持行为的目标

  户外活动中保育支持行为的总目标。

  针对不同年龄段幼儿的特点,制定保育支持行为的分阶段目标。

- 户外活动中保育支持行为的内容

  根据目标,分别制定三个年龄段的保育支持行为的内容,形成操作规范和护理要点。

- 户外活动中保育环境创设

  配合保育支持行为的环境创设,包括需要的设施设备。

- 户外活动中特殊幼儿保育案例

4. 建立保育工作园本培训制度

- 组织的定期的保健保育例会,总结阶段性保育工作要点,改善保育工作的方案。

- 组织定期的保育工作培训,向保育员、教师解读保育支持行为。

- 组织定期的保教例会,教师、保育员交流阶段保育工作体会。

(五) 研究方法

1. 行动研究法

在研究的过程中,保健员向教师、保育员培训保育行为的内容和方法,教师经过学习后,制定保育支持行为的目标和策略,在实践中指导并配合保育员进行保育工作,通过"行动-反思-再行动-再反思"的循环研究过程,分析、完善户外活动中的保育支持行为。

2. 文献分析法

收集国内外关于户外活动中保育支持行为的文献资料,了解教师和保育员在户外活动中保育支持行为的现状,以及不同年龄段幼儿保育行为的目标和内容,作为本课题的理论依据。

3. 案例研究法

通过案例收集与研讨,教师从个体到集体一同反思户外活动中保育支持行为的

合理性、正确性，找出问题和不足，不断完善保育措施。本研究需要收集的案例：针对特殊幼儿进行的保育支持行为案例，这些案例中能体现保育员对于新的保育理念的理解。

4. 调查法/访谈法

通过编制问卷与结构化访谈，收集研究前所需的信息和数据，进行现状分析，为课题的进行提供依据。本研究中需要进行调查/访谈的内容有：

① 保育员对于不同年龄段幼儿在户外活动中进行的保育支持行为的现状。

② 幼儿在户外活动中健康和完全状况的现状。

(六) 研究步骤

1. 准备阶段(2011.9～2012.1)

(1) 查阅国内外文献，了解幼儿园保育工作的实施现状。

(2) 建立课题组，确定子课题组，确定课题组成员的分工情况。

(3) 设计调查问卷，了解幼儿健康、安全状况的现状。

(4) 组织三个园部的教师、保育员、保健员进行研讨，梳理以往户外活动中保育工作的问题与不足，总结好的经验。

(5) 总结阶段性研究成果，为下一阶段研究作准备。

2. 实施阶段(2012.2～2013.1)

(1) 根据上一阶段梳理出的在实践中的保育工作的问题，确定保育工作目标，根据幼儿年龄特点拟定初步解决方案，在实践中试行，观察效果。

(2) 在实践中梳理三个年龄段保育支持行为的操作规范和注意要点，配套需要的硬件条件，由保健员整理形成文本。

(3) 对三个园部的教师、保育员进行保育支持行为的培训。

(4) 保育员、教师在实践中践行保育支持行为，教师记录特殊幼儿个案，保育员撰写工作心得。

(5) 保健员在实践中观察保育员和教师，指导、规范其行为。

(6) 定期组织保健、保育、教师例会，进行阶段性工作小结，不断分析存在的问题，完善我园户外活动中的保育工作。

(7) 收集与整理各类资料，进行中期报告，展示阶段成果。

3. 总结阶段(2013.2～2013.8)

(1) 整理过程性资料与案例，组织课题组相关人员开展回顾总结工作，梳理课题研究的成果。

　　（2）形成户外活动中的保育支持行为操作手册。

　　（3）形成特殊幼儿保育护理个案集和保育员成长案例集。

　　（4）征求多方意见和建议，撰写并修改研究报告，进行结题汇报展示。

一、国内外研究综述

（一）保育工作的现状分析

　　甘肃省兰州市文化小区幼儿园的赵红霞老师（2010）认为，目前幼儿园保育工作存在以下问题：

　　1."保育"意识不强，概念含糊

　　很多人以为保育工作不外乎拖地、擦窗户、洗裤子、洗碗，忽略了"保育"对儿童身心健康发展与保护蕴含的作用。同时，保育在老师的意识里是低人一等的工作，所以幼教们大多都表现得不情愿参与对幼童的保育工作，促使幼儿园的保育工作只在表面，未能根深。家长们也对此不满，意见不断提出。在我们幼儿园的保育工作调查问卷中，多半的家长对幼儿园保育工作报以基本满意的态度，个别家长还有出现对幼儿园保育工作不太满意。属于低层次、表象的保育工作得到的满意程度较高，例如，儿童衣物整理的满意度、幼儿园菜单的满意度等；而对于幼儿的照看防止疾病的满意度、幼儿饮食健康落实的满意度相对较低，而且对怎么减低儿童在幼儿园的不适应现象、改善较小的幼儿的初次入园焦虑过度等心理上的保育工作只在其表面，甚至有滞后现象。

　　2.保育工作者整体素质较低

　　如今，具有知识专业、高学历、高素质的幼儿教师，与保育工作团体的学历低、技术低形成鲜明对比。保育工作的效果不明显，同时还有不达标的现象，存在的安全隐患也多。在人才资源方面，保育工作者的年龄偏大；在社会工作方面，与相呼应的培训、管理的机构也很少，直接导致思想、技术进修得不到全面提升，局限了幼儿园保育工作的正常发展，妨碍了保育工作向更高层次的提升。

（二）保证户外活动的安全性

　　江苏省淮安市新民路小学幼儿园的王红花老师（2010）认为，幼儿年龄小，身体各部位发育不成熟，走路不稳健，动作反应慢，自我保护意识差，但他们又都很活泼好动，因此户外游戏活动极易发生意外事故。这就提高了对户外活动环境的要求，要求我们教师在进行户外游戏活动前对活动场地及设施都要提前检查,消除安全隐患,并向幼儿交代清楚活动规则及有关安全事项,增强幼儿的自我保护意识。同时要注意卫生保健工作的开展,活动前减衣服,活动后加衣服。在活动时注意调节运动负荷,幼儿出汗要及时擦干,教师要四处巡回走动,及时纠正幼儿的危险动作,聆听幼儿交谈、评价,发现问题要及时给予指导帮助。另外在游戏前还要考虑到游戏过程中可能发生的事情,提前做好应急处理准备。

(三) 提高教师的保育意识,使其全面参与到保育工作中

山东省青岛市海军示范幼儿园的王友红认为,保育工作管理是幼儿园教育管理工作的重要组成部分,因此该园大胆尝试了新的保育管理模式,组织教师进行转岗、轮岗,使保育教育工作协同管理、相互渗透,使保教人员队伍优势互补、同步提高。

首先,让教师转变观念,提升保育意识。

1. 增强保育工作岗位意识。帮助教师深刻理解和认识现代幼儿教育中,保育工作与教育工作同等重要。具体做法有:将一部分 40 岁以上的高级教师转岗到保育员岗位上,保留其待遇,让她们在自身积累的保育教育经验基础上,充分发挥示范指导作用,搞好传、帮、带;将一些中青年教师轮岗到保育岗位上,挖掘潜能,担当班组长,发挥专长,亮出精彩,并通过评选“绿叶之星”、“微笑之星”、“保育能手”等活动,形成尊重保育教师的氛围,提升保育工作岗位的光荣意识。

2. 增强保育工作教育意识。让保育教师结合工作内容的烦琐性与工作要求细致性的特点,认真研究制定科学合理的一日工作流程,并根据实际需求逐一找好保教结合点,撰写保育工作教育叙事和提示。在此过程中,使教师们认识到提高保育工作质量是提高教育工作质量的有效前提。

其次,加强培训引领,深化岗位练兵。

1. 保育工作基本知识培训。对教师强化幼儿卫生学、心理学的重新学习,并结合岗位中遇到的实际问题进行剖析、反思,使教师树立正确的幼儿健康观。幼儿园组织了“幼儿心理健康教育”专题讲座,园长亲自主讲,并结合案例分析,提出了“孩子怎样才会快乐”的问题进行讨论,明确了健康的内在含义。

2. 保育工作实践观察能力培训。主要以随意观察和有意观察、整体观察和个案观察、横向观察和纵向观察方式相结合,建立《幼儿一日观察记录》《幼儿个案记录分析表》,以增强幼儿保育教育的针对性。

最后,搭建展示平台,展现工作业绩。以往幼儿园重视为教师搭建展示的平台,在教育教学方面容易创业绩出成效。而教师转岗到保育岗位上,往往业绩平平不被重视,某种程度上限制了教师的自身发展。因此,我们采取了以下做法:

1. 搭建卫生保健流动红旗展示平台。通过每周卫生检查评比,给各班争先创优成绩突出者贴一面红旗,每月累计得满旗的班级被评为卫生先进班集体,颁发流动红旗,并与学期末考核、晋级、职评直接挂钩,进行相应奖励。

2. 搭建幼儿保健研究展示平台。让保育教师协助保健医生做好体弱儿的观察工作和幼儿查体表的发放工作,指导家长科学育儿。同时结合体弱儿的调查,开展《幼儿器质行为矫正》课题研究,提高保育教师的科研能力。先后有 16 位保育教师参与课题研究,协助保健医生对 32 名行为有异常的幼儿,进行了长达一年的矫正,收到了良好效果。

3. 搭建保育专业技能展示平台。每学期我们组织保育教师进行实际操作表演、保育知识竞赛、环境创设评比、教玩具制作、保育笔记展示、论文交流等活动,使教师不仅参与教育教学的研究,而且对保育工作的教育研究有了新的突破。

对本研究的启示:

文献中梳理到的保育员现状与我园的情况很相似,并且所提供的教师参与保育工作的方法和途径也可以作为本研究的参考。在此基础上,希望通过本研究,提炼、总结一套完善的户外活动中保育支持行为的方案,既提高我园保育工作的质量,又能为幼儿提供一个安全、健康的环境,使其健康快乐地成长。

此外,在搜集文献的过程中发现,有关户外活动中的保育工作的文献相当少,而且很少有文献提到增强教师的保育意识,以及教师和保育员一同进行保育工作。因此本研究的成果可以填补这方面的空缺。

二、研究结果

(一) 户外活动中保育支持行为的理念

通过本研究,我们认为户外活动中的保育,应该遵循"主动保育、适度支持"的理念。何谓"主动保育、适度支持"呢?

主动保育就是保育员和教师的保育行为和措施是主动、自发的,具有预见性和防范性的,而不是在发生问题后采取的应对措施。举例来说,被动的保育是发现幼儿摔伤了之后进行事后补救和护理,而主动的保育就是保育员和教师高度注意、密切关注幼儿,当发现幼儿有摔倒迹象之前就及时采取行动,防患于未然。

适度支持就是保育员和教师的支持行为是适度的,根据幼儿的年龄特点有所不同,并不是完全的包办代替。例如,小班幼儿由于身体控制能力较弱,力量不够,对于危险的认识和理解也不够,因此在最容易受伤的户外运动中,成人最主要的任务就是保证他们的生命安全和健康,鼓励他们积极参与运动。而大班幼儿身体动作和认知都有了进一步的发育,在户外运动中应该让他们学会一些基本的自我保护措施,并提高运动能力。

(二)户外活动中保育支持行为的目标

在"主动保育、适度支持"的理念下,根据小中大班三个年龄段幼儿身心发展特点,我们和教师、保育员进行了讨论,制定了如下户外活动中的保育目标:

- 小班:保证幼儿的生命安全和健康,鼓励幼儿积极参与运动。
- 中班:培养幼儿一定的自理能力。
- 大班:教会幼儿一定的自我保护措施,帮助幼儿提高运动能力。

(三)架构幼儿园保育支持链

"支持"的理念不仅体现在户外运动中保育员和教师对幼儿的支持,同时还体现在保育工作中,保健员对保育员和教师的专业支持,幼儿园管理层对保育工作的制度保障上的支持。

1. 园长的支持

- 对保健员:园长和保健员一起讨论户外活动中保育支持行为的标准,并就保育员反映的实践问题与保健员一起协商,想出解决办法。

- 对保育员:建立培训制度和激励制度,并定期听取保育员反映的实践问题。

- 对教师:将户外活动中的保育支持行为标准传达给教师。

2. 保健员的支持

- 对教师:给教师培训保育支持行为的具体做法。

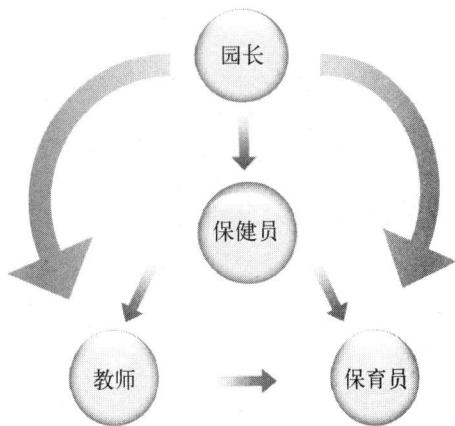

图1 保育工作管理组织结构

- 对保育员:给保育员培训保育支持行为的具体做法,组织保育员讨论实践中碰到的问题。

3. 教师的支持

● 对保育员：配合保育员采取保育支持行为，形成"三位一体"保护圈。

● 对幼儿：在户外活动中，支持幼儿运动，采取主动、适度的保育行为。

4. 保育员的支持

● 对幼儿：在户外活动中，支持幼儿运动，采取主动、适度的保育行为。

(四) 户外活动中保育支持行为的内容

1. 操作规范

(1) 活动场地和器械的准备

保育员根据天气情况，选择适宜的活动场所。例如，夏季尽量在阴凉处，冬季最好在向阳背风处。

● 活动前

保育员应检查地面上有无碎石子、树枝、碎玻璃等危险物品，并及时清理。场地若有积水，应及时擦扫干净。保育员还应根据教师的安排和活动需要摆放好体育活动器材。对于大型运动器具，保育员还应该检查器具有无螺丝松动，防止器具的松动，引发不安全因素。

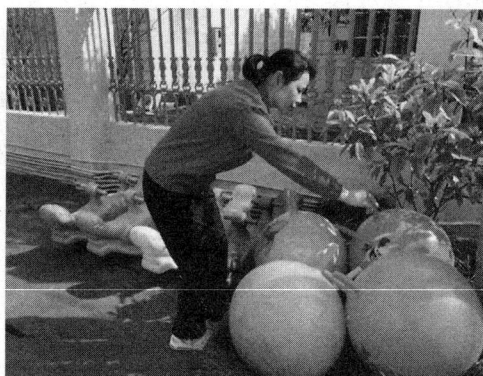

图 2　户外活动前场地及器械检查

● 活动中

保育员应根据幼儿玩耍运动器具的情况，随时注意运动器具的调整，如果发现运动器具的摆放有所混乱，可以适时调整。

对于小班幼儿来说，保育员随时调整；对于中大班幼儿，保育员可以指导幼儿一起摆放运动器具。

● 活动后

对于小班幼儿的运动器具,如果发现位置移位,有安全隐患因素的,保育员应及时摆放好;对于中大班幼儿的运动器具,保育员可以鼓励幼儿一起将一些小型的运动器具摆放好,对于一些大型的运动器具,保育员自己摆放好。

(2) 幼儿衣着的检查

● 活动前

在组织幼儿去户外运动时,保育员应提醒幼儿下楼梯时靠右边走,还要检查幼儿的衣着,是否携带不安全物品(如金属小针、小豆子等),以幼儿方便进行活动为宜。对于小班的幼儿,保育员要检查幼儿的鞋带是否系好,如鞋带松动,要帮幼儿系好;对于中班和大班的幼儿,保育员可以指导幼儿互相检查衣着,如看鞋带是否系好、裤腿是否过长等,发现问题,及时处理。(大班幼儿可以指导他们自己系鞋带,对于中班幼儿,能力较强的幼儿可以帮助能力弱的幼儿)

图3　保育员在检查幼儿的鞋带

● 活动中

对于不容易观察生理状态的幼儿,教师和保育员需要经常摸摸孩子的额头、脖子、背出汗情况,可用毛巾垫在背部帮助吸汗,并提醒这些幼儿在活动中脱衣,防止幼儿活动后因汗闷在衣中而着凉。

保育员根据幼儿活动量的强度,来指导幼儿,对于一些出汗量比较多的幼儿,保育员应帮小班幼儿脱掉外套。对于中班幼儿和大班幼儿,保育员可以适度保育,提醒他们及时脱减衣服,帮他们垫好干毛巾(冬天季节),提醒他们自己用干毛巾擦汗(夏天季节)。

案例: 早操音乐又响起了,孩子们走到紫

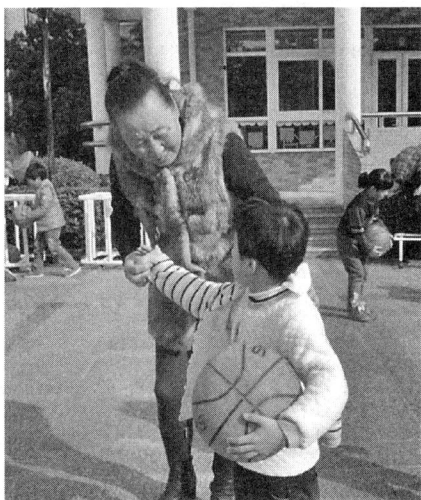

图4　保育员提醒幼儿脱外套

藤架边,拿起自己的衣服穿了起来,这时我们提醒他们:"如果你还觉得有一点热,拉链可以先不用拉。"当秋风再吹过时,再没有孩子说"我好冷"了!

- 活动后

幼儿户外活动结束后,对于小班幼儿,保育员应及时帮他们穿好外套,防止他们着凉。对于中大班幼儿,保育员可以提醒幼儿穿好自己的衣服,防止感冒。

(3) 做好安全保护工作

保育员应注意观察幼儿活动的进展情况,对幼儿给予一定的帮助和指导,做好活动中的安全保护。如幼儿持器械做操时注意调整好间隔距离,一些稍有难度的活动需要做好保护工作。

案例:"今天天气特别好,等一下我们去楼下户外活动。"没等我说完教室里的孩子已经叫声连连,甚至鼓掌。我见到这样的情况就马上制止说:"户外活动能不能像刚才这样的兴奋?要注意什么?"小朋友们异口同声地说:"一定要注意安全。""嗯,玩的时候要做到不推不挤,要懂得自我保护。"我一如既往地提醒着幼儿。接着马上就是组织排队,在要分散队伍进行户外活动时,我还提醒一定要注意安全。小朋友们简直就是把我的话背出来,我听了连连点头。小朋友们活动老师是不能松懈的,我就一直在巡逻。突然,有一个小朋友匆匆跑来说:"王老师,我们班的某某摔倒了,哭了。"我一听马上说:"在哪里。"并急忙跑去看情况。结果发现这个小朋友的后脑勺有点出血了,马上叫来阿姨按住该幼儿受伤部位并紧急送医务室,一边走一般不断安慰给孩子勇气,孩子停止了哭泣。到了医务室卫生老师仔细检查了一下,还好只是头皮划破,没有多少大关系,擦点药水就可以了。

- 攀高运动的观察

如果有一些攀高运动项目,保育员和老师可以分别站在不同的角度,来观察好幼儿,从而来保护好幼儿,防止出现意外事故。

- 紧急情况处理

如果幼儿有发生擦伤、鼻出血等情况,保育员可以利用幼儿园提供的百宝箱,来为幼儿进行及时的处理。

- 正确站位

保育员和教师的站位要正确,特别是比较危险、易发生意外伤害事故的地带,三人要分开站立(呈三角形状),使活动场地无盲区,这样才能防事故于未然。

- 三位一体

对于易发生危险事故的器械,教师保育员三位一体分工合作,保证能全面观察幼

图5　教师在大型运动器械旁进行安全保护

儿的活动情况,进行及时的安全防护。(例如,在荡秋千处,教师和保育员都能站在幼儿旁边,保护幼儿,防止幼儿发生事故;在金字塔攀登器械处,教师能站在幼儿旁边,防止幼儿发生高空坠落事故)

　　案例:有一次在玩大型玩具时,我们小二班最小的欣夷,想从大型玩具上的攀崖上去,再从滑滑梯下来,由于她人长得矮小,又加上胆子小,攀崖上又凹凸不一,有长、有宽、有窄,她手还没有拉稳安全的地方,就把脚往上跨去,没有站稳,突然一下子将要摔下,由于教师、保育员三个人注意着她,三个人的站位也很到位(因为这地方比别的地方容易发生事故,所以特别加强防护),很快就把她一把拖住,避免事故的发生。这时教师们再鼓励她,不要怕,教她正确的攀崖动作,继续攀上去,最后她成功了,从攀崖上去,滑滑梯下来,她自己也很高兴。

　　(4)注意运动生理卫生

　　● 活动前

　　保育员要组织幼儿做好准备工作,以使机体逐步适应较大的运动强度。如,可以组织幼儿进行一些慢跑、拉韧带等活动项目。

● 活动中

保育员与老师要随时观察幼儿在活动中的面色、出汗情况和动作变化。如,幼儿脸色红润,满头是汗,活动幅度较大,说明幼儿的活动量大,这时就要对幼儿实施调整,并提醒幼儿注意休息,防止幼儿运动过度;反之,幼儿脸色无变化,动作幅度小,就必须提高活动量,以达到运动的目的。保育员还要掌握灵活机动的原则,注意幼儿间的个别差异,对运动能力强和弱的幼儿要视情况调整内容,使幼儿在原有的水平上得到发展。

在幼儿运动时,教师和保育员要随时注意幼儿的活动情况,随时问问幼儿并从幼儿实际考虑,运动幅度和密度合理安排,并根据不同季节调整幼儿运动的时间和内容,春秋季户外活动运动时间较长,活动内容丰富多样,而冬夏季受气温影响,在暴热暴冷天户外运动时间相对缩短,并根据季节变化将运动时间移至接近中午或清晨。选择也需变化,冬天可以选择朝阳处,活动量也可以适当增加;夏天则选择背阳处,活动量相对减小,以便幼儿的锻炼更适合生理机能活动变化的规律。

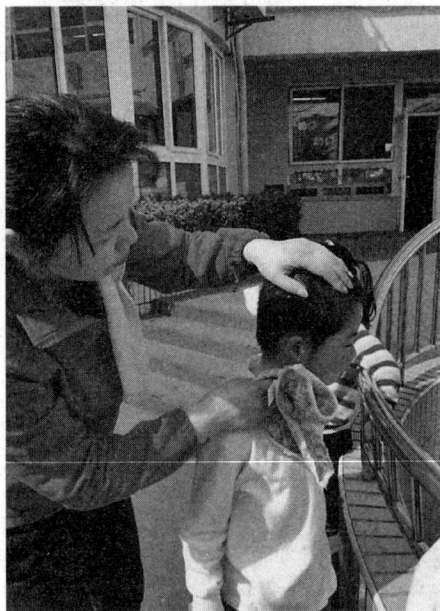

图6　保育员帮幼儿擦汗

保育员还要根据幼儿的生理反应,及时做出相应的调整工作。如,幼儿出汗量过大,要及时提醒幼儿调整运动量。(具体可参考各年龄段操作措施)

案例:"躲避灰太狼"的游戏开始啦。我选了超超做灰太狼,让他在一边伺机待命,而"小羊们"则在场地里四散"吃草"。忽然,"灰太狼"说:"小肥羊们,我灰太狼大王回来了。"说完,在场地里追赶"小羊","小羊"四散逃开,在注意躲避"灰太狼"的同时,也要躲开一同逃跑的伙伴,直到所有的"小羊"都逃回羊村,游戏告一段落。

这时,"慢羊羊村长"发现,杰杰脸色红润,满头是汗,在一旁喘气。于是,我让杰杰守卫"羊村",做适当的休息。而对于其他幼儿,我用手摸摸孩子们的额头、脖子以及背部的出汗情况,对于出汗的孩子用毛巾垫在背部帮助吸汗,并提醒这些孩子在活动中脱衣,防止孩子在活动后因汗闷在衣中而着凉。在稍作休息之后,我们又进行了第二轮"躲避灰太狼"的游戏。

针对出汗,常规的保育护理要求是给幼儿后背垫毛巾。冬天这样做很合理,但是到了夏天,由于天气炎热,垫毛巾反而会让幼儿感到更热更难受,因此不适合采用这样的行为,我们的保育员就会提高给幼儿擦汗的频率。

● 活动后

在运动后保育员和老师要注意稳定幼儿的情绪,由兴奋状态转化为平和状态,并注意运动后动静交替的互相衔接,不能让幼儿在运动后马上坐下来休息,可以在操场上漫步一会儿再回教室,等幼儿情绪平稳后才能坐下,这样一来可以减少活动后心脏的负担,有益消除疲劳。

同时在饮水方面,保育员和老师要多鼓励幼儿喝水,以补充在体育活动中失去的水分,但不能一次性喝太多水,因为一次喝下大量的水,不但会增加心脏的负荷,还会引起胃痉挛。所以保育员和老师要注意活动后幼儿饮水的问题,控制幼儿的饮水量。

(5) 特殊幼儿护理

● 肥胖幼儿

保育员可以给他们增加一些活动量比较大的运动项目(运动后的心率最大限度不超过 140 次/分钟)。

● 营养不良幼儿

保育员可以给他们提供一些活动量相对比较小的运动项目。

● 糖尿病幼儿

针对糖尿病幼儿的护理,保育员需在幼儿运动的过程中注意幼儿的运动强度,观察幼儿的面色、出汗情况,应以幼儿身体无明显不适和无明显疲劳感觉为宜。在户外活动中由于幼儿体内葡萄糖利用率有所提高,容易发生低血糖,因此在户外活动中,保育员都提醒幼儿每次带好巧克力、奶糖之类的零食,防止低血糖现象的发生。在运动过程中,保育员随时提醒幼儿注意户外运动的安全,幼儿穿的鞋子要便于运动。在着装方面,尤其是在夏季的时候应提醒幼儿尽量穿到膝盖以下的裤子,防止幼儿一旦发生摔跤事件,皮肤破损,因为糖尿病幼儿的组织修复能力减退,伤口不易愈合。

2. 环境创设

(1) 运动场地安排

根据运动器械的性质划分运动区域,便于教师进行有效的观察和安全保护。特别是大中型组合运动器具,两名教师与一位保育员通过合理的站位,实时保护幼儿在大中型运动器具上的运动安全。而其他区域也因为运动器械与动作领域的相似性,便于教师和保育员及时作出反应与指导。

- 大中型运动器具区

- 平衡区

- 跑跳区

（2）休息区

考虑到幼儿在活动中随时需要休息，如果发生意外情况，教师和保育员能及时应对与处理，在运动场地设置上将休息区设置于运动场地中。当幼儿觉得需要休息或教师认为幼儿需要休息时能够不用再走很远的地方进行休息。而移动的推车也简便了教师和保育员的保育措施。

运动后，茶水车离运动场地非常近。幼儿在休息一段时间后，需要及时补水，也只要走一小段就可以喝到水，而不用再回到教室进行补水。同时为防止喝水的与擦汗的小朋友在架子前面挤来挤去的，经过一段时间的细心观察，改变保育员摆放茶水架的方向，把横放贴墙的架子转个90度方向，竖向放置，并告诉幼儿正面拿杯子，背面拿毛巾，解决了原来你推我攘的现象。

（五）户外活动中特殊幼儿保育案例

1. 小班：以保证幼儿安全、鼓励幼儿参与活动为主。

案例：栋栋是一名早产儿，平日走路不稳，有点踮脚走路，重心不稳等都是癫痫幼儿的症状。长期的服药也造成了孩子大脑发育缓慢，动作发育缓慢，言语发展迟钝，往往是动作先于言语。

图7　运动场地的休息区

二楼平台上的中型滑滑梯是孩子们百玩不厌的活动内容。孩子们兵分几路各自分散活动时，只见栋栋就独自一人站在一旁看，注视着同伴玩。我就上前劝他："栋栋，滑滑梯最好玩了，快和大家一起去玩吧。"他摇了摇头。是不愿意玩还是怕玩呢？我怀着尝试的心理拉着他的手说："走，老师和你一起玩吧。"只见栋栋迟疑了一下，点

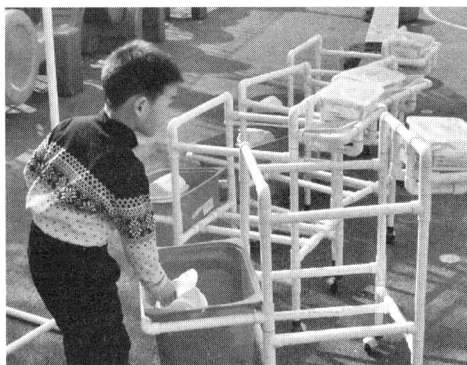

了点头。于是我扶着他上了滑滑梯，一路上他都紧紧地握着我的手，到了滑梯的平台上，我同时嘱咐一位能力强的幼儿搀着他的手照顾他。不料他大叫起来："不要、不要!"无奈我只得让他原路返回下来。我让他在旁边低矮的滑梯上玩，第一次我扶着他的手，从上面滑下来后，他手舞足蹈异常的兴奋。第二次我鼓励栋栋："你自己试试看，我在旁边看着你玩。"栋栋慢慢地自己上去，又慢慢地滑下来，因为很顺利，所以他很开心。后来他又上去玩了，来来回回玩了五个回合，还到滑梯下面的转山洞过了一把瘾。

从孩子的表现中，我们可以看出，孩子并非真的不爱玩滑梯，其实他心里也很希望和其他正常孩子一样，能正常地参加一切户外活动，能和正常幼儿一样跑、跳、滑、钻……但为什么会出现表面上的情况呢? 究其原因，除了孩子天性胆小之外，更关键的一个原因，在于孩子潜意识中知道自己身上的疾病，腿部没劲儿，不能像正常幼儿一样，玩一些需要腿部力量的户外游戏活动，怕自己摔跤，怕在伙伴面前出洋相，怕引起同伴们的嘲笑，怕……久而久之，就产生了畏难情绪、自卑心理，恶性循环，这种情绪、这种心理更加深了孩子的胆小，于是，便会出现如上所述的孩子的种种表现。

保育员找到了栋栋如此表现的原因后，觉得对于像栋栋这么特殊的学生，老师有时候真的不能只用平常的教育方法进行教育，得根据他的特点，进行针对性的"特殊"教育。所以在户外活动中，对他进行了一对一的个别化保育。由于栋栋至今走路不稳，又不会自我保护，他害怕受到伤害，对玩并不是没有兴趣，别人在玩时他总是用羡慕的眼神注视着。为此我调整了引导，鼓励他和同伴玩，并在一旁关注，引导他从玩最小型的玩具开始，尽量不离开他的身边，和他一起玩，教会他掌握玩的技能。如果他实在不能独立完成，就和他合作完成。如抱着他和他一同蹦蹦跳，抱起他把他放在滑梯上扶着他慢慢下滑，克服他的害怕心理。

在整个指导过程中，保育员以鼓励为主，循序渐进地帮助幼儿克服心理的困难，通过一起参与游戏，既保证了幼儿的安全，又让他体会到了运动的快乐。

2. 中班：以对幼儿进行情感呵护、鼓励为主。

案例：户外操场，教师组织幼儿进行走平衡木游戏。小杰不敢走，一个人在偷偷地流眼泪，为此我降低了难度，让其他小朋友拉着他的手来走。这次，小杰不再往后躲，高兴地和别人拉着手随着队伍向前走。不一会儿，轮到他上平衡木了，他犹豫了一下，我就站到他的身边。小杰抓住我的手，稍微一用力就站到了平衡木上。我心中一喜，觉得成功在望。但没想到和他拉着手的小朋友迈开大步往前走，吓得小杰大叫起来："啊! 你慢点，我害怕!"我意识到这样不行，忙抓住他的手说："没事，别着急，你松开他的手拉着我的手走吧。"小杰赶紧松开了手,紧紧地抓住了我。"试着迈一步,你一定行的!"在我的鼓励下,小杰终于鼓足勇气迈出了第一步。由于迈的步子很小,刚迈过来的脚踩在了另一只脚上,差点儿摔倒。他再也不肯迈第二步了,我只好让他下来。这时,我发现,他不再像以前那样拒绝再走,而是又排到了队伍里。当他自己再次站到平衡木上时,聪明地换了一种方式,改成侧着身子两只脚一点一点往前挪。虽然速度很慢,中间也有停顿,但是他最终还是走完了平衡木。于是我马上鼓励他说:"小杰真勇敢,能够自己走完平衡木了!"小杰听了我的话,笑着跑到队伍里向其他人说:"你看,我敢走了。"同时看到他在运动中的出汗状况我没有马上阻止他当前的行为,而是用询问式的语言以"累了"、"出汗了"、"休息一会儿"、"想办法"等语言来提醒他脱掉衣服,用干毛巾擦汗喝茶。好了以后,及时地给予肯定和鼓励,调动了幼儿参与运动的兴趣,让幼儿体验到成功的乐趣,促使幼儿更加有信心地去完成接下来的活动,具有良好效果。

小杰的腿部力量不是一个关键问题,他更需要进一步增加有关平衡动作的学习,进一步减少走平衡木的恐惧。为了降低难度和心理难度,保育员采用了两个小朋友手拉手一起走的游戏方式。另外,如果小杰还出现害怕不敢走的情况,尝试鼓励、扶着他走的策略,来进一步观察。

对待孩子们的每一个活动环节中所存在的问题的态度和方法,都需要站在幼儿的角度进行考虑。比如,午睡有很多孩子不睡,或者睡得很晚,之后发现让孩子们睡不着的原因除了一些孩子喜欢玩之外,噪音、光亮、臭味、温度、蚊虫叮咬等很多因素也会让孩子们睡不着。因此作为老师和保育员,应该尽可能地排除这些因素,而不能一味地责怪孩子们的不爱睡觉。尝试理解和尊重孩子们,去满足他们不同的需求,从情感上做到呵护与关爱。

孩子在户外活动的时候,我们老师和保育员都要将幼儿放在首位,使自己的眼中充满幼儿的影子,要多去观察,关心了解幼儿在运动中的状况,提高自身在体育运动中的随机指导、护理能力,真正地服务于幼儿。教师们的保育支持,以情感为先,满足幼儿对情感的依赖,通过友好亲近的行为,呵护他们、鼓励他们,从而增强幼儿的信心,再进一步参与到运动活动中。

3. 大班:以让幼儿学会基本的自我保护能力为主。

案例:俊灏好动,排在队伍中也不安分,蹦蹦跳跳,一刻不停,还喜欢到处乱跑,所以很容易和其他小朋友发生碰撞。比如在玩大型玩具时,常常在队伍中推挤其他小朋友。玩一些大型运动器具,例如滑滑梯、跷跷板等时,这样的幼儿对别人、对自己都存在一定的危险隐患。

俊灏看到同伴在玩滑滑梯,他恳切地对教师们说:"老师,老师,我休息好了,我要玩滑滑梯!"教师点点头:"可以,记住排着队,坐着玩滑滑梯。""哦,我知道。"他飞快地跑了出去。刚开始,他很安分守己,两圈后队伍有点长,他按捺不住,从滑滑梯的小平台一跃而下,腾空跳上滑滑梯中间,趴着从滑滑梯上滑下来。教师正要制止,卫老师一个箭步走上前,大叫一声:"俊灏,危险!"一把拉住他。俊灏灰溜溜地低着头:"老师,老师,不这样了……"保育员卫老师一边拉着他坐到滑滑梯周围的休息区休息,一边提醒他喝水,同时教育他,千万不要做危险的动作。

对于这些情况,两位教师和保育员卫老师共同商量,怎么样才能更好、更仔细观察每位幼儿的活动情况,减少或避免危险事故的发生。教师们采取了以下办法:

(1) 有目的地指导游戏,帮助幼儿建立规则意识

教师要注意在游戏区域的站位。三个大人分别站在三个不同的关键点,如,一个站在滑梯的阶梯旁,一个站在幼儿滑下来的地方,另一个站在攀爬的地方。这样既能观测到灏灏和其他幼儿的一举一动,又能时刻提醒他们注意安全。一次灏灏小朋友在滑滑梯时摔了一跤,孩子们看到他摔疼后的痛苦表情后都说:"以后不能这样滑了。"以后发生如此的事情,教师们就请灏灏小朋友讲讲怎样玩才能不摔跤。通过一段时间的观察教育,教师们发现在活动中争吵的情况在减少,危险的动作也在减少。所以教师觉得对幼儿户外活动的安全教育是必不可少的,对特殊幼儿的照顾也是很重要的。

(2) 在游戏中培养幼儿的良好品德行为

淘气的孩子闲不住,他们常常去干扰别人游戏,甚至使别人的游戏无法进行。比如户外玩滑梯时,淘气的孩子往往动作很灵敏,可以请他们给小朋友做示范,带领胆小的伙伴游戏,或者维持排队的秩序,告诫小朋友千万不要在滑梯上打闹、蹦跳,以免发生危险。这样一来可以培养他们的责任心,二来可以培养他们良好的道德行为,学会在不妨碍别人的情况下玩得开心。

教师将指导的重点放在幼儿对"危险"的认识及"自我保护"的意识上,通过案例的分享,让幼儿通过规则避免危险的出现,通过良好习惯的养成达成自我保护的目的。

(六) 户外活动中保健员实践案例

1."百宝箱"

幼儿在活动的时候容易发生鼻出血,保育员随时有可能需要一些纱布、棉花球等

护理用品;夏天到了,幼儿需要涂花露水防止蚊虫叮咬。在户外运动时,同样需要收集保管幼儿脱下来的衣物、擦汗使用的毛巾以及可能会用到纸巾、棉花球、创可贴等护理用品,这些物品必须分类放置,东西一多,就产生了摆放的问题,例如衣物篮随地摆放,保育员搞错存放干净纸巾和使用过的纸巾的袋子等。如果不小心就会拿错,容易造成孩子的交叉感染。于是想到了把一个马甲袋挂在衣物篮旁边,在实践中又发现了问题,放衣服时很容易碰到马甲袋,也容易造成不必要的交叉感染。而且总部户外运动场地很大,需要可移动的器具来携带这些东西。

根据园所的硬件条件,要因地制宜的归置物品,以便开展适宜的保育工作。衣物篮的摆放、垃圾的存放、常用护理用品的配备等引发设计"百宝箱"的需求。

百宝箱中放置纱布、棉花球、花露水、润肤露等物品。在实践中我们发现平时保育员碰到最多的还是小擦伤、鼻出血之类,于是百宝箱里面重新放置了处理小擦伤、鼻出血之类的急救物品。同时还制作了简洁易懂的擦伤、鼻出血的急救卡片贴于百宝箱的四周,当保育员和老师遇到这类问题时就能及时阅读操作。根据设计,采用了以塑料水管为材料的活动架做的"操作车"为安置"百宝箱"的装置。

2."操作车"

在户外活动中,保育员支持行为的研究,首先我们发现户外活动放衣服的篮子不合理,篮子小,冬天衣服多,往往后面的孩子衣服放不下,还有纸巾和毛巾也没有地方放,在放置操作方面并不规范。因此,通过保健老师和保育员一起讨论研究,认为有必要做一辆户外活动保育员操作车。

于是通过使用PVC管做架子,下面放一只宜家的塑料筐放衣服,上面放两只小篮子,一只放纸巾,一只放擦过的纸巾,这样小朋友随手拿得到,擦好也可以有地方扔了,避免了再找垃圾桶的过程。而且这辆车可以跟着班级走,到哪个区域活动,车子就到哪里。在尝试使用的过程中发现 PCV 管太轻,容易导致操作车不稳。为了解决这个问题,又在 PVC 管里装黄沙,使得操作车变得稳固,不容易侧翻。

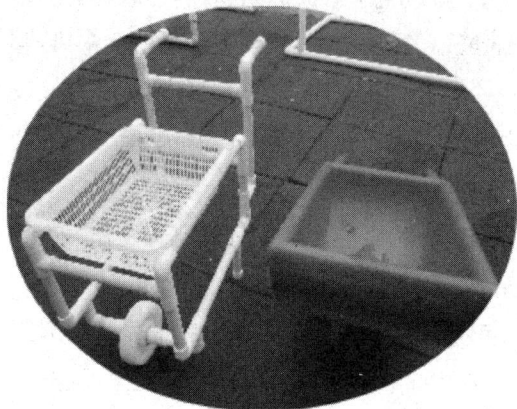

但户外活动时,幼儿最容易发生意外,一旦发生了意外,要从活动区域到保健室有一定的距离。我们所有的教职工都是经过幼儿急救培训的,所以,根据讨论结果,在操作车上放一个急救箱,便于老师和保育员马上可以处理意外事故,免去了从活动区域跑到保健室的时间,加强了急救的效率。急救箱里面放置有邦迪、棉花球、纱布、棉签、双氧水、止血带、三角巾;急救箱四周贴着各急救的要点。外皮划破处理要点:用双氧水消毒患部;癫痫发作怎样急救:扶幼儿侧卧、解衣,保持呼吸道畅通,头侧卧,使唾液和呕吐物尽量流出体外,防止舌咬伤,用纱布或压舌板塞入其上下牙之间,拨打 120;幼儿鼻出血要点:头前倾,用拇指和食指捏两侧鼻翼,压迫 5~10 分钟;幼儿坠落事故的处理:观察幼儿四肢是否受伤,是否有呕吐现象,受伤部位有肿包,可予以冷敷。

3. 糖尿病幼儿护理

案例:晓懿是一名大六班的幼儿,该名幼儿患有Ⅰ型糖尿病,Ⅰ型糖尿病的特点就是容易发生低血糖现象,容易晕倒。因此在幼儿园的一日活动中,对该名幼儿的护理也要有所注意,不能让幼儿摔着,因为患有糖尿病的幼儿凝血功能都比较差。以上这些注意点,都需要该班的保育员对她进行无微不至的关怀和照料。

针对幼儿身体的特殊性,在户外活动中,要求保育员对该名幼儿的运动安排有一定的合理性和科学性,包括以下几点:

(1) 该幼儿每次运动的时间不少于 30 分钟,脉搏应控制在 170 次/分。

(2) 在幼儿运动的过程中须注意幼儿的运动强度,观察幼儿的面色、出汗情况,应以幼儿身体无明显不适和无明显疲劳感觉为宜。

(3) 在户外活动中由于幼儿体内葡萄糖利用率有所提高,容易发生低血糖,因此在户外活动中,保育员都提醒幼儿每次带好巧克力、奶糖之类的零食,防止低血糖现象的发生。

(4) 在运动过程中,保育员随时提醒幼儿注意户外运动的安全,幼儿穿的鞋子要便于运动。在着装方面,尤其是在夏季的时候应提醒幼儿尽量穿到膝盖以下的裤子,防止幼儿一旦发生摔跤事件的皮肤破损,因为糖尿病幼儿的组织修复能力减退,伤口不易愈合。

经过对保育员的指导,保育员对该名幼儿的护理也比较到位,在户外活动中,保育员对幼儿的着装每天进行检查,发现幼儿的鞋带松了,及时提醒幼儿系鞋带,防止幼儿摔跤。在户外活动中,保育员也会根据幼儿的活动量来及时调整,防止幼儿发生低血糖现象。因此,在该名幼儿大班期间,幼儿在户外活动中从没有发生过晕厥现象,家长对保育员对该名幼儿的护理工作也深表感激。

4. 保育员分层指导

(1) 小年龄户外运动保育支持

● 注重对小年龄幼儿的护理

针对小班幼儿年龄特征(幼儿自我服务、自理能力较差),保育员在户外运动中都能主动保育,帮幼儿塞衣裤,按需及时增减衣服:运动前或出汗时脱衣服,冷了或运动后及时穿衣服。

案例:在一次早上的户外运动游戏中,班级的活动内容是骑车,当我一下命令,孩子们分头去选择自己喜欢的小车,小朋友们高兴地骑着自行车按着行驶的道路开始了行驶。只见亦宇骑在第一个,其他小朋友跟在了他后面,你追我赶,非常的投入。过了一会儿,发现有的小朋友额头上就冒汗了。我想,让孩子们停下来,孩子们可能会不乐意,于是我走到孩子跟前:"你们骑着车到哪里去啊?""我们在比赛,我们骑车去玩。"此时,我就摸了摸孩子的额头说:"看你们都出汗了,能不能休息一下?"接着,又招呼其余几名追赶的幼儿过来:"我们一边休息,一边想想骑车准备再到哪儿去,要经过什么地方?"一边说,一边鼓励孩子拿起毛巾擦擦头上的汗,可以喝点水。过了一会儿,凡凡主动跑来说:"我们骑着车到老家去,要经过火车站,路上有许多树林……"

● 注重对个别体弱幼儿的护理

重点关注体弱、感冒、肥胖等幼儿的身体情况(面色、呼吸、排汗量等),及时垫毛巾、擦鼻涕,提醒他们休息,注重各种护理。

● 注重活动过程中的跟进护理

在运动过程中,观察幼儿,根据幼儿的活动情况给予相对应的保育支持,保育工作随幼儿的运动呈动态状。对小班幼儿,保育员要及时给他们擦汗。

（2）大年龄户外运动保育支持

● 根据幼儿的运动情况，进行适当的保育护理

在运动过程中，观察幼儿，根据幼儿的活动情况给予相对应的保育支持，保育工作随幼儿的运动呈动态状，例如对于中班和大班的幼儿，要提醒他们主动给自己擦汗，及时喝水，补充水分等，适当降低运动强度。

● 根据不同的条件，灵活变化护理行为

对于中班幼儿和大班幼儿，保育员可以适度保育，提醒他们及时脱减衣服，帮他们垫好干毛巾（冬天季节），提醒他们自己用干毛巾擦汗（夏天季节）。

● 中大班幼儿独立能力培养

保育员在日常的户外运动护理中，有意识地口头提示幼儿，要求幼儿自己擦汗、塞毛巾。

案例：自由运动结束了，孩子们排着整齐的队伍，跟随老师做着准备动作，等待一起做动物模仿操。琪琪提出："老师，我好热啊！我要脱衣服。"这时候，保育阿姨已经把放衣物的箩筐带回班级准备点心去了。观察了她的出汗情况，头上基本看不出明显的汗，但是背后却是出了不少。为了防止琪琪遗忘衣物，脱下来的衣服只好系在她的腰上。

虽然教师一直在运动前提醒幼儿感觉到热了累了要注意脱衣服、喝水、休息等保育要求，幼儿基本能做到主动喝水，但是专注于运动的孩子们还是经常发生像上述因为玩而忽略掉脱衣服和擦汗，因此，第二天的运动前空闲时间，我将这两件事和孩子们分享，请孩子们自己说说看这样做好吗？什么时候该脱衣服，什么时候该去擦汗了？经过讨论，孩子们意识到汗滴下来要用干净的毛巾擦去，并且那时候需要休息一会再运动。衣服则要在运动前或者运动了一会儿有一点热的时候脱才好，不能很热很热了才脱。

在随后的户外运动中，孩子们自主保育的意识有所加强。14个孩子在运动前就脱衣擦汗，钥钥、琪琪等7个孩子在运动10分钟内主动脱衣擦汗，思思等6个幼儿则看到其他幼儿的行动后想起来去脱下来衣服。

（七）建立保育工作园本培训制度

为了确保保育工作融合与渗透在幼儿园一日生活的各个环节之中，提高保育工作人员的专业服务水平，我们从学习培训着手，坚持开展保育研究工作，确保保育工作质量。我们坚持园长深入指导，后勤大组长协调安排，各部负责人组织落实，保健

员具体操作,积极运用制度保障操作规范,通过带教提升操作规范,实施奖励鼓励操作规范,全面提升了后勤人员的规范意识和规范操作的能力,促进了后勤队伍的规范化和专业化。

1. 组织定期的专题保教会议

一直以来,大多数幼儿园保育员队伍的现状是年龄偏大、知识水平低、保育意识差,错将保育工作简单理解为搞卫生、看孩子,保教失衡,保育处于弱势地位。近几年,随着《幼儿园工作规程》《幼儿园指导纲要》等法规文件的出台,将幼儿园的保育工作提升到了与教育工作同等高度,把教师和保育员放在平等的位置,肯定保育员在幼儿园的工作中同样发挥着重要的作用。为此,保育员的工作得到了家长和社会的认可,我园肯定了她们工作价值的同时,鼓励保育教研开展专题研究。

近期以"户外活动中保育支持行为的案例研究"为依托,定期地组织相关保教专题会议,每一次以不同的内容为主要讨论点,教师、保育员共同探讨户外活动各个环节的保教行为,关注保育行为中的难点重点,总结阶段性保育工作要点,改善保育工作的方案。主题的确定往往与保育措施的改进有关。保育员与教师以在日常保育过程中发现的共性问题为切入点,对户外活动中保育现状进行分析讨论,改进措施的安排与调整等。

已进行过的专题有:

- 关于特殊儿童的户外活动护理的讨论
- 户外场地安排和运动设施的调整
- 关于百宝箱使用的培训
- 保育操作车的设置和使用培训
- 保育员操作车在使用中的改进措施
- 保育员操作技能护理要点评比
- 户外活动中护理幼儿的培训

2. 组织日常的保育工作培训

每周进行定期的日常保育工作培训,主要以保育员为培训对象,就基础的保育工作操作规范、保育支持行为进行讲解和分析,让保育员理解保育的真正意义以及正确的操作,以此提升保育行为的规范性。

我园依据《上海市托幼机构保育工作手册》制定更为详尽的《北蔡幼儿园保育员每日工作常规操作细则》,帮助保育员进一步明确了自身的职业要求、岗位职责和每日常规工作的操作细则,并在极具操作指导意义的《北蔡幼儿园保育员每日工作常规操作细则》和《北蔡幼儿园保育员一日工作流程》的指引下开展了一系列的现场观摩、交流竞赛活动。在现场演示活动中,园管理者、保健员和保育员们立足操作现场,发现问题,解决问题,互动评议,鼓励规范行为,由单向的说教、示范培训转变为直观的、互动的、共同参与的保研活动,贴近了保育员的需要,更有效地解决了保育员在实际工作中的具体问题,使保育员真正成为保育教研的主人,从而使每一位保育员得到切实的专业化成长。

同时,我们根据后勤人员的不同特点,开展了有针对性的培训活动,促进三大员专业素养的提升。比如,对新进保育员,我们以保育员一日工作要求为主要内容,以师徒带教形式,与老保育员结对,开展常规工作跟教活动,使新入人员能较快地适应岗位工作的要求。对后勤人员中的年轻人员和骨干人员,我们提供外出学习的机会,让她们走出幼儿园,去市内保育工作做得较为出色的示范园参观学习。同时,我们请这些骨干发挥作用,开展带教结对工作,为她们建立带教档案,通过实地带教、异地实践等多种方式进行园内的辐射和引领。

此类培训以实践操作为主要目的,从基础技能上保证保育员的有效资质。

3. 组织定期的保健保育例会

此类例会针对不同对象开展,主要以教师、保育员交流阶段保育工作体会为主,有时亦有家长参与例会,了解我园保育工作开展的情况,并提出自己的意见。因此,会议主要分析全体保育员、保健员关于户外活动中的保育现状和对策,讨论教师或保育员在保育工作中遇到的问题和心得,帮助他们解决实践中遇到的问题。

特别是在确立专题内容后,各班保育员开展对班级日常户外活动中幼儿的行为的重点观察,对自身的保育行为积极反思,以案例的形式将有研究价值的活动片段一一记录。为了让保育员进行有效的观察与案例撰写,开展相关的案例撰写培训;在保育教研活动中,园方邀请了科研专家、幼儿保育专家共同参与倾听了保育员们的案例交流,并对案例进行了概括和提炼,总结了保育员在幼儿的户外活动中应采用适度的保育支持行为。因此,在专题研讨的同时,培养了保育员观察、案例撰写的能力。

- 全体保育员、保健员关于户外活动中保育现状的分析、对策
- 保育员关于户外活动幼儿护理撰写案例的培训
- 请保育专家对保健员开展案例撰写以及如何指导保育员实施

(八) 保育员户外活动保育行为分析

课题进行到中期阶段,我们想了解保育员在户外活动中对幼儿进行保育护理

时遇到哪些困难、需要管理层提供哪些支持以及保育员如何理解"主动保育"、"适度支持"等概念,因此于 2012 年 3 月对我园三个园部共 25 位保育员进行了问卷调查。

问卷包含评分题和选择题。评分题共 15 题,为 3 点评分题,分值为 1～3 分,由保育员对每一项工作的难度进行打分,1 分代表很困难,2 分代表有点困难,3 分代表做得好。如果选了 1 分,还需就困难的原因进行选择。选择题共 3 题,涉及"哪一项工作最困难"、"希望获得的资源和支持"、"针对不同年龄段幼儿保育重点的回答"。

1. 评分题得分情况

(1) 总体得分情况

表 1　问卷统计结果

平均分	标准差	最高分	最低分
2.832	0.137	3	2.44

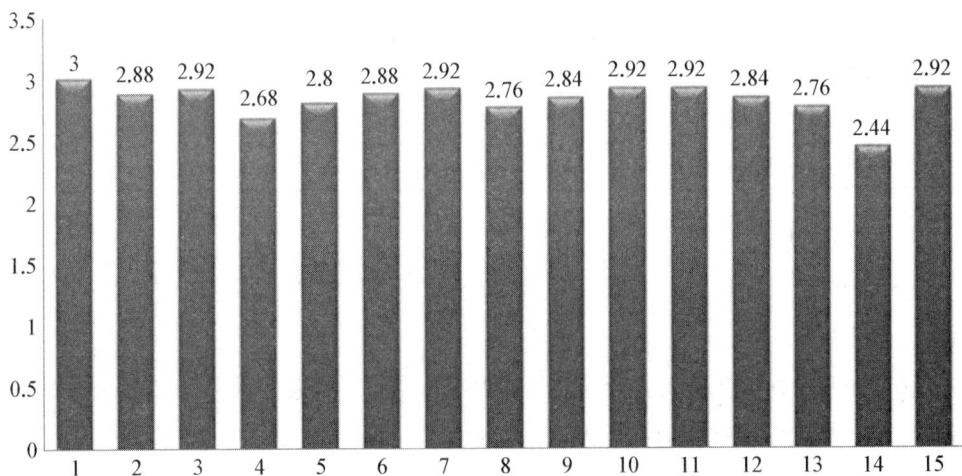

图 1　所有题目平均分情况

从表 1 和图 1 可知,本问卷 15 道评分题的平均分均处于 2.44～3 分之间,平均分是 2.832 分,说明对于户外运动中的保育工作,保育员基本都认为自己做得比较好,没有特别的困难。其中 14 道题目的得分均高于 2.5 分,第一题得分最高,为 3 分;第 14 题得分最低,为 2.44 分。最高分与最低分的差距为 0.56,标准差为 0.137,说明每一题得分之间的差异很小。

（2）每一题得分情况

表 2　每一题得分情况

题　号	描　　　述	做得好 3分	有点困难 2分	很困难 1分
1	检查场地、器械、玩具是否卫生、安全	25 人	—	—
2	检查幼儿衣着是否合适	22 人	3 人	—
3	准备好运动中所需的用品	24 人	—	1 人
4	保护幼儿的安全	20 人	2 人	3 人
5	照顾特殊幼儿	22 人	1 人	2 人
6	根据运动量提醒幼儿饮水、擦汗、休息、增减衣物	22 人	3 人	—
7	协助教师组织开展活动	23 人	2 人	—
8	培养幼儿的自理能力	20 人	4 人	1 人
9	指导幼儿如何更好地运动	21 人	4 人	—
10	回应幼儿的求助	23 人	2 人	—
11	解决幼儿之间发生的冲突	23 人	2 人	—
12	帮助幼儿习得一些自我保护的措施	22 人	2 人	1 人
13	培养幼儿勇敢、坚强的运动品质	20 人	4 人	1 人
14	处理突发事故	12 人	12 人	1 人
15	整理运动器械	23 人	2 人	—

从表 2 可知：

①对于"检查场地、器械、玩具是否卫生、安全"这项工作，所有的保育员都认为自己做得很好。

②对于"检查幼儿衣着是否合适"这项工作，有 22 位保育员认为自己做得很好，有 3 位保育员认为做起来有点困难。

③对于"准备好运动中所需的用品"这项工作，有 24 位保育员认为自己做得很好，有 1 位保育员认为做起来很困难。

④对于"保护幼儿的安全"这项工作，有 20 位保育员认为自己做得很好，有 2 位保育员认为做起来有点困难，有 3 位保育员认为做起来很困难。

⑤对于"照顾特殊幼儿"这项工作，有 22 位保育员认为自己做得很好，有 1 位保育员认为做起来有点困难，有 2 位保育员认为做起来很困难。

⑥对于"根据运动量提醒幼儿饮水、擦汗、休息、增减衣物"这项工作，有 22 位保

育员认为自己做得很好,有 3 位保育员认为做起来有点困难。

⑦ 对于"协助教师组织开展活动"这项工作,有 23 位保育员认为自己做得很好,有 2 位保育员认为做起来有点困难。

⑧ 对于"培养幼儿的自理能力"这项工作,有 20 位保育员认为自己做得很好,有 4 位保育员认为做起来有点困难,有 1 位保育员认为做起来很困难。

⑨ 对于"指导幼儿如何更好地运动"这项工作,有 21 位保育员认为自己做得很好,有 4 位保育员认为做起来有点困难。

⑩ 对于"回应幼儿的求助"这项工作,有 23 位保育员认为自己做得很好,有 2 位保育员认为做起来有点困难。

⑪ 对于"解决幼儿之间发生的冲突"这项工作,有 23 位保育员认为自己做得很好,有 2 位保育员认为做起来有点困难。

⑫ 对于"帮助幼儿习得一些自我保护的措施"这项工作,有 22 位保育员认为自己做得很好,有 2 位保育员认为做起来有点困难,有 1 位保育员认为做起来很困难。

⑬ 对于"培养幼儿勇敢、坚强的运动品质"这项工作,有 20 位保育员认为自己做得很好,有 4 位保育员认为做起来有点困难,有 1 位保育员认为做起来很困难。

⑭ 对于"处理突发事故"这项工作,有 12 位保育员认为自己做得很好,有 12 位保育员认为做起来有点困难,有 1 位保育员认为做起来很困难。

⑮ 对于"整理运动器械"这项工作,有 23 位保育员认为自己做得很好,有 2 位保育员认为做起来有点困难。

从表 2 可以看出,第 14 题**"处理突发事故"**对保育员来说是有一定困难的。

2. 选择题得分情况

表 3 选择题得分情况

题号	题 目	得 分 情 况
16	以上 15 项工作,您在日常工作中最担心的是第_____项(单选)。	有 4 人选了第 4 项; 有 1 人选了第 13 项; 有 18 人选了第 14 项。
17	我希望获得_____资源、支持(最多可选 3 项)。	选 A 的有 12 人; 选 B 的有 10 人; 选 C 的有 5 人; 选 D 的有 22 人; 选 F 的有 11 人; 选 G 的有 1 人。

题号	题　　目	得 分 情 况
18	对于小班幼儿,保育员的职责是_____(单选)。	选 A 的有 23 人; 选 C 的有 2 人。
	对于中班幼儿,保育员的职责是_____(单选)。	选 B 的有 2 人; 选 C 的有 19 人; 选 D 的有 2 人。
	对于大班幼儿,保育员的职责是_____(单选)。	选 A 的有 1 人; 选 B 的有 7 人; 选 C 的有 2 人; 选 D 的有 13 人。

从表 3 可以看出:

(1) 对于保育员来说,日常保育工作中最担心的是"**处理突发事故**"。

(2) 关于保育员希望获得的支持和资源,最多的是"**家长的理解**";其次是"**加强保育工作中所需的硬件**"、"**保育工作中难点重点的培训**"和"**姐妹园之间交流学习**"。

(3) 关于每个年龄段保育工作的重点:

● 小班保育员认为是"**保证幼儿的健康、安全**"。

● 中班保育员认为是"**培养一定的自理能力(自己穿脱衣服、擦汗等)**"。

● 大班保育员认为是"**帮助幼儿提高运动能力**"和"**教会幼儿一些自我保护的措施**"。

根据问卷结果,我们在之后的保育培训中,加强了对"处理突发事故"的针对性培训,就"保育工作中的重难点"进行定期培训,巩固保育员这方面的知识和实践操作能力。在硬件方面,我们也尽可能地进行了改善,为原本保育操作室较小的园部辟了一块地方,方便保育员进行卫生清洁工作。

三、研究效果

(一) 幼儿户外活动事故发生率降低

户外活动的保育支持行为一方面是为了帮助幼儿在户外活动中进行有效的护理自理,同时也是为户外活动的安全性提供了保障。在问卷调查中发现保育员都较为担心"突发事故"的处理,因此在开展课题时,特别将"预防与应对突发事故"做了详细的分析及操作规范的讨论,力图减少突发事故的发生和处理得及时与规范。

以"主动保育,适度支持"为理念,不仅仅是加强了保育员对户外活动安全的意识,同时也针对幼儿提出了各年龄段的自我保护的要求,使得"适度支持"的行为恰到好处地发挥出来。因此通过这一课题的实施开展,幼儿户外活动事故发生率已有所降低。

(二) 形成了"主动保育,适度支持"的保育理念

针对户外活动环节中的保育护理和安全管理进行此项课题研究,由园长、行政主任、各部负责人和后勤大组长牵头,组织各部保健员参与三个部的户外活动,进行现场观察和保育工作质量评定。我们以"主动保育,适度支持"这一核心概念为指导思想,分别对三部的实施情况进行分析,归结优势和不足,商讨调整方法。各部保健员带着这些设想,回本部带领相关人员开展研究,确定具体整改措施,并将其作为下阶段工作的方向,在实践中加以落实。一阶段后,再进行回访,了解措施的实际效果,并在此基础上发现新的研究问题。同时,各岗位人员撰写相关案例,总结工作经验,归结相关保育支持行为。

在整个研究过程中,我们根据日常工作经验,提出"主动保育,适度支持"保育指导思想,并在实践中促进保健老师、教师、保育员对这一核心理念理解的深化与阐释,体现到保育行为中。

(三) 家长对我园保育工作的认可

幼儿园保育工作的服务对象是广大的家长与幼儿,为了使服务对象能更了解和支持保育工作,使我园的保育质量不断提升,我们鼓励家长积极参与幼儿园的保育管理工作,通过建立家长监测评价机制来确保工作的实效。我们发放家长满意度调查问卷,在幼儿园整体工作中,家长对生活照顾工作一致都打了满分,满意度达100%,而对环境的安全性、设施与玩具、疾病预防、班级保育员工作的满意度也达到了几乎满分的情况。由此可见,家长对我园的保育工作具有较强的认可度。

四、对于今后的思考

(一) 交流互动,形成家园一致的保育理念

我园研究并实施了大量的户外活动中的保育支持行为,保障了幼儿在园活动时的保育质量。但是在研究中我们也发现,由于家长观念的落差,造成了家长在护理幼儿户外活动时存在着一些不科学的做法。比如,大部分家长怕幼儿着凉,嘱咐幼儿出汗了不能脱衣;部分家长对幼儿过度保护,怕幼儿摔跤,不敢让幼儿参加有挑战性的体育活动等。

我们设想将本课题研究的成果通过多种方法和途径向广大家长进行宣传和交流,帮助家长逐步树立"主动保育,适度支持"的保育理念,形成家园合力。

主要方法和途径

1. 家长园地

(1) 口头沟通

(2) 家教现场指导活动

(3) 请家长参与活动

(4) 引导家长结成互助组

(5) 家长园地及借阅角

2. 家园合作

(1) 走进幼儿家庭,引导家长创设好的教育环境：物质、精神

(2) 结合幼儿情况进行具体指导

3. 家长沙龙

(1) 家长园地中刊登

(2) 小组形式的经验交流会

(3) 家庭互助组

(二) 拓展提升,形成全面系列的支持行为

保教结合是幼儿园工作的一个重要特点。通过对本课题的研究,"主动保育,适度支持"已经成为我园户外活动中保育工作的核心理念。我们将在本课题研究的基础上,进行进一步的拓展,秉承核心理念,对一日活动中其他环节的保育工作进行研究,形成各环节保育支持行为,构建一日活动中保育支持行为系列,全面提升我园的保教工作质量。

参考文献

[1]华爱华.幼儿户外游戏的挑战与安全.体育与科学,2009,30(4)：35－38

[2]赵红霞.幼儿园健康教育和保育工作研究.时代教育,2010,1：230

[3]王红花.幼儿户外游戏活动中应注意的四个问题.小学时代(教育研究),2010(4)：95

[4]王友红.让教师在保育岗位中超越自我.山东教育,2008(27)

[5]日本幼儿园的园中事故调查及应对态度.幼儿教育,2006(7,8)

[6]韦凌云.幼儿园户外体育活动安全调控策略.学前课程研究,2008(7,8)：136－138

户外运动中安全教育的案例研究

——以"意外摔倒"为例提高幼儿自我保护的意识和能力

赵霞萍

活泼好动是幼儿的天性。户外运动是最让幼儿喜欢的活动之一,多做户外运动可以使幼儿身体各部分得到锻炼,提高全身机能的整体素质。但在户外运动中常常会发生一些意想不到的事。例如,户外运动时难免要奔跑、跳跃、钻爬、攀登等,幼儿在活动中突然跌倒;抛接的物品落到自己或同伴的身上;玩兴大发时互相碰撞等事件屡见不鲜,有时甚至造成了非常严重的伤害事故。那么究竟是哪些原因导致了这些意外的发生呢?

1. 体质差,体能弱

幼儿由于年龄小,体质和体能发展不理想,在活动时往往把握不好平衡,身体重心不稳,动作不协调,反应慢,不灵活,相撞时躲闪能力差,加之成人对幼儿的过度保护和替代,没有给他们提供更多的锻炼机会,有时甚至剥夺了幼儿实践、学习自我保护的权利,因此,意外伤害事件就很难避免。

2. 自我保护能力不足

传统的儿童观是"保护"、"养育",尤其现在大多数是独生子女,儿童在成人的全方位保护下成长起来,他们在意外事件中常常表现出不知所措,缺乏一定的自我保护意识、经验和能力,从而导致了意外伤害的频频发生。

3. 不良行为

目前,很多年轻的父母只重视孩子的智力发展,往往忽视孩子生活习惯和自我服务能力的培养,这就造成有些幼儿任性、执拗,集体意识差,谦让、友善不够,在游戏和户外运动时,规则、秩序的意识较为淡薄,遇到新鲜好玩的器械时,容易一拥而上,发生争抢、拥挤等现象,这些不良的行为习惯正是发生意外事故的隐患。

由此可见,安全教育是保护生命的教育,是幼儿健康领域教育的重要内容,在户外运动中具有重要的意义。因此为了幼儿的健康成长,对幼儿进行安全教育,增强其自我保护意识和能力是我们不可推卸的责任。

案例：贝妮摔倒之后

实录：

户外运动时,大家在玩滑梯,当贝妮上到阶梯一半的时候,小宇着急一推,贝妮从阶梯上摔了下来,她捂着胳膊痛苦地哭了。在场的小朋友立即大叫起来:"老师,贝妮摔倒了,都怪小宇!"幸好只有三格阶梯,没有酿成大祸。

回到教室里,我抓住这次偶发事件和幼儿展开了讨论。首先我和大家一起分析了这次事件的原因,由于有了深刻的情感体验,孩子们都抢着发言:"小宇没有按次序。""小宇推前面的小朋友。"……那么到底怎样玩滑梯才比较安全呢? 孩子们自己总结出来:一个一个上滑梯,不推人,不拥挤;等前面的小朋友滑下去了,后面的小朋友再滑;玩的时候要站稳,手要抓牢把手等。

经过了此次事件,在以后的户外运动中,孩子们较之前有了较大改观,抢先、拥挤的现象少了,提醒同伴遵守规则的大有人在。

诊断分析：

工作中我们经常发现这样的情况:一些体弱、受保护过度的幼儿,在活动中经常磕磕碰碰。由于平时缺少锻炼,造成动作不协调、平衡能力差,遇到情况反应慢,所以比较容易受到意外伤害。相反,平时活泼好动、身体健壮的幼儿由于好动、灵活、反应快,遇到情况能采取紧急措施,意外受伤率却很低。可见,增强幼儿体能是提高幼儿自我保护能力的有效途径。

中班幼儿的自我中心特点仍较为突出,玩得高兴时,常常忘记了要遵守规则和秩序,往往一拥而上、你推我挤,极易造成身体伤害。因而,在户外运动中,注意培养幼儿按秩序玩,遵守活动规则,也是使幼儿获得自我保护意识和能力的重要途径。

意外伤害是偶然发生的,但又往往是不可预料的,对于以形象思维为主、抽象思维刚刚萌芽的幼儿来说,意外时的自我保护是难以掌握的。因此,只有掌握和内化安全与自我保护知识,有情感体验,形成自觉行为,增强安全自助能力,才能更好地避免受到伤害。

中班幼儿与小班幼儿相比,活动能力增强,但自我保护意识和能力尚薄弱。根据幼儿的年龄特点,以及对幼儿的观察分析,我在上述案例中采取了以下措施,收到了较好的效果。

1. 捕捉幼儿身边的真实事件,使幼儿获得情感体验

幼儿安全教育的关键,是培养他们自我保护的能力,那么情感就起着重要的作用,有了情感影响,才能更好地推动他们对安全和自我保护知识的认知,主动学习自我保护的方法,提高保护自己的能力,易理解且保持长久。我能就当前发生的事件,即时开展讨论,使幼儿感受深刻,主动地建构了相关经验。

2. 寓教育于生活之中,引发幼儿思考

即时利用幼儿生活中的所见所闻,和幼儿一起对实例进行分析,使他们知道一些引起伤害的原因,对提高幼儿的安全意识,进而形成自觉行为,构成连续的、实质性的影响是非常有帮助的。栩栩如生的案例,讨论后达成的共识,指导和规范着幼儿的行为,有目的地增强了幼儿安全行为的自觉性。

后续跟进:

"千般爱护,莫过自护。"虽然我们不鼓励孩子随意冒险,但适当地让孩子学会在一些活动中掌握自我保护的方法是十分必要的。通过培养幼儿的自我保护能力,变消极躲避为积极预防,就能够使各种意外伤害发生的可能降到最低限度。在后续的户外运动中,我加强了幼儿的体能训练、自我保护意识的教育,并根据幼儿的年龄特点采取"积极引导法",培养幼儿的自我保护能力,将幼儿的自觉行为推进到一个新的高度。

1. 创设游戏情境,增强体能获得经验

根据我部运动场地小的特点,我就在玩法上动脑筋,创设不同的情境让幼儿进行锻炼。如幼儿在玩"侦察兵"的游戏过程中,我要求他们兵分两路钻过山洞实施侦察,并鼓励他们根据自己的能力选择从上或从下通过。从上通过难度较大,稍不留神很容易摔跤,但是幼儿非常喜欢挑战,在指导中我除了语言提示,给予适时辅助外,更多的是让孩子自己想办法通过,很多孩子几经挫折之后终于挑战成功,他们为此欢呼。高难度的运动增强了他们的体能,使动作更协调更灵活,思维变得更活跃,而最大的收获是获得了如何在运动中遇到困难时保护自己的经验。

2. 运用多种形式,增强幼儿自我保护意识

幼儿体力小,生活经验不足,适应环境能力差,遇到险情时常常身心难以应付,而正强化的刺激,将有利于幼儿自我保护意识的提高。

(1) 个别指导和同伴影响相结合。对于个别能力较弱的幼儿,我加强个别指导,

因为他们对那些危险性强的项目自我保护能力差，无意识，在老师的个别指导下，那些孩子会逐渐养成习惯，从而对这些项目有防范意识。有时同伴的影响也是很重要的，特别是看到别人遇到困难或危险，自己便会从中吸取教训，而去摸索和探究另一种保护自我的方法，从而也增强了自己的保护意识。

（2）表扬和纠正相结合。一些能力强的孩子时常有一些好的自我保护方法，我们就不断地加以发扬、光大，使更多的孩子了解到了哪些项目应注意，哪些是安全的……孩子们会在活动中不断摸索出正确的姿势及安全的玩法，从而有意无意地提高了自身的保护意识。另外，在活动中，我还眼观六路、耳听八方，全面关注每一个孩子，一旦发生险情或不安全的动作时，及时指出并帮助其纠正，这样也提高了孩子们的自我保护意识。

3. 注重积极引导，形成自我保护习惯

生理学家认为："习惯是自动了的条件反射。"幼儿期容易形成条件反射，抓住这一教育契机，把握有效的方法，就能使幼儿从小养成良好的自我保护习惯。

良好行为的养成，能使幼儿躲避伤害。为了使幼儿懂得遵守活动规则，我将日常行为规范编成朗朗上口的儿歌，便于幼儿理解、记忆；又通过讲故事、游戏模拟等，让幼儿判断是非，知道遵守规则、互相谦让的重要性；还利用设置问题情境，请幼儿回答为什么老师这样要求他们，以此提高幼儿思考的能力，从而使他们学会积极的防御。

游戏是幼儿喜欢的活动内容之一，而一些四散的、追逐性的运动型游戏常常带有一定的危险性，如幼儿在互相追逐中可能会冲撞、摔倒。于是我通过语言提示"朝着一个方向跑和追"，来引导幼儿掌握行为规范，学习自我保护。反复多次的提醒，不但让幼儿掌握了保护自己的方法，而且还逐渐养成了习惯。

渐渐地，孩子们在自我保护教育的驱动下，表现出大胆勇敢、遇事不慌、遵守规则的意志品质，还逐步形成了自觉行为，自我保护能力得以提高。由此可见，户外运动中，教师必须重视幼儿的自我保护，将教育过程转化为幼儿的内在需要，支持他们的正确行为，实施教育影响，才能促进其健康发展。

1. 即时教育是安全运动的前提

教师只有善于观察，及时发现安全隐患，即时进行教育，同时鼓励幼儿自我保护，才能达到安全运动的目的。

2. 指导支持是自我保护的保障

教师只有对正确行为给予支持，对不当行为加以指导，即多形式、多途径地开展安全教育，才能激发幼儿的自我保护意识，发挥安全运动的有效性。

3. 深化影响是主动保护的关键

教师只有长期坚持、反复强调、深化影响,才能变消极防护为积极自护,使幼儿在增加感性认识的同时,获得具体的实施方法,并逐步养成习惯。

幼儿自我保护意识和能力的提高,对其健康成长、避免外界的伤害、及时有效地保护自己和他人有着毋庸置疑的影响。为了切实保障每个孩子的生命安全,必须让幼儿成为安全教育的主体,在教师的引领下,将安全教育融入日常生活之中,帮助幼儿形成有益于健康的行为和习惯,使之不仅成为一种价值追求,更成为一种教育的存在形式。让我们共同努力,把安全教育落到实处,对幼儿一生的生活质量负责,为幼儿的幸福生活奠基!

户外活动中提升保育支持行为有效性的实践与思考

叶　君

　　幼儿园户外活动是通过游戏的形式让幼儿在玩中学、玩中练,达成幼儿运动发展目标的重要途径,是幼儿园一日活动中的重要组成部分。在这一环节中,保育员、教师的配合尤为重要,既要引发幼儿参与运动的兴趣和热情,又要关注运动中的健康安全,二者一起指导幼儿玩得有度、玩得得法,做到观察全面,照顾细微,提醒教育幼儿有安全意识和自我保护意识,尽量避免安全事故发生等,保护幼儿的身心健康。我园一直高度重视幼儿的身心健康发展,关注户外活动的质量,关注户外活动中保育工作的规范化管理,将其视作促进幼儿园保教质量提升的重要抓手之一。

　　我园规模大,有三个不同的校区,运动场地也各不相同。我园人员也比较多,个体之间均存在差异。保育员人数众多,年龄跨度也比较大,对于保育专业知识的理解水平和实践能力存在一定差异。虽然我们一直在开展有关的培训和学习,但是在理念转化为行为的过程中仍存在一定的差异,导致了解不深入。我园新入职教师和非专业教师也比较多,她们的专业背景和教学经验水平各不相同,对保育能力护理情况不是很了解。因此为了切实提高大家在户外活动中保育支持行为的有效性,我们开展了对保育支持行为的实践研究,努力提升户外活动中的保育护理质量。

一、强化保育工作新理念,形成现代科学教育观

　　我园保育工作多年实践的基础上,提炼了"主动保育,适度支持"的保育理念,并积极贯彻,引领教工在户外活动中,能有效地观察幼儿、指导幼儿,并能根据幼儿的不同年龄、不同的环境以及不同的季节,对幼儿实施适宜的保育支持行为。我们提出的"主动保育"是指保育员和教师的保育行为和措施是主动、自发的,具有预见性和防范性的,而不是在发生问题后采取的应对措施。举例来说,被动的保育是发现幼儿摔伤

了之后进行事后补救和护理,而主动的保育就是保育员和教师高度注意、密切关注幼儿,当发现幼儿有摔倒迹象之前就及时采取行动,防患于未然。"适度支持"是指保育员和教师能根据幼儿的年龄特点不同、个体差异不同、活动要求不同、季节差异不同等情况而采取的有针对性的支持行为。例如大班幼儿在户外运动时运动量比较大的时候,额头冒汗比较多,我们可以通过语言提醒来让他们自己主动擦汗,而不是我们去帮他们擦汗,从而能促进幼儿的自我服务能力。

那么,如何具体将"主动保育,适度支持"这个保育理念,落实到每个保育工作者身上呢? 如何在户外活动中做到"主动保育,适度支持"呢? 我们从以下几个途径来落实。

(一) 根据幼儿不同的年龄特点,向保教工作者宣传保育新理念

我们组织保教人员进行相关培训,让她们进行相关的讨论,自己解读"主动保育,适度支持"这八字理念。首先向她们解释何谓主动保育,何谓被动保育,分析如何来做到主动保育,如何来做到适度支持。经过一系列的讨论研究,我们发现小班和中大班由于年龄特点的不同,因此幼儿对自己的保护能力也是有差别的。由于小班幼儿自我保护能力比较差,针对这些情况,我们保健指导保育员在户外活动中要主动为幼儿塞衣裤,按需及时增减衣服,充分体现小班幼儿的年龄特点,体现主动保育。而对于中大班幼儿,我们就提醒保育员对中大班幼儿的护理必须要适度支持,保育员可以适度保育,提醒他们及时脱减衣服,可以根据季节来为他们做好保育护理工作。在冬天,由于幼儿穿衣服相对来说比较多,运动完后背出汗后可以由保育员帮他们垫好干毛巾;在夏天,因幼儿穿衣服比较少,可以提醒幼儿自己用干毛巾擦汗。总之,在运动的过程中,保育员要观察幼儿,根据幼儿的活动情况给予相应的保育支持,保育工作随幼儿的运动而变化,真正体现"主动保育,适度支持"的全新的保育理念。对于老师来说,我们也指导老师在户外活动前要预先跟保育员进行一个很好的沟通,把户外场地和将进行的一些运动项目告知保育员,让保育员可以提前对户外活动时幼儿的活动状况有一个预见性,让老师能根据幼儿的年龄特点,做好主动保育,适度支持。

(二) 强化保教结合意识,提高户外实践操作能力

为了体现保教结合的重要性,园内强化了晨会交接制度,要求早班教师对幼儿每日来园状况有一个清晰的了解,一旦了解幼儿身体状态不佳,教师必须及时与保育员沟通,确保在户外活动中保育员和教师可以对幼儿的护理工作做到位。在保育员方面,强化落实每日的午检午睡,晚班教师在午睡过程中做好巡视工作,对午睡中发现

幼儿异常情况的,教师及时做好相关记录,并及时与保育员沟通,保育员也在午检午睡表格上做好相关记录,确保下午户外活动幼儿的正常开展。通过教师和保育员之间的不断沟通、保教意识的加强,来切实提高户外活动中保育支持行为的有效性。通过保育员和教师相互之间保教意识的加强,教师和保育员能相互促进保育行为的改变,促进教师主动指导并配合保育员一起进行保育行为的转变;促进保育员从被动、机械地执行保育行为到理解每个行为的改变原因,从而针对不同的幼儿、不同的情况灵活采取适当保育行为的转变。

二、倡导"三位一体"新合作,构建保育护理支持链

《幼儿园工作规程》中规定:"保育员要在教师指导下,管理幼儿生活,并配合本班教师组织教育活动。"尤其在户外活动中,幼儿活动量大,活动范围广,就更需要教师和保育员共同来组织和实施各项保育措施,以此来保障幼儿的健康和安全。为了更加有效地凸显户外活动这一保育工作的重要性,保育员和老师的密切配合也是相当重要的,她们在户外活动中的岗位分工也是不同的。

(一)加强沟通,发挥教师统筹组织作用

教师在每天开展户外活动之前,先跟保育员沟通一日活动计划,告知当天运动内容,布置保育员协助工作要求,同时在进行户外活动之前,也跟幼儿交代好今天户外活动要干些什么,进行一些什么样的运动项目,交代一些运动规则,在户外活动过程中随时观察幼儿的运动情况,及时调整,确保幼儿在活动过程中的安全性,避免幼儿发生意外事故。

(二)密切注意,强化保育员安全防护作用

保育员在跟幼儿一起户外运动的时候,要密切注意幼儿的一举一动,要让自己在观察的时候注意到老师的盲点,老师在组织幼儿进行游戏的时候,保育员就必须注意力高度集中,眼观八方,随时调整自己的站位。保育员在户外运动场地上要给自己的站位定位好,同时根据运动过程中的教师的站位改变也要进行及时补位,顶替空缺方位,360度无盲点。

(三)整体把控,凸显保健监管作用

在户外活动中,保健主要巡视各班情况,一旦发现班级有特殊情况,及时调整安排。比如,在户外活动时,幼儿发生意外摔伤,保健根据情况就地处理,或者带离幼儿

去保健室处理伤口。又如对于发生传染病班级,保健安排专用场地,给他们使用专用器具,与其他班级分开,既保证了发病班级正常活动的安排,又对传染病的发病率进行了防范。通过保健在户外场地的整体把控,户外活动能有条不紊地进行,并且能保证幼儿运动量和身心健康发展。

在户外活动中,我们为了提高在户外活动中不同岗位的配合度,对保育员和老师以及保健在户外活动中有了一个各自不同的分工,提出了"三位一体"的站位理念,避免幼儿在户外活动时事故的发生。何谓"三位一体",就是两位老师和一位保育员在活动中的站位呈三角形,可以360度全方位观察到幼儿的活动区域,避免盲点,从而减少户外活动幼儿事故的发生。形成"保健-教师-保育员"三位一体的户外活动中的保育支持链。

三、拓展专业培训,提升保育护理的有效性

在户外活动中,我们开展各项保育工作的最终目的是促进幼儿身心健康的发展。这不仅体现在给幼儿创设安全、健康的户外活动环境,给予幼儿有针对性的保育措施等处,还体现在培养幼儿的自我保健意识和初步的自我服务能力上。我们通过多途径多渠道,来共同提升保育支持行为的有效性。

(一)以老带新,引领成长

保育员作为保育工作主要实施的一个群体,在这个群体中起着举足轻重的作用,在我们幼儿园中,保育员之间年龄差异大,保育员的接受能力和理解能力差异也很大,而且随着新保育员的不断加入,导致保育员队伍能力参差不齐。如何来改变这种现状呢? 我们保健组的老师们头脑风暴、群策群力,对新进保育员,我们以保育员一日工作要求为主要内容,以师徒带教形式,与老保育员结对,开展常规工作跟教活动,使新入人员能较快地适应岗位工作的要求。通过结对带教的方式,让能力强的保育员带能力相对弱的保育员,让老的保育员带新的保育员,一对一,手把手,开展带教活动,实施合理规范的指导。最终,让这些经验不丰富的保育员逐渐成长起来,并且有的已经成为我园保育员中的佼佼者了。例如,朱阿姨刚来幼儿园做保育员,由于没有实践经验,因此一开始对保育工作简直是不知所措,甚至觉得自己不能够胜任这份工作,有打退堂鼓的打算了。针对这种情况,保健员首先手把手教保育员如何开展平时的保育工作,餐桌消毒、午点消毒以及一些班级湿性打扫的一些基本要点都一一说给她听。尤其是在户外活动这一块保育环节中,对这位保育员重点进行跟踪观察,提醒

保育员每次户外器具的准备工作到位了吗？还有在跟班级两位老师随班活动中,也时刻提醒保育员要观察好幼儿的运动量,注意怎么样去护理幼儿,如何跟班级老师配合好共同做好幼儿的户外活动……经过几年的工作积累,再加上她自己的努力,现在她能根据幼儿活动量及气温的变化,及时帮助或提醒幼儿擦汗和增减衣服,照顾体弱幼儿减少其运动量,对于患病儿等特殊幼儿能根据病情给予特殊照顾和护理。正因为这位保育员在活动中有主动保育的意识,并能根据现场和幼儿情况给予幼儿适度的支持,所以在户外活动中,她能很好地配合教师指导幼儿,得到了教师们的一致好评。对于新进编的教师和非专业的教师,由保健组长牵头对她们开设有关保育工作的专项讲座,让她们能从根本上得到保育工作专业上的提升,从而能促进她们更好地做好保育工作。

(二) 自我思考,相互促进

为了确保保育工作融合与渗透在幼儿园一日生活的各个环节之中,提高保育工作人员的专业服务水平,我们从学习培训着手,坚持开展保育研究工作,确保保育工作质量。我们坚持园长深入指导,后勤大组长协调安排,各部负责人组织落实,保健员具体操作,积极运用制度保障操作规范,通过带教提升操作规范,实施奖励鼓励操作规范,全面提升了后勤人员的规范意识和规范操作的能力,促进了后勤队伍的规范化和专业化。

为了提升我园保育员的整体保育水平,基于一园三址的特殊情况,我们分部对保育员进行每两周一次的保育员业务培训,每学期组织三个部的所有保育员进行保研活动,为保育员相互交流、沟通搭建平台。一方面我们鼓励保育员将日常工作中的困惑、问题拿出来大家共同探索,一起脑力风暴,寻找对策;另一方面,我们也将一些好的保育案例与大家分享,共同学习,积累经验;另外,我们还邀请专家来园指导,把最新信息传达给保健,然后由保健再把信息传达给保育员,让我们的保育员们也能与时俱进。通过一系列的培训,95%的保育员能做到在一日活动中全面关注每一个孩子,对突发事件作出判断,主动地进行保育,为幼儿提供适宜、适度的保育支持。

在教师培训中,我们也同步开展保育工作学习,在师训课程中也把保育工作列入在内,请专家为教师开设讲座,作为校本研修的重要内容,鼓励教师总结保育工作经验,跟其他老师一起交流分享。

(三) 多方学习,开拓视野

园方在保育员培训方面也大力地支持,抓住一切机会提升保育员的保育能力。

当上级部门有相关的保育员培训项目的时候,园方出钱出力,鼓励保育员走出校门,外出学习,跟其他姐妹园的保育员们交流、互动,让她们在转变观念、提高能力的同时也开阔了眼界。在这个过程中保育员们主动保育的意识有了很大程度的提升。基于此,我们也在日常工作中有意识地去记录和拍摄这些优秀保育员日常工作中的点点滴滴,在每次保育员培训的时候大家一起分享、交流和学习,共同来提高。园方也派遣教师去其他姐妹园实地观摩,将他园好的一些保育工作经验纳入本园,同时在教师教研会上探讨,提炼更好的保育工作经验,来一起共同提升保育工作的实效性。

户外活动是幼儿园一日活动的重要组成部分,因此重视良好的户外活动环境创设,优化户外活动的每一个环节,提供有效的户外活动,给予幼儿适度的保育支持,才能依托户外活动促进幼儿的身心健康发展和身体健康成长。作为幼教工作者,我们要不断地提高自己的主动保育意识,提升保育行为的有效性,通过我们的努力把孩子培养成体格健壮、个性品质优良的一代新人是我们共同的目标和愿景。

个别指导，关注户外活动中特殊体质儿童的保育护理

汪晓敏

我园有一名大班幼儿小一患有 I 型糖尿病，I 型糖尿病是由于胰岛 β 细胞被破坏而导致胰岛素绝对缺乏所致。它的特点就是血糖升高快导致视力下降，看不清东西；容易发生低血糖现象，容易晕倒；疲劳乏力，精神状态不佳，不愿意活动，不愿和同伴一起活动。因此在幼儿园的一日活动中，对小一的护理也要有所注意，不能让她摔着，因为患有糖尿病的幼儿凝血功能都比较差。以上这些注意点，都需要该班的保育员对她进行无微不至的关怀和照料。

针对小一身体的特殊性，保健组上网搜查了有关糖尿病的资料，了解了糖尿病的症状、糖尿病人的饮食禁忌等。糖尿病不仅与遗传有关，更与不良的生活方式有关。膳食结构不合理，长期高脂肪、高热量饮食，整日在电视机跟前，缺乏户外活动，致使热量摄入大于消耗，是导致糖尿病的主要原因。通过对这些资料的研究，保健组对该班级的保育员肖阿姨提出了相关的饮食护理要求之外，更鼓励小一科学合理地参加一些户外运动，保证这名特殊体质幼儿的身心健康。

在户外活动中，我们要求肖阿姨对小一的运动安排有一定的合理性和科学性，包括以下几点：

（1）每天都要进行锻炼，而且每次运动的时间以持续在 20～40 分钟为宜，脉搏应控制在 170 次/分。

（2）在幼儿运动的过程中须注意幼儿的运动强度，观察幼儿的面色、出汗情况，应以幼儿身体无明显不适和无明显疲劳感觉为宜。

（3）由于幼儿胰岛功能衰竭，血糖脆性高、波动大，再加上需要注射胰岛素治疗，运动强度或者运动量稍大或没及时加餐，容易发生低血糖，因此在户外活动中，保育员都会及时提醒幼儿随身带好巧克力、奶糖之类的甜食，防止低血糖现象的发生。

（4）在运动中，保育员随时提醒幼儿注意户外运动的安全，幼儿穿的鞋子要便于运动。在着装方面，尤其是在夏季的时候应提醒幼儿尽量穿到膝盖以下的裤子，防止幼儿一旦发生摔跤事件，皮肤破损，因为糖尿病幼儿的组织修复能力减退，伤口不易愈合。

为此，保健员还特地为小一制定出一套适合她的运动方案：夏天天气炎热的运动护理方案以及冬天天气寒冷的运动护理方案。

夏天： 天气炎热，一运动都会出汗，空腹运动时，还会发生低血糖，所以在运动前，保健组会提醒肖阿姨让小一吃一些食物充饥。小一身材比较高大，又比较爱穿裙子，在户外活动之前，肖阿姨会悄悄地把她带到小房间，给她换上一条宽松的棉质的长裤，以便于她攀爬等运动项目。在运动时，小一一旦进入了运动状态后，会忘情地和同伴嬉戏，这时肖阿姨会适当提醒小一控制她的运动量以及时间控制在 30 分钟以内，及时给她擦汗，及时补充水分。在稍作休息之后，保健员也会在运动之后去测一下小一的脉搏，以便了解她的脉搏是否在合适的范围之内，观察小一的面色是否正常，也会询问她在运动后是否有头晕现象。

夏季的一天，天气比较炎热，在户外运动前，肖阿姨又给小一换上了一条棉质的裤子。那天她们班级去攀爬大型滑滑梯，小一大概嫌裤脚长攀爬起来不方便，自己偷偷地把裤脚卷了起来，把小腿都露了出来，这样她攀爬起来就方便了。看着她在滑滑梯上矫健的身影，老师和保健都感到很开心，但是一想到小一的病情，保健员走上前去对小一说："小一，你怎么把长裤变成中裤了呀？"小一连忙回答说："裤脚有点大，我爬的时候会踩到它，所以我把它卷起来了。""这样的话，你的小腿万一划破了怎么办啊？"保健员说。小一好像明白了保健员的意思，很不情愿地把裤脚放下去，裤脚又恢复到原来的长度了，但是细心的肖阿姨为了小一能自如地攀爬，找了两个安全的小夹子，把裤腿夹起来，这样小一又能轻轻松松地玩了。虽然小一的身体比较特殊，但是对于她们班的老师和保育员来说，却从来没有迷茫和退缩过，有了这样的一个使命，她们会寻找各种方法让小一显得不那么"特殊"。

冬天： 天气寒冷，在运动之前保健员会提醒肖阿姨让小一做 5～10 分钟的准备活动，避免高强度的运动后心率过快。另外，小一爱出汗，运动了一会后背就会出汗，这时贴心的肖阿姨会为她及时擦掉头上和身上的汗，并及时垫上小毛巾，以免着凉感冒。运动即将结束时，保健员还指导肖阿姨耐心地陪小一做 10 分钟左右的恢复运动，避免运动突然终止，心律不齐，控制不住血糖。有一次，小一穿了没有口袋的裤子，甜食就没有拿在身边，那天运动强度稍微有点大，结果运动之后，小一反映有头晕等现象,肖阿姨马上让她停止运动,及时给她补充了巧克力等甜食,避免了晕厥现象的发生。

同时,在其他季节里、在雨天、在雾霾天,保健员也对小一制定了适合她的运动方案,肖阿姨也对小一实施了周到细致的护理工作。在活动前,保健员会及时让肖阿姨对小一着装进行检查,发现鞋带松了,就及时提醒她系好鞋带,防止摔跤。在活动中,保健员和肖阿姨对小一进行全程观察,一旦发现有异常情况,就会及时采取应急措施。同时,老师也会根据小一的情况来及时调整活动量,防止发生低血糖现象。

开展一定量的户外运动对Ⅰ型糖尿病的治疗也是一个辅助手段,在该幼儿血糖相对控制良好的情况下,保教工作人员应鼓励小一多参加一些力所能及的体育活动,如小跑步、跳高、有氧运动、广播体操等均是很好的运动类型。

对于身体特殊的幼儿,我们虽然不是专业医疗机构,但是可以配合专业医疗机构做一些比较有用的预防和控制,如上面说的户外运动,但同时还要注意小一的日常心理情况和社会交往。因为大多数身体有特殊状况的幼儿都有胆小、自卑等问题。小一身形比较高大,但是胆子比较小,这就需要老师和肖阿姨对她比其他小朋友更耐心、细心、爱心。对于小一这个情况,我们可以这样提升她与别人的交往:

1. 提供交往机会:创设较多此类幼儿与他人交往的游戏和活动。

2. 培养和树立自信心:发现此类幼儿的优点和闪光点,培养他们的自信心和表现意识。

3. 感受集体活动的乐趣:鼓励幼儿分享自己喜欢的物品,参加有趣的活动,乐于来幼儿园。

4. 家园合作培养教育目标一致:利用家长开放日、上门家访、家长园地等,与家长更好地沟通和交流。

对于心理特殊的幼儿,如小一这样的Ⅰ型糖尿病幼儿,我们更多的是要做好家长工作,尤其是要面对具有逃避和回避心理的患者家长。我们要告诉他们虽然糖尿病患者趋于低龄化,但是不用过分焦虑和担心,我们会更好地来照顾她,而不是排斥她。

老师们和保教组给予了小一及家长以关怀和同情,鼓励他们增强信心,积极主动配合幼儿园给予小一的护理及照顾。保健组特地给小一制定的运动原则是:持之以恒,量力而行。

在大家的悉心护理下,这名幼儿情况平稳,在户外活动中从未发生过晕厥现象,也能正常参加一日活动。

小班幼儿良好午餐习惯养成初探

冯燕飞

俗话说:"孩子吃得好,睡得香,身体也就长得好。"可今年我们班孩子的吃饭问题却是比较大的。在开学前的家访中,有半数的家长告诉我们,孩子在家吃饭都是要大人喂的。还有一些家长坦诚地说:"老师,我们的宝宝有些挑食。"开学后,在跟孩子的直接接触中,我发现我们班孩子的进餐问题远远超过了家访时家长们的反映程度。为了帮助孩子解决进餐问题,让幼儿养成自己吃饭、吃饭时不挑食、样样都吃的良好饮食习惯,促进他们身体的健康发展,我在班级里开展了培养小班幼儿独立进餐和不挑食的实践和研究,并希望通过案例的研究来归纳出帮助孩子养成独立进餐和不挑食的良好习惯和方法。

一、耐心引导,改变现状

根据开学调查的实际状况,我一方面与家长进行沟通,指导家长在家中如何配合老师对孩子进行教育和帮助;另一方面在班级里开展了"我是好宝宝"、"样样都要吃"、"蔬菜水果真好吃"等系列活动。在集体活动中,我和搭班老师通过讲故事、介绍食物的营养等方法,让孩子知道了样样饭菜都有营养,并用自编儿歌和歌曲《宝宝样样都爱吃》来引导孩子做一个会自己动手吃饭、会样样饭菜都吃的宝宝!

在游戏活动中,孩子们通过做做玩玩,对蔬菜和水果有了一些了解,产生了一些亲切感。同时,孩子们的作品在老师的帮助下被剪贴布置在了教室的墙面上,这对孩子起到了一定的教育和引导作用。另外,在个别化学习活动中,我们还增加了喂娃娃吃饭、喂小动物吃饭等内容,帮助了孩子练习使用小勺等技能。

在生活中,我们通过介绍菜谱、介绍食物的营养、进餐前先让个别孩子尝试品尝一些他们平时不爱吃的菜肴等方法,帮助孩子逐步养成样样饭菜都吃的好习惯。在进餐时,我们还通过表扬鼓励、榜样树立等方法引导孩子自己动手吃饭。

在老师的耐心引导和帮助下,孩子们知道了样样饭菜都有营养,样样饭菜吃了身体才会更棒,也能够自己动手吃饭了。但由于孩子的个性和习惯的不同,在进餐时孩子们仍会表现出这样或那样的问题,需要老师帮忙的孩子仍较多。

二、仔细观察,分析现象

在对孩子进一步仔细观察后,我们发现很多孩子先吃自己喜欢的菜,在吃完喜欢的菜后,进餐速度就开始慢了,不爱吃的饭菜含在嘴里不动,让他们再吃,就会恶心呕吐。在这些孩子当中,有的爱吃荤菜,有的爱吃蔬菜,还有的吃白饭很快,一旦吃菜就会咽不下去。在观察分析后我觉得,这些孩子还是挑食,他们还不习惯吃他们平时不吃的食物。一些孩子把不爱吃的菜大口含在嘴里,又不对其进行咀嚼,时间一长,口中饭菜无味,吃的食欲也就随之淡化。最后,他们口中的食物就真的难以下咽了,只有靠喝汤才能把饭菜吞下。还有一些孩子自己吃得慢,看见别人吃完开始玩了,自己也就没心思吃,开始东张西望了。这部分的孩子是贪玩、玩心重的缘故导致吃饭速度慢。还有极个别孩子吃什么都没有胃口,只吃一点点,他们可能是本身的胃口小、食道细,这应该是生理上的问题。

三、对症实践,调研对策

在观察分析了不同幼儿的不同表现和不同原因后,我针对幼儿的不同情况采取了不同的方法,对他们开始了帮助和引导。

1. 针对挑食类幼儿的主要方法和效果

开始时,在进餐前先让他们吃一些他们不习惯吃或平时不吃的食物,吃的量逐渐增加,在他们自己正式进餐后,只引导他们再吃一点他们不习惯吃或平时不吃的食物,但不强求,帮助他们逐渐适应吃各种食物。在以后的进餐过程中,根据情况,对挑食严重的孩子则把他们最爱吃的留到最后再给他们吃,保证他们样样饭菜都能吃。在采用了这两种方法后,孩子开始真正做到了样样饭菜都能吃了。

2. 针对含饭菜类幼儿的主要方法和效果

在这类孩子进餐的过程中,我们需要不断地提示他们,嘴里的食物每一口都不要太多,吃进一口以后要及时用牙齿咀嚼,把饭菜嚼碎后马上咽下去,然后再吃下一口;不要连续进食,把嘴里塞得满满的,无法咀嚼也无法下咽,还会让牙齿也坏掉。在老师的督促引导下,含饭菜的孩子进餐速度也逐渐加快了。

3. 针对贪玩类幼儿的主要方法和效果

让这些孩子的座位尽量避开幼儿的活动区,并提前一会儿让他们开始进餐,在别人吃好后提醒他们尽快吃完,然后再去玩。实在吃得很慢的,则到最后再帮忙喂几口。采用了这种方法后,孩子为了能快一点去玩,前面进餐的速度就相对要比原来快了。

4. 针对没胃口类幼儿的主要方法和效果

对于这一类的孩子,我们则建议家长带孩子去医院检查一下,而后听取医生的建议,家园一起帮助孩子提高食欲。班里的娇娇小朋友在医生的建议下补充了锌元素后,吃东西更香了,胃口也开了不少。

案例：不爱吃蔬菜的湉湉

■ 实录一

"冯老师,我能不能不吃这个青菜?"我回头一看,菜盘里的青菜是和鲜香菇一起炒的,上面放着一个鸳鸯蛋,蛋上淋着番茄汁,颜色这么美的一盘菜,难道她又不要吃？这是我们班的湉湉小朋友,一位非常挑食的宝宝。

我站在她旁边,悄悄地问她："这么好看的菜,你一样也不吃吗?"她说："我最不喜欢吃这个香菇了。"听了这话,我马上明白了,原来她是不喜欢香菇和青菜炒在一起。因为我要照顾全班小朋友的午餐,所以就要求她学着吃吃看,她就很不情愿地慢慢地进餐了。当我巡视到她面前时,只见香菇已被她丢在了桌子上。

分析：

湉湉小朋友从开学到现在,吃饭一直是班级中位居最后几位的,不是挑食不要吃,就是吃得最慢。每天午餐时,小朋友都吃完开始玩了,她还不愿自己吃。与家长沟通过很多次,但却收效甚微。今天,按照以往的教育方式,我肯定是以批评为主了,但考虑到会影响其他孩子的情绪,我就忍住了,想想还是慢慢来吧。

于是,在午睡时我和搭班老师商量,决定两位老师对她采取"一致性"教育,同时利用"娃娃家"的角色游戏,来帮助她和"蔬菜"做朋友。

■ 实录二

娃娃家里的蔬菜有很多,虽然都是自制的,但孩子们总是玩得很投入。每次游戏时,湉湉总是喜欢做妈妈,做妈妈的责任可大了,不但要烧饭菜给家人吃,而且还要招待客人吃饭等。今天的游戏开始了,湉湉照例做了妈妈,只见她抱着宝宝出门坐公交车去了。我也上了车,在她旁边的座位上坐了下来,跟她有一搭没一搭地聊起来:"哎哟,这是谁家的宝宝啊? 长得胖嘟嘟的,真可爱!"浩浩听了很开心:"这是我家的宝宝呢!""哦,宝宝长得这么胖,这么可爱,你平时肯定烧了好多好吃的菜给宝宝吃吧?""嗯嗯,我烧了番茄炒蛋、糖醋黄瓜,还有青菜炒蘑菇……""是吗? 原来宝宝是吃了那么多有营养的蔬菜才长这么胖的啊?"只见她得意得直点头。我连忙接着说:"如果你以后吃饭时也能样样蔬菜都吃一些,那么肯定也会像宝宝一样长得胖嘟嘟的了,对吗?"听了我的话,她似乎明白了什么。果然,在以后的午餐中,浩浩开始学着吃蔬菜了,虽然吃得很慢,但终于开始愿意吃蔬菜了。

分析:

　　以游戏化、情境化为载体优化小班的午餐环节,是培养小班孩子良好进餐习惯的有效方法之一。我们应当运用各种游戏方式贯穿于幼儿的午餐环节,选择符合小班年龄特点的游戏方式进行教育,以游戏为基本活动来帮助孩子建立良好的进餐习惯。当然,游戏也同样适用于其他生活环节。

案例: 佳佳不含饭菜了

实 录

　　佳佳也是一个挑食的孩子,她知道样样食物都有营养,也知道样样都吃身体好的道理,但在进餐时,每当遇到自己不爱吃的菜就会含在嘴里不动。结果,满嘴的饭菜用牙咀嚼就变得困难重重了。今天的午餐吃菠菜,又是佳佳不爱吃的菜,于是,在吃饭前我就对她说:"佳佳,今天我们吃大力水手吃的菠菜,吃了以后会让小朋友的力气变得大大的!""可是我不喜欢吃菠菜……"佳佳说出了她的心里话。"没关系,那我们就一小口一小口地吃吧!"在进餐过程中,我就不断地叮嘱她,一次少吃点菠菜,吃进去的菠菜马上用牙齿嚼,嚼碎后马上咽下去,然后再吃下一口。看到佳佳按照我的提示尝试着吃她不爱吃的菠菜时,我马上表扬了她:"今天佳佳表现真好,平时不吃的菜也快被她消灭了呢!"不仅口头表扬,我还贴了个五角星在佳佳额头上。这下,佳佳的动力更大了,用着老师教她的方法,终于把一小盘菠菜都吃完了。

分析:

　　孩子喜欢听别人的表扬,乐意接受别人的鼓励,叮嘱也能帮助孩子改变原有的坏习惯,而表扬和鼓励则更能帮助孩子养成好习惯,巩固好习惯。作为老师,特别是小班孩子的老师,更不能吝惜自己的一句表扬或一个奖励,因为你的一句鼓励、一个眼神,很有可能帮助一个孩子逐渐改掉他原有的坏习惯。

我的思考:

在这一学期的探索和实践中,我获得了不少培养小班孩子独立进餐和不挑食的宝贵经验、心得和体会。但在实践中也发现,现在许多家长对孩子太过溺爱,又非常缺乏教育引导的方法和手段,而且他们在教育引导孩子方面存在着一定的盲区,看不到现在的问题会影响孩子今后的发展,这是我们幼儿教育者在教育幼儿的同时也该注意和重视起来的问题。孩子的教育光靠老师的启发和引导是不够的,只有家园合作才能更好地促进幼儿发展,从而提高教育的有效性。

好习惯使人终生受益

——浅议小班幼儿良好行为习惯的培养

潘嘉奕

幼儿时期是养成良好行为习惯的关键时期,越早培养幼儿的良好行为习惯,对幼儿产生的积极作用就越大。幼儿教育阶段是人生经历的第一个学习阶段,对未来的发展也有着重要的奠基作用。依据小班幼儿的年龄特点,小班幼儿良好行为习惯的培养是从关注小班幼儿良好生活习惯的培养开始的。下面我就本学期我在培养幼儿良好行为习惯方面的一些做法进行梳理和小结。

1. 创设安全、愉快、宽松的师幼互动氛围,让孩子在轻松、愉快的氛围内养成良好的行为习惯

新小班的孩子离开自己的亲人感到焦虑,产生不愉快的情绪反应,这一点在小班孩子身上体现得淋漓尽致——离别焦虑。他们对自己亲近的人会产生强烈的依恋情感,哭就是他们最明显的表现。情绪外露,容易受到周围环境的影响,易感性和易变性,一个孩子哭,后面就跟着一群孩子哭。

小班孩子就是一张白纸,喜怒哀乐都毫无掩饰地表现在脸上,让他们接受到适应需要一段时间。我们要想办法安定小班孩子的情绪,让他们爱上幼儿园和老师。这个年龄也正是培养各种良好行为习惯的关键期。我班辰辰开学第一周每天入园情绪很不稳定,每天都是一张哭泣的脸,我告诉奶奶先回去,越是让他看到你就越舍不得你走,哭得也更加厉害。辰辰奶奶每次也是很配合地离开了。"老师我要抱⋯⋯""你不哭我就抱一会。"听到不哭才能抱,小机灵立马哭声渐轻。吃点心还是很伤心,自由活动中还是闷闷不乐眼眶湿湿的,于是我发出了邀请:"辰辰,听妈妈说你唱歌很棒呢! 给我们唱首歌好吗? 告诉我你想唱什么?""上海滩,但是我要音乐。""没问题啊,马上来音乐!"小家伙脸上终于露出了一丝笑意。午饭时间到,辰辰又开始哭泣,一双小眼睛直勾勾地盯着我,我明白他的意思,但此时我却假装看不见,暗自观察他的动

态。小家伙哭了一会,看我也没什么反应,自己拿起勺子乖乖地开始吃饭。"辰辰很棒哦!"午睡时间,他小嘴里一直说着:"等下奶奶就来接我了。"我安慰他说:"是的,你现在把小眼睛闭起来,睡觉起来吃好点心,奶奶会第一个来接你。"辰辰听着我的话,乖乖地躺在床上,可嘴里还是轻轻念着:"睡觉起来吃好点心奶奶就来接我了。"我就静静地坐在旁边安慰他,就这样辰辰慢慢地入睡了。

从辰辰妈妈那了解下来,辰辰从小就是爷爷奶奶带大的,所以总是粘着他们。爸爸妈妈对他也是有求必应,凡事包办代替,正因为如此,孩子一离开他们,便觉得没有了安全感。对于这样的孩子,我觉得我们要多关注他,让他对老师产生信任感,尽量减少他因没有安全感而带来的对当前人、事、物的抵触。于是我尝试着通过游戏,比较宽松的活动来分散他的注意力,让辰辰尽快融入、适应新环境。在娃娃家中我用颜色鲜艳的相框贴上孩子和家长的照片,摆放孩子喜爱的娃娃,玩具架上放些有趣的玩具。同时,让家长在家也能适当放手让孩子自己去完成一些小事情,送孩子入园路上事先告诉孩子离开的时间,做好分离准备,告诉孩子回来后会和他做什么。

良好的行为习惯贯穿于幼儿的一日生活中各个环节,孩子们也就是在长期的生活中逐渐形成、养成的。因此,在此过程中,我为孩子们创设了一个良好的学习环境,营造宽松、民主的心理环境,让他们在轻松、愉快的氛围内养成良好的行为习惯。在任何时候、任何情况下,首先我要对自己严格要求,平常要注意自己的言行举止,一句话、一个动作,都会深深印刻在孩子脑中,我要为孩子树立榜样,耳濡目染,起到潜移默化的推动作用,来影响、教育孩子们。同时,在常规的教育过程中,教师针对不同情况的孩子采用不同的个别教育,及时地对幼儿进行提醒与正确的引导,让他们在无形中自觉地形成良好的性格与习惯,积极地鼓励幼儿良好的行为与点滴的进步,而对于那些不良的行为,则是耐心说服与引导,对他们提出目标与要求。孩子们在得到肯定后会更加努力做好每件事。

2. 加强与家长的联系和互动,形成家园合力,共同培养幼儿良好行为习惯

我班诗语小朋友自控力比较差,做操时手脚不停地动,但完全没有按照要求做,自己在自由地手舞足蹈,想怎么做就怎么做,摇摇晃晃,容易被其他东西吸引,老师提醒也完全没有反应。午餐时间也不专心,这里走走、那里逛逛,把勺子放到旁边孩子的碗里,习惯性地到处望,饭粒经常掉到桌子上、衣服上、地上,从不听指令,喝水了就叫着跑出去喝水了。做游戏也常常注意力不集中,到处望望,打扰其他的小朋友。玩玩具时,总喜欢拿其他人的玩具,并且藏在娃娃家柜子里,每次收玩具时从不会主动放好,老师提醒很多次就是不肯交,最后不想玩了就随便乱放个地方跑了。

针对孩子身上出现的种种情况,我觉得作为老师首先要清楚孩子的特点,帮助孩

子建立与新环境相适宜的秩序感。于是在接下去的学习和生活中,我更多关注诗语的举动,同时对于不正确的行为及时制止,并明确地告诉她错在哪里,应该怎么做。在同伴中给她树立一个学习的榜样,鼓励她向班上的好孩子学习。对其违规要不厌其烦,反复提醒,并多与家长联系和沟通。过程中,我定期与家长进行沟通和联系,及时反馈孩子的情况,让家长意识到家长的配合的重要,并提醒家长在家里不要事事包办。

家长作为孩子的第一任老师,他们的一举一动直接影响着自己孩子的行为习惯,小班孩子又喜欢模仿、被表扬,家长更应该起到言传身教的作用。小班孩子良好行为习惯的培养,是一个长久形成的过程,需要我们与家长的共同努力与配合。我通过多种方法,开展亲子活动、家长会等,多方面与家长联系,并给他们提出相应的要求。在园形成的习惯要与家里形成的共同发展,家园合手。孩子在家如果有好的行为,我建议家长可以及时地鼓励,奖励小红星等方式,行为不好的就拿掉一个,累计到一定的数量就给予相应的奖励。这样可以让孩子从无意识的"好行为"到有意识地知道什么是好的行为、什么是坏的行为,习惯成自然。

3. 利用儿歌、游戏等帮助幼儿养成好习惯,将好习惯的培养渗透到一日生活的各个环节中

小班孩子需要通过角色扮演,激发起角色情绪,从而热情地参与到相应的教学活动中。幼儿都是需要在情境中学习的,我觉得让他们在感兴趣的活动中接受教育,于是我平常利用游戏对幼儿进行了良好行为习惯的教育,几次试下来效果显著,这是一种很好的方法。在娃娃家中,我让幼儿练习给娃娃穿脱衣服、用勺子喂娃娃吃饭。在个别化区域中,我提供了各类型的衣裤、勺子、筷子、可喂食的材料等,让幼儿操作、摆弄。与此同时我还举办了叠被子、娃娃穿衣等比赛,孩子们的动手能力都得到了很大的提高,我感到很欣慰。

每天早上从入园的那一时刻起,孩子们就通过和老师、阿姨、小伙伴们热情、有礼貌地互相问候,与家长道别,学习到了与人交往最基本的技能——基本礼貌。走进我们班,刚开学我会亲自示范给孩子们看,耐心地引导幼儿如何正确地洗干净小手,镜子上方贴上了正确洗手的步骤图;平时我会教他们学习洗手儿歌,借此引导孩子一边念儿歌一边巩固。此后洗手的时候,孩子们会按照洗手步骤图,一步一步正确地洗手,印象深刻。我给孩子们创造舒适的条件、环境,通过儿歌等形式教他们唱、念儿歌,也建议家长在家可跟着一起学唱,让孩子从中得到强化,只要是在他们能力范围之内的事,都该让他们自己去尝试,从中习得经验教训,提高自我解决问题的能力及动手能力。我通过儿歌、故事等,让幼儿边说边做,学会正确洗手,也从中知道洗手的作用,培养其良好的

生活卫生习惯。播放动画片，又让孩子们直观地看到、感受到良好的行为习惯。

每次运动前我也会告诉孩子们一些安全方面的问题。今天我们轮到玩滑滑梯，我告诉孩子们如何正确玩滑滑梯等一些方法。刚开始，孩子们都能够按照我说的要求去做，从楼梯走上去，滑梯上滑下来。可玩到最后，孩子们玩滑滑梯就不怎么循规蹈矩了，各种各样的样子都出来了，他们有的两个好朋友手拉手一起滑下来，有的几个好朋友抱在一起滑下来，还有的从滑梯上爬上去，更有孩子侧身、翻身滑下来，各种奇形怪状的滑梯姿势都出来了……事后我进行了反思，在运动前，我总是期望孩子们按照我所期待的效果进行活动，所以会跟孩子们说很多的要求，在活动中我也是这么做的。刚开始的时候，孩子们还是能按照要求玩的，但是玩了一段时间之后，孩子们玩得尽兴了，就开始放开了，于是出现了各种各样的滑滑梯的样子。通过观察，我发现孩子们玩得都很开心，可能在开心的时候他们就忘记了在玩滑梯时候要他们注意安全这回事儿了，他们其实自己也是无意识的，所以在这个时候作为教师的我该怎么做呢？我觉得可以悄悄地提醒这部分孩子，让他们适时地调整自己的行为，而不会因为个别和部分孩子不恰当的行为而影响到整体的孩子。在安全的情况下，我应该鼓励、支持他们的探究，同一种材料，也可以有不同的玩法。因为小班孩子的动作灵敏性不是很好，所以我要特别做好防护工作，让孩子们提高自我保护意识。结束活动后，我通过照片或者视频和孩子们聊一聊、说一说，我们是怎么玩滑滑梯的，和幼儿一起讨论，这样玩好不好，让孩子们对正确和不正确的玩滑梯的方法进行判断。这样就有一个经验巩固、提升的过程。其实很多方法都可以借鉴、使用。

进餐的时候，我引导孩子学习正确安静地吃饭，我会通过讲些小故事等让孩子们知道一些食物的营养与我们身体的关系，一些挑食、不好好吃饭、还有些不良的进食习惯的孩子都慢慢地有所改正了，一段时间后孩子们明显有了很大的进步，都能慢慢地适应幼儿园的生活。中午看到阿姨拖地板，孩子们会默默地主动走过去把围在中间的椅子搬走摆放整齐。

午睡时间，孩子们能够自己脱掉衣裤、鞋子钻进被窝，不和小伙伴打闹嬉戏，安然地入睡。孩子们由简到繁，逐步地学习如何穿脱衣服，良好的睡姿、睡眠习惯等，我暗暗观察，让一些能力强的孩子来帮助穿脱衣服有困难的同伴。观察下来，我发现有一些孩子不习惯在园上厕所，这时我就耐心地与他们沟通，引导他们自己独立上厕所以及正确擦拭屁股的方法，结束之后能够自己整理衣裤。

我根据我们班孩子的年龄特点组织开展符合他们的游戏，活动中提供丰富多样的器材，发展孩子们多方面的运动能力，培养、锻炼他们的毅力，在锻炼的同时也进行了一定的阳光沐浴。每次活动前,我会先把要求讲好,不断提醒、调整、及时沟通,让幼儿在游戏规则中有触动,让孩子有意识并接受规则。每次游戏都会有观察重点、规则意识、交往情况、出出进进,需要共享的都看仔细,想想用什么方法解决,引导幼儿说说。每次我们班开展桌面游戏与区域游戏活动结束后,孩子们会自觉、及时地把操作材料按照上面贴的相应图片放回原处并整理好。显而易见,一次次的训练效果是很明显的。我注重班级常规的建设,注意到每个环节的要求递进层次,安排好位子,材料的摆放是否与操作要求吻合,这些环节要求孩子们怎么做,环节过程中教师发现什么问题,需要思考解决。

4. 以身作则、细心引导,巩固各项常规,让孩子对于良好行为习惯持之以恒

在上下楼梯的时候,我引导孩子们上下楼梯靠右走,小手扶好右边的扶栏,不推挤不喧闹。一日生活中孩子们难免会有点摩擦,这时我会上前告诉他们应该如何解决这个矛盾,让孩子们感受到规则的重要性,以及和小伙伴的友好相处的方法。孩子们互爱互助,不小心碰到别人,会主动地与他人道歉,求得小伙伴的原谅。自由活动的时候如果有小朋友忘带玩具,孩子们会毫不犹豫地拿出自己心爱的玩具与同伴分享。喝水时,孩子们能够自觉地排成一排等待喝水,做到不拥挤、不插队。

我爱我的孩子们,平常我会与孩子拉拉手,摸摸他们的头,使他们在一种充满关爱的环境中感受到别人对他的爱。在布置教室的时候,当我踩在椅子上挂东西、用剪刀时,孩子们总会关心地说:“老师,你要当心啊!注意安全哦!”听到这些话瞬间好温暖啊!平常对他们反复提醒的话孩子们都记在心里了,现在反过来提醒我。自由活动时,我也会放一些好听的歌曲,《我的好妈妈》《老师老师我爱你》等,让孩子沐浴在爱的氛围中。区角活动中我创设了爱心角,让幼儿有意识地接受爱心教育的培养。在日常教育教学活动中我也采用灵活多样的方法使教育活动有目的、有计划地进行,通过蕴涵着爱意的儿歌、故事等,结合身边,对孩子进行爱的教育。

良好行为习惯的培养是一个循序渐进的过程,孩子们逐步地改变、成长、进步,从日常的各个环节入手,运用丰富多彩的活动形式。我班孩子来园到现在已经学会了很多生活自理技能,擤鼻涕、洗手、擦嘴、穿衣服等,不断地在锻炼中形成。一些小事情中蕴藏着许多美好的东西,孩子们能坚持不懈地把他们的一件件小事处理好,不仅会与同伴友好相处,也会在意识与性情上完善,同时在知识的能力上也得到提高。我引导孩子们从平时的小事做起,从一点一滴做起,从而培养自己的良好习惯。把自己的东西分一半给小伙伴,认真观察周围的大自然……这些好的习惯一旦形成了,对孩子的学习、生活奠定了一定的基础,将会终身受益。

小小餐桌快乐多，家园合力促成长

——浅谈家园合作培养幼儿良好的饮食习惯

王慧菊

众所周知，良好的饮食习惯对幼儿营养摄入、健康成长来说十分重要，幼儿饮食习惯的养成很大部分取决于家长、家庭的影响，那么怎样引导家长正确理解培养幼儿良好饮食习惯的重要性，家庭中怎样培养幼儿良好的饮食习惯呢？由此，我们开展了"小小餐桌快乐多，家园合力促成长"系列活动。在经过一阶段的活动后，我们总结出了以下经验。

一、强化家长意识，家园共同参与活动的开展

要提高幼儿良好的饮食习惯，强化家长的意识十分重要，只有家长对其重视了，才能改变先前的做法。在活动开始阶段，我们首先向家长发放了"幼儿饮食习惯调查表"，从中了解班中家长对幼儿饮食习惯的认识和需求。收到问卷反馈后，我们发现：不少家长的迁就、纵容，助长了幼儿不良饮食习惯的形成；很多家长甚至认为孩子只要将来读书好就行了，饮食习惯的培养对幼儿来说不重要，对幼儿存在重智力开发、轻习惯培养等问题。在平时与家长的交流中，我们也发现即使幼儿到了中大班还有很多家长在家中吃饭时给他们喂饭。

因此我们认为首先要让家长能理解培养良好饮食习惯的重要性，同时结合家长问卷中的家长关注重点和需求，我们在班级家长园地上张贴了"如何帮助幼儿养成良好的饮食习惯"等宣传资料。通过宣传活动，帮助家长了解和掌握了饮食营养、卫生保健等知识，了解对于学前儿童而言，家庭中对幼儿饮食习惯培养的正确途径和方法，知道了良好的饮食习惯，能保证幼儿正常的食欲，也能保证他们消化吸收全面的营养，这样利于幼儿的生长发育.使他们原来对饮食习惯培养不重视、不关心，转为积极主动，并十分愿意配合幼儿园开展这方面的家园共育活动，收到了良好的效果。

二、利用手册互动,家园携手保证活动的开展

对于幼儿来说,早饭和晚饭都在家中进行,而午饭基本在幼儿园进行,因此良好的饮食习惯培养离不开家长和老师的互相配合。在此次活动中,我们通过发放《家园联系手册》,让家长和老师相互了解幼儿在家庭、学校中的饮食状况,并对幼儿进行阶段性评价。《幼儿饮食习惯情况家园联系手册》主要包括了家庭篇和学校篇,评价周期为两周,主要从以下方面对幼儿进行了阶段性评价:1. 餐前洗手;2. 独立进餐;3. 全部吃完不挑食;4. 能在 30 分钟内吃完;5. 用餐时保持餐桌、地面干净;6. 饭后自己擦嘴;7. 饭后漱口;8. 饭后整理餐具、桌面等。在两周的活动中,我们每天向家长通报幼儿在园的饮食表现情况,并且也收集到了来自家长的信息反馈。经过《家园联系手册》的互动,家庭与幼儿园的沟通更及时,家园共育更有效,我们发现大多幼儿都有了明显的进步。

三、挖掘家长资源,家园合力促进活动的开展

(一) 搭建交流平台,家长经验共互动

在一次家长开放日活动的午餐环节,前来参加的家长对班上畅畅小朋友的进餐赞赏有加,有几位家长围着畅畅妈妈在询问畅畅在家吃饭是不是也这样好? 于是,我马上召集了全班家长进行了个小小育儿沙龙,搭建了家长互相交流的平台。座谈会上谈及幼儿挑食的问题时,小兰奶奶觉得这对幼儿没什么影响,只要吃饱就行了。这时,对儿童饮食营养略有研究的涵涵妈妈告诉她:儿童长期挑食厌食是造成贫血、软骨症、免疫力低下、多动症、脾气暴躁、爱哭闹的原因之一;挑食高热量食物的儿童容易肥胖;不爱吃蔬菜水果的儿童容易便秘。小兰奶奶听到长期挑食对幼儿影响如此之大时,立刻表示要帮助小兰改掉挑食的坏习惯,这样她才能更健康地成长。随后峰峰妈妈说道,今天看到峰峰在学校都是自己吃的,而且吃得还挺好,但是在家里就是不愿意自己吃,一定要我们喂饭,现在天气渐冷,我们生怕饭菜冷了吃了会不舒服,所以天天喂他,我们也不知道是不是要继续喂他? 针对峰峰妈妈提出的问题,在座的家长纷纷说出了自己的看法。乐乐妈妈认为饭前不要给孩子吃零食,保证他们有饿的感觉,自己就能吃得快;小可爸爸认为可以实行加分奖励,吃饭吃得好、自己吃可以加一分,累积到一定分数可以奖励他喜欢的玩具或者增加娱乐时间;玲玲妈妈认为若要培养孩子良好的饮食习惯,需要家长自己以身作则,认真吃饭时不要玩手机,不挑食;辰辰妈妈认为可以和孩子一起亲手制作食物,引起对食物的兴趣,从而喜欢上吃饭。

通过搭建此类"家长教育家长"的平台,在经过交流后,家长们纷纷表示收获很多,也愿意马上在自己的家庭中付诸实践。这不仅给每位家长自己做了详尽的计划,更是对其他家长有所启发。

(二) 发挥家长特长,家长资源齐分享

班级家长资源在家园共育中总是起着举足轻重的作用,如何充分利用家长特长,丰富家园共育活动内容,这次的活动我们主要从以下几方面展开:

1. 邀请厨师家长协助制定食谱。班里君君的爸爸是厨师,在得知班上有幼儿存在挑食、偏食情况后,主动给他们制定了美味又营养的食谱,并推荐了针对一些特殊季节,如春季是幼儿长高最迅速的时期,君君爸爸给大家推荐了鲫鱼豆腐汤、虾皮鸡蛋羹、煎炸小黄鱼等补钙食谱;秋季为了防止秋燥,他又制定了茄汁藕盒、银耳雪梨汤、冰糖枇杷水等降燥食谱推荐给大家,受到了大家的一致欢迎。

2. 邀请医生家长教幼儿保护牙齿。饭后刷牙漱口也是良好饮食习惯的重要环节,保护牙齿,应从小做起! 于是,我们有幸邀请了从事牙科工作的家长——昕昕的妈妈,为班级幼儿组织了一次家长助教"我爱刷牙"的活动,引导幼儿懂得保护牙齿的重要性,增强幼儿保护牙齿的意识,并了解刷牙的正确方法,产生保护牙齿的良好愿望,逐步养成饭后漱口、早晚刷牙的好习惯。

3. 邀请祖辈家长一起制作食物。我们利用祖辈家长在生活上有着特别的技能,结合元宵节、中秋节等节日,邀请他们来园教幼儿搓汤圆、包饺子、裹粽子,通过活动幼儿不仅了解了它们的制作过程,在一起品尝了亲自制作的食物后,更是提高了对饮食的兴趣,还表示以后要好好吃饭,不浪费食物,珍惜成人辛苦做饭的劳动成果。

4. 邀请"故事妈妈"给幼儿讲饮食绘本。家委会成员小祎小朋友的妈妈对幼儿绘本研究颇深,在与孩子一起阅读绘本的过程中,发现有不少绘本也和幼儿饮食的内容有关,经过她与班级家委会成员的收集,将《汉堡男孩》《胖国王瘦皇后》《阿布的力气》等书推荐给班中各位家长和幼儿,并开展了"绘本品评会"活动,邀请班中其他家长和孩子一起来阅读故事、品析其中的理念,激发幼儿养成良好饮食习惯。如有的幼儿通过活动表示喜欢《汉堡男孩》一书,因为书中的男孩多吃汉堡就变成了汉堡,总是会有人追着吃,他不想做胖子;还有的最喜欢《阿布的力气》,故事告诉了大家不要挑食,不然力气都跑到螃蟹身上了。在班级家委会成员的带领下,班上的幼儿都仔细品析着绘本中关于良好饮食习惯养成的精髓,潜移默化地养成了好习惯。

四、家园同总结，为以后家长工作提出要求

"小小餐桌快乐多"家园共育系列活动中我们开展了丰富的与幼儿饮食习惯有关的活动，通过这一系列的活动，我们也有了不少的收获。

1. 家长的意识提高了，观念更开放了。班上的家长大多都能形成正确的儿童观、育儿观，能认识到良好饮食习惯培养的重要性，也有针对性地在家中对幼儿进行培养和指导。

2. 幼儿饮食习惯明显提高。班上的幼儿通过这次活动逐步掌握了良好的饮食习惯，食欲显著增强，自我服务能力也有所提高。

3. 为后续家园合作打开了新途径。经过这一系列的活动，家园联系更密切了，家长知道了对幼儿的教育离不开老师和家长的相互配合，对今后开展家园合作打开了新的途径，提炼了经验。

我们的思考：

通过此次家园共育活动的开展，不仅幼儿的饮食情况越来越好，家长的育儿水平也明显提高，但这就对老师的专业性提出了更高的要求，需要老师具有更强的儿童意识，这样今后才能更有效地对家长进行指导。

浅谈幼儿午睡习惯的养成

李佩娜

《幼儿园教育指导纲要》指出，教师应该把保护幼儿的生命和促进幼儿的健康放在教育工作的首要位置。睡眠是人生活中至关重要的一种活动，是人身体健康的重要保证，没有好的睡眠就没有好的身体。午睡是幼儿一日生活的重要组成部分，幼儿睡得好不好，不只是家长和老师烦不烦的问题，也是决定幼儿一生的最重要的问题。但是在现实生活中我发现，很多幼儿在午睡时存在着这样那样的情况，这些状况无时无刻不在影响着幼儿的午睡质量。因此我们要注重幼儿午睡习惯的培养，保障幼儿身心健康的发展。那么，如何促进幼儿良好午睡习惯的养成呢？对此我们进行了积极的探索。

一、尊重发展规律，重视午睡环节

睡眠是与觉醒呈交替出现的一种生理状态。足够的睡眠可以使幼儿机体的各系统各器官都得到充分的休息，有益于健康和生长发育。随着月龄的增加，婴幼儿白天睡眠时间逐步减少，一岁半到六七岁的幼儿，白天仍需在午餐后安排一次睡眠，因为幼儿在脑力和体力活动之后大脑皮层机能活动能力明显降低，而幼儿脑力或体力活动的效果在很大程度上取决于大脑皮层的活动状态。幼儿神经系统尚未发育成熟，兴奋容易扩散而不易集中，单一性质的脑力或体力活动持续时间长了，就会超过大脑皮层某些区域的机能限度。当幼儿大脑皮层的工作超过了其所能负荷的限度，我们就需要及时组织和安排幼儿休息，让幼儿大脑皮层的工作能力得以恢复。

这时进行午睡就可以让幼儿消除疲劳，通过午睡让幼儿的大脑进行彻底的休息，让幼儿保持良好的学习能力和良好的身体状态。可见，为了有效地促进幼儿身体正常发育和机体的协调发展，增强幼儿体质，提高幼儿的记忆力，提高学习效率，让幼儿有更旺盛的精力去活动与学习，所以我们把午睡作为幼儿一日生活中的一个重要的组成部分。

二、注重实践研究，加强现状分析

经过一段时间的观察，我们发现幼儿午睡中主要存在以下问题：

（一）幼儿入睡慢、难以入睡

午睡时间到了，本来还非常活跃的丁丁一反常态，又开始变得慢吞吞了，只见他又故意最后一个去小便，最后一个进午睡室，人家都忙着在脱衣服，他又慢条斯理地坐到床边，磨磨蹭蹭地脱。人家小朋友都已经躺下来了，他还在那里磨蹭。终于等到他脱完躺下了，只见他在床上翻来覆去，一会儿把头躲进被子里看看，一会儿又露出来张望，一会儿手放在被子里动来动去，一会儿又把手拿出来剥墙纸、咬手指。已经躺下去半个多小时了，可丁丁丝毫没有睡意。从入园以来，丁丁每到午睡的时候就是这样的表现。

通过与家长的沟通，我们了解到丁丁从出生开始，睡觉一直是大人陪着的，在家里大人不陪他就不睡。上幼儿园了，没人陪他睡觉了，他就对午睡比较抵触，自己也无法自然入睡。之所以会发生这种情况，我们觉得主要是因为幼儿上幼儿园之前在家没有养成正常的午睡习惯，到幼儿园午睡环境突然变陌生了，没有安全感，不愿意午睡。另外因为这个年龄段的孩子自控能力比较弱，长时间睡不着又没有事情可以做，然后就会自己找事情打发时间。

（二）幼儿在午睡入睡时要有寄托对象

班级里的琪琪每到午睡就会从她的小书包里拿出一条又破又烂的小被子放到床上，上床后，她就会把被子放在鼻子上反复地闻，然后紧紧地抱着被子睡觉，没一会儿她就睡着了。有一次，奶奶忘记把被子装在书包里带来了，临到午睡的时候，琪琪找不到被子，伤心得嚎啕大哭，怎么劝都不听，甚至不肯躺到床上。后来从她父母那里了解到，琪琪从小睡觉就非常依恋这条被子，喜欢闻并抱着这条被子睡觉，即使这条被子已经破得不成样子了，琪琪也不允许大人扔掉。就这样这条被子成了琪琪午睡的好伙伴，没有它就无法入睡。

琪琪之所以会这样，是因为她习惯了有小被子陪伴，长此以往小被子成了她午睡时的心理寄托。其实像琪琪这种情况的幼儿在幼儿园里比较常见，尤其是新入园的幼儿，经常会出现要抱着娃娃、动物、手帕、毯子、枕头等其他物品入睡的情况。

（三）幼儿午睡时会影响其他人

有的幼儿睡觉时经常会大吵大闹、情绪激动，有的幼儿在午睡时会影响他人，有的幼儿在午睡时会经常要求上厕所、喝水……经过分析,我们发现产生这些现象的主要原因有:一、有的是祖辈家长养育不当造成的,他们对幼儿的午睡习惯不够重视;二、有的是家长对幼儿缺少关注,特别是二胎家庭,幼儿通过这些外在的行为来引发父母的注意,达到关心自己的目的;三、有的是父母比较严格,幼儿没有在规定时间睡觉的话父母会对幼儿惩罚,从而让幼儿对午睡产生恐惧心理,害怕午睡……以上种种导致幼儿会在入睡时比较兴奋,难以控制自己的行为。

(四) 幼儿午睡中会被迫中断

有些幼儿能正常入睡,但在午睡过程中会发生突然尿床、噩梦惊醒等情况,使他被迫中断午睡。尿床是因为幼儿行为习惯差,在午睡前老是忘记上厕所,有时水喝多了、午餐汤喝多了,就容易产生尿液,从而打断幼儿良好的午睡时光,湿湿的床褥衣裤也容易让幼儿着凉生病。有些幼儿睡觉习惯差,喜欢蒙头睡眠,容易产生压迫感,时间一长被子中的空气混浊、废气增加,幼儿会在起床后感到气闷、头晕、精神委顿。

三、提炼指导策略,保障实施质量

针对幼儿在午睡中经常出现的问题,我们进行了深入的研究,积极地寻求相应的对策,并且在工作实践当中总结和提炼出了有关的指导策略。

(一) 环境调整策略

创设温馨的、良好的午睡环境,促使幼儿情绪稳定,能够安静地入睡。教师应在准备午睡前先让午睡室开窗通风,让室内的空气清新、舒适,新鲜的空气能够安抚神经,让幼儿有更恬静和美好的睡眠。在幼儿准备入睡时,拉好窗帘保持卧室适宜的光线,让幼儿感受午睡的氛围,柔和的光线还能消除幼儿紧张焦虑的心情。在午睡前,我们还会播放一些优雅、催眠的音乐,或者给幼儿讲一些轻松的睡前故事,使幼儿的情绪保持平稳,保证幼儿安静入睡。同时,幼儿午睡的被褥也要厚薄适宜、干净,枕头也要高低适中。

(二) 安全防范策略

注重安全保障,保证午睡环节的有序组织。教师应在午睡前认真检查幼儿的床铺和被褥,床铺不应有杂物,特别是别针、发夹、圆球等类的物品,以防幼儿会把它们塞入耳鼻口中,对幼儿造成伤害。在午睡过程中,作为教师我们要定时巡视,及时了解幼儿午睡情况,关注午睡前身体已有不适症状的幼儿,纠正幼儿不良睡姿,发现幼儿在睡眠中的突发状况。睡前睡后及时清点人数,以防有幼儿不睡觉或遗漏幼儿在午睡室。及时纠正幼儿的不良睡姿,不能让幼儿趴着和蒙头睡眠,以便教师能够观察幼儿睡眠情况。教师看见幼儿蒙头睡眠要及时帮助幼儿拉下被子;发现幼儿趴着睡的要及时提醒幼儿调整睡眠方向;发现幼儿有呕吐、抽搐等现象及时处理;遇见幼儿有危险动作及时制止。幼儿起床后教师要及时进行教育,让幼儿认识到这样的睡眠姿势是对自己身体有害的,尔后使其慢慢纠正。幼儿午睡起床后也要及时关注幼儿状况,发现幼儿有不舒服或异常举动时,及时处理和防范。

(三) 关注前置策略

根据幼儿园作息安排,一般午餐和餐后休息之后才是午睡环节,我们要重视午睡环节,保证午睡质量,必须要把对这个环节的关注前置,要在前期活动过程中就为午睡这个环节的开展做好相应的准备。

比如说,在午餐时不宜让幼儿吃得过多,以防在午睡时加重心脏负担;也不能让幼儿空腹进行睡眠,会使幼儿脾胃受到损伤。午餐后必须漱完口才能离开餐厅,防止幼儿口中残留食物,以免幼儿在午睡时发生呛噎情况;餐后适当地带幼儿在校园内散散步,促进食物消化;临睡前提醒幼儿不要大量喝水,以免小便增多影响睡眠。在入睡前一定要提醒幼儿如厕小便,养成入睡前小便的习惯。在入睡前也不要组织幼儿做过度兴奋的游戏,让幼儿舒缓精神,以便安然入眠。对于那些无法入睡的个别幼儿,预先进行鼓励支持,让幼儿心里有所准备,增加幼儿对午睡的信心。

(四) 心理支持策略

那些午睡时产生各种问题的幼儿,他们或多或少都有一些心理上的原因,可能是在某些方面的需求没有得到满足。针对这些情况,我们要给予他们心理上的支持。

针对在家没有养成正常午睡习惯的幼儿,我们尝试先以躺在小床上不影响其他幼儿午睡为要求,等幼儿能安定地上床后,再以入睡为要求让其慢慢养成午睡习惯,通过要求的逐步提高来循序渐进地培养孩子良好的午睡习惯。喜欢拿着或抱着寄托对象睡觉的幼儿,相对都比较敏感,我们不能一下子强求幼儿离开寄托对象,这样会适得其反,而是要给孩子一个循序渐进的过程,让幼儿自然而然地脱离寄托对象。

针对由于种种原因对午睡产生厌恶和恐惧的幼儿,教师会找时间跟幼儿们一起探讨午睡的好处,通过讲故事、幼儿一起讨论发言等形式,从侧面告知幼儿午睡能够让他们长得又快又高又壮,能够让他们在下午有良好的精神和大家一起学习知识、玩游戏,并耐心地对他们的情绪进行疏导。午睡时先在其身旁陪同幼儿入睡,使其慢慢变得不再抗拒午睡,到最终可以安然入睡。对待那些睡不着而一直要上厕所的幼儿,教师在入睡前应特别提醒他们上厕所,同时告诉幼儿"你们已经上过厕所了,这下可以安心午睡了",让幼儿感觉可以放心睡眠了。在午睡时遇到幼儿上厕所,应先区分他们是否确实需要上厕所。如果是那些睡着的幼儿提出要上厕所,我们会立刻应允;但如果是那些一直没有睡着的幼儿提出要上厕所则要考虑一下,不能一提出就立刻答应他,要让他意识到不午睡是不好的生活习惯;而且上厕所也只能一个一个地去,避免因为人多而发出吵闹声影响其他幼儿的午睡;上厕所的时间也不宜过长,防止幼儿因着凉而生病,不利幼儿身体健康。对于那些不能安静入睡,还会影响别人的幼儿,我们会经常给予关注,一旦他们发现我一直在关注他们,就会变得有所收敛,慢慢不再打扰他人午睡,最后自己也安然入睡了。

(五)家园共育策略

午睡工作是良好生活习惯培养的一方面,只有家园共同努力才会有很好的效果,所以我们在培养幼儿良好午睡习惯过程中需要家长们的大力支持。

在日常工作中,我们发现很多幼儿在幼儿园午睡情况很好,但是一过双休后幼儿的午睡习惯又回到了原点。通过了解发现在家中,父母长辈娇宠惯养,没有按照幼儿园的作息让幼儿进行午睡,有的甚至在家不午睡。周末之后再到幼儿园,幼儿就难以适应,好习惯、坏习惯反复交替,致使刚刚形成的良好的午睡习惯无法有效保持。

因此我们必须让家长认识到良好的午睡习惯、良好的睡眠质量对幼儿成长的重要性。于是我们利用来园时间、家长会、家访等去了解幼儿在家午睡情况,并且跟家长探讨幼儿在园午睡近况以及幼儿午睡中的改变,让家长配合幼儿园积极做好幼儿日常午睡工作。

(六)尊重差异策略

每个幼儿都有个体差异,在午睡环节表现出的问题也是各有原因的,所以我们在午睡环节的指导当中也要具体事情具体分析,进行因人而异的适宜教导,不能"教条化",应当尊重幼儿的个体差异。比如有的幼儿需要大量的睡眠才能保持旺盛的精力,而还有一些幼儿需要的睡眠相对较少,也能有充足的精力去进行一日活动,如果硬是强迫他们在床上睡觉会适得其反,我们可以适当调整幼儿的午睡时间,期间可以为他们安排一些安静的活动。尤其是处在大班后期的幼儿,可慢慢缩减午睡时间,直至没有,这不但能让幼儿脱离午睡的束缚,做更有意义的事,也便于幼儿进入小学之后适应没有午睡的学习生活。当然,对于我们来说这需要付出更多的精力和心血。

每个幼儿在午睡中发生问题的原因是综合性的,而且每个人的情况也各不相同,需要我们在实际的组织过程当中,要给予有针对性的、有效的指导,这就经常需要我们综合运用这些策略。而且,在问题发生的不同时段、针对不同的幼儿以及幼儿反馈出来的不同情况,及时进行调整和跟进,灵活运用。因此,有的放矢地运用多种策略,对改善幼儿良好午睡习惯起着相辅相成的重要作用,使其达到事半功倍的效果。

比如上文提到的丁丁小朋友,教师发现丁丁有时候有希望老师表扬他、肯定他的这种心理需求,这时我们就通过表扬其他小朋友来激励他。丁丁听到这些话后就会变得很有感触,然后为了不让自己变成最后一个躺在床上的孩子,他加快了手上的动作。但是由于他一直慢慢的,一下子动作快了,衣服怎么也无法顺利地叠好,这时教师赶紧走到他的身边,在旁边协助他一起做好睡前的准备工作。过了大约半小时,大部分的幼儿已经睡着了,这时教师看见丁丁的小被子不停地在抖动,悄悄走过去一看,丁丁瞪着大大的眼睛正看着我们,毫无睡意。于是教师轻轻地跟他说:"闭起你的小眼睛。"丁丁很听话地闭上了,但是没过多久又睁开了。看到这样的丁丁,教师想到前期跟家长沟通了解到的情况,丁丁从小都是由大人陪着睡的,于是教师拿个小凳子坐在丁丁的身边陪着他,慢慢地丁丁不动了,没多久就听到了他平稳的呼吸声。经过了一段时间,丁丁有些适应幼儿园午睡了,教师就把小椅子搬到他视线看得见的地方,偶尔瞄他几眼,渐渐地即使看不见我们,丁丁也能一个人午睡了。

再比如上文说到琪琪的情况,教师先跟琪琪的家长进行沟通,充分了解她在家里的习惯,让家长能够在家里找一条琪琪喜欢的新被子带到学校。在幼儿园对琪琪行为进行纠正的同时,教师及时跟琪琪家长反馈,希望家长能积极配合教师的工作,同步纠正琪琪的不良睡眠习惯。教师通过跟琪琪的沟通,让琪琪把旧被子盖在身上,新被子拿在手中睡觉,等过一段时间琪琪适应了新被子后,这时教师就会跟琪琪说:"你的新被子真漂亮啊!"同时让其他小朋友也夸赞她的新被子,而后跟琪琪商量,让她把旧被子留在家里,新被子放在幼儿园陪她睡觉。没过多久,琪琪适应了新被子后,教师让琪琪不要总是抓着被子睡,让小被子在枕边陪着琪琪睡,慢慢地琪琪不抓着被子闻也能睡着了。对于琪琪的进步,教师继续进行其午睡行为的纠正,让琪琪在午睡时把小被子从枕边放到床尾,慢慢地再从床尾改成放在门口的小书包里,最终即使没有了小被子,琪琪也可以安然午睡了。

还有,遇到那些行为激烈、大吵大闹、情绪激动的幼儿,教师会跟家长沟通,了解幼儿在家入睡时的情况(如何入睡),先根据家长提供的方法让幼儿安定入睡,在幼儿渐渐能入睡的前提下,逐步纠正其不良习惯。

幼儿良好午睡习惯的养成不是一蹴而就的,而是需要一个循序渐进的过程。作为教师我们要做一个有心人,关注日常生活中幼儿的午睡情况,及时了解分析幼儿午睡中发生的种种状况,寻找原因,因人而异采取有效的对策,积极改善和养成幼儿良好的午睡习惯,促进幼儿身心健康发展。

第二部分

现代幼儿园保育工作案例精选

巧玩竹梯，其乐无穷

乔 敏

【背 景】

户外活动中的二号区域一直深受孩子们的喜欢。在每次活动中，孩子们都会去选择自己喜欢的竹梯、滚筒、跷跷板、水桶等材料进行活动。在运动中，幼儿会有跑、跳、钻、爬等动作，所以经常会发生互相拥挤、突然跌倒等情况，而且他们也不能预见自己行为的后果，会诱发很多危险因素。所以，在户外运动中要提高幼儿的安全意识和自我保护能力。

【案例描述】

户外活动开始了，大家都开始忙着布置运动场地了。只见灏灏、峰峰、谊谊等几个小朋友忙着将轮胎滚到场地上；越越、轩轩等小朋友在搬竹梯；怡怡、心茹等小朋友在搬半月梯子……孩子们都积极地参与到各自喜欢的活动中，有的玩起了滚筒，有的玩着跷跷板，有的挑着水桶，还有的在走竹梯……二十分钟过去了，大部分孩子的额头开始出现了汗珠，可是他们的兴奋劲儿依然未减，还沉浸在活动中，也不知道热，更不知道累。于是我就提醒满头大汗的孩子用毛巾擦汗，休息休息……只见轩轩"蹭蹭蹭"地跑上了竹梯，前面的心茹拿着水桶不紧不慢地在摇晃的竹梯上行走，轩轩嫌她太慢了，于是在后面用脚蹬了一下竹梯，催她快点走，还时不时推推她。这时轩轩还换着花样走起来，一会儿身体往后仰，一会儿又金鸡独立。跟在他后边的孩子看到这样新奇刺激的玩法也纷纷效仿起来。看到这一幕，我及时地对游戏进行了调整，我看着贝贝，大声地说："贝贝你真棒，挑着两个沙包还能走竹梯……"大家听见我这么一说,不再去学轩轩危险的动作了,都纷纷背起了竹篓,挑起了水桶,走过了"独木桥"。这时,心茹在对竹梯上的轩轩说:"你手里什么东西都没有拿,你那样走竹梯没什么厉害的,你看看我跟贝贝还挑着东西走,那才算是本事。"轩轩听了,看了看她们说:"我也会,不信你们看着!"说完,他也去选水桶了。轩轩手里拿了水桶、扁担以后,再也没有"耍杂技"表演了。大家又开始开心地玩了起来。

【分　析】

1. 培养孩子自我服务意识

案例中,当孩子在户外活动玩耍处于兴奋状态时,他们只会沉浸在玩中,即使满头大汗知道自己很热,但有的孩子也不会主动停下来休息。说明这些孩子的自我服务意识还是不够的。造成这种现象的原因除了孩子自身的情绪外,很大原因也在于家长的过度呵护和包办,以致孩子在即便理解自己很热的状态下,也不会主动脱衣、擦汗、休息。所以,培养孩子的自我服务意识和能力是极为重要的。

2. 在运动中,提高幼儿的安全意识

活泼好动是幼儿的天性,户外体育活动是幼儿喜欢的活动。案例中轩轩简单地走竹梯,他一会儿身体往后仰,一会儿又金鸡独立,他玩得像杂技一样,却丝毫感觉不到潜在的危险:在竹梯上推挤前面的小朋友,那样容易使前面的小朋友摔跤;往后仰,万一手一滑就会摔下来了。因此,教师在户外运动时要高度地集中注意力,时刻关注每一个孩子,对于孩子的一些危险动作也要及时进行引导纠正。所以,我采取正面引导的方法进行安全教育,通过表扬贝贝的玩法来激励其他幼儿,其他幼儿看到受表扬的贝贝以后也向她学习了,都纷纷效仿起来,于是轩轩感觉到他的做法是错误的,并做到及时地更正。这样正面地引导幼儿,让幼儿理解户外运动安全的重要性。

3. 在运动中,学习简单的自我保护防护

在这个二号区域的运动中,我们可以看到运动游戏的材料很受孩子的喜欢,案例中的玩竹梯对于轩轩、贝贝等孩子来说具有挑战性,使得孩子一遍又一遍地乐意尝试,所以,更加要培养幼儿的安全意识。孩子在运动中对任何事都充满了好奇,他们会去运用各种活动材料动一动、玩一玩。但是,孩子的平衡力和协调能力比较差,也缺少一些生活经验,自我保护意识也较弱。在玩竹梯的时候,当轩轩出现推别人、身体往后仰、金鸡独立等危险动作的时候,作为老师的我们要及时加以制止,让轩轩知道这些动作是不对的,让他认识到这些事情的严重性,增强自我保护和保护别人不受伤害的意识,防止意外的发生。所以,教师应该在户外活动中眼观六路、耳听八方,要

关注到每一个幼儿,当幼儿发生险情和不安全的动作时,应该及时指出帮助纠正,这样才能提高幼儿的安全意识,避免不安全的事情发生,从而促进幼儿发展。

在运动中可以教会幼儿一些简单的自我保护方法。在活动前,我们应该和幼儿一起说说玩竹梯怎样玩,让幼儿了解玩竹梯的动作要领,打开手臂保持身体平衡,提高幼儿的自我保护能力,增强幼儿动作的协调性和灵活性,使保护和锻炼同步,才能为幼儿形成健全体魄打好基础。

【对　策】

1. 根据一部分孩子的现状,与家长进行良好的沟通。在生活中孩子玩热时,也要经常提醒孩子自己脱衣、擦汗,而不能一味包办代替,扼杀孩子自我服务意识的形成和能力的提高。

2. 通过各种形式,如故事、谈话、激励等让孩子知道自己已经长大,自己能做的事情自己做,为自己可以很好地照顾自己而高兴。教师多给孩子亲自动手的机会,培养幼儿自我服务意识。

3. 通过一些生活学习活动培养幼儿的安全意识和自我保护能力,让幼儿了解游戏规则,让他们自己知道什么是危险的,这样做的后果有可能是什么。只有知道了事情的严重后果,才会知道什么不能去做,才会提高他们的安全意识和自我保护的能力。

幕后保护者

王 琳

【背 景】

升入大班的幼儿在身体、动作发展方面有了一定的基础,活动量也在不断地增强,户外活动开始趋于趣味性、情境性、挑战性。因此在户外活动时,许多男孩子特别喜欢玩滚筒、垫上运动、用轮胎搭出来的勇敢者道路等具有探险、挑战的运动项目,并会加入一些动画片里的情境进行游戏和运动。由于男孩比较大胆,往往只顾着尽情活动,而忽略了自己所做的动作是否安全,会出现什么不安全的隐患,由于年龄的特点根本不会去考虑的。

【案例描述】

今天户外活动是玩轮胎、滚筒等。涵涵、晟晟、浩浩等几个小朋友在玩滚筒,开始晟晟钻入筒中(把筒横卧地上),浩浩在推筒,晟晟就在筒里随筒一起滚动。而涵涵一个人把筒竖起来,用手支撑筒的边缘,边撑边向上一跳,爬上了筒,站在筒口的边缘,摇摇欲坠。筒有一米多高,看到这一幕,我赶紧跑过去,站在涵涵的后面继续关注。涵涵也没注意到我,只见他在筒口站了一分钟,又跳进筒内,开心地说:"这是我的小房子。"边说边蹲了下去,看不见人影了。我这才松了口气。

晟晟看见了,觉得很好玩,也把自己的滚筒竖起来,学涵涵的样,可是他撑了几次怎么也撑不上去。晟晟的个子也比涵涵矮些。晟晟没有放弃,他看见旁边有一个塑料的小架子(可拆开的方形架子),就去搬来了。晟晟踩在小架子上,一下子变高了,但是这个方形的架子不是很稳,我见晟晟踩在上面有些摇晃,双手紧张地扶着滚筒,不敢往上跨,于是,我就走过去用双手扶住架子。晟晟看见了我,这才放心地高高地抬起右脚跨上滚筒,并跳入筒内,成功了。晟晟进入了筒中,开心极了,欢呼道:"我也有小房子啦!"并把双手交叉做了一个"奥特曼"的动作,同时叫道:"雷欧奥特曼变形!"说完,就躲进筒里,推着筒慢慢往前移动。移动几步后,还伸出头,用右手做了手枪的动作,对着目标"呼呼呼"射击……

浩浩见了,也想进去学"奥特曼变身",可他另有妙计。我站在一旁仔细地观看他们的一举一动。只见浩浩把筒推倒下来,雯雯正好站在筒的旁边,我大叫一声:"雯雯,当心,快让开。"雯雯听见了,急忙躲开,好险呀! 差一点! 浩浩顾不上给雯雯打招呼,急急地钻进筒里,然后在筒里,带着筒一起站起来。"涛涛,快来帮帮我。"浩浩喊道。涛涛在外面帮忙把筒竖起来。浩浩的筒也站起来了,也有自己的小屋啦! 孩子们总会想出一些意想不到的方法。

总不见得一直待在里面呀! 涵涵运动能力很强,他用手在筒边缘向上一撑,就从筒里爬出来了。晟晟在筒里面,小架子在外面,还有浩浩,怎么出来呢? 我在一旁耐心地等待结果,并暗地里想:进入容易,出来难喽! 只见浩浩的筒房子往一边倾斜了,看来浩浩想把筒房子推倒出来。站在一旁观看的我,及时用手挡了一下倾倒下来的滚筒,随后再落在地上,浩浩得意地从滚筒中爬了出来。晟晟也用了同样的办法出来了。我按捺不住了,就上前问:"浩浩,晟晟,你们摔疼了吗?""没有。"他们回答道。我接着说:"你们真有办法,不过要当心,不要让自己的身体受伤哦!""知道了老师。"他们笑了笑,又去玩自己的筒房子了。康康、源源等也来玩了。

【分　析】

1. 支持肯定幼儿的想法,做幕后安全保护使者

每个幼儿在运动时,其运动能力有强有弱,能力强的幼儿,像涵涵,会想出一些新玩法,但在玩中并不会想到是否有危险性。

在实录中,我们可以看到当涵涵站在一米多高的滚筒边缘,摇摇欲坠时,教师没有阻止他的行为,也没有抱住他,帮他完成进入筒中,而是站在后面来保护他,采用"耐心等待"的支持策略,继续关注孩子的行为。直到涵涵跳进筒洞中,稳稳地站在平地上后,老师才感觉到安全了,松了口气。当幼儿之间学样时,教师尊重幼儿,没有阻止其同样的行为出现,而是继续做好安全护卫使者。由于幼儿动作发展有差异,像实录中的晟晟,他不能够像涵涵一样双手用力一撑能爬上筒。此时,晟晟就借助放在旁边的小架子登高后,再爬入筒内。由于架子摇晃不稳,造成晟晟有些害怕,教师就直接介入,扶稳小架子,帮助晟晟大胆地攀爬入滚筒内。由于教师的介入,让晟晟有了安全感,才会更大胆地攀爬,最后达到了目的,非常欣慰。

2.关注幼儿运动行为,及时安全保护

教师要有高度的责任心,使自己的眼中充满幼儿的影子,排除一切不安全因素。要多去关注、关心了解幼儿在运动中的状况,指导幼儿运动中的方法、动作,呵护其运动中的安全性,从而更好地促进户外运动对幼儿身心和谐发展的影响,减少安全隐患。

在实录中,当浩浩把滚筒推倒下时,根本不注意周围是否有小朋友,幸亏教师用语言及时提示雯雯赶快离开,避免了危险的一幕。对于顽皮的浩浩,老师始终不放心,怕他伤害到同伴,就一直站在滚筒周围关注浩浩的行为。当浩浩想要从滚筒中出来,再一次想把滚筒连同自己一起摔倒在地上时,教师及时用手挡住了即将倒下的滚筒,然后再放到地面,缓冲了滚筒直接倒地与地面的冲击力,保护了浩浩,并用关切、呵护的语气问候他是否摔疼受伤了。有了教师的支持和及时、适度的保护,使幼儿更大胆地去探索,发展跳跃、平衡、攀高等动作的协调能力。

作为教师应在让孩子自由地选择,充分展示自己的个性和能力时,要提示幼儿注意安全,学会自我保护和高度的应变能力。

【对　策】

1. 教师可以在幼儿玩的圆筒周围放置海绵垫,减少在攀爬圆筒或跳下时,跌伤、扭伤、碰伤等应对措施。

2. 通过故事《橡皮膏小熊》,使幼儿明白小熊做了些什么运动而贴满橡皮膏,引发幼儿知道如何保护自己。通过这样的教育活动,使幼儿学会如何安全地运动。

3. 对于特别调皮好动的幼儿,教师要格外关注,及时干预其具有潜在危险的举动。

挑战新奇，挑战困难，挑战自我

王嘉佳

【背　景】

幼儿园二号区域的野趣大型玩具对于从别部刚来总部幼儿园的中班孩子来说有点挑战和难度，尤其是滑滑梯这里，我们的孩子会把没有扶手的 S 型滑滑梯叫做"舌头滑滑梯"。在本次的活动前，我们只来这里玩过一次。孩子在玩这种两边没有扶手的新型滑滑梯时，经常会左右摇摆而摔落滑滑梯，而大多数滑滑梯又都是从高往下滑的，因此这里的滑滑梯具有较大的安全隐患，也非常具有挑战性。在指导孩子操作这些具有挑战性的活动器材时，除了培养孩子的参与兴趣，还必须加强安全防护工作和孩子的自我保护。另外，中班的孩子在玩挑战性活动的时候常常会沉浸其中，非常投入，由于挑战性活动的消耗较大，所以贪玩的孩子们会常常忘记脱衣服、喝水和休息等调整性的活动。

【案例描述】

我站在"舌头滑滑梯"这里，召集了所有孩子告诉他们：我们要做消防游戏，这个"舌头滑滑梯"是消防滑滑梯，所以特别难滑，看看你们能不能勇敢地挑战自己！爬上去的时候要一个一个爬，不然会被别人踩到手；等别人滑下来了，下一个孩子才能再爬上去。滑下来的时候手脚趴开，扒住"舌头"，必须反过身来脸朝着滑梯滑，用普通常见的正面滑梯方法很容易头朝下掉下来，这样非常危险。

磊磊、瑶瑶和依依过来玩了。"我是队长！我是队长！"磊磊很勇敢，率先爬上去了。他按照我的要求，手脚趴开，并扒住滑滑梯，脸贴着滑梯。他做得非常好，也顺势从"S 型"的"舌头滑滑梯"上从头到尾的滑下来了。下一个是瑶瑶，瑶瑶胆子也很大，不过动作不够协调，她爬上去的时候跌跌撞撞，需要我在一边扶她。爬到"舌头"上的时候，因为要把脚跨到另一边，又差点跌下去，而且滑下去的时候只滑到一半，就从滑滑梯上掉下去了。她有点尴尬地搓搓手,看着我。我请她再尝试一次,她欣然同意了。多做了几次,她比之前进步多了。依依刚开始的时候是按照我的指导做的,她小心翼翼地玩了几次后,胆子渐渐大了起来,动作也渐渐熟练和顺手了。她让我不要在边上扶她。我看着她爬上了滑滑梯,只见她灵活地转身和跨步,顺利完成了滑下去的任务。

几个孩子玩了很多次,玩得都很不错了,也慢慢掌握了要领,还会非常应景地说:"看我这次去救七楼的奶奶!""糟糕,火越来越大了! 水要大一点,快开大开关!"看大家玩得那么高兴,头上冒出了小小的汗珠,我提醒他们:别忘记,热了,要去擦汗,要去喝水,消防员也需要休息一下。这边几个消防员下班了,换另外一批消防员。磊磊拉着轩轩的手赶紧往"小房子"那里去喝水了。

【分　析】

1. 挑战运动器材,注重安全提示和操作练习

由于野趣大型玩具这里的"舌头滑滑梯"没有扶手,对孩子平衡性的难度挑战很大。而且中班孩子刚开始玩这个器械,既不协调也不熟悉。所以我在活动前自己先试了试,玩了玩滑滑梯,这样就尽可能地避免了意外安全事故的发生,做到防患于未然。同时我对活动场地也有了一个简单的了解,便于我在活动前对孩子的指导。后来在进行这个活动的初始,我仔细介绍了运动的规则和步骤,帮助孩子注意比较容易发生危险事故的时刻,这样又起到了很好的保护作用。

对于熟练操作的孩子,他们对于同伴有很好的示范作用,他们正确又大胆地示范对于中班的孩子来说也是很重要的安全保障。当然不断地操作练习也很重要,在练习和熟悉的时候老师千万不可大意,要在边上做好仔细保护和观察、指导等工作,为孩子们的安全活动做好最大保障。

2. 在挑战性运动中,针对不同层次孩子进行有趣的安全指导

磊磊是一个运动能力较强的孩子,他一开始就能够在大型玩具的滑竿上敏捷地滑下来,所以大家喜欢叫他"消防队长",也因为他的胆子非常大,有他的带动,很多孩子都会很有兴趣地去尝试平时不太尝试或稍有挑战的运动器械。通常,手脚灵活和运动能力强的孩子会在探索中慢慢找到安全保护自己的方法,他会越玩越好,越玩越带劲。

孩子的运动游戏需要增添情境,从磊磊消防队长的头衔,我又把舌头滑滑梯这里的场景演变成一个"消防滑梯"的情境。活动中,为了孩子的安全及以后活动的便利,

我会重点帮助行动不怎么灵活敏捷的孩子,也会耐心鼓励玩得不是很好的孩子再尝试几次。

中班孩子对于运动中的休息还是比较有经验的,加上我们小班的时候对运动中的自我调整和休息就有了一定的要求,在活动中,孩子玩得忘乎所以,老师只要稍稍提醒,他们就会很有节制地自己去喝水擦汗,帮助自己缓解疲劳。在活动中,我用了"消防员也要休息"等隐性提示来分层指导孩子休息。

【对 策】

1. 鼓励孩子尝试用多种方法玩同一种器械,比如,滑滑梯在保证安全的情况下,可以在滑滑梯下面垫上垫子来倒爬滑滑梯。为了丰富孩子的自我安全防范意识,还可以告诉孩子垫子不仅可以用来滚来滚去,还可以用来高跳、跳跃,保护自己的脚等。

2. 由于"舌头滑滑梯"难度系数较高,中班的部分孩子操作和使用起来行动比较缓慢和不协调,除了考虑安全因素在边上有适当保护外,还可以控制活动中的人数,比如,可以引导孩子注意边上"转圈圈"、"跷跷板"器械的人数很少等。

3. 难度大的活动器材一般都是比较消耗体力和精力的,对于成人如此,对于孩子也是如此,所以孩子在玩对他们来说难度较大的运动器材时,更加要注意提升活动细节的护理,如提醒他们穿脱衣服、多喝水、多休息。这样也是一定程度上保护孩子的身体,增加活动的安全和适宜性。

运动保护伞

朱晓华

【背　景】

　　运动是幼儿在幼儿园一日生活中很重要的一个环节。它能有助于增强幼儿的身体素质,提高抗病能力,促进幼儿的健康发展。对幼儿来说每天的户外运动是他们锻炼身体的最好时机,因此,我们采取了多种的户外活动形式,有户外运动时间与集体游戏时间。在户外运动时间段,我们每天的安排也有不同,会根据场地的不同提供适宜的材料让幼儿活动。我们在户外运动中不仅注重幼儿活动的兴趣、积极性及锻炼的质量,也很重视保育质量,因为只有这样才能让幼儿达到身心和谐发展,真正提高幼儿运动的质量。那么在户外运动中如何对幼儿进行保育也变得尤为重要。在以往的观念中,总是将保育工作与保育员挂上钩,好像与我们教师关系很少,但在现在我们所要做的是保教结合、"三位一体",老师也要在户外运动中进行保育工作,与保育员一起成为孩子的保护伞。这样才能把每个环节的保育工作做到做好,切实保证幼儿的健康安全。

【案例描述】

　　户外活动时间快到了,我们提醒孩子:"要进行户外运动了,穿外套的小朋友把外套脱掉,挂在衣架上,等一会活动上来,你觉得冷再把它穿上。"穿外套的孩子脱起了外套,我们为一些容易出汗的孩子先在背上垫上小毛巾。做好准备工作,我们带孩子们来到今天安排的二号场地进行活动。

　　孩子们挑选着自己喜欢的区域进行活动,他们有的来到攀爬区,双手双脚找到支撑点后迅速地爬了起来;有的来到了跳跃区,他们尽量往上跳,去挑战不一样的高度;有的来到平衡区,双手张开保持平衡地往前走。还有钻爬区、投掷区、大型玩具上都有孩子们的身影。于是,我们两位老师和王阿姨分别站在三个地方,关注着孩子们的活动。我站在平衡区和跳跃区的地方,观察着这片区域孩子们的活动情况。在平衡区孩子们排好队,一个跟着一个走,胆大的幼儿还左右手拿着放了水的油桶双手撑开走了起来。这时,我看到赟赟小朋友,他似乎非常羡慕走在平衡木上的小朋友,但他始终没有走上去。于是我对赟赟说:"你想玩平衡木吗?"赟赟没有理睬我,他似乎想要离开,我轻声对他说:"这样,我牵着你的手,来走一次。"他有些犹豫。"来吧,来吧,有我保护着你呢。"在我的催促下,他终于走上了平衡木,但他把我的手抓得很紧,在平衡木上他显得非常紧张,整个身体都往我这边倾斜,我说:"没事,别害怕,我在你旁边呢。"后面的小朋友也提醒他:"赟赟,双手撑开你就能保持平衡地走了。"但似乎他听不进朋友们的建议,还是牢牢地抓紧我的手慢慢地走着。在我的帮助下,赟赟终于顺利地走完了平衡木,当他走下来的那一刻,我发现他的脸上显露出一种满足的表情。我对他说:"你看,不是走过来了吗? 不用害怕,慢慢走,保持平衡就可以了。""要不要再来一次?"我问道,这时的赟赟有了刚才的体验,不再躲闪,点了点头。就这样,我又一次扶着他走上了平衡木。赟赟玩了几次,跑向钻爬区去玩了。

我看到皓皓和辰辰正在玩轮胎,他们推着轮胎来回地跑,过大的运动量使他俩已经满头大汗,面色红润,于是我走过去提醒他们:"皓皓,辰辰,你们的头上都是汗了,快去用毛巾擦一擦,顺便喝点水休息一会。"他俩听了我的话,把轮胎放在边上,到休息区去擦汗喝水了。圆圆也在休息区坐着,脸色没有变化,我摸了摸她的背,非常滑爽,显然她在休息区坐了很久,没怎么运动。于是我对她说:"圆圆,你不是刚学会跳绳嘛,我想看看你一次能跳几个,你跳我数,好不好?"圆圆说:"好。"拿着跳绳跳了起来,她一边跳,我一边数:"15 个,真不错。""如果你一次能跳 20 个,那就更棒了。"听了我的话,圆圆开始向 20 个冲刺。

当圆圆正跳得起劲,皓皓把轮胎径直滚了过来,碰到了圆圆,圆圆立刻叫了起来:"老师,皓皓的轮胎滚到我了。"我发现轮胎区和跳跃区的地方接近,又没有什么隔断,很容易发生碰撞。于是我对他们说:"不如我们用绳子来划分区域,轮胎在绳子的左边滚,跳绳在绳子的右边跳,你们看怎么样?""好!"两个人同时赞成道。圆圆把一根长绳横在这两个区域中间,他们各自在自己的区域里活动起来,再也没有碰撞到对方。

活动结束回到教室,我们为垫毛巾的孩子把毛巾抽掉,提醒道:"刚才脱掉衣服的小朋友如果感觉冷,就把衣服穿起来;有小便的小朋友可以去小便,没小便的小朋友坐在座位上休息一会。"孩子们纷纷行动起来。

【分　析】

1. 户外活动中了解幼儿的身体状况，随机指导，关注一些隐性的保育措施

户外运动对孩子的身体健康发展很重要，同时，户外运动的保育工作也十分重要。在组织户外运动前，首先我们要检查幼儿的衣着是否便于运动，根据季节变化增减幼儿运动时的服装。了解幼儿的身体状况，对容易出汗的幼儿先垫上小毛巾，才能使运动更好地适应每个幼儿，使他们得到全面的、适宜的、协调的发展。孩子在户外活动的时候，我们老师和保育员都要将幼儿放在首位，使自己的眼中充满幼儿的影子，要多去观察、关心，了解幼儿在运动中的状况，提高自身在户外运动中的随机指导、护理能力，真正地服务于幼儿，真正成为幼儿在户外运动时的保护伞，从而更好地促进户外运动对幼儿身心的和谐发展。

老师在活动时要时刻观察幼儿的情绪，发现幼儿在运动中存在害怕、胆怯的情况时，应该及时给予支持和鼓励，来打消个别幼儿对某项体育活动的恐惧心理，以此来增进老师与孩子之间的情感交流，为教师在活动中更好地指导幼儿提供了方便之路，这样既能提高幼儿活动的兴趣，也激发幼儿主动锻炼的意念。另外，运动中教师在看看、摸摸的同时，更多的是说说，即发现幼儿有超运动量的时候，及时指导幼儿自己去擦汗、喝水和休息一下；对于运动量不足的孩子，则引导他们参与一些有一定运动量的活动。还有，在户外活动中教师的适时介入，可以起到及时解决问题确保户外运动顺利开展的作用，使幼儿在户外活动中能够快快乐乐地玩耍，保证幼儿的身心发展。

2. 在户外活动中适时观察调控，渗透自我保护意识，注重保护措施

户外体育活动中，为确保户外体育活动中幼儿的安全，教师应能进行有效的观察。首先，教师观察时的站位应合适，确保能关注到每一位幼儿。其次，当幼儿进行移动练习时，教师的站位应随之移动，以便能顾及幼儿活动中表现。在观察中，指导幼儿正确地使用器械，指导幼儿有序地拿放器械。当幼儿出现一些在教师看起来可能存在危险性的活动尝试时，需要教师结合自己的观察及时进行有针对性的指导，学习了解自我保护的策略，教师带领幼儿到教室外面大胆尝试，让幼儿在活动中不断体验如何进行自我保护，教师也在活动的过程中不断示范、提醒幼儿加强自我保护，而不是简单地出手制止，教育大家如何保护自己，并学习相应的策略。

最后观察应与指导相结合，对个别能力较差的幼儿，教师应加强个别指导，他们对那些危险性强的项目自我保护能力差、无意识，因此在教师的个别指导下，那些孩子会逐渐养成习惯，从而对这些项目有防范意识。有时同伴的影响也是很重要的，特

别是看到别人遇到困难或危险,自己便会从中吸取教训,而去摸索和探究另一种保护自我的方法,从而也增强了自己的保护意识。

【对　策】

1. 适当地增加一些标记能起到良好的隐性调控作用,可以调控锻炼的规则、线路、起始的距离、活动区域的划分等,这些都可让幼儿参与制定,让他们共同讨论,选择自己喜欢的标记,然后让每一个幼儿都了解标记的意义,并共同遵守。

2. 为了保证必要的锻炼时间,应提醒幼儿按时到园,适当增加运动的密度,提供上下肢交替的不同锻炼项目。

3. 根据幼儿的情况,提醒幼儿交换不同的运动项目,可以采用集体交换,利用音乐、手势来进行提示;也可以在自由选择的基础上提醒交换,逐步让其养成自主交换的习惯,以此来自我控制活动量。

我们是孩子运动的坚强后盾

俞醒凤

【背　景】

户外活动是幼儿园一日活动的重要组成部分,对幼儿身心健康发展起着重要作用,但相对于其他环节来说,户外活动更容易发生安全事故。因此,除了加强对幼儿户外活动的安全保护教育以外,保育员和老师的保护也是非常重要的,即保育员和老师适宜的站位很重要,它可以及时减少幼儿意外伤害的发生,同时还能充分发挥成人的作用,指导、协助幼儿游戏,提高活动质量和趣味性等。

【案例描述】

镜头一

户外活动时间又到了,做完运动操我们带领着孩子们来到了大型玩具处,我先简单提醒幼儿在运动中需要注意的地方后说:"好!孩子们,去玩吧!"我的话音刚落,孩子们便立刻一拥而散。而我们三个老师、保育员在大型玩具的四周分头站立,形成了一个三角区:较危险的攀崖处、容易产生拥挤的滑梯旁以及不同上楼的阶梯处。好几个孩子小心翼翼地攀爬着,班中最小的孩子欣夷也来了,她抬头看了看同伴,也将手脚伸向了攀崖。欣夷那小小的手拉住凹凸处,小脚抖抖晃晃地踩着凹凸处,由于她个子矮小,再加上攀崖上可抓踩的凹凸处是不规则的,她的小手似乎还没有拉稳,脚也还没有踩稳,突然小身子一个倾斜将要摔下,我马上一个大跨步将她抓住了,还没有摔到地上,避免了事故的发生。欣夷一副紧张神态,我笑着鼓励她:"噢,我们欣夷真勇敢,再试试,你小心上,放心,老师、保育员都会帮助你、保护你的。"于是,欣夷重新开始攀爬,先抓住凸出的地方,再把脚踩在凹的地方,稳住了,一步一步往上爬,最后她成功地上去了,急着快速跑向滑梯,刺溜一下滑了下来,站在滑梯下露出了笑容。我们也一起为她拍手鼓掌。欣夷又微微一笑,跑向了攀崖,继续攀爬。

镜头二

又是一次户外活动,轮到我班玩操场上的小器械。我们将孩子分成两组,每组由一位老师带领活动,保育员则站在两组活动区域中间,可关注两边幼儿活动情况,随机给予帮助。

瞧!浩浩对着正在弓形架上攀爬的晨晨、涵涵、颖颖等大声叫着:"你们下来一下!下来一下!"几个孩子莫名其妙地爬下来看着浩浩,我也走了过去,浩浩马上说:"我有一个新玩法。""什么新玩法?"我和几个孩子同时问。"喏。"浩浩边说边费力地去搬弓形架,大家连忙过去帮忙。鉴于弓形架比较庞大,安全起见,我上前扶住弓形架,问:"浩浩,你想把它怎么放?""躺下来。"浩浩说。我协助孩子们很快搬好了弓形架。"还要一个。"在浩浩的指挥下我们搬了两个弓形架,并拼成了一个封闭的圆形状。浩浩马上跳进圆形,一屁股坐在了弓形架上面,还得意地双臂胸前一抱,跷起了二郎腿。"浩浩,你这是干什么呀?"我轻轻问。浩浩抬起头笑着说:"我在家里休息呀!""哦!你真聪明,玩累了就造一个家休息。"我赞扬着浩浩。"我也要在家里休息了。"一旁的涵涵和颖颖也学浩浩的样跨到"家"里来休息。接着好多孩子都来了,"家"里更热闹了,孩子们围坐成一圈,勾肩搭背哈哈笑个不停。看着他们我也笑了。"你们真聪明!"我翘起大拇指。不过,立刻家里拥挤不堪了,有的被踩到了脚,大声叫:"哎哟!疼死我了!"见状我马上说:"哎呀!这么多人太挤了!如果多几个家就好了!"这时,保育员也闻声过来了,帮忙把几个孩子一一抱出拥挤的"家"。涵涵想去搬另外两个弓形架,我故意阻止他:"那里小朋友们在练爬山本领呀!你拿掉大家就不能练了。"涵涵一听愣住了。不过马上抬头环顾了一下四周,不声不响地跑向轮胎处,搬了一个就坐了下来。我朝他竖起大拇指。于是,又有好多孩子都学涵涵的样做了。一眨眼,单人小家布满了半操场。

【分 析】

1. 重点关注运动器具中需加强防护之处

在户外活动开始前,老师、保育员根据大型玩具的特点、难易程度,特别关注需要加强防护之处。针对游戏"家"在活动前要尽可能预计到可能出现的不安全因素,活动前老师要向孩子交代活动的规则和有关安全事项,增强自我保护意识。在活动中教师四处巡回走动,及时纠正幼儿危险动作,聆听幼儿交谈、评价,发现问题及时进行必要的安全指导和安全教育。有些孩子模仿危险动作,我们必须积极制止,同时也应注意把孩子的这种好奇心引向正轨。同时关注班级幼儿的能力发育程度,及时保护娇小柔弱的孩子,避免了意外伤害的发生,也鼓励了胆小孩子勇敢尝试,给孩子以信心,让他体验到成功的快乐。

2. 教师、保育员三人合理分散站位,保护幼儿

在户外活动中,教师、保育员的合理分工、适宜站位,既有效地支持、推进了幼儿的活动、游戏,也及时帮助幼儿排除了危险,再次避免了意外伤害的发生。

可见,要保证户外活动的质量和安全,保育员和老师的站位非常关键。一个班级三个大人,站成一个三角形,活动时,每个幼儿都可在我们三个人的视线内,一旦发生危险、产生矛盾等,我们就可用最短的时间,及时避免事故的发生或帮助解决矛盾。

【对　策】

1. 户外活动中,教师和保育员一定要眼快、耳快、手快、脚快,注意观察不安全的地方。

2. 户外活动中继续加强保教的密切结合。注意合理站位,加强对幼儿安全的防护、矛盾的解决。

3. 老师和保育员还要尽量做到主动保育、积极保育和个别指导。

安全游戏，自我保护

王菊英

【背　景】

"幼儿园必须把保护幼儿的生命和促进幼儿的健康放在工作的首位。"幼儿的生长发育十分迅速但尚未完善，可塑性强但知识经验匮乏，活动欲望强烈但自我保护意识薄弱。为此，保护幼儿的生命与健康，增强他们的体质，理所当然成为幼儿园的首要任务，也是幼儿园保育工作的重点。

户外活动中的保育工作，对保证户外活动的质量，保证幼儿的身心健康，起着至关重要的作用，因此，我们把保育工作有机渗透到了户外活动的各个环节。俗话说："千般呵护，莫如自护。"《幼儿园教育指导纲要》指出："要充分活动幼儿的身体，逐步养成运动习惯，动作协调、灵活、有耐力，具有安全意识和初步的自我保护能力，有利于幼儿肢体的均衡发展和基本运动能力的全面发展。"幼儿具备运动经验有助于减少危险，提高对突发事件的应变能力；反之，幼儿如果缺乏与年龄相应的运动经验，发生事故的可能性就会增加。

在现实生活中我们不难发现，那些活泼好动、积极参与户外活动的孩子，他们无论是奔跑蹦跳还是钻爬攀登，动作都非常灵活熟练，具有瞬间的反应能力，相对来说磕磕碰碰就少一些。而那些平时很少运动的孩子，由于运动经验不足，活动中动作就显得比较笨拙，遇到危险反应较慢，比较容易受伤。因此，我们要为幼儿提供充分参与户外活动的机会，让幼儿在运动中获取自我保护的意识与能力。

【案例描述】

■ 镜头一

"今天天气特别好，等一下我们去楼下户外活动。"没等我说完，教室里的孩子已经叫声连连，甚至鼓掌。我见到这样的情况就马上制止说："户外活动能不能像刚才这样兴奋？要注意什么？"小朋友们异口同声地说："一定要注意安全。""嗯，玩的时候要做到不推不挤，要懂得自我保护。"我一如既往地提醒着幼儿。接着马上就是组织排队，在要分散队伍进行户外活动时，我还提醒一定要注意安全。小朋友们简直就是把我的话背出来，我听了连连点头。小朋友们活动老师是不能松懈的，我就一直在巡逻。突然，有一个小朋友匆匆跑来说："王老师，我们班的某某摔倒了，哭了。"我一听马上说："在哪里？"并急忙跑去看情况。结果发现这个小朋友的后脑勺有点出血了，马上叫来阿姨按住该幼儿受伤部位并紧急送医务室，一边走一边不断安慰给孩子勇气，孩子停止了哭泣。到了医务室卫生老师仔细检查了一下，还好只是头皮划破，没有多少大关系，擦点药水就可以了。

镜头二

今天我们户外活动的地方是二号场地，中型玩具，小朋友听了可开心了，这个玩具可是他们的最爱。每次到那个滑滑梯的地方，因为这滑滑梯像舌头的形状，没有任何的扶手，故每次都要让幼儿自己说说注意安全的事项。在活动过程中我们两个老师和阿姨都很小心地巡逻着。当我看到一个小朋友从滑滑梯上速度很快地滑下来就马上出声制止："这样很危险，你知道吗？你现在这个样子先去旁边休息下，擦擦汗，喝点茶。"结果这个小朋友不顾我的阻拦硬是要上去，并以更快的速度滑了下来，滑到一半的时候就从滑滑梯上掉在草地上，我马上伸手接他，可惜晚了一步。我从地上扶起他并仔细观察是否有受伤，结果我发现除了额头上有一点点红之外并无大碍，我让阿姨用冷毛巾进行冷敷，并让该小朋友休息。

【分　析】

1. 户外活动是幼儿一日生活中不可或缺的组成部分，也是孩子身心健康发展的必经之路

我们中班的幼儿，年龄较小，身体瘦小且发育未完善，动作的灵敏性和协调性也较差，身处险境，也是无法自我保护。安全意识淡薄，生活经验缺乏，活泼好动，好奇心强又爱冒险，不会设想危险情境，也不知道害怕，一意孤行，导致诸多户外事故的发生。即使老师有安全提示话语在前也无法起到相应的效果，加上本学期来到总部新鲜，各种玩具更吸引着孩子们。

中班的幼儿已经有安全意识，但在实际运动过程中还是无法辨别可能存在的不安全场地及不安全的动作行为，缺乏自我保护的技能技巧。于是在事故发生后我在

全班幼儿前请两位受伤的孩子讲述自己的受伤经历,为什么会受伤? 大家一起来商量以后怎样避免这种不安全因素? 怎样学会自我保护和及时提醒他人小心?

2. 开展讨论会,组织幼儿讨论户外活动中应该怎样自我保护

事故发生后我在班级里组织一场讨论会:户外活动应该如何自我保护? 遇到危险情况你会怎样?

小朋友讨论下来说,不能在操场上和小朋友跑来跑去,这样很容易撞伤别人和自己。也有小朋友说:和好朋友玩的时候一定要商量好,谁先玩,不能推也不能挤。还有小朋友说:一定要做到不推也不挤,不做危险的动作,注意保护自己。

经过激烈的讨论后,大家提出针对没有扶手的滑滑梯、楼梯口等我们设置了红色警示区,画了提示提醒的图片贴在旁边。让幼儿观看《巧虎自我保护方法技能》的动画片,从中学习一些自我保护的方法和技能,例如有的活动动作需要慢一点,万一掉落时保护好头部等,还有一些其他应急技能。

户外活动中的保育工作,对保证体育活动的质量,保证幼儿的身心健康,起着至关重要的作用,因此,我们把保育工作有机渗透到了体育活动的各个环节。

【对　策】

1. 根据需要准备活动场地和活动器材

教师要检查活动场地和活动器材的安全性,检查幼儿的着装是否便于运动,鞋带是否系牢,衣服口袋及其饰物是否存有不安全因素。

2. 了解幼儿的身体状况及情绪状态

活动前,教师必须了解幼儿的身体状况及情绪状态,采取相应的保育措施。如对于活动中容易出汗的孩子,事先在孩子的背上垫上毛巾吸汗,活动后抽出毛巾以防捂汗感冒;对体质差或刚恢复健康的幼儿,在活动中就要适当减少活动时间和运动强度;对于情绪低落、胆小内向的孩子,及时给予鼓励,调动活动情绪,并打消个别幼儿对体育活动的恐惧心理,激发其参与活动的兴趣。

3. 根据季节特点调整体育活动的时间与内容

春秋季节户外活动时间相对较长,活动内容不受限制;而冬夏两季由于受气温影响,在暴冷暴热天,可将户外活动时间相对缩短,并根据季节变化将活动时间移至接近中午或清早。场地选择也需要变化,冬天可选择向阳背风处,活动量可适当增加,如跑、跳等活动量大的传统游戏;而夏天则要选择背阴凉爽处,活动量需相对减小,如组织半衡、钻的活动等。

安全保护在我心

徐敏红

【背　景】

　　这学期孩子们从莲园路小班部来到了北中路中大班部。中大班部的户外场地宽敞舒适,活动器械丰富多样。孩子们每天都非常积极地投入其中,玩得不亦乐乎!

　　今天轮到我们班玩二号场地,这个场地上面有半月摇、轮胎、竹梯、滚筒、扁担、水桶等活动器械。孩子们一到这个场地就在老师的引导下开始忙着搬竹梯、滚轮胎,不一会儿场地上就出现了高低不同的小桥、弯弯曲曲的小路、长长的山洞……有趣的活动场景创设好了,孩子们就各自找到自己喜欢的玩具和器械开始玩起来了。

【案例描述】

▌镜头一

　　小男孩陶陶来到了由半月摇、轮胎、竹梯组合起来的弯弯曲曲的小路前,只见他小心翼翼地跨上了竹梯,可是他刚走了两步就脚下打滑,身体一个趔趄险些从竹梯上摔下来。吓得他赶紧趴下,身体紧贴着竹梯匍匐前进。我见状立即走到他面前伸出手说:"来陶陶,把手交给徐老师,我来帮助你过桥。"淘淘看到我站在他旁边马上伸出手来。于是,我牵着陶陶的手,引导淘淘小心地一步一步走过了小桥。

　　陶陶是我们班中年龄最小的几个孩子之一,动作发展比较迟缓,平衡能力较弱,需要老师提供直接帮助。因此当老师发现陶陶只能趴在竹梯上往前爬时,就及时站在他旁边伸出双手,帮助孩子顺利过桥。

▌镜头二

　　另外一边有几个孩子正依次有序地过山坡(半月摇),齐齐先是手脚并用爬上了半月摇,在最高处转个身依旧手脚并用爬下来。雯雯也是先手脚并用爬上半月摇,但到最高处时她调整了自己原先的身体姿势,把脚伸到了身体的前面,然后整个人坐在半月摇上一溜烟地滑下来。陶陶也来到了半月摇前,只见他犹豫了半天终于鼓足勇气爬上了半月摇,到了最高处他稍微停留了一会就接着下桥了。但他没有调整身体的方向和姿势还是按照原来的方法,头在前手脚并用往下爬,结果重心不稳一个跟头就从半月摇上栽了下来。幸好被我及时发现,眼疾手快冲上前去一把抱住了他。

陶陶的运动经验明显不足,在爬下半月摇时不会调整自己的身体和手脚的方向,导致重心不稳差点摔下来。幸好有老师站在一旁看护,及时抱住陶陶,避免了孩子受到伤害。

【分　析】

户外体育活动是幼儿在园一日生活中不可或缺的组成部分,也是孩子身心健康发展的必经之路。《3～6岁儿童学习与发展指南》明确要求:要发展幼儿的平衡能力,动作协调、灵敏,具有一定的力量和耐力,同时规定了不同年龄幼儿各项目标应达到相应的水平。因此,幼儿园户外体育活动需要教师加强对活动组织和对幼儿的管理。

1. 多方因素导致幼儿安全意识和自我保护能力缺乏

由于幼儿年龄小,能力和体力十分有限,动作的灵敏性和协调性较差,又缺乏生活经验,在活动中跌倒或是奔跑过程中不会闪避,碰倒同伴或是向空中抛接物品落到自己或同伴身上等现象时有发生。

幼儿在活动中常常不能清楚地预见自己行为的后果,对突发事件不能做出准确的判断,当处于危险之中时,就会缺乏自我保护的能力。尤其是现在绝大多数孩子都是独生子女,他们虽然在身高、体重方面较过去有很大提高,但是其心、肺功能却落后于身体的生长发育,这正是缺乏锻炼的结果。特别是那些被宠爱、受保护过度的孩子,平时很少跑动、跳跃,结果稍一疏忽,轻则破皮流血,重则伤筋动骨。

2. 户外活动应培养幼儿自主探索、自主适应和安全意识及能力

活泼好动是幼儿的天性,在户外活动中他们难免要奔跑、跳跃、钻爬、攀登等,在户外活动中教师应多鼓励各种"非常规"的游戏方式,而不是当孩子做出危险动作时老师及时地制止,从未参与到幼儿们的"冒险"行动中去,使得安全意识没有深入幼儿脑海中,在他们的潜意识里就是觉得这个危险不能做,而孩子的心里一直好奇着。如果活动中没有一定的冒险性,儿童就无法真正积累相关的具体经验教训,也就无法真

正形成回避危险的意识和能力。

因此在户外活动中教师应做到"多观察、少指导、真帮助"。在本案例中教师通过观察发现陶陶对于二号活动区域内的活动器材明显存在运动经验和运动能力方面的不足,采取了及时介入、直接帮助等策略来激发和培养幼儿的运动兴趣和能力,并逐步引导幼儿的体育兴趣和能力向高层次、长久性和稳定性方向发展。

【对　策】

1. 帮助幼儿掌握较规范的动作技能

在运动中,幼儿首先要学习和掌握比较正确的动作技能,以避免由于动作不正确产生的运动伤害。因此在组织幼儿活动时,教师要注意精讲多练,讲练结合,多采用同时练习法、巡回练习法等方法保证幼儿有充分活动的机会和时间。

2. 引导幼儿学会基本的自我保护动作

在日常运动中,教师应通过日常教学来引导幼儿反复练习自我保护动作。如身体向前失去重心时立即双手着地、屈肘、低头、收腹、顺势团身滚翻。这些动作有利于幼儿在遇到危险动作时能瞬间产生自我保护动作的本能反应。

3. 教师应提供必要的安全保护措施

幼儿的动作灵敏性和协调性较差,又缺乏生活经验,常常不能清楚地预见自己行为的后果,往往会诱发危险因素,对突发事件不能作出准确的判断。当处于危险之中时,也缺乏保护自己的能力。对初次尝试和运动经验不足的幼儿,教师应提供直接保护,避免让幼儿受到伤害。

保育意识在我心,行为支持有成效

张 君

户外活动是孩子们在幼儿园生活中最喜欢的环节之一,在活动中多种器具、多种玩法让孩子们乐此不疲。户外活动也给老师的保育工作带来了比室内活动更大的责任,老师的观察、指导更具挑战,对保育的要求更高。

【案例描述】

脱外套小风波

"浩浩,今天风大,衣服不要脱!"妈妈临走时嘱咐着。

"孩子们,穿着厚外套或觉得热的可以换背心喽……"马上要运动了,我们照例请孩子们做起了准备工作。只见浩浩坐在椅子上一动不动。"浩浩,衣服塞好了吗? 你热吗?""不热!"我伸手摸了摸他的后背,感觉稍许有点微汗,问道:"真的一点都不热吗?""妈妈说不要脱衣服!"为了不让孩子"为难",我建议:"浩浩,你看这样好不好,你可以把里面的毛衣脱掉,穿着外面的外套,这样等会儿运动时你就不会太热了,外套挡风也不冷,可以吗?"听了我的建议,浩浩认真地想了想,同意了。在活动中,浩浩运动量大,不一会儿就热得自己把外套脱了,我及时为他垫上了吸汗巾。户外活动结束后稍作休息,我又建议他及时穿上薄毛衣,以免着凉。

第二天,妈妈送浩浩到班级门口时又习惯性地叮嘱起来:"浩浩,外套不要脱,要着凉的!""妈妈,你摸摸我的背。昨天你叫我不要脱,可我玩了一会儿就出汗了,热都热死了!"大班孩子表述得很清楚,可是妈妈还是很担心:"在户外玩,有风的,乖,听话!"母子俩你一言我一语,为这件外套的穿脱僵持着,我觉得应该出面和家长沟通一下了。"浩浩妈妈,浩浩在户外活动中很会玩,各种运动器具都能玩出各种方法,大家都很愿意跟他在一起。他的运动量也不小,昨天我们在大型玩具活动的时候,他做小首领,带领着大家跑动,不一会儿就满头大汗了,所以我们就及时提醒他脱了外套,垫上毛巾。今天我们还是这一活动区域,有汗的衣服贴身很容易着凉,(见浩浩仍然穿着昨天的毛衣)你看是不是可以这样,里面的毛衣有点厚,今天基本没有风,我们先脱去外套穿着毛衣玩,后背帮垫块毛巾吸汗,运动结束后再穿上外套,你觉得可以吗?"这么一说,浩浩妈虽没有很爽快地答应,但也没有回绝,停顿了下说:"好的,谢谢老师关心!"

浩浩妈妈显然还是不太放心,户外活动时,破例在校门外的围栏处看着儿子户外活动。只见浩浩在大型玩具上跑上跑下,带领着伙伴们在草地上做着游戏,我们时不时摸摸孩子们的额头、后背,提醒休息、喝水。看到浩浩开心地活动着,老师也特别关注他,浩浩妈悄悄地离开了。

第三天,浩浩妈妈送儿子来班级门口,主动找我:"张老师,我帮浩浩准备了一件背心放在学校,方便他运动时穿。""浩浩,把外套脱了,换背心吧!"

【分　析】

天气渐凉,孩子们大多穿着比较厚的外套来园。有的家长一到教室就会让孩子换上背心,便于活动。而有的则保护心切,叮嘱孩子不要脱衣服,以免着凉。这些不同的行为,反映了家长不同的保育观念。

1. 家长保护过于多,家园意见存异议

教师在孩子运动前会根据孩子的体质,因人而异做好保育工作。但是很多家长不是很了解孩子在园的运动情况,就如浩浩的妈妈,儿子是个挺怕热的孩子,而且好玩好动,极易出汗。但浩浩妈妈却认为活动在户外,一味地不让脱外套怕孩子着凉生病。这类家长往往会把自身的体感和想法强加于孩子,殊不知过度的保护会适得其反,不但影响幼儿在活动中四肢运动,而且被厚衣服包裹着的孩子身上都是黏黏的汗,反而容易着凉。

2. 教师沟通有技巧,家长观念得转变

在孩子的心目中,妈妈的话具有权威性,老师的话有道理,但要改变浩浩妈妈的观念不是一蹴而就的。当两者之间产生冲突时,孩子往往不知所措。每每在浩浩遇到不让他脱外套的妈妈的叮嘱时,他有自己的想法,却不敢直接回绝。而老师的建议让他在活动中感受到身体各方面的舒服和自在。面对孩子的矛盾,我们改变了沟通

方式,并没有一开始就直接和浩浩妈妈解释,而是从孩子入手,慢慢地通过活动中对浩浩的合理建议和保育措施,让家长通过自己的观察、感受,以我们实际的保育行为转变家长的观念。连着三天,浩浩妈妈从不放心到认同老师的做法,再到主动配合老师的保育行为,可见我们的保育行为收到了可喜的成效。

【对　策】

1. 因人而异,合理建议

幼儿的个人情况有所不同,通过个别交流的方式,将孩子在运动中的事例告之家长,结合实际提出一些建议,如换一件适合孩子体质的背心或薄外套等(怕冷的可穿羽绒的等),既方便运动又起到保暖的作用。另外,孩子每个阶段的体质不同,需给予不同的保育措施,才能保证孩子的运动更利于身体的发展。

2. 利用平台,再现活动

通过微信平台上传活动的照片,让家长们了解自己的孩子在幼儿园里活动的情况,如活动量,老师保育员如何在运动中给孩子们做好保育工作等,并在家园互动栏中宣传如何对运动中的孩子进行保育等知识,让家长知道合理的保育支持行为才能促进孩子的健康成长。

3. 参与活动,主动保育

教师更多地真正参与、加入孩子们的活动场景,成为他们的玩伴,同时感受运动量的适宜度,做幼儿主动保育的支持者。

擦汗脱衣难不难？

马晓华

【背 景】

10月的阳光依然热辣，孩子们在太阳地下快乐地运动。每天运动都会有相当一部分孩子去休息区擦汗脱衣喝水，但是，来来回回也总是这么一些孩子，那其他不常出现在休息区的孩子，他们的情况是怎么样的呢？

【案例描述】

镜头一

浩浩在整个户外活动中专注地玩着滑板。只见他一会儿单脚跪在滑板上，另一条腿则用力蹬地，滑板滑得又快又稳；过了一会，他坐在滑板上，双手抓着边缘，双脚左右蹬地，滑板像公园里的转转椅一样打起圈来；又过了一会，他干脆脸朝上躺在滑板上，用手和腿在地上使劲打起转来。经过这一系列的玩法，他手上难以避免地沾染了不少污渍，虽然在运动前已经脱掉了外套，汗还是沿着额头从两鬓流了下来。由于他玩得正酣，也顾不上去休息区擦汗，于是直接用脏兮兮的手随意一擦，脸上顿时成了小花猫。在我的提醒下，他去清洁了脸颊和双手。

自由运动结束了，孩子们排着整齐的队伍，跟随老师做着准备动作，等待一起做动物模仿操。琪琪提出："老师，我好热啊。我要脱衣服。"我观察了她的出汗情况，虽然随着运动量的减弱，头上已看不出有明显的汗量，但是背后却有不少的汗，显然她在运动高峰期没有及时擦汗休息。

尽管教师一直在运动前提醒幼儿"感觉到热了、累了要注意脱衣服和喝水休息"等保育要求，幼儿基本能做到主动喝水，但是专注于运动的孩子们还是经常发生因为玩而顾不上脱衣服和擦汗的事。

第二天运动前的空闲时间,我就这两件事和孩子们展开讨论,请孩子们自己说说"怎样做更合适?""什么时候该脱衣服什么时候该去擦汗了?"经过一番议论,孩子们意识到汗滴下来要用干净的毛巾擦去,并且那时候需要休息一会再运动,衣服则要在运动前或者运动了一会儿有一点热的时候脱才好,等到汗流浃背或运动结束了才脱就太晚了。

在随后的户外运动中,孩子们自主保育的意识有所加强。14个孩子在运动前就脱衣擦汗,钥钥、琪琪等7个孩子在运动10分钟后出汗了主动脱衣擦汗,思思等6个幼儿则看到其他伙伴的行动后马上也效仿着脱下衣服。小部分没有擦汗喝水的幼儿,教师在随后进行了提醒。

▌镜头二

朵朵招呼浩浩一起去脱衣服,浩浩摇了摇头,继续埋头玩。见状,我上前观察,发现他已经隐隐有汗流出,便问:"浩浩,你都出汗了,为什么不去脱掉一件衣服呢?"浩浩说:"妈妈说现在天冷了,一件衣服都不能脱。"不管我怎么动员,浩浩就是坚持不脱,最后我只好帮浩浩在背后垫了条毛巾,并建议他提早休息。

无独有偶,内向的轩轩也坚持不肯去脱衣服,在一番了解后得知,今天玩的手推车是他很中意的运动器材,如果去脱衣服的话,手推车就要被别的小朋友拿走了。我建议说:"你可以学一学其他小朋友的方法,让好朋友帮忙看着手推车,或者借给别的小朋友先玩,等脱完衣服再还给你。"他还是露出很为难的样子,最后我主动提出帮他看着,他才去脱掉了衣服。

【分　析】

引导大班幼儿主动擦汗脱衣到底难不难? 大班的幼儿已经有了一定的户外保育意识,能够积极喝水,对脱衣服和擦汗也有了一定的认知,但是"知易行难",往往在实施的时候,会遇到很多影响的因素。

1. 良好习惯养成是个持之以恒的过程,教师引导和幼儿认知缺一不可

良好的行为习惯不是天生的,而是在日积月累中逐步养成。幼儿的年龄小,对良好习惯的形成并没有多少认识,在这个过程中教师的引导就尤为重要。

案例中,教师观察到幼儿由于玩得忘乎所以而忽略了脱衣擦汗等保育行为,采用了集体讨论的方法,强化了幼儿的自主保育意识,并在随后的活动中通过记录,统计幼儿自主擦汗脱衣的情况,观察哪些幼儿初步养成,哪些幼儿需要继续强化和进一步

引导。教师做到心中有数,有效帮助幼儿主动保育习惯的养成。

2. 运动保育习惯与幼儿个人实际情况发生冲突,采取折中措施

孩子的体质各不相同,家长可能更加担忧孩子的健康状况,常常会叮嘱孩子不要脱衣服,因此案例中教师的保育要求和家长的意见会产生冲突,使幼儿感到左右为难,教师采取折中的办法,用毛巾吸汗临时解决问题。而对于担心离开后,自己喜欢的玩具被同伴拿走的幼儿,教师给予了建议,并帮幼儿看管,解决了幼儿的后顾之忧。

【对　策】

良好保育习惯的养成需要教师的不断追踪,根据幼儿各阶段的情况进行调整。针对这两个问题,可采取以下措施:

1. 增强意识,个别关注

通过运动前的规则说明,进一步增强幼儿在运动中自主保育的意识,同时继续记录幼儿的自主行为的频率,对需要引导的幼儿,多关注多提醒,促进幼儿主动保育习惯的养成。

2. 家园同步,科学保育

与浩浩的家长进行个别交谈,更详细地了解幼儿的身体情况,交流幼儿在户外运动时的活动情况及出汗情况,宣传科学的保育知识,协商运动时关于脱衣服的策略,达成家园育儿观念的一致性。

3. 约定规则,解决矛盾

在运动区域设立一个玩具暂时放置区,约定一个取放规则,供脱衣喝水的幼儿存放器械器材,解除幼儿的担心,避免同伴间的矛盾,促成主动保育行为的执行。

冷 暖 我 知 道

黄 群

【背 景】

孩子在户外活动中是最放松最投入的,常常玩得满头大汗也不觉得,所以喝水、脱减衣服、休息擦汗都不自觉。在小班时,老师在幼儿户外活动过程中就不停地问、摸、提醒、帮助。现在进入中班了,孩子需要建立自我服务的意识,所以老师的一些支持策略也要稍加调整。

【案例描述】

▌镜头一

在今天户外活动之前,我先把孩子们集中在身边,介绍完今天的运动区域和材料后就询问孩子现在体感如何:"阳光很强烈,觉得热吗?"有些孩子当即就表示比较热,"如果现在觉得热可以脱掉外套后再活动。"我建议孩子先把较厚的外套脱下。之后我继续引导:"我想知道你们的观察力强不强? 大家找一找,离我们最近的水桶茶杯放在哪里呢?"几个孩子环顾四周,马上就找到了。孩子们逐一发现茶桶放在哪里、毛巾在哪里、衣服篮子放置在哪里后,我又鼓励他们活动一会后要自己去休息擦汗。最后我告诉孩子们,如果今天不用老师提醒就能自己去喝水休息的孩子,回到教室老师会奖励他一个五角星,因为他是一个能自己照顾自己的能干宝宝。

▌镜头二

很快大家就投入到运动中去了,活动前我的一些提示和要求还是有效果的,因为几个孩子如欣怡、鑫鑫结伴一起去喝水擦汗了,当她们回来后,我告诉她们可以去提醒其他的孩子也去喝水休息,很快另一些孩子也去了。突然,我发现小豪的衣着特别多,不冷的天气穿了四件衣服,小脸蛋红扑扑的,当我询问他热不热时,孩子弱弱地说有点热,于是我伸手在他脖子后背摸了摸,早已经是汗涔涔了,于是我告诉小豪:"小豪,你现在已经出汗了,说明身体已经觉得热了,你可以脱掉一件外套。"没想到我的话音刚落,孩子居然哭了:"可我妈妈说我不能脱的,脱掉我会生病的。"原来是妈妈的嘱咐让孩子不知所以。于是我告诉小豪:"我们的活动刚刚开始你已经出汗了,如果不脱掉一会儿你就会满头大汗,里面的衣服一旦湿掉很容易着凉,到时候就真的要生病了。""可是妈妈说不能脱的。"孩子反复强调妈妈的话。"因为妈妈不知道现在你很热,我们现在先脱掉,老师帮你在后背垫上一块毛巾好不好? 晚上妈妈来接你的时候我们一起来告诉妈妈运动的时候很热,需要脱掉外套好吗?"在我的劝导下,小豪脱掉了外套。

镜头三

户外活动后回到教室,我利用几分钟时间给孩子们播放在户外活动时我拍的照片,照片是关于孩子们喝水、擦汗、坐在长椅上休息的。我给在镜头里出现的孩子每个人发了一颗五角星的贴纸,让大家给他们鼓掌,同时表扬这些孩子能自己去喝水休息脱衣服。当其余孩子也纷纷表示想要小贴纸时,我答应明天户外运动中如果能自己照顾自己,就会补发给他们。

【分　析】

通过在活动前让幼儿自行判断体感、寻找休息点等方式,让孩子建立一定的自我保育意识;沟通家长传达正确的保育观念,做到家园一致

主动保育,适度支持是我们保育工作的宗旨,所以孩子在老师的提醒下能感知冷暖。鼓励孩子根据自己的体感穿脱衣服以及主动休息喝水,是这个阶段我们主要努力的方向。但是中班的孩子有他们的特点,游戏玩耍起来就忘记一切了,还不能做到完全自主,所以作为老师,我们通过事前要求、过程中游戏式的提醒,还有事后奖励等一系列手段引导幼儿可以自主休息。另外利用孩子之间的互相提醒也能潜移默化地帮助孩子树立自主休息的意识。

现在是刚刚入秋,早晚温差比较大,一些家长在送孩子上学的时候往往给孩子穿了很多件,像诚诚这样体质较弱的孩子穿得就更多了,另外家长还要求孩子不能脱。对于这种情况,我认为一种是家长担心孩子生病所导致,另一个原因不排除家长对学校老师保育工作的不了解。所以我们有必要向家长介绍一些正确的保育观念,并且把我们正在操作的保育方式解读给家长听,让家长充分了解并信任我们,这样才能更

好地家园共育。

【对　策】

针对家长：

1. 通过微信班级群、家长园地等媒介向家长们推荐一些育儿文章,其中包括运动中的孩子该如何护理。通过这些专家的专业指导让家长接触到科学的保育知识。

2. 多和诚诚家长一样对孩子冷热过分忧心的家长面对面交流,聊一聊孩子在户外活动时的状态和我们针对孩子情况的做法,让家长知道老师是如何进行保育的,解除家长顾虑,并且需要使用实际可操作的方法来指导家长在家中对孩子进行自感冷热的培养。

针对孩子：

1. 在活动前除了集体介绍今天活动区附近的水桶、毛巾、休息区的位置以外,需要使用充满游戏力的方式在过程中提醒孩子(停车加油、营养加油站等),还可以组织孩子们两两结对,在活动时鼓励他们互相提醒休息。

2. 给能主动休息喝水脱衣的孩子一定奖励。

快乐的户外运动

傅 裕

【背 景】

户外运动是为了让孩子通过集体游戏、律动早操、分散活动等得到充足的活动量,发展基本动作,达到锻炼的目的。大部分的小班孩子特别活跃,兴致勃勃玩得满头大汗,但是我们发现,由于孩子年龄小,自我服务意识弱,不会自主休息调整,因此在活动中需要老师和保育员提醒引导。

【案例描述】

今天的气温较高,我们的户外运动场地是钻爬平衡区,我和孩子们一起分组排好钻爬、跳跃、综合区几个运动区域后,孩子们按意愿开始分散运动了。凯文、乐乐、小睿、元元、小烨等几个男孩子在每个活动区域都玩了一遍,之后就开始在操场上你追我跑。不一会儿,小睿、小烨、乐乐的头上就开始冒汗了,尤其是小烨。我发现之后就走过去问:"你们在玩什么游戏啊?""我们在玩捉小鱼的游戏,我就是捉鱼的人,他们都是小鱼。"凯文喘着气说,这时"小鱼们"也都围过来,"我们是小鱼,我们游得可快了,捉鱼人凯文都没有捉到我们这些小鱼。"小睿有些得意地说着,其他的孩子也都附和着。趁着跟孩子说话的时间,我顺手摸摸在我边上的小烨和乐乐的头颈和背脊,小烨的背上湿湿的,于是我对他们说:"哎呀,小鱼们刚才为了躲避捉鱼的人,游了很长时间,很累了吧? 是不是要回家休息一下喝点水补充一下能量呢? 如果没有力气了,等会儿捉鱼的人很容易就把你们这些小鱼给捉住了哦。我们赶快游回家,一边休息喝水,一边想想小鱼要怎么游才能不被抓? 小鱼们如果身上有汗的话也赶快擦一下。"说完,我带着这些小鱼来到休息区后便走开了。过了一会儿,元元主动跑过来:"老师,你看,我们把呼啦圈放在这里了,我们小鱼可以在这些圈圈里一跳一跳的,我们玩小鱼跳的游戏。"然后他们一一把呼啦圈平放在跳跃区那里,一个一个排着队放,他们自发排成一排在跳跃区跳,"我们现在是一个个放太简单了,我们可以在一个后面并排放两个。"我边说边启发他们调整,同时请他们一起放。玩了一会儿,收玩具的音乐响起,孩子们卖力地跟我一起收玩具,但是我发现有几个特别容易出汗的孩子又围着地上的圈圈跑,于是我结合马上要进行的集体游戏说:"刚才鱼妈妈来找小鱼了,我们把呼啦圈套在自己身上,连接起来变成小鱼火车,一起开回家找妈妈好吗?"我说着拿起地上的呼啦圈往身上套,"你们快点准备好!"我边套边招呼旁边的孩子也套呼啦圈。"呜……呜……,火车开起来了。"说着我有意识地做火车头,带着孩子们把车开到休息区,"我发现我们这辆火车马上也没有油了,需要我们加点油。有几个车厢刚才开过小水塘的时候,身上溅到了一些脏水,需要我们帮忙擦一下。"我摸摸元元、小睿、小烨、凯文等几个头上都是汗的孩子,"看,这几节车厢脏了,需要用毛巾擦一擦。"我又摸摸子涵、小晨等孩子的肚子说,"这几辆火车需要加点油了,加油的时候不要忘记先把你们的油箱盖打开。"一边说一边引导几个出汗特别厉害的孩子"打开油箱盖"(脱外套),并根据自己的需要去擦汗喝水。

【分　析】

1. 观察幼儿,把握幼儿运动幅度,运用简单的语言引导幼儿调整运动量,能在老师的提示下自主休息

当孩子在户外运动的时候,我们老师要将幼儿放在首位,使自己的眼中充满幼儿的影子。要多去观察、摸、问,及时了解幼儿在运动过程中的身体状况,当发现幼儿运动中运动量过大、孩子过度兴奋时,老师要及时介入,引导并调整幼儿的当前运动量,同时用询问式的语言提醒告知幼儿当前的活动状况,并以"累了"、"出汗了"、"休息一会儿"、"脏了"、"加油"等语言来引导提醒孩子喝水、擦汗、休息,转移孩子过度兴奋的注意力,引导部分自我服务能力较弱幼儿到休息区进行适当的休息调整。在老师有意识的引导下,能力强的幼儿在看到其他孩子过去时也会跟随一起过去,这样可以适时地让孩子知道热了可以去休息区,在过程中逐步学会自主喝水、擦汗、休息等。对于运动少、动作幅度小的孩子,就必须提高活动量使幼儿在其原有的水平上得到发展(关注运动中的个别差异)。对于个别不容易观察到的幼儿,教师和保育员要经常摸摸孩子的额头、脖子、背脊等易出汗的部位,对于出汗厉害的可以用毛巾垫在背部帮助吸汗,并提醒这些幼儿在活动中脱衣,防止幼儿活动后,因捂汗而着凉。在孩子体育运动中的随机指导、护理能力,要真正地服务于幼儿,从而更好地促进体育运动对幼儿身心的和谐发展。

2. 观察幼儿,从幼儿实际运动情况考虑,合理安排运动的时间与密度

小班幼儿的年龄特点就是自我控制能力弱,自我服务意识差,所以,作为老师在运动量和分散运动的时间安排上可以根据班级孩子的实际情况进行调整,天气热的情况下,适当缩短分散游戏时间,增加集体游戏时间,如果今天分散活动运动量大,我们在集体游戏时调整选择一些相对量小的游戏,运动中注意动静交替。

【对　策】

1. 增强幼儿运动中的自我服务意识

(1) 在生活活动时间段,和孩子一起学习使用毛巾正确的擦汗方法。

(2) 运动中、运动后老师要鼓励幼儿多喝水,老师要关注幼儿饮水量,控制幼儿的饮水量,以免一次喝大量水增加心脏的负荷或者引起胃痉挛。所以在运动中,老师要指导幼儿每次喝适量水(小半杯),以补充在运动中失去的水分。

(3) 在以后的户外活动前根据当天天气要先调整孩子的衣着,了解每位幼儿的身体状况,并与孩子沟通,有意识地告诉孩子运动中热了要脱衣服。经过适当休息调整后,当幼儿情绪平稳不再出汗时,要提醒幼儿及时穿上衣服以免着凉。

2. 合理分配运动区域内容、环境创设,调整运动密度

(1) 在创设运动游戏环境时,注意运动器械材料与密度的合理分配与排放,调整运动区域的运动量。

(2) 分散运动与集体游戏要注重动静交替。

利用游戏环节调节幼儿运动量

殷佳慧

【背　景】

　　现在的孩子大都是独生子女,父母、祖辈的关爱和不恰当的经济满足以及过度保护,使得幼儿在充足的爱意中成长,多数幼儿自理能力弱,依赖性强,运动能力落后,自我中心意识强。而在幼儿园里,"安全第一"的意识深入每一个老师的心底,为了确保不出意外,老师往往会安排一些相对"安全"的游戏。但是户外游戏活动对于幼儿身心发展有着重要的价值,殊不知一味地培养"乖孩子"、"好孩子",是以牺牲幼儿的健康为代价,得不偿失。所以,开展丰富多彩的户外活动,让孩子们增加对体育活动的兴趣,增强体质,提高对环境的适应能力和抵御疾病能力的同时,做好孩子们的保育工作,就迫在眉睫了。

【案例描述】

　　为了提高孩子们运动的兴趣和积极性,今天我带领着孩子们在操场上玩起了"喜羊羊与灰太狼"的游戏。

　　首先,作为"慢羊羊村长"的我,带领"小羊们"做了简单的热身运动,孩子们有的脱去了外套,有的垫起了毛巾,跟着我在规定的场地四周跑步热身。

　　接着,"躲避灰太狼"的游戏开始啦!我邀请超超当灰太狼,让他在一边伺机待命,而"小羊们"则在场地里四散"吃草"。忽然,"灰太狼"大喊一声:"小肥羊们,我灰太狼大王回来啦!"说完就追赶起"小羊"来,"小羊"则四散逃开,在注意躲避"灰太狼"的同时,也要躲开一同逃跑的伙伴,以免冲撞,直到所有的"小羊"都逃回羊村,游戏告一段落。

　　这时,"慢羊羊村长"发现,杰杰脸色红润,满头是汗,在一旁喘着粗气。于是,"村长"紧急集合所有的"小羊们",开了一次简短的"羊村大会"。"村长"故意放慢语速,对"小羊们"说："小羊们,恭喜你们成功逃离灰太狼的追赶安全回到羊村！可是,我们的羊村还需要两个勇敢的卫士来守卫,谁愿意来做这勇敢的卫士呢?"我话音刚落,几个男孩子纷纷举手,嘴里叫着："我来,我来！""村长"示意小羊们安静下来,继续补充道："接下来的追赶会更激烈,我们的卫士一定要身体很强壮才行。"这时,身强体壮的逸逸把小手举得高高的,说："老师,那我来吧,我有点累,需要休息一下！"逸逸话音刚落,引得大家捧腹大笑。"真棒,还有谁?"在"村长"的鼓励下,另一个满头大汗的"小壮壮"也自告奋勇地上前一步说："我来当守卫,我出汗多,正好可以休息一下。"两个自告奋勇的守卫得到大家的认可。推选停当,"村长"宣布,第二轮"躲避灰太狼"的游戏开始。大家又投入到游戏中,随后不断有"小羊"提出要轮流替换守卫,让自己得到休息和调节。

　　游戏结束,"灰太狼"被关在了"羊村"外面,一副垂头丧气的模样,而其他"小羊"则和"村长"在羊村里庆祝："我们羊村的小羊真勇敢,我们一起打败了灰太狼,慢羊羊村长要奖励勇敢的小羊,给你们每只小羊发一个奖品——小杯子,请勇敢的小羊自己去倒水喝,但是千万别因为太高兴喝太多的水哦！"孩子们欢呼着来到喝水点,有序地拿着水杯盛水—碰杯—喝水,庆祝游戏的胜利。

【分　析】

　　1. 创设情境,让孩子有角色意识,乐于参与游戏

　　情绪的好坏是影响锻炼质量的一个因素,今天设计的集体游戏"喜羊羊和灰太狼"是孩子们喜欢的动画片的延伸场景,孩子们都很乐意参与其中,包括即使扮演永远吃不到羊的"灰太狼",孩子们也玩得兴致勃勃。正因为充分调动了幼儿的情绪,才使孩子们主动积极地参加活动,提高了幼儿的活动兴趣,也达到了幼儿主动锻炼的目的。

　　2. 善于观察,面向全体,及时调整孩子的运动量

　　针对大班孩子的运动特点,首先要选择好场地,能让幼儿的自由运动不受阻碍。其次,本次集体游戏的目的是为了进一步发展幼儿在一定范围内四散追逐跑的能力,提高动作的协调性。在幼儿跑动的过程中,我一直关注幼儿的活动面色、出汗情况和动作变化。如果有的孩子出汗量大,就要及时调整其运动量,根据角色的转换,让他们从不断跑动的"小羊"转变为可以静息的"羊村守卫";反之,如果幼儿脸色无变化,就要加大运动量,让其充当追逐的"灰太狼大王",在情境的衬托中,鼓励其来回跑动,逐渐提升运动峰值。

【对　策】

1. 关注过程,因人而异

户外运动中应该针对不同能力和健康状况的幼儿,在活动的强度和密度上提出不同的要求,身体不舒服或者好静的幼儿,可以视孩子当前的活动情况适时调整,指导时应该多鼓励。二是细心观察。在进行运动游戏时,我时刻注意观察每个幼儿的面色、出汗情况、情绪、动作表现等方面,从而判断幼儿的活动强度是否合适,更好地支持幼儿主动调整活动量。有的幼儿对游戏的热情很高,经常玩得忘乎所以、大汗淋漓,还坚持不去休息,这时就需要我提醒幼儿及时去休息区擦汗或者休息,让运动更适合每个孩子的需要。

2. 放松整理,科学保育

在喝水的过程中,教师要注意孩子们的饮水量,提醒他们适量喝水才有利健康。另外,活动过后也是有不容忽视的环节,就是让孩子们从刚刚兴奋的情绪中,渐渐转化为平和状态,注意动静交替的相互衔接,不能让孩子马上回教室坐好,而是带他们散散步,等情绪平稳后再回教室,达到科学保育的目的。

润物细无声

金庆华

【背　景】

在户外活动之前，我照例先要检查好每个孩子的衣服、鞋子是否适宜运动，鞋带是否系牢，防止幼儿在活动中被鞋带绊倒而引起摔跤。同时还注意幼儿口袋里是否有硬物，衣服上的饰物和女孩头上戴的发箍，在活动中会不会给幼儿带来意外伤害。在走楼梯时提醒幼儿一个接着一个慢慢走，不推挤前面的小朋友。所有这些行为规范，都是为了做好运动中的保育措施，让孩子们健康、快乐地运动。

【案例描述】

来到操场上，我带着孩子们玩起了"老狼老狼几点了"的游戏。游戏中我戴上了老狼的头饰，孩子们还以为是真的狼来了，与我保持着一段距离，不像以往总喜欢围在我身边。"老狼老狼几点了？""一点钟。""老狼老狼几点了？""三点钟。"随着"老狼"口中时间的不断变化，大多数孩子的脚步不断接近我，可有几个孩子从起点出发后向前走几步便不再向前了，远远地看着，当我说到天黑了的时候，一个个跑着叫着："大灰狼来了，快跑啊！"大部分孩子都奔跑起来，有几个跑得慢的孩子被几个跑得快的孩子撞到了。于是，我马上停止游戏，告诉孩子们："大灰狼来追你时，小动物们要分开跑，跑的时候不能撞到别人；如果跑不动了马上蹲下来，大灰狼就不会来追你了。""小动物们先把穿得多的外套脱了，这样跑起来才轻松哦！"孩子们瞧了瞧自己穿的衣服，也不知道是脱还是不脱。于是，我就请乐乐上前，和孩子们一起看看，穿了几件，"看，里面有两件，外面还有一件厚厚的外套，刚才运动了一会儿，身体热热的，头上有点出汗了，应该把外套脱了，这样就不容易出大汗。"经过这么一演示，孩子们一下就明白了，纷纷把外套脱下，放在储衣篮里。可是天天红着小脸不愿脱衣服，我看他额头鼻尖上都微微有汗，再摸摸他的头颈后面也有汗，问他："天天，你出汗了，为什么不脱衣服呀?""奶奶说不能脱衣服,脱了会生病的。""没关系的,我们正在运动,脱了外套不会感冒的。""奶奶说了不能……"他低着头哭泣起来,我看了一下,他穿了三件毛衣再加一件厚外套,于是我对他说:"那你先去休息一下,等下再来参加游戏好吗?"他在保育员的带领下到旁边休息去了。

游戏又开始了,皓皓和五六个男孩子跑到了大型玩具旁的大套筒钻了进去,嘴里叫着:"老狼,你捉不到我们喽!"看到这种情景,原本蹲在圆圈里的孩子也跃跃欲试想跑过去……我及时调整了游戏的规则,规定"小动物"必须跑到指定的圆圈内蹲下,老狼才不追它。当游戏继续进行到"天黑了,大灰狼来追小动物了"时,孩子们都朝着圆圈跑去,源源跑得慢被我捉住了,他央求说:"大灰狼,你放了我吧!"我用大灰狼的口气说:"不行,不行,我好不容易才捉到,我要把你带回家。"没想到,他哇地哭了。这时,其他小朋友都跑过来哈哈大笑了起来,孩子们笑着告诉源源:"源源,别哭了,是金老师,不是真的老狼。是假的呀!"源源这才破涕为笑了。我故意说:"老狼玩得累了,要休息了,宝宝们要不要休息喝水呀?"马上就有七八个孩子回应说:"我也要喝水去了……"休息了一会儿,游戏又开始了,这回请小朋友来扮演"大灰狼",我来到几个之前不太愿意跑的幼儿身边,鼓励他们一起跑起来,渐渐地这几个孩子的胆子越来越大了,他们一边跑一边喊着:"大灰狼,来,快来抓我呀……"

【分　析】

1. 关注幼儿的活动情况,做好保育支持措施

小班幼儿喜欢生动、形象的事物。今天在游戏中我戴上了逼真的老狼头饰,扮演成"老狼"角色,孩子们顿时兴趣盎然,就像是身临其境一样。在这个游戏中,孩子很喜欢玩。由于小班幼儿年龄小、自理能力弱,家长怕孩子受凉衣服也穿得偏多,因此我们在引导幼儿积极参与活动的过程中,更要注意加强幼儿的护理,帮助他们学习自我保护。在游戏过程中,当我发现有的孩子出汗了,及时调整游戏,让幼儿脱去外套,喝水休息一会儿再进行游戏。当出现胆小的源源被捉住之后大哭,其他孩子过来安慰,最后他大胆与老狼"周旋"。从中可以看出胆小的孩子找到了自信,同时在游戏中提高了幼儿的运动能力。活动过程中引导幼儿正确使用毛巾,将额头、头发的汗擦干;当幼儿情绪平稳不再出汗时,要及时给幼儿穿上衣服,以免着凉。并且鼓励幼儿适时适量饮水,以补充在运动中流失的水分。

2. 家长的育儿经验需得到科学的指导

天天因为奶奶的嘱咐而不愿脱去外套,面对家长不科学的育儿要求和做法,我们

应该以专业教养的知识与他的家长进行沟通,指导家长根据孩子的身体状况和运动情况适时增减衣服,转变育儿观。

【对　策】

针对爱出汗的孩子教师应控制他们的活动量,引导他们休息一会儿、擦汗、喝口水,并让他们逐渐懂得,出了汗不擦汗休息对身体不好,或者在热身后给孩子后背垫块毛巾吸汗。

有些家长怕孩子着凉生病,就不让孩子在运动时减少衣服。我们老师要与家长沟通,让家长了解过多的衣服会抑制孩子体温的调节机能,降低了孩子的抗寒能力,而且过多的衣服也会让孩子行动不便,活动中消耗体力。邀请他们参与户外运动,让家长了解在运动前后我们给孩子及时减衣、加衣服的保育过程,以细致的保育工作赢得家长的信任,使家长理解和认同幼儿园科学育儿的教养策略,了解到我们老师除了对孩子做好细致的照顾,还要对孩子进行生活教育,让孩子感受适当着装给自己带来的舒适感,了解衣着和健康的关系,使孩子学会自我保护。

适时提醒的重要性

姚婉蓉

【背　景】

每天的户外运动是幼儿锻炼身体的最好时机,户外运动有助于增强幼儿的身体素质,提高抗病能力,促进幼儿的健康发展。活动中孩子们四散在各个活动区域中玩耍,不利于老师随时地观察与指导,因此在运动中对孩子的保育护理就提出了挑战,加上小班孩子年龄小,自身对冷热的感知能力弱,不善表达,因而对老师在运动中的保育提出了更高、更细致的要求。

【案例描述】

我们将今天的户外运动器具为孩子们预设了丰富的活动场景,如小火车钻山洞、哈哈迷宫、野战训练等,通过老师的介绍,孩子们开始四散选择自己喜欢的区域,其中一位孩子背上了小桶,手上拿起小火箭快速地在野战地区上上下下地穿越着,孩子们奔跑、追逐、四散躲避等,运动量在不断上升,有的孩子的头上开始冒汗了。看到这样的状况,我上前询问孩子们:"你们今天玩的什么呀?"墨墨一本正经地回答我:"老师,你小心哦! 前面着火,我们背着水,拿着水枪,准备救火去了。"边说着,拿起小桶不停地扑火,小火箭变成了水枪,对着火苗喷水。我摸了摸他的额头,又摸摸他的后背:"消防员你真厉害,帮我们扑灭了大火,森林里的小动物太感谢你们了,火苗扑灭了,你们也要休息一下哦!"孩子很机灵地说:"老师,不用谢,我们是消防员,我们把火灭掉了,现在有点口渴,你能帮我保管一下这些工具吗? 我马上回来。"说完,孩子去了休息站,边走还招呼身边几名"队友"过来说:"朋友们,我们先去旁边休息一下吧,我都出汗了。"墨墨就像他们的小长官,有好几个孩子跟着墨墨去了休息站休息。我也走了过去帮着孩子们一边擦汗一边说着:"你们看墨墨真棒,他会在完成任务后来休息,不过你们休息会儿还要去帮助其他的队员哦!"墨墨激动地说:"对,我们还要去看看刚才我们扑火的地方,说不定那里有小动物受伤了。"孩子们稍作休息,又投入到消防员解救动物们的游戏中。

【分 析】

保育是日常活动中重要的组成部分,相对小班孩子而言,保育工作更为重要。小班孩子年龄小、自理能力差、身心发展还未健全,所以小班的老师和保育员不光要落实在健康方面,还包括幼儿的生理和心理。小班孩子在户外活动比在室内活跃,孩子有很大的潜能,只要我们老师创造好条件,创设一些有挑战性的情境,过程中让他们勇于挑战自己,就可以发展孩子们的运动能力。但小班孩子自我保育意识弱,需要教师和保育员及时提醒。我们在看看、摸摸的同时,更多的是语言提示,发现幼儿有超运动量的时候,及时指导幼儿自己去擦汗、喝水和休息一下,对于运动量不足的孩子,则引导他们多多参与一些有一定运动量的游戏活动。另外,在户外活动中当看到孩子在运动中的不安全因素,需要及时介入。就如案例中的"小小消防员"的游戏中,孩子们根据预设的情境为森林里的动物们救火,运动量很大,但是我们没有马上阻止孩子们游戏,而是介入孩子们的游戏,用婉转的语言来调节孩子们的活动量,并引导孩子们创造出更为适宜的游戏。孩子们想出更好的游戏方法时,老师也能及时地给予肯定和鼓励,调动了幼儿参与运动的兴趣,让幼儿体验到成功的乐趣。在运动后,我们需要帮助孩子们擦汗,并鼓励孩子适当地饮水,保持安静的情绪休息调整好,并及时添加衣服。在户外活动前需要及时提醒幼儿脱去厚的外套,还需要为班级里的体弱儿、容易出汗、肥胖的儿童垫上干毛巾,对这些幼儿及时调整活动内容,使幼儿在其原有的水平上得到发展。

【对 策】

1. 细心观察指导,适时介入,激励幼儿尝试探索

对于小班幼儿,教师的细心观察和适时介入尤为重要。孩子在户外活动中喜欢通过一定的情境进行运动和游戏,其实更喜欢教师创设一些新奇的、有挑战的事物,让他们自主挑战自我。教师要通过捕捉幼儿身体运动状况、情绪、语言等方面的信息,观察幼儿在活动中的心情、运动状态和水平,并以此为依据,为幼儿提供适时适度的指导和帮助。如观察幼儿的游戏兴趣、活动时间的长短、运动量等,及时调整活动环境和活动难易程度,提供幼儿活动的持久性和兴趣性。所以,教师要做一个有心人、细心人。

2. 合理安排运动场地

在幼儿进行体育锻炼的时候,场地的选择与安排是非常重要的,场地的安排直接关系到幼儿体育锻炼的效果和幼儿的活动量。为了更好地指导幼儿进行户外锻炼,我觉得首先应该合理布置运动场地。比如我们野战区域、皮球、篮球、轮胎等,就需要有相对较大的场地能让幼儿进行躲避、奔跑等,孩子们玩的消防员游戏,过程中需要运送水、运送伤员等,这样可以在有限的范围内提高孩子的运动量。又如休息站的设立也很重要,应该设立在场地稍安静的多个地方,能够让孩子在运动中及时地休息和补充水分。

由此可见,老师的观察是指导幼儿活动的基础、前提和保证,有了充分的观察和指导,教师才能让幼儿渐渐做出正确的判断,才能让幼儿在运动中渐渐学会自我管理。为幼儿提供丰富多彩的户外锻炼材料,保证幼儿安全的前提下,以幼儿的兴趣为出发点,教师在幼儿的旁边细心观察,教师的眼中一定要有幼儿,在适当的时候,提醒幼儿、鼓励幼儿、引导幼儿尝试不同的玩法和尝试适度调节自我的管理。

小细节，大智慧

顾燕菁

【背　景】

　　幼儿园四号区域有两个大型玩具，其中一个大型玩具位于操场的西南角，这个大型玩具上的两个滑梯、勇敢者道路等都是孩子们最喜欢玩的。每次一来到这里，孩子们就放开胆子，尽情、尽兴地玩，玩得气喘吁吁、满头大汗还是不肯停下来。大型玩具所处位置特殊，离幼儿的休息区有一定距离，从大型玩具走到休息区要横跨整个塑胶场地，因此每次玩累了、玩热了，只有少部分孩子会不辞辛劳地跨过塑胶场地主动地去休息，大部分孩子都要老师反复提醒之后才会去，甚至有少部分孩子根本不理会老师的提醒和叫唤，趁老师不注意一溜又去玩了。

【案例描述】

■ 镜头一

　　孩子们来到了操场西南角的大型玩具，关心、瀚宸、铭铭、薇薇等8个孩子一窝蜂地挤到大型玩具的北侧楼梯口，一个跟着一个迫不及待地往上爬。大型玩具上方有三个出口提示，一个是螺旋滑梯，一个是直行滑梯，一个是直的滑竿。8个孩子爬上大型玩具之后，铭铭等3个孩子选择了从南侧螺旋滑梯滑下来，薇薇等3个孩子选择了从东侧的直行滑梯滑下来。关心和瀚宸没有直接走到滑梯那里，而是先走到滑竿那里向下张望了一下，关心对着瀚宸做出很害怕的表情，瀚宸又往下看了看："呵呵，我也不敢，掉下去会很痛的。""嗯，地上很硬的。""我爸爸抱我玩过这个的，爸爸保护我我就不怕了。"……两个孩子在滑竿上面叽里咕噜讨论了半天，两分钟后两个人离开了滑竿，关心去玩了螺旋滑梯，瀚宸去玩了直行的滑梯。至此，没有一个孩子从滑竿这里下去。8个孩子从滑梯上滑下之后，又马不停蹄地绕到下面的大型玩具楼梯口，又从下面爬上来，再从滑梯上滑下来，没有丝毫的等待，一遍一遍，乐此不疲。孩子们的小脸慢慢变红了，额头上也有汗水渗出了，可是看他们兴奋的劲儿，丝毫没有停下来的意思。于是在孩子们玩的时候，我从塑胶场地上搬来了两块厚厚的大海绵垫，把它们分别铺在滑竿的两侧，并在滑竿上方滑下来的地方贴了一张竖大拇指的图片，还贴了一颗大大的五角星。正在我做这些事情的时候，瀚宸看到了："顾老师，你在干什么啊？"关心抢着说："这里有个大拇指，是不是告诉我们这里滑下去就要给他竖起大拇指，很厉害啊？"我点了点头。"你看，还有五角星，顾老师，厉害的小孩会奖励五角星的是吗？""对呀，你想要吗？""我想要。""我也想要。"……"好，那你们敢不敢从这里滑下来呢？敢就有。"听了我的话，关心和瀚宸又探头往下看了看，"下面是软软的了，看呀，有垫子的，"软软的垫子让两个孩子心里安心了不少。接着两个人开始在上面琢磨了，终于关心先跨出了第一步，只见她双手握住滑竿，然后伸出一只脚勾住，另一只脚也勾住了，慢慢地，终于双脚碰到垫子啦，着陆啦，关心得到了五角星。欢呼雀跃的关心把这个喜讯迅速告知了其他小朋友，本来在忙着上下爬、不停跑的孩子们都来到滑竿这里了，滑竿这里热闹了不少，孩子们探头探脑，抓耳挠腮，每一个孩子都是在滑竿上面的入口处经过了深思熟虑之后才滑下来的，而滑竿滑下来之前的些许停顿和思考，也让孩子们在动静交替中不知不觉休息了，额头上的汗少了，也不再气喘吁吁了。

镜头二

大型玩具下面的"脚柱"在玩具的下面围出了一个小迷宫，弯弯曲曲，有的地方暗，有的地方亮，梦婕、奕筠、俊程、辰辰、阳阳5个孩子没有到上面去玩，一直在下面玩躲猫猫的游戏。只见4个孩子一起坐在大型玩具上那个可以敲出声音的琴旁边的塑料长凳上，然后梦婕背转过身，用手去敲琴，敲了三下后，她转过身开始去追赶小伙伴，只见跑得最慢的辰辰还没跑出两步就被梦婕给捉到了，接着是奕筠、俊程、阳阳跑得最快，梦婕追着他们在下面的"迷宫"里转了几个圈还是没能捉到……"我跑不动了，不追了。"梦婕追得满头大汗，上气不接下气，最后终于求饶了。几个孩子都累了，5个人齐刷刷地一起坐到了下面的塑料凳上，"哈哈，我们两个赢了。"俊程、阳阳得意极了。"我也赢过奕筠、辰辰了，我把他们捉住了。"……孩子们高兴地聊着刚才谁输谁赢的问题，过了大概4分钟左右，梦婕说："我不累了，我们再玩吧。"……小手齐刷刷地举了起来："好的，好的。"……于是5个孩子又凑在一起商量谁来捉猫猫，新一轮的游戏又开始了。在孩子们"躲猫猫"的时候，我把保育车上的图片提示贴到了孩子们喜欢坐的大型玩具下的塑料凳上方,让孩子们能一眼就看到。"躲猫猫"的孩子们来了,她们发现凳子上面有了张图片,"看,有个小箭头,告诉我们大妈妈的小车子在那里,我们去擦汗吧。"聪明的梦婕一下子就发现了这个秘密,"我们先去擦擦汗,再来玩吧。"几个孩子来到保育车这里,有的脱掉衣服,有的用干毛巾擦汗,好了以后,几个人又坐到长凳上商量了。

【分 析】

1. 创设动静交替的运动环境,让幼儿主动调整运动节奏,调节身体的状态

喜欢玩滑梯是幼儿的天性,每一个孩子都会玩、都乐于玩,正是因为喜欢,所以孩子们在大型玩具上玩的时候往往会肆无忌惮,想不到去休息,就如镜头一中描述的一样。也正因为会玩滑梯,孩子们在玩的时候不需要做任何思考,始终处于非常兴奋地奔跑和攀爬的运动状态,在这种兴奋的运动状态下,孩子们无暇去休息或者进行一些运动量较低的活动来调整自己的身体状态,所以孩子容易出汗、容易感到疲惫。而在孩子们的活动中,我觉得大型玩具上被孩子们忽略的滑竿却可以为我所利用,利用滑竿来控制孩子们的运动量,因为滑竿对孩子们来说是一个具有挑战性的游戏项目,这势必决定了孩子们不可能盲目行事,需要在行动前思考清楚,先出哪个脚,再出哪个脚,怎么滑下去……可以说行动前的思考也是让孩子们静下来、调整运动量的过程。于是为了吸引孩子来玩滑竿,我在滑竿下去的显眼位置贴了一个"竖起大拇指"和"五角星"的图片,把孩子吸引到这里来。然后为了打消孩子们害怕滑下去摔在硬硬的草地上会痛这样的顾虑,我又在滑竿下方的草地上铺上了两块厚厚的海绵垫,让孩子们不再为会摔痛而担心,让他们有胆量去尝试。就这样通过滑竿上方的图片提示以及滑竿下方垫子的安全保护,本来对滑竿望而却步的孩子们开始陆陆续续来了,在这个器械上,孩子们的运动节奏放慢了,在不知不觉中调整了自己的运动量。

2. 利用图片等辅助材料对幼儿进行暗示,在潜移默化中提醒幼儿进行自我调整

西南角的大型玩具离休息区距离远,因此导致了孩子们在该活动区活动时,不太会想到横跨操场去擦汗和喝水。而事实上,在这个穿越的过程中也确实存在着一定的安全隐患。于是当观察到在大型玩具下玩耍的孩子喜欢主动坐到下面的长凳上休息后,我就在想,这几个孩子已经意识到自己跑累了,需要休息,而事实上他们也这么做了,等坐到自己感觉舒适了他们会重新起来一起玩,那在这个过程中我该为他们做什么呢?我难道就让满头大汗的孩子们坐等身上、额头上的汗水自然干吗?长凳是大型玩具下孩子们喜欢三五成群来休息的地方,而保育员的保育车为了避免给孩

们运动时造成干扰,是放在大型玩具边上的,孩子们一般都不太会关注到,但孩子们休息时保育车上的毛巾和纸巾等却能给孩子们提供帮助——擦鼻涕、擦汗……于是我就在孩子们常坐的塑料长凳后面贴上了一个大大、长长的箭头,方向直指保育车,当然箭头旁边我还是不忘给孩子们贴了一个大大的"竖起的大拇指"图片,这样一来孩子们就很容易观察到。果不其然,从这以后,孩子们不再坐在这里被动地等待,而是会主动地往保育车的方向走,擦汗、垫毛巾,忙得不亦乐乎。

【对　策】

1. 每次活动前告知幼儿与今天活动区相对应的休息区,让幼儿心中有数。

2. 对于像大型玩具这样离开休息区较远的活动区,可以在大型玩具幼儿容易关注到的地方增添一些图片、图示标志,通过环境的作用来提示幼儿进行适当的休息(擦汗、垫毛巾等)。

3. 进一步提供软垫等安全防护器械在一些让幼儿感觉有挑战和危险的位置,增加幼儿的安全感,鼓励幼儿去尝试。

语言的魅力

陈 英

【背　景】

《幼儿园教育指导纲要》指出：体育活动是以发展幼儿动作为主要目的和内容的活动，通过活动可以发展幼儿走、跑、跳、钻、爬、攀登、投掷等基本动作的能力。幼儿在户外活动比在室内明显活跃，加上小班孩子自我保护意识差，一不注意，就会发生事故。因此，我们在组织活动中，要根据游戏情节增添简易规则，顺应幼儿好奇、易动的天性，给幼儿留下联想的空间，让小班孩子乐意自己玩。

小班孩子对带有游戏性质的情境活动尤其感兴趣，因此我们根据设置的区域创设相应的游戏情节，老师则以自身的语言和行为不断地去引导感染他们，使幼儿保持活动的热情和兴趣，将擦汗、喝水等保育工作渗透在幼儿喜欢的游戏中。

【案例描述】

今天我们户外活动的内容是各种小器械，我交代了要求后孩子们四散活动开了。

好几个弟弟朋友选择了彩色塑料圈，拿好彩圈后几个弟弟朋友就开始绕着操场奔跑起来，你追我赶的非常热闹。我看了他们一眼，发现小宇在前面飞快地躲闪着，凡凡、果果在后面使劲地追。不一会儿，凡凡、果果气喘吁吁地放慢了脚步，豆大的汗珠开始从额头上掉了下来。我走上前轻轻地问："宝贝儿，你们在玩什么游戏啊？""陈老师，我们在玩汪汪队的游戏，我是汪汪队的莱德队长，他们是狗狗巡逻队，刚才他们都在救我。"机灵的小宇抢先回答我。看着他满脸通红的样子，我摸了摸他的后背说："莱德队长祝贺你顺利脱险，你看你都出汗了，快坐下来休息一下吧。"说完，我又招呼其他的小朋友过来说，"汪汪队员们，营救莱德队长你们辛苦了，也过来休息一会儿吧。"听到我的呼唤，孩子们都围在我旁边坐了下来，我顺势往下说："你们想想看，这个彩圈我们除了玩营救队长的游戏,还有什么游戏我们也可以用这个彩圈来玩呢?你们一边休息一边动脑筋想想,等会儿我过来的时候要告诉我哦。"说完,我去招呼另外一边的小朋友玩游戏。过了一会儿,小宇主动跑过来:"陈老师,陈老师,你快看,我们想出了新的游戏。"然后他们把新的玩法做给我看:将彩圈一个接一个地平放在地上,然后小朋友排成一排,第一个幼儿双脚向前跳进第一个彩圈中,然后蹲下去假装吃几条小虫,再向前跳进第二个彩圈,继续吃小虫,接着再跳进第三个彩圈……排在后面的幼儿紧随其后,依次跳进彩圈中央,直到最后一个。"你们这是玩什么游戏呀?"我故意问道。孩子们异口同声地说:"我们在玩小青蛙跳荷叶的游戏,你看,我们先跳到一张荷叶上,然后坐下来吃点小虫休息一会儿,等等后面的小伙伴,接着再跳到前面的荷叶上,这样跳跳停停,跳跳停停,马上就能找到妈妈喽。"孩子们一边说一边跳给我看,我立即拍拍手表扬他们:"你们真是太棒了! 能想出这么有趣的玩法,别忘了找到妈妈以后去喝点水休息一下哦!"在孩子们擦汗喝水的时候,我鼓励他们说:"你们可以去告诉更多的小朋友你们的玩法,让大家一起来分享吧。"小宇他们不约而同地笑着说:"好,好,好,我去叫!"说完一阵风似地跑开了。

【分　析】

1. 时刻关注,适时介入

在开展幼儿户外体育活动中,我们结合《纲要》的精神,注重了解小班幼儿是保中有教、保重于教的原则,因此在体育活动中也切实加强了保育工作。案例中,当我发现孩子们在运动中出现不安全因素时,我能及时介入。但也不是马上阻止幼儿的当前行为,而是用询问式的语言了解孩子们当前的活动状况,用一些小班孩子乐意接受的话语来转移孩子们的游戏方向,引导幼儿创造出更为合理的游戏方式。

2. 发现亮点,及时表扬

在组织幼儿户外活动时,我给幼儿提供一物多玩的玩具,让幼儿自主活动。案例中我提供的是彩色塑料圈,彩圈既可以玩套圈、滚圈,还可以把圈放在地上跳,又可以学小兔跳(彩圈夹在两腿间,两只手做小兔耳朵),还能用彩圈玩"开汽车"、"开火车"。当幼儿想出更好的游戏方法时,我能及时地给予肯定和鼓励,充分调动了幼儿参与运动的兴趣,让幼儿体验到成功的乐趣,促使幼儿更加有信心地去完成接下来的活动,收到了良好效果。

【对　策】

1. 仔细观察

运动是幼儿在幼儿园一日活动中很重要的一个环节,刚入园时,幼儿对游戏不熟悉,相互之间也不认识,交往显得被动。这时教师可以扮演主要角色,以积极的情绪感染幼儿,带他们尽情玩、尽情笑、尽情跳,并时刻关注幼儿的活动情况,发现不安全因素时,根据小班幼儿的年龄特点,选用他们喜欢并能接受的话语加以引导,化解隐患。

2. 适时引导

户外活动是增强幼儿身体素质、提高身体抗病能力的重要活动。小班孩子年龄小,不会自动调节,所以老师要经常提醒他们去擦汗、喝水、休息等,确保他们活动的时间,保证活动的质量,增强幼儿的体质。

3. 贵在坚持

根据气候的变化、孩子们的实际活动情况,及时穿脱衣服,配合保育员做好保育工作。坚持在活动前给幼儿带好汗巾,活动中及时帮幼儿擦汗,提醒幼儿喝水等。

运动中的小启迪

徐　洁

【背　景】

小班孩子年龄小,家长生怕孩子感冒,给他们穿得很厚实。但是孩子们好动,运动量大,穿得太多易出汗,内衣湿了很容易着凉感冒,这就需要教师在户外运动中,既关注孩子们动作的协调性与灵活性的发展,同时渗透保教结合原则,萌发孩子的主动保育意识。

【案例描述】

小兔是孩子们比较熟悉和喜欢的小动物,孩子们最喜欢玩"小兔和大灰狼"的游戏,孩子们扮演小兔,我扮演兔妈妈。活动前,"兔妈妈"说道:"妈妈带你们出去做运动啰!不过出去前我们要先让自己变得轻松一点,这样大灰狼来的时候跑起来快快的。妈妈身上的这件外套太厚了,我要脱下来放在教室里。""对了宝贝们,你们呢?要不要也把厚厚的外套放在教室里啊?"孩子们一听到"兔妈妈"的招呼,翻看着自己的衣服应和道:"好了,好了。""我也要脱掉厚外套。""老师,我没有外套还要脱吗?"……"哇,兔宝宝们准备好了吗?妈妈先看看哪些小兔子等会儿跑起来很快?""辰辰,你的外套脱掉了,真好,等会儿肯定第一个躲起来。""涵涵、阳阳,你们俩互相帮助一起把厚衣服脱了,等会儿活动起来肯定很轻松。""琪琪,你没有厚外套了,不过穿了三件毛衣,妈妈觉得你可以先脱掉一件,如果不想脱的话,也可以玩热了再脱,你自己决定哦!""让妈妈先看看穿得多的小兔得先把外套脱了,这样跳起来才轻松!"孩子们瞧了瞧自己穿的衣服,也不知道是脱还是不脱,还真有点做不了主了。于是,我就请凡凡上前,和孩子们一起看看,穿了几件,"凡凡,看,里面有一件,还有小马夹,已经很多了,外面的外套还是先脱了,不然一运动就得出汗了。"……经过这么一演示,孩子们一下就明白了,纷纷把厚外套脱下,放在储衣篮里。没有厚外套脱的孩子们至少也知道了等会儿玩热了还可以再脱衣服。

"小白兔跳跳跳,跳到草地上,吃吃嫩青草……"和着欢快的儿歌,小兔们在妈妈的带领下一起来到了操场上,竖起长长的耳朵边跳边做模仿动作,吃青草,拔萝卜,挖青菜,采蘑菇……当听到"大灰狼来了"时,小兔们都急急忙忙地跑回自己的家园里躲起来。游戏反复进行了五次,乐乐、嘉嘉等个别孩子活动量特别大,是容易出汗的孩子,我就让他们先休息一下,请他们整理大家一起拔的萝卜,摆放到旁边的大箩筐里。小兔们兴致很高,又玩了两次,没多会儿,只见几位弟弟朋友额头微微出汗了,这时我特意说上一句:"呦,怎么回事啊? 是下雨了吗? 有的小兔头上湿了,快快用毛巾擦擦,不然要生病了。""嘴巴好干啊,我要去喝点水,补充补充,你们需要吗?"孩子们一听,笑着摸摸额头,在阿姨的陪同下用毛巾擦汗,有需要的孩子还会到幼儿园指定的保育角喝水休息。

紧接着,我带着小兔们做起了自编的徒手模仿操:"你们喜欢小动物吗? 那现在我们一起来学一学小动物做动作吧! 嘎嘎嘎,谁来了? 谁来学学小鸭子的动作?"孩子们小手两边撑开,两脚分开半蹲,摇摇摆摆往前走。"小鸭子的朋友小鸡也来了呢,小鸡是怎么找虫儿吃的呢? 谁来学一学? 呱呱呱,小青蛙也想出来玩呢! 我们一起学学小青蛙出来玩的动作。"模仿游戏情境中,幼儿边念儿歌边模仿小动物。

【分　析】

1. 保教结合——做好前期准备

小班幼儿年龄小,自理能力弱,调控活动的能力差,家长怕孩子受凉衣服也穿得偏多。在保教工作方面,教师积极和保育员老师搭配,体现了"教中有保,保中有教"。在户外活动前,主动提醒帮助幼儿脱去过多的衣物,因此我们在引导幼儿积极参与活动的过程中,更要注意加强幼儿的护理,帮助他们学习自我保护,逐步有意识地了解在运动前脱去外套。

2. 动静交替——有效调节运动量

在活动中,教师结合幼儿易疲劳易恢复——动静交替节奏快的生理特点,当发现孩子玩游戏中跳和跑的活动量较大时,便带他们一起玩活动量较小的动物模仿操的游戏,让幼儿在原地做一些小动作的活动,这样就控制和调节了幼儿的运动量,注重幼儿活动的密度及活动量,随时调整幼儿的活动量,更好地组织与指导幼儿活动。确保每个孩子得到充分的锻炼。

3. 言语暗示——激发主动保育

在运动中,注重孩子自主保育,有的孩子已经微微出汗时,运用形象风趣的语言:"下雨了,有的小兔头上湿了,快快用毛巾擦擦,不然要生病了。"孩子们听了"兔妈妈"生动的口头言语,吸引幼儿的注意力,无形中提醒暗示孩子及时擦汗,用话语来提醒幼儿主动保育。

【对 策】

1. 适度控制运动量

每个活动项目的运动量不同,每个幼儿所能承受的运动量也不同,在体育运动中不仅要控制全面的运动量,也要控制不同个体的运动量。作为老师,对班中每个孩子运动量的大小都要做到心中有数。针对爱出汗的孩子教师在活动中可以适当地安排一些比较安静的活动控制他们的活动量,引导他们休息一会儿、擦擦汗、喝口水、做些力所能及的事情等,或者在运动前给孩子后背垫块毛巾,并让他们逐渐懂得出了汗很容易会生病的,生病了就不可以参加好玩的运动和游戏,以此来督促他们养成良好的穿衣习惯。

2. 增强家长给孩子的穿衣意识

家庭护理往往都是二对一、三对一或者是四对一,这样孩子一有什么风吹草动,家长都能及时地给予护理和帮助。但是幼儿园是集体生活,一般都是三对二十几个孩子,这样就难免会出现顾此失彼、护理不及时的现象。所以,家长一定要配合老师让孩子学会正确的自我护理,只有孩子自己知道了这些简单的护理常识,就不会因为多穿衣或者少穿衣而引起感冒了。我们要通过家长会、早送晚接等时机,与家长进行充分的沟通,建议家长给孩子穿适量的衣服,提醒家长注意孩子的着装可以比父母多一件单衣或一件背心,千万不能以老年人的着装为准,爱孩子,就应该让他们穿得舒服,而不是让他们多穿衣服。孩子的新陈代谢本来就比较旺盛,过多的衣服会让他们更容易出汗,穿衣过多还会限制孩子的肢体运动,影响孩子的运动发育。

抓 怪 兽

陈慧雪

【背　景】

　　每次户外活动时总看到孩子们只要玩得投入了,就顾不上休息和擦汗,有些男孩子非常喜欢追逐奔跑,游戏前老师的提醒也容易忘记,所以还是需要时时关注。

【案例描述】

　　今天户外运动游戏"玩呼啦圈",几名幼儿拿着呼啦圈在跑,其中一名幼儿在前面跑,其余几个在后面追。孩子们奔跑、追逐着,有的还挥舞着呼啦圈和同伴打闹,小脸通红,满头大汗,即使气喘吁吁也顾不上停下来歇歇。看到孩子们头上的汗流淌下来了,我走上前询问:"你们在玩什么游戏啊?""我们在玩打怪兽游戏,我就是怪兽,他们要打我。"说着洋洋看看身后追赶上来的同伴又准备拔腿奔跑。此时,我拦住了他,说:"我先来保护你。"我张开双臂抱住了孩子的身体,不让其他孩子接近,我说:"我是更大的怪兽,我把他保护好了,你们现在不能抓了。"孩子们看到我的举动,都不敢轻举妄动。我顺势问孩子们:"我可以加入你们的游戏吗?"后面追赶上来的孩子连连点头,也一起举起小拳头说:"好!"我就问:"那我做谁呢?"洋洋摸了摸小脑袋建议道:"要不你做大怪兽吧!"说着狡黠地嘿嘿了两下。此时,我假装思考的样子,故意拖延时间,说:"好啊,不过我觉得我们需要好好商量一下,这个游戏怎么玩得更开心,要不你们来分分工吧,还要增加一点能量,擦擦汗、喝喝水,这样才能抓到我这个更大的怪兽哦。"孩子们开心得手舞足蹈。我说:"来来来,别着急,我们都过来擦擦汗,增加点能量吧!"我一边说着,一边引导孩子们都集中到了休息处。孩子们开始喝水、擦汗。我顺手摸了摸几个孩子的背,一边拿起干毛巾垫在孩子的背上,一边问:"你们说怎么玩更开心,抓的怪兽更多?"有的孩子说:"我们分分组吧,分成两组。"有的说:"怪兽不能离开它的老窝(场地上的圆圈),如果离开老窝就是犯规,自动认输吧。"还有的说:"一个怪兽,四个抓怪兽的人。抓到的怪兽和被抓的小朋友交换,继续游戏。"我马上肯定了孩子们的想法:"你们的主意不错,我们先来试试吧,别忘了我是大怪兽,厉害得不得了哦。"孩子们捏紧了小拳头,脚步跳来跳去,嘴里不停地发出"吼、吼、吼"的挑衅声。这样经过了一番边休息边讨论的过程,孩子们又开心地开始了游戏,不过,这次游戏的奔跑范围缩小了很多,活动量也调整了下来,孩子的游戏也更有规则了。

【分 析】

了解幼儿户外活动状况,有规律地及时介入,调动了幼儿参与运动的兴趣

当我看到幼儿运动中的不安全因素和运动过量时,我及时介入,但并没有马上阻止幼儿的当前行为,而是用询问式和加入游戏的口吻了解幼儿当前的活动状况,并以"增加能量"、"别着急"、"我们商量一下、讨论讨论"等语言来转移幼儿的游戏方向,拖延孩子的游戏时间,引导幼儿去喝水、休息并创造出更为合理的游戏情境。而当幼儿想出更好的游戏方法时,我及时地给予肯定和鼓励,调动了幼儿参与运动的兴趣,让幼儿体验到成功的乐趣,促使幼儿更加有信心地去完成接下来的活动。

所以在幼儿户外运动中我发现介入时机也具有一定的规律:

(1)当幼儿在运动中出现不安全因素时,老师应及时地介入,排除安全隐患。

(2)当幼儿在运动过程中出汗过多或身体有疲劳现象时,老师及时介入,暗示和提醒幼儿休息、擦汗等。

(3)当幼儿在运动中运动量过大时,老师及时介入,扮演其中角色,讨论新玩法,制定新规则,减小活动量。

(4)当幼儿只是简单地重复运动活动时,老师应适时地介入指导,启发幼儿积极思考,发展幼儿活动的创造性。

(5)当幼儿停止当前运动,成了旁观者时,老师应介入并引导幼儿积极、愉快地参与运动。

【对 策】

1. 注意体育活动过程的游戏化,运用多种指导方式,灵活调控活动过程

体育活动中单纯练习走、跑、跳等基本动作比较单调、枯燥,不仅不能引起幼儿的练习兴趣,而且也容易产生疲劳。要设置一定的情境,老师参与或介入孩子的游戏,调动幼儿参加活动的积极性、主动性、创造性,使幼儿体验到参加体育活动的乐趣,同

时促进幼儿游戏的发展,调节孩子的运动技能的发展。

2.提高对个别幼儿的关注,观察幼儿活动量,及时进行调整

处理好集体和个别幼儿之间的关系,对个别体弱、肥胖、易出汗等特殊孩子进行跟踪观察,确保每位孩子在老师的视线范围之内对他们进行个别指导。区别对待每位幼儿在活动中的活动量,注意孩子的个别差异。灵活机智地指导每个幼儿的活动,既做到面向全体,又注意个体差异,因人施教。还要密切注意观察幼儿的生理和心理现象的变化情况。

总之,在户外运动中我们眼中要满是孩子的影子,多观察、多关心、多了解孩子在运动中的状况,更好地促进幼儿身心和谐发展。

户外活动中衣服的穿与脱

施　敏

【背　景】

炎夏散去,凉风习习,天气渐渐变冷了,特别是早上秋风一吹,阵阵凉意,让一早来园的孩子们都穿上了两用衫。但日夜温差大,太阳一出来,立刻变得热了起来,特别是在户外运动的时候……

【案例描述】

实录一

随着户外运动中运动量的增加,孩子们开始出汗,并纷纷将外套脱掉,放到了置物篮中。有的孩子走到茶桶前,有序地排队喝水;有的孩子打开放毛巾的口袋,拿起毛巾,摊开在手心里,把自己头上的汗擦掉;有的坐在紫藤架下休息……

集体游戏的时候,随着运动量的减少,大部分孩子的头上已经没有汗了。当早操的音乐响起时,孩子们都跑到自己的"小点子"上,准备开始做操了。这时一阵秋风刮过,几个孩子抱住自己的双臂说:"好冷啊!"可是这时放衣服的置物篮已经被保育员拿回教室了,孩子们已经没有办法再增添衣服了。

于是在接下来的日子里,保育员再不急于将置物篮拿回教室了,而是继续放在户外活动区域,让孩子们在运动好后能根据气温自主地选择是否增添外套。

当早操前的准备音乐又响起的时候,孩子走到紫藤架边,主动地拿起自己的衣服,穿了起来。这时我们再提醒他们:"如果你还觉得有一点热,拉链可以先不用拉。"当秋风再吹过时,再没有孩子说好冷了。

实录二

天气越来越凉,几乎每个孩子都穿上了两到三件衣服。户外活动的时候,只要有阳光孩子们又热得纷纷把外套脱掉了,可是小小的置物篮根本装不下三十几件衣服。于是,篮子被塞得歪了,衣服也掉到了地上⋯⋯

于是,我们请孩子们把自己脱下的衣服叠好,一件件叠好,放在紫藤架下面后,再继续去运动。而这时我们也发现,经过一个夏天,有些孩子已经忘记怎样叠衣服了;有些孩子在脱衣服的时候,由于急着去玩耍,袖子都套在衣服里面,结果就是怎么也叠不好⋯⋯

因此我们在一日活动中,及时地增加了关于穿脱衣服的生活活动,在鼓励孩子自主穿脱衣服的同时,继续和孩子一起练习和巩固正确穿脱衣服的方法,让他们能熟练自我服务技能,培养自我服务的信心和意愿。

【分　析】

1. 季节过渡期的户外运动保育工作及时调整

幼儿升入大班,面临着小幼衔接的过渡阶段。因为进入小学以后,他们会感到一日的学习和生活与幼儿园相比有着方方面面的不同。这种不同不仅体现在知识学习方面,对幼儿自我服务能力的要求的提升更是一个难关。例如,自己去厕所,口渴了自己主动去喝水,按时喝药,自觉做到饭前便后洗手,鞋带开了要自己系,随时整理自己的书桌内外,天气热了知道脱衣服,天气冷了知道自己加衣服等,这些事情小学老师是很少过问的,也不会去教幼儿,幼儿在入学前的大班就要具有一定的自我服务的能力。因此我们在日常生活中很注重培养幼儿自我服务的习惯,特别是在运动活动中能让幼儿知道按自己所需取水喝水,能根据冷热增减衣服,会擦去头上的汗。

在实录一中,我们可以看到大班的幼儿已经有较强的自主意识,能主动地喝水、擦汗、休息、脱衣。但由于前期季节的习惯问题,老师和保育员都没有事先想到幼儿不出汗后,在风中会略感凉意。

2. 日常活动中的保育工作需支持到位

在实录二中,教师观察到置物篮已经无法满足幼儿的需求,同时鉴于上次活动的经验,已经考虑让幼儿在早操前把衣服穿在身上。为避免不运动时着凉,让幼儿把衣服叠好放在一边,便于一会儿运动后拿取。但在过程中,发现部分幼儿因为不会叠衣服,浪费了比较长的时间,反而没有更好地参与到运动中。

可见幼儿自我服务能力的提高,是一个缓慢的过程。它必须通过教师经常的、细致的、耐心的教育及幼儿自觉地参加与练习,才能逐步形成和巩固。教师既要善于抓机会让幼儿学习新的劳动技能,又要为幼儿创造条件,让幼儿在无意中反复练习。班上的老师要相互配合、要求一致、教育一致,使幼儿行动上明确,要鼓励幼儿产生自我服务的积极性,更要及时纠正幼儿的不良倾向,不能听之任之。特别是户外运动中保育支持更加的重要,也要更加的到位,同时也能培养幼儿自主、自发的自理能力,并能主动解决生活中的问题。

【对 策】

1. 关注天气变化,及时调整保育支持

虽然是秋天了,但在太阳下运动的时候,幼儿的出汗量还是比较厉害的,可是运动量减少时,汗也慢慢地消失了。于是,我们在第二天的时候就及时调整,让保育员离开前不要把衣服带上去,便于老师和幼儿根据当天天气的变化,适时地决定是否要将衣服穿上,避免幼儿着凉。可见在季节变化时期,教师和保育员预见能力也是重要的,在鼓励幼儿自我服务的同时,也要为幼儿创造能够积极进行自我服务的条件。

进入大班后,生活照顾着重于培养幼儿的自我服务意识,提高幼儿的自我服务能力,从生活方面进入了小幼衔接阶段。在本学期设计了丰富多彩的活动,将小学生的基本生活活动纳入了小幼衔接的内容,如每日自己整理物品、增加每日值日生为小朋友的服务范围等,让孩子们有了一定的责任感和入学意识。

同时让幼儿在实践中经受愉快的体验,是最好的潜移默化教育。这也是培养他们独创精神的一个方面,对他们的思维、想象、语言表达能力的发展也有促进作用。

2. 继续提供各种自我服务能力的机会及保育支持

我们将在今后的日常生活活动中,通过生生互动的形式,鼓励幼儿学习正确脱衣、穿衣、叠衣的方法。还可以通过整理衣物的游戏,进一步提高幼儿的生活自理能力。要以鼓励为主,激发幼儿学习兴趣,幼儿刚开始自我服务,往往做得很慢,有时甚至"闯祸"。例如,倒豆浆时水壶放不稳将它洒在地上、桌子上甚至身上,不要因此就不让幼儿动手,而要给幼儿示范正确的动作,耐心教他们怎样使用水壶,鼓励幼儿坚持劳动,养成习惯。对幼儿的动手应采取积极鼓励的方法,然后再提高要求,使幼儿体验到独立完成一件事后所获得的快乐,从而增强其做事的信心。

运动中性格内向儿童的引导

赵霞萍

【背　景】

增增是个内向的孩子,入园前才刚刚开始开口说话。由于刚接触幼儿园这个新环境,一切都感觉陌生,他在心理上有点排斥与他人进行交往,所以平时不太爱说话,性格孤僻。据了解,平时爸爸妈妈工作忙,很少抽出时间来陪他,增增日常与爷爷奶奶相处的时间比较长,在家都是习惯一个人玩。观察后还发现他在平时的生活、游戏活动中缺乏主动性,很少主动地跟其他小朋友打招呼、玩游戏,因此运动中他时常处于运动量不足的状态。

【案例描述】

户外活动时,孩子们纷纷选择各自喜欢的车玩开了,有的骑自行车,有的踩滑板车,还有的蹬协力车,大家都在投入地玩,只有增增一直在旁边观望,望着伙伴们的举动,看着他们的"表演",显露出羡慕的神色。当大家钻山洞"追尾"时,他表现出了惊恐的表情,随后在"警察"的疏通解围下,他又释然地露出甜甜的微笑。

看到增增既羡慕又怯懦的样子,我走上前说:"增增,你怎么不去玩? 那里还有一辆自行车,你去试一试吧。"增增望望我,又看看那辆没人骑的自行车举步又止,我说:"我陪你去取车。"我牵着增增的小手扶他上了车。起初他踩上踏板试了试,车子前后挪了挪并没有往前,他害怕地放下了双脚,我适时地引导他看看其他小朋友是怎么骑车的,并告知他双手把住车头,保持身体平衡,双脚交替用力踩踏板,还微笑着对他说:"你做得很好,再用力踩几下试试,车车就能跑起来了。"听了我的话,增增兴奋地望着我,然后又不好意思地低下了头。我继续说道:"你看小朋友都在玩,我相信你一定是一个很棒的小骑手。"在我的不断鼓励下,增增又试着踩了几下踏板,车车居然往前动起来。这下可把增增高兴坏了,他"哈哈"笑个不停,又很快地投入到活动中。

经过一段时间的练习,增增骑车越来越溜,没多久就能娴熟地转弯、把控方向了。我不失时机地建议增增找小朋友比一比,他两只眼睛一眨一眨地看着我,却站在那里不动。我问他:"怎么啦? 不想玩吗?"他摇摇头:"他们不跟我玩。""是吗? 我不信。你再去试试看!"原来他所谓的找朋友一起游戏,就是站在旁边等待别人主动来找他玩。这时,我唤来了辰辰,问他愿不愿意和增增一起玩,辰辰说:"好呀。"我朝增增笑着点点头,走到了其他孩子身边。当我再注意他的时候,两个孩子已经玩在一起,增增的活动量逐渐有所增加了。

有了前一次的经验,在我的鼓励下,这次增增主动找辰辰过来和他比赛,看谁先骑到终点,辰辰欣然接受挑战。起先由于紧张,增增始终起步很慢,每次都落后,来来回回几次之后,他渐渐放松下来,当我发出"预备—开始"的命令后,他迅速猛踩踏板,车车在他的掌控下飞一样地驶出起点,这次他终于赢了! 我及时地给予了表扬和鼓励:"增增真棒!"同伴们也纷纷鼓掌向他表示祝贺,增增止不住笑出了声:"我赢啦! 我赢啦!"在这个过程中,增增喜欢上了运动,每一次都玩得很开心,玩得小脸红红的。

【分 析】

1. 向往参与,行为退缩

胆小内向的幼儿常常羞于表现自己,不善表达。孩子们玩时的欢声笑语已然感染了增增,可是他不知道自己该用何种方式参加,同伴们没有主动地邀请,他也不确定大家是否会接纳和喜欢他,所以他选择了观望,只充当了一个倾听者和观赏者。

增增在交往方面退缩,缺乏勇气,内心的需求和希望总不敢去实现。这孩子不是不想交往,而是不敢交往,他需要成人更多的关怀和爱。当有小朋友找他玩时,增增就能够和小朋友友好相处;但让他主动找小朋友玩,却是难上加难。增增可能还没有形成主动找小朋友交流的意识,也许是因为长期在家独自游戏,没有掌握与小朋友交流的方法,导致交往能力较弱。

2. 能力有限,需要指导

骑车是一项需要手脚协调配合的运动,小班孩子的动作发展不济,活动能力有限,尝试失败在所难免,需要成人引导孩子从心理上克服障碍,从动作上加以指点,再经过自身的练习才能达成目标。

【对　策】

1. 尊重信任,建立自信

胆小内向是源于自信心的不足,这时需要我们细致的观察,接纳并尊重孩子的个性,适时介入及时引导,消除孩子内心的担忧、恐惧和不自信,让他有信心投入到活动中,成功的体验会让幼儿建立自信,让他看见自己的力量,并获得积极的情绪体验。

2. 支持鼓励,激发愿望

孩子具有交流的意识和能力,不仅是智力发展、健康成长的需要,更是日后生存和发展所必需的素质。支持是帮助孩子实现交流的保障,鼓励则可以调动孩子参与的积极性,我们要多关注孩子的兴趣,当发现他想玩游戏却又不愿或不敢与同伴一同游戏时,可以以强带弱,激发孩子的交往愿望,体验一起玩的乐趣。

3. 循序渐进,等待转变

孩子的成长需要时间,我们的引导应符合孩子的年龄特点和个性特征,并且时时跟进,给予孩子小步递进的空间,让孩子在不断的转变中感受“我能行”,鼓舞他在原有的基础上,以自己的速度获得进步。

后续措施：

创设一个宽松自由的心理氛围,在运动中支持、鼓励孩子主动参与交流活动,家园配合培养孩子的交往能力和参与活动的积极性,是孩子健康成长的平台。

1. 增强自信,体验成功

平时要多观察,发现点滴进步,不吝啬表扬、活动中的语言提示和鼓励以及个性化建议,无论在心理上还是技能上都将使孩子得到应有的锻炼,获得成功的经验。

2. 家园沟通,助力成长

利用来园的个别交流与家长及时沟通,说说孩子的近况,建议家长多带孩子外出散步,创造机会和小伙伴一同玩耍,鼓励孩子喜欢并愿意融入交往中。

我勇敢,我会走

田　燕　刘爱丽

【背　景】

　　小班幼儿的运动能力比较薄弱,在运动过程中不知如何运用运动技能进行运动,所以在运动中教师和保育员的配合指导起到了很重要的作用。小班幼儿由于初入园,各方面都在摸索熟悉的过程中,对我们园内的任何一样设施都是怀着一种新奇的心情,特别对于老师和阿姨的保育、教育也是用一种全新的眼光来看待。基于此,我们班级的两位老师和保育员老师理所应当地成为孩子们入园来一天里的"妈妈",他们全然接受我们,信任我们,依赖我们。在此基础上,我们三位教师齐心协力帮助我班比较特殊的幼儿顺利地、尽快地渡过这个初入园困难期,运用户外设施设备的新奇吸引孩子们前来运动。

　　班中有这样一名特殊幼儿琳琳,她是一个非常腼腆、胆小、平时走路都是颤颤巍巍的小女孩,说话声音很轻很轻,走一步路要晃三下,从入园开始就没看见她奔跑过,一遇到困难就会喊"妈妈",是一个胆子非常小的女孩。一遇到户外运动,她会先来到我们面前,央求我们不要到外面去,说是非常"怕怕"。鉴于此种情况,我们三位老师合力帮助该特殊幼儿摆脱运动困境。

【案例描述】

　　今天的户外运动是挑战孩子们的"平衡能力",从教室一出来,琳琳就紧紧拽住我的手,一副"怕怕"的样子。于是我就对她说:"我们出来运动就是来开心玩的,不要紧张,和老师们小朋友们一起玩玩就好了。"听了我的话,她似乎有了些许的默认,点点头表示同意,脚下的步伐也变得轻快起来。

　　一会儿我们来到塑胶场地的"平衡木"边,胆子最大的就是我们的昂昂,他第一个就走到平衡木上,并且飞快地从这头跑到那头。看到此种情形我们就把昂昂的这种表现作为了孩子们的榜样,消除其他害怕走平衡木的幼儿的恐惧感,特别是我们班的特殊幼儿琳琳。我就悄悄来到琳琳跟前对她说:"琳琳,你也可以像昂昂一样走过平衡木的,来阿姨帮你把裤子拉拉好,提上去点,鞋子鞋跟提提紧,等会儿过桥就会很轻松啦,好吗?"我一边说一边帮琳琳整理好衣物鞋子,给了她无比的信心,希望她能顺利走过平衡木。终于轮到琳琳上场过平衡木了,只见她一脸紧张,脚步都是慢慢挪动的,等了她好久才走到了平衡木的开端头。起初我们三位老师都没有上前去,想让她尝试着自己过桥,可是看见她颤颤巍巍的样子,站在平衡木上不动弹,我们的刘老师一个箭步走上去,拉住琳琳的小手并用温和的口气说:"琳琳,眼睛向前看,双脚慢慢走,胆子大一些,一会儿就走过去啦。"果然琳琳在刘老师的鼓励下不知不觉就走过了平衡木。接着我们二位老师在平衡木的尾端迎接她,并用鼓励的语言说:"琳琳真勇敢,你会过独木桥啦!"听完我们两位老师的精神鼓励,虽说琳琳还是有点惊魂未定,但我们三人的笑脸给了她极大的力量,她一从平衡木上下来,马上回报我们三位老师一个似笑非笑、似哭非哭的"笑脸",同时边上的小伙伴们也是给予掌声进行鼓励。

【分 析】

小班是发展幼儿平衡能力的起步时期,而且以双脚走的动作为主,所以在活动中我们需要赋予幼儿信心练习走,满足幼儿对体育活动的兴趣,促进幼儿以兴趣为主的身心和谐发展。对于初入园的孩子来说,他们来园的过渡期还没顺利度过,处于一种依赖长辈父母的情况之中,我们就应对此种情况有所掌握后调整老师的各种教育教学方法和阿姨的保育教育措施。作为一名生活老师更是要在生活上加倍照顾班中的个别幼儿,例如琳琳幼儿,本来就胆小害怕,对幼儿园生活充满恐惧、害怕心理,我们更要对她温言软语,像妈妈一般与她说话,鼓励为主,逐步让孩子与我们老师和阿姨靠近,愿意与我们进行交流,听我们的话,从而树立各自的信任机制,渐渐地、慢慢地对其提点要求,运用鼓励语言、亲身示范、共同尝试的方法让其摆脱户外运动的害怕心理,同时基本达到一定的运动要求,让琳琳愿意到幼儿园来,愿意到户外进行活动。

有了这些主导思想引领我们三位老师和我们三人的协力配合,琳琳在"走平衡木"上取得了很大的成绩,她的表现让我们三人由衷地感到欣慰。

【对 策】

"平衡木"的难关过了,但户外运动的各种器具花样繁多,各个运动器具所要达到的运动目标更是需要逐步达到的。有了初步的成功,也就等于走出了第一步,通过我们两位老师和保育老师的通力配合,相信"琳琳"会渐渐走入正轨,到户外运动时不会害怕,愿意与同伴共同运动并掌握一定的运动技能等。

小班幼儿的畏难情绪在户外运动时难免是会反复出现的,这也是小班幼儿年龄特点的关键。鉴于此,我们要让孩子们不断地坚持到户外进行运动,形成一种习惯,让他们充分发挥自己的运动能力,逐渐走向身心和谐的境界。

大手牵小手,跟我一起走

王　琳　刘宗梅

【背　景】

　　一一是我班男孩中年龄最小的一个,长得也很瘦小,走起路来总是趴手趴脚,像小鸭子一样摇摇摆摆,双腿细瘦,感觉摇摇欲坠。爸爸妈妈每次送一一来幼儿园都是抱着,怕一一会摔跤了,为此孩子变得胆小,走起路来都是抖抖索索的。每天户外运动时,他总是站在一边,不敢玩,用羡慕的眼光看着其他小朋友玩。有时候我发现一一试着一个脚站上去想要玩平衡桥,但又退了回来,回到了原位。为此父母十分苦恼和担心,觉得一一不能和其他小朋友一样大胆玩,感到一一像个小女孩似的,没有男子汉气概。虽然在运动方面一一非常胆小,但是在生活中一一却十分活泼可爱,喜欢唱歌,与老师也很亲热。

【案例描述】

实录一　　　　　　　　大手牵小手

　　小朋友在老师的带领下去走平衡桥了。只见大家一个个大胆地走上桥,桥虽然窄,有的大步地往前走,有的双脚慢慢地往前移动,只有一一站在平衡桥前,双脚哆嗦着,不敢往上去。我见到这种情况,就走到一一身边说:"一一也想上去走是吗? 可是心里有点害怕对吧? 没关系,我来帮助你。"我伸出大手牵着他的小手,一一马上愿意踩上平衡桥了,他慢慢移动着小脚,小手拉得我很紧,双腿直打哆嗦。我忙说:"不怕,放松,我们一一最勇敢了,男子汉不怕的,要像奥特曼一样勇敢,大胆往前走。我会保护你的。"听我这么一说,一一好像放松了许多,脚步移动得比原来快多了。终于走到终点了,一一深深地叹了口气激动地叫道:"到了,我到了,胜利了!"我也欢呼道:"胜利啦!"并对一一翘起了大拇指,开心地给了一一一个温暖的拥抱。走过一次了,一一的胆子变大了许多,虽然他还是拉着我的手在走,但是我感觉他已经没有刚才那样拉得那么紧了,双腿也不再哆嗦了,一边走一边还跟我说:"大妈妈,我走得好吗? 这个真好玩……"一一走了一遍,又一遍,慢慢地他放开了我的手,能勇敢地独自走啦。

实录二

走过河石路

今天的户外活动老师带领小朋友走高低不平的过河石小路,孩子们排着队,一个个脸上洋溢着笑容,一个接着一个走了起来,都走得很开心。忽然听见一个小朋友说:"一一,你快走呀! 快站上来呀!"我上前一看,原来一一一个脚踩在略高的过河石上,另一个脚踩在地上不敢再跨上去。这时我对他说:"一一,别怕,我拉着你后面的衣服,保护你,左脚用力蹬一下,这样右脚就能踩上去了,一一一定能行的,试试看,我给你加油!"一一感觉到我拉着他,胆子变大了,就试着用踩在过河石上的左脚用力蹬了一下,右脚就跟着上来了,但是没踩到过河石上去,就又下来了。一一又试了一下,终于踩上去了。迈开脚大胆地往前踩过其他过河石。第二次走时,一一走到那个略高的过河石,又上不去了。这次我也告诉一一:"大妈妈会拉着你的衣服,你要勇敢地往上蹬哦。"听了我的话,一一大胆地试着用力蹬,踩上去了,一一开心极了,还大胆地在这个高的过河石上跳了一下。其实,这次我做了个假动作去拉他的衣服,一一不知道。等他走完后,我抱住一一并告诉他:"一一,你刚才真厉害哦,我没帮你,你就能踩上去了。"一一笑着,对我点点头。

【分　析】

一一父母的过于小心和疼爱,比如不给一一自己走路的机会,经常抱着一一走,上幼儿园了还在给一一包尿布,种种原因造成了一一走路摇摇晃晃、慢吞吞的,而且趴脚。于是,我利用来园时与家长沟通,让家长多给孩子自己走路的机会,让一一自己走路上幼儿园,这样才能锻炼他的腿部力量。另一方面,在户外活动时,我运用激励的策略,鼓励一一勇敢地参与到运动中来。在实录一中,我伸出的大手增加了一一的勇气,让一一有安全感,愿意走上平衡桥。虽然刚开始还有点紧张哆嗦,但是我鼓励的话语给了一一很大的动力,一一开始放松了,大胆地走过平衡桥。当成功后,我又运用了肢体动作,给一一翘了个大拇指和大大的拥抱。一一信心更足了,不再惧怕平衡桥,大胆走上去了。在实录二中,我为了给一一安慰和勇气,做了一个假动作——"拉着他衣服",结果一一十分大胆地用脚蹬地,一下子踩了上去,让他的信心倍增。所以走了一遍又一遍过河石,体验到胜利成功的喜悦。就因为这个"假动作"让一一的心理得到了安全感,才会勇敢地向前,不退缩。

从这以后，户外运动时，我会特别关注——，激励他尝试玩各种运动器械，和他一起运动，让他喜欢运动、爱上运动。在我的不断鼓励和坚持下，——渐渐地变得勇敢、大胆了，腿部力量也比初来园时有明显的进步。

作为一名保育员，我觉得我们应该关注方方面面的保育工作，其中户外运动中的保育尤其重要，特别是像——这样的弱小儿，更需要我们多多关心，让幼儿始终在我们的视线范围内，多去观察，及时了解孩子在运动中的状况，从而更好地做好幼儿的保育工作，让每一个幼儿都能开心、快乐、健康地成长！让每一个幼儿都喜欢运动、热爱运动，从而锻炼他们的身体素质，提高抗病能力。

【对　策】

1. 建议家长少抱——，让——多走路，自己走着上幼儿园和放学回家。

2. 在家长的陪同下，可以让——走一走低些的花坛或人行道边缘，锻炼——的平衡能力和脚力。

3. 在幼儿园每天带——至少走一次楼梯，锻炼脚的协调性。

4. 在户外运动时，让他多走走过河石路，走走平衡桥，玩玩袋鼠袋等，培养他的平衡能力和向上跳跃能力等。

让我牵起你的手

关季红　奚其红

【背　景】

彤彤小朋友是今年新进小班的幼儿,她个子长得小小的,刚来幼儿园的时候特别爱哭。但因为胆子特别小,所以每次哭的时候都不敢大声,哭哭停停。其实对于我们小班新入园的幼儿来说,出现胆小情况,是比较常见的。胆小很有可能和家庭教育有关,如果在一个家庭中,孩子是独生子,家人就会过度保护他,过度爱护他,孩子就容易怕脏、怕危险、怕受伤;另外,孩子还会因为在生活中缺少玩伴,缺乏锻炼的机会,而变得胆小、封闭、内向。现在上幼儿园,对于彤彤来说是走向社会的第一步,对于锻炼孩子的胆量很关键。每天来园的时候,我们总是非常耐心、和蔼地和彤彤交流,鼓励她,从书包里拿出她平时最喜欢的玩具,以此来增加孩子的心理安全感。

【案例描述】

■ 镜头一

慢慢地,彤彤来园的时候倒是不哭了。但是在日常活动中我们渐渐发现,由于她胆子比较小,对户外活动有一点恐惧心理,所以每次要出去户外活动、做操了,她就会开始哭,她表示她害怕,不敢玩。其实,对于幼儿来说户外活动对他们的身体发展是很重要的,幼儿在充分的户外活动中通过与器械的互动,通过基本动作要领走、跑、跳、投的锻炼,可以增强体质,培养性格,充分体现了《幼儿园教育指导纲要》中健康领域的要求,即"在体育活动中,培养幼儿坚强、勇敢、不怕困难的意志品质和主动、乐观、合作"的思维理念。于是我们想初步通过鼓励、帮助的方式,带着彤彤参与各种户外活动,慢慢地锻炼她的胆量,敢于尝试各种运动。

二楼平台是孩子们最喜欢玩的地方,我们去玩的次数也比较多,今天,我们又带着孩子们来到二楼平台运动。排队前,我就主动拉着彤彤的手,想以此给予她一点安全感,彤彤果然没有哭,跟着队伍来到了二楼平台。给孩子们讲完要求之后,大家都高兴地四散开去玩了,彤彤站在旁边没有动,我走到彤彤身边问:"彤彤,你怎么没去玩呀?"彤彤小声地回答我:"我不想玩。"我想,一定是彤彤不敢独自去玩吧。"那老师带你去玩吧。"说着,我向彤彤伸出了手,彤彤拉着我的手,跟着我来到塑料组合桥的起点。我们希望通过牵手这个小小的举动,给予彤彤心理安全感,以此鼓励彤彤敢于尝试各种运动器械。果然,由于我的手一直牵着彤彤的手,彤彤开始迈开步子,走上台阶,走过平衡桥,翻过塑料障碍小山。一遍走完,彤彤显然对这个器械熟悉了一些,愿意尝试第二遍。第二遍再走的时候,我发现,彤彤的步子明显比刚才迈得快了。

镜头二

下雨了,我们的户外活动只能改在教室里进行了。教室里,我们为孩子们创设了小椅子桥、过河石、跳圈圈等活动内容,让孩子们身体的各个部位都能得到相应的锻炼。

彤彤跟着大家来到队伍的起点,但是她依然站在起点的地方没有动,看样子,她是想去尝试一下的,只是胆子小,不敢。大妈妈马上走过去,拉起彤彤的手,对彤彤说:"你看,这里一排有两个小椅子,很安全的,对吗?"彤彤点了点头,牵着大妈妈的手走上了小椅子桥。下桥的时候,彤彤又迟疑了一下。我也马上走过去鼓励彤彤:"大妈妈牵着手呢,慢慢下来,没关系的,不会摔的。"彤彤慢慢地先迈下一只脚,然后才迈下第二只脚,两只脚都站稳了,才放下心来。接着走过河石,大妈妈也一直牵着彤彤的手,并且告诉彤彤先走哪块石头会更加平稳和安全。彤彤在大妈妈的引导下开始勇敢地迈开步子,前面几块比较矮的过河石都顺利走完了,走到最高的一块过河石前,彤彤又停下了脚步。该怎样鼓励彤彤大胆地尝试呢? 或者,我们可以慢慢来。于是,我和大妈妈商量了一下,让彤彤先敢于走低的过河石,等低的过河石能平稳走了再来尝试高的过河石。大妈妈直接拉着彤彤的手走到了地板上,绕过最高的两块过河石,很快就走完了所有低的过河石。到了圈圈前面,大妈妈放开了彤彤的手。彤彤经过前面两个材料的尝试,胆子稍稍大了一些,开始顺着圈圈的路线跳了起来,跳到应该两脚分开跳两个小圈的地方,彤彤停了下来,看起来她有些犹豫。我又马上走过去对彤彤说:"彤彤你就一个圈一个圈地跳,两个脚一起跳,没关系的。"彤彤小声地答应了一句,又接着跳了起来,大妈妈也在旁边不断鼓励彤彤能够自己跳完。终于,彤彤坚持跳完了所有的圈圈。

【分　析】

1. 心理健康,成为保育工作的重要部分

我们的保育工作,不但要关注幼儿的身体保健,同时还要兼顾到幼儿的心理健康发展。有了充分的心理安全感,孩子才愿意参加运动,从而促进身体动作的发展。对于胆小的幼儿,我们的保育工作更多地应先从心理支持入手,照顾到幼儿的心理健康,才能事半功倍。经过三个月的幼儿园生活,彤彤现在每天上幼儿园已经不哭了,能高高兴兴地来园。有时候,我们的一句鼓励的话、一次牵手,都能给予幼儿安全感。像彤彤这样胆小的幼儿,他们更多地需要成人的陪伴和鼓励,无论是语言上的鼓励还是牵手这种动作上的帮助,都能起到很好的心理支持效果。

2. 肯定进步,给予幼儿良好的心理暗示

在鼓励幼儿参与运动的过程中,我们总是慢点再慢点,充分考虑到幼儿的心理承受能力。在尝试新的运动器械的过程中,我总是多关注彤彤,经常牵着她的手,鼓励她去尝试。孩子的进步也成为我们心理支持的依据,我们常常在活动前肯定孩子的进步和成功,以此来给予幼儿良好的心理暗示,"我会的"、"我能行"、"我不怕",正面的心理引导提高了幼儿的自信,增强了心理安全感,让幼儿敢于参加各种户外运动。现在彤彤的胆子比刚来园的时候大了,家长也反映现在孩子更加活泼了,胆量上去了。在今后的工作中,我们依然会小步递进,根据幼儿的心理情况,及时调整运动难度和运动量,做到保育及时,帮助小朋友增强胆量,提高运动能力。

【对　策】

1. 每天户外活动前给予幼儿鼓励,如彤彤很棒、彤彤已经进步了等,给幼儿以心理暗示。

2. 上下楼梯时牵着彤彤的手,给予幼儿安全感。

3. 活动量由小到大逐步递增,帮助幼儿建立自信。

4. 鼓励幼儿先尝试动作难度比较低的运动器械,如滑滑梯、平衡桥等。对于难度较大的运动项目,可以小步递进,从最简单的水平开始,给予幼儿成功感。

5. 幼儿活动时在旁边予以关注,适时地给予拉一把、扶一下等帮助,增加幼儿的心理安全感。

胆大些，你会更可爱

潘嘉奕　肖素珍

【背　景】

　　心语是一位胆小、内向的孩子，她性格温和，不太敢在集体面前表现自己。平时在班级里也很少讲话，自由活动时间，与同伴们一起玩玩具也是不争不抢，也不敢与同伴和老师交流，交往的范围非常小，整个班级里她只有一个好朋友，那就是同桌的一然，她只有和一然在一起玩时整个人才是放松的，脸上也会时不时露出开心的笑容。教室里不声不响、默默无闻的心语，到了操场上户外活动时，会变得更不声不响、小心翼翼，常常是退退缩缩无所适从。当关注到心语的这种情况后，我们多次和心语妈妈进行了沟通，但是心语妈妈告诉我们的心语却和幼儿园的心语截然不同，妈妈说心语在家里很活泼，总是玩得很 high，也很任性，一旦有要求就要满足她，不然会发脾气，但是一旦离开爸爸妈妈，到了外面，就不这样了。从妈妈反映过来的心语的种种，我觉得心语就是我们俗称"动力老虎"这样的孩子，在家以外的环境中她只是刻意地在压抑自己，而不是真正的胆小。作为我们来说，我们需要为心语营造的是一个温馨的、熟悉的、让她感觉大家都在关注她的环境，这样一来她就能放得开了，就能积极、主动地参与到各类班级活动和集体活动中。

【案例描述】

▇ 片段一

　　自由活动时间，孩子们纷纷从小书包里拿出自己心爱的玩具，与小伙伴们快乐地玩了起来，有的围成一桌向朋友介绍着自己玩具，有的在一个角落进行赛车比赛，孩子们玩得不亦乐乎。这时，只见心语的表情有所不对，一脸哭相，可是她却闷不吭声，看样子是没打算来跟我们说。大妈妈见状后问："心语你过来，发生什么事了？"心语走过来委屈地说:"赟赟拿了我的玩具。"于是大妈妈把赟赟叫过来进一步询问,原来她是想玩心语的玩具,可心语自己还没怎么玩,赟赟就自己拿了过来。心急的心语束手无策只能无助地看着她拿走。了解事情的缘由后,大妈妈耐心地对赟赟说:"赟赟,如果你想玩其他小朋友的玩具,要先问人家愿不愿意给你玩,如果她不愿意,你就不可以自己拿过来玩。"听了大妈妈的话,赟赟转过身:"心语,你可以借我玩一下你的玩具吗?"心语微笑地答应了,她们手牵手,坐在一起玩着玩具,赟赟还拿出自己的玩具与心语一起分享。

■ 片段二

今天的户外活动我们班玩的运动器械是竹梯、(带斜坡)长凳、垫子。我们共同与孩子们将这些运动器械分别组合成几条不同的线路。

第一条线路,孩子们依次排好队,一个接一个身体躺下往前爬,有的孩子越爬越快,心语爬得有些慢,只见后面的晨晨说:"心语快点,我要碰到你的脚了。""晨晨,你不要急,让心语慢慢爬,你可以试着侧身翻滚着往前爬。"听了大妈妈的话,晨晨放慢了向前爬行的速度而改为侧滚姿势慢慢爬行。

第二条线路,平时胆子较小的心语走在凳子上,明显速度缓慢,不敢身体笔直往前跨。只见她伸开双手,摇摇晃晃地侧着身子小碎步向前挪,走在后面的小朋友看着着急了:"快走呀!"心语听到后面的小伙伴这么一说更是慌张,直接一步从凳子上跳下来,终止了向前的步伐。见状大妈妈立马说道:"后面的小朋友不要急,心语有点害怕,我们等等她。"大妈妈牵起她的手,"我牵着你走好吗? 来,走上去。"她点点头,安心地往前走着。后面的几次尝试中,心语勇敢了很多。在大妈妈的鼓励下心语小心翼翼走在长凳上,一开始牵着心语的手,慢慢地便放手让心语自己走一走。之后的活动中,心语更是与小伙伴们组成团队一起比赛滚轮胎,"大妈妈你看,真好玩!"孩子们愉快地进行着。

【分　析】

1. 做孩子的坚强后盾,帮助孩子建立自信心

从幼儿自身发展来说,心语比较敏感、胆小,性格比较温和,面对陌生环境不太敢在集体面前表现自己。所以针对这种情况,我们需要做的就是在理解孩子各种行为的基础上,针对幼儿现有情况及时鼓励、调整教育方法,尽快帮助心语适应幼儿园的生活,从而获得自信。就如在运动器械上,当其他孩子催促胆小的心语,对心语显得

不耐烦时,作为老师和保育员的我们及时地站到了孩子的身边,替她解围,给她支持,让孩子有信心接下去的活动,可以说在这样的活动中,我们成为孩子的坚强后盾,让孩子敢于前行。

2. 营造利于幼儿交往的环境,鼓励幼儿结交朋友

每个幼儿的能力各不同,对于内向的孩子来说,他们一般不会主动与老师交流,也不会主动地与伙伴交往。对于这样的孩子,我们就要为孩子营造一个相对轻松的、利于孩子交往的环境。就如案例中,当心语的玩具被赞赞拿走之后,心语变得不知所措,这时候,我们通过与赞赞的沟通,让赞赞发出交往的要求,让心语去回应他,这样一来,虽然心语是在被动交往,但是在这样一个环境和氛围中,心语至少是跨出了交往的一步,有了这样的开始,相信心语会慢慢地尝试着与人交往的。

3. 及时地肯定与表扬,让孩子乐于表达和表现

老师与家长对心语的点滴进步及时地通过各种方式进行表扬,通过对孩子积极行为的肯定与表扬,强化好的表现,来刺激她向好的方向发展。午餐时间,心语吃饭较以往快了,我们马上鼓励、肯定她。一天天过去,心语吃饭速度明显有进步,吃完饭后,也能与先吃完饭的小朋友坐在一起聊天了;午睡时,心语自己衣服脱好,准备睡觉了,旁边的小朋友向她求助,叫她帮忙拉裤子,心语出手帮忙了,我也马上夸夸她……长此以往,心语变得主动,变得爱笑了,也乐于在小朋友们面前表达表现了。

【对　策】

1. 建议家长多带心语接触外界环境,与同龄人有更多的交往,培养她的交往能力;让家长平时在家可与孩子聊聊一天在园的事情,让心语对幼儿园有一个大致的了解;早上来园活动时鼓励心语找小伙伴,与好朋友一起游戏,平时在家可通过聚会来邀请心语认识的人、叔叔阿姨、邻居等来家做客,目的就是慢慢接近别人;鼓励心语在幼儿园和小伙伴们交换玩具,一起做游戏等都能促进彼此的感情。

2. 鼓励孩子去尝试帮助别人。引导心语在家或幼儿园照顾宠物,提供机会让心语帮助别人,让她体会到帮助别人的快乐。

3. 创设宽松温馨的氛围。创设宽松温馨的氛围,让心语喜欢幼儿园,喜欢老师和小伙伴。活动时多拍点照片,让心语欣赏一组组照片,回味那一刻的快乐,让心语在心理上接受小伙伴,喜欢小伙伴,继而乐于与他们交往。

我会运动，我能行

乔　敏　洪　萍

【背　景】

　　户外运动是幼儿在幼儿园一日生活中很重要的一个环节，也是幼儿最喜欢的活动之一。每天的户外运动是孩子们锻炼身体的最佳时间，户外运动不仅可以增强幼儿的身体素质，而且还可以促进幼儿的健康发展，对幼儿的认知、情绪、交往、个性发展起着促进作用。轩轩是我班一个不爱说话、性格古怪的孩子，进幼儿园以来对幼儿园的人、事、物都相当的抵触，不愿意与老师、小朋友在一起，宁愿一个人在教室的角落里玩，拒绝参加一切游戏、运动、学习等活动，总是以胆怯、警觉的目光来关注周围的一切。有时候我们去叫他活动或者是干吗的时候，他就表现得歇斯底里，非常抵触，不愿从"自己的世界"中走出来。每一件事他都不愿意学，也不想参与活动，因此动手能力也很弱。每次户外运动的时候，他根本不愿意跟大家一起玩，也不参加运动，一个人晃来晃去……所以，对于他本身来说一天的运动量根本就是不达标的，缺少运动对于幼儿的生长发育是不利的。针对这些情况，我们就在思考在日常活动中，我们可以采取哪些手段让轩轩参与到我们的户外运动中来，可以通过哪些保育的手段来支持孩子的运动，让孩子不抵触，让孩子爱运动，通过培养孩子运动的积极性来逐步过渡到让孩子乐于参与幼儿园的活动，缓解孩子的抵触情绪，让孩子健康成长。

【案例描述】

■ 镜头一

　　户外活动开始了，今天玩的是四号场地的大型玩具。轩轩来到了滑滑梯旁边，他一个人慢条斯理、小心翼翼地走上了滑滑梯。我看到轩轩站在滑滑梯上面，然后向下看看下面的小朋友，始终不敢滑下来。我对轩轩说："你看，大家都玩得好开心呢,轩轩也去试试,往下滑好吗?"他听了我的话,没有回应我,而是一脸茫然地看着我,看他的眼神感觉他眼里似乎也没有我。他自顾自地看了一会儿,然后掉转头下来了,不玩了。第二天,我们又玩滑梯了,轩轩看见小朋友们滑上滑下玩得欢,他虽然没上去,但是一直怔怔地站在那里看着,看到开心的时候,一个人在那里手舞足蹈。有好几次,他忍不住上去了,但是一到滑梯下滑处,他就会犹豫,他踌躇,最后他没有往下滑,最终还是从大型玩具上下来了。看到轩轩想玩又不敢玩,于是我走过去:"轩轩,我没有找到小伙伴和我一起玩,你能和我一起玩吗,我也想试试。"他斜着眼睛看了我一下,貌似不想理睬我,"我真的没玩过,一个人玩我又害怕,你陪陪我好吗?"边说我边拉起轩轩的手往大型玩具走去,可能是轩轩内心也是想要玩的吧,又不好意思说出来,所以当我发出请求的时候虽然他没有理睬我,但是当我拉着他一起玩时,他却没有抗拒。他的举动给了我信心,于是我和轩轩搭伴玩了,到了上面我先滑下去,但是表现得自己比较弱,需要轩轩拉着我、保护我……我先滑了下去,滑下去后,我走到滑梯侧面,伸出手:"轩轩,很开心的,一点儿也不害怕,你试试看。"边说边伸出手,拉住轩轩靠近我的手,有了的我扶持,轩轩似乎没有了之前的犹豫和恐惧,他也学着我的样子滑了下来。滑到下面,我开心地跑过去:"很开心的对吧?"轩轩虽然没有直接回答我,但是从他抿着嘴偷笑的样子我可以看出他很开心。接着,他不声不响地又拉着我的手往滑梯上跑了。

■ 镜头二

又一天,我们轮到玩一号区了,轩轩也不愿意玩。小朋友都在操场上窜来窜去地玩,他却靠着墙站在一边冷眼旁观,实在无聊的时候他就拿个塑料圈,在活动区域的角落里摆弄套圈,但是始终没有投过去。旁边的小朋友热情地去招呼轩轩一起玩,但是轩轩不搭理他们。我看到了,就走过去问他:"轩轩,你为什么不和大家一起玩呢?你看大家都在玩套圈,他们玩得多开心呀,我们也去玩套圈吧。"他听了低着头轻轻地"嗯"了一声。我又说:"那你也去试试吧。"我就拉着轩轩走到套圈区域那里,又让他靠近同伴。接着,我拿起一个圈圈给他,让他拿好圈圈,眼睛要看着前面的小象,手把手地教他怎么投到小象上去。我和轩轩一起说着:"一、二、三……"圈圈一下子就套在小象脖子上了,我欢呼雀跃地跳起来:"轩轩好厉害!"看到我夸轩轩,旁边的小朋友也跟我喊:"轩轩好厉害!"受我们的影响,我看到轩轩的脸上终于露出了笑容。于是,我进一步引导他:"接下来要轩轩自己丢一个圈圈试试了,你很棒的,肯定行!"他听了我的话,有点犹豫。我又对轩轩说:"没关系,我们多练习几次,就能百发百中了,我们先练习一下好吧?"在我的再三劝说下,轩轩终于拿起了塑料圈。为了激发轩轩的信心,我故意把轩轩朝前推,让他离开大象近一点,这样成功率就高了。果不其然,轩轩第一次投就中了,他有点不可思议地看着我,我表现出很兴奋的样子:"你看吧,我说你行吧? 只要你愿意做,肯定什么都行,对不对?"这一次轩轩看着我,拼命地点头对我的话表示赞同。接下来,我看到轩轩饶有兴致地一直玩套圈,乐此不疲。活动后,我特地让轩轩在大家面前表演套圈,他的命中率很高,小朋友们都为他鼓掌,我看到轩轩平常习惯绷着的脸今天终于绽放了笑容。

【分　析】

1. 做孩子的拐杖,让孩子跨出勇敢的第一步

由于在家里轩轩最小,家里的大人也过分地爱护他,所以轩轩养成了内向、胆小的性格,什么事情都不敢,什么事情都害怕,总是采取逃避的态度。但是从孩子的种种表现我们又发现,他内心是非常渴望和小朋友一起玩的,但是他不知道如何跨出这第一步。我觉得这时候,作为老师我们就要来做孩子的拐杖,及时地提供支持和帮助。就如案例中所描述的,当观察到轩轩在滑梯上总是一个人看着别的小朋友玩,一个人跑上跑下想玩又不敢玩时,我摸透了轩轩当时的心理,及时地出现。我并没有以保育员的身份去告诉他什么,相反我向他发出了请求:"陪我一起玩吧,我很想玩。"这不正是轩轩当时心里所想的吗? 我们常说,志同道合、趣味相投,当两个有相同需要的人碰到一起的时候,他们就会产生共鸣,于是轩轩和我走到了一起,我们一起玩起了滑梯,有了我这个伙伴的陪伴,轩轩似乎也没有那么害怕了。而我在轩轩玩滑梯的时候也会及时地伸出"援手"做他的拐杖,就这样轩轩在不知不觉中跨出了第一步。有了好的开始后面的一切都变得顺其自然,变得和谐了。可以说在这个过程中,我通过身份的转变为孩子提供了支持,做了一回孩子的拐杖,让孩子撑着我这根拐杖勇敢地走出了第一步。

2. 搭建平台,让幼儿获得成功,帮助幼儿建立自信

在套圈的活动中,从一开始轩轩的不愿意参与,到愿意拿起圈圈自己玩,再到最后玩得乐此不疲……可以说这个过程不仅仅是轩轩行为变化的过程,也是轩轩心理变化的过程。之所以会产生这样的效果,那是因为作为老师和保育员的我们在这个过程中为孩子搭建了一个平台,手把手带孩子玩,让孩子获得第一次的成功,鼓励孩子独立玩,通过一些小小的计谋(缩短套圈的距离)让孩子获得成功,让孩子反复练习的基础上积累更多的成功经验,让孩子有信心玩下去,再到最后通过轩轩在小伙伴面

前展示本领，一步步就像一个个台阶，让轩轩的自信心也像跨台阶一样拾级而上。其实在这个过程中，老师的帮助、老师的设计……都是在不断帮助轩轩建立信心。我们深知，对于轩轩这样的一个孩子，他对任何事情的抵触都是因为他没有安全感，没有足够的信心，一旦帮他建立了信心，他的安全感也会随之而来，任何问题也就会迎刃而解。

【对　策】

1. 关注孩子，了解孩子的状况，及时地伸出"援手"，给予帮助，让轩轩逐步克服胆小的心理，大胆地参与户外活动，在群体性的活动中帮助轩轩摆脱"自我中心"心理。

2. 多加表扬和鼓励，在适当的时候要放大轩轩的优点，帮助轩轩建立自信，激发活动的兴趣。

让孩子爱上运动

计 星 朱春花

【背 景】

灏灏是一个非常内向的小男孩,很安静不爱动,还不太合群。在小班和中班阶段,我们想了很多的方法,努力地使其能融入我们这个集体中来,也取得了一定成效。可中班升大班的两个月暑期结束后,灏灏似乎又回到了原点,又变得不爱运动,不爱说话,也不太愿意和小伙伴们一起玩了,总是一个人自己管自己玩,似乎也并不关注周边的小朋友了。有时候,我们寻找机会和他交流,可即使是老师、大妈妈主动找他,和他说话,他也是有一句没一句的。尽管如此,我们还是抓住一切机会和他沟通、交流,坚持一段时间以后,他貌似有所转变了,没有之前那么回避我们了,有时候还会主动来跟我说点什么。可令我们担心的是每天的运动时间,每到这时候,灏灏又一反常态,变得不声不响,不玩也不动,即使是满操场欢乐奔跑、运动的小伙伴们也丝毫影响不了他,他还是孤零零一个人待着不动。于是我们就一直在思考,对于灏灏这样特别内向的孩子,在户外运动中我们可以做点什么,继而通过我们的有效支持来让孩子参与运动、喜欢运动,从而促进身体的发展呢?

【案例描述】

又到了户外活动的时间了,孩子们在老师的带领下都各就各位,有的在脱衣服,有的在布置场地,有的在拿小器械,还有的在结伴准备运动了……我和两位老师也都各自引导和护理着孩子们。在这忙碌的场景中有一个身影显得特别突兀,那就是灏灏。只见他一个人呆呆地坐在紫藤架下,没有任何的工作和行为。

"灏灏,快点去跟小朋友们一起玩呀!""谁来和灏灏一起玩?"……老师和我反复地提醒着灏灏,也鼓励其他小朋友能和他一起玩。可是 5 分钟过去了,当我做好个别孩子的护理工作时,我仍旧看到灏灏一个人坐在那里,呆呆地看着其他小伙伴们在玩,自己却一动也不动。

　　"灏灏,你喜欢玩什么? 快去玩呀,不玩的话等会儿音乐出来了就不能玩了哦!"我还是不放弃,走到灏灏跟前,拉着他的小手跟他说,边说边把他从凳子上拉了起来。在我的生拉硬拽下,灏灏不得以慢慢地走向跳圈圈处。我正暗暗窃喜地以为他会主动地玩起跳圈时,却看见他站在原地一动也不动,其他小朋友叫他也无动于衷。于是我连忙走过去,再次拉起他的小手,另一只手摸着他的头;"灏灏,大妈妈也很想玩小青蛙跳荷叶,可是不知道怎么玩,你能教我吗?"灏灏看了看我,用很轻的声音说道:"好的,我跳给你看吧。"于是灏灏和我一起来到了圈圈处,我佯装很乖、很听话的样子跟着他一起学跳"荷叶":"灏灏,这样跳对吗?"随着时间的推移,灏灏的话也多了起来:"大妈妈,我们可以双脚分开跳,也可以双脚并拢跳。"当我们跳到终点时,我伸出了大拇指对他说:"灏灏,你太厉害了,今天如果没有你,我肯定不会跳这么多的方法了,谢谢你哦!"听我这么一说,灏灏转过身偷偷地笑了,然后他不声不响地拉起我的手,带着我走到了"独木桥"处,带着我一起走过了"独木桥"。其他孩子看到了我们俩一起玩,也纷纷加入到我们的队伍中,灏灏在最前面,当他看到这么多小朋友都尾随其后时,我看到他脸上露出了自信的笑容,他跳起来也更有劲儿。

【分　析】

　　1. 运动中保育员的工作职责

　　运动是幼儿园基础课程中的一块重要内容,幼儿园户外运动也是我们幼儿园一日活动中很重要的一个环节,它不但能增强幼儿的身体素质,还能促进孩子动作发展和各方面能力的提高。作为一名保育员不但要重视户外活动中的保育工作,指导幼儿学会如何使用毛巾,如何及时穿脱衣服、喝水……更要协助老师关注每一位幼儿的运动能力,使其得到更全面的发展。

　　2. 运动中保育员的重要性

　　从观察实录中我们不难发现,灏灏是一位极其内向的孩子,一般情况下,他是不会主动地加入到孩子们的活动中去的。但是每天户外运动的时间都是有限的,如果因为孩子的不主动而让孩子缺失了运动的机会,那么不仅不利于幼儿动作发展,而且也不利于幼儿各方面运动能力的提高。考虑到以上几点,于是当我看到灏灏又一个人待着不动时,我主动地出击了,我上前引导灏灏加入到运动中。当发现效果甚微、灏灏不为所动时,我就向他示弱,让他来帮助我,从而激发灏灏想要帮助我的愿望,在这种愿望的驱使下,灏灏主动地带着我活动。在这个过程中灏灏积极地参与到了我们的活动中,和小伙伴们一起快乐地运动起来了。

由此可见,作为一名保育员,我们要在协助老师做好保育工作的情况下,善于去观察和了解每一个孩子的性格和特点,然后采用适合孩子的、有效的方法来激发孩子的兴趣,让孩子能主动地参与到活动中,发展孩子的各种能力,对于我们保育员来说这些都是必不可少的。

【对　策】

1. 继续以鼓励的话语激励孩子加入运动的行列。

2. 发动其他幼儿多与灏灏进行互动。

不抛弃，不放弃

甘梦馨

【背　景】

　　隽隽是我们班级比较特殊的一个孩子，她不仅性格内向、胆怯，其他各方面的表现都和班级里其他孩子不一样。刚进入小班时我们已发现她的与众不同：语言能力极差，除了会叫妈妈以外无法说出完整的词语和句子，无论我们如何引导，就是不肯开口说话；社会交往能力几乎没有，从不跟老师交流，也不与班级里的其他小朋友们玩耍；不主动参与班级的集体活动和游戏活动，遇到困难了也不会用语言向他人求助，只能哇哇大哭以吸引别人的注意。总之隽隽和同龄的小朋友们相比，在认知、语言、社会交往等各方面落后很多。出于责任，我们建议隽隽家长带她去儿童医院做了专业评估，已经确诊了隽隽发育迟缓，她的各项指标与同龄正常指标差距特别大。

【案例描述】

■ 镜头一

　　早上入园，班级里的小朋友都高高兴兴地说着："老师早上好！阿姨早上好！"隽隽则是不跟老师打招呼低着头跑到自己座位上，老师跟她打招呼也没有反应。吃完点心，自由活动时间到了。孩子们拿着玩具各自找到自己的好朋友，三三两两地在一起聊天、交换玩具。而隽隽呢，她眼神放空，坐在一个地方动也不动，可以一整天不说一句话，跟老师和小伙伴们都没有交流。看她孤单的样子，我便走上前去，拉着她的手跟她聊天："隽隽，你今天带了什么玩具呀？"可隽隽并不怎么回应我，只是呆呆地又有点胆怯地看着我。"今天谁送你来的？""你的辫子好漂亮哦，是妈妈帮你梳的吗？"任我怎么引导她也不回答，偶尔在听懂我的话时，眼神回避我，使劲儿地点一下头。

■ 镜头二

　　今天有医生来为孩子们进行视力检查，班级里小朋友都来了。可隽隽到了教室门口却怎么都不肯进来。原来,是她的妈妈知道要检查视力,便在家教她看视力表。教了两遍隽隽没有学会,就急躁起来打了她,导致隽隽情绪消极不肯入园。我柔声对她说:"我们的植物开了一朵美丽的小花呢,我们一起去看看吧。"我牵着她的手,领着她走一走、看一看,放松了她的紧张情绪。过了一会儿,我拿出视力表单独辅导隽隽,教她如何辨认视力检查符号:"隽隽你看,这里有一扇小门,你看看小门朝哪边开? 朝左边开,我们就用小手指向左边;朝上面开,就用小手指向上面。"教了好多遍,隽隽都只是乱指一通。但是我一遍遍仔仔细细地讲解、不厌其烦地纠正,一次、两次、三次、四次……她终于学会了,虽然不会用语言表达方位,但是能用手指出正确的方位了。我立即请小朋友们用掌声鼓励她新学会了一个本领,隽隽也露出了难得一见的笑容。后来在医生检查过程中,我还是有点担心她面对陌生的医生能不能记住我教的内容,没想到她竟然顺利地通过了测试。我感到非常惊喜,同时也特别有成就感。

【分　析】

1. 语言障碍:隽隽在语言交谈中吐字不清楚,讲话不能成句。面对隽隽的情况,隽隽的父母忙于生计的同时不够重视,没有采取积极有效的干预、教育等措施,久而久之造成了隽隽根本不愿意开口跟老师和同学说话的状态。

2. 交往障碍:因为隽隽的语言表达能力差,爷爷奶奶为了自己的面子,同时也怕别人嘲笑隽隽,就经常把她关在家里,很少让她与别人接触,隽隽几乎没有与同龄人玩耍的机会。家人如此消极的"保护",不去满足和支持孩子通过尝试和探索克服困难,忽视了隽隽探索周围世界的正当需求,压抑了她的交往和探索的欲望,使孩子出现依赖家长、怕与人交往的自卑心理,最终导致隽隽的身心得不到健康的发展,本已发育迟缓的她,因为自卑导致社会交往和语言发展障碍更加严重。

3. 认知、学习障碍:隽隽的发育迟缓导致她的学习能力非常差,学习同样的内容相比较正常孩子而言,她要花数倍甚至数十倍的时间才能勉强掌握且呈现效果较差,明显落后于同龄幼儿。

【对　策】

1. 培养孩子愉悦、积极的情绪

愉快的情绪往往能促进孩子学习,反之,不愉快的情绪常常导致各种消极行为的产生。我们尽力为孩子创设宽松、自由的氛围,让孩子们始终都能有良好的情绪。每当隽隽来园时,我总是给她更多的关怀和照顾,给她更多的鼓励和表扬,让她处于良好、积极的情绪中。

2. 通过肢体接触和语言接触,让孩子建立对老师的信任和依恋

对具有强烈自卑感的隽隽,我总是积极主动地给予更多关注和爱抚,使幼儿感到安全,产生信任。我会在出去户外活动排队时牵着她的小手,梳辫子时摸摸她的小脸,平时老师的关心爱护如春雨般润物无声,渐渐让隽隽建立起对老师的良好感情,这样才能在平时的教育教学中达到事半功倍的效果。

3. 帮助孩子树立自信

在一日活动中,无论哪个方面,只要隽隽取得哪怕一丁点儿进步的行为时,我都会及时给予她有效的鼓励和肯定。如隽隽今天吃饭又快又干净、隽隽今天裤子穿得很好等。在集体面前表扬她,同时鼓励她为大家做点小事情,例如帮我在午饭时分碟子、帮忙摆好多余的小椅子等,让孩子们知道隽隽和他们一样有了进步,让隽隽知道班级和小朋友需要她、喜欢她,使她逐渐有了与人交往的自信心,慢慢感受到集体生活和与小伙伴们交往的乐趣。

4. 创设良好宽松的交往情境,使孩子感受与他人交往的快乐

对隽隽这样特殊儿童的教育,老师要有无尽的耐心,她这样的孩子更需要老师的鼓励和关怀。平时我会有意识地创设一些能吸引幼儿的有趣的游戏活动,让她感受到小朋友在交往、活动过程中的愉悦,逐步吸引她参与到活动中来。和同组小伙伴们一起给全部小朋友表演唱歌、跳舞,跟着大家一起讲故事、念儿歌等。虽然隽隽要用十倍甚至更多于别人的时间才能取得一点进步,但我还是经常表扬她:"隽隽你真棒!今天你唱的歌真好听!"充分肯定她的努力。慢慢地,隽隽逐步有了自信,能积极参加集体活动了,认认真真地跟着我们一起做早操和律动;能高高兴兴地上幼儿园,并且主动大声、清晰地跟老师打招呼了:"老师早上好! 阿姨早上好!"甚至在其他班级的老师经过我们教室时,她还会主动说:"客人老师好!"

看着隽隽这些积极的变化,我特别欣慰。教好每一个幼儿,让每一个幼儿都能得到全面发展是幼儿教师的天职,是我们必须承担的责任。每个幼儿的发展存在着差异性、特殊性,各方面都落后于同龄人的发育迟缓幼儿,更需要教师的悉心教导。教师和家长要用更多的耐心与爱心,不抛弃、不放弃,用一次次亲切的微笑、一次次轻柔的爱抚、一句句赞赏的话语、一个个鼓励的眼神,帮助他们克服自卑心理,燃起自信的勇气,时时以"我能行"的状态,不断地克服困难,勇往直前。

抬起头，大步走

甘梦馨

【背　景】

　　隽隽是我班一名发育迟缓的幼儿，在语言、运动、社会交往等各方面的发展都与同龄幼儿差距甚远。

　　刚上小班时，她几乎不和班级里的任何人交往。通过与家长沟通，我们发现因为父母等家里人本身性格也比较内向，也不太和孩子多说话，导致孩子少言寡语。因为不太沟通、不太交往，因此这孩子也特别怕生，而因为怕生，家长就刻意地减少孩子与外界接触的机会。可以说从小到大，她几乎没有和除爸爸妈妈、爷爷奶奶以外的其他人接触、交流过。久而久之她的性格就变得特别孤僻，不愿和其他人交往。也正因为孩子比较孤僻、不合群，所以家人就不带她出门玩，这一定程度上束缚了隽隽的运动天性，导致她几乎没有运动的机会，无法感受运动带来的乐趣，最终的结果就是隽隽的运动能力也越来越弱，走路蹒跚重心不稳，更别说进行跑跳攀爬等动作了，独立上下台阶不敢，每到有一丁点高度落差的地方便不敢动弹，怕得紧握拳头浑身发抖，却又不会用语言向他人求助，只会哇哇大哭或者大声尖叫以吸引别人的注意。

【案例描述】

　　进入中班，我们来到总部，环境更好了，场地更宽阔了，运动器材也更丰富了。孩子们每天都在户外运动中玩得不亦乐乎，运动能力和协调性也在不知不觉中有了更大的发展。隽隽面对新的环境和玩具也很好奇，想参与其中却又被胆怯拖住了前进的脚步。

　　今天的户外锻炼，我们班级是在长凳和垫子等区域活动。我们带领小朋友事先设置了一系列的运动器具，例如走独木桥（长条凳）、过山坡（人字网梯）、钻山洞（拱形门）等任务。摆好运动器具后孩子们迫不及待地纷纷参与到运动中来。隽隽慢慢地跟在队伍后面走着,在独木桥前停了下来,看着"高高"的独木桥,想玩却又不敢上去。

我见状便鼓励她说:"隽隽,上去试一试吧,很好玩的!"她看了看,用脚踩了一下凳子试了试,手和脚都有点发抖,犹豫着不敢往上爬。后面的小朋友不停地催促她:"隽隽你怎么不走呢?""隽隽你挡住我们了,你快一点上去呀!"她在同伴们不停的催促下只好爬上去,战战兢兢地在独木桥上走着,每挪动一步都要停一停,回头看一看。别的孩子都是轻轻松松地经过独木桥,可她却是一直紧张地两手握拳头,脚下一寸一寸地慢慢挪动横着前进,活像一只紧张的小螃蟹。行进中只要凳子稍微有一点晃动,她就立刻蹲下来停滞不前一动不动,浑身发抖。看着她紧张害怕的样子,我们虽然打从心底怜惜她,但是从专业角度出发我们又必须让她尽量自己独立完成这个挑战。所以我没有立即进行干预,只是不停地鼓励她:"隽隽加油,你一定能走过去的。"这时隽隽仍然无法克服恐惧,嘴里"啊啊"尖叫着,一副快哭出来的模样,手脚并用地想从独木桥上慢慢爬下来。

我走上前去,牵起她的手,鼓励她说:"隽隽别害怕,我会保护你的。"在我的鼓励下,隽隽牵着我的手颤颤巍巍地站了起来,重新鼓起勇气开始往前慢慢走。前半段时我牵着她的手,等她慢慢地走平稳以后,我逐渐轻轻地松开手,隽隽虽然有点紧张,但是在我鼓励的眼神下仍然坚持着慢慢走完了全程。

随后我还带着隽隽去玩高高的人字网梯,由于刚才成功过独木桥的经验提升了她的自信,加上我们不懈的鼓励和帮助,隽隽终于挑战成功,脸上也露出了快乐的笑容。

【分　析】

1. 缺乏自信:隽隽上幼儿园以前很少出门玩耍,都是跟爷爷奶奶待在家里,缺乏锻炼,因此运动能力较同龄孩子差。刚上小班时连上下楼梯都特别困难,她也很少有过成功的体验。看着其他小朋友们成群结队、开开心心地游戏,她虽然极度羡慕却又极度缺乏自信。

2. 运动障碍:由于发育迟缓导致隽隽运动能力远远落后于同龄小朋友,加上平时家里保护过度,从不放她出去锻炼,这就更加剧了她运动能力和协调性的不足。在平时的户外活动中,她要么在一旁看着,要么就是选择一些非常简单安全的活动,难度稍高一点的游戏或者是没有玩过的器械她都不会去尝试。在今天的户外活动中,其他幼儿轻轻松松就能通过的独木桥及人字网梯对她来说是一个巨大的挑战。

【对　策】

1. 帮助其树立信心。一位教育家说过："让每个孩子抬起头来走路。"对于隽隽这样能力差的幼儿，我们要努力帮助孩子看到自己的能力，建立自信心。无论在生活中还是学习中，我们都要时刻关注胆子小能力差的幼儿，以正面引导鼓励为主，逐步培养其勇敢自信的品质。

2. 针对幼儿能力的不同区别对待。正视幼儿之间的发展差异，对待能力较差的幼儿要有耐心、有爱心。遵守循序渐进的原则，为他们设置适当的目标，在他们无法完成同龄人一样的任务时，及时、适当地给予帮助。同时通过各种途径激发幼儿对运动的兴趣，帮助幼儿养成基本的运动能力，走、跑、跳、平衡等，发展其动作的协调性。

3. 鼓励幼儿参与多种体育活动，让其享受运动的乐趣，体验成功的快乐，从而让孩子爱上运动；同时又利用运动促进幼儿各方面能力的发展，形成良性循环。

4. 做好家园联系工作，取得家园教育的一致性。著名教育学家苏霍姆林斯基曾经说过：只有学校教育而没有家庭教育，或者只有家庭教育而没有学校教育，都不能完成培养人这一极其艰巨而复杂的任务。对于隽隽这样特殊的孩子，家园配合更是极其重要。指导家长正视孩子的问题，并针对孩子的情况有针对性地进行训练，使家庭和学校形成教育培养的合力，协调一致，互相配合，发挥学校和家庭教育的最佳效果。

从宏观上讲，每个孩子都是国家和民族的未来；从微观上讲，每个孩子都是家庭的希望。我们幼儿教师必须尽职尽责，让每个孩子健康成长、全面发展。看着隽隽的点滴进步，我们都很欣慰，但是我们要做的仍然很多很多。只要我们关爱她、尊重她、信任她，耐心地帮助她建立自信和勇气，相信隽隽这样晚长的小苗，一定也能绽放美丽的花朵！

我想和你们一起玩

姚婉蓉　陈　蕾

【背　景】

　　小纪与同龄孩子相比,他的动作发展不协调、语言发展迟缓,不能够很好地与同伴交流,并且有抓人的现象,虽然这些情况都不是他自己能够控制的,但是大家都不敢接近他,不敢和他玩。可是随着年龄的增长,小纪从小班孩子的懵懂开始变得好动起来,想和小朋友一起游戏的心情也越来越强烈,可是因为以前的种种行为,让小朋友们对他产生了畏惧。小纪每次想接近同伴,渴望与同伴一起玩,可就是因为"他会打人"的原因,遭到其他孩子的拒绝和抵触。每次活动,他总喜欢跟同伴一起互动,可又因为他语言能力发展迟缓、说话不连贯、表述意思不清晰的原因,很多同伴不愿意与其交流和互动。

【案例描述】

　　户外活动时,小朋友们在老师的带领下一起帮助老师搬运钻爬区的运动器材,小纪看着小朋友们都在帮老师一起排运动场地,他非常想一起做,于是走近小朋友们身边,刚走几步小朋友们就叫起来了:"老师,小纪走过来了。"小纪吓得退回阿姨身边。场地布置好,孩子们有的两两一起合作运送食物,有的提着桶开始玩过小河游戏,只有小纪眼巴巴地看着小朋友玩,不敢接近同伴。尽管我们老师示意小朋友们要一起玩,可小纪就是没有玩伴,他自己也不懂得怎么和同伴交流,只好放弃了,在原地笑着站着看大家玩。此时,可能是玩累了,桐桐停止了游戏,站在一边,小纪顿时像发现了新大陆,慢慢地跑向桐桐,还去拉桐桐的手,另一只手则指向远处的那个他想玩的轮胎,桐桐害怕地挣脱了小纪的手。拉不走桐桐,小纪很失望,又发现了在一旁准备运西瓜的佳佳,他慢慢跑向佳佳,随手拿起担架的那一头,对着佳佳使了一个笑脸,佳佳看他帮忙一起运西瓜,也没有将他推走,两人一前一后抬着西瓜绕着轮胎走。可是,佳佳是个协调能力很好的孩子,喜欢挑战,她带着小纪走上了有难度的轮胎,小纪开始站不稳了,一个趔趄坐在了轮胎上。已经观察了半天的我,连忙走过去,扶着他,鼓励着他配合佳佳一起完成了任务,成功了的小纪脸上露出了灿烂的笑容,一个劲儿地围着操场跑了起来。之后的几天里,我时常看到小纪渴望与同伴交流、玩耍的眼神。虽然大家还不能完全接受小纪这个玩伴,但看得出来小纪一直都没有放弃渴望得到玩伴的愿望,他虽然不能正确向大家表达他的意愿:"我想和你玩!"但他的神态、他的动作已经告诉大家了。

想想之前我们总是陪伴在他身边,户外游戏时总牵着他的手,生怕他被挤到、碰到或者去欺负别的小朋友,再不就是担心他跑到别人的班级里去妨碍人家游戏……但现在,长大了的他却不愿意有我们的陪伴,成人的保护已经不能满足他的心理需求,他更渴望的是和同伴一起玩。所以我们便有意无意地创造机会,让大家走近小纪。户外游戏时,我们尽量让小纪玩一些难度稍低的活动,帮助他逐步四肢协调起来。在小纪有点滴进步的时候,我们给予表扬与鼓励,帮助他体验成功的喜悦。现在,小纪已经是幼儿园的孩子了,在我们不断的关注和保育教育下,小纪渐渐能融入大家的活动中,他的行为习惯和生活习惯已经能让他更独立,他和同伴之间的互动也慢慢地多了起来,那些"打人"现象也少了许多,现在的他脸上也时常挂着笑容。

【分　析】

看到小纪这样的孩子我感悟到,虽然我们是保育员,配合着老师一日活动的工作,但是班级总会有一些问题突出的孩子需要我们更多地关注和照顾。小纪的语言能力发展迟缓直接影响到了他的运动协调能力和与同伴的交往、交流。在户外运动中,他因为不会与同伴交流,他的交流方法就是把你紧紧地抱住,其他的孩子就会觉得他是要来打人了,全跑了,久而久之他就没有了朋友,孩子们也因为他不说话而疏远了他。作为保育员要有一双善于发现的眼睛,去发现孩子的心理需求、情感变化,只有发现,才能满足他们,让他们快乐成长。

【对　策】

1. 多关注多爱抚,建立良好的心理情绪

对具有强烈自卑感而导致有退缩行为的幼儿,教师更应持积极主动的态度,主动地给予更多的关注,更多的关心,更多的爱抚,使幼儿感到安全,感到温暖,感到可信可亲。孩子只有在良好的情绪下学习效果才会好。愉快的情绪往往能促进孩子学习,不愉快的情绪常常导致各种消极行为的产生。一个宽松、平等、民主的交往气氛可以诱发孩子的良好情绪。

2. 多鼓励多支持,逐渐树立自信心

教师和保育员要有意识地多组织、创设一些较能引起幼儿注意、兴趣的活动,让幼儿能更全面、更清晰地观察活动的行为,以后幼儿在活动中感受到与他人交往的快乐,体验活动的愉悦和成功。在学习、观察过程中,不论在哪个阶段,不论是有意的还是无意的,只要她做出一点进步的行为时,都要及时给予有效的鼓励和肯定,帮助幼儿树立自信心。

3. 多沟通多建议,提高家长科学育儿经验

生活是语言的源泉。有丰富的生活空间和生活经验,孩子才有话可说,有话要说。要帮助孩子拓展生活空间,积累生活经验和社会经验,以不断促进他们语言能力的提高。

保证运动中迟缓儿的美丽心情

王嘉佳

【背　景】

　　静静在入园时就表现得和普通孩子不太一样,经专门机构测定为发育迟缓幼儿,通过教师和幼儿家庭还有幼儿本身的努力,比起小班和中班,静静有了很大的进步。不过,她比起其他孩子还是有着胆小、动作不协调、运动能力较弱、生活自理较差、自我保护和保育能力较差等问题。下面就围绕着"降落伞"这个户外活动案例对静静的行为习惯进行分析,并针对她进行适度适宜的指导和保育。

【案例描述】

　　活动内容:降落伞

　　活动目标:

　　1. 勇敢爬上高椅子,用正确的姿势和动作从有高度的地方往下跳跃。

　　2. 注意安全,对运动中的环境变化作出反应,避免跳到垫子外。

　　活动材料:户外活动场地、晴天、摆放各种高低不同的椅子、垫放各种垫子

实录一

　　像往常一样,静静和其他孩子在一起活动。只是静静选择的椅子总是最低的,而且她爬上了高椅总是不肯往下跳,后面要跳的孩子不断大声催促她:"你快跳呀,你快跳呀!"看着后面的孩子越来越多,我明白了大家的意思,笑嘻嘻地走过去,摸摸静静的头问道:"静静你怎么了? 为什么不跳呀?"一边说着一边把静静抱下来了,还一边伸进静静的衣服里,摸一摸静静的背,看看静静有没有汗。静静刚开始活动,没有汗。(分析一)静静也不说话,只是摇摇头,我顿时明白了,但仍然笑着问她:"你害怕了?"静静马上点点头,于是我牵着静静的手,问了问她一些别的问题:"你早饭吃了没? 吃

了什么呀?"(分析二)静静会简单回答我:"吃了,吃了蛋。"

实录二

静静回答了我的一系列提问后,我又说道:"你看,小朋友们玩得多开心呀!你想玩吗?"静静看看别的孩子,对我点点头。我继续拉着静静的手说:"静静,老师拉着你吧,这样你就不怕了。"(分析三)静静点点头。看到静静胆子大了,我细细叮咛:"静静,你先试试这个低椅子吧……我们来试试这个比较高的椅子吧……爬的时候不要看后面排队的小朋友,要扶着椅子,看好垫子在哪里,不要紧的,两个脚并拢跳到垫子上就好了……"当静静从一个比较高的椅子上跳下来的时候,我表扬了静静:"静静真棒,已经敢跳高椅子了! 很勇敢!"(分析四)

实录三

看着静静对于爬椅子和跳跃动作越来越驾轻就熟,我仍然不放心,对着静静以及其他孩子说道:"等一等。"踱步到前面,看看椅子前面的垫子有没有倾斜或者移动。静静看我走开了,才开始像老师说的降落伞一样,双臂张开往下跳。(分析五)如此往复多次,静静已经不需要我保护,也不需要我目光的追随,甚至也没有同伴不耐烦地催促了。

【分　析】

1. 用肢体和语言与发育迟缓孩子亲密互动,让孩子信任老师

静静比起其他孩子,发展比较迟缓,平时我就对她尤为关注。静静相对于其他大班孩子语言发育也较为迟缓,我会采取主动介入的方式,先用肢体接触的方式亲近她,把她抱下来,这样既不妨碍别的孩子活动,又能更好地更自然地关注倾听她。另外,我还可以顺便对孩子进行保育,看看孩子身上有没有汗,关注她是否需要补充水分。其实,每次的"多问一句话,多伸一次手"都可以加强孩子和老师之间的感情和信任。著名作家冯骥才说过:"信赖,往往创造出美好的境界。"

2. 转移注意力,缓解发育迟缓孩子的紧张、自卑等消极情绪

由于静静的语言能力发展较差,不能表述清楚自己的原本意思,但是通过长期的相处,我已经知道静静为什么不跳下来的原因是因为害怕,于是我转移了孩子的注意力,问了她一些别的问题,这样不仅能够给孩子的语言发展交往交流创造机会,还能转移她当下害怕的心理,缓和她当时紧张的情绪。当然,还能得到信息静静早上吃了

什么,为我后面的保育工作做了铺垫,避免了呕吐等运动不适情况的发生,可谓一举多得。

3. 让发育迟缓的孩子拥有快乐健康的情绪,喜欢运动,增强体质

静静回答了我的提问后,忘记了刚才的紧张,为了引起静静对运动的兴趣,我让她关注到了自己的同伴,用同伴的快乐来感染她。我站在她边上的保护不仅为她降低了运动的难度和强度,还让她十分安心和放心,让她觉得"陪伴才是最长情的告白",所以她勇敢地愿意再次尝试她不敢的运动项目。大班孩子的运动是有一定难度的,如果静静一直不能完成运动项目,她会慢慢变得不喜欢运动,这样对她的体质和体能甚至健康都会慢慢产生影响。有了良好的运动心理和情绪,静静至少愿意主动去运动,去锻炼,去关心关注老师要求的运动内容。

4. 循序渐进的保育分层指导,让发育迟缓孩子挑战困难和自我

对静静的指导是循序渐进、一点一点来的,从最简单最低的椅子,然后到比较高的椅子,仍然要让发育迟缓的静静对运动项目的难度和强度有个缓冲。静静最后尝试高椅子时,我又及时对静静进行了表扬,让静静的胆子更大了。在我的鼓励下,静静更加的勇敢,更加的自信,她甚至去挑战更高的椅子,这样她本身的协调性、身体发育也会得到更好的发展,对于幼儿园的其他日常,相信也会起到相同的积极作用,静静会慢慢地去挑战稍有难度的运动项目和活动。

5. 有效地暗示和模范提示,帮助发育迟缓孩子自我保护意识的确立

针对静静的特殊情况,老师和我都对静静提出了特别的要求,当然也达到了勇敢爬椅子、大胆跳跃、不跳到垫子外的活动目标,虽然中间有点小困难和小纠葛。当然,活动中,我必须不时地主动检查孩子活动的安全性,避免活动中会发生危险。当然,静静虽然不说,她自己应该也已经明白我为什么要检查垫子,并达到老师学会自我保护的活动目标。这种有效暗示,其实不仅对于静静,对于看见我"小动作"的所有孩子来说都是一种很好的指导调整,他们会自然地模仿老师的动作和办法,很好地运用到其他地方去,调整环境,保护好自己。当然,如果运动中发生什么事故,一定会对孩子心理产生消极的阴影,没准以后孩子会回避这项运动,或者与"高"相关的项目和活动。

【对　策】

1. 生活自理、运动能力的提高不是立竿见影的,尤其是一些特殊的孩子,他们的行为和习惯的转变更需要长时间的引导和支持,同时也需要老师和保育员直接参与,

培养他们的勇气并增强他们的自信心,这样他们才能够主动参与活动。如,针对静静这种特殊情况,我们在户外活动时有一名老师跟着,保护她的安全,同时还通过表扬鼓励的方法引导同伴也来帮助她,跟她一起玩,一起游戏,使她在同伴的帮助下,在集体的关心下,逐渐提高自身的能力。

2. 作为老师或者保育员,应该在平时的日常生活中给予孩子更多的关注,根据孩子的实际情况采用有效的支持策略加以引导。经常主动耐心地跟她说话,以促进她的发展。最后,关注她点点滴滴的进步,鼓励和肯定她所有的正确行为方式,让她自己也能够认同自己,在户外活动中表现更精彩!

3. 进一步帮助静静积累安全生活的经验,懂得如何远离危险。如参加运动的时候如果发现鞋带散了,要及时系好;学会减速,避免相互冲撞,避免拥挤、追逐和打闹等。静静能够自己饮水,可以引导她懂得一些饮水的常识。如感到自己的嘴唇发干就要多喝水,运动出汗后要自己补充水,感冒发烧要多喝水,看到自己小便的颜色发黄就要多喝水等。

小蝶飞起来

殷佳慧

【背　景】

　　度过了开学第一月，我们班小朋友渐渐开始喜欢上幼儿园了，知道幼儿园和家里不一样，知道幼儿园里有很多好玩的玩具，很多有趣的好朋友。哭闹的小朋友也基本没有了，大家慢慢地变得有秩序起来。我们班有一个小胖胖叫小蝶，她很不爱动，家里的伙食又吃得很好，因此每次体检时都是超重。经过和家长的沟通，了解到其实他们家里人也很着急，但似乎又手足无措。运动是控制体重最好的方法，于是我们希望依托户外运动来锻炼小蝶，增加运动量，控制体重。在这个过程中，对幼儿的保育支持就显得尤为重要，对于我们保育员也提出了更大的挑战。

【案例描述】

　　户外活动开始啦，今天老师带领着小朋友们去操场上玩平衡木组合，小朋友一听说去走独木桥，脸上都洋溢着开心的笑容，大家边笑着边整齐地排好队伍向平衡木走去。到了平衡木之后，老师简单地说了一些游戏规则之后，孩子们便三三两两地开始玩了起来。你瞧，大家玩得可开心了，有的在塑料山洞前钻进爬出，有的在月亮桥上当起了"杂技演员"，小心翼翼地左摇右晃。突然，我听见一个小朋友在喊："你走啊？"我上前一看，原来是小蝶堵在了山洞前，"小蝶，你为什么不过去啊？"小蝶委屈地说："我爬不动呀。"我听了之后，马上过去牵着她的小手鼓励她说："你看，姐姐都过去了，你也一定能过去的！"不一会，小蝶就从平衡木上下来了，回头看看我，对我说："大妈妈，我玩不动了。"

　　针对这种情况，我坚持在每天的来园时询问她在家的运动情况，提醒家长在家里也要多运动，饭后散散步，饮食要荤素搭配营养均衡等。只要有空就会与小蝶交流她感兴趣的话题，在幼儿园里运动时候特别关照她，到了自由运动时间，我就会带领她去跑步,开始的时候她不肯跑,或者我刚去关心其他孩子,她就溜走,于是,我会拉着她一起跑。

但是经常跑步,小蝶就会有些厌烦,不太愿意了。我就会改变一些锻炼的方法,选一些她感兴趣的运动比如跳圈圈、滚轮胎、跳台阶、抓小鸡等游戏,让她与其他小朋友比赛等,让她慢慢喜欢上运动,在不断的坚持下,小蝶渐渐开始喜欢运动了,体重增长也有所控制了。

除了在户外活动中我们通过一定的支持行为激发幼儿运动兴趣,增加幼儿运动量,从而让幼儿通过运动来控制体重外,在每天的午餐中,我们也采取了相应的干预策略。

午餐时间到了,香喷喷的牛肉炒饭让孩子们馋涎欲滴,小蝶也不例外,她来到餐桌边坐下,准备吃饭。由于是肥胖儿,小蝶已经养成了先喝汤再吃饭的习惯,不一会儿她的一碗汤就喝完了。又过了一会我又看见她的饭也少了一大半,于是我就在想:"小蝶吃太快了,等会儿她吃完了,看到人家还在吃,她肯定会要求我给她添饭的。"一想到这儿,我就轻轻地走过去对小蝶说:"小蝶,你真棒,吃饭的时候桌子上一点儿脏东西都没有,动画片里的小公主吃饭也和你一样干净的,你真厉害。"小蝶抬头看着我,听到我夸她,腼腆地笑了:"我最喜欢做小公主了。"而后我轻轻地蹲下身,凑到她耳朵边跟她说:"如果你吃饭慢点,那就跟公主一模一样了。"一听我这话,小蝶先愣了一下,接着我看到她又开始动筷子了,嘴巴嚼东西的频率慢下来了。更令人惊讶的是,她今天居然没要求添饭。第二天,我奖励了许多漂亮的公主贴纸给小蝶,小蝶开心得不得了。此后的每天,我都会用"小公主"的要求来要求小蝶:"吃饭要慢点,一口一口细细地嚼,慢慢地咽。""公主都是瘦瘦的,所以好吃的饭菜也不能多添哦,不然就不像公主了。"……一段时间以后,小蝶吃饭的速度慢下来了,以前的狼吞虎咽变成了现在的细嚼慢咽;饭量也相对小了,再也不要求添饭、添汤了。

【分　析】

幼儿期是孩子生长发育的关键时期,每天的户外运动是幼儿锻炼身体的最好时机,户外运动有助于增强幼儿的身体素质,提高抗病能力,促进幼儿的健康发展,因为健康对于每个幼儿来说都尤为重要。而作为一名保育员,应十分重视户外活动中的保育工作,良好的习惯不是一朝一夕就能养成的,而是要日积月累中巩固才得的,通过案例中运动兴趣的培养,我对保育结合有了全新的认识,好的习惯培养有时候看似一个小问题,却蕴含着大学问,老师家长和孩子都是关键。

　　与此同时,家园配合也是对护理肥胖儿一个不可忽视的环节,幼儿的日常护理离不开家长的配合,只有相互沟通配合才能更好更合理地帮助肥胖儿均衡饮食。

【对　策】

　　在幼儿运动时,保育员要随时注意幼儿的活动情况,随时问问幼儿并从幼儿实际考虑,运动幅度和密度合理安排,并根据不同季节调整幼儿运动的时间和内容。春秋季户外活动运动时间较长,活动内容丰富多样,而冬夏季受气温影响,在暴热暴冷天户外运动时间相对缩短,并根据季节变化将运动时间移至接近中午或清晨。选择也需变化,冬天可以选择朝阳处活动,活动量也可以适当增加,夏天则选择背阳处,活动量相对减小,从而让幼儿的锻炼更适合生理机能活动变化的规律。

　　同时,我也与其外婆沟通,希望能够控制小蝶的饮食,不给她加餐,不吃一些油腻、不卫生的路边摊,让家长知道这些不仅不利于小朋友的健康均衡的饮食,也会使幼儿在园的均衡饮食计划被破坏,让幼儿家长配合幼儿园的饮食,多给幼儿吃一些清淡的绿色果蔬,不挑食,少吃肉,多吃蔬菜水果,控制饮食量,不暴饮暴食,少吃零食,少吃甜食,养成幼儿良好的饮食习惯、作息习惯,晚餐少吃、睡前不吃、不加餐。

　　总而言之,作为保育员,我们要把幼儿放在首位,让自己的眼中有孩子,要多观察、了解幼儿的状况,提高自身随机的保育指导能力,不管是在户外运动,还是一日活动中,为幼儿提供有效的保育支持,从而做到真正的服务于幼儿。

爱运动，更健康

柴月华　杨玉珍

【背　景】

瑶瑶是我们班的一个可爱的小女孩，圆圆的脸蛋大眼睛，手脚也胖嘟嘟的，看着就讨喜。可是她性格特别内向，也不太爱运动，胆子还特别小，面对各种小朋友们都喜爱的运动器具，她都不敢也不想尝试。

在我们的一号场地上，这段时间我们设置了丛林探险和马路上两个场景，投放了跨栏、跳跳马、丛林钻栏、圈圈、各种小车摇椅等运动器具，并鼓励小朋友自由选择，充分地进行运动。面对这么丰富、选择范围大的运动器具，小朋友都玩得不亦乐乎。我观察了几次，发现瑶瑶从来没有玩过跳跳马和跨栏等运动量比较大的运动器具，总是自己一个人坐在一旁远远地看着其他孩子满操场跑，或者选择安静地玩玩摇椅。上下午的户外活动加起来运动量都没有达标。

这学期开学时我班幼儿测量了身高体重，发现瑶瑶的体重超标了，属于超重。保健老师非常关注，来到我们班和我们几位老师保育员一起讨论了这个孩子的情况，共同商议了许多保育对策，最后达成一致，我们决定要一起引导她主动运动，并适当调整饮食。

【案例描述】

又到户外活动时间了，瑶瑶在玩摇椅。我跑过去拉着瑶瑶的小手去玩丛林探险里的钻山洞游戏，丛林里挂满了各种枝条和小蜘蛛，她刚钻进去就缩回来了。我问她："别的小朋友都钻进去采果子了，你怎么不去呀？"她的眼睛里是满满的胆怯："我害怕。"原来，这是她从没尝试过的，说了这一句话她就低下了头不愿意再去尝试了。"那去试试那边的跨栏吧。"我摸摸她的头，鼓励她，"那边没有小蜘蛛哦。"她望了望跨栏，却还是紧紧地拉着我的手不愿意松开。

为了锻炼她的胆量，树立自信心，我开始让她多做一些力所能及的事情，如把运动场地上的推车装上皮球推过来、整理运动器具等。我们班的小朋友都争着要做的事情，我时常请她来做，她慢慢对自己树立了自信心。她奶奶来和我们交流时说她回家自豪地告诉他们："今天老师又请我分东西了，说明我很能干。"当她为大家服务了以后，我也经常在大家面前表扬她。慢慢地，我从她的眼睛里发现了自信和快乐。

这样一段时间后，瑶瑶遇到新事物也不再往后缩了。这一次，又在一号场地上，分散运动开始了，瑶瑶刚想选择坐下来，我就跑过去蹲下身用鼓励的口吻对瑶瑶说："瑶瑶，和小朋友一起玩跳跳马吧。""看，小萱会抓住马脖子骑马。"我指着另一个正玩得特别起劲的女孩子说。瑶瑶跑过去怯生生地抓起了小马，模仿其他孩子骑了上去，双手紧紧拉着小马脖子试着跳了起来，虽然跳得不高，动作也不太协调，但是毕竟她动起来啦。"太棒了，你跳得真棒呀！脚夹紧哦！"我笑着朝她竖起了大拇指。她的脸上立刻笑成了一朵花。几个热情的女孩子听见了我的话，看见我的动作，也来热情地邀请她："瑶瑶，瑶瑶，我们骑马去探险吧。"瑶瑶怯生生地说："我怕。"我记得上次她也是这么说的，于是我把胆子最大的小萱叫过来，问她："小萱，丛林里玩起来开心吗？""开心！"小萱大声回答。"瑶瑶说害怕，你觉得害怕吗？"我故意问道。"不怕，很好玩的，走，我带你去！"小萱对着瑶瑶大声说着，拉起了她的小手，一猫腰一起钻进了探险山洞。接着两人开始了各种有趣的探险活动，不一会儿山洞里传来瑶瑶欢乐的笑声和同伴间的谈话声。看来有同伴的陪伴，她的恐惧消失了，凡事都有第一次，只要敢于尝试，胆子就慢慢大起来了。

她开始尝试骑自行车、跨栏等技巧性要求高的活动，活动量也逐步增大了。玩一会歇一会后继续玩，最明显的是在小伙伴的陪伴下她变得更开朗了，欢笑声总是伴随着爱运动的孩子们。

但是，在饮食习惯方面我们还是发现她挑食比较严重，只吃荤菜不爱素菜，经常把菜叶子挑出来吐到桌子上。我们通过耐心的引导逐步让她尝试各种蔬菜，并控制了饭量。另外还调整了她的进餐顺序：餐前先喝汤再吃主食和菜，放慢进餐速度，帮助消化。

经过我们的引导和鼓励，她的饮食习惯有些小进步，但还是有反复的情况，如，前段时间在幼儿园已经有进步了，过了周末休息两天后，周一在幼儿园里进餐时发现她又挑食了。了解下来瑶瑶在家里的时候家长没有坚持荤素搭配的要求，只吃大鱼大肉，形成了反复。

【分　析】

1. 根据幼儿的性格特点,通过鼓励树立其运动的自信心

像瑶瑶这样性格内向的孩子往往感情也很细腻、敏感。根据瑶瑶的个性特点,如果我单纯地用生硬的语气和她说要多运动,可能会适得其反,让她更抗拒,所以我们跟这样的孩子说话可以用"我们试一试"这种邀请式、建议式的语言更合适。

在以上案例记录中不难发现,通过鼓励的方法来培养幼儿的自信心是比较有效的方式。我经常用鼓励的口吻说:"瑶瑶,和小朋友一起玩吧。瑶瑶最棒了!"我还通过肢体语言如拥抱和翘起大拇指这种方式来进一步激励她,也收到了很好的效果,从一个不爱动的孩子变成了小小运动健将,做事的主动性、积极性明显提高了。

2. 利用同伴的影响力,激发幼儿运动的主动性

幼儿之间的影响力也是很大的。同伴的作用是不容小觑的。所以我们在鼓励她的同时,不忘引导其他幼儿多与她沟通,做好朋友,带动她参与活动。尤其是爱运动、胆子大的小萱热情爽朗的性格深深影响到了瑶瑶,瑶瑶和小萱的交往明显增加,成为好朋友。好朋友的互动让她自然地喜欢上运动,知道没什么好怕的,开始积极地尝试各种运动项目。大家的帮助让瑶瑶逐步体验到了什么是运动的快乐。

3. 适量加大运动量的同时,调整饮食结构,做到荤素搭配不挑食

因为瑶瑶的体重超重了,在循序渐进增加她的运动量的同时,我们开始调整她的饮食。以前,她不爱吃绿叶蔬菜,只爱吃肉。现在开始尝试各种蔬菜了。

【对　策】

1. 家园一致培养瑶瑶良好的饮食习惯,帮助其控制体重并逐步恢复到正常值。在瑶瑶的饮食方面,幼儿园里我们老师和保育员已经统一了要求,但家里没有要求,效果就不能长久。以后我们要进一步和瑶瑶的家长保持沟通,让家长也关注孩子超重的情况,家庭和幼儿园一致共同要求,才能真正帮助她变得更健康。

2. 继续引导幼儿主动运动,在幼儿原有的基础上逐步增加瑶瑶的运动量,逐步养成每天坚持运动的好习惯。

勇敢向前进

马晓华　张建新

【背　景】

鑫鑫是个可爱的小男孩,胖嘟嘟的。由于体格偏胖,因此在运动时,不是特别喜欢挑战性的项目,他经常只是在比较安全的海绵垫上爬来爬去,或者只是在一些塑料圈里跳跳,不太敢在比较有难度的项目上进行运动。考虑到孩子的实际情况,我尝试帮助孩子勇敢地踏出第一步,增加幼儿的运动量。

【案例描述】

鑫鑫沿着斜坡一小步一小步往上走,双手在身侧维持着平衡,晃晃悠悠地走过了斜坡长凳,平躺在海绵垫上侧身翻滚,最后来到了竹梯前,他看了看竹梯,不再前进。后面的小杰催促他:"鑫鑫,你快走呀!"他看了看我,抬起一只脚确认站稳了,才把第二只脚放了上去。后面的小杰又催促他:"快走呀! 快走呀!"他小小地挪动了一点点,身体晃了一下,立即就停住不动,然后定定地看着我。见状,我说:"鑫鑫,老师牵着你走好吗?"他点点头。

我牵着他,感觉到他的上半身的重量都放在我的手臂上,短短的两米竹梯,他走了有一分钟,中间小脚还滑下竹梯三四次,造成有 6 个小朋友等待在他后面不能前进。我鼓励他勇敢前进,鑫鑫鼓起勇气,继续往前走,顺利走完了竹梯。鑫鑫露出喜悦的笑容,有了成功的经验,对走竹梯有了信心,接着他又在我的帮助下走了几遍,然后发展到能独立行走,有了量到质的突破。

鑫鑫四肢着地用几秒时间爬过海绵垫,踏上矮木凳,跳下,双手平举慢慢走过斜坡长凳后,继续爬垫子,再踏上矮木凳,双脚并拢跳下,轻松完成整个挑战。他在垫子上爬行到一半时感觉有点无聊,就躺在上面不走了。这时好朋友小宇和小杰赶了上来,三个孩子见状也一起躺在垫子上,凑成一堆打闹了起来。紧随其后的轩轩和阳阳也加入了他们。

　　看到这个情景,我感觉由于这个情境设置太过简单,对孩子们没有挑战,他们玩了几次就不感兴趣了,对运动能力没有很好地促进,因此请这几个孩子起身,把垫子横向摆放,说:"哇,这里有一条河,里面有大鳄鱼哦。走在河里会有危险,该怎么过去呢?"孩子们都说要跨过去才行。只有鑫鑫听了有点着急,睁大了眼睛,怯怯地说:"老师,这个垫子那么大,我跨不过去的。我不敢。"这时小杰说:"我要来试试。"只见小杰站在垫子后面用力一跃,小脚一伸,轻松跳了过去。孩子们给他鼓起掌来。我说:"小杰真厉害。鑫鑫也去试一试吧。"鑫鑫看到同伴成功了,也有了信心,用力跨大脚步,但没能顺利通过,踩在了垫子上。下一次,他后退几步助力,也勉强跳过了垫子的宽度。看到我竖起大拇指,他笑了笑,继续朝前奋进。

　　新的挑战激起了孩子们的兴趣,他们进行了多次的挑战,看看谁跨垫子跨得最远。鑫鑫在已有成功经验和同伴的榜样作用下,也积极地参与其中,不知疲倦地玩了一次、两次、三次……

【分　析】

　　1. 根据幼儿发展基础,有效指导动作技能发展

　　幼儿运动技能的发展有一个循序渐进的过程,鑫鑫由于身体比较肥胖,日常运动量较少,运动技能的发展相对滞后,导致他自信心不足,遇到挑战一般都会因为害怕失败而拒绝。通过本案例中的观察,我注意到竹梯难度较大,是我们升入中班后刚刚投放的新材料。鑫鑫由于经验不足,因此在走竹梯时的平衡不是很好掌握。在这个过程中我牵着他的手,给了他勇气和支持,增加了他的安全感,从而让鑫鑫迈开了步伐,勇敢地走出了第一步。在鑫鑫有了第一次的成功经验后,他就有了信心,后续的练习就容易多了。

　　2. 适时调整材料难易度,用趣味性的游戏吸引幼儿积极运动

　　在户外运动中,教师需要关注幼儿的运动兴趣。在运动中增加兴趣的游戏情节可以给幼儿以情绪的满足,使他们产生愉快的情绪体验,有利于调动运动的积极性与主动性。在游戏的过程中,幼儿的运动积极性可以促进整个机体的活动,加强代谢过程,提高活动能力。因此,在关注到垫子的玩法比较简单,只有爬行的作用,幼儿兴趣不大,并引发了幼儿的嬉戏打闹时,我及时对材料进行了调整。在整条运动路线的中途调整了材料的使用方法,设置了小河和鳄鱼的游戏情境,让幼儿带着做游戏的心态进行跨大步的练习。在这个过程中,鑫鑫从一开始的担忧,到看到同伴成功后产生了

试一试的勇气,再到失误后成功。可以看出游戏情境吸引了鑫鑫,让他产生了强烈的兴趣,最终克服了自己的心理负担,勇敢地走出了第一步,达到了增加鑫鑫运动量的目的,同时也提升了幼儿的运动热情。

【对　策】

1. 在后阶段,继续关注鑫鑫在户外运动时材料的选择和使用情况,记录鑫鑫每天运动时选择过的内容与器械,总结哪些对鑫鑫来说已经掌握,哪些需要进一步提升。同时筛选出他没有尝试过的材料,有针对性地进行指导使用。特别是多关注大运动量的跑跳方面的运动情况,鼓励他增加运动量,并尝试比原有基础稍难一点的内容,充分锻炼。

2. 交流分享。请鑫鑫将运动时尝试的新的方法与同伴分享,培养孩子的运动自信心。幼儿之间的榜样学习是非常重要的,让鑫鑫分享自己有效的运动经验和方法,一方面是向大家展示自身的能力,另一方面也是对幼儿的一个鼓励,让他觉得自己挺厉害,从心理上激发幼儿的运动兴趣。

3. 家园合作,共同促进。与鑫鑫的家长沟通,建议其在家中增加适量运动,如散步、拍球,亲子运动游戏等。

让小胖爱上运动

王菊英　　陈菊梅

【背　景】

我们班有一个小胖墩叫豪豪,他很不爱动,家里的伙食又吃得很好,因此每次体检时都是超重,而且从小班到大班,体重呈现出快速上升的趋势。每次过完寒暑假回幼儿园,他就会胖一圈。对此,家里人也很着急,但似乎也一筹莫展。针对豪豪的实际情况,我们也在不断地思考对策。我们觉得对于肥胖儿,控制体重最主要的两方面就是饮食和运动。于是我们在幼儿园日常活动中尝试通过我们的保育支持来控制幼儿饮食、增加幼儿运动量,让豪豪能有意识地少吃多动,缓解体重直线上升的局面。

【案例描述】

■ 镜头一

户外时间到了,孩子们都积极参加游戏,这次运动的目的主要是锻炼幼儿的双脚、单脚交替连续跳跃的能力。孩子们轮流练习跳跃,我发现快轮到豪豪跳的时候,他会悄悄地跑到队尾躲起来,就这样逃掉了两三次。"豪豪过来,你来试一试吧。"我拉着他来到了队伍前面,这时有小朋友说:"老师,他不会跳,他害怕的,太胖了跳不动。"豪豪听了小朋友的话,用力挣开我的手又跑到了队尾。我在叫他时他就有意地躲开我或装作没有听见的样子。游戏结束后,我来到豪豪跟前,说:"豪豪,其实我也不怎么会跳,咱们俩一起跳好吗?"豪豪听了我的话,没有做出反应。于是我就主动地拉着豪豪的手跳了起来。虽然跳的动作很笨拙,但在我的帮助下努力地在练习跳,我就大声地鼓励他说:"豪豪你很棒,你跳得很好,加油!"豪豪听到我表扬他,就更起劲了,照着刚才的样子连续练了好多次,也比刚才主动了,愿意跟我一起运动了,其他小朋友也一起为豪豪加油鼓劲,为他点赞。因为胖,所以一动豪豪就容易出汗,于是在每次运动过程或者运动后，我也会及时地帮豪豪垫好毛巾，提醒他多喝水，及时擦汗。

镜头二

每天的户外活动豪豪总会在操场上窜来窜去，追逐打闹。别的小朋友都非常认真地按照老师的安排活动，只有他总是手舞足蹈，满场乱窜。拿起篮球一分钟不到就放下了，不玩了，又去骑车了。骑了一会儿又不玩了，东看看西看看。我走过去，看到地上有绳子，问他："你会跳绳吗？"他说："我不会。"我说："那我教你吧。"我先跳给他看，他拿了根绳子一起学着跳，刚跳的时候，同手同脚，没有成功，他把绳子一扔说不想玩了。然后我说："你要绳子到地下的时候脚再起跳。"他懂了，他很努力地学习跳绳子，一下两下，一遍又一遍，我在旁边给他加油，并指导他甩绳的方法，经过几次努力跳过一个、两个，看到自己已经能跳两个了，豪豪满脸充满了兴奋，练得更起劲了。这时候汗水也从豪豪的脸上滴下，我及时提醒豪豪喝水补充能量，背上及时更换干的毛巾，脸上的汗水和头颈汗水也及时擦干，稍作休息。我还悄悄地告诉豪豪，这个必须每天坚持练习才会越跳越多，跳得越来越好。豪豪听后连连点头表示自己也要每天坚持练习。

【分　析】

针对豪豪这种肥胖情况，我会在每天来园时候询问他在家的饮食与运动情况，提醒家长在家里也要多运动，饭后散散步，饮食要荤素搭配营养均衡等；在幼儿园里运动时也特别关注他，而且还每天带领他去跑步。时间久了，他就有点厌烦了，常常能躲则躲，能不动就不动，一会儿生病，一会儿腿疼，理由一大堆。所以我觉得我需要改变一些锻炼的方法，选一些他感兴趣的运动比如跳绳、蹦蹦床、跳台阶、抓小鸡等游戏，让他与其他小朋友比赛等，让他慢慢愿意运动，参与运动，让体重增长有所控制。

【对　策】

1. 饮食方面

在菜谱的制定方面进行了改进，基本是以清淡为主，减少了红烧、油炸等烹调方式。在老师的鼓励下，肥胖儿都能减少禽肉类的摄入，多吃蔬菜和水果。把豪豪原来进餐速度从原来的 10～15 分钟增加到了 15～25 分钟，尽量做到细嚼慢咽。

2. 运动方面

要治疗肥胖，光从饮食上控制是不够的，还要通过运动的配合。在幼儿园里通过老师和保育员的努力,增大了豪豪的运动量。豪豪因为肥胖体形问题所以不爱运动,所以平时的运动量都不够,在幼儿园来由老师和保育员带着幼儿一起运动,给他打气、加油,使豪豪能够完成每天的运动量。结合我园实际情况,运用多种的运动游戏方式,引起豪豪的活动兴趣。在运动量上也是逐渐增加,让豪豪能够尽量适应体育活动,对其体重有所控制,并爱上运动。

2. 家长方面

只有家园配合才能从根本上让豪豪爱上运动,才能更好地控制豪豪的体重,最后达到不肥胖的效果。首先让家长认识到幼儿肥胖的危害,从而能从家庭方面来帮助幼儿减肥,在家中培养孩子的良好饮食习惯,七点前各种零食都不吃,睡觉前更加不吃任何东西,平时也少吃 KFC 等快餐。无论吃什么都尽量做到细嚼慢咽,喝水也要做到慢慢喝、小口喝,同时让家长增加幼儿晚饭后的运动量,进行饭后散步或爬楼梯等活动,把幼儿园里有的适合亲子运动的游戏教会家长,如老鹰抓小鸡、揪尾巴、跳房子、和爸爸妈妈一起赛跑等。如果豪豪有所进步能坚持了,可以适当奖励玩具作为鼓励,增加豪豪的自信心,让他在家也渐渐喜欢上运动,一起来做个运动小达人。

新孩子，新玩法，新办法

王嘉佳　　徐伟芳

【背　景】

　　每学期伊始，总会有新来的转校生，由于原来的生活学习运动等习惯的不同，大部分转校生总会有多多少少的不适应，甚至和班级里的日常有些微的排斥反应。自然，多多关注这些孩子也成为我们老师和保育员的必然教育教学事件。大班新转来的彬彬人高马大，有问必答，非常讨人喜欢。彬彬是北方人，因为有一次聊天彬彬说现在他们家一点也不热。他家在东北，骨子里的爽朗，再加上黝黑健康的皮肤，使他与周围南方的孩子非常不同，也让人产生了好奇想多了解他，于是对他的关注自然而然就多了。既然是个"小胖子"，那么必然协调性和平衡能力较弱，他的活动强度需要由易到难、由浅入深。另外，体型高大，那么肯定会很易出汗，在保育教育方面也需要多观察关注了。

【案例描述】

■ 实录一

　　野趣大型玩具分成多人秋千、爬洞洞、转转乐、多人跷跷板、上下斜坡等若干部分。每次玩野趣大型玩具，彬彬从来不去尝试舌头滑滑梯，他会喜欢去玩秋千和爬洞洞圈或者转转乐。"咦，彬彬，滑滑梯那里人很少，你为什么不去那里玩呢？"有一次，我故意问他。"唔……"彬彬想了很久，"我不喜欢玩那个。"彬彬看着别人玩滑滑梯，似乎很羡慕。我若有所思，仍然请彬彬试了试，彬彬无法转身，上到了最高处一直在跟我摆手说不能转身，他很害怕。走到滑滑梯边上，看着灵活玩的豆豆，他也是别的班级转来的，我问他："你们班级以前也这么玩滑滑梯吗？""不是不是，我们从这里上去的。"豆豆赶紧回答我。豆豆的玩法是从爬楼梯的另外一头上去，而不是像我们

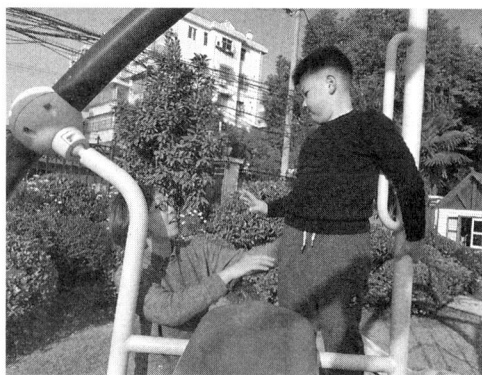

这样,反向上去。我觉得豆豆的玩法比较简单,我就让彬彬去尝试了一下,果然他成功了。彬彬非常兴奋,觉得从前面上去也能够成功地从滑滑梯上下来,于是就从前面滑下来了。

实录二

彬彬在草地上和贝贝开心地玩着追逐游戏,满头大汗,我拦住他,问道:"彬彬,你去擦汗喝水了吗?""我等会儿去。"彬彬看着我,思索了一会儿回答道。"你知道哪里去擦汗喝水吗?"我故意考考他。他马上沉默不语了。"在那里!"俊俊大声地提醒他。彬彬看了看俊俊,看了看我,跑开了。我又拉住他,说道:"等等自己记得去擦汗喝水啊。"然后我又拉住和他一起玩的墨墨和轩轩等孩子,跟他们说:"彬彬满头大汗了,你们等下叫他一起去擦汗喝水,他可能会找不到擦汗喝水的地方,行不行?""我愿意帮助他!"轩轩不假思索地说道。我仍然仔细地观察着彬彬的小群体,刚开始看见轩轩去拉彬彬,彬彬跑得很开心,但是后来在轩轩的带领下来到饮水区喝了水,他看见墨墨在帮贝贝擦背上的汗,也拿起边上的小毛巾开始擦起汗来。轩轩喝完水,和他两个人互相轮流擦起背上的汗来。

【分 析】

1. 寻找"简便"方法,使运动看起来更简单、更省力、更受欢迎

彬彬是新转过来的小胖子,这里的野趣大型玩具从来没有挑战过。他个子高大,身材臃肿,显然在滑滑梯上面爬来爬去调整位置并不容易。为了让他喜欢玩这个地方的滑滑梯,让他不要产生退缩的想法,我在多方观察和思考后为他预备了"先易后难"的方法——从前面爬上去,这样就省略了转身调整位置这个难度,可以说,为他降

低了玩这种滑滑梯的难度,让他能够更简单地上手玩滑滑梯。彬彬其实非常喜欢,也愿意参与。对于自己不擅长的项目,彬彬会退缩和不尝试。长此以往,作为小胖子的彬彬会越来越缺乏这方面的锻炼,变得不自信或者运动能力缺失。作为旁观者,我努力为他调整活动难度,让他喜欢去参加这个活动,看着彬彬慢慢喜欢玩舌头滑滑梯,我也很高兴。我相信,彬彬在多次正面玩滑滑梯成功后,会和他的小伙伴去尝试更难的玩法,他的运动强度和能力也会慢慢提高和增加。

2.灵活运用"同伴效应"去关注自我护理,让大班的孩子成为自理生活小能手

彬彬虽然是个高大的小胖子,但是他性格开朗,十分热爱运动,算得上"灵活的胖子"。对于运动,彬彬喜欢奔跑,如在草地上追逐;喜欢合作,如和小伙伴玩三毛球。玩得很累,他会满头大汗。其实,所有的肥胖儿都很容易出汗,如果在这时候强制他去做擦汗喝水等的保育工作,他可能会产生排斥心理,排斥这个运动或者排斥擦汗喝水这个护理过程本身。而且可能这里的新场地于他而言不是很熟,所以他就直接忽略了,不去擦汗喝水了。我给他找了几个小伙伴——墨墨和轩轩,大家互相提醒擦汗喝水。这个新办法,对于大班的小朋友来说非常合适,我既不打扰孩子的运动,又能够潜移默化地改变孩子的保育习惯,让他们互相提醒,自觉地擦汗喝水。结果也显示这个主意非常好,彬彬果然为了融入新集体,和同伴一起互相擦汗、喝水,这整个过程是自然、有趣又非常有意义的。

【对　策】

1.对于孩子不熟悉或者不擅长的运动项目,可以尽量帮他们想办法降低运动难度和强度,让他们体验成功的喜悦。有了成就感以后,他们才会对运动材料做出更多更大胆的尝试。

2.新来的孩子总是有各种各样的特别之处,有的不喜欢吃饭,有的不喜欢睡觉,有的不喜欢运动,在保育上要有新的策略去区别对待,尽量要让他们融入集体,和别人一样。

运动中凸显个别化保育

徐 洁 潘翠琪

【背 景】

记得刚接手新小班时,我们到栋栋小朋友的家里进行家访。那天到的时候已经是晚上八点半了,栋栋已经进卧室休息了。因为老师的到来,妈妈把他从卧室里带了出来。这是我们两位老师第一次见栋栋,只见他高高的个儿,白皙的脸庞,五官长得是那样的清秀,找不到一点缺陷,给我们留下了美好的第一印象。正想和他作进一步交流的时候,孩子的妈妈告诉我们栋栋在发烧,所以显得无精打采,目光也有些呆滞。为此,我们和孩子没有交流,不过在和爸爸妈妈的沟通中栋栋一直都乖乖地待在妈妈身边,一直到我们离开,才弱弱地说了声再见。

可是入园没多久,融入集体生活中,我们越来越觉得貌似聪明的栋栋并没有我们期望的那般出众,反而在很多方面与同龄的孩子相比,存在着明显的差距。

1. 学习生活表现

新入园几个月内找不到自己该入座的位置,常常需要同伴提醒、老师阿姨的指点、引导。上课注意力涣散,眼睛经常会直愣愣地看着你,有时一人会情不自禁地笑,不合群。自理、动手能力很弱。不爱运动,走、跑、跳等协调性差,学习新的动作很困难,不能模仿在别人看来很简单的动作,早操律动游离在集体外,走路时步履蹒跚,有点踮脚尖走的感觉,不敢走楼梯,动作笨拙,不灵活,还不喜欢看动画片。

2. 学习活动

很擅长拍皮球,绘画喜欢随手乱画,且力量很足。(说明他上肢力量绝无问题)

3. 个性特点

偏内向型,依赖性强,到陌生环境怕生,不善于用言语表达,会用手指点着对你说:"嗯,嗯!"每每活动前,他总爱说:"我不会!"

发现了这么多不同之后,我们及时和家长进行了沟通,进一步了解到以下情况。

4. 家长反馈

在与家长的交流中,又了解到以下情况:栋栋是一名早产儿,母亲怀孕35周(正常为40周左右)就产下了他,出生时体重2 750 g,早期生长速度很快,超长超重。在两岁时发癫痫病,一直服药持续到现在。孩子平时的种种行为走路不稳、有点踮脚走路、重心不稳等都是癫痫幼儿的症状。长期的服药会抑制孩子大脑发育,动作发育缓慢,言语发展迟钝,往往是动作先于言语。栋栋从小在家由奶奶照看着,家务劳动自然锻炼得少,什么事都依赖家长,动作不灵活,好吃,喜欢美食,但是碰翻碗或是把汤洒了这种情况是时有发生,对他来说是家常便饭。

【案例描述】

二楼平台上的中型滑滑梯是孩子们百玩不厌的活动内容,今天组织孩子上二楼平台游戏,由于栋栋脚力不好,走楼梯也走不稳,所以我搀扶着他的胳膊一步一步上楼,让他能稳当顺利地大胆地走,同时也得到一些锻炼。在活动前和孩子们一起谈及到活动规则,然后孩子们兵分几路各自分散活动了,我们两位教师和保育员也分散站在三个点关注孩子们的活动。只见栋栋就独自一人站在一旁看,注视着同伴玩,我就上前劝他:“栋栋,滑滑梯最好玩了,快和大家一起去玩吧。”他摇了摇头。是不愿意玩还是怕玩呢? 我怀着尝试的心理拉着他的手说:“走,我和你一起玩吧。”只见栋栋迟疑了一下,点了点头,于是我扶着他上了滑滑梯,一路上他都紧紧地握着我的手,到了滑梯的平台上,同时嘱咐一位能力强的幼儿搀着他的手照顾他。不料他大叫起来:“不要、不要!”无奈我只得让他原路返回下来。我让他在旁边低矮的滑梯上玩,第一次我扶着他的手,从上面滑下来后,他手舞足蹈异常的兴奋。第二次我鼓励栋栋:“你自己试试看,我在旁边看着你玩。”栋栋慢慢地自己上去,又慢慢地滑下来,因为很顺利,所以他很开心。后来他又上去玩了,来来回回玩了五个回合,还到滑梯下面的钻山洞过了一把瘾。

【分　析】

1. 性格特征决定运动能力

从孩子的表现中,我们可以看出,孩子并非真的不爱玩滑梯,其实他心里也很希望和其他正常孩子一样,能正常地参加一切户外活动,能和正常幼儿一样跑、跳、滑、钻……但为什么会出现这样的情况呢? 究其原因,除了孩子天性胆小之外,更关键的一个原因,在于孩子潜意识中知道自己身上的疾病,腿部没劲儿,不能像正常幼儿一样,玩一些需要腿部力量的户外游戏活动,怕自己摔跤,怕在伙伴面前出洋相,怕引起同伴们的嘲笑,怕……久而久之,就产生了畏难情绪、自卑心理,恶性循环,这种情绪、这种心理更加深了孩子的胆小,于是,便会出现上述的孩子的种种表现。

2. 对同伴的信任度差

从家庭进入幼儿园,孩子依赖的对象明显发生了变化。家庭过度保护和集体生活独立自主的不同生活环境,让栋栋表现出胆怯、害怕、不敢尝试体验等现象。这一点从老师请同伴带他一起玩、他害怕大声叫等方面就可以看出来。至少在现阶段,栋栋相信老师相信成人,但是对同伴缺少信任。

【对　策】

1. 实施一对一的个别化保育

我找到了栋栋如此表现的原因后,觉得对于像栋栋这么特殊的学生,老师有时候真的不能只用平常的教育方法进行教育,得根据他的特点,进行针对性的"特殊"教育。所以在户外活动中,对他进行了一对一的个别化保育。由于栋栋至今走路不稳,他又不会自我保护,他害怕受到伤害,所以对于户外活动很抵触。但是他对玩并不是没有兴趣,别人在玩时他总是用羡慕的眼神注视着。为此我调整了引导方式,鼓励他和同伴玩,并在一旁关注,引导他从玩最小型的玩具开始,尽量不离开他的身边,和他一起玩,教会他掌握玩的技能。如果他实在不能独立完成就和他合作完成。如抱着他和他一同蹦蹦跳,抱起他把他放在滑梯上扶着他慢慢下滑,克服他害怕的心理。

2. 实施同伴互助支持

在户外活动中,多予以关注引导,并在此基础上引导能力强的幼儿和栋栋结伴玩。如每次户外活动的时候可以有意识地把孩子们分成几个小组,开始的时候老师也可以是小组的一员带着栋栋一起玩,等孩子适应了这种活动形式的时候,老师可慢慢地放开,让活动能力强的孩子和栋栋一起玩,老师在旁边及时关注和引导。这样可以让栋栋觉得和同伴一起玩是一件很开心的事情,可以知道很多不同的玩法。老师也可以和栋栋多沟通多交流,及时了解孩子的心里想法,并在此过程中给予栋栋足够的心理暗示,让他知道同伴的帮助、老师的支持,一旦有害怕危险的时候大家会随时出现在他的身边。另外及时了解也便于教师采取适时调整和跟进的保育策略,让栋栋知道即使有身体疾病,也可以做很多事情,帮助栋栋更快地适应集体生活。

3. 鼓励家长多带孩子参加户外运动

与栋栋父母取得联系,建议让孩子多参加户外运动。如每周安排2~3次带孩子到小区的儿童乐园玩,以鼓励和支持为主,当孩子能够独立玩耍的时候,要及时地表扬和肯定。每月还可以安排一次去公园或者儿童乐园,鼓励他和其他孩子一起玩,让他尝试其他孩子的一些玩法等,慢慢建立孩子的自信心,逐渐克服胆小、害怕尝试等行为。

在运动中不会自理的希希

傅　裕　潘翠琪

【背　景】

　　户外运动是幼儿在幼儿园一日生活中很重要的一个环节。每天的户外运动是幼儿锻炼身体的最好时机。我班的希希小朋友是个精力旺盛的男孩子,每天在户外运动中能到每个运动区自主积极地进行活动。同时他也是个爱出汗的孩子,稍微运动后,孩子就会出汗。现在天气冷了,孩子的衣服也开始穿得厚实了,对希希这个爱出汗的孩子来说,运动一会儿就会出很多的汗,所以对不太爱喝水、运动中自我控制能力弱的希希来说,在运动中需要老师和保育员及时的提醒、督促后才会去休息区擦汗、喝水等。

【案例描述】

实录一

　　今天我们在钻爬平衡区玩,由于天气冷了,孩子都穿上了厚厚的外套。虽然冷,衣服厚,但是孩子们还是能主动地跟着老师一起布置运动场地。希希根据自己一组的小任务,和同伴一起排好了"彩虹桥",自己的任务完成后还主动帮老师同伴们一起布置其他场地。布置完运动场地后,希希选择了自己喜欢的区域走"彩虹桥"、"运水",开始和小朋友一起戴着帽子、背着书包在"彩虹桥"走着。虽然过"彩虹桥"运动量不大,但是"运水"过程中需要提水,加上希希运水速度快,不一会儿就满头大汗了。有几个孩子感觉自己热了就主动地去脱衣喝水,有几个孩子老师在一旁提醒下也脱衣喝水休息去了。但是我对希希提醒了好几次,希希才不情愿地把衣服脱了。由于希希运动兴趣高,没有听从老师的提醒到休息区去喝水擦汗,而是继续在运动区域里运动。这时候我走到希希身边,摸摸希希的背和头,对希希说:"希希,你摸摸自己头,摸到了什么?"希希看看湿漉漉的手说:"汗呀。"我又问他:"对呀,头上这么多汗你该做什么呢?"希希指指休息区的毛巾:"脱衣服和擦汗。""对呀,出汗要及时脱衣服和擦汗,还要补充水分,你身上的水分都出汗出掉了,需要及时喝水,不然我们身体会缺水的,缺水了身体就会没有力气。"说着我带着希希到休息区喝水擦汗。

希希拿起茶杯倒了满满一杯水,"希希,水不要倒太满,一下子喝太多水肚子会不舒服的。"我提醒道。希希倒掉一半的水,一口气喝完了,拿出毛巾随意在头上一擦,放完毛巾就准备去运动了。

实录二

由于希希的体质关系,爱出汗,需要适度休息。但是希希自控能力比较差,加上好动的性格屁股坐不住,于是,在希希准备到运动区接着运动时,我想到了一个方法:"希希,你现在知道了出汗要及时补充水分,你现在做小老师,跟大妈妈一起去找找,我们看看班级里还有谁也需要擦汗和补充水分的,好吗? 如果你看到了,你就去提醒他。"说着我带着希希在我们班级运动区域中找出汗多的孩子。"骁骁,你出汗了,赶快去擦擦汗,不要忘记喝水哦,不然身体没有水了就会没有力气跑步的。"说着希希拉起骁骁的手到休息区。

一会儿的工夫,希希找到了好几个爱出汗的孩子到休息区喝水擦汗,同时自己的运动量也减少了,也不再为不能去运动而感到不开心了。

【分　析】

1. 家庭教育影响幼儿生活自理能力发展

从实录一的记录中我们可以看出,希希是一个好动但生活自理能力比较弱的孩子。希希的父母工作比较忙,与孩子日常接触互动的亲子时间较少,所以大部分时间里基本都是由外婆抚养和教育孩子,平时也与外婆外公住在一起。外婆由于是隔代,希希又是自己唯一的外孙,所以对希希总是事事迁就和溺爱,事事依着孩子,什么事情都是一手包办,使得孩子的生活自理能力与自我服务意识越来越弱,什么事情都需要依赖他人,什么事情都需要他人提醒。所以这样的溺爱与包办让希希在幼儿园开展的户外运动中,没有形成自我服务的意识,热了不知道要脱衣服,不会去休息区域喝水、擦汗。就算老师保育员提醒了,也不能及时去穿脱衣物、喝水……还是需要在老师保育员的协助下才去完成。

2. 主动保育,适度引导,让幼儿逐步减少运动量

在幼儿运动时,我们保育员除了要协助老师一起布置运动场地,保育员最关键的就是要关注孩子的运动量,尤其是在运动中的一些自理能力差的孩子。这个活动中我注意到了希希的活动量,从希希实际情况考虑,发现希希运动幅度和密度比较大,而且孩子自控力弱的情况下,我没有让孩子直接坐在休息区休息,而是让孩子做小老师,带着希希一起到运动场地寻找爱出汗的孩子,这样就让希希缓解运动量,逐步平复过度兴奋的情绪,控制孩子出汗的情况,让孩子的兴奋状态转化为平和状态,注意运动后动静交替的互相衔接,可以减少活动后心脏的负担,有益消除疲劳。经过一段时间的提醒,孩子现在能主动自主去休息区喝水、擦汗,能在老师的提醒下适当减小运动量。

【对　策】

1. 调动了幼儿的主体能动性,在各种活动中潜移默化地培养幼儿良好的习惯

(1) 让孩子在喝水擦完汗后,和孩子一起在运动区找出汗多的其他孩子,一个是减少希希运动的量,一个是通过生生互动的方法,让其他孩子适当得到休息、补充水分。运动中我鼓励幼儿喝水,以补充在体育活动中失去的水分,但是在过程中还需要提醒幼儿不能一次性喝太多水,因为一次喝下大量的水,不但会增加心脏的负荷,还会引起胃

痉挛,所以保育员要注意活动后幼儿饮水的问题,控制幼儿的饮水量。

(2) 协助老师利用一些学习活动,提高孩子自理能力。老师和保育员一起在适当的时候选择一些适当的生活学习内容,利用故事中人物的活动,引导孩子懂得该做什么,什么时候可以做等,促进幼儿的发展。

2. 搭建家园共育桥梁,形成教育合力

(1) 与父母及时沟通幼儿生活自理能力方面的问题,争取家长的理解、支持和主动参与,并积极支持、帮助家长提高教育能力。让家长意识到家园合作、同步引导才能更好地养成孩子良好习惯。

(2) 对于生活自理能力弱的孩子采取个别教育引导方式,并与家长长期建立联系,了解幼儿在家的情况,帮助家长获取更多培养幼儿良好生活习惯的方法和技巧。

关注特殊儿童，适时帮助纠正

陈誉超

【背　景】

幼儿户外活动是幼儿园体育活动的重要组织形式之一。户外活动是孩子们一天中最开心、最自由的时刻，这时候他们可以自由选择教师为他们提供的各种好玩的户外体育器材、自制玩具等，在玩中体验和同伴分享、交流的快乐，真正放松地玩，充分地表现自我。

但在户外活动中，教师往往把注意力和工作重点放在组织幼儿的集体活动上，对幼儿的分散活动缺乏足够的指导，尤其是一些淘气调皮的幼儿和特殊儿童，他们特别喜欢在自由活动中打打闹闹，喜欢招惹别人，或者搞一些"恶作剧"及玩一些刺激性和冒险性的活动，真让教师放心不下。

幼儿进入大班后，他们的活动量提高了，大班的孩子会对周围世界有着积极的求知探索态度，对户外体育活动的需求尤为强烈，他们不再局限于户外体育器材，有的玩着玩着就去追逐小朋友，打闹成一片，每个班都会有几个特别调皮、爱出状况的小朋友，常常趁教师们不注意的时候做一些危险的活动或到一些不安全的地方玩。

【案例描述】

■ 镜头一

阳春三月，天气晴朗。教师带领着幼儿来到三号场地——塑胶大操场上。教师请孩子们围绕在教师周围，一起做一些舒展运动，并准备讲解今天游戏的内容。突然，灏灏"嗖"地一声从队伍里跳了出来，张开手臂，发出一阵嘹亮的"啊"声，围绕着大操场一阵狂奔。一位老师连忙追上前，通过引导安抚灏灏使孩子情绪平静，并拉着他的手回到班级的队伍中……户外分散自由活动开始了，教师有序地指导孩子们分组活动，灏灏非常开心投入到运动中,他拿着运动器具又蹦又跳,一会儿用呼啦圈把三个女孩子套起来,女孩子们一阵尖叫,生气地看着他:"你干什么呀?""你们被我捉住啦!不要再想逃走了!"一会儿一路小跑又碰到在玩车子的小朋友,小朋友生气地说:"我们不和你玩了!"保育员卫老师看到灏灏鼻梁上的小汗珠,她伸出手在孩子的后颈背部摸了一下,然后帮助灏灏脱掉外套,并在后背上垫上一块大毛巾。卫老师还嘱咐灏灏可以去小花园边的木头座椅上休息一下。灏灏喘着粗气说:"那好吧。"陈老连忙跟上灏灏的步伐,一边走一边问道:"你刚才跑得这么快,去干什么?"灏灏激动地说:"我在做警察,去捉小偷,小偷跑得快,所以我才跑出去的。"陈教师抚摸着他的头说:"学做警察很好,可是你这样横冲直撞,突然跑这么快,万一摔跤了、摔伤了怎么办?""我……我不怕痛的。""那撞到了其他小朋友怎么办?让小伙伴受伤了怎么办?"灏灏犹豫了一下,似乎意识到有问题,知道自己的行为违反了游戏规则,他有点尴尬,开始誓言旦旦地保证:"老师,下次我不会这样了!"陈老师笑眯眯地说:"我有个好办法,可以安全地、开心地玩游戏。"灏灏一听开心极了:"什么好办法?""我们轮流做坏蛋和警察。警察本领大,既要抓坏人,还要保护其他小朋友,不能因为抓坏人而让小朋友受伤。"灏灏频频点头,很乐意地接受了老师的建议。

镜头二

今天,我们班级轮到孩子们最喜欢的大型滑滑梯玩具和勇敢者道路。由于玩具器械较大,这块区域又位于幼儿园围墙周围,在观察孩子们活动情况时有死角,因此我们三位教师分别站三个角,便于观察孩子活动情况。孩子们分组在滑滑梯和勇敢者道路运动器械上玩耍。大家玩得热火朝天,孩子们能排着队轮流滑滑梯,非常有次序。灏灏非常勇敢地在高低不一的"道路"上勇往直前。而相对来说女生则较为胆小,瑶瑶和婷婷小心翼翼地拉着栏杆,一步一步挪动着步子往前进,速度很慢。一轮下来灏灏等得有些不耐烦,他在瑶瑶和婷婷后面直叫:"你们快点走呀!真慢啊!我要向前冲啦……"一阵吼声后,他要推开两位女孩,准备自己闯过去!教师迅速赶了过去,伸手连忙接住瑶瑶,可是婷婷还是一个跟跄摔了一跤。"呜呜……"两个女孩气呼呼地开始诉说灏灏的不对。教师看了灏灏一眼,他一下子愣住了,眼光开始闪烁……他知道自己又闯祸了。保育员卫老师递上毛巾,教师给两个女孩擦眼泪,安慰她们。卫老师则给灏灏毛巾:"快点擦擦汗,休息一下。"灏灏点点头:"嗯,谢谢卫老师!卫老师,她们走得太慢了,我是不当心才碰到她们的!"卫老师问:"那你下次碰到这种情况怎么办?""老师……我……"灏灏支支吾吾。"你可以耐心地等一等,或者换一条勇敢者道路走,行吗?""嗯,好的,好的,我知道了。"灏灏满口答应。

大概休息五分钟后,灏灏看到同伴在玩滑滑梯,他恳切地对教师们说:"老师,老师,我休息好了,我要玩滑滑梯。"教师点点头:"可以,记住排着队,坐着玩滑滑梯。""哦,老师我知道。"他飞快地跑了出去。刚开始,他很安分守己,两圈后队伍有点长,他按捺不住,从滑滑梯的小平台一跃而下,灏灏腾空跳上滑滑梯中间,趴着从滑滑梯上滑下来。教师正要制止,卫老师一个箭步走上前,大叫一声:"灏灏,危险!"一把拉住他。灏灏灰溜溜地低着头:"老师,老师不这样了……"卫老师一边拉着他坐到子滑滑梯周围的休息区休息,一边提醒他喝水,同时教育他,千万不要做危险的动作。

【分　析】

灏灏小朋友就是一个这样特别好动、自控力较弱的孩子,就算在排队也是不安分地蹦蹦跳跳,一刻不停,还喜欢到处乱跑,常常在队伍中推挤其他小朋友,很容易会和其他小朋友发生碰撞。他就像一颗定时炸弹,随时会发生点什么不安全的事情。特别是玩大型运动器具时,就像案例中这样对同伴、对自己都存在一定的危险因素。

幼儿园里的小朋友因为年龄小,自控能力差,注意力不集中,有时候会好动过头,不能遵守纪律,不但会影响自身发展,也会影响到同伴。特别是在幼儿园户外活动中,孩子心情放松地玩,充分表现自我,许多问题也就产生了。尤其是那些淘气的孩子,他们爱打闹,喜欢惹别人,搞恶作剧,喜欢刺激性和冒险性的活动,最让教师放心不下。更重要的是,教师和保育员面向的是全班幼儿,不能只顾照看他们。所以,只有针对个别好动幼儿的问题制订出一套有效的保育方法和措施,调动幼儿正当的游戏兴趣,才能既使孩子玩得开心,又能防患于未然。

【对　策】

对于这些情况,两位教师和保育员卫老师共同商量,怎么样才能更好地关注幼儿的活动情况,指导帮助幼儿,纠正幼儿的不良习惯,减少或避免危险事故的发生。我们采取了以下办法:

1. 加强安全巡视,关注幼儿活动情况,及时发现幼儿的不良行为,制止危险举动

淘气的孩子喜欢运动量大的活动,保育员与老师要随时特别观察幼儿在活动中的面色、出汗情况和动作变化。如幼儿脸色红润,满头是汗,活动幅度较大,说明幼儿的活动量大,这时就要对幼儿实施调整,并提醒幼儿注意休息,防止幼儿运动过度。对于不容易观察的幼儿,需要经常摸摸孩子的额头、脖子、背出汗情况,可用毛巾垫在背部帮助

吸汗,并提醒这些幼儿在活动中脱衣,防止幼儿活动后因汗闷在衣中而着凉。

同时教师要注意在游戏区域的站位。三个大人分别站在三个不同的关键点,如一个站在滑梯的阶梯旁,一个站在幼儿滑下来的地方,另一个站在攀爬的地方。这样既能观测到幼儿的一举一动,又能时刻提醒他们注意安全。一次灏灏小朋友在滑滑梯时摔了一跤,孩子们看到他摔疼后的痛苦表情后都说:"以后不能这样滑了。"以后发生如此的事情,教师们就请灏灏小朋友讲讲怎样玩才能不摔跤。通过一段时间的观察教育,教师们发现在活动中争吵的情况在减少,危险的动作也在减少,所以教师觉得对幼儿户外活动的安全教育是必不可少的,对特殊幼儿的照顾也是很重要的。

2. 利用游戏形式让幼儿宣泄情绪,有目的地指导游戏,帮助幼儿建立规则意识

淘气的孩子情绪波动大,抓住孩子爱玩游戏的特性,利用游戏形式让幼儿宣泄情绪。如追逐游戏捉"坏蛋"、滑滑梯、玩皮球等,这类活动中常常容易出现打架、吵嘴、争抢玩具甚至弄伤个别小朋友等问题。所以,教师应该抓住这类游戏的特点,有目的地指导幼儿。如玩抓"坏蛋"的游戏时,首先帮助幼儿分好角色,给幼儿讲明"坏蛋"要轮流当,让每个孩子都尝试一下当"坏蛋"被人追逐的滋味,特别是灏灏,只有亲身体验使他们真正明白,"坏蛋"是小朋友扮的,是假的,所以玩时要小心,不要真的去抓伤小伙伴。和灏灏约定如果他愿意、能够遵守游戏规则,就多奖励他一个奥特曼贴纸,以此培养灏灏的规则意识,提高其遵守游戏规则的自觉性。这样不但使孩子的好奇心和好胜心得到满足,同时也达到了培养幼儿为别人着想、掌握游戏分寸的目的。

3. 利用树立榜样、学做安全小卫士等形式,在游戏中培养幼儿的良好品德

淘气的孩子闲不住,他们常常去干扰别人游戏,甚至使别人的游戏无法进行。比如户外玩滑梯时,淘气的孩子往往动作很灵敏,可以请灏灏给小朋友做示范,带领胆小的伙伴游戏,或者请灏灏做安全指导员维持排队的秩序,告诫小朋友千万不要在滑梯上打闹、蹦跳,以免发生危险。这样一来可以培养灏灏的责任心,二来可以培养他们良好的道德行为,学会在不妨碍别人的情况下玩得开心。

4. 适当尝试一下冒险的滋味,运用"危险后果"安全教育形式,纠正不良行为

有的淘气的孩子喜欢从高处往下跳,这样做很危险,易造成挫伤、扭伤,甚至骨折。这就体现了他们总想偷尝冒险的滋味,往往把教师的要求抛在脑后,对同伴的劝阻不予理睬。对于这种现象,教师不妨让孩子尝试一下冒险的滋味,满足其好奇心。如在教师的保护下爬上阳台栏杆向下看,让他们想象掉下去的后果是什么,会对自己造成什么样的伤害。这样一方面教育了别人,同时使自己再次得到教育。

弱 弱 不 弱 了

冯燕飞　祝雪芳

【背　景】

弱弱是我们班级的一个男孩子,因为从小胆小、内向,身材瘦小,体质较弱,给人以弱不禁风的感觉,所以不知从什么时候起家人、亲戚、小伙伴都开始叫他弱弱了。入园后,在第一次的保健室常规身高体重生长指标检查和测算中,各项生长指标表明弱弱的确有营养不良、生长迟缓等症状,属于体弱儿。在和家长沟通后,我们了解到弱弱的父母平时忙于工作,孩子基本都是祖辈带着的,而祖辈家长出于疼爱之心,事事包办代替,什么事情都不愿意放手。这不仅仅体现在日常生活中的吃喝拉撒,爷爷奶奶包办代替,还体现在日常的活动中,上学路上不走路爷爷奶奶抱,小区里和小伙伴们活动时担心危险爷爷奶奶不让动……正因为爷爷奶奶的无所不包,导致弱弱不管是生活能力还是运动能力都弱,特别是运动中的走、跑、跳能力弱,动作协调性较差。因为弱弱日常表现得很弱,因此他还不太合群,经常一个人玩,和同伴间缺少互动。更让人担心的是,他特别不愿意参加幼儿园的户外体育活动。看到弱弱的弱弱,我们觉得首先需要帮他找回和建立自信,在找回自信的基础上激发孩子参与活动的兴趣,继而锻炼身体,增强体质,让弱弱不再那么弱。于是我们一个班级三位老师进行了沟通,商量了对策,我们觉得对于弱弱这样的孩子,需要通过有效的教师支持来引发他参与运动的兴趣,然后要通过主动的保育来给予孩子适度的支持,只有这样孩子的能力才能得到发展。

【案例描述】

"生命在于运动",适量的体育锻炼是预防疾病、增强体质的有效手段。今天,轮到我们班玩二号场地的钻爬平衡综合区,刚开始分散活动,我就发现弱弱在围墙边的一个小角落里独自玩钻爬的游戏。我看到他钻爬的时候倒是蛮熟练,兴致也蛮高的。

只见他从"小山洞"里爬出来,然后慢慢地在窄窄的平衡木上移动着爬过来,虽然动作不快,但是还算是有条不紊。如果换作一般的孩子,肯定会有点颤颤巍巍,但是弱弱却充分发挥了他小个子的优势,身体特别的灵活,稳稳地从"小山洞"里爬了出来……"弱弱,你爬得真好,好棒呀!"我对弱弱说。"我家里有一个宜家买的毛毛虫,我在家里的地板上每天都爬的……"弱弱有点自豪地告诉我。这时,我既为发现弱弱的这个优点而高兴,又为没有及早发现这个优点内心有点自责。同时,我又不禁思考起来:他为什么不在宽敞的场地上进行这些活动呢? 他钻爬得这么好,为什么在平时的活动中,要拒绝参加活动呢? ……这些问题困扰了我一会儿。我突然想到,是不是因为他的走、跑、跳动作不行,觉得小朋友会嘲笑他,所以不愿意参加集体活动呢? 不过,从今天的活动中,发现他还是很喜欢体育游戏运动的,只是有点胆怯和不自信。想到这儿,我便走了过去,蹲下来轻轻地对他说:"弱弱,你真的好棒! 你比其他小朋友爬得都好!"听到我的再次表扬,弱弱先是小脸一红,低下头,然后嘴角微微往上翘起偷偷地笑了。

这时,我抚摸着他的头,对他说:"弱弱,你爬得这么好,想不想表演给小朋友们看看啊?"他先是不作声,后来像是下了很大决心似的用力点了点头。我便带着他到了其他孩子在玩的那块区域,一开始,弱弱看到边上有那么多同伴,有点怯生生的,还不大好意思。我见他还是有所顾忌,过去摸了摸他的头,和蔼地对他说:"你是担心爬不好吧?"他微微点了点头,我马上给他打气:"别害怕,就像刚刚你爬的那样就好,你肯定能行的,看,小朋友们也来给你加油了呢!"只见边上的好几个孩子都过来给他加油、鼓劲,大家异口同声地喊道:"弱弱,加油! 弱弱,加油! ……"听到大家对他的鼓励,弱弱一下子来了精神,充分利用了自己的小身板,哧溜哧溜就从"小山洞"里爬了出来。当他从"小山洞"口一出来,旁边立马就响起了小伙伴们的掌声,弱弱的脸上马上泛起了两朵红晕,明显是不好意思了,两只小手还不自然地抓了抓自己的衣角,脸上却笑开了花。

【分　析】

1. 区别对待,循序渐进地进行引导,鼓励幼儿参与体育运动

对于体质较弱的孩子,在活动中我们保育员和老师都要特别注意区别对待,并循序渐进地对他们进行引导。体弱孩子由于本身体质问题极易疲劳,活动量直线上升或强度增大都会直接影响他们的健康。所以,我们不能强求他们的运动负荷量与体质好的孩子相同,并要控制好体弱儿童的运动量,在中等体质幼儿运动量标准上相对

减少其练习的时间和密度,从而建立一个循序渐进的过程。

2. 营造宽松和谐的运动氛围,激发参与运动的积极性

在体育活动中我们要做个有心人,平时应多关注体弱孩子的反应,当发现孩子有脸色涨红、表情不自然、出汗很多、呼吸急促等症状时,应马上调节其活动量,谨防活动量过大而影响孩子的身心健康。每一个孩子都需要鼓励,就像植物需要阳光、雨露一样。

体育活动中多是以集体为主的练习活动,在活动中我们应多创设宽松和谐的气氛,这样可以缩短教师和孩子、孩子与孩子之间的心理距离,使他们相互产生亲切感和依赖感。

【对　策】

对于看上去弱弱的又缺乏与同伴交往能力并不善于表现自己的孩子,我们应创造机会,多利用孩子的长处,充分发挥他们的独立性和创造性,从而让他们在组织自由结伴的游戏中相互学习,相互交流,相互评价,让弱弱的孩子建立信心,通过不断地锻炼促进身体发展,让弱孩子不再弱。

其实，我可以

徐　悦　孙雪琴

【背　景】

宣宣妹妹是一个很容易害羞、有些胆小的孩子。她是班里月龄最小的孩子，个子也是班里最小的。她平时走路都是慢慢悠悠的，走楼梯的时候双手牢牢抓着栏杆一步一步小心翼翼、颤颤巍巍地走。而在户外活动中，宣宣妹妹比较喜欢安静的运动，她不仅身高不高，体重也很轻，保健老师对其身高体重进行测评，测得宣宣妹妹的生长发育属于轻度营养不良。这种情况下，宣宣妹妹的运动方式就不能只以她喜欢的为主，而是要动静交替地进行了。可宣宣妹妹对于自己不喜欢的运动参与热情并不高，这时候我们三位老师就想了很多办法，帮助宣宣妹妹去尝试她平时不愿意参与的运动。

【案例描述】

■ 镜头一

今天我们户外活动的活动区域是投掷跳跃区，在孩子们把场地布置好之后，宣宣妹妹看了周围的活动器械好久，最后选择了钻圈。只见她慢慢地弯下腰跨过一只脚，但是还没跨过去她就退了出来。老师问她："宣宣妹妹你为什么又退出来了？"她皱着小脸说："我怕……"这时候我走到她身边牵着她的手："宣宣妹妹不要怕，大妈妈扶着你，没关系的，你要勇敢一点！"于是她紧紧抓着我的手慢慢弯下腰抬起腿跨过塑料圈，然后我就感觉她把我的手抓得更紧了，颤抖着终于将另一只脚跨出了塑料圈。我拍着手鼓励她再试一次。她牵着我的手点了点头。在尝试了多次后感觉她牵着我的手不再是牢牢的时，我想她应该要自己一个人试一试钻圈了。"宣宣妹妹你就把这个圈圈的边边当成是大妈妈的手，你抓住这个地方，钻过去、跨过去，来试试看，大妈妈相信你可以的！"

于是她照我说的做了,她的小手牢牢抓住圈圈一边,身体探出圈外后再把另一只脚收了回来。这时候我在旁边看着她,因为小小的她在钻圈的时候脚都在抖,我就担心她会不会一个不稳摔倒,但是因为抓着塑料圈,所以她还是安全地钻过了圈。她见我表扬了她又开心地去钻下一个圈,动作也越来越流畅,一只脚跨过去后的停顿时间也越来越少。

镜头二

在克服害怕敢于尝试后,宣宣妹妹走到了投掷区,她拿起小球站在了1分线后面抬手丢球,小球很顺利地进了球门里。"宣宣妹妹好厉害,一下子就投进了呢,真棒!"她害羞地低下头,然后走到2分线上身体前倾,手也伸得直直的,小球依旧漂亮地落入了球门。我看着表现出色的宣宣妹妹继续鼓励她:"宣宣妹妹好厉害,现在你来试试站在3分线上投投看。"她笑着乖巧地点了点头站到了3分线上,抬起她的手伸直举高用力一扔,小球擦过球门没进。在她没有笑容的脸上我又看到了胆怯。"没关系我们再试一次,这次你一定可以进的!"我握住她的手将她的手抬得高高的鼓励道,"就像你之前投进的两次一样,你要相信你自己,你很棒的!"她重重点了点头抬高手伸直手臂用力一扔,小球精准地进了球门。"大妈妈就说宣宣妹妹你可以的! 你看不是投进了吗? 一次投不进没关系,我们多投几次一定可以成功的,就像刚才钻圈一样,我们多试几次,就熟练了。而且宣宣妹妹投球很厉害的,多试试就更厉害了!"

镜头三

今天下雨运动在室内进行,宣宣妹妹来到了桌椅迷宫区,有些吃力地爬上桌子,手脚并用一点一点慢慢向前爬着,到了桌子迷宫的终点她却坐在桌子上一脸不知道该怎么办的样子。我走了过去问她:"宣宣妹妹怎么了? 怎么不继续往前爬了?"她委屈地说:"大妈妈,高,我不敢。"我看了看桌子到地面的距离其实并不高,但是对于身材小小的又不擅长跳跃的宣宣妹妹而言,这的确是有难度的。于是我先扶着她跳下了桌子,然后看着桌子迷宫,迷宫有很多条路,那迷宫的出口是不是也可以用不同的方式走出来呢? 于是在老师的帮助下,迷宫的出口变得有趣了起来,也因为对这有趣的出口产生了兴趣,宣宣妹妹变得敢自己从桌子上爬下来了,当我上前问她需不需要我扶着她时,她很坚定地摇了摇头笑着说:"谢谢大妈妈,我自己可以的。"之后在桌子迷宫上她有时也会学着其他孩子只用膝盖跪着前进,速度也比之前快了不少。在之后翻小山的区域时,她看到玩具柜小山后的小椅子时,脸上也没有害怕的样子,一只脚跨过山顶,翻越过小山后她的小脚稳稳地踩在玩具柜后的小椅子上,非常顺利地翻过了小山。看着她脸上绽放的笑容,我想这时候,她应该已经不害怕了吧。

【分　析】

1.了解幼儿个体差异,尊重幼儿发展

每个孩子的运动发展情况不同,而宣宣妹妹又属于月龄小的幼儿,身体肌肉群、动作协调性的发展相较于大月龄的幼儿稍有落后;同时她又是个营养不良的孩子,瘦小的身体在做运动的时候跌跌撞撞、颤颤巍巍;再加上她本身性格内向胆小不自信,面对自己不熟悉的事物很容易感到害怕,就像钻圈时她会因为害怕而颤抖一样;面对自己不擅长的事物时她还会产生退缩行为,就像在桌椅迷宫的出口一样。而这个时候我们要做的不仅仅是帮助她跳下来,更要让她产生自己下来的想法。所以我们准备了两条路作为迷宫的出口,有难有易可供不同发展水平的幼儿更好地参与其中。

2.抓住胆小幼儿闪光点,调整难度更适宜

在投掷方面,宣宣妹妹的能力不比其他大月龄的幼儿逊色,但是由于不自信,在遇到失败时她就容易放弃退缩,这与她内向胆小的性格不无关系。所以在日常活动中发现平时胆小易退缩的孩子我们会以鼓励为主,抓住幼儿闪光点,从闪光点入手鼓励幼儿做其他事情也可以像做这件事一样好。就像宣宣妹妹其实她并非不擅长投掷,只是因为1分线与3分线的差距让她感觉到了可能自己做不到,这个时候我们就要以"在1分线上的表现很出色"来鼓励宣宣妹妹建立她的自信。

【对　策】

1.循序渐进,给予幼儿适合的保育支持

对于宣宣妹妹的户外保育支持要简单动作多于复杂动作,低强度多于高强度,而后循序渐进,从手把手支持到慢慢放手让孩子自己去尝试,最后让孩子愿意去参与,喜欢参与。跟进材料的投放,可以准备一些软垫放在宣宣妹妹不敢跳下来的地方变成一条新的路,鼓励她去尝试。

2.家园合作,共同引导幼儿建立自信

建立宣宣妹妹的自信心,在她擅长的方面给予表扬鼓励,并引导幼儿在其他方面也要一样敢于尝试,让幼儿相信自己可以在自己不擅长的方面做得和擅长的方面一样好。在幼儿尝试后给予表扬,从而让孩子消除心中的不安和害怕。并与孩子的家人积极沟通,让宣宣妹妹在家也经常做一些运动,增加孩子对运动的兴趣,另一方面也可增强孩子的体质。

爱出汗的语语

柴月华

【背　景】

初秋时分,天气还是比较热的,温度在二十五六度左右,小朋友在做完了两套热身操以后,开始了我们的户外分散活动。今天玩的是大型滑梯组合,这个组合是最受孩子们欢迎的活动,所有的孩子都兴奋极了,一听要玩滑梯个个欢呼雀跃。

这时候我想到了我们班的语语小朋友,今天的天气和活动容易让她的出汗量增加。语语是我班的体弱幼儿,过敏体质。从家长那里了解下来螨虫和天气的变化如刮风、温差明显等因素都会造成她呼吸道过敏,表现为经常咳嗽、有痰、呼吸声加重、扁桃腺发炎甚至哮喘。睡觉时还有盗汗的现象。前段时间,她又因为呼吸道感染而请假了一段时间。昨天刚来,所以我特别关注她的运动情况。

【案例描述】

在提醒了孩子要注意安全运动以后,小朋友一下子四散开来,格外开心地叫着笑着,上上下下地玩起来。大班的孩子本来动作幅度就大,他们有的攀爬、有的滑滑梯、有的荡秋千,就是没有人玩滑梯旁放置的几个半月梯。过了大概十分钟以后每个人都脸色红润,微微冒汗。语语也不例外,头上都是汗。我仔细打量,发现她虽然穿得不多,只有一件衣服,却是一件没有领子的汗衫,松松垮垮的领口,脖子露出了好长一节,风一吹,还是容易感冒。

"过来吧。"我招呼她,"休息一下。"语语的脸上带着不舍,看着滑梯一步三回头地坐在了为幼儿提供的休息长凳上。看得出她是多么地舍不得滑滑梯呀。"擦擦汗再玩。"我立刻柔声安慰她,然后仔细地为她垫好吸汗巾。

在我们操场的一侧靠近滑梯的地方是保育角,除了茶杯筒、茶杯和纸巾盒外,还有放毛巾的小箱子上标记着一个冒汗的笑脸,这是我们为孩子做的标记,可以提醒出汗的孩子来主动地擦汗休息、补充水分。语语拿起干毛巾随意地擦擦头上的汗,然后坐下来,我指着毛巾盒上出汗的笑脸说:"笑脸娃娃提醒你头颈里也有汗哦。"于是,语语再一次仔细地擦了自己的头颈。这时,有几个出汗较多的孩子也过来休息喝水了。

刚一转眼,我发现长凳上的孩子包括语语一下子全不见了。咦,跑哪去了? 原来滑滑梯的魅力实在太大了,他们才休息了一分钟又坐不住去玩滑梯了。突然,我听见语语一边跑一边在咳嗽。我立刻跑过去,拉住她,摸摸她的后颈,对她说:"你看,刚刚出的汗还没有干呢,毛巾又快湿了。我们去再擦擦汗,然后换一块垫巾吧。"虽然她和我回到了保育区,可是脸上满是不情愿。怎样才能让语语好好休息呢? 看到了一旁没有人玩的半月梯,我灵机一动,故作神秘地说:"虽然滑梯要等会再玩,但我们可以来玩摇椅。等不咳嗽了,就可以继续玩滑梯喽。"听了我的建议,语语的小脸上又恢复了开心的表情,她好奇地问,"摇椅在哪里呀?"我指了指边上的半月梯。"咦,这不是爬高的梯子吗?"同时在休息的蕾蕾听见了好奇地问。"看我变变变。"我一边说一边把半月梯翻了个个儿,变成了一个大摇椅。语语开心极了,马上躺在了摇椅上,开心地舒展了身体,好像在摇床里一样摇晃起来,别提有多惬意了。"快来呀,好舒服!"语语招呼一旁的蕾蕾小朋友。蕾蕾高兴地回应:"我也来了。"说着也坐在了摇椅上愉快地休息起来。这两个小朋友身上的汗慢慢变干了。语语对我说:"老师,我休息好了,你看没有汗了。"她一边说一边摸着自己的额头和头颈。

原来半月梯还有这个用处呀。玩累的小朋友们也纷纷过来休息了,他们有的轻轻摇着半月梯,有的躺着闭目养神,还有的坐在上面聊起了天。

【分　析】

1. 充分了解全班幼儿的身体状况,针对不同体质的幼儿采取不同的保育措施

每个班级幼儿的身体情况个体差异性较大,所以我们要对全班幼儿的身体情况事先充分地了解,可以通过入园体检的登记,从保育老师那里了解个别体质特殊幼儿的情况(如体弱幼儿、肥胖幼儿等);也可以在平时就和家长加强沟通交流,做到心中有数。然后根据幼儿的实际情况做出相应的保育措施。

在运动之前,我们通常为容易出汗的幼儿垫上小毛巾、吸汗巾。而体质弱的幼儿或刚恢复健康的幼儿(如语语小朋友)在运动中就要适当减少运动的时间、降低强度。所以我们保育员与老师必须对每个幼儿的身体状况都了如指掌,才能使我们的体育运动更好地适应每个幼儿,使幼儿得到全面的、适宜的、协调的发展。

2.关注幼儿运动状况,有效引导,促进幼儿主动保育

案例中的语语小朋友虽然已经垫好了小毛巾,但是由于气温比较高,玩的又是大型滑梯,主要是攀爬和上下楼梯等激烈运动,加上幼儿太喜欢造成情绪激动,她的运动量就比平时要大,出汗也多。我在观察和手摸以后再次为她更换了吸汗巾,并请她及时擦汗休息。在发现她有运动性咳嗽后,我及时地运用了半月梯变身为躺椅的方法吸引了语语和其他的小朋友,并请她体验了运动量较小的摇椅活动,既不打消她运动的积极性,又及时地调整了她的运动量,有效地避免了她的过度运动。

【对　策】

1.在比较剧烈的户外活动中,对于这些体弱幼儿,在观察的基础上可以适当采取减少运动量的措施,做到动静交替,运动量适中。

2.建议语语的家长给她适当调整一下衣着,因为我们幼儿园每天都安排有一定的运动时间,合适的衣着非常重要。由于语语是过敏体质,容易着凉,所以不适合低领的内衣,可以建议家长让她穿有领子的全棉的吸汗性强的衣服。

3.通过加强营养,坚持合理适量的运动来增强语语的体质,逐步增强其免疫力。

敏敏快长高

王慧菊　沈红华

【背　景】

　　班里的敏敏相对于同龄其他幼儿来说属于比较矮小的,每次体检身高都处在生长曲线最低值,虽然他平时饭量挺大,也不挑食,但就是不长高。于是在一日活动中,我们密切地关注和留意敏敏,发现在户外运动中他的运动量明显不足。对于我们幼儿园孩子来说,户外运动是有助于幼儿增强身体素质、提高抗病能力的有效活动,多运动不仅能促进身体生长发育,也能帮助幼儿长高。特别是纵向跳类的运动,可以通过刺激长骨的骨板达到长高的目的,比如打篮球、跳绳等。那么怎么通过幼儿园的户外活动帮助敏敏长高、增强体质呢? 我们做了以下尝试。

【案例描述】

片段一

　　户外活动开始了,敏敏拍起了皮球,可是没过多久他就抱着皮球坐到了一边。想到敏敏平时户外活动时总是运动量不够,玩一会就心不在焉地坐在一边看其他小朋友玩,我走上前去问他:"敏敏,你怎么不玩啦?""我玩累了,想休息一下。"敏敏说。我回应道:"好,你休息一会儿后,可以继续来玩哦,那边还有很多好玩的呢,你都可以去试一试。"敏敏听到有好玩的,马上站起身来,我指了指运动区的篮球架,示意他可以去投篮。敏敏抱起皮球向球筐抛去,可是球没有投进篮筐,试了几次后都失败了,嘴里还嘀咕着:"我太矮了,球筐太高了,一个球都投不进去。"眼看敏敏打算放弃准备走开,我走上去鼓励他:"你可以试一试跳起来投篮。"话音刚落,敏敏尝试了跳起来投篮,这次球终于进篮筐了,敏敏开心极了,用这个新的方法反复地投篮。我继续鼓励他:"跳起来投篮这个办法真好,不仅能让球成功投进篮筐,还能帮助你长高呢!"

片段二

在其他区域的运动中,我也针对敏敏身高比较矮小,经常鼓励他参加四肢运动幅度比较大的活动,如跳跃、攀爬等活动。在攀爬区有个地方需要手脚伸长去攀爬,看到比他长得高的小朋友都爬得步履蹒跚,敏敏显得有点信心不足,有点退缩了:"老师,我比某某矮,前面的杆子我够不着的,会摔下去的。"我上前鼓励他:"没关系的,这个跟腿长腿短没关系的,我们只要注意运用方法,一定能很顺利地走过去。"于是在我的搀扶下,敏敏跨了上去,他的身体向后倾,双手握紧扶手,尝试着伸出一条腿去踩前面的杠子,可因为他身体后倾后拉长了与前面一根杠子的距离,所以够不着,他很无助地看着我。"不要担心,你试试让身体往前倾,尽量往前边一根杠子靠,不要害怕掉下去,我会保护你的。"边说我边伸出双手做出圈住他的样子。敏敏看看,在确定他已经安全的情况下,他身体尝试着前倾,然后伸出一条腿去踩前面的杠子,"我踩到了,我踩到了。"在成功之后,敏敏开心地大叫,脸上露出了开心的笑容。在有了第一次成功的经验以后,

敏敏似乎一下子放轻松了,他照着之前的方法一步步地往前走,速度也较之前快了很多。在走的过程中,他还会时不时地看一看,我圈着他的双手还在不在。虽然我的手根本没有圈到他,我只是做了这样一个动作,但是却给了敏敏大大的安全感。经过一阶段的引导,敏敏在运动中不再因为自己矮小而畏惧某些运动,操场上总能看见他活跃的身影,这不仅提高了敏敏的自信,还通过更多的跳跃、攀爬等运动帮助敏敏长高了不少。

■ 片段三

跳绳是大班幼儿运动领域需要重点发展的技能之一,每天跳绳 10～15 分钟也能有效促进幼儿长高,因此我们非常重视培养幼儿跳绳的技能。敏敏虽然属于好动的孩子,但是时常缺乏耐心,他比较喜欢自由的运动。在学习跳绳的时候不是拿着绳子跑来跑去,就是看着绳子发呆,显得非常不乐意。我经常为敏敏做示范,向他讲解跳绳的方法,鼓励他从跳过一个开始练习,每次敏敏都好像听得很认真,可是当我离开后,又恢复到了原来的样子,根本无心练习。于是我叫来了班上跳绳比较好的孩子,让敏敏看看学学,鼓励他向同伴学习,我也带领着他一起玩"谁来乘我的黄包车"游戏。敏敏的兴趣被激发后,开始不断尝试,从跳过一个开始,慢慢地变成两个、三个……不久,他的脚步灵活起来,绳子甩动的频率越来越高,经过不断的练习,很快就学会了跳绳。

【分　析】

1. 主动保护,鼓励幼儿爱运动

敏敏相对于同龄幼儿身材矮小,运动对于他来说格外重要。但是由于身材矮小的原因,很多运动项目他不敢尝试,这样不仅不利于他体格的生长发育,对他心理发展也会有所影响。在案例中我通过多鼓励、勤保护,激发他对运动的兴趣,通过一阶段的引导,敏敏慢慢地发现运动的乐趣,从而爱上了运动,也变得更为自信。

2.适时支持,引导幼儿参与更多的跳跃类活动

上海体育学院运动医学教授、《中国儿童青少年身体活动指南》审稿专家组组长陈佩杰指出:"孩子要参加多样化运动。特别建议孩子们进行对骨骼健康有促进作用的,特别是跑跳等运动。"对于敏敏而言,我认为可能更需要跳跃类运动来帮助他长高,所以在活动中看见他拍皮球,我引导他可以尝试投篮。当他投不进时,我鼓励他试试跳起来投。在攀爬活动中,敏敏由于身材矮小,对一些需要伸手去攀爬的项目比较胆怯,我边鼓励他勇敢,边在他边上做好保护,这样他更愿意参加这样的大运动……总之,针对敏敏身材矮小的特殊照料,我在运动中时常会鼓励他参与更多的跳跃类运动,多伸展四肢,保证他的运动量,从而为他长高做好保障。

3.适当介入,提高幼儿运动水平

在小器械运动区,我也鼓励他多参与跳绳活动,当他不太会跳时,让他通过同伴学习的方式对跳绳活动产生兴趣,我也参与其中和他一起玩"谁来乘我的黄包车"游戏。通过这些措施,敏敏感受到了跳绳的节奏感,愿意去学习跳绳。其实敏敏的身体协调性很不错,耐力也还行,只是不愿意花费长时间来掌握一种新技能。这是幼儿年龄特征和性格差异导致的缘故,我们应该适当地介入,采取有效的办法改善这样的情况。

【对　策】

1.给敏敏等班上幼儿看"花样跳绳"视频,向幼儿展示花样绳操那些多变的动作、丰富的形式,进一步激发幼儿学习跳绳的兴趣,鼓励幼儿尝试视频中的花样,学习单脚跳、向后跳、交叉跳等。

2.与家长沟通,引导家长在家中也让敏敏参与更多的跳跃类等运动,帮助敏敏长高。同时引导家长了解让幼儿长高的一些方法,如调整饮食营养、提高睡眠质量等,提高家园共育水平。

第三部分

现代幼儿园保育工作创新设计与实践

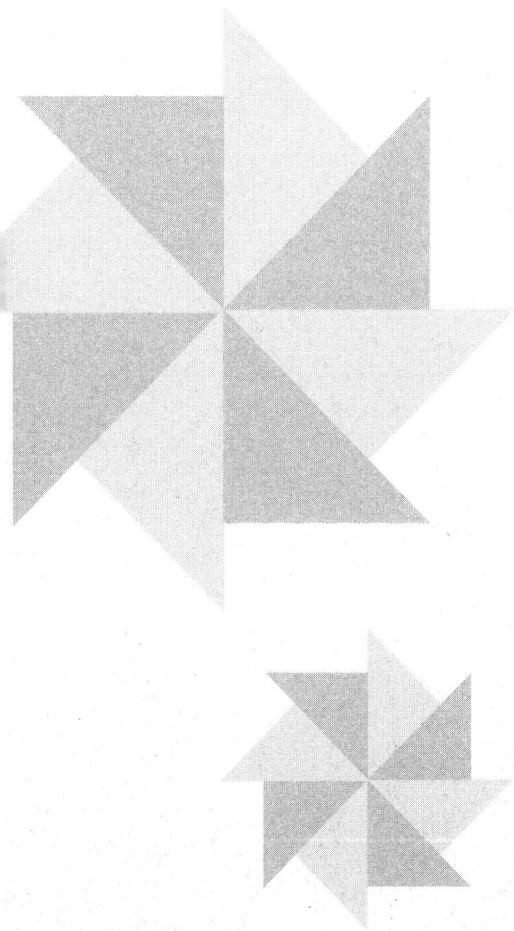

户外活动中保育支持行为操作手册

叶 君

一、保育支持行为目标

我们认为户外活动中的保育,应该遵循"主动保育,适度支持"的理念,何谓"主动保育,适度支持"呢?

主动保育就是保育员和教师的保育行为和措施是主动、自发的,具有预见性和防范性的,而不是在发生问题后采取的应对措施。举例来说,被动的保育是发现幼儿摔伤了之后进行事后补救和护理;而主动的保育就是保育员和教师高度注意、密切关注幼儿,当发现幼儿有摔倒迹象之前就及时采取行动,防患于未然。

适度支持就是保育员和教师的支持行为是适度的,根据幼儿的年龄特点有所不同,并不是完全的包办代替。例如,小班幼儿由于身体控制能力较弱,力量不够,对于危险的认识和理解也不够,因此在最容易受伤的户外运动中,成人最主要的任务就是保证他们的生命安全和健康,鼓励他们积极参与运动;而大班幼儿身体动作和认知都有了进一步的发育,在户外运动中应该让他们学会一些基本的自我保护措施,并提高运动能力。

在"主动保育,适度支持"的理念下,根据小中大班三个年龄段幼儿身心发展特点,我们和教师、保育员进行了讨论,制定了如下户外活动中的保育目标:

- 小班:保证幼儿的生命安全和健康,鼓励幼儿积极参与运动。
- 中班:培养幼儿一定的自理能力。
- 大班:教会幼儿一定的自我保护措施,帮助幼儿提高运动能力。

户外活动小贴士——保教结合

一是管理团队向保育员宣传保教结合的理念。

> 二是在每次运动前，教师让保育员了解本次运动的目标和内容、游戏的玩法等信息，教师事前给保育员一些指导，让保育员知道该怎么指导幼儿，从而配合教师做好相应的指导工作，做到保中有教，教中有保。

二、保育支持行为操作要点

活动场地和器械的准备		
时　间	操　作　措　施	示　意　图
活动前	1. 检查场地：保育员应检查地面上有无碎石子、树枝、碎玻璃等危险物品，并及时清理。场地若有积水，应及时擦扫干净。 2. 器械摆放：保育员还应根据教师的安排和活动需要摆放好体育活动器材。 3. 不安全因素排查：对于大型运动器具，保育员还应该检查器具有无螺丝松动，防止器具的松动，引发不安全因素。	
活动中	1. 适时调整：保育员应根据幼儿玩耍运动器具的情况，随时注意运动器具的调整，如果发现运动器具的摆放有所混乱，可以适时调整。 2. 及时调整：对于小班幼儿来说，保育员随时调整。 3. 指导调整：对于中大班幼儿，保育员可以指导幼儿一起摆放运动器具。	

续 表

活动场地和器械的准备		
时 间	操 作 措 施	示 意 图
活动后	1. 移位调整：对于小班幼儿的运动器具，如果发现位置移位，有安全隐患因素的，保育员应及时摆放好。 2. 分类调整：对于中大班幼儿的运动器具，保育员可以鼓励幼儿一起将一些小型的运动器具摆放好，对于一些大型的运动器具，保育员自己摆放好。	
备注	保育员根据天气情况，选择适宜的活动场所。例如，夏季尽量在阴凉处，冬季最好在向阳背风处。	

幼儿衣着的检查		
时 间	操 作 措 施	示 意 图
活动前	1. 靠右行走：在组织幼儿去户外运动时，保育员应提醒幼儿下楼梯时靠右边走。 2. 口袋检查：检查幼儿的衣着，是否携带不安全物品（如金属小针、小豆子等），以幼儿方便进行活动为宜。	

幼 儿 衣 着 的 检 查		
时 间	操 作 措 施	示 意 图
活动前	3. 鞋带检查：对于小班的幼儿，保育员要检查幼儿的鞋带是否系好，如鞋带松动，要帮忙幼儿系好。 4. 监督检查：对于中班和大班的幼儿，保育员可以指导幼儿互相检查衣着，如看鞋带是否系好，裤腿是否过长等，发现问题，及时处理。（大班幼儿可以指导他们自己系，对于中班幼儿，能力较强的幼儿可以帮助能力弱的幼儿）	
活动中	适度穿脱衣服：在运动过程中，保育员应根据幼儿活动量的强度，来指导幼儿穿脱衣服。	
活动后	1. 帮助穿衣：幼儿户外活动结束后，对于小班幼儿，保育员应及时帮他们穿好外套，防止他们着凉。 2. 提醒穿衣：对于中大班幼儿，保育员可以提醒幼儿穿好自己的衣服，防止感冒。	

做好安全保护工作		
时　间	操 作 措 施	示　意　图
活动中	1. 攀高运动的观察：如果有一些攀高运动项目，保育员和老师可以分别站在不同的角度，来观察好幼儿，从而来保护好幼儿，防止出现意外事故。 2. 紧急情况处理：如果幼儿有发生擦伤、鼻出血等情况，保育员可以利用幼儿园提供的百宝箱，来为幼儿进行及时的处理。 3. 正确站位：保育员和教师的站位要正确，特别是比较危险、易发生意外伤害事故的地带，三人要分开站立（呈三角形状），使活动场地无盲区，这样才能防事故于未然。 4. 三位一体：对于易发生危险事故的器械，教师保育员三位一体分工合作，保证能全面观察幼儿的活动情况，进行及时的安全防护。（例如，在荡秋千处，教师和保育员都能站在幼儿旁边，保护幼儿，防止幼儿发生事故；在金字塔攀登器械处，教师能站在幼儿旁边，防止幼儿发生高空坠落事故）	
备注	保育员应注意观察幼儿活动的进展情况，对幼儿给予一定的帮助和指导，做好活动中的安全保护。如幼儿持器械做操时注意调整好间隔距离，一些稍有难度的活动需要做好保护工作。	

注意运动生理卫生		
时 间	操 作 措 施	示 意 图
活动前	准备活动：要组织幼儿做好准备工作，以使机体逐步适应较大的运动强度。如可以组织幼儿进行一些慢跑、拉韧带等活动项目。	
活动中	1. 运动量调整：保育员还要根据幼儿的生理反应，及时作出相应的调整工作。如幼儿出汗量过大，要及时提醒幼儿要调整运动量。（具体可参考各年龄段操作措施） 2. 出汗处理：针对出汗，常规的保育护理要求是给幼儿后背垫毛巾。冬天这样做很合理，但是到了夏天，由于天气炎热，垫毛巾反而会让幼儿感到更热更难受，因此不适合采用这样的行为，我们的保育员就会提高给幼儿擦汗的频率。	

特 殊 幼 儿 护 理		
幼儿情况	操 作 措 施	示 意 图
肥胖幼儿	增加运动量：保育员可以给他们增加一些活动量比较大的运动项目（运动后的心率最大限度不超过140次/分钟）。	

特 殊 幼 儿 护 理		
幼儿情况	操 作 措 施	示 意 图
营养 不良幼儿	提供适宜运动量：保育员可以给他们提供一些活动量相对比较小的运动项目。	
糖尿病 患儿	1. 关注生理现象：注意幼儿的运动强度，观察幼儿的面色、出汗情况，应以幼儿身体无明显不适和无明显疲劳感觉为宜。 2. 携带糖类食品：在户外活动中由于幼儿体内葡萄糖利用率有所提高，容易发生低血糖，因此在户外活动中，保育员都提醒幼儿每次带好巧克力、奶糖之类的零食，防止低血糖现象的发生。 3. 安全注意：保育员随时提醒幼儿注意户外运动的安全，幼儿穿的鞋子要便于运动。在着装方面，尤其是在夏季的时候应提醒幼儿尽量穿到膝盖以下的裤子，防止幼儿一旦发生摔跤事件皮肤破损，因为糖尿病幼儿的组织修复能力减退，伤口不易愈合。	

三、各年龄段保育支持行为内容

小　班		
保育目标	以保证幼儿安全、鼓励幼儿参与活动为主	
关注点	支　持　行　为	操作措施
	注重对小年龄幼儿的护理	针对小班幼儿年龄特征(幼儿自我服务、自理能力较差),保育员在户外运动中都能主动保育,帮幼儿塞衣裤,按需及时增减衣服:运动前或出汗时脱衣服,冷了或运动后及时穿衣服。
	注重对个别体弱幼儿的护理	重点关注体弱、感冒、肥胖等幼儿的身体情况(面色、呼吸、排汗量等),及时垫毛巾、擦鼻涕,提醒他们休息,注重各种护理。
	注重活动过程中的跟进护理	在运动过程中,观察幼儿,根据幼儿的活动情况给予相对应的保育支持,保育工作随幼儿的运动呈动态状。对小班幼儿,保育员要及时给他们擦汗。

中　大　班		
保育目标	中班:以对幼儿进行情感呵护、鼓励为主 大班:以让幼儿学会基本的自我保护能力为主	
关注点	支　持　行　为	操作措施
	根据幼儿的运动情况,进行适当的保育护理	在运动过程中,观察幼儿,根据幼儿的活动情况给予相对应的保育支持,保育工作随幼儿的运动呈动态状,例如对于中班和大班的幼儿,要提醒他们主动给自己擦汗,及时喝水、补充水分等,适当降低运动强度。
	根据不同的条件,灵活变化护理行为	对于中班幼儿和大班幼儿,保育员可以适度保育,提醒他们及时脱减衣服,帮他们垫好干毛巾(冬天季节),提醒他们自己用干毛巾擦汗(夏天季节)。
	中大班幼儿独立能力培养	保育员在日常的户外运动护理中,有意识地口头提示幼儿,要求幼儿自己擦汗、塞毛巾。

四、保育支持行为中的环境创设

分　类	简　单　描　述	示　意　图
活动场地	**运动区** 大型运动器械区（攀爬类综合区）	
	投掷跳跃区	
	球类区	
	钻爬平衡区	

分　类	简　单　描　述	示　意　图
活动场地	车轮区	
	休息区 在运动区内的休息长凳	
保育物品	**茶水架** 竖放,两边拿取杯子或毛巾,避免拿毛巾和喝水的幼儿产生碰撞。	
	垃圾的存放 在衣物篮上挂一个塑料袋,存放用过的纸巾。 在各活动场地设置垃圾桶,存放用过的纸巾。	

分 类	简 单 描 述	示 意 图
保育物品	**PVC 小推车** 使用 PVC 管做架子,下面放一只宜家的塑料筐放衣服,上面放两只小篮子,一只放纸巾,一只放擦过的纸巾,可以跟着班级走,到哪个区域活动,车子就到哪里。	
	百宝箱 放置纱布、棉花球、花露水、润肤露等物品,还可以放一本简单的幼儿意外事故常见处理方法指南,一旦发生突发事件,保育员可以参考指南自己进行简单及时的处理。并且采用了以塑料水管为材料的活动架作为安置"百宝箱"的装置。	

保研活动的设计与思考

叶 君

在幼儿园日常工作中,包括了教育与保育两项内容。幼儿年龄较小,心理依赖程度较高,这些特点决定了在幼儿教育当中需要保教结合。国家教育部颁布的幼儿教师专业标准中明确规定,保教结合应当成为幼儿教育常态,并将其渗透于一日活动中。随着"一日生活皆课程"的课程观逐步确立,人们对保育工作的内涵认识不断深化。保育工作是幼儿园工作的重要组成部分,照顾好幼儿一日的起居饮食,创设良好的环境条件,提高幼儿的生活质量,促进幼儿保教活动的顺利开展,保证幼儿的身心健康。由此可见,保育和教育在幼儿园具有同等重要的地位,提高保育工作者的专业水平是幼儿园管理工作中的重要内容。

保育员作为保育工作主要实施的一个群体,在保教工作中具有举足轻重的地位,她们的认识水平的高低和工作质量的优劣,对做好保育工作起着关键作用。我园现有三个校区,保育员人数众多,学历水平层次落差比较大,年龄跨度也比较大,对保育专业知识的理解水平和实践能力存在一定差异。

根据我园存在的现状,经过多年研究,我园明确以"主动保育,适度支持"为核心理念,以构建保育支持链为目标,充分挖掘园内外各方资源,形成保育合力,提升保育质量。但在具体操作的过程中,尤其是遇到实际问题时,每位保育员的保育工作方法和效果还是有一定的差距。为了更好地提升保育员的专业水平,使其能够符合现代教育提出的发展要求,为幼儿的身心健康发展提供支持帮助,迫切需要一个有效途径,来快速提升她们的专业能力,因此"保研活动"这样一个新型的模式在我园应运而生了。为了确保保研活动的高效性,在保研活动中,我们是通过以下几个途径来开展保研活动的。

一、三个"确定",保障基础研究的落实

三个确定即定时间、定内容、定重点。

1. 定时间

所谓定时间就是指我们的保研活动开展的次数和频率。园长每月参与保健工作的研究与指导，与保健员一起商讨保育管理工作，并参与督查；每两周一次开展专门的保育业务学习与培训，将每学期的保育工作常规内容做一个梳理，从保育员一日操作细则到发生传染病的一些常见症状和消毒措施，再到盥洗室的清洁消毒等具体保育工作进行一个详细梳理，每学期制定两次大型保研活动，将三个部的保育员集中在一起做一次深入的探讨活动，交流保育工作的心得以及一些在工作中碰到的疑问。

2. 定内容

所谓定内容就是根据学期保育工作内容，做一个计划，将其中 80％ 的内容作为共同学习内容，剩下 20％ 的内容则是将规范性和灵活性相结合，进行探讨学习。

3. 定重点

所谓定重点就是根据每个部情况的不同，制定保育工作重点也不同，根据侧重点不同，有针对性地对保育员和教师进行相关指导。同时我园还邀请儿保所的专家来园指导保健业务，现场评析保育护理工作，然后通过保健，将最新的保育工作信息传达到每位保育员手中，来切实提升保育工作的质量。

二、两个"收集"，加强重点问题的研究

所谓的两个收集即采集问题和收集对策。

1. 采集问题

我们通过各种渠道来收集信息：（1）通过会议、座谈会形式。定期给老师和保育员召开会议，通过老师讨论和反馈，对老师和保育员提出的一些保育工作方面碰到的问题进行收集；在给家长召开座谈会时，通过发放家长问卷，由家长提供建议，也收集到一些保育工作中存在的问题。（2）现场抓拍形式。我园一园三部，每部的保健员在平时检查保育工作中用照片的形式，抓拍平时保育工作中做得好的一些保育方法，同时也收集一些存在问题的照片，然后经过一段时间的积累，由三个部的保健先集中在一起，将抓拍到的一些图片进行筛选，挑选出一些闪光点照片和保育工作存在缺陷的照片，最后，将三部保育员集中在一起，让大家来共同分析，各抒己见，让保育员们在信息反馈中发现问题，然后让她们来面对问题，共同分析问题。

2. 收集对策

通过以上一系列收集问题的方法，我们发现了保育工作中存在的问题，针对这些问题，在定期开展的保研活动中，头脑风暴，采取联动机制，来共同解决问题。例如，

在户外活动中,幼儿的饮水供给量一直是不好把握的一个问题。因为在季节变化时,比如在冬天,幼儿饮水量喝不完,但在夏天的时候,幼儿的饮水量又远远不够喝,还有跟老师平时在户外活动中指导幼儿的运动量也有关系。针对这种情况,我们全体保育工作者群策群力,提出了解决这种情况的方法。首先,由保健员通知营养员在准备茶水的量上要充足,除了准备常规的几个户外茶桶外,还另外增加几个茶桶的水,来保证饮水量不够情况下可以及时添加茶水。然后由户外运动场地的包干区保育员定时巡查幼儿的饮水量的使用情况,发现饮水量缺了可以及时跟保健联系,由保健通知营养员将茶水送到户外运动场地。其次,老师在每日进行户外运动时也要跟自己班的保育员进行一个沟通,老师给幼儿制定的运动量强度比较大时,预先让保育员多准备一些茶水。如果这个保育员不是这个运动场地的专管员,可以由该保育员去通知运动场地的专管员。在整个户外活动的时候,由保健全程对所有茶水供给量的工作进行一个总的巡视,以确保保育工作中的疏漏问题。通过保健-营养员-保育员-教师这样一个全方位系统性的联动机制,来很好地解决了我园现在幼儿茶水的供给问题,取得了保育工作很好的成效。

三、一个"纳入"

保研活动不仅仅是实践层面的研究,还需要理论引领。我们在研究课题的过程中有一些好的方法,值得学习研究,在课题内容上有许多内容在实践层面也需要进行研究,因此我们把保育课题纳入到保研活动中,围绕课题进行研究。在课题的引领下,我们结合保育员工作实践,既为课题研究了数据研究,又提供了大量的保育工作实例,让保研工作质量内容提升,也带来了一些新的变化。在具体的保育工作中,保育员在实践中发现问题,共同探讨问题,解决问题,然后再落实到实处,从实践中来到实践中去,保育水平不断循序渐进、螺旋式上升,不断地纵深发展。

在保育课题《户外活动中保育支持行为的研究案例》研究过程中,保育员在保研活动中就提出,冬天幼儿衣服多,放衣服的篮子不合理,篮子小,往往后面的孩子衣服放不下;还有纸巾和毛巾也没有地方放,保育员把纸巾放在一个塑料

袋装着也不雅观,在放置操作方面并不规范。因此,通过保健老师和保育员一起讨论研究,认为有必要做一辆户外活动保育员操作车。于是通过使用PVC管做架子,下面放一只宜家的塑料筐放衣服,上面放两只小篮子,一只放纸巾,一只放擦过的纸巾,这样小朋友随手拿得到,擦好也可以有地方扔了,避免了再找垃圾桶的过程。而且这辆车可以跟着班级走,到哪个区域活动,车子就到哪里。在尝试使用的过程中发现PCV管太轻,容易导致操作车不稳。为了解决这个问题,又在PVC管里装黄沙,使得操作车变得稳固,不容易侧翻。同时,根据户外活动幼儿容易发生出鼻血等症状,又提出了增加急救箱的建议。

在保育课题《户外活动中保育支持行为的适宜性研究》研究过程中,在保研活动中,我们保育员提出对一些运动器具的具体使用方法不是很熟悉,如果不知道具体的使用方法,那么幼儿在使用过程中,对幼儿的指导相对的就会减少,也容易增添幼儿意外伤害的发生。为此,在保研活动中,我们进行了户外器具的专项培训。如在高矮凳子器具中,高的凳子保育员就必须在幼儿开展户外活动的时候进行一些必要的护理动作,因为高凳子距离地面高度比较高,幼儿跳下来的时候可能容易造成幼儿骨折,因此需要保育员在旁边进行保护。

在踩高跷游戏活动中,锻炼的是幼儿的平衡能力及提高幼儿动作的协调性和灵活活动。活动中要求幼儿两只脚踩在高跷上,两手分别抓住固定在高跷上的绳子,双脚交替往前走。为了让保育员有一个更加深刻的印象,在保研活动中,由顾老师专门为保育员进行了演示,然后由保育员自行演示,体验这个运动器具,以此在户外活动中保育员也可以适时提醒如何正确使用这个运动器具,防止幼儿发生摔跤事件。

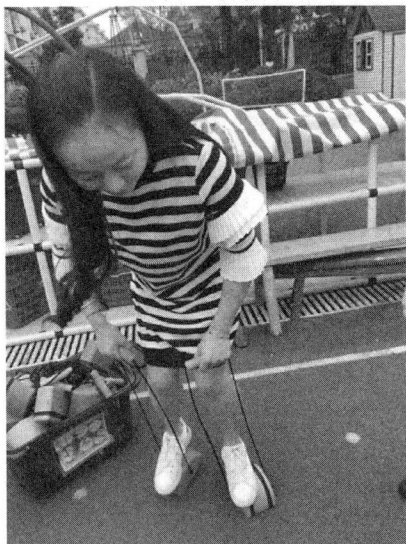

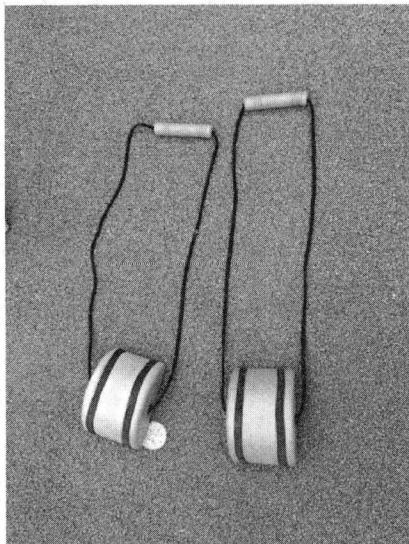

在野趣挑战性户外器具中,弯道滑梯是一项考验胆量和平衡的项目,因为没有护栏,加上滑梯窄又有弯道,幼儿在下滑时很容易摔倒。在保研活动中,我们进行了相关探讨,提出在这样一个具有挑战性的运动器具中,我们保教工作人员必须要做好幼儿的护理工作。

经过多年的保研实践和思考,给我们的保育管理工作带来了很大的变化。保育员现在的工作积极性提高了,主动保育意识提高了,对"主动保育,适度支持"的理念

有了更深刻的认识,保育员能将一些保育意识前置了,能根据大中小班幼儿的年龄特点、个体差异做到"主动保育,适度支持"。对大班幼儿来说,保育员对他们的护理工作不包办代替,能对他们进行分层指导,鼓励能力强的幼儿帮助能力差的幼儿参与保育工作,比如可以让大班幼儿帮助保育员一起整理毛巾、拎衣物箩筐等,提高了大班幼儿的自我服务能力。对一些体弱儿童,保育员能重点关注他们,对他们进行适度指导,根据幼儿的身体状况来做好他们的保育工作,比如对于易出汗幼儿通过不断的擦汗、替换毛巾来减少他们患感冒的几率,对于一些肥胖儿童,通过运动量的加强,来促进幼儿体能的消耗。孩子的自我能力提高了,对孩子的成长过程也是一个很大的帮助。我园的安全工作方面也取得了比较好的成效,由于保育工作效率的提高,近三年我园零事故发生。保育员如今具备了一定的执行力和思考力,能敏感地发现问题,但在分析问题上还欠缺一定的对策,今后我们还应鼓励她们自主发展,让每个保育员发展的空间更大。我们将保研活动不断拓展,将内容进一步深化,加强保研活动策略的提炼,同时需加强在行为实践中的指导,保证保研活动的效果,探讨如何与教研活动相结合,提升保教结合的效能,从而能更好地为幼儿服务。

"保育操作车"的设计与使用

顾秀芳

　　户外活动是幼儿园每天开展的活动,为的是让幼儿通过运动和感觉来认识环境,增强幼儿抵抗力,促进幼儿的生长发育,满足幼儿好动与探究的本性,提高幼儿的社会化发展。我们以阳光和新鲜空气为伴,以个体或群体的方式,动用全身感官共同参与的活动,既满足了孩子爱玩好动的天性,又增加了他们与大自然的亲近感。

　　在幼儿园各类活动中一个词为教育工作者熟知——"三位一体",在户外活动中保育员要协助教师做好活动前准备的同时,也要协助教师在户外活动时对幼儿进行适时照料,提供幼儿需要的物质条件以帮助幼儿获得良好的发育,逐渐增进其独立生活能力,贯彻我园提倡的"主动保育,适度支持"理念。

　　我园共设三个校区,每个校区情况不同。莲园部所有班级皆为小班年龄段,五星部与总部则大中小班年龄段皆具。在对户外活动中保育支持行为实施情况进行观察和分析时,我们发现有以下几个共性问题:

　　1. 学前期幼儿抵抗力较弱,感冒咳嗽流涕情况多见,幼儿在户外活动时擤鼻涕吐痰用的纸巾放置问题。

　　2. 冬季及冬春交替季幼儿的随身衣物较多且厚,衣物的放置问题。

　　3. 为及时处理幼儿户外活动时发生的意外而准备的保育百宝箱的放置问题。

　　在户外活动开展的时候,保育员们常常会在工作服的一个口袋内放置干净的纸巾,在户外活动时一旦发现幼儿有流涕现象就立即帮助擦拭。但是不管是哪个校区,固定的垃圾桶离活动场地都比较远,保育员为照顾到幼儿,不能将使用过的纸巾及时扔掉,而是随机放在另外一个没有干净纸巾的口袋。但是保育员在使用过程中提出,这样随机处理问题也不是很卫生,第一班级幼儿人数比较多,保育员衣服口袋根本不能够存放一定量的纸巾;第二从卫生角度考虑,这样的一个举措也不讲卫生,容易将污染纸巾和未使用纸巾放在一起混淆。因此,必须要提供一个可以放置纸巾的容器。

而幼儿随身的衣物我园虽每班配备衣物篮,但是从早上出操到广播操结束后前往活动场地,保育员要提着衣物篮走动,期间难免会对孩子照顾不周。

围绕着这些问题,园领导与保健组一起讨论,在一番交流后我们一致提出能否给保育员配备一个保育操作车,可以方便她们使用。其中我们明确了操作车应跟着班级走,班级活动到哪里,操作车就跟到哪里的观点。

虽然有了明确的设计思路,但是真正将操作车制作出来也经历了一番波折。起先,我们设计的操作车架子是一个错层架子,底层可放置一个大的塑料筐,其大小宽度高度足够用来放置幼儿脱下的外套。高层可放设一个区域划分为二格,用来放小篮子,一只放干净的纸巾,一只放擦过的纸巾,这样就能便于幼儿自我服务,也有利于培养良好的卫生习惯。

通过一段时间的使用,初代操作车并非我们设想的一样完美,由于我们使用的 PVC 管材质太轻,导致放上物品后操作车重心不稳容易翻车。于是我们又多次试验,最终想出了在 PVC 管里装黄沙,增加稳定性,这样可以使操作车既灵活又稳固,解决了操作车的稳定性问题。但在操作车使用的过程中,我们又碰到了一些新

的问题。幼儿在户外活动中难免会发生小磕小碰等意外情况,在天气干燥时幼儿还容易出鼻血。遇到这种情况,保育员和教师一般会将幼儿送到保健室去处理,可是幼儿的户外活动场地面积大,有些活动区域离保健室距离较远,这给及时处理意外情况带来了不便。针对这种情况,我们组织了保育员进行了培训与探讨。在探讨中保育员们提出可以在口袋里放一些干棉花球,方便幼儿鼻出血时使用。解决方法提出后立即有保育员提出了反对,放置干棉花球在口袋里的方法在使用过程中是方便的,但

在卫生方面就不能得到保障了。于是又有保育员提出能否像保育操作车那样放在一个固定点上。而这个想法立即得到了大家的认可。那我们又该放些什么东西在操作车上呢？双氧水、棉签、棉花球、纱布、创可贴、三角巾、止血带，这些物品都便于发生意外时急用，但物品分散随意放置还有潜在的不安全性。这时教师提议，做个保育百宝箱放在操作车上。

保育百宝箱的设计经过保育员们的思虑没多久就成型并投入使用了，但新的问题又产生了，这不大不小的箱子该如何放置？我们思前想后觉得应该合并纸巾放置区，将多出来的格子用来放置百宝箱。合并纸巾放置区使得原本出于卫生设计的纸巾放置区又变得不卫生了，于是我们就设想把一个塑料袋挂在衣物篮旁边放置使用过的纸巾。当在实践使用中我们又发现了情况，收放衣服时不仅容易碰到塑料袋造成里面的废纸掉落，再扔纸巾时也容易造成不必要的交叉感染。另外，我们还发现户外活动时每班放衣服的篮子比较小，冬季及冬春交替季幼儿的随身衣物较多且厚，有时为了存放这些衣物会影响正常的保育工作开展。针对这种情况保健和保育员一起

讨论研究解决方案，我们想在旁边再加一个放衣服的塑料筐。在制作设计操作车的师傅重新设计制作下，我们的操作车又完善了一些，这也让保育员们把之前未表达的想法更大胆地说了出来，能不能把放置纸巾的塑料袋改为便于幼儿扔纸巾的小带盖垃圾桶呢？在制作师傅的设计下，放置衣物篮的格子前又多了一格用来更好地放置小垃圾桶。

我们通过一次又一次的改进和完善，使保育员操作车成为一个流动的保育操作台，使其为户外活动中开展的保育护理工作提供了便利，对户外活动中的保育工作产生了很大的帮助。衣物篮、百宝箱、放抽纸的小篮子、放垃圾的小桶，这些户外活动小帮手伴随着孩子，他们玩到哪里操作车就在哪里，这不仅便于户外开展时使用，也在促进幼儿身体发育和机能协调发展的同时，培养自己的自理能力。

"保育百宝箱"的设计与使用

何贤蓉

幼儿在户外活动中难免会发生鼻出血、皮肤擦伤等意外情况。遇到这种情况,保育员和老师一般会将幼儿送到保健室进行处理。但是我们发现户外活动场地面积大,有些活动区域离保健室距离较远,给及时救治带来了不便。针对这种情况我们组织保育员在培训的过程中,进行了相关的探讨。在探讨中有些保育员提出可以在口袋里放一些棉花球,方便幼儿鼻出血时使用。另有保育员就提出了质疑,这种方法在使用的过程中是方便了,但卫生方面就不能得到保障。于是又有保育员提出可不可以像保育操作车那样放在一个固定点上。

经过我们积极思考,我们保健组提议能否由园方统一提供一些简单的外用药品,然后在户外活动时每个班级的保育员能方便取用。针对上述情况,我们想到现在我们保育员已经有一个可以推动的保育车,只要在保育车上再放置一个封闭的小药包就可以了。于是园方去红十字会购买了一些红十字会专用急救包,考虑到这些急救包颜色鲜艳,很能引起别人的注意,并且该急救包小,方便携带放置。急救包中也配备了一些基本的外用物,有纱布、止血带、三角巾,针对这些配备的物品,我们又讨论

现在幼儿园户外活动中幼儿出鼻血和皮肤擦伤的情况比较多见,比如在春秋季节,幼儿出鼻血症状就比较多。综上考虑,仅靠这些仅有的急救物品是远远不够的,考虑到我们的实际需要,我们在急救包中增加了邦迪、棉花球、棉签、双氧水、压舌板等物品,便于发生意外情况时就地救治。这个红十字急救包的提供方便了我们保育员日

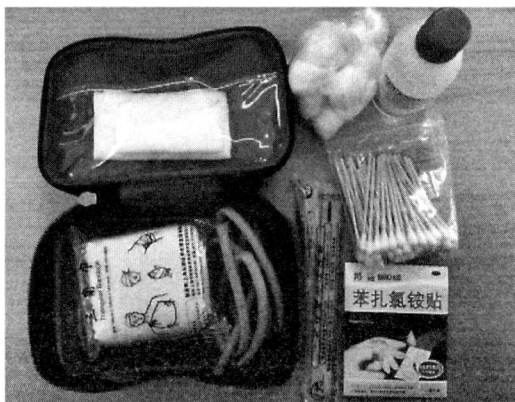

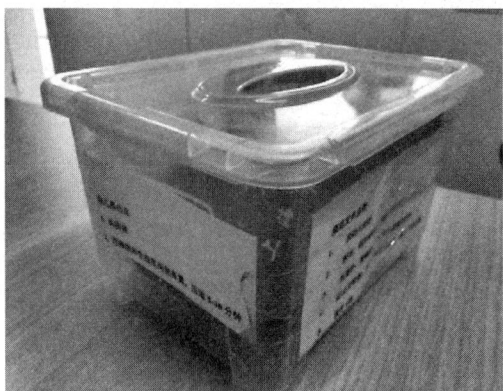

常的保育护理工作,我们保育员把它亲切地叫为"急救百宝箱"了。

经过一段时间的使用,我们又发现了一些问题。在这个百宝箱的使用过程中,我们发现平时保育员碰到最多的还是小擦伤、鼻出血之类,尽管保育员和老师都是经过急救培训,但是在实践操作的时候还是有一定距离的,有的新来的保育员甚至还不知道如何处理幼儿鼻出血等常见意外事故。针对这种情况,我们保健组又及时做出了调整。我们归纳了常用急救方法的操作要点,做了几张小卡片,贴在了急救箱的四周,提醒保育员和老师按要点提示快速操作。

1. 外皮划破处理要点:用双氧水消毒患部。

2. 癫痫发作急救要点:扶幼儿侧卧,解衣,保持呼吸道畅通,头侧卧,使唾液和呕吐物尽量流出体外,防止舌咬伤,用纱布或压舌板塞入其上下牙之间,拨打120。

3. 幼儿鼻出血处理要点:头前倾,用拇指和食指捏两侧鼻翼,压迫5～10分钟。

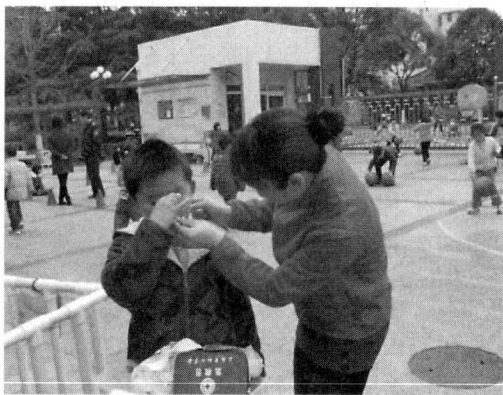

4. 幼儿坠落事故处理要点:观察幼儿四肢是否受伤,是否有呕吐现象,受伤部位有肿包,可予以冷敷。

这些急救和护理要点的提示,既能帮助保育员和老师及时正确地处理紧急情况,又能时刻提醒工作人员增强安全意识,防范意外事故的发生,"急救百宝箱"变成了"保育百宝箱"。

保育百宝箱完成后,由保健牵头对保育员和老师进行了百宝箱使用专项培训。

1. 外皮划破处理培训

夏秋时节,幼儿的衣着都很单薄,四肢裸露在外,活泼好动的孩子在户外活动时很容易造成外皮划破。在处理伤口时,用双氧水消毒患部,沿着伤口的边缘由里向外擦洗2～3次,把伤口清洗干净。如出血较多时,可用棉球或纱布压在伤口处数分钟,待不出血时包上邦迪即可。

2. 癫痫发作急救培训

当癫痫幼儿患病时，扶幼儿侧卧，解开患儿的衣领裤带，保持呼吸道畅通，避免引起窒息。不要强行喂水或强行按压肢体。不要垫枕头，应该让患儿头侧卧，使唾液和呕吐物尽量流出体外，防止口水误入气道，引起吸入性肺炎。同时，还要把患儿下颌托起，防止因窝脖使舌头堵塞气管。为防止舌咬伤，用纱布或压舌板塞入其上下牙之间，拨打 120。

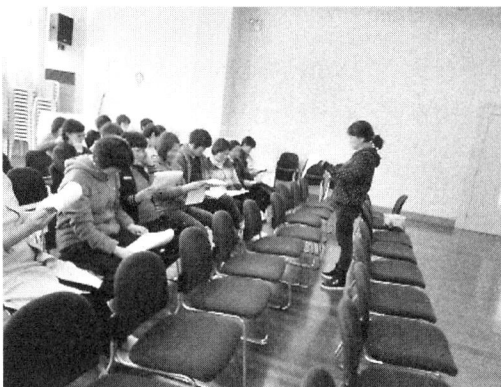

3. 鼻出血的处理及处理中要避免的几个误区

春秋季节，空气干燥，气温反复无常，容易造成鼻出血，新保育员由于对急救的不熟悉，易造成错误的急救。

当幼儿发生鼻出血时，保育员首先要保持冷静，不要恐慌，同时安慰孩子，稳定情绪。让幼儿坐直，头略前倾，将流入口腔的鼻血吐出，以免刺激胃部导致呕吐。轻度鼻出血可以用挤压法，保育员可用拇指捏紧，并压迫鼻翼 5～10 分钟，可以止住出血。对于出血多的幼儿可以用冷敷法，用冷毛巾擦拭后颈部及额头，或用纸巾蘸冷水按摩鼻梁，减缓血流速度，加快血小板凝结。同时在平时活动中提醒幼儿不要用手挖鼻子，注意鼻腔卫生。

新保育员处理时的误区：

新保育员经验不足，在慌张的时候会不自觉地让幼儿把头仰起来。仰头的时候，前鼻孔流出的血液就会畅通无阻地流向后鼻孔，再经后鼻孔流向口腔，这样，血液不容易凝固成块，难以止血。

由于新保育员经验不足，一看到幼儿出鼻血了就手忙脚乱地赶紧用手指紧紧捏住幼儿的两个鼻孔，感觉上血没流出来，其实这样会使血液流到别处。因为鼻孔与口、眼、耳都是相通的，血液可以从这些地方流出，严重者造成"七窍出血"。

经验不足的保育员在幼儿出鼻血时会就地取材用纸巾塞鼻子，觉得餐巾纸也是很柔软的,在出鼻血时塞一下也可以把血止住。但实际情况却相反,用纸巾塞鼻子不但达不到止血目的,反而因为纸巾折小后会有棱角,刺伤鼻黏膜血管,造成更严重的出血。

4. 坠落事故中三角巾的使用和包扎法

三角巾顾名思义就是三角形的布,是现代比较常用的包扎材料。三角巾的用途有很多,最为主要的就是代替止血带进行止血作用以及帮助固定夹板,甚至能够对肩部、臀部、胸部等地方进行固定。

幼儿如果在滑滑梯、攀登架、小城堡、蹦蹦床、秋千等大型的玩具边发生意外时,我们可以第一时间紧急救助。

当头部受伤时,我们可以用简单的头部包扎法,先将三角巾底边折叠,把三角巾底边放于前额拉到脑后,相交后先打一半结,再绕至前额打结,这样可以简单地固定头部伤口。

当胸部或背部受伤时,我们可以用胸部包扎法,先将三角巾顶角向上,贴于局部,如系左胸受伤,顶角放在右肩上,底边扯到背后在后面打结,再将左角拉到肩部与顶角打结。背部包扎与胸部包扎相同,只是位置相反,结打于胸部。

当手臂受伤时,我们可以托起幼儿受伤的手臂,用三角巾覆盖在受伤手臂的前端,然后包裹住前端及肘部,绕到颈部后打结即可。但在包扎时要分清楚受伤的位置,如果是前臂骨折的话,不能用皮带或者其他带子类物品来承托手臂,这样很容易造成二次伤害。

在户外活动中,幼儿跌伤也是很常见的。如果发现幼儿跌倒后,有一段时间意识丧失,几秒十几秒后才有反应,应该注意观察,有无呕吐、嗜睡等。幼儿园遇到这种情况应该立刻将幼儿平抱着送医院检查处理,观察数小时,严重跌伤昏迷醒来后,观察护理时应每隔一小时叫醒幼儿一次或遵从医嘱。

我们详细介绍了各种意外情况的防范和救治要点,尤其针对"保育百宝箱"上列出的常用急救方法组织了现场模拟急救,确保人人参与,人人会使用。我们还将"保育百宝箱"的具体使用方法列入保育员操作技能比赛的竞赛题,强化保育员的安全防范意识和正确救治的能力。现在,我园所有保育员对幼儿常见的一些急救措施都能够很好地掌握了。

幼儿园保育工作是幼儿园教育不可分割的一部分,户外活动是幼儿一日活动中的重要组成部分,我们园给每位保育员提供了"保育百宝箱",旨在给每位保育工作者提供便利,同时也更好地保障我们幼儿的健康和安全。

后　记

　　近年来,我园在"探索、创新、发展"的办园理念引领下,围绕"幼儿园课程建设中'家长授课'模式的实践与研究""探索型主题活动中提升幼儿学习品质的研究""户外活动中保育支持行为的案例研究"等课题,在家园合作、教育教学、保育护理等保教工作领域开展了扎实有效的实践与研究,积累了丰富的案例,形成了有效的经验。

　　在课题研究的带动下,我们全园教师在实践中思考,在思考中完善,牢牢把握各种教育契机,不断优化自身的教育行为,使我园保教工作内涵质量不断提升。

　　由于我们水平有限,研究中还存在很多不足,希望各位领导、专家和同行在分享我们成果的同时,予以批评指正。

　　我们的研究得到了上海市教科院普教所黄娟娟老师,中国学前教育研究会幼儿健康专业委员会副主任姚蓓喜老师,上海市浦东新区教育发展研究院孙永青老师、徐婵娟老师,上海市浦东新区儿童保健所朱菊芳老师、王正刚老师,浦东新区教育局第四教育署领导的指导与帮助。在本书出版的过程中,我们还得到了文化学者陈家昌老师及文汇出版社编辑老师的大力支持与关心,在此一并表示感谢!

本书编委会
2018 年 6 月